Grfsm. Finnland
Helsingfors
St. Petersburg
Stockholm
Estland
Livland
Riga
Kurland
tsee
Litauen
Wilna
Königsberg
Danzig
SEN
Minsk
Smolensk
Moskau
Rjasan
Kasan
Samara
KAISERREICH
Kursk
Warschau
Brest-Litowsk
Kgr. Polen
("Kongress-Polen")
1815 russ.
b. 1831 autonom
Wolhynien
RUSSLAND
Kiew
REP. KRAKAU
1846 österr.
Lemberg
Kgr. Galizien
Podolien
Rostow
TUM
Buko-
wina
Bessarabien
Kischinew
Pest
Ofen
Kgr. Ungarn
ÖSTERREICH
Moldau
osman.
Vasallenstaat
Odessa
unabh.
Tscherkessen
1864 russ.
Siebenbürgen
Banat
Sewastopol
Walachei
osman. Vasallenstaat
Belgrad
Bukarest
Serbien
1817 tributpflicht. Fsm.
Schwarzes Meer
Bulgarien
MONTENEGRO
Sofia
OSMANISCHES REICH
Rumelien
Konstantinopel
Albanien
Angora
Saloniki
Anatolien
Thessalien
Ägäisches Meer
Livadien
Smyrna
IONISCHE INSELN
1815 – 64 Rep. unter brit. Schutz
Athen
Rhodos
Zypern
Kreta
Beirut
Damaskus
Syrien
telmeer
Jerusalem

Geschichte und Geschehen

Berufsfachschulen

Herausgegeben und bearbeitet von:
Dr. Jürgen Kochendörfer

Autoren:
Sven Christoffer
Wilfried Dähling
Dr. Michael Epkenhans
Dr. Ursula Fries
Maria Heiter
Arno Höfer
Dr. Jürgen Kochendörfer
Klaus Leinen
Dr. Peter Offergeld
Dr. Hans Steidle
Dr. Susanne Thimann-Verhey
Dr. Antonius Wollschläger
Stefan Wolters
Dirk Zorbach

Ernst Klett Verlag
Stuttgart · Leipzig

Cover: Die Lithografie auf dem Umschlag zeigt die Errichtung und Verteidigung einer Barrikade an der Rheinbrücke in Mannheim am 26. April 1848. Das Bild steht im Zusammenhang mit den Ereignissen der Revolution von 1848/49. In den deutschen Fürstentümern nahm die Revolution ihren Anfang im Großherzogtum Baden und griff innerhalb weniger Wochen auf die übrigen Staaten des Bundes über.

2., korrigierte Auflage 1 6 5 4 3 | 22 21 20 19

Autorinnen und Autoren: Sven Christoffer, Duisburg; Wilfried Dähling, Glücksburg; Dr. Michael Epkenhans, Bardowick; Dr. Ursula Fries, Bochum; Maria Heiter, Düsseldorf; Arno Höfer, Koblenz; Dr. Jürgen Kochendörfer, Aichwald; Klaus Leinen, Beilingen; Dr. Peter Offergeld, Heinsberg; Dr. Hans Steidle, Würzburg; Dr. Susanne Thimann-Verhey, Wachtberg; Dr. Antonius Wollschläger, Langenleuba-Niederhain; Stefan Wolters, Weissach i. Tal; Dirk Zorbach, Boppard

Redaktion: Jana Schumann
Herstellung: Carolin Orlamünder

Gestaltung: nach Entwürfen von kognito Visuelle Gestaltung, Berlin
Umschlaggestaltung: nach Entwürfen von kognito Visuelle Gestaltung, Berlin
Illustrationen/Piktogramme: Krause Büro, Leipzig; Sandy Schygulla, Chemnitz
Schaubilder: Sandy Schygulla, Chemnitz
Kartografien: Kartografisches Büro Borleis & Weis, Leipzig; Ingenieurbüro für Kartografie Joachim Zwick, Gießen
Satz: Krause Büro, Leipzig
Reproduktion: Meyle + Müller, Medien-Management, Pforzheim
Druck: PASSAVIA Druckservice GmbH & Co. KG, Passau

Printed in Germany
ISBN 978-3-12-416330-1

9 783124 163301

Inhalt

2. Halbjahr

3. Halbjahr

9 Politische Mitwirkung in Baden-Württemberg 260

4. Halbjahr

10 Deutschland nach 1945 – besetzt, geteilt und wieder vereint 310

11 Europa – ein Kontinent wächst zusammen 354

So arbeiten Sie mit diesem Buch

Auf dieser Doppelseite stellen wir Ihnen kurz die unterschiedlichen Seiten und Elemente von Geschichte und Geschehen vor.

Auftaktdoppelseite

Jede Themeneinheit beginnt mit einer **Auftaktdoppelseite**. Die Überschrift und ein kurzer Text erklären Ihnen, worum es gehen wird.

Der **Online-Link** verweist auf Material im Internet.

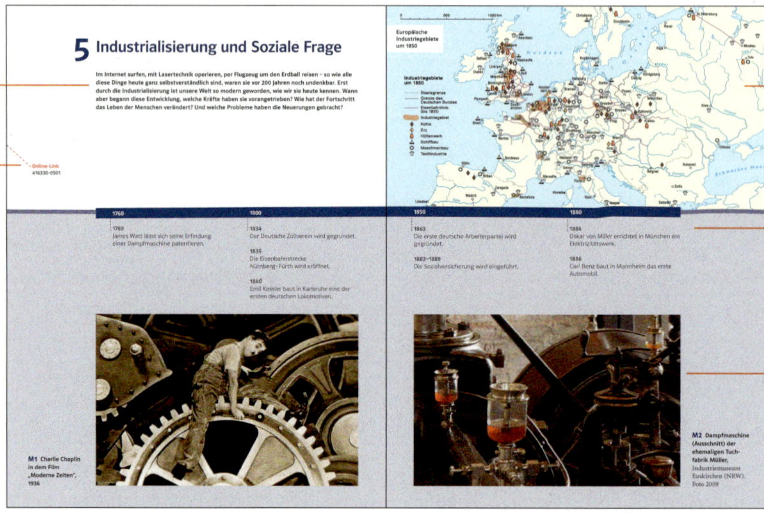

Eine **Karte** und ein **Zeitstrahl** veranschaulichen Ihnen die wichtigsten Daten, Ereignisse und geographischen Zusammenhänge der Themeneinheit.

Zwei **Darstellungen** stimmen Sie auf die wichtigsten Geschichts- und Politikthemen ein.

Themenseite

Jede Themeneinheit hat zur Orientierung ihre eigene Farbe. Insgesamt gibt es vier verschiedene Farben im Buch, für jedes Schulhalbjahr eine. Die Themeneinheiten sind in mehrere Kapitel unterteilt.

Ein **Vorspann** weckt Ihr Interesse und bringt das Thema der Seite auf den Punkt.

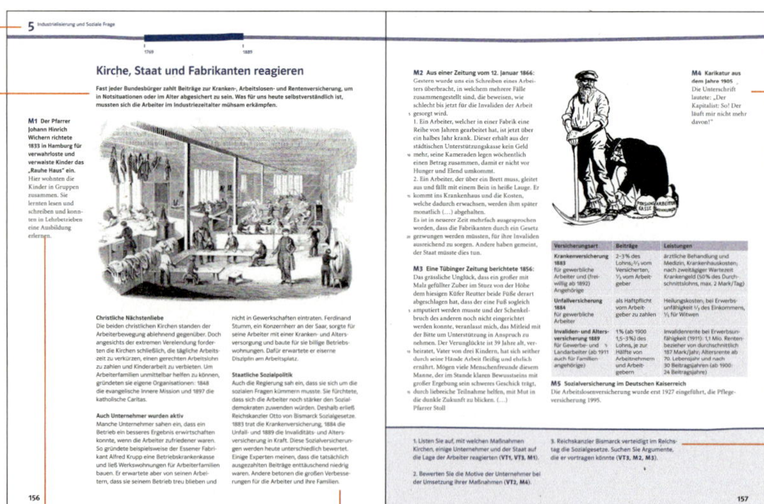

Sie finden zu jedem Kapitel **Materialien (M)**: Abbildungen von Funden aus der Vergangenheit, Fotos, Zeichnungen, Schaubilder, Textquellen und vieles mehr.

Die Fragen am Ende des Kapitels helfen Ihnen, die Materialien zu erschließen. Sie verweisen auf bestimmte Abschnitte des Verfassertexts (Bsp. VT 1) und auf Materialien.

In der Randspalte finden Sie **Erklärungen zu wichtigen Begriffen,** die im Text vorkommen.

Die **Verfassertexte (VT)** wurden von den Autoren des Buches geschrieben. Sie sind in mehrere Abschnitte gegliedert.

Werkstatt

Werkstattseiten zeigen Ihnen zahlreiche **Methoden**, mit deren Hilfe Sie sich historische und politische Inhalte erschließen können. Auf einigen Werkstattseiten finden Sie Anregungen, wo und wie Geschichte und Politik auch **außerhalb des Unterrichts** erforscht werden kann.

Ein Verfassertext erklärt Ihnen, warum die Anwendung einzelner Methoden im Unterricht aber auch bei Projekten für Sie nützlich sein kann.

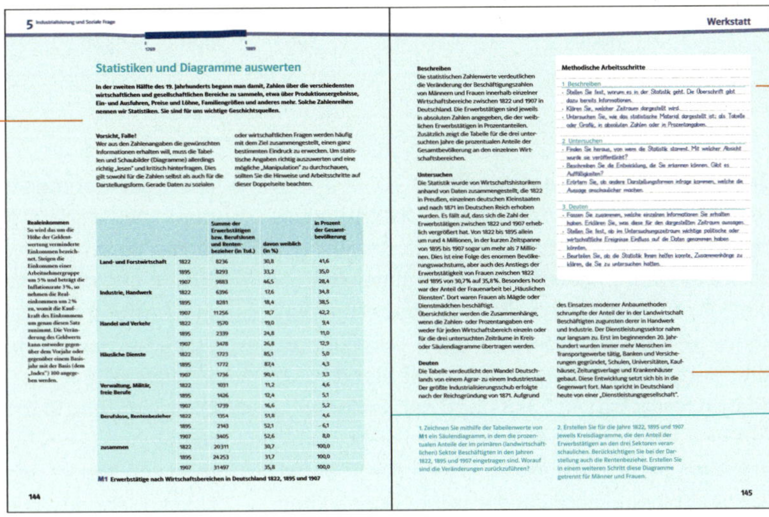

Die **methodischen Arbeitsschritte** lassen sich auf andere Materialien und Themen des gleichen Typs anwenden.

An einem Beispiel wird Ihnen aufgezeigt, wie eine Auswertung aussehen kann.

Wiederholen und Vertiefen

Mithilfe von Fragen zu einzelnen Kapiteln, Daten und Bildern können Sie Ihr Wissen **wiederholen und festigen.**

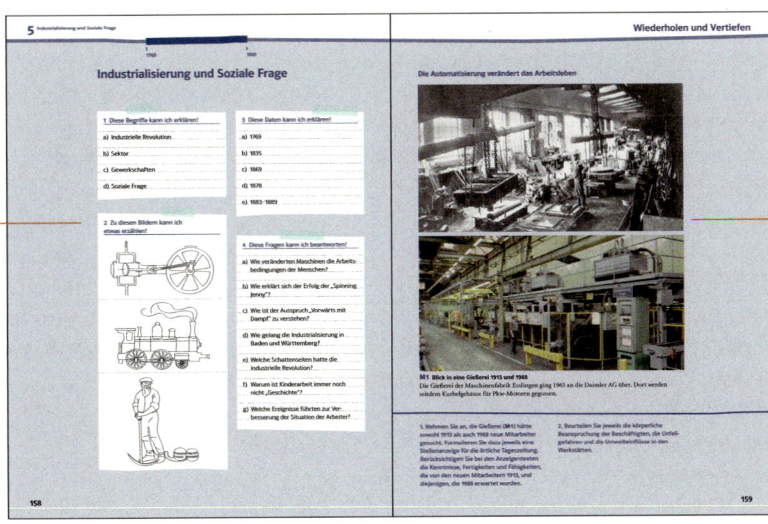

Kreative Aufgaben und Methodenwiederholungen vertiefen Ihre zuvor gewonnenen Kenntnisse.

Zeitrechnung und Epochen

Lebte Caesar früher oder später als der Feldherr Alexander der Große? Um Zusammenhänge und Abläufe in der Geschichte besser zu verstehen, ist es sinnvoll, Ereignisse zeitlich einzuordnen.

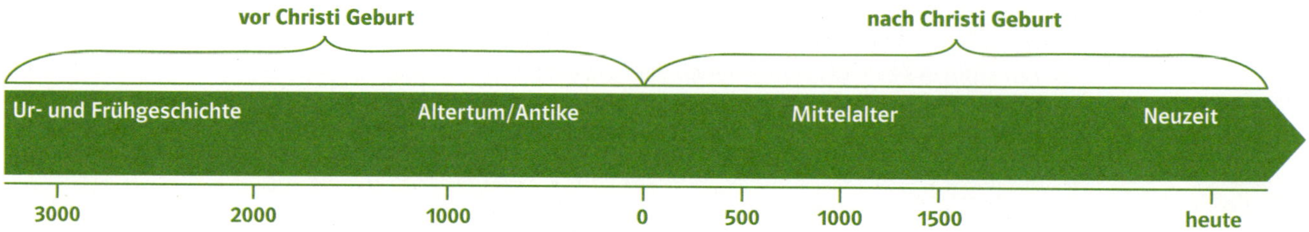

M1 **Zeitleiste zur christlichen Zeitrechnung**

Ordnung für die Vergangenheit

Zeit kann man messen. Aus der Beobachtung der Natur haben die Menschen eine Einteilung der Zeit in Jahre, Monate und Tage abgeleitet. Die Zeit, die vergeht, bis die Erde einmal um die Sonne gekreist ist, beträgt ein Jahr. Die Monate eines Jahres wurden nach den zwölf Mondphasen festgelegt – so entstand der Kalender. Zeit- und Jahresangaben erleichtern nicht nur den Alltag, sondern auch den Überblick über die Vergangenheit: Lebte Caesar früher oder später als Karl der Große? Wann fuhr Kolumbus Richtung Amerika – vor oder nach der Reformation? Was wurde eher erfunden, das Auto oder die Eisenbahn?

Um vergangene Ereignisse ordnen zu können, benutzen die Menschen eine Zeitrechnung, die Chronologie. Die Zeitrechnung, die wir benutzen, beginnt mit dem Jahr, in dem Jesus Christus geboren worden sein soll. So können wir z. B. schreiben, dass der Römer Julius Caesar im Jahr 44 vor Christus (abgekürzt v. Chr.) ermordet wurde.

Verschiedene Zeitrechnungen

Heutzutage wird die christliche Zeitrechnung von den meisten Menschen benutzt. Doch andere Kulturen oder Religionen rechneten lange Zeit nicht vom Jahr der Geburt Christi aus, sondern nahmen andere Zeitpunkte als Beginn ihrer Zählung.

- Die Juden nehmen einen sehr frühen Zeitpunkt als Ausgang ihrer Zeitrechnung. Ein jüdischer Schriftgelehrter hatte für das Jahr 3761 v. Chr. nach unserer Zeitrechnung die Erschaffung der Welt errechnet. Der 1. Januar 2000 war nach dem jüdischen Kalender der 23. Tevet 5760.
- Die islamische Zeitrechnung beginnt erst mit dem Jahr 622 n. Chr., als der Prophet Mohammed von Mekka nach Medina auswanderte. Und so schrieben die Muslime am 1. Januar 2000 den 24. Ramadan 1420.
- Es gibt auch Kulturen, die keinen Beginn für ihre Zeitrechnung kennen. Dann kann es Zeitangaben geben wie „im 5. Jahr der Herrschaft des Königs Wiedemund".

Historische Epochen

Seit jeher bemühen sich Historiker, die vielen verschiedenen geschichtlichen Ereignisse, Personen, Daten und Fakten nicht nur in die richtige chronologische Reihenfolge zu bringen, sondern auch in größeren Abschnitten zusammenzufassen. Man spricht dann von Epochen. Man versteht unter einer historischen Epoche einen längeren geschichtlichen Abschnitt mit grundlegenden Gemeinsamkeiten.

Chronologie
(griech.: chronos = Zeit) ist die Lehre von der Zeitrechnung. Die Chronologie bringt eine Ordnung in die Geschichte. Mit ihrer Hilfe kann man die zeitliche (chronologische) Abfolge geschichtlicher Ereignisse beschreiben.

Ramadan
Der neunte Monat im islamischen Kalender und die vierwöchige Fastenzeit für Muslime werden so genannt. Zwischen Sonnenauf- und -untergang ist es nicht erlaubt, zu essen, zu trinken und sich zu amüsieren.

M2 Epochenwandel
Marktplatz und Rathaus in Stuttgart heute und vor der Zerstörung im Zweiten Weltkrieg

M3 Europäische Historikerinnen und Historiker haben die Geschichte in Epochen eingeteilt:

- Die **Ur- und Frühgeschichte** fängt mit der Entstehung der Welt an. In diese Epoche gehören die ersten Tiere und Menschen.
- Das **Altertum** beginnt mit dem Zeitpunkt, seit dem es die ersten schriftlichen Aufzeichnungen aus der Vergangenheit gibt (ca. 3000 v. Chr.). Zum Altertum gehören die ersten Staatsgründungen, z. B. in Ägypten. Die Zeit der Griechen und Römer wird Antike genannt. Sie beginnt um 1200 v. Chr. und endet mit dem Zerfall des weströmischen Weltreichs um 500 n. Chr.
- Das **Mittelalter** reicht vom Ende der Antike bis etwa zum Jahr 1500 n. Chr.
- Dem Mittelalter schließt sich die **Neuzeit** an, die bis in die Gegenwart reicht. In der Neuzeit, die mittlerweile schon mehr als 500 Jahre dauert, hat sich vieles verändert. Daher wird sie genauer unterschieden: Bis zum Jahr 1789 n. Chr., in dem die Französische Revolution begann, reicht die „Frühe Neuzeit"; die Zeit danach bis zum Ersten Weltkrieg heißt „Neuere Geschichte" und ab 1914 sprechen wir von der „Neuesten Geschichte" oder Zeitgeschichte.

1. Rechnen Sie aus, in welchem Jahr Sie nach jüdischer (**VT**) und nach islamischer Zeitrechnung geboren wurden. Die Umrechnung in die islamische Zeitrechnung ist etwas komplizierter, es gilt die Faustformel: islamisches Jahr = (christliches Jahr – 622) x 1,03.

2. Beschreiben Sie, welche Bedeutung bestimmte religiöse Ereignisse und Vorstellungen für die verschiedenen Zeitrechnungen hatten (**VT2**).

3. Welche historischen Ereignisse kennen Sie? Ordnen Sie diese den historischen Epochen zu (**M3**).

Spurensuche vor Ort – eine Fotodokumentation

Oftmals erscheint einem das, was man jeden Tag sieht, langweilig und uninteressant. Blickt man mit dem „Auge“ einer Kamera auf seine gewohnte Umgebung, können neue Entdeckungen gemacht, aber auch Altbekanntes wiederentdeckt werden.

Brunnen
In Laufbrunnen fließt das Wasser aus einer natürlichen Quelle. Eine mechanische Förderung ist nicht erforderlich. Oft sind sie mit zusätzlichen Becken oder Trögen versehen, die früher als Viehtränken oder zum Wäschewaschen dienten. Ziehbrunnen dagegen benötigen technische Hilfsmittel (Winden oder Pumpen), mit deren Hilfe das Grundwasser an die Oberfläche gefördert wird.

Bauwerke erinnern an die Vergangenheit

Sicherlich haben Sie schon oft fotografiert, z. B. mit einer Digitalkamera oder auch mit dem Handy. Manche Details der dabei dokumentierten Personen, Gegenstände oder Ereignisse sind Ihnen vielleicht erst später, beim genaueren Betrachten der Bilder aufgefallen – etwa dann, wenn Sie von Freunden darauf hingewiesen wurden. Ähnlich mag es sich bei einem Spaziergang durch Ihren Heimatort verhalten. Viele Straßen und Gebäude sind Ihnen so vertraut, dass Sie auf Besonderheiten und Details gar nicht achten. Dabei lohnt es sich, genauer hinzuschauen. Bauwerke, auch Brunnen, können einiges über die Geschichte ihrer Heimatgemeinde erzählen. Informieren Sie sich bei Ihrer Gemeindeverwaltung, bei der Touristeninformation, im Internet oder im Gemeindearchiv – Sie werden interessante Details erfahren.

Brunnen aus verschiedenen Epochen

Stuttgart besitzt eines der größten Mineralwasservorkommen in Europa. Ein sichtbares Zeichen dieses natürlichen Reichtums stellen die mehr als 250 Brunnen im Stadtgebiet dar. Viele davon stammen aus dem Mittelalter, manche sogar aus der Römerzeit. Die Römer hatten in Stuttgart neben ihren Häusern im 1. Jh. n. Chr. bis zu 16 Meter tiefe Brunnen gegraben. Bis in die Neuzeit hinein schöpften die Menschen ihr Trinkwasser aus Lauf- oder Ziehbrunnen. Nur wenige Privilegierte hatten im Mittelalter das Recht, Wasser von den aus Quellen gespeisten Laufbrunnen in ihre Häuser abzuleiten. Die Verunreinigung von Brunnen hatte im Mittelalter strenge Strafen zur Folge. Städtische Verordnungen untersagten das Waschen von Kleidern und vor allem von Windeln in öffentlichen Brunnen, außerdem das Tränken von krankem Vieh. Das Wassertragen war meist die Aufgabe von Frauen und Dienstboten. In den letzten vier Jahrzehnten des 19. Jahrhunderts wurden Wassertürme und ein Netz von Wasserleitungen in den Städten errichtet, in den Dörfern oft erst Anfang des 20. Jahrhunderts.
An einigen niedrig gebauten Brunnen konnten auch Pferde und Ochsen zur Tränke geführt werden. Ob aus Anlass eines Jubiläums oder als Abschluss einer Siedlungsbebauung, ob als Zierde für eine Grünanlage oder nur als Mauerschmuck, es gibt viele Gründe, auch noch heute Brunnen zu bauen und zu unterhalten.

M1 Athenebrunnen (1911)
Der Brunnen wurde vom Bildhauer Karl Donndorf errichtet. Die Figur der Athene, Göttin der Weisheit und Schirmherrin der Künste und Wissenschaften, entspringt dem Haupt des Gottvaters Zeus. Die Figur zur Linken ist Prometheus, zur Rechten sitzt Pandora.

M2 Schlossbrunnen
Brunnen im Innenhof des Neuen Schlosses, gebaut 1961. Die Wasserspiele sollen an eine Krone erinnern.

M3 Bassin mit Nymphengruppe (1809)
Die Figurengruppe von Johann H. von Dannecker stellt eine Wiesennymphe dar, die eine Quellennymphe zum Dank für das gespendete Wasser bekränzt.

Methodische Arbeitsschritte

1. Suchen Sie in Ihrer Heimatgemeinde nach einem historischen Brunnen, der Ihnen besonders eindrucksvoll erscheint.
2. Fotografieren Sie zuerst den Brunnen in seiner natürlichen Umgebung, anschließend Einzelheiten, gegebenenfalls die Beschriftung.
3. Stellen Sie fest, aus welchen Werkstoffen Brunnentrog und Brunnenfiguren bestehen.
4. Fragen Sie ältere Mitbürger, ob sie etwas über den Brunnen wissen, über seine Erbauung, Instandsetzung oder Nutzung.
5. Informieren Sie sich, z.B. beim Kulturamt Ihrer Heimatgemeinde, über die Entstehungszeit des Brunnens und den Anlass seiner Errichtung.
6. Fassen Sie die Ergebnisse Ihrer Recherchen zusammen und stellen Sie diese zusammen mit den Fotos Ihrer Klasse vor, z.B. als Teil einer Wandzeitung.

M4 Galateabrunnen und Wasserstaffel (1890)
Der Brunnen wurde von Königin Olga, der Gemahlin König Karls, gestiftet. Die Bevölkerung empörte sich nach der Fertigstellung über die spärliche Bekleidung der schönen Galatea.

M5 Frosch-Brunnen (1900)
Von Emil Kiemlen zur Jahrhundertwende erbaut, wurde der Brunnen im Jahr 1990 saniert. Der Brunnen ist in eine bogenförmige Nische einer Stützmauer eingebettet. Ein wasserspeiender Frosch lässt das Wasser in eine halbrunde Schale aus Granit fließen.

1. Begründen Sie, warum viele Brunnen historische Dokumente sein können.

2. Führen Sie ein Unterrichtsprojekt durch, bei dem Arbeitsgruppen historische Brunnen ihrer Heimatgemeinden fotografieren und sich über deren Entstehungsgeschichte informieren. Schildern Sie vor der Klasse, wie Sie etwas über die Brunnen in Erfahrung gebracht haben. Halten Sie die Ergebnisse in einer Wandzeitung fest.

1 Antike Wurzeln: Griechen und Römer

Der Kampf um Troja und die Abenteuer des Odysseus sind bis heute Stoff für Bücher und Filme. Dabei stammen diese alten Sagen aus der frühesten griechischen Geschichte. Sie sind fast 3000 Jahre alt. Schul- und Studienfächer wie Mathematik, Biologie oder Philosophie haben ihren Namen aus der griechischen Sprache. Unsere Buchstabenfolge nennen wir Alphabet – nach den ersten zwei griechischen Buchstaben alpha und beta. Unsere Staatsform ist eine Demokratie. Sie wurde ebenfalls von den alten Griechen erfunden.
Auch die Römer, die um 30 v. Chr. die Halbinsel der Griechen eroberten, ließen sich von ihrer Kultur beeinflussen. Sie verbreiteten die antike Literatur, Philosophie, Kunst und Architektur auch im westlichen Mittelmeerraum – und weit darüber hinaus bis zum Rhein und zu den britischen Inseln. Der Aufstieg Roms vom kleinen Bauernvolk zur Weltmacht fasziniert die Menschen bis heute. Für uns ist die Geschichte der Römer ganz nah, denn der westliche Teil des heutigen Deutschlands gehörte mehr als 400 Jahre zum Römischen Reich. Daher haben die Römer bei uns viele Spuren hinterlassen.

Online-Link
416330-0101

1200 v. Chr.

ca. 1200 v. Chr.
Troja wird zerstört.

800 v. Chr.

ca. 776 v. Chr.
Erste Olympische Spiele in Griechenland

ca. 750–550 v. Chr.
Die Griechen gründen Kolonien an den Küsten des Mittelmeeres und des Schwarzes Meeres.

um 500 v. Chr.

um 500 v. Chr.
In Athen entwickelt sich die erste Demokratie.

331 v. Chr.
Alexander der Große gründet Alexandria.

M1 „Apollo, schick uns deine Strahlen!" Mit diesen traditionellen Worten wird heutzutage im Heiligen Hain von Olympia in Griechenland das Feuer für die Eröffnung der Olympischen Spiele entzündet. Anschließend wird es mit einer Fackel zum Ort der Eröffnungsfeier getragen. Foto 2004

300 v. Chr.

264–146 v. Chr.
In mehreren Kriegen gegen Karthago kämpfen die Römer um die Macht im Mittelmeerraum.

100 v. Chr.

27 v. Chr.
Unter Augustus wird aus der Römischen Republik eine Monarchie.

um 85–160 n. Chr.
An der Grenze zu den Germanen errichten die Römer einen Limes.

300 n. Chr.

375–476 n. Chr.
Völkerwanderung in Europa: Das Römische Reich zerfällt.

M2 Römische Legionäre, gespielt im Jahr 2009 von Laiendarstellern. Ihre Ausrüstung wurde nachgebaut.

1200 v. Chr. — 476 n. Chr.

Wie lebten die Griechen?

Die alten Griechen lebten in vielen Stadtstaaten am Mittelmeer. Zwischen 2900 und 150 v. Chr. entwickelten sie die erste Hochkultur in Europa. Sie waren gute Handwerker und Händler. Aber vor allem mussten die Griechen segeln können.

Sagen
überliefern Erzählungen, die oft einen geschichtlich wahren Kern besitzen. Die berühmtesten griechischen Sagen hat der Dichter Homer im 8. Jahrhundert v. Chr. verfasst. Die „Ilias" schildert den Kampf der Griechen vor Troja, die „Odyssee" berichtet von der Irrfahrt des Odysseus über das Mittelmeer.

Polis
(Mehrzahl: Poleis) bedeutete ursprünglich „Burg" oder „Stadt". Jede Polis hatte ihr eigenes Gebiet, ihre eigene Bevölkerung und eigene politische Einrichtungen. Von „Polis" leitet sich unser Wort „Politik" ab: das, was alle angeht.

Berge und das Meer

Vielleicht kennen Sie die Sage vom trojanischen Krieg: Der griechische Held Odysseus irrte darin zehn Jahre über das Meer und wurde von Stürmen und Ungeheuern bedroht. Die Abenteuer des Odysseus lassen uns ahnen, welche Furcht die Menschen hatten, wenn sie sich mit ihren kleinen Schiffen auf das Meer hinauswagten. Dabei waren die Griechen ein Volk der Seefahrer. Die meisten Menschen lebten nah am Meer. Sie segelten an der Küste entlang oder von Insel zu Insel. Benachbarte Städte waren oft leichter mit dem Schiff zu erreichen als zu Fuß. Viele Gebiete Griechenlands waren durch hohe Berge getrennt. Der Landweg war beschwerlich. Der höchste Berg Griechenlands ist der 2917 Meter hohe Olymp. In der Antike hielten die Griechen ihn für unbesteigbar. Er war fast immer von Wolken verdeckt und galt als Sitz der Götter.

M1 Männer ernten Oliven
Es können Bauern oder Sklaven sein. Vasenbild, 7. Jahrhundert v. Chr.

Viele Hundert Kleinstaaten

Die Berge und das Meer waren der Grund dafür, dass sich in Griechenland kein großer Staat entwickeln konnte. Ein Herrschaftsgebiet war selten größer als ein Tal zwischen zwei Bergen, ein Küstenstreifen oder eine Insel. Einen solchen Kleinstaat nannten die Griechen Polis.
Im Mittelpunkt einer Polis stand meistens eine Burg, von der aus das Gebiet regiert wurde. Handwerker und Kaufleute siedelten sich im Schutz der Burg an. So entstand eine Stadt, die von den Bauern des Umlandes versorgt wurde. Die meisten Stadtstaaten (Poleis) lagen an der Küste und trieben regen Handel. Sie verkauften Olivenöl, Wein, Töpferware und Bronzegegenstände. Im Gegenzug kauften sie Getreide, Metall, Gewürze und Sklaven.

Das „dunkle" Zeitalter – die Zeit der Sagen

Die berühmtesten griechischen Sagen – wie der Kampf um Troja – handeln von der Zeit, als Völker von der Donau und vom Schwarzen Meer nach Süden wanderten. Sie unterwarfen die Bevölkerung des griechischen Festlandes. Als mächtige Fürsten von Poleis führten sie gegeneinander Krieg oder verbündeten sich, um andere Gebiete zu erobern. Forscher wissen nur wenig über diese Zeit, weil kaum Schriften und Funde erhalten sind. Sie sprechen daher vom „dunklen" Zeitalter. Überliefert sind jedoch viele Sagen.
Am Ende des „dunklen" Zeitalters blühten die Stadtstaaten auf. Wie die Menschen in den Poleis lebten, wissen wir von Vasen. Von Vasen? Ja: Vasen, Schalen und Amphoren aus Ton wurden von den Griechen bemalt. Amphoren waren wie Vasen Gefäße aus Ton, in denen Olivenöl oder Wein aufbewahrt wurde. Die Griechen malten, was sie im Alltag sahen. Weil diese Bilder ganz oder in Scherben bis heute erhalten sind, wissen wir, wie das Leben der Griechen aussah.

M2 Griechenland und Kleinasien, Landschaft und Besiedelung

M3 Das trojanische Pferd
Darstellung auf einer Amphore um 670 v. Chr. Götter und Helden spielten auch nach den „dunklen" Zeiten eine wichtige Rolle im Leben der Griechen.

M4 Hämmernder Schmied in seiner Werkstatt
(Bild auf einer attischen Trinkschale, um 500 v. Chr.). Die Arbeitsteilung und die Verarbeitung von Bronze und Eisen zu Werkzeugen und Waffen waren wichtig für die Entwicklung der griechischen Hochkultur.

1. Erläutern Sie, warum in Griechenland so viele Poleis entstanden.

2. Die Darstellungen **M1**, **M3** und **M4** sind wichtige Quellen für unser Wissen über die Griechen. Beschreiben Sie die Abbildungen in Partnerarbeit.

3. Stellen Sie dar, welche Bedeutung das Meer für die Griechen hatte.

4. Entnehmen Sie der Karte (**M2**) Informationen über die Verteilung von Gebirgen, Ebenen, Küsten und Poleis. Ziehen Sie daraus Schlussfolgerungen für die Lebensbedingungen.

1200 v. Chr. 476 n. Chr.

„Wie die Frösche um einen Teich“

Wenn ein Stadtstaat reich wurde, wuchs auch die Bevölkerung. Es gab aber nicht genug Nahrung für alle. Deshalb brachen viele Griechen auf, um anderswo ihr Glück zu versuchen.

Kolonien
So nannten die Griechen die neuen Siedlungen an den Küsten des Mittelmeeres und des Schwarzen Meeres. Sie waren von der Mutterstadt unabhängige neue Poleis.

Hellenen
Dieser Begriff bezeichnete im antiken Griechenland alle griechisch sprechenden Völker. Der Begriff „Griechen“ entstand erst später.

Griechen gründen neue Siedlungen

Die wachsende Bevölkerung musste ernährt werden. Doch die Griechen konnten ihre Felder wegen der Berge und wegen des Meeres nicht vergrößern. Viele Bauernhöfe lagen auf Böden, wo das Getreide nur schlecht wuchs. Die Ernte reichte für den Besitzer und seine Familie kaum zum Leben. Besonders groß war die Not in trockenen Jahren, wenn die Sonne das Getreide auf den Feldern verdorren ließ. Ein weiteres Problem ergab sich durch die Vererbung der Höfe. Hatte der Bauer mehr als einen Sohn, so musste das Land geteilt werden und es wurde noch kleiner. Einen Ausweg bot für viele nur die Auswanderung.
Manche suchten in der Fremde nach neuen Handelsplätzen, wo sie gute Gewinne machen konnten. Neue Geschäfte lockten auch, weil die Geldwirtschaft allmählich den Tauschhandel ersetzte. Andere gingen vielleicht auch aus bloßer Abenteuerlust von zu Hause weg.
Meistens machten sich die Auswanderer einer Polis gemeinsam auf den Weg, um sich an einem anderen Ort niederzulassen. Die neuen Siedlungen nannten die Griechen Kolonien.
Zwischen 750 und 550 v. Chr. gründeten die Griechen viele Ackerbaukolonien und Handelsstädte rund um das Mittelmeer. Der griechische Philosoph Platon beschrieb den Siedlungsraum der Griechen so: „Wir sitzen um unser Meer wie die Frösche um einen Teich.“

Die Kolonisten bleiben Griechen

Obwohl die Griechen jetzt über viele Stadtstaaten verstreut lebten, fühlten sie sich als ein Volk. Sie nannten sich Hellenen. Alle Hellenen verband eine gemeinsame Kultur und vor allem die gemeinsame griechische Sprache. Fremde Völker bezeichneten die Hellenen als „Barbaren“, denn deren Sprache klang für die Hellenen wie „barbarbar“.
Die Griechen behielten auch in der neuen Heimat ihre Sprache, ihre Lebensweise und ihre Architektur. Dadurch lernten die einheimischen Bewohner die griechische Kultur kennen und übernahmen sie. Die Griechen vermittelten ihnen auch zwei entscheidende Neuerungen, die sie selbst im Osten ihres Landes kennengelernt hatten: eine Schrift aus Buchstaben (das Alphabet) und das Bezahlen mit Münzen.

Handel hält die Griechen zusammen

Die Kolonien blieben mit ihren Mutterstädten in Griechenland vor allem durch den Handel in Kontakt. Das Münzgeld erleichterte die Geschäfte. Durch Funde von Münzen und Gefäßen aus Ton wissen wir, dass die Griechen im gesamten Mittelmeerraum mit Waren handelten. Durch den Handel wurden die Kolonien wohlhabend.

Α	α	a	*Alpha*	Ν	ν	n	*Ny*
Β	β	b	*Beta*	Ξ	ξ	x	*Xi*
Γ	γ	g	*Gamma*	Ο	ο	o	*Omikron*
Δ	δ	d	*Delta*	Π	π	p	*Pi*
Ε	ε	e	*Epsilon*	Ρ	ρ	r	*Rho*
Ζ	ζ	z	*Zeta*	Σ	σ, ς	s	*Sigma*
Η	η	e	*Eta*	Τ	τ	t	*Tau*
Θ	θ	th	*Theta*	Υ	υ	y	*Ypsilon*
Ι	ι	i	*Iota*	Φ	φ	ph	*Phi*
Κ	κ	k	*Kappa*	Χ	χ	ch	*Chi*
Λ	λ	l	*Lambda*	Ψ	ψ	ps	*Psi*
Μ	μ	m	*My*	Ω	ω	o	*Omega*

M1 Das griechische Alphabet

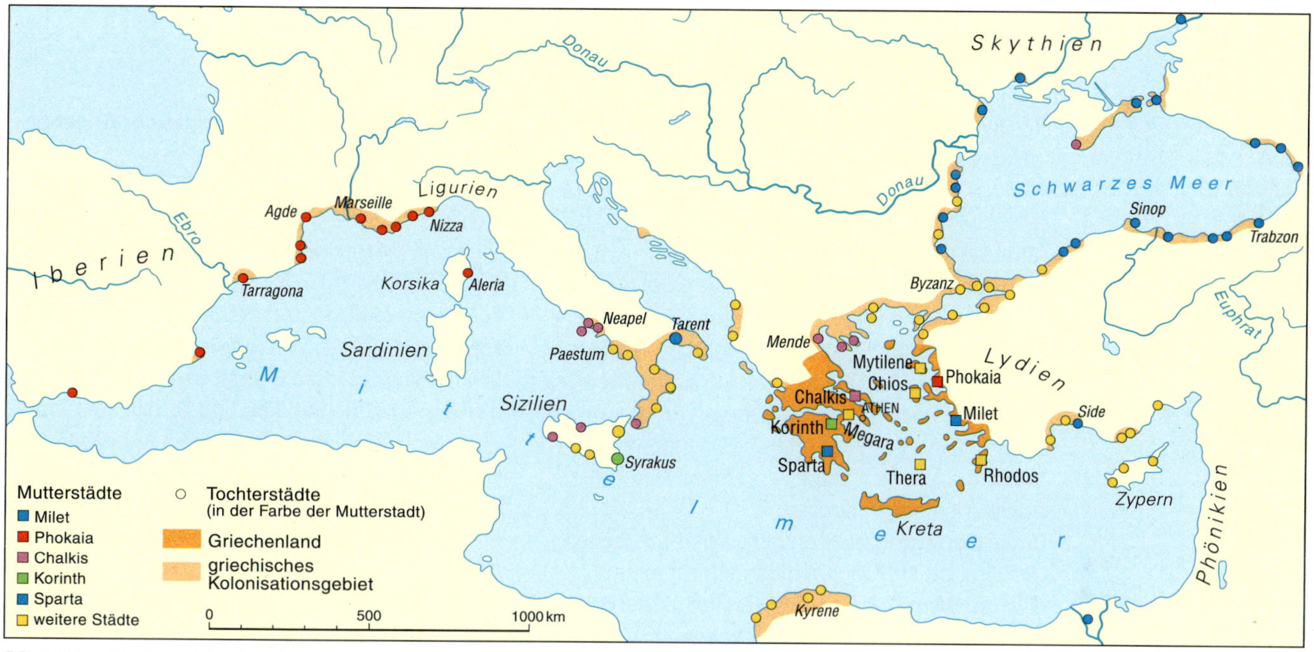

M2 **Griechische Kolonisation zwischen 750 und 550 v. Chr.**

M3 **Tetradrachme (=Vierdrachmenstück) aus Athen**
Die Rückseite der Münze zeigt das heilige Tier der Athene: eine Eule. Athene ist die Schutzgöttin der Stadt. Die Inschrift A E steht für die ersten zwei Buchstaben des Ausgabeortes: A ENAI N = Münze der Athener. Das Silber für die berühmte Athener Eulenmünze kam aus den Bergwerken von Laurion auf der Halbinsel Attika. Dort arbeiteten bis zu 20 000 Sklaven unter unmenschlichen Bedingungen.

M4 **Griechische Euromünze 2002**
Die griechische Schrift mit einem Omega am Ende bedeutet Euro.

Münzprägung
Seit ihrer Erfindung im 7. Jahrhundert v. Chr. wurden Münzen bis in die Neuzeit hinein auf dieselbe Weise hergestellt: Dabei galt es, Schrötlinge, das waren meist runde Metallplättchen, zweiseitig mit einer Prägung zu versehen. Vorder- und Rückseitenbild wurden mittels zweier Stempel auf das Metallstück übertragen. Mit dem frei beweglichen Oberstempel wurde der Schrötling in den fest verankerten Unterstempel geschlagen.

1. Nennen Sie Gründe, warum ein Teil der Bewohner einer Polis auswanderte.

2. Finden Sie heraus, warum es noch lange Zeit nach der Gründung einer Kolonie enge Beziehungen zur Mutterstadt gab (**VT**).

3. Erklären Sie mithilfe der Karte, **M2**, was Platon meinte (**VT1**, letzter Satz).

4. Vergleichen Sie: Was wollten die Athener wohl ihren Handelspartnern mit der Münze (**M3**) sagen? Was wollen die Griechen heute mit ihrer Münze in der EU sagen (**M4**)?

1200 v. Chr. | 476 n. Chr.

Wettkampf zu Ehren der Götter

In Olympia, einer heiligen Stätte, fanden alle vier Jahre die legendären Wettkämpfe der Griechen statt. Zu Ehren der Götter traten junge Männer von weit her gegeneinander an.

1896	Athen
1900	Paris
1904	St. Louis
1908	London
…	
2008	Peking
2012	London
2016	Rio de Janeiro
2020	…

M1 Die Olympischen Spiele der Neuzeit

Eine Welt voller Götter

Von Homer erfahren wir, dass die Griechen viele Göttinnen und Götter anbeteten. Die Griechen stellten sich die Götter mit menschlichen Eigenschaften vor: Sie feierten und stritten miteinander, waren eifersüchtig und begingen Ehebruch. Häufig verließen sie den Berg Olymp, wo sie wohnten, um sich in die Angelegenheiten der Menschen einzumischen.
Viele Göttergeschichten boten den Menschen Erklärungen für Dinge, die ihnen rätselhaft waren: Wenn Zeus zornig war, ließ er den Donner rollen, und gegen Schuldige schleuderte er Blitze. Die Griechen fürchteten die Götter und versuchten, sie durch Opfer günstig zu stimmen. Jede Stadt, jeder Landstrich und jede Quelle stand unter dem Schutz mindestens eines Gottes. Wer einen Fluss durchquerte, betete vorher zum Flussgott, wer etwas säte, opferte der Göttin des Ackerbodens. Familien beteten gemeinsam an kleinen Altären zu den Hausgöttern. Die Hausgötter sollten Unglück abwenden und Diebe fernhalten.

M2 Wagenrennen
Vasenmalerei aus dem 6. Jahrhundert v. Chr.

Die Hauptgötter der Griechen wohnten auf dem Berg Olymp im Norden Griechenlands. Zu den bedeutendsten gehörten der Göttervater Zeus, der als Wettergott Gewitter und Stürme schickte, die Göttermutter Hera, die als Beschützerin von Ehe und Familie galt, der Kriegsgott Ares, die Liebesgöttin Aphrodite, der Gott der Künste Apollon und Athene, die Göttin der Weisheit.
Fast in der ganzen Mittelmeerwelt war der Glaube verbreitet, man könne von den Göttern die Zukunft oder das eigene Schicksal erfahren. Das berühmteste Heiligtum für solche Fragen war in Griechenland das Orakel des Apollon in Delphi.

Im Heiligtum des Göttervaters

In Olympia kamen Hunderte von jungen Männern zusammen, um sich im sportlichen Wettkampf zu messen. Frauen waren nicht zugelassen. Die Athleten hatten hart trainiert und nach einer strengen Diät gelebt. Sie wollten den Göttervater Zeus nicht enttäuschen, dem zu Ehren die Wettkämpfe stattfanden.
Die Zuschauer waren aus den vielen Hundert Kleinstaaten Griechenlands und selbst aus den entferntesten Kolonien gekommen, um Zeus zu ehren und die Sieger zu feiern. Zuschauen durften fast alle, auch Nichtgriechen und Sklaven – nur keine verheirateten Frauen. Mit der Einladung verpflichteten die Gesandten die Städte zur Waffenruhe. Die Spiele sollten ungestört stattfinden und die Teilnehmer gefahrlos nach Olympia und wieder nach Hause reisen können. Am letzten Tag versammelten sich Sportler und Kampfrichter im Zeustempel zum Dankopfer. Die Sieger trugen einen Kranz aus den Zweigen des Olivenbaumes. Sie wurden nach ihrer Rückkehr in ihrer Heimatstadt gefeiert und von ihren Mitbürgern versorgt. Es zählten übrigens nur Sieger: Wer als Zweiter oder Dritter nach Hause kam, galt als Versager.

M3 Der Ablauf der Spiele in Olympia:

1. Tag: Eid der Athleten und Trainer vor der Zeusstatue
2. Tag: Wettkämpfe der Knaben
3. Tag: Pferde- und Wagenrennen, Fünfkampf (Diskuswerfen, Weitsprung, Speerwerfen, Lauf, Ringkampf)
4. Tag (Vollmond): Prozession und Opfer für Zeus, Festmahl
5. Tag: Laufwettbewerbe, Kampfsportarten (Faustkampf, Ringkampf, Allkampf), Waffenlauf
6. Tag: Siegerehrung im Zeustempel

M4 Pro und kontra Olympische Spiele:

a) Der Athener Redner Isokrates schreibt im 4. Jahrhundert v. Chr. über die Olympischen Spiele:

Zu Recht loben wir die Gründer unserer großen Festspiele. Denn sie haben uns die Sitte überliefert, an einem Ort zusammenzukommen, nachdem Frieden verkündet worden ist und wir unsere Streitigkeiten beigelegt haben. Wenn wir an diesem Ort dann gemeinsam beten und opfern, werden wir daran erinnert, dass wir miteinander verwandt sind. Wir bekommen freundlichere Gefühle füreinander, machen alte Freundschaften wieder lebendig, knüpfen neue für die Zukunft. Weder Zuschauer noch Athleten verbringen ihre Zeit umsonst und nutzlos. Athleten können im Wettstreit der Hellenen ihre Höchstleistungen zeigen; Zuschauer können miterleben, wie sie miteinander wetteifern. Jeder findet etwas Interessantes am Festspiel und alle etwas, was ihrem Stolz schmeichelt: die Zuschauer, wenn sie sehen, wie sich die Athleten für sie anstrengen, und die Athleten, wenn sie daran denken, dass die ganze Welt gekommen ist, um sie zu bestaunen.

M5 Der siegreiche Athlet
erhält einen Kranz aus den Zweigen eines Olivenbaumes. Vasenmalerei, 5. Jahrhundert v. Chr.

b) Der Dichter Xenophanes (um 565–470 v. Chr.) meint dazu:

Nein, es liegt kein Sinn in diesem Brauche. Zu Unrecht wertet man leibliche Kraft höher als Wissen und Weisheit. Denn sei im Volk ein Bürger auch tüchtig im Faustkampf, mag er vielleicht auch im Ringen oder Fünfkampf sehr gut sein oder im Schnelllauf: So wird doch die Ordnung des Staates dadurch nicht besser. Wenig Gewinn erwächst daraus der heimischen Stadt.

ATHENS 2004

M6 Olivenzweig
Logo der Olympischen Sommerspiele in Athen

1. Erläutern Sie den Zusammenhang zwischen Sport und Götterglaube im alten Griechenland.

2. Listen Sie die sportlichen Disziplinen auf, die es in Olympia gab (**M2, M3**).

3. Finden Sie in Partnerarbeit heraus,
a) warum Isokrates die Olympischen Spiele für wichtig hält (**M4a**).
b) was Xenophanes an den Olympischen Spielen kritisiert (**M4b**).

4. Verfolgen Sie die aktuellen Diskussionen um die Olympischen Sommer- bzw. Winterspiele. Welche Themen werden diskutiert? Welche Bedeutung haben die Spiele heute?

Wie entstand die erste Demokratie?

Wir leben in Deutschland in einer Demokratie. Alle vier Jahre wählen Bürgerinnen und Bürger Abgeordnete in den Deutschen Bundestag in Berlin. Die Idee der Demokratie kommt aus Athen. Aber eigentlich wurde dort mehr gelost als gewählt.

Monarchie
Diese Form der Regierung bedeutet Alleinherrschaft. An der Spitze des Staates steht ein König.

Oligarchie/ Aristokratie
Dieser Begriff bezeichnet die Herrschaft Weniger bzw. die Herrschaft der Adligen.

Demokratie
(„Volksherrschaft“) Bei dieser Regierungsform bestimmen die Bürger selbst. Die Athener führten um 500 v. Chr. die erste Demokratie ein.

Wer soll herrschen?

Seit Jahrhunderten stritten sich in der Polis Athen die Menschen um die Frage: Wer darf entscheiden und wer trägt die Verantwortung für alle? Um 507 v. Chr. war in Athen der Adlige Kleisthenes an der Macht. Er wollte dem Volk, dem „demos“, mehr Einfluss verschaffen. So wollte er sicherstellen, dass kein Einzelner alle Macht an sich riss. Kleisthenes leitete eine Reihe von Reformen ein.

Die erste Demokratie war anders

Alle Bürger, die sich für die Stadt und das Zusammenleben interessierten und Zeit hatten, versammelten sich auf einem Platz zur Volksversammlung. Sie hörten sich Vorschläge an, berieten darüber und stimmten am Ende ab. Die Mehrheit entschied! Die Vorbereitung der Volksversammlungen und die Regierungsgeschäfte übernahmen 500 Bürger, die ausgelost wurden. Das war der Rat der 500. Auch die 6000 Richter wurden ausgelost. Bei 40 000 Bürgern und einer Amtszeit von einem Jahr hatte jeder gute Chancen, ein Amt zu bekommen. Jeder Bürger konnte mitreden, mitentscheiden und mitregieren.

Athen war eine Demokratie – freilich nur für Männer. Frauen, Metöken (Fremde) und Sklaven wurden öffentlich nicht nach ihrer Meinung gefragt.

Das Losen hat Grenzen

Die Athener haben die Macht eines Einzelnen gefürchtet. Doch es gab ein Amt, das man unmöglich verlosen konnte und bei dem auch eine Wiederwahl erlaubt sein musste: das des Strategen. So nannte man den Militärbefehlshaber. 30 Jahre lang wählten die Athener Perikles als einen ihrer Anführer im Krieg. Perikles war aber auch ein glänzender Redner in der Volksversammlung. So verteidigte er die Demokratie nicht nur gegen äußere Feinde, sondern überzeugte die Bürger, Athen zu einer bedeutenden Polis zu entwickeln.
Eine Form der Volksabstimmung war das Scherbengericht mithilfe einer Tonscherbe. Dabei wurde jährlich über eine zehnjährige Verbannung von Politikern abgestimmt, deren Aktivitäten den Staat zu bedrohen schienen. Den betroffenen blieben Ehrenrechte und Vermögen erhalten.

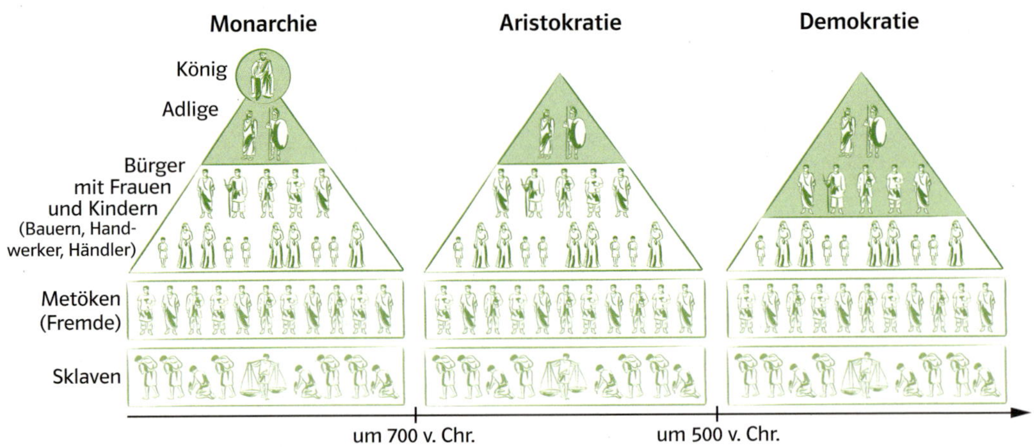

M1 Wer soll herrschen: einer, wenige, alle?
In Athen veränderte sich die Staatsordnung mehrmals. Grün unterlegt ist der Teil der Bevölkerung, der jeweils an der Herrschaft beteiligt war.

M2 Kleon und Eje, Geschichtscomic. In einer erfundenen Bildergeschichte begleiten wir den Athener Bürger Kleon und seinen ägyptischen Geschäftspartner Eje im Jahr 431 v. Chr. durch die Stadt Athen.

1. Beschreiben Sie das Schaubild (**M1**) zur Herrschaft in Athen. Erklären Sie die Unterschiede der Herrschaftsformen mithilfe der Lexikonbegriffe.

2. Nennen Sie Aufgaben des Rats der 500 und der Volksversammlung.

3. Erläutern Sie, warum die Athener viele Ämter auslosten (**VT3, M2**), nicht aber das Amt des Strategen.

4. Im Comic (**M2**) erklärt Kleon wichtige Elemente der Demokratie in Athen. Nennen Sie diese Elemente.

Alltagsleben in Athen

Im attischen Hafen Piräus war immer etwas los. Hier wurden Kriegsschiffe gebaut, Athener und Fremde legten mit ihren Handelsschiffen an. Sie entluden ihre Waren, die dann auf dem Markt verkauft wurden.

Philosoph
Die Philosophen waren Wissenschaftler, die nach dem Ursprung der Dinge suchten. Im Griechischen bedeutet das Wort „Freund der Weisheit“. Ihre Erkenntnisse erlangten bis heute Bedeutung.

Metöken und Sklaven

Menschen aus vielen Orten rings um das Mittelmeer trafen sich auf dem Markt von Athen. Manche Zugereiste sahen, dass sich in dieser Stadt gute Geschäfte machen ließen. Sie blieben als Händler oder Handwerker in der Stadt. Diese Fremden wurden „Metöken“ genannt. Sie bezahlten eine spezielle Steuer – dafür erhielten sie gewisse Rechte. Das volle Bürgerrecht bekamen sie jedoch nicht.
Andere fremde Handwerker mussten für die Athener als rechtlose Sklaven arbeiten. Dazu gehörten etwa Schmiede, Schuster oder Schneider. Sie erwirtschafteten den Wohlstand, der es den attischen Bürgern erlaubte, sich um die Politik zu kümmern.

Alltag der Bürger

Die Bürger trafen sich zum Beispiel bei der Volksversammlung, um über Gesetze abzustimmen, oder gingen ihren Ämtern nach. Die Frauen der reichen Bürger blieben zu Hause und kümmerten sich um den Haushalt und die Familie. Wenn sie ihre Verwandten besuchten oder an einer religiösen Feier teilnahmen, wurden sie von einer Sklavin begleitet. Frauen der ärmeren Bürger und der Bauern mussten hart arbeiten. Dafür konnten sie sich freier in der Öffentlichkeit bewegen.

Philosophen in Athen

Im 5. Jahrhundert v. Chr. „erfanden“ die Athener die Demokratie. Jeder Bürger durfte nun mitentscheiden, musste sich aber auch informieren und verschiedene Meinungen sorgsam abwägen. Wer Einfluss ausüben wollte, musste darüber hinaus gut reden können. Manche Philosophen machten daraus ein einträgliches Geschäft. An belebten Orten wie z. B. Marktplätzen verkauften sie ihr Wissen an junge Männer, die reich genug waren und etwas werden wollten. Dabei ging es nicht mehr um Naturereignisse und ihre Erklärung, sondern um den Menschen und sein Handeln. Fragen nach einer gerechten Staatsform, nach einem guten und richtigen Leben standen im Mittelpunkt und erregten die Gemüter. Der bekannteste Philosoph Athens war Sokrates (470–399 v. Chr.). Er zog durch Athen, verwickelte die Menschen in Diskussionen und versuchte, sie zum gründlichen Nachdenken anzuregen.

M1 Ausbildung von Jungen auf einer Schale aus Athen, um 480 v. Chr. Links: Musikunterricht mit der Lyra. Rechts: Unterricht in Grammatik und Literatur

M2 Der Schriftsteller Xenophon schrieb im 4. Jahrhundert v. Chr. ein Buch über Hauswirtschaftslehre. Darin äußert sich ein Athener über das Verhältnis von Mann und Frau so:

Sie war noch keine fünfzehn Jahre alt, als ich sie heiratete. Die Zeit vorher hatte man fürsorglich auf sie aufgepasst, damit sie möglichst wenig sah, hörte und fragte. Ich war schon damit zufrieden, dass sie bei ihrem Kommen bereits verstand, mit Wolle umzugehen und ein Gewand anzufertigen, und dass sie auch schon bei der Spinnarbeit der Dienerinnen zugesehen hatte. Außerdem wusste sie – das erscheint mir sehr wichtig – im Kochen gut Bescheid (...). Mir scheinen die Götter dieses Paar, Mann und Frau, besonders gut zusammengepasst zu haben, damit es sich gemeinsam so viel Nutzen bringe wie möglich. Denn erstens ist dieser Bund geschlossen, um miteinander Kinder zu zeugen. Zweitens schaffen sie sich mit den Kindern, die aus diesem Bunde hervorgehen, Stützen für das Alter. (...)
Da beide Arten von Arbeit nötig sind, die draußen und die drinnen, schufen die Götter die Natur der Frau für die Arbeiten im Haus, die des Mannes für die Arbeiten außerhalb des Hauses (...). Die Frauen haben größere Liebe zu den Säuglingen, ihre Fürsorge ist gut geeignet für die Überwachung der Vorräte; der Mann dagegen ist mutiger, wenn es um den Schutz von Haus und Eigentum geht. Er ist eher dazu geschaffen, Kälte und Wärme, Märsche und Feldzüge zu ertragen.

M3 „Ein beseelter Besitz". Der Philosoph Aristoteles (344–322 v. Chr.) über die Sklaverei:

Als Erstes wollen wir über den Herren und den Sklaven reden. (...) Da nun der Besitz ein Teil des Hauses ist, (...) so ist auch für den Hausverwalter der Besitz im Einzelnen ein Werkzeug zum Leben und im Ganzen eine Sammlung solcher Werkzeuge und der Sklave ein beseelter Besitz; jeder Diener ist gewissermaßen ein Werkzeug, das viele andere Werkzeuge vertritt. (...) Die Natur hat außerdem die Tendenz, auch die Körper der Freien und der Sklaven verschieden zu gestalten, die einen kräftig und für die Beschaffung des Notwendigen, die anderen aufgerichtet und ungeeignet für derartige Verrichtungen, doch brauchbar für das politische Leben.

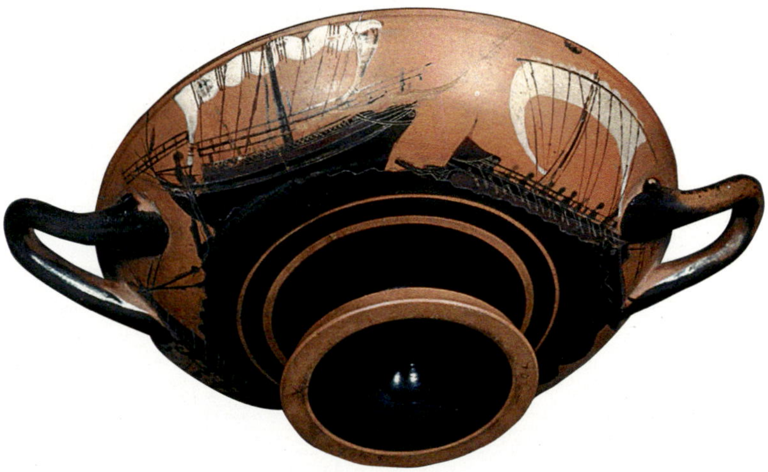

M4 Handelsschiff und Kriegsschiff auf einer Trinkschale aus dem 5. Jahrhundert v. Chr.

Zu dieser Zeit besaß die Polis Athen die meisten Handels- und Kriegsschiffe. Die Handelsschiffe waren bauchiger und geräumiger, um möglichst viele Waren zu transportieren. Die Kriegsschiffe waren flacher und beweglicher, um kampftüchtig zu sein.

1. Nennen Sie unterschiedliche Rechte der Bevölkerungsgruppen in Athen (**VT1, VT2, M3**).

2. Beschreiben Sie die Schiffe auf der Schale (**M4**). Welche Bedeutung hatten sie für die Athener (S. 14: **VT1**)?

3. Erläutern Sie anhand von **M3**, warum aus heutiger Sicht Athen keine Demokratie war.

4. Fassen Sie zusammen, wie Xenophon (**M2**) das Verhältnis zwischen Mann und Frau sieht.

1200 v. Chr. — 476 n. Chr.

Alexandria – Zentrum der hellenistischen Welt

Alexander der Große war mehr als ein bedeutender Feldherr. Er löste von Ägypten bis zum Indus auch große Veränderungen aus.

Sieben Weltwunder
Bereits in der Antike erfolgte die erste Auflistung besonders beeindruckender Bauwerke: wie z. B. der Leuchtturm vor Alexandria, die Pyramiden von Gizeh in Ägypten, die Zeusstatue in Olympia und der Tempel der Artemis in Ephesos.

Hellenismus
Die Zeit des Hellenismus reichte von Alexanders Krönung 336 v. Chr. bis ins Jahr 30 v. Chr., als das hellenistische Ägypten römische Provinz wurde.

Alexandria in Ägypten

Im Jahr 331 v. Chr. gründete Alexander der Große, Herrscher von Makedonien im gebirgigen Norden Griechenlands, die Stadt Alexandria. Er selbst zog weiter, setzte aber makedonische Vertreter ein. Zusammen mit griechischen und ägyptischen Fachleuten bauten sie die modernste Stadt des Altertums auf.
Alexandria bekam einen Leuchtturm, der zu den sieben Weltwundern der Antike zählte. Er wies Schiffen aus aller Welt den Weg in die verschiedenen Häfen der Stadt. Die Schiffe brachten Waren aus dem Mittelmeerraum, aus Afrika und aus Asien. In Alexandria luden sie ägyptische Waren ein und verkauften sie in der Ferne. Der Handel und die Zolleinnahmen machten Alexandria reich.

Stadt der Wissenschaft

Mit den Schiffen kamen auch Gelehrte aus aller Welt nach Alexandria. In der Stadt gab es die größte Schriftrollensammlung der Zeit. Die Bibliothek von Alexandria war berühmt. Hier wurden bedeutende Schriftrollen verfasst, abgeschrieben oder aus anderen Orten gesammelt. Es gab ein „Museion", das man mit einer heutigen Universität vergleichen kann. Hier konnten Wissenschaftler lesen, sich austauschen und neue Ideen entwickeln. Die damaligen Forscher erklärten die Welt nicht mehr mit dem Handeln der Götter, wie man es gewohnt war. Sie benutzten ihren Verstand – und wissenschaftliche Beweise. So wurden die Medizin, die Kunst, die Naturwissenschaften, die Mathematik und besonders die Philosophie weiterentwickelt.

Griechisch wird Weltsprache

Nicht nur in Ägypten, sondern überall in Alexanders Reich gab es einen Austausch zwischen den Griechen und den Menschen vor Ort. Man spricht heute von der Zeit des Hellenismus („Griechentum"). Die griechische Sprache wurde zur Weltsprache: Jeder Händler, jeder Gebildete musste Griechisch sprechen können. In Alexandria wurden zum Beispiel die alten Schriften der Juden, die einen Teil der Bibel bilden, ins Griechische übersetzt. Die Schriften über Jesus wurden später ebenfalls auf Griechisch verfasst. Doch die Griechen prägten nicht nur andere, sie übernahmen auch selbst etwas aus anderen Kulturen.
Als der letzte hellenistische Staat 30 v. Chr. eine römische Provinz wurde, ging zwar die große Zeit der Griechen zu Ende. Doch ihre Kultur blieb: Die Römer übernahmen viele Kenntnisse und Gedanken aus der Zeit des Hellenismus.

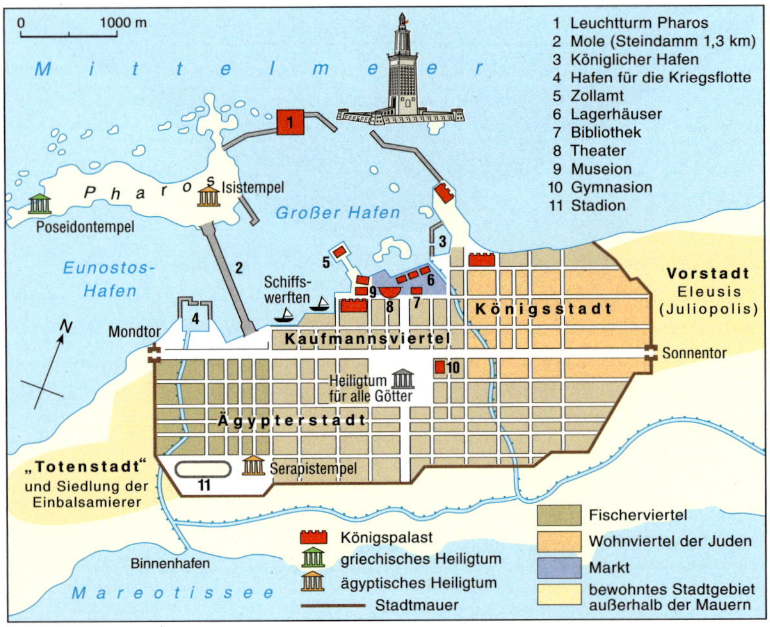

M1 Alexandria
wurde von Alexander dem Großen 331 v. Chr. gegründet. Das Wahrzeichen der Stadt war der Leuchtturm mit einer Höhe von 120 Metern.

M2 Über Alexandria schreibt der Grieche Strabon um Christi Geburt:

Die Stadt besitzt sehr schöne öffentliche Bezirke, unter denen der Bezirk der Königspaläste hervorragt; er macht allein fast ein Drittel des ganzen Stadtgebietes aus. Zum Palastviertel gehört auch das Museion mit seinen Wandelhallen und dem Speisesaal für die Gelehrten (…). Die ganze Stadt ist voll von Heiligtümern und großen Gebäuden, von denen das „gymnasion“ das schönste ist; es hat Säulenhallen von fast 200 Metern Länge. (…) Durch den Kanal, der den Nil mit dem Roten Meer verbindet, kommen gewaltige Flotten sogar aus dem Indischen Ozean und bringen die wertvollsten Frachten nach Alexandria, von wo sie weiter zu den anderen Handelsplätzen versandt werden; so kommen doppelt Zölle ein, von der Einfuhr wie von der Ausfuhr.

Mikroskop	mikros = klein, skopein = schauen
Demokratie	demos = Volk, kratein = herrschen
Philosophie	philos = Freund, sophia = Weisheit
Anarchie	a = un, arche = Ordnung
Epidemie	epi = in, demos = Volk
Anatomie	anatermnein = aufschneiden
Atom	atomos = unteilbar
Gymnastik	gymnazein = trainieren

M3 Deutsche Lehnwörter aus dem Griechischen

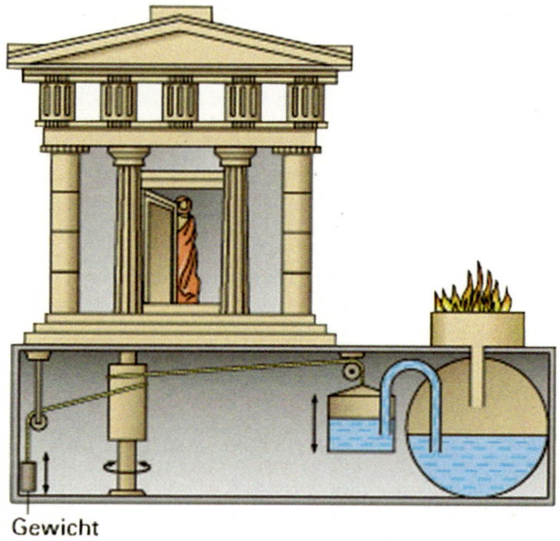

a) Wunderaltar des Heron. Wenn das Altarfeuer angezündet wurde, öffnete sich die Tempeltür und eine Göttin zeigte sich. Das Brennmaterial (z. B. „heiliges“ Öl) konnten die Gläubigen von den Priestern kaufen.

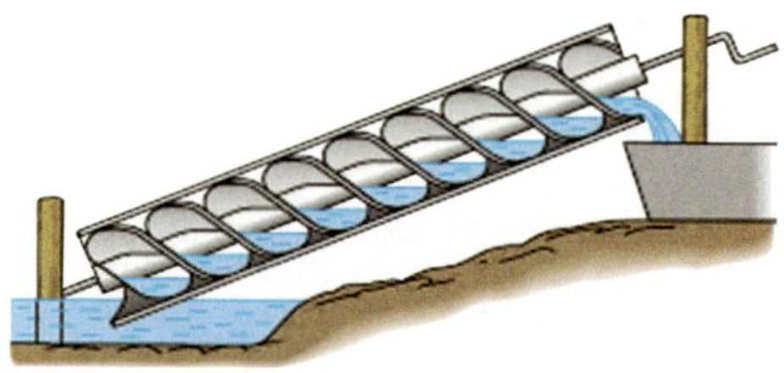

b) Die archimedische Schraube wurde zur Bewässerung auf Feldern oder zur Entwässerung in Bergwerken eingesetzt. Elektrisch eingesetzt arbeitet sie heute z. B. in Kläranlagen.

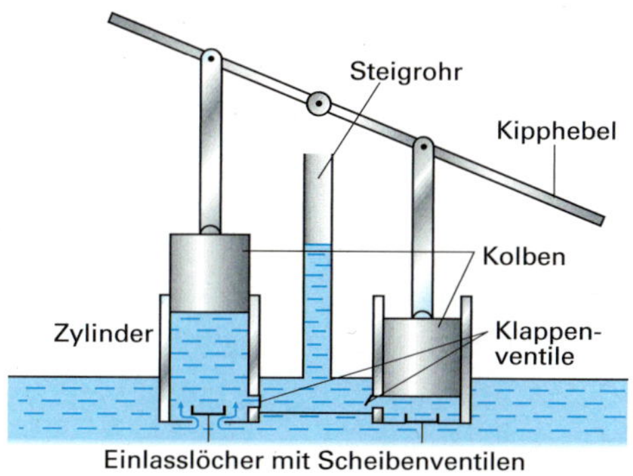

c) Die Wasserpumpe des Ktesibios diente noch bis ins 20. Jahrhundert hinein zur Brandbekämpfung.

M4 Diese Erfindungen aus der Zeit des Hellenismus stammen von den Wissenschaftlern des Museion in Alexandria.

1. Begründen Sie, warum Alexandria eine besonders typische Stadt für den Hellenismus war (**VT, M1, M2**).

2. Beschreiben und erklären Sie die Erfindungen der hellenistischen Wissenschaftler (**M4**). Ermitteln Sie, ob diese heute noch Anwendung finden.

3. Recherchieren Sie in Ihrem Physikbuch oder im Internet nach den Erfindungen des Archimedes (287–212 v. Chr.). Erklären Sie das archimedische Prinzip.

4. Viele Wörter, die mit „ph“ geschrieben werden, kommen aus dem Griechischen. Überprüfen Sie dies mithilfe eines Fremdwörterbuchs oder Lexikons.

1200 v. Chr. 476 n. Chr.

Eine Mindmap entwickeln

Sie müssen einen Vortrag halten oder sich zu einem Thema einen schnellen Überblick verschaffen. Am einfachsten wäre es, man könnte jeden neuen Gedanken wie auf einer Landkarte ansteuern.

M1 Das Thema der Mindmap, symbolisiert durch die Akropolis

Was ist eine Mindmap?
Eine Mindmap ist eine Darstellung von Gedanken oder Ergebnissen zu einem Thema. Die Stichworte und die Struktur werden durch passende Bilder unterstützt. Das Entwickeln einer Mindmap ist eine Arbeitstechnik, bei der man zu verschiedenen Aspekten eines Themas gleichzeitig arbeiten kann. Die Landkarte (map) aus Gedanken (mind) wächst immer mit. Mit einer Mindmap können Sie vor der Erarbeitung eines Themas Fragen sammeln (z. B. Fragen an die Geschichte der Griechen). Sie können damit auch Texte erarbeiten oder Tests vorbereiten. Im Folgenden geht es darum, die Geschichte der Griechen anschaulich zusammenzufassen.

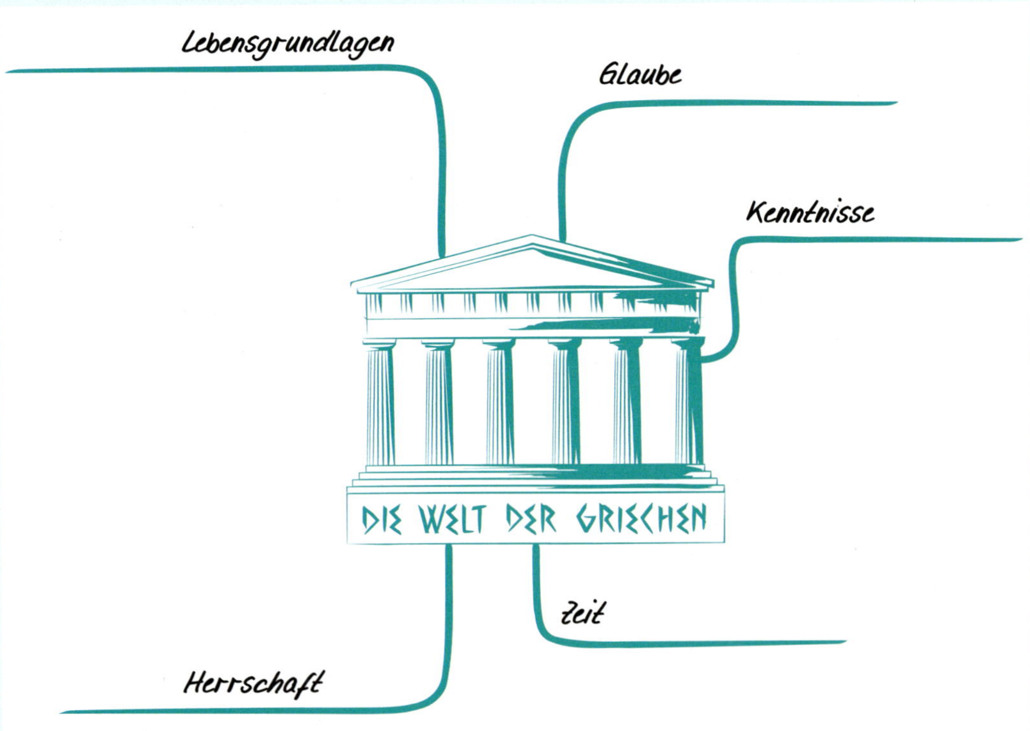

M2 Die fünf Hauptäste

Die Arbeitstechnik des Mindmapping gab es schon im Altertum. Der griechische Dichter Simonides lehrte seine Schüler um 500 v. Chr., lange Reden und Vorträge ohne Zuhilfenahme eines Manuskripts zu halten. Alle Inhalte ihrer Reden wurden in Vorstellungsbilder umgesetzt und diese im Geist an den Säulen eines ihnen bekannten Tempels platziert. Während der Rede konnten die Schüler im Geiste im Tempel „umherwandern" und alle Elemente ihrer Rede nacheinander abrufen. Die einzelnen Vortragspunkte konnten die Schüler in jeder beliebigen Reihenfolge abhandeln. Simonides hat erkannt, dass Begriffe oder Namen, die mit einer räumlichen Struktur oder mit einem Bild assoziiert werden, sich leichter aus dem Gedächtnis abrufen lassen.

Methodische Arbeitsschritte

1. Nehmen Sie sich ein freies Arbeitsblatt für Ihr Thema (DIN A4 oder DIN A3). Jede Mindmap beginnt in der Mitte. Überlegen Sie sich ein passendes Bild oder ein Symbol zu Ihrem Thema. Schreiben Sie das Thema der Mindmap in die Mitte des Arbeitsblattes (siehe M1).

2. Überlegen Sie sich gut, in welche Oberthemen sich Ihr Thema untergliedern lässt. Durch diese Gliederung bringen Sie Struktur in Ihr Thema. Legen Sie Hauptäste in verschiedenen Farben an. Achten Sie darauf, dass die Äste nah am Zentrum stehen, damit genug Platz für die Informationen auf den Zweigen bleibt. Lassen Sie die Hauptäste waagerecht auslaufen, dann können Sie sie besser beschriften und später leichter lesen (siehe M2).

3. Zeichnen Sie jetzt Nebenäste von jedem Hauptast ab. Nehmen Sie dieselbe Farbe wie beim Hauptast. Lassen Sie auch die Nebenäste waagerecht auslaufen und schreiben Sie nur Stichworte darauf. Überlegen Sie sich gut, welche Unterthemen Sie formulieren (siehe M3).

4. Arbeiten Sie weiter an den Nebenästen. Sie können sie immer noch erweitern, wenn Sie ein neues Teilthema auf dieser Ebene festhalten wollen. Wenn Sie weitere Einzelheiten notieren wollen, lassen Sie Zweige von den Nebenästen abgehen und schreiben Sie sie darauf.

5. Ihre Mindmap bietet schon einen guten Überblick. Jetzt muss sie noch zeichnerisch gestaltet werden. Überlegen Sie sich Zeichnungen, Bilder oder Symbole, die zu den Teilthemen passen und die Ihnen die Erinnerung erleichtern (siehe M4).

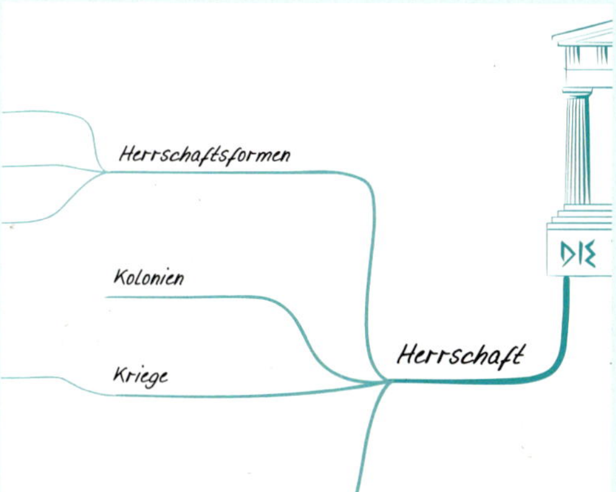

M3 **Der Hauptast „Herrschaft" mit vier Nebenästen**

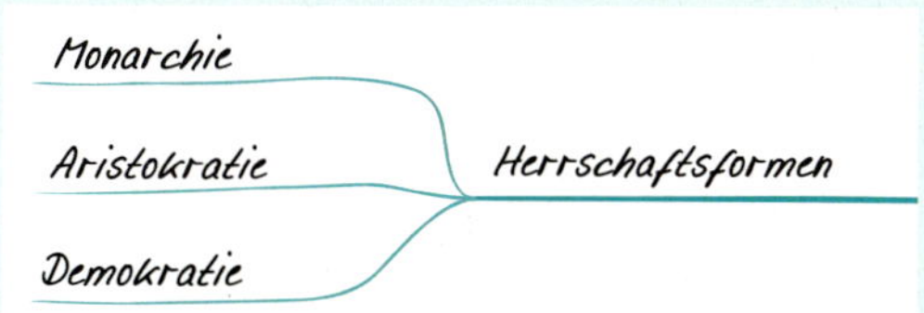

M4 **Die Abbildung einer Tonscherbe schmückt den Nebenast „Demokratie".**

1. Notieren Sie Stichworte zum Thema „Demokratie in Athen" auf ein Notizpapier oder auf einzelne Zettel.

2. Ordnen Sie Ihre Stichworte und suchen Sie passende Oberbegriffe dazu.

3. Entwickeln Sie eine Mindmap, indem Sie mit dem Thema und einem passenden Bild in der Mitte einer Seite beginnen. Beachten Sie die Schritte 1–5.

4. Üben Sie, mit Ihrer Mindmap einen mündlichen Vortrag zum Thema „Die Welt der Griechen" zu halten.

1200 v. Chr. | 476 n. Chr.

Rom – vom Dorf zur Stadt

Muss die mächtigste Stadt der Welt nicht einen besonderen Anfang gehabt haben? Für die Römer war das keine Frage. Sogar die Götter sollen bei der Gründung Roms geholfen haben.

Forum Romanum
Dies ist die Bezeichnung des großen Platzes in Rom, wo Versammlungen, Gerichtsverhandlungen und Märkte stattfanden. Auch politische Reden wurden hier gehalten.

Die Sage von Romulus und Remus

Ein grausamer Onkel wollte die Zwillinge Romulus und Remus gleich nach der Geburt töten. Daher ließ er sie in einem Schilfkorb auf dem Fluss Tiber aussetzen. So wären sie in den sicheren Tod getrieben, wenn sich das Körbchen nicht in den Zweigen eines Feigenbaums verfangen hätte. Eine Wölfin hörte das Wimmern der Knaben und zog sie in einer Höhle wie ihre eigenen Jungen auf. Später fand sie ein Hirte, der Romulus und Remus mit in seine Hütte nahm.

Als die beiden zu starken jungen Männern herangewachsen waren, wollten sie auf dem Hügel Palatin am Tiber eine Stadt gründen. Romulus errichtete einen kleinen Erdwall. So wollte er den heiligen Bezirk der Stadt markieren. Mit einem Satz sprang sein Bruder darüber, um Romulus zu verspotten. Der geriet in solchen Zorn, dass er Remus erschlug. Das soll im Jahre 753 v. Chr. gewesen sein.

M1 Die Wölfin ist bis heute das Wahrzeichen der Stadt Rom.
Diese Plastik aus Bronze entstand um 500 v. Chr., die Zwillinge hat man fast 2000 Jahre später hinzugefügt.

Wie war es wirklich?

Archäologen haben am Hügel Palatin tatsächlich die Reste einfacher Hütten ausgegraben, die fast 3000 Jahre alt sind. Vermutlich hatten sich verschiedene Volksstämme aus dem Norden Italiens hier um 1000 v. Chr. niedergelassen. Der Ort war sehr günstig: Das Land war fruchtbar, und der Tiber ließ sich an dieser Stelle leicht überqueren. Außerdem konnte man mit Schiffen schnell das Mittelmeer erreichen. Die Menschen in den kleinen Siedlungen lebten vor allem als Hirten, Bauern und Fischer. Der mächtigste Volksstamm waren die Etrusker, von denen viele gute Handwerker und Künstler waren. Nach und nach schlossen sich die Siedlungen auf den sieben Hügeln zu einer kleinen Stadt zusammen. Die Etrusker gaben ihr den Namen Ruma. Beherrscht wurde die Stadt von einem etruskischen König.

Eine große Stadt entsteht

Nach und nach wurde Rom eine Stadt mit Häusern aus Stein, mit Tempeln für die Götter und mit Brücken über den Tiber. Ringsum war die Anlage mit Mauern und Wällen befestigt. Um 500 v. Chr. beherrschten die Römer ein Gebiet, das schon so groß war wie Hamburg heute. Außerdem gelang es den Römern, die Sümpfe zwischen den Hügeln Stück für Stück trockenzulegen. Kanäle wurden angelegt, um den Boden zu entwässern. So entstand Raum für einen großen öffentlichen Platz.
Hier, auf dem Forum Romanum, versammelten sich die Bürger und es wurde auch Handel getrieben. Denn immer mehr Römer arbeiteten nun als Handwerker und Händler. Am Forum lag auch der Tempel. Bei wichtigen Entscheidungen beobachteten die römischen Priester den Flug der Vögel, deuteten ihn und gaben ihren Rat an den König weiter.

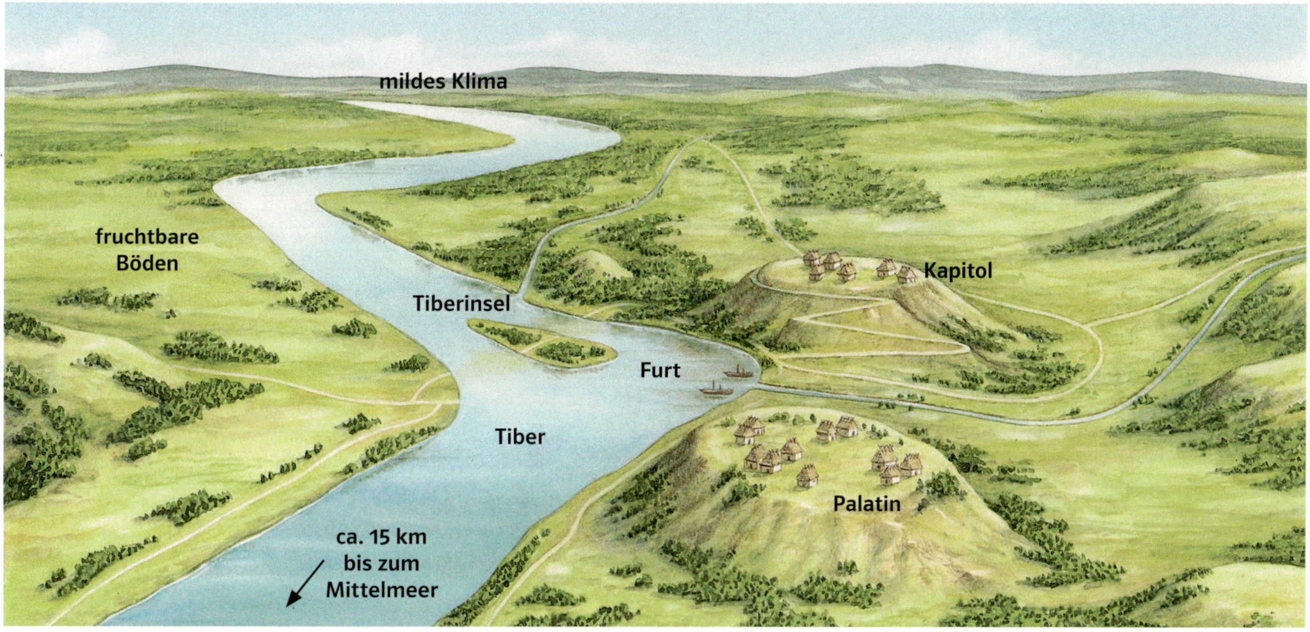

M2 Rom vor etwa 3000 Jahren in einer Rekonstruktion
Die Zeichnung zeigt den Platz der frühesten Siedlung. An dieser Stelle fanden Händler die erste Furt über den Tiber, wenn sie vom Mittelmeer her kamen. Da es damals noch keine Brücken über einen so breiten Fluss gab, war man auf flaches Wasser angewiesen, wenn man ihn mit einem Ochsenwagen überqueren wollte.

M3 Das Forum Romanum, um 300 n. Chr.
(Gemälde aus dem 19. Jh.) Auf dem wichtigsten Platz der Stadt Rom standen neben den Tempeln der Hauptgötter die großen Staatsgebäude. Dort wurden Gerichtsverhandlungen und Versammlungen abgehalten. Politiker hielten auf dem Forum Reden.
① Tempel des Jupiter
② Tempel des Saturn
③ Rednertribüne
④ Triumphbogen

1. Erklären Sie, warum das Wahrzeichen Roms eine Wölfin ist (**VT1, M1**).

2. Schildern Sie, wie sich die Römer den Namen ihrer Stadt erklären (**VT2**).

3. Zählen Sie Gründe auf, warum die Etrusker an der Stelle der späteren Stadt Rom eine Siedlung anlegten (**VT2, M2**).

4. Zwei Etrusker diskutieren vor 3000 Jahren über den richtigen Platz zur Gründung einer Siedlung. Schreiben Sie das Gespräch auf.

1200 v. Chr. 476 n. Chr.

Rom oder Karthago?

Karthago, 237 v. Chr.: Am Altar des höchsten Gottes muss der neunjährige Hannibal seinem Vater schwören, dass er die Römer ewig hassen wird. Warum verlangt der Vater einen solchen Eid?

Provinz
So nannten die Römer eine Besitzung außerhalb Italiens. Die Provinzen wurden von römischen Beamten verwaltet. Diese trieben die Steuern und Abgaben für Rom ein – und bereicherten sich auch selbst.

Talent
Das war in der Antike die größte Einheit für einen Geldbetrag: etwa 26 kg Silber.

Wem gehört das Mittelmeer?

Karthago war einst eine mächtige Stadt in Nordafrika. Sie war durch Handel reich geworden, und ihre Kriegsschiffe beherrschten das Mittelmeer. Doch die Stadt verlor einen langen Krieg gegen Rom und musste harte Friedensbedingungen annehmen. Das war im Jahr 241 v. Chr. Karthago verlor einen Teil seines Reiches und die meisten Schiffe. Nun besaßen die Römer die stärkste Kriegsflotte.

Karthagos neues Reich in Spanien

Hannibals Vater hatte als Feldherr gegen Rom gekämpft. Er hasste die Römer und wollte Karthagos Niederlage rächen. Deshalb setzte er im Jahr 237 v. Chr. nach Spanien über. Dort würde er für Karthago ein neues Reich aufbauen.

M1 Hannibals Übergang über die Rhône
Die Karthager unter Hannibal zogen über Spanien, Südfrankreich und die Alpen nach Italien. Auf ihrem Weg mussten sie in Frankreich die Rhône überqueren und die Kriegselefanten auf Flößen transportieren. Rekonstruktionszeichnung von Peter Connolly

Hannibal zieht über die Alpen

Mit 29 Jahren wurde Hannibal Feldherr. Jetzt wollte er das Heer seines Vaters gegen Rom führen. Doch wie sollte er es nach Italien bringen? Die römischen Kriegsschiffe beherrschten das Mittelmeer, und die schmale Küstenstraße konnte Roms Heer leicht sperren. Im Jahr 218 v. Chr. wagte Hannibal etwas Unerhörtes: Er führte eine Streitmacht von 50 000 Fußsoldaten, 9000 Reitern und 37 Kriegselefanten über die Pyrenäen ins heutige Frankreich. Über die steilen Gebirgspfade der Alpen gelangte er nach Italien.

Hannibal in Italien

In den folgenden Jahren besiegte Hannibal mehrere römische Heere. Die schlimmste Niederlage erlitten die Römer bei der Stadt Cannae; dort verloren sie 50 000 Männer. Rom war beinahe schutzlos. Doch die Römer gaben nicht auf. Sie stellten ein neues Heer auf und versprachen ihren Sklaven die Freiheit, wenn sie für Rom kämpften.

Rom setzt sich durch

Am Ende verlor Hannibal, weil die Römer seine Versorgungslager in Spanien angriffen. Dadurch bekam Hannibals Heer keinen Nachschub mehr. Als Karthago selbst bedroht wurde, musste Hannibal nach Afrika zurückkehren. Er verlor die Entscheidungsschlacht bei Zama gegen den römischen Feldherrn Scipio.
Im Jahr 201 v. Chr. schlossen Karthago und Rom Frieden. Karthago musste alle Gebiete außerhalb Afrikas an die Römer abtreten. Rom hatte seinen Gegner endgültig ausgeschaltet. Später zerstörten die Römer die Stadt vollständig. In den folgenden Jahrhunderten führten die Römer viele Kriege. Die Gebiete, die sie dabei eroberten, machten sie zu römischen Provinzen.

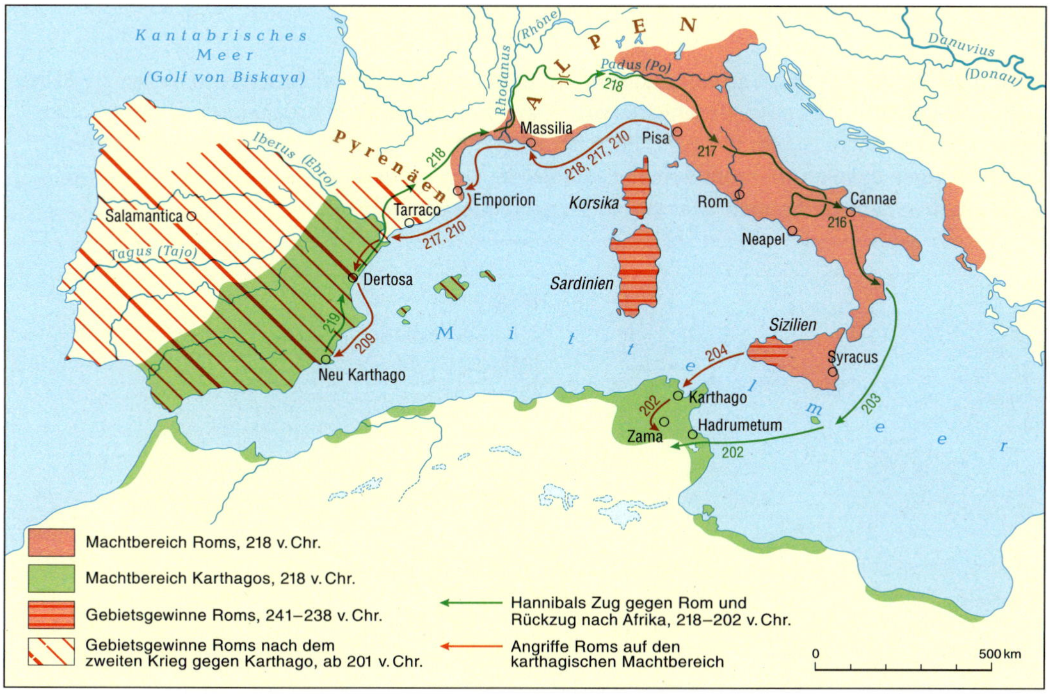

M2 **Rom gegen Karthago, 218–201 v. Chr.**

M3 Nach der Darstellung des römischen Geschichtsschreibers Livius (59 v. Chr.–17 n. Chr.) soll Hannibal seine Soldaten vor einer Schlacht gegen Rom angefeuert haben:

Dieses so grausame und übermütige Volk (der Römer) will alles besitzen, alles entscheiden (…) Es engt und schließt uns in Grenzen von Bergen und Flüssen ein, die wir auf keinen Fall überschreiten sollen. Doch selbst hält es die Grenzen nicht ein. (…) Ist es nicht genug, dass du (Rom) mir meine alten Provinzen Sizilien und Sardinien genommen hast? Nimmst du mir nun auch Spanien? Und wenn ich dieses verlasse, so wirst du auch nach Afrika kommen.

M4 Über die Bedingungen des Friedens von 201 v. Chr. berichtet der griechische Geschichtsschreiber Polybios (200–120 v. Chr.):

(Die Karthager sollen den Römern) alle Kriegsschiffe bis auf zehn Trieren ausliefern, desgleichen auch die Elefanten. Sie sollen mit keinem Volke außerhalb Libyens Krieg beginnen, auch nicht in Libyen ohne Zustimmung der Römer. (…) Sie sollen das (römische) Heer drei Monate lang mit Getreide versorgen und ihm Sold zahlen (…). 10 000 Talente an barem Gelde sollen die Karthager innerhalb 50 Jahren entrichten (…), endlich als Bürgschaft 100 Geiseln stellen, die der römische Feldherr aus den jungen Leuten auswählen wird, nicht unter 14 und nicht über 30 Jahre.

1. Beschreiben Sie die Lage der beiden Städte Rom und Karthago mithilfe der Karte **M2**.

2. Zeichnen Sie einen Zeitstrahl und schreiben Sie die wichtigsten Ereignisse im Krieg Hannibals gegen die Römer auf (**VT3–VT5, M2**).

3. Listen Sie die Friedensbedingungen in **M4** auf. Vergleichen Sie sie mit Hannibals Rede in **M3**.

4. Nur als Land- und Seemacht konnten die Römer ein großes Reich erobern. Begründen Sie diese Aussage (**M2**).

1200 v. Chr. — 476 n. Chr.

Geschichtskarten auswerten

Karten werden nicht nur im Erdkundeunterricht benötigt. Auch in der Geschichte helfen sie dabei, sich zu orientieren. Aus einer Geschichtskarte kann man schnell und anschaulich Informationen erhalten, in welchem Gebiet der Welt, an welchem Ort und zu welcher Zeit sich Ereignisse und Entwicklungen abspielten – zum Beispiel, wie Reiche sich ausdehnten, wie Kriegszüge verliefen, wo Menschen gesiedelt haben oder wohin sie gewandert sind.

M1 Die Entwicklung des Römischen Reiches zu einem Weltreich 133 v. Chr.–117 n. Chr.

Die Karten„sprache"

Welches Thema und welche Zeit eine Karte behandelt, sagt uns der Kartentitel. Der Maßstab informiert – wie bei einer geografischen Karte auch – über die in der Karte verwendeten Größenverhältnisse. Um Geschichtskarten zu verstehen, muss man die Zeichensprache kennen. Die sogenannten Signaturen sind in der Legende erklärt.

Beschreiben

Die Geschichtskarte verdeutlicht die Ausdehnung des Römischen Reiches im Zeitraum von 133 v. Chr. bis 117 n. Chr. Geografisch zeigt die Karte einen Teil Europas, das nördliche Afrika und den Nahen Osten – so nennen wir Europäer den westlichen Teil Asiens. Der historische Schwerpunkt liegt auf dem Mittelmeerraum, da hier die meisten Provinzen des Römischen Reiches lagen. Das benachbarte Reich der Parther erscheint dagegen nur als kleiner Ausschnitt. Hinter der Grenze des Römischen Reiches lebten in Nord- und Osteuropa verschiedene germanische Völker. Die größeren davon, z. B. die Goten und ihre Siedlungsgebiete sind ebenfalls in der Karte dargestellt.

Verschiedene Farben (von rotbraun bis gelb) kennzeichnen die vier Zeitabschnitte, in denen die Römer ihren Machtbereich immer weiter ausdehnten. Verschiedene Linienarten zeigen Grenzverläufe, Grenzbefestigungen und Grenzformen des Römischen Reiches.

In der Karte geben Namen und Jahreszahlen an, wann die Römer ein Gebiet eroberten und es zu einer Provinz des Reiches machten. Britannia wurde z. B. 43 n. Chr. eine römische Provinz. Mithilfe eines zusätzlichen Maßstabs kann man auf der Karte zum Beispiel bestimmen, wie weit sich die einzelnen Provinzen und das gesamte Römische Reich ausdehnten.

Untersuchen
Die rotbraun dargestellten Gebiete rund um das Mittelmeer, vor allem also Italien, Spanien, Griechenland und der westliche Teil Kleinasiens, zeigen das Römische Reich in seiner Ausdehnung im Jahr 133 v. Chr. Weitere Eroberungen werden nach den Regierungszeiten Caesars (bis 44 v. Chr.), Octavians (34 v. Chr.–14 n. Chr.) und Trajans (bis 117 n. Chr.) farblich abgestuft dargestellt.
Eroberte Gebiete außerhalb der italischen Halbinsel waren in Provinzen, also in Verwaltungseinheiten, unterteilt. Im 2. und 1. Jahrhundert v. Chr. eroberte das Römische Reich zehn neue Provinzen, insbesondere Küstenregionen im östlichen Mittelmeerraum, sodass zu Beginn der römischen Kaiserzeit unter Kaiser Augustus fast das gesamte Mittelmeergebiet von Rom beherrscht wurde. Unter Caesar konnte um 50 v. Chr. Gallien, das heutige Frankreich, von den Kelten erobert werden. Augustus fügte dem Weltreich nochmals neue Provinzen hinzu, unter anderem 30 v. Chr. Ägypten, Galatia (im Inneren Kleinasiens) sowie Raetia, Noricum, Pannonia, Dalmatia und Moesia südlich der Donau. Seine größte Ausdehnung erreichte das Römische Reich jedoch unter Kaiser Trajan (98–117 n. Chr.), der u. a. die Provinzen Arabia (105 n. Chr.), Dacia (107 n. Chr.) und Mesopotamia (115–117 n. Chr.) von den Parthern erobern konnte.
Die größte Ausdehnung zwischen den westlichen und östlichen Grenzen betrug 117 n. Chr. mehr als 4500 Kilometer.

Methodische Arbeitsschritte

1 Beschreiben
- Stellen Sie fest, welches Thema die Karte behandelt.
- Bestimmen Sie den geografischen Ausschnitt der Karte.
- Benennen Sie den Zeitpunkt oder Zeitraum, auf den sich die Karte bezieht. Stellen Sie fest, ob die Karte einen Zustand oder eine Entwicklung zeigt.

2 Untersuchen
- Schreiben Sie alle einzelnen Informationen auf, die Sie der Karte entnehmen können.
- Nehmen Sie gegebenenfalls dafür notwendige Berechnungen vor.

3 Deuten
- Fassen Sie die wichtigsten Aussagen der Karte zusammen.
- Verknüpfen Sie die Kartenaussagen mit Kenntnissen, die Sie schon haben.
- Überlegen Sie, auf welche Fragen die Karte keine Antwort gibt.
- Überlegen Sie, ob die Kartendarstellung unter Umständen Probleme aufwirft.

Deuten
Die Karte zeigt eindrücklich die machtpolitische Bedeutung des Römischen Reiches anhand seiner geografischen Ausdehnung. Die größten Gebietserweiterungen erfolgten in den 250 Jahren zwischen 133 v. Chr. und 117 n. Chr. Die im Jahr 133 v. Chr. über drei Kontinente – Europa, Afrika und Asien – verteilten Provinzen des Römischen Reiches wurden bis 117 n. Chr. erweitert und das Römische Reich zu einem geschlossenen Weltreich. Die Kultur, aber auch das Wirtschaftsleben der Römer prägten damals die Menschen am Nil ebenso wie die am Rhein oder in Spanien.
Ob es sich bei den Provinzen um senatorische oder kaiserliche Provinzen handelte, diese das Recht der Selbstverwaltung besaßen oder nicht, kann der Karte nicht entnommen werden. Auch die Frage, wie es möglich war, ein so großes Reich zu „regieren", bleibt unbeantwortet.

1. Finden Sie heraus, welche heutigen Staaten sich aus dem Namen einer römischen Provinz ergeben haben.

2. Beurteilen Sie die Bedeutung des Mittelmeeres, des Schwarzen Meeres und des Atlantiks für die lange Herrschaft der Römer über fremde Völker.

1200 v. Chr. — 476 n. Chr.

Wie Rom regiert wurde

Um 500 v. Chr. vertrieben die Römer den letzten etruskischen König. Jetzt nannten sie ihren Staat „Republik". Das bedeutet: „öffentliche Sache". Doch war dieser Staat wirklich schon eine Sache des ganzen Volkes?

Republik
Von lat. res publica = die öffentliche bzw. gemeinsame Sache. So nannten die Römer ihren Staat nach der Königszeit.

Senat
Im Senat saßen reiche und angesehene Männer. Sie berieten die Konsuln und bereiteten Verträge vor.

Patrizier
Mit diesem Begriff wurden Mitglieder adliger Familien bezeichnet. Sie besaßen große Landgüter und hatten viel Macht im Staat.

Plebejer
Von lat. plebs = einfaches Volk. Die Plebejer besaßen das römische Bürgerrecht, waren aber meist arm.

Die Patrizier

Besitz und Macht waren in Rom sehr unterschiedlich verteilt. An der Spitze standen die adligen Familien, die Patrizier. Sie besetzten die hohen Staatsämter, stellten im Krieg die Offiziere und leiteten als Priester die Tempel. Die Patrizier besaßen große Landgüter, die von Landarbeitern und zahlreichen Sklaven bewirtschaftet wurden. Dadurch hatten die Adligen genug Zeit und Geld, politische Ämter zu übernehmen und an den Sitzungen des Senats teilzunehmen. So gewannen sie Ansehen und Einfluss. Nach erfolgreichen Feldzügen erhielten sie Landgüter und Sklaven als Kriegsbeute.

Die Plebejer

Von den einfachen Bürgern, den Plebejern, grenzten sich die Patrizier streng ab. Denn Bürger, die ihren Lebensunterhalt durch eigene Arbeit als Bauern, Handwerker oder Händler verdienten, waren nicht besonders angesehen. Viele Plebejer konnten gerade mit Mühe ihre Familien ernähren. Doch wenn der Senat wieder einmal einem Nachbarvolk den Krieg erklärte, mussten sie ihren Hof oder ihre Werkstatt verlassen und ins Feld ziehen. Die teuren Waffen hatten sie selber zu bezahlen. Da die Plebejer meistens als einfache Fußsoldaten eingesetzt wurden, litten sie besonders unter den Strapazen eines Feldzuges. Besser erging es jenen Plebejern, die als Händler oder Unternehmer reich geworden waren. Sie leisteten ihren Kriegsdienst als Reiter.

Die Plebejer wollen mitregieren

Die Plebejer erkannten bald, dass der römische Staat ohne sie nicht funktionieren würde. In Friedenszeiten sorgten sie durch ihre Arbeit für Roms Wohlstand, im Krieg trugen sie die Hauptlast des Kampfes. War es da gerecht, dass sie keine hohen Ämter übernehmen und keine Entscheidungen treffen durften? Die Plebejer drohten, den Kriegsdienst zu verweigern – damit wollten sie erreichen, dass ihre Forderungen gehört wurden.
Es dauerte fast 200 Jahre, bis die Plebejer dem Gesetz nach gleichberechtigt waren. Aber nur wenige konnten in die höchsten Staatsämter aufsteigen. Wer gewählt werden wollte, musste nicht nur ein guter Redner sein. Er musste auch einflussreiche Freunde und Geld für den Wahlkampf haben. Ein öffentliches Amt war für die Plebejer sehr wichtig: das des Volkstribunen. Ein Volkstribun konnte im Senat mit dem einfachen Wort „veto" („ich verbiete") gegen jedes Gesetz Einspruch erheben, das die Senatoren vorschlugen.

M1 Ein langer Weg
Die Plebejer mussten sich ihre Rechte erkämpfen.

494 v. Chr.	Die Plebejer dürfen eigene Versammlungen abhalten und Volkstribune wählen.	
445 v. Chr.	Ehen zwischen Plebejern und Patriziern werden erlaubt.	
450 v. Chr.	Das römische Recht wird auf zwölf Tafeln aufgeschrieben. Plebejer können sich nun darauf berufen.	
367 v. Chr.	Plebejer dürfen Konsuln werden.	
287 v. Chr.	In den Versammlungen der Plebejer dürfen Gesetze beschlossen werden.	§ § § § §

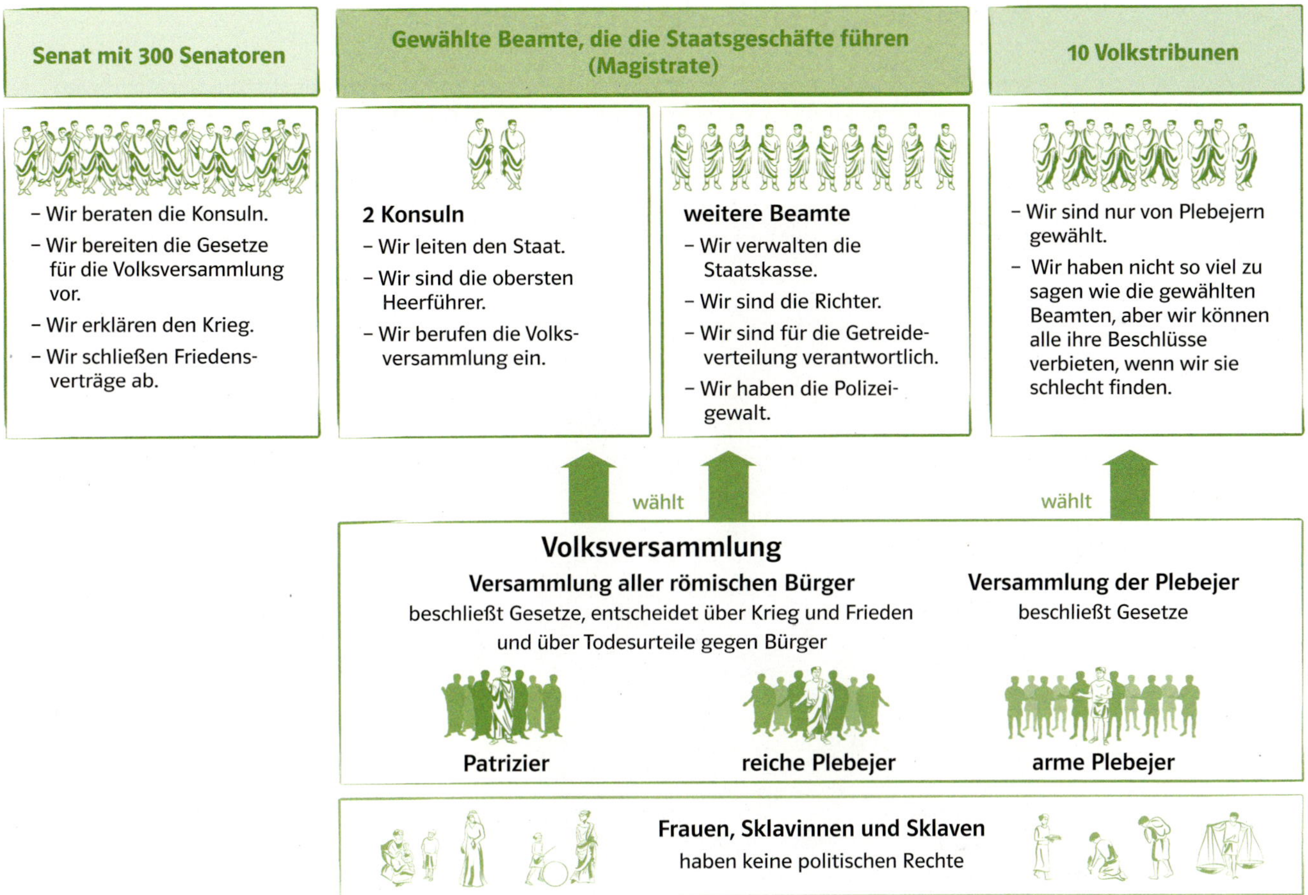

M2 Verfassung der Römischen Republik um 300 v. Chr.
Der Volksversammlung gehörten alle freien Bürger an, aber nicht alle mit gleichem Stimmrecht: Es wurde nach Vermögen abgestimmt. Daher besaßen Patrizier und reiche Plebejer mehr als die Hälfte aller Stimmen und konnten die weitaus größere Anzahl der übrigen Bürger überstimmen. Für Notzeiten sah die römische Verfassung ein besonderes Amt vor: das des Diktators.

1. Nennen Sie die beiden Staatsformen der Römer a) vor 500 v. Chr., b) nach 500 v. Chr.

2. Beamte wurden nur für ein Jahr gewählt und hatten mindestens einen gleichberechtigten Kollegen. Diskutieren Sie Vor- und Nachteile (**M2**).

3. Ein Plebejer unterhält sich um 400 v. Chr. mit seinem Sohn. Er spricht darüber, was die Plebejer schon erreicht haben. Doch er ist unzufrieden und fordert mehr. Schreiben Sie einen Dialog und spielen Sie die Szene in der Klasse nach (**VT, M1, M2**).

Einer setzt sich durch: Caesar

Rom, 15. März 44 v. Chr.: Auf den Straßen und Plätzen Roms verbreitet sich die Nachricht wie ein Lauffeuer: Gaius Julius Caesar ist tot! Ermordet im Senat! Die meisten Römer sind entsetzt. Andere zeigen offen ihre Freude.

M1 Caesars Ermordung im Senat hat die Fantasie der Menschen seit Jahrhunderten beflügelt. Die Szene wird dramatisch als Zweikampf gezeigt. So war es nicht. Einige Details sind ebenfalls falsch dargestellt: Im Bild tragen die Senatoren nur ein Untergewand, die Toga darüber fehlt. Außerdem wird Caesar zu jung abgebildet, in Wirklichkeit war er bei seiner Ermordung schon 56 Jahre alt.

M2 Dolche der Mörder
Nach der Tat prägten Caesars Mörder eigene Münzen: EID(IBUS) MAR(TIIS) – „an den Iden des März". Das war nach dem römischen Kalender die Bezeichnung für den 15. März – Caesars Todestag.

Der ehrgeizige Politiker

Caesar stammte aus einer Adelsfamilie. So lag es nahe, dass er sich schon als junger Mann um öffentliche Ämter bewarb. Dabei machte er geschickt Werbung für sich selbst: Er lieh sich große Summen Geld und veranstaltete kostenlose Wagenrennen für Roms Bürger.
Im Jahr 60 v. Chr. verbündete er sich mit dem erfolgreichen Feldherrn Pompeius und mit dem schwerreichen Unternehmer Crassus. Durch ihre Unterstützung wurde Caesar im Jahr darauf Konsul. Die drei Männer teilten die Macht im Staat unter sich auf, wie es ihnen gefiel – den Senat übergingen sie einfach.

Der siegreiche Feldherr

Weil Caesar als Konsul mehrfach gegen die Verfassung verstieß, musste er nach Ablauf seiner einjährigen Amtszeit mit einer Anklage rechnen. Doch Caesar dachte gar nicht daran, sich zurückzuziehen. Er übernahm sofort ein weiteres hohes Amt, was ihn vor der Strafverfolgung schützte: Caesar wurde Statthalter von zwei Provinzen an der nördlichen Grenze des Reiches. Dort waren drei Legionen stationiert. Mit ihnen wollte sich Caesar als Feldherr Ruhm erwerben. Als Stämme im benachbarten Gallien miteinander in Streit gerieten, griff er ein. Am Ende hatte er ein riesiges Gebiet zwischen dem Mittelmeer, dem Rhein und der Nordsee für Rom erobert. Der größte Teil davon ist das heutige Frankreich.

Bürgerkrieg

Caesar kam reich und mächtig nach Rom zurück. Er besaß eine Armee, die treu zu ihm hielt. 49 v. Chr. bewarb sich Caesar wieder um das Konsulat. Doch diesmal unterstützte ihn Pompeius nicht. Er war eifersüchtig auf Caesars Erfolg geworden und hatte sich mit dem Senat gegen ihn verbündet. Der Senat befahl Caesar, sein Heer zu entlassen. Doch Caesar weigerte sich. Es kam zu einem Bürgerkrieg.

Tod dem Diktator!

Als Caesar alle Gegner besiegt hatte, brach er offen mit den Regeln der Römischen Republik. Er vergrößerte den Senat und setzte seine Freunde als Senatoren ein. Der neue Senat ernannte ihn zum Diktator auf Lebenszeit. Damit machte er sich unter den Anhängern der alten Republik viele Feinde.
Einige Senatoren verschworen sich gegen Caesar und stachen ihn mit ihren Dolchen nieder. Doch konnte ein Mord die Republik noch retten?

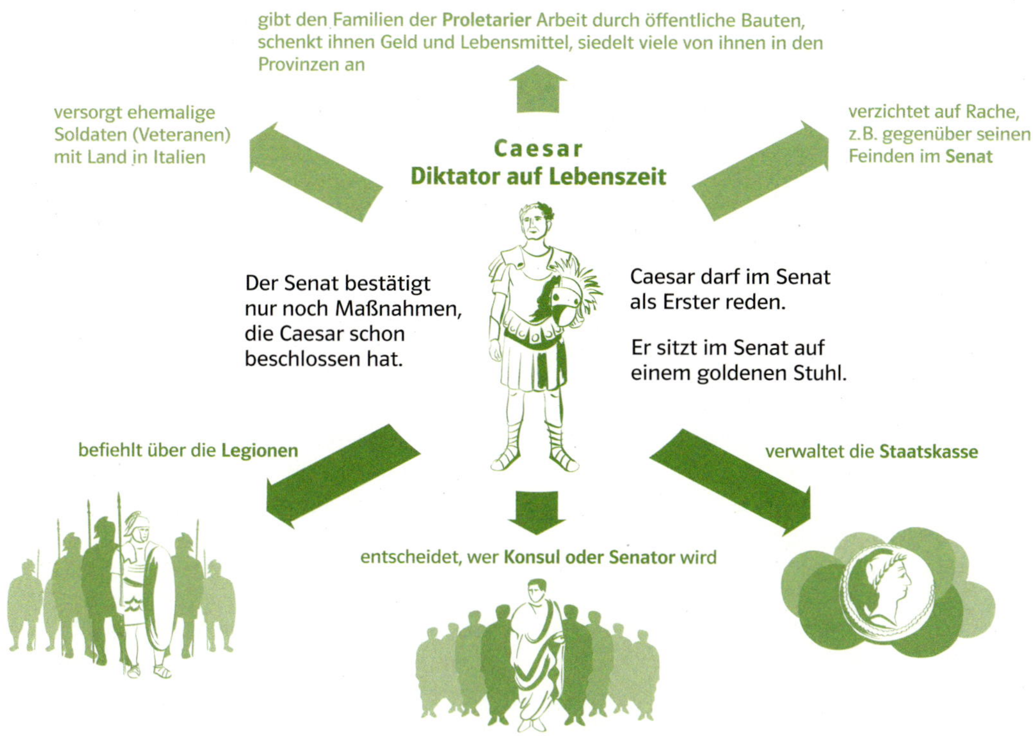

M3 Caesars Macht als Diktator, 45 v. Chr.
Schaubild

M4 Warum war Caesar so erfolgreich? Dazu sagte der Römer Cicero (106–43 v. Chr.):
Er besaß Geist, einen scharfen Verstand, ein gutes Gedächtnis, wissenschaftliche Bildung, Arbeitskraft, Scharfsinn und Umsicht. Seine Kriegstaten waren zwar ein Unglück für den Staat; sie waren aber dennoch bedeutend. Viele Jahre hatte er auf die Errichtung einer Zwangsherrschaft hingearbeitet, mit großer Anstrengung und beträchtlichem Risiko hatte er seine Pläne in die Tat umgesetzt. Durch Spiele, Bauten, Spenden und Volksbankette hatte er die unwissende Menge geködert.

M5 Warum hassten viele Römer Caesar? Dazu der Römer Sueton (ca. 70–143 n. Chr.):
Er hat übermäßig viele Ehrungen angenommen, etwa: die ständige Wiederwahl zum Konsul, die Diktatur auf Lebenszeit (…). Er duldete es sogar, dass man ihm Ehrungen zusprach, die über das menschliche Maß hinausgingen: einen goldenen Sessel im Rathaus und Gericht. Sein Bild wurde neben denen der Götter aufgestellt, ein Monat erhielt seinen Namen. Sämtliche Auszeichnungen nahm und verlieh Caesar, wie es ihm gerade passte. Er sagte öffentlich, die Republik sei ein Nichts.

Diktator
Wenn der Republik große Gefahr drohte, konnte ein Diktator mit der alleinigen Regierungsgewalt beauftragt werden. Er durfte höchstens sechs Monate im Amt bleiben. Caesars Diktatur auf Lebenszeit ist ein klarer Bruch mit der römischen Verfassung.

1. Suchen Sie mithilfe von **M4** passende Schlagworte, die Caesar kennzeichneten.

2. Arbeiten Sie mit dem Schaubild **M3**.
a) Ordnen Sie den drei Ebenen des Schaubildes die folgenden Begriffe zu: Caesars Macht, Caesars Politik, Caesars Ansehen.
b) Mit welchen Mitteln versuchte Caesar, die verschiedenen Gruppen der Gesellschaft für sich zu gewinnen?

3. Caesar hat einmal gesagt, Rom sei nur noch dem Namen nach eine Republik. Beurteilen Sie diese Aussage (**VT4, M3, M5**).

4. Caesars Mörder rechtfertigten sich für ihre Tat. Formulieren Sie eine Begründung (**VT3, M5**).

1200 v. Chr. — 476 n. Chr.

Mit Augustus beginnt die Kaiserzeit

Caesar wurde ermordet, weil er Alleinherrscher werden wollte. Sein Nachfolger Augustus bestimmte Roms Politik über 40 Jahre allein. Doch er hatte aus Caesars Fehlern gelernt.

Prinzipat
Augustus bezeichnete sich selbst als „princeps", was so viel heißt wie „der Erste im Staat". Seine Herrschaftsform nennen wir daher Prinzipat.

Ein schicksalhafter Brief

Im März des Jahres 44 v. Chr. brachte ein Eilbote dem 18-jährigen Octavian einen Brief seiner Mutter. Als dieser die Zeilen überflog, dürfte er blass geworden sein: Gaius Julius Caesar, sein Großonkel, war tot. Ohne zu zögern, brach Octavian nach Rom auf. Noch auf der Reise erreichte ihn ein zweiter Brief der Mutter. Octavian erfuhr, dass Caesar ihn kurz vor seinem Tod als seinen Sohn adoptiert und ihm ein riesiges Vermögen hinterlassen hatte. Für Octavian stand fest: Er würde sich an den Mördern seines „Vaters" rächen.

M1 Das Marmorstandbild des Augustus (63 v. Chr.–14 n. Chr.) entstand kurz nach 17 v. Chr. Augustus ist in der Pose eines siegreichen Feldherrn dargestellt. Barfüßig stellten die Römer sonst nur Götter dar. 21-mal verlieh ihm der Senat den Titel „Imperator". Auch seine Nachfolger nannten sich als Kaiser „Imperator".

Octavian setzt sich durch

Die Gegner Octavians glaubten zunächst, ein so junger Mann könnte ihnen nicht gefährlich werden. Doch sie täuschten sich. Octavian rief die ehemaligen Soldaten seines „Vaters" zusammen. Mit seinem Heer begann er einen neuen Bürgerkrieg. Dreizehn Jahre später hatte sich Octavian durchgesetzt. Er war nun als Politiker und Feldherr so mächtig, dass niemand es wagte, sich offen gegen ihn aufzulehnen.

Die neue Ordnung des Augustus

Viele erwarteten, Octavian würde wie Caesar die Diktatur auf Lebenszeit verlangen. Doch er achtete darauf, dass die Verfassung der Republik scheinbar eingehalten wurde. Da er aber im Laufe der Jahre seine Anhänger zu Senatoren gemacht hatte, verfügte er im Senat über eine sichere Mehrheit. Immer wieder ließ er sich mit besonderen Vollmachten ausstatten, die ihm als Konsul eigentlich nicht zustanden.
Im Jahr 27 v. Chr. tat Octavian etwas Außergewöhnliches: Er gab zum Schein die Macht ab und legte im Senat alle seine Ämter und Vollmachten nieder. Es schien so, als könnten nun wieder Volk und Senat frei über die Macht im Staat verfügen. Doch die Senatoren wagten es nicht, Octavian tatsächlich die Macht zu nehmen. Sie hatten sich längst mit der Alleinherrschaft abgefunden. Und so wählte der Senat Octavian erneut zum Konsul und gab ihm den Oberbefehl über die Legionen. Obendrein verlieh er ihm den Ehrennamen Augustus, was im Deutschen „der Erhabene" bedeutet.
Im Gegenzug ließ Augustus den Senatoren die Ämter der alten Republik und versorgte sie mit Posten in den Provinzen. Rom wurde zur Monarchie. Deshalb sprechen wir vom Kaiser Augustus, auch wenn er sich selbst nur „princeps" (= erster Bürger) nannte.

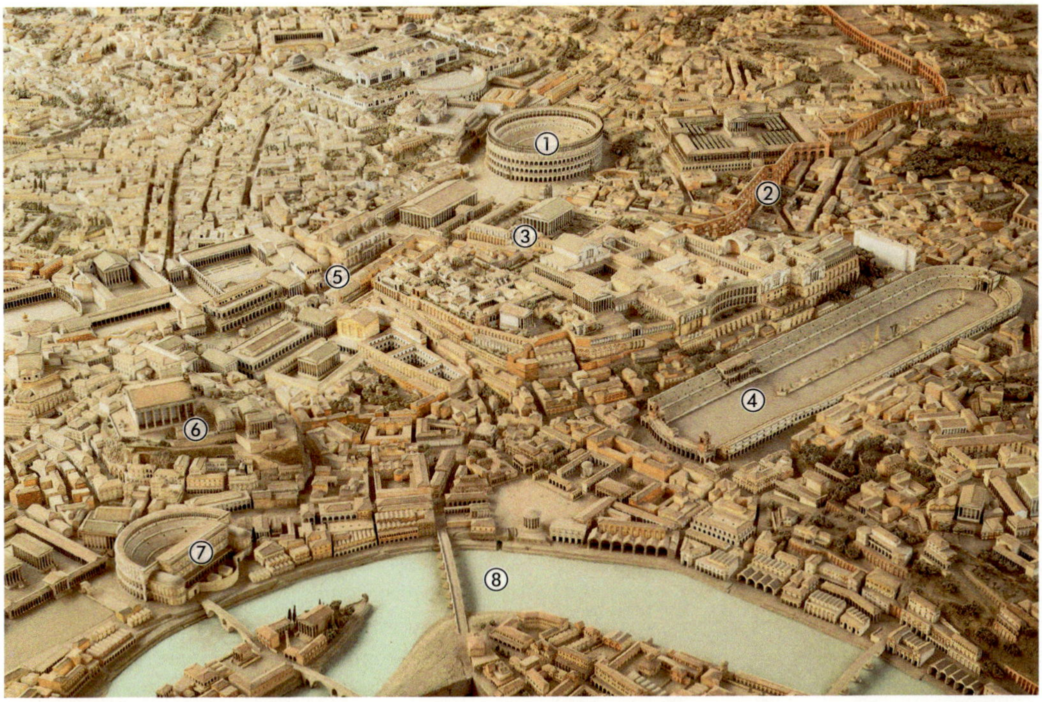

M2 Rom um 300 n. Chr. im Modell
① Kolosseum
② Aquädukt (= Wasserleitung)
③ Palatinhügel mit den Kaiserpalästen
④ Circus Maximus
⑤ Heilige Straße durch das Forum Romanum
⑥ Kapitolhügel mit dem Tempel des Jupiter
⑦ Marcellustheater für Schauspiele
⑧ Tiber

M3 Der Römer Tacitus (um 55–120 n. Chr.) berichtet, wie unterschiedlich die Politik des Augustus nach dessen Tod beurteilt wurde:

a) Hier hieß es: Er ist aus Anhänglichkeit gegen seinen Vater und durch die Not des Staates, in dem damals kein Raum für gesetzliches Vorhaben gewesen sei, in den Bürgerkrieg getrieben worden. Und ein Bürgerkrieg lässt sich nun einmal nicht mit gesetzlichen Mitteln vorbereiten und durchführen. (… Am Ende) gab es kein anderes Mittel, die Wunden des zerrissenen Vaterlandes zu heilen, als die Alleinherrschaft. Und doch habe er dem Staate nicht in der Würde eines Königs oder eines Diktators, sondern unter dem einfachen Titel Princeps die neue Verfassung gegeben.

b) Dagegen sagten nun die anderen: Die Anhänglichkeit gegen seinen Vater und die allgemeine Lage habe er nur zum Vorwande genommen. Im Grunde sei es Herrschsucht gewesen, wenn er als junger Mensch ohne Amt die Veteranen durch freigiebige Spenden an sich zog, ein Heer warb, die Legionen des Konsuls bestach (…). Er habe vom Senat das Konsulat erzwungen und das Heer, das ihm zum Kampfe gegen Antonius (einen Gegner des Senats) übergeben wurde, gegen den Senat geführt.

Kaiser
Der junge Octavian fügte seinem Namen den seines Adoptivvaters Caesar hinzu. Mit diesem Namen kam er gut bei den ehemaligen Soldaten Caesars an. Unter den Nachfolgern des Augustus wurde Caesar zu einem Titel. Damals sprach man das Wort wie „Kaisar“ aus.

1. Fassen Sie in einem kurzen Vortrag zusammen, wie aus Octavian Augustus wird. Legen Sie sich dazu eine Stichwortliste an (**VT**).

2. Prüfen Sie, welche Begriffe auf Augustus zutreffen: Alleinherrscher, Diktator, Konsul, König, Sohn Caesars, geschickter Politiker, Oberbefehlshaber der Legionen.

3. Vergleichen Sie die Stellen von **M3** miteinander, die über den gleichen Sachverhalt berichten. Schreiben Sie sie in zwei Spalten nebeneinander (**M3 a/b**). Bewerten Sie die Aussagen.

4. Recherchieren Sie im Internet eines der historischen Gebäude Roms (**M2**). Begründen Sie Ihren Mitschülern, warum gerade dieses Gebäude interessant für Sie ist.

1200 v. Chr. | 476 n. Chr.

Am Limes endet die römische Macht

Um 50 v. Chr. stießen Caesars Legionäre bis zum Rhein vor. Als Kaiser Augustus regierte, erreichten römische Heere die Elbe. Es schien, als könnte niemand die Römer aufhalten.

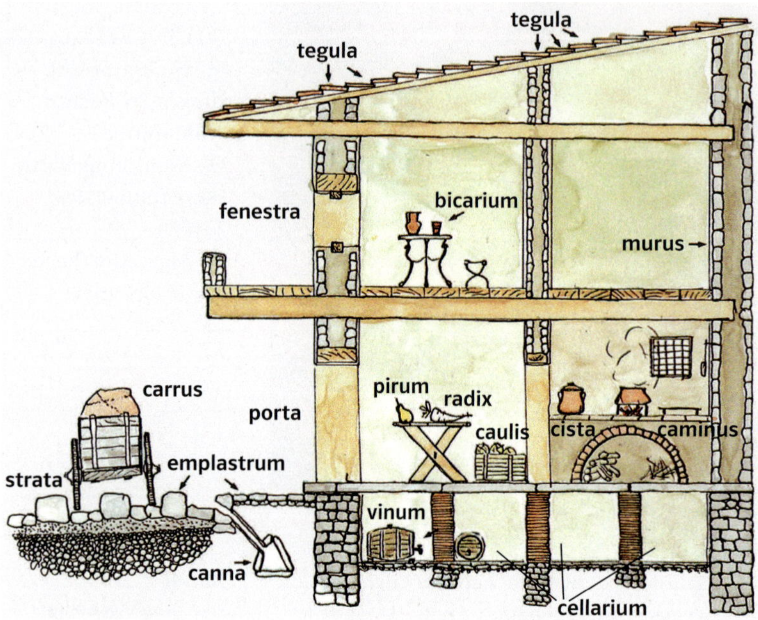

M1 Die Germanen lernten viele neue Dinge bei den Römern kennen. Die Namen dafür übernahmen sie gleich mit. Diese Wörter nennt man Lehnwörter.

Limes
Das Wort bedeutet in der lateinischen Sprache ursprünglich „Weg" bzw. „Grenzweg". Später bezeichnete man so einen befestigten Grenzwall.

Römische Legionen an der Elbe

9 v. Chr. eroberten die Römer alles germanische Land zwischen Rhein und Elbe. Aber es war schwierig, das Gebiet zu kontrollieren. Zwischen Urwäldern und Sümpfen konnten sich die Legionen nur auf schmalen Pfaden bewegen. So war es fast nicht möglich, beim Marschieren und in der Schlacht die gewohnte Ordnung einzunehmen. Das wurde einer römischen Armee zum Verhängnis.

Ein Feldzug wird zur Katastrophe

9 n. Chr. verbündeten sich mehrere Germanenstämme gegen die römischen Besatzer. Ihr Anführer war Arminius, ein Fürst aus dem Stamm der Cherusker. Der Germane Arminius hatte viele Jahre in der römischen Armee gedient. Dadurch wusste er bestens über die Stärken und Schwächen eines römischen Heeres Bescheid. Es gelang ihm, drei römische Legionen zwischen Wald und Sumpf in einen Hinterhalt zu locken. 20 000 Soldaten und ihr Feldherr Varus verloren das Leben.

Der Limes schützt die Provinz

Kaiser Augustus zog die Legionen hinter Rhein und Donau zurück, wo sie sich leicht verteidigen konnten. Doch zwischen den Flüssen gab es kein natürliches Hindernis. Durch diese Lücke drangen Gruppen germanischer Krieger in das Römische Reich ein. Sie überfielen Dörfer und Städte und verschwanden wieder mit ihrer Beute in den dichten Wäldern des freien Germanien.
Ab etwa 85 n. Chr. sicherten die Römer diese Grenze. Sie bauten einen 548 Kilometer langen Wall mit etwa 900 Wachtürmen. So konnten die römischen Soldaten weit in das Gebiet der Germanen schauen. Bei Gefahr gaben sie durch Rauch oder Feuer Alarm. Dann kam Hilfe aus einem der Kastelle herbei, die entlang der Grenze lagen.
In einem Kastell waren ungefähr 500 Soldaten stationiert. Sie gehörten zu den Hilfstruppen. Es waren Berufssoldaten, die sich 20 Jahre verpflichten mussten. Nach ihrer Entlassung blieben sie dann häufig an ihrem Standort und heirateten einheimische Frauen. So bestand ein großer Teil der Bevölkerung der Garnisonsstädte wie Köln oder Trier aus sogenannten Veteranen.

M2 Der Limes in West- und Süddeutschland zur Römerzeit

1. Zählen Sie Gründe auf, warum die Germanen die Römer 9 n. Chr. besiegen konnten (**VT1, VT2**).

2. Suchen Sie aus der Karte **M2** die römischen Namen heraus für Xanten, Mainz, Augsburg, Regensburg, den Rhein, die Donau, die Lippe.

3. Erklären Sie, wie die Römer ihre Grenze sicherten (**VT**).

4. Kaiser Domitian hält im Jahr 85 n. Chr. eine Rede, in der er den Bau des Limes vor dem Senat begründet. Verfassen Sie den Redetext und halten Sie die Rede vor der Klasse.

1200 v. Chr. — 476 n. Chr.

Schriftliche Quellen auswerten

Zur Erforschung der Geschichte benötigen Historiker „Quellen". Quellen können Höhlenmalereien, Reste von Bauwerken, Tonscherben oder schriftliche Dokumente aus der Zeit sein. Sie sind Zeugnisse der Vergangenheit. Ein Text kann ein unmittelbares Zeugnis einer vergangenen Epoche sein. Man spricht dann von einer Primärquelle. Er kann aber auch die Darstellung bereits vorhandener Kenntnisse der Geschichte sein, wie z. B. die Verfassertexte in diesem Schulbuch. Solche Texte nennt man Sekundärquellen.

M1 Wohn- und Wirtschaftsgebäude der Germanen im Freilichtmuseum in Oerlinghausen
Nachbau eines Gehöfts, wie es im 1. Jahrhundert n. Chr. beim germanischen Stamm der Cherusker aussah

Germanen
Als die Römer bei ihren Eroberungen an den Rhein und die Donau kamen, trafen sie auf ein Volk, das sie Germanen nannten. Dieses Volk hatte keinen Staat wie die Römer. Es lebte in einzelnen Stämmen zusammen, die durch Sümpfe und Wälder voneinander getrennt waren. Die Germanen in Nord- und Mitteleuropa empfanden kein Gefühl der Zusammengehörigkeit untereinander. Das beschränkte sich allein auf den Stamm.

M2 Tacitus verfasste 98 n. Chr. die „Germania", ein Buch über das Land und das Volk der Germanen. Darin schrieb er:

Die äußere Erscheinung ist bei allen Germanen dieselbe: wild blickende blaue Augen, rötliches Haar und große Körper, die allerdings nur zum Angriff taugen. Für Strapazen und Mühen bringen sie nicht dieselbe Ausdauer auf, und am wenigsten ertragen sie Durst und Hitze; wohl aber sind sie gegen (…) Kälte und Hunger abgehärtet. Das Land (…) macht mit seinen Wäldern einen schaurigen, mit seinen Sümpfen einen widerwärtigen Eindruck. (…) Getreide wächst, Obst jedoch nicht. Vieh gibt es reichlich. (…)

Könige wählen sie nach den Vorschlägen der Adligen. Heerführer wählen sie nach der Tapferkeit. Selbst die Könige haben keine unbeschränkte oder freie Herrschergewalt, und die Heerführer erreichen mehr durch ihr Beispiel als durch Befehle: Sie werden bewundert, (…) wenn sie in vorderster Linie kämpfen. (…) Wenn sie keine Kriege führen, verbringen sie viel Zeit mit Jagen, mehr noch mit Nichtstun, dem Schlafen und Essen ergeben. Gerade die Tapfersten und Kriegslustigsten rühren sich nicht. Die Sorge für Haus, Hof und Feld bleibt den Frauen, den alten Leuten und den Schwachen überlassen. (…)

Dass die Germanen keine Städte bewohnen, ist ausreichend bekannt, ja sie dulden nicht einmal zusammenhängende Siedlungen. Sie wohnen einzeln und für sich, gerade dort, wo ihnen ein Ort zusagt. Ihre Dörfer legen sie nicht in unserer Weise an, sondern jeder umgibt sein Haus mit freiem Raum. (…) Nicht einmal Bruchsteine oder Ziegel sind bei ihnen im Gebrauch; zu allem verwenden sie unbehauenes Holz, ohne auf ein schönes und freundliches Aussehen zu achten. (…)

Die Germanen haben eine strenge Auffassung von der Ehe und in keinem Punkt verdienen ihre Sitten größeres Lob. Denn sie sind fast die Einzigen unter den Barbaren, die sich mit einer Gattin begnügen.

Beschreiben
Der römische Schriftsteller und Geschichtsschreiber Tacitus beschreibt 98 n. Chr. in seinem Buch „Germania" das äußere Erscheinungsbild, die Lebenswelt und die Lebensweise der Germanen. Er bezeichnet sie als Barbaren. Dies war in Griechenland die Bezeichnung für all diejenigen, die nicht oder schlecht griechisch sprachen (vgl. S. 16). Für die Römer waren Barbaren dagegen Menschen ohne griechisch-römische Bildung. Auch heute wird diese Bezeichnung für eine Person mit ungeschliffenem und rohem Verhalten angewendet.

Untersuchen
1. Abschnitt, Zeile 1–12: *Erscheinungsbild und Lebensraum der Germanen*. Tacitus beschreibt die Germanen als Barbaren von großer kräftiger

Statur mit „wild blickenden blauen Augen“, die gegen Kälte und Hunger abgehärtet sind, aber im Krieg keine große Ausdauer aufbringen. Ihr Lebensraum ist von Sümpfen und dunklen Wäldern durchzogen. Sie halten Vieh und bauen Getreide an.

2. Abschnitt, Zeile 13–19: *Die Wahl von Königen und Heerführern*. Könige werden (in Volksversammlungen) auf Vorschlag von Adligen gewählt. Die ebenfalls gewählten Heerführer erreichen Anerkennung durch Mut und Tapferkeit in der vordersten Linie. Nicht Befehle, sondern ihr Vorbild dienen als Motivation für die Krieger.

3. Abschnitt, Zeile 20–26: *Schwächen der germanischen Krieger*. Tacitus weist zwar auf die Tapferkeit der Germanen hin, aber auch auf deren Trägheit, wenn sie nicht Krieg führen. Die Jagd ist ihnen dann wichtiger als die Mühe körperlicher Arbeit. So gibt Tacitus sogar das Bild eines faulen, dem Müßiggang verfallenen Kriegervolkes, das lieber seine Frauen und Alten arbeiten lässt, als sich selber um Haus, Hof und Feld zu kümmern.

4. Abschnitt, Zeile 27–37: *Germanische Ansiedelungen*. Die Germanen bewohnen keine Städte oder zusammenhängenden Siedlungen, sondern einzelne Gehöfte. Ihre Häuser bauen sie nicht aus Ziegeln oder Bruchsteinen, sondern aus Holz.

5. Abschnitt, Zeile 38–42: *Ehe und Familie*: Tacitus hebt die sittliche Lebensweise der Germanen hervor. Ihre eheliche Treue findet er jedoch nicht des Lobes wert.

Der Verfasser der Quelle, Tacitus (55–120 n. Chr.), stammte aus einer römischen Patrizierfamilie. Er war zeitweise Statthalter (= oberster Beamter) der Provinz Asia. Daneben betätigte er sich als Schriftsteller und Geschichtsschreiber. Tacitus hat vermutlich nie selbst Germanien besucht. Was Tacitus aufschrieb, kannte er nur vom Hörensagen.

Methodische Arbeitsschritte

1 Beschreiben
- Lesen Sie den Text mindestens zweimal durch und machen Sie sich klar, um welches Thema es geht.
- Überprüfen Sie, ob Personen- und Ortsnamen genannt oder Zeitangaben gemacht werden, die Sie nachschlagen müssen.
- Klären Sie unbekannte Bergriffe mithilfe eines Lexikons oder des Internets.
- Benennen Sie den Autor, die Entstehungszeit und das Thema der Quelle.

2 Untersuchen
- Gliedern Sie den Inhalt in Sinnabschnitte.
- Formulieren Sie für jeden neuen Gedanken eine Überschrift.
- Wer war der Autor der Quelle? Schreibt er über Dinge, die er selbst erlebt hat? Warum nicht, woher kann er seine Kenntnisse haben?

3 Deuten
- Ordnen Sie den Text in den geschichtlichen Zusammenhang ein. Was ist bekannt, was ist neu für Sie?
- Mit welcher Absicht könnte der Verfasser den Text geschrieben haben?
- Beurteilen Sie, ob der Verfasser glaubwürdig erscheint.

Deuten

Zu Tacitus' Lebzeiten befand sich das Römische Reich auf dem Höhepunkt seiner Macht. Politisch, kulturell und sozial unterschied sich das Leben der Römer grundlegend von der einfachen Lebensweise der Germanen. Einige germanische Stämme hatten sich mit den mächtigen Nachbarn ausgesöhnt, andere standen Rom weiterhin feindlich gegenüber. Diese Situation erforderte lange Zeit eine hohe und kostspielige Grenzsicherung am Limes. Die Absicht des Römers Tacitus war es wohl, seine Landsleute über die germanischen Verhältnisse zu informieren. Da die Germanen keine Schrift besaßen, gibt es nur wenige schriftliche Zeugnisse über sie. Die „Germania“ ist aus diesem Grund eine wichtige Quelle, die Auskunft über das Leben der Germanen gibt.

1. Unterscheiden Sie Primär- und Sekundärquellen. Begründen Sie, warum es sich bei **M2** um eine Sekundärquelle handelt.

2. Erklären Sie, warum die Germanen für die Römer Barbaren sind. Listen Sie dazu stichwortartig auf, wie Tacitus die Germanen und ihre Lebensweise beschreibt.

1200 v. Chr. — 476 n. Chr.

Die Anfänge des Christentums

Das Christentum geht zurück auf einen jüdischen Prediger, der im 1. Jahrhundert in Palästina lebte: Sein Name war Jesus. Aus der kleinen religiösen Gruppe um Jesus wurde nach seinem Tod eine eigene Religion.

M1 Der gute Hirte
Darstellung von Jesus auf einem Mosaik aus der italienischen Stadt Ravenna. Das Bild ist um 440 n. Chr. entstanden.

Bischof
Er beaufsichtigt ein kirchliches Gebiet. Bischöfe werden als Nachfolger der Apostel gesehen.

Papst
Übersetzt bedeutet der Begriff „Papa" oder „Vater". Der Papst ist Bischof von Rom und gleichzeitig das Oberhaupt der katholischen Kirche.

Wer war Jesus Christus?

Im Zentrum des christlichen Glaubens steht Jesus Christus. Was wir über ihn wissen, stammt hauptsächlich aus den Schriften seiner Anhänger. Sie sind im Neuen Testament der Bibel gesammelt. Jesus war der Sohn des Zimmermanns Josef und seiner Frau Maria aus Nazareth im Land Galiläa, das zum Römischen Reich gehörte. Jesus war Jude und glaubte wie alle Juden an einen einzigen Gott. Liebe zu Gott, so sagte er, zeige sich vor allem in der Liebe zum Nächsten, zu den Schwachen und Hilfsbedürftigen. Das lebte er selbst vor, indem er sich um die Armen und Verachteten kümmerte. Auch zu seinen engsten Vertrauten wählte er einfache Menschen. Dazu zählten besonders die Jünger, die mit Jesus lebten und ihm als Apostel (Lehrer) bei der Verkündigung seiner Lehre halfen.
Die ersten Anhänger fanden Jesus und nach ihm die Apostel unter den Juden von Galiläa und Judäa. Von hier aus verbreiteten christliche Missionarinnen und Missionare (Glaubenslehrer) seine Lehren im ganzen Römischen Reich.

Verfolgung durch den römischen Staat

Um 100 n. Chr. gab es im Römischen Reich viele Christengemeinden. Ihre Mitglieder waren meist Handwerker, Händler und Sklaven. Gerade sie hatten Grund, auf Erlösung von ihrem mühevollen Dasein auf Erden zu hoffen. Die Gesellschaftsordnung stellten die Christen nicht infrage, auch nicht die Sklaverei. Sie trafen sich allerdings zu gemeinsamen Mahlzeiten und Gesprächen. Das machte sie verdächtig, etwas Unerlaubtes zu tun.
Zunächst kam es nur vereinzelt zu Christenverfolgungen, so zum Beispiel 64 n. Chr. unter Kaiser Nero. Zum Zusammenstoß mit dem römischen Staat kam es erst seit etwa 100 n. Chr., als die Kaiser von den Bewohnern ihres Reiches verlangten, wie Götter verehrt zu werden. Damit sollte jeder zeigen, dass er den Kaiser als obersten Herrn anerkannte. Wer sich weigerte, musste mit der Todesstrafe rechnen.

Das Christentum wird Staatsreligion

Obwohl die Christen oft grausam verfolgt wurden, kamen immer mehr Menschen zu den christlichen Gemeinden. Im 4. Jahrhundert verbesserte sich ihre Lage. Kaiser Konstantin (306–337) ordnete im Jahr 313 an, dass alle Bürger des Römischen Reiches selbst bestimmen durften, welcher Religion sie anhängen wollten. Nun konnten die Christen Kirchen bauen und ihre Religion frei leben.
Die christliche Kirche unterstützte den Kaiser in vielen Bereichen. Dafür schenkte er den christlichen Gemeinden Geld und Ländereien. Schließlich ließ sich Konstantin auf dem Sterbebett zum Christen taufen. 330 verlegte Konstantin den Kaisersitz von Rom nach Byzanz, das in Konstantinopel umbenannt wurde. Heute heißt die Stadt Istanbul.
Auch Konstantins Nachfolger förderten das Christentum, und im Jahr 381 wurde es schließlich zur Staatsreligion. Jede Provinz im Römischen Reich hatte nun einen Bischof, der in wichtigen kirchlichen Fragen die Entscheidung traf. Besonders hoch angesehen war der Bischof von Rom, der im 5. Jahrhundert den Titel „Papst" erhielt.

M2 Die Ausbreitung des Christentums
Der Apostel Paulus baute die ersten Christengemeinden in Kleinasien und Griechenland mit großer Tatkraft auf. Er unternahm viele Reisen dorthin, predigte in griechischer Sprache und stärkte durch seine Briefe die jungen Gemeinden im Glauben.

M3 Briefwechsel zwischen dem Statthalter Plinius und Kaiser Trajan (53–117 n. Chr.):

Plinius schrieb:
Vorläufig habe ich bei denen, die mir als Christen angezeigt worden sind, folgendes Verfahren angewandt. Ich fragte sie, ob sie Christen seien. Bekannten sie sich dazu, so legte ich ihnen unter Androhung der Todesstrafe die Frage ein zweites und ein drittes Mal vor. Blieben sie verstockt, ließ ich sie hinrichten.

Trajans Antwort:
Bei der Prüfung der Anklage gegen die Leute, die man dir als Christen bezeichnete, hast du das richtige Verfahren befolgt.

M4 Geheime Zeichen der ersten Christen
Die Buchstaben des griechischen Wortes Fisch (ICHTHYS) bilden die Anfangsbuchstaben für „Jesus Christus, Gottes Sohn, Erlöser".

M5 Zeichen der Christen heute
Auch heute noch verwenden sehr gläubige Christen den Fisch als Zeichen.

1. Finden Sie heraus, warum die Christen in Rom verfolgt wurden (**VT2**).

2. Der Fisch ist für Christen ein besonderes Erkennungszeichen. Erklären Sie, warum (**M4**).

3. Untersuchen Sie **M2**. In welchen Gebieten entstanden die ersten christlichen Gemeinden? Beschreiben Sie, wie sich die christliche Religion in Europa verbreitete.

4. Erklären Sie die „Christenprobe" (**M3**).

1200 v. Chr. — 476 n. Chr.

Antike Wurzeln: Griechen und Römer

1 Diese Begriffe kann ich erklären!

a) Polis

b) griechische Kolonien

c) Demokratie in Athen

d) Perserkriege

e) Alexanderfeldzug

f) Hellenismus

g) Patrizier und Plebejer

h) Republik

i) Senat

j) Konsul

k) Diktator

2 Zu diesen Bildern kann ich etwas erzählen!

3 Diese Daten kann ich erklären!

a) 1200 v. Chr.

b) 750–550 v. Chr.

c) 500 v. Chr.

d) 237 v. Chr.

e) 60 v. Chr.

f) 9 n. Chr.

4 Diese Fragen kann ich beantworten!

a) Wie lebten die Griechen?

b) Wodurch bestand ein Zusammenhalt zwischen den Bewohnern verschiedener Poleis?

c) Wie funktionierte die Demokratie in Athen?

d) Welche besonderen Entwicklungen fanden in Alexandria statt?

e) Wer war Hannibal, und wodurch wurde er berühmt?

f) Welches Wort konnte ein Volkstribun im Senat sprechen? Was bewirkte er damit?

g) Warum ermordeten mehrere Senatoren Caesar?

h) Welche Ordnung führte Augustus ein?

i) Welche Schwierigkeiten hatten die Römer mit den Germanen, und wie lösten Sie das Problem?

Trainieren Sie noch einmal die Methode „Geschichtskarten auswerten“

Am 24. August des Jahres 410 erstürmten Krieger vom germanischen Volk der Westgoten die Mauern Roms. Sie trafen auf ein Römisches Reich, das schwach geworden war. Allein von 193 bis 284 n. Chr. regierten 32 Kaiser, 22 davon wurden ermordet. Die Bevölkerung schrumpfte, und damit auch der Handel. 395 n. Chr. wurde das Römische Reich in ein West- und ein Ostreich geteilt. Im Westreich gründeten germanische Stämme eigene Reiche, im Ostreich herrschten noch bis 1453 Kaiser.

M1 Neue Reiche auf römischem Gebiet um 500 n. Chr.

Wenn Sie diese Karte betrachten, denken Sie sicher noch daran, wie die Römer ihr Weltreich aufbauten. Sie erinnern sich, wie sie es verwalteten und seine Grenzen sicherten.
Manches an dieser Karte kommt Ihnen also bekannt vor, anderes ist neu. Wenn Sie die Veränderungen feststellen wollen, müssen Sie viele einzelne Angaben der Karte zu einem Gesamtbild zusammenfügen. Dazu sollten Sie sich die methodischen Arbeitsschritte auf S. 33 noch einmal anschauen.

Werten Sie nun M1 aus und beginnen Sie so:
Die Überschrift der Karte lautet … Sie behandelt einen politischen Zustand um das Jahr … Die Karte zeigt Teile von drei Kontinenten; das sind … Als Ganzes ist der Raum rund um das … zu sehen. Durch Flächenfarben werden einzelne Gebiete hervorgehoben. Sie gehörten ursprünglich fast alle zum … Doch das wurde 395 n. Chr. in zwei Hälften geteilt. Um 500 n. Chr. gab es nur noch das … Reich; man nennt es auch nach seiner Hauptstadt das … Reich. Seine Gebiete lagen vor allem an den Küsten des östlichen … und des … Meeres.

1. Sie erkennen in **M1** innerhalb einer gestrichelten Linie verschiedene Reiche. Nennen Sie sie.

2. Erklären Sie, was die gestrichelte Linie in der Karte bedeutet.

3. Erläutern Sie, wie sich die neuen Reiche gebildet haben.

2 Leben im Mittelalter

Als Mittelalter bezeichnet man die europäische Geschichte vom Ende des Weströmischen Reiches bis zur Entdeckung Amerikas. Gemeint ist also die Zeit von etwa 500 bis 1500 n. Chr. Damals entstand in Europa ein neues Kaiserreich, das als Fortsetzung des Römerreiches angesehen wurde. Es war die Zeit, in der Adlige als Fürsten oder Ritter von ihren Burgen aus das Land beherrschten. Und es war eine Zeit, als der christliche Glaube das Leben der Menschen bis in den Alltag hinein bestimmte. Kirchenleute, Mönche und Nonnen waren sehr angesehen. Die meisten Menschen waren allerdings einfache Bauern. Sie mussten hart arbeiten, waren arm und mussten hohe Abgaben an ihren Herrn leisten. Ab dem Jahr 1100 entwickelte sich neben dem Landleben auch ein städtisches Leben – hier waren die Menschen „frei", arbeiteten als Handwerker und Händler und verkauften ihre Waren auf dem Markt. Manche Städte wurden durch den Handel groß und wohlhabend, Kaufleute reisten mit Wagen und Schiffen durch ganz Europa. Das Mittelalter wurde vielfältiger und moderner.

Online-Link
416330-0201

500 | 800 | 900

um 500
Der Merowinger Chlodwig eint die Franken und gründet ein neues Großreich.

800
Der Frankenkönig Karl wird in Aachen zum Kaiser gekrönt.

8./9. Jahrhundert
Im Frankenreich entwickelt sich die Grundherrschaft.

936
Otto I. wird König im ostfränkischen Reich.

M1 „Mittelaltermarkt" auf Schloss Burg an der Wupper bei Solingen, Foto 2010. Ob mittelalterliches Leben wohl so ausgesehen hat?

andschaft Mitteleuropas
)0–1300

1000

1100

1300

1096–1099
Erster Kreuzzug: Christliche Kreuzfahrer nehmen Jerusalem ein.

1100–1400
In Mitteleuropa werden zahlreiche Städte gegründet.

1356
Norddeutsche Kaufleute schließen sich zur „Deutschen Hanse“ zusammen.

M2 Rekonstruierte mittelalterliche Truppen erobern das Kloster Maulbronn. Der Tross soll an den Sieg des früheren Brettheim (heute Bretten, südlich von Heidelberg) über die württembergischen Truppen von 1504 erinnern. Foto 2004

500 n. Chr. 1500 n. Chr.

Was wurde aus dem Römischen Reich?

Über das Ende des Römischen Reiches haben Sie im ersten Band schon einiges gehört. Dieses Kapitel soll Sie daran erinnern. Denn schon im Römischen Reich hatten sich Entwicklungen angebahnt, die Grundlagen für das Leben im Mittelalter wurden.

Völkerwanderung
Der Epochenbegriff bezeichnet den Übergang von der Antike zum Mittelalter, bewirkt durch den Einbruch germanischer Völker in das Römische Reich. Die Epoche umreißt die Zeit etwa zwischen dem 4. und dem 6. Jahrhundert n. Chr. Griechenland und Italien werden von germanischen Stämmen erobert und verlieren an Bedeutung.

Das Ende des Weströmischen Reiches

Im 5. Jahrhundert war das römische Weltreich zerfallen. Im Osten bestand zwar ein Teil des Reiches weiter. Aber die oströmischen Kaiser hatten keinen bedeutenden Einfluss mehr auf den westlichen Teil Europas. Hier herrschten mittlerweile germanische Völker, die im Zuge der Völkerwanderung auf römischen Boden vorgedrungen waren: Die Franken hatten ursprünglich im Gebiet der heutigen Niederlande und Belgiens gesiedelt, beherrschten seit dem 3. Jahrhundert aber auch Gallien, das heutige Nordfrankreich und seit dem 5. Jahrhundert Südfrankreich. Ostgoten und später Langobarden waren nach Italien vorgedrungen, Westgoten nach Südwestfrankreich und Spanien, Vandalen nach Nordafrika und Burgunder nach Südostfrankreich. Viele ihrer Könige bewunderten die Lebensweise ihrer römischen Untertanen. Sie übernahmen daher manches von den Römern, z. B. bei der Rechtsprechung oder bei der Verwaltung des Landes. Auch verhielten sich die meisten Germanenkönige tolerant gegenüber der christlichen Religion der römischen Bevölkerung.

M1 Der oströmische Kaiser Justinian I. (527–565)
mit hohen Würdenträgern seiner Regierung (von links: Generäle, Beamte, Geistliche). Mosaik in der Kirche San Vitale, Ravenna, um 547. Justinian konnte noch einmal vorübergehend Teile des Weströmischen Reiches mit dem Oströmischen Reich vereinigen.

Papst und römisch-katholische Kirche

Dadurch überstand das Christentum, seit 391 römische Staatsreligion, die Völkerwanderung. Das galt auch für seine Würdenträger, den Papst in Rom und die Bischöfe. Der Papst profitierte sogar von der germanischen Eroberung des Weströmischen Reiches. Nicht nur, dass die Bischöfe ihn hier als Oberhaupt der Kirche anerkannten. Nach dem Sturz des weströmischen Kaisers erschien er auch als höchster Vertreter des Römischen Reiches im Westen. Der mächtige Frankenkönig Chlodwig trat um 500 zum Christentum über. Der Sage nach soll Chlodwig vor einer wichtigen Schlacht gelobt haben, zum Christentum überzutreten, wenn er die Schlacht gewinne. Nach dem Sieg löste er sein Versprechen ein. Die meisten Gallier waren bereits seit römischer Zeit Christen. Ihre Äbte und Bischöfe, von denen viele große Ländereien besaßen, unterstützten von nun an den neuen Herrscher. Die Söhne Chlodwigs waren untereinander zerstritten. Mehr und mehr bestimmten Hofbeamte die Politik. 751 salbte der Papst einen von ihnen, Pippin aus dem Geschlecht der Karolinger, zum König des Frankenreiches.

Der oströmische Kaiser

Das Oströmische (Byzantinische) Reich überstand die Völkerwanderung. Der oströmische Kaiser betrachtete sich nach dem Sturz des weströmischen Kaisers auch als Kaiser des Weströmischen Reiches. Das wurde von der römischen Bevölkerung des Westens und selbst manchen Germanenkönigen auch anerkannt. Zeitweilig konnten die oströmischen Kaiser sogar Teile des Westreiches von den Germanen zurückerobern. Doch im 7. Jahrhundert besetzten muslimische Araber große Teile des Römischen Reiches. Spanien, Nordafrika, Palästina und das Zweistromland gingen verloren. Byzanz selbst hielt stand – noch bis 1453. Aber seine Kaiser hatten keine Zeit mehr, sich mit dem früheren Weströmischen Reich zu befassen. Hier gaben nun andere Mächte den Ton an – Franken, Langobarden und die Päpste.

M2 Das Gebiet des ehemaligen Römischen Reiches im 8. Jahrhundert

M3 Prosper Tiro (390–463), Christ aus Gallien, über den Sinn der Völkerwanderung:
Manche Kinder der Kirche wurden von den (germanischen) Feinden gefangen genommen und gewannen ihre Herren für das Evangelium Christi. Denen sie aufgrund des Kriegsrechts dienten, über diese herrschten sie als Lehrer des Glaubens. Andere (germanische) Barbaren wiederum lernten in unseren Ländern, während sie im römischen (Militär-)Dienste standen, was sie in ihren Gegenden nicht wissen konnten, und kehrten mit den Lehren der christlichen Religion in ihre Heimat zurück. So gibt es nichts, was der göttlichen Gnade und der Erfüllung ihrer Pläne widerstehen könnte, da selbst (…) (schlimme Geschehnisse) in Heilmittel verwandelt werden, damit die Kirche aus Ereignissen, aus denen sie eine Gefahr befürchtete, Wachstum empfange.

M4 Der Germanenkönig Theoderich schreibt an den oströmischen Kaiser (508):
Deine Macht und Ehre, frömmster Fürst, verpflichtet mich, vollkommene Übereinstimmung mit Dir zu erstreben (…). Du bist ja die herrlichste Zierde aller Reiche, Du der heilbringende Schutz der ganzen Welt. Mit Recht blicken zu Dir alle übrigen Fürsten auf, weil sie in Dir etwas ganz Einzigartiges erkennen, am meisten aber ich, der ich mit Gottes Hilfe in Deinem Staate gelernt habe, wie ich in Recht und Gerechtigkeit meine Herrschaft über die Römer führen kann. Meine Regierung will nur ein Abbild der Deinigen sein, die das Vorbild für jedes gute Wollen, das Muster hervorragendster Staatskunst ist. (…) Das römische Reich soll nur einen Willen, eine Meinung haben. Und was immer in meiner Kraft steht, soll nach Deinem Willen geregelt werden.

1. Beschreiben Sie, was mit dem Weströmischen Reich geschah (**VT1, VT2, M3**).

2. Begründen Sie, warum die Völkerwanderung Päpste und Kirche eher stärkte (**VT1, VT2**).

3. Begründen Sie, warum die Völkerwanderung als Werk Gottes angesehen wurde (**M3**).

4. Beurteilen Sie, welche Bedeutung die Einstellung Theoderichs für das Weiterleben der römischen Ordnung im früheren römischen Westreich hatte (**M4**).

500 n. Chr. 1500 n. Chr.

Karl der Große – ein Franke wird römischer Kaiser

Auf dem Gebiet des ehemaligen Weströmischen Reiches gab es im Jahr 800 wieder einen Kaiser: Karl den Großen. Mit ihm begann etwas ganz Neues.

M1 Reitender König
Diese Statue aus Bronze gilt als Abbild Karls des Großen. Sie stammt aus dem 9. Jahrhundert.

M2 Münze Karls des Großen, um 800
Die Umschrift lautet: „KAROLUS IMP(erator) AUG(ustus)"

Karl – der Eroberer

Nach Pippins Tod übernahm sein Sohn Karl die Herrschaft. Er regierte 45 Jahre lang. In mehr als 40 Feldzügen dehnte er sein Reich aus. Viele Kriege führte er gegen Völker, die nicht den christlichen Glauben hatten. Karl wollte sie zum Christentum zwingen. Im heutigen Norddeutschland führte er einen grausamen Krieg gegen die Sachsen. Immer wieder erhoben sich die Sachsen dagegen, christianisiert und ins Frankenreich eingegliedert zu werden. Sie leisteten erbitterten Widerstand. Erbost darüber ließ Karl im Jahr 782 Tausende sächsische Stammesfürsten und Adlige hinrichten. Nach über 30 Jahren Krieg besiegte Karl die Sachsen endgültig. Viele von ihnen mussten sich unter Zwang taufen lassen.

Karl wird römischer Kaiser

Um 799 wollten römische Adlige Papst Leo III. absetzen, weil er angeblich bestechlich war. Leo floh nach Paderborn und bat den Frankenkönig Karl um Hilfe. Karl schickte Leo mit einer Eskorte nach Rom zurück, sodass er sicher war. Wenig später kam Karl selbst nach Rom, um den Streit zu schlichten. Leo konnte Papst bleiben. Zum Dank krönte er am Weihnachtstag im Jahr 800 Karl zum Kaiser. Der Überlieferung nach war Karl darüber jedoch verärgert. Der Papst hatte sich mit Karls Krönung das Recht genommen, den höchsten weltlichen Herrscher einzusetzen. Außerdem musste diese Handlung den oströmischen Kaiser in Byzanz verärgern. Dieser war bisher alleiniger Kaiser in Europa gewesen.

Das neue „Römische Reich"

Durch den Kaisertitel erhielt Karl eigentlich keine neue Macht. Er selbst führte den Titel „Kaiser, der das römische Kaiserreich lenkt, und der König der Franken". Damit betonte er, dass er auch als Kaiser zu allererst der Herrscher über die Franken war. Sein neuer Titel zeigt an, dass er der höchste Herrscher in Europa und dem oströmischen Kaiser gleichgestellt war. Mit der Kaiserzeit von Karl begann aber etwas Neues in Europa. Karl fühlte sich nicht nur als Nachfolger der römischen Kaiser, sondern auch als Fürst der Germanen. Er verband als Kaiser christliche, römische und germanische Traditionen miteinander. Manche nennen ihn daher „Vater des heutigen Europas".

M3 Karl der Große schlägt die Sachsen. Buchmalerei aus einer französischen Abtei, 14. Jahrhundert

M5 Karl der Große lässt die Sachsen taufen. Buchmalerei aus einer französischen Abtei (Ausschnitt), 14. Jahrhundert

M4 Karls Berater Einhard schrieb 835 über die Sachsenkriege:

Nach Beendigung dieses Krieges wurde der sächsische, der nur unterbrochen schien, wieder aufgenommen, der langwierigste, grausamste und für das Frankenvolk anstrengendste, den es je geführt hat. Denn die Sachsen, die wie fast alle Völker auf dem Boden Germaniens wild von Natur, dem Götzendienst ergeben und gegen unsere Religion feindselig waren, hielten es nicht für unehrenhaft, göttliches und menschliches Recht zu schänden und zu übertreten.

Dazu kamen noch besondere Umstände, die jeden Tag eine Störung des Friedens verursachen konnten: Die Grenze zwischen uns und den Sachsen verlief fast überall in der Ebene, mit Ausnahme weniger Stellen, wo größere Waldungen oder Bergrücken das beiderseitige Gebiet klar trennen; hier nahm denn Totschlag, Raub und Brandstiftung auf beiden Seiten kein Ende. Das erbitterte die Franken so, dass sie nicht mehr bloß Gleiches mit Gleichem heimgeben, sondern offen Kriege mit ihnen führen wollten.

M6 Karlspreisverleihung in Aachen für Verdienste um die europäische Einigung

Jedes Jahr findet an Christi Himmelfahrt in Aachen die Verleihung des Karlspreises statt. Neben einer Urkunde erhalten die Preisträger eine Medaille mit dem Bildnis Karls des Großen.

1. Schreiben Sie einen Steckbrief über Karl (**VT, M1**).

2. Sie sind ein Berater von Leo III. Listen Sie Argumente auf, warum Karl vom Papst zum Kaiser gekrönt werden soll (**VT**).

3. Nehmen Sie Stellung zum Titel „Karl der Große". Wenn Sie ein Sachse gewesen wären, hätten Sie Karl auch so genannt (**M3, M4**)?

4. Beschreiben Sie **M2** und **M6**. Der Karlspreis wird an Personen verliehen, die sich für ein vereintes Europa einsetzen. Nehmen Sie Stellung dazu, warum Karl als Vorbild gewählt wurde. An welches Vorbild erinnert **M2**?

500 n. Chr. 1500 n. Chr.

Der reisende Königshof

Das Frankenreich um 800 war ein riesiges Reich ohne feste Hauptstadt. Trotzdem wurde es von einem einzigen König regiert. Dazu brauchte er viele Helfer – und ein riesiges Gefolge, das mit ihm von Ort zu Ort reiste.

M1 Karl der Große auf dem Thron mit seinen Beratern
Karl legte großen Wert auf Bildung und hatte viele kluge Berater. Buchmalerei aus dem 15. Jahrhundert.

Kapitularien
Der Begriff bezeichnet in Kapitel eingeteilte Verordnungen, Gesetze und Anweisungen für die Königsboten in karolingischer Zeit.

Ein riesiges Reich
Das Reich Karls des Großen reichte von der Nordsee bis zum Mittelmeer, vom Atlantik bis zur Elbe. Zwischen Aachen und Rom lagen 1150 Kilometer und zwischen den spanischen und sächsischen Grenzprovinzen sogar rund 1500 Kilometer.

Wie der König regierte
Um dieses riesige Reich zu regieren, brauchte der König Helfer. Daher vergab Karl besondere Ämter an Grafen, Herzöge und Bischöfe. In ihren Gebieten trieben sie die Steuern ein, hielten Gericht und suchten junge Männer für den Kriegsdienst aus. Allerdings befürchtete Karl, dass die Grafen in ihren Gebieten zu mächtig werden könnten. Deshalb schickte er regelmäßig Boten aus, die die Grafen und Bischöfe überwachen sollten.

Königspfalzen statt Hauptstadt
Heute hat jedes Land eine Hauptstadt, in der sich der Sitz der Regierung befindet. Das war im Mittelalter nicht so. Das Frankenreich hatte keine Hauptstadt. Allerdings gab es einige große Pfalzen, wie Aachen und Frankfurt. Diese Pfalzen lagen auf großen Ländereien, die dem König gehörten. Bauern bearbeiteten das Land, kümmerten sich um das Vieh und legten Vorräte an.

Der König reiste
Um seine Regierungsgeschäfte zu erledigen, zog der König mit seinem Gefolge von Pfalz zu Pfalz. Auf diese Weise konnte er die Treue der Gefolgsleute und der Bischöfe im gesamten Reich persönlich kontrollieren. Bis zu 1000 Menschen reisten mit dem Herrscher. Etwa 20 Kilometer legte die Gesellschaft an einem Tag zurück.

Aachen – ein zweites Rom?
Nachdem Karl zum Kaiser gekrönt war, reiste er weniger. Stattdessen ließ er seine Aachener Pfalz zum prächtigen Regierungssitz ausbauen und hielt sich in seinen letzten Lebensjahren häufig hier auf. Hatten die früheren Königshöfe noch aus einfachen Holzgebäuden bestanden, so krönte nun eine steinerne Kuppel den Palast. Für die Pfalzkapelle ließ Karl sogar schmuckvolle Marmor- und Schiefersäulen aus Oberitalien kommen. Zudem sammelte Karl Gelehrte um sich. Diese bemühten sich, die antike Kultur des alten Rom wiederzubeleben. Karl ließ sie aber auch eine Grammatik seiner germanischen Muttersprache erstellen und germanische Göttersagen und Heldenlieder sammeln.

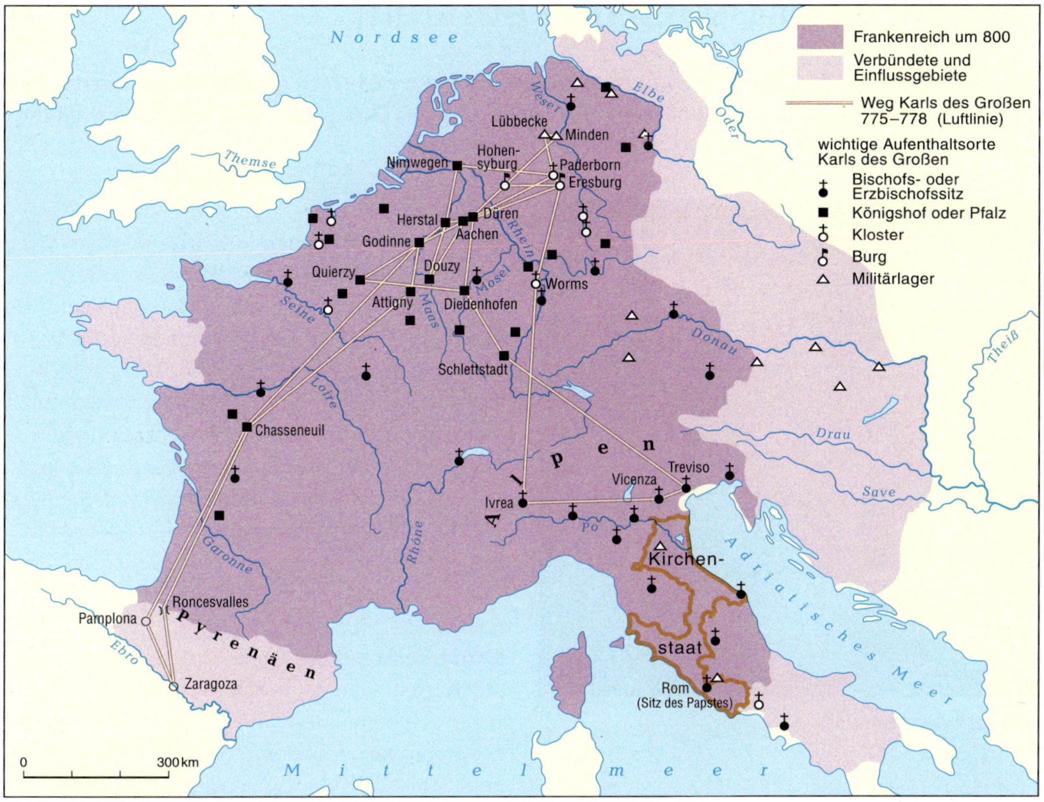

M2 Reisen Karls des Großen zwischen 775 und 778

Karl legte in dieser Zeit insgesamt fast 6500 Kilometer zurück. Verschiedene Kriegszüge führten ihn bis nach Italien und Spanien.

M3 Anweisungen für die Königsboten aus dem Jahre 803 (Auszug):

Die Königsboten sollen kontrollieren:
ob man in den Männer- und Frauenklöstern nach der Mönchsregel lebt,
ob der Zehnt an die Kirchen richtig abgeliefert wird.
Die Königsboten sollen dem Kaiser berichten:
über Fälle von Meineid, Mord und Ehebruch,
ob die Bewohner bereit sind, allen Befehlen des Kaisers zu gehorchen.
Die Königsboten sollen dafür sorgen:
dass alle notwendigen Anordnungen getroffen werden, damit die Rechtsprechung ordnungsgemäß erfolgt,
dass dem Kaiser all die Fälle vorgelegt werden, in denen die Königsboten keine Abhilfe schaffen.

M4 Um das Jahr 795 erließ Karl der Große ein Kapitular für die Verwalter der Krongüter:

c. 42: Jedes Krongut soll in seinem Lagerraum vorrätig haben: Bettstellen, Matratzen, Federkissen, Bettlinnen [Leinen], Tischtücher, Bankpolster, Gefäße aus Kupfer, Blei, Eisen und Holz, Feuerböcke, Ketten, Kesselhaken, Hobeleisen, Spitzhauen, Bohrer, Schnitzmesser – kurzum alles nötige Gerät, sodass man es nicht anderswo zu erbitten oder zu entleihen braucht. (…)

c. 45: Jeder Amtmann [Verwalter] soll in seinem Bezirk tüchtige Handwerker zur Hand haben: Grob-, Gold- und Silberschmiede, Schuster, Drechsler, Stellmacher, Schildmacher, Fischer, Falkner, Seifensieder, Brauer – Leute, die Bier, Apfel- und Birnenmost oder andere gute Getränke zu bereiten verstehen –, (…).

Pfalz
(Von lat. palatium = Palast). Die Pfalz war ein meist befestigter Wohnort des Königs mit Königshalle, Kapelle und Wirtschaftsgebäuden. Über das gesamte Reich verstreut boten viele Pfalzen dem König und seinem Gefolge Unterkunft und Verpflegung.

1. Finden Sie heraus, welches Problem Karl beim Regieren seines Reiches hatte (**VT1**).

2. Nennen Sie die Aufgaben eines Königsboten (**VT2, M3**).

3. Erklären Sie, warum man Karl einen Reisekönig nennt (**VT, M2**).

4. Setzen Sie sich mit den Bestimmungen zur Verwaltung der Krongüter auseinander (**M4**).

500 n. Chr. 1500 n. Chr.

Ein Reich der Deutschen entsteht

Das Reich Karls des Großen wurde unter seinen Nachfolgern mehrfach geteilt. Daraus entstanden das Westfränkische Reich, ein Vorläufer Frankreichs, und das Ostfränkische Reich, ein Vorläufer Deutschlands. Begann damals die Geschichte der Deutschen?

M1 Die Kaiserkrönung Ottos I. in Aachen, 962
Farbdruck nach Aquarell, um 1958

M2 Reichskrone
Die Kaiserkrone war das Schmuckstück bei der Krönung. Diese Krone wurde wahrscheinlich für Otto I. hergestellt. Das Emaillebild zeigt Christus, der von zwei Engeln umrahmt wird. Die Inschrift lautet: „Durch mich regieren die Könige."

Stämme, Herzöge und Könige

Das Reich Karls des Großen blieb nicht lange bestehen: 843 wurde es zwischen seinen Enkeln Karl, Ludwig und Lothar aufgeteilt. Nach Lothars Tod wurde dessen Reich dann 880 zwischen dem west- und ostfränkischen König aufgeteilt. Der Name dieser Region erinnert noch heute an das alte Reich und seinen Herrscher: Lothringen. Das West- und das Ostfränkische Reich bestanden als Frankreich und Deutschland weiter. Die Deutschen lebten in verschiedenen Stämmen, die ihre eigenen Dialekte sprachen und ihr eigenes Recht besaßen. Geführt wurden die Stämme von Herzögen, die möglichst uneingeschränkt in ihren Gebieten herrschen wollten.
Von „den Deutschen" sprach im 10. Jahrhundert noch niemand. Doch das änderte sich: Aus dem Ostfränkischen Reich wurde später das Reich der Deutschen.

Otto I. wird König

Ab dem Jahr 911 gab es im Ostfränkischen Reich keine Nachkommen Karls des Großen mehr. Daraufhin wählten die Stammesherzöge Herzog Heinrich I. von Sachsen zum neuen König. 933 besiegte er die Ungarn. Um die Stärke seines Reiches dauerhaft zu sichern, brach Heinrich mit einer Tradition: Statt sein Reich unter seinen Nachkommen aufzuteilen, bestimmte er seinen Sohn Otto zum alleinigen Nachfolger. Als Heinrich 936 starb, wählten die Bischöfe und Herzöge Otto zum neuen König. Die Erzbischöfe von Mainz und Köln salbten und krönten ihn.

Otto I. setzt auf die Kirche

Doch leicht war es für Otto nicht, seine Herrschaft zu behaupten. Immer wieder versuchten die Herzöge, unabhängig vom König zu regieren. Schließlich verließ sich Otto nicht mehr auf die Treue der Herzöge, sondern setzte stattdessen auf die Bischöfe und Äbte: Er gab ihnen mehr Besitzungen und Herrschaftsrechte, verlangte dafür aber militärische und politische Dienste. Der Vorteil: Die Geistlichen durften nicht heiraten und hatten keine Nachkommen, denen sie die Kirchengüter und Ämter vererben konnten. So fielen Besitz und Amt nach dem Tod an Otto I. zurück. Außerdem waren die Geistlichen gebildet und verwalteten die Güter viel besser als die Herzöge.

Otto I. wird Kaiser

Noch immer drohte dem Reich Gefahr von den Ungarn. 955 schlug Otto die ungarischen Angreifer auf dem Lechfeld nahe Augsburg vollständig. Jetzt wollte er nicht nur König sein, sondern auch Kaiser werden. Nach mehreren Feldzügen besiegte er die italienischen Fürsten. Er ließ sich 962 vom Papst zum römischen Kaiser krönen, wie einst Karl der Große. Ottos „Römisches Reich" umfasste jetzt die „deutschen" Gebiete und das Königreich Italien.

M3 Über die Thronerhebung Ottos 936 in Aachen ließ sich der Mönch Widukind von anderen erzählen und schrieb dies um 970 nieder. Für lange Zeit war dies der einzige überlieferte Bericht über eine Königserhebung:

Und als Ort der allgemeinen Wahl bestimmte man die Pfalz Aachen (...). Als man dort angekommen war, versammelten sich die Herzöge und die vornehmsten Grafen und die Schar der fürstlichen Vasallen im Säulenhof der Basilika Karls des Großen und sie setzten den neuen Herrscher auf einen hier aufgestellten Thronsessel. Hier huldigten sie ihm, gelobten ihm Treue und versprachen ihm Hilfe gegen alle seine Feinde und machten ihn so nach ihrem Brauch zum König. Während dies die Herzöge und die übrigen Amtsträger taten, erwartete der Erzbischof (von Mainz) mit der gesamten Priesterschaft und dem ganzen Volk den Einzug des neuen Königs. Als er eintrat, ging ihm der Erzbischof entgegen, berührte mit seiner Linken die Rechte des Königs, während er mit der Rechten den Hirtenstab hielt (...).

Dann (...) sprach er: „Seht, ich bringe euch den von Gott erkorenen, einst von König Heinrich bezeichneten, nun aber von allen Fürsten zum König gemachten Otto; wenn euch diese Wahl gefällt, so erhebt die rechte Hand zum Himmel!" Darauf hoben alle die Rechte in die Höhe und wünschten mit lautem Rufen dem neuen Herrscher Heil.

Dann schritt der Erzbischof mit dem König hinter den Altar, auf dem die Abzeichen des Königs lagen, das Schwert mit dem Gürtel, der Krönungsmantel mit den Spangen, der Stab mit dem Zepter und die Krone (...). Darauf wurde er mit dem heiligen Öl gesalbt und mit dem goldenen Kronreif von den Bischöfen Hildebert und Wichfried gekrönt (...) und dann von ihnen zum Thron geführt.

M4 Das Reich zur Zeit Ottos des Großen (936–973)
Ab dem 13. Jahrhundert setzte sich die Bezeichnung „Heiliges Römisches Reich" durch, ab dem 14. Jahrhundert mit dem Zusatz „Deutscher Nation". Das „Heilige Römische Reich Deutscher Nation" bestand bis 1806.

1. Beschreiben Sie, wie sich das Frankenreich nach dem Tod Karls entwickelte (**VT, M4**).

2. Erklären Sie, wie Heinrich I. sein Reich dauerhaft sichern wollte (**VT2**).

3. Begründen Sie, warum Otto I. Güter und Ämter an Geistliche vergab (**VT3**).

4. Lesen Sie **M3** und nennen Sie die einzelnen Handlungen der Krönungszeremonie.

5. Die zehnteilige Geschichtsdokumentation des ZDF „Die Deutschen" beginnt mit der Folge zu Otto I. Suchen Sie nach Gründen für diese Entscheidung der Filmemacher und schreiben Sie sie auf.

500 n. Chr. 1500 n. Chr.

Eine gottgewollte Ordnung?

Sie wollen etwas anderes werden als Ihre Eltern? Es vielleicht sogar weiter bringen als sie? Daran wird Sie heute niemand hindern. Im Mittelalter hätten die Menschen das anders gesehen.

Stand/Stände
Gesellschaftliche Gruppen mit gemeinsamen Kennzeichen, z. B. Herkunft der Geburt, Beruf, Bildung. Stände unterschieden sich nach ihren Aufgaben, ihrem Ansehen und ihren politischen Rechten.

„Anständiges" Leben

Die mittelalterliche Gesellschaft war eine Ständegesellschaft. Menschen mit gleichen oder ähnlichen Eigenschaften bildeten einen Stand. Solche Eigenschaften waren Herkunft, Beruf, Bildung usw.
Die meisten davon waren durch den Stand, in den ein Kind hineingeboren wurde, schon weitgehend vorgegeben. Im Mittelalter entschied nämlich die Geburt für die meisten Menschen über ihre Zukunft. So wurde z. B. der Sohn eines unfreien Bauern – fast immer – auch ein unfreier Bauer. Das wurde auch von ihm erwartet. Jeder hatte mit seinem Stand zufrieden zu sein und sich standesgemäß – davon kommt das Wort „anständig" – zu verhalten.

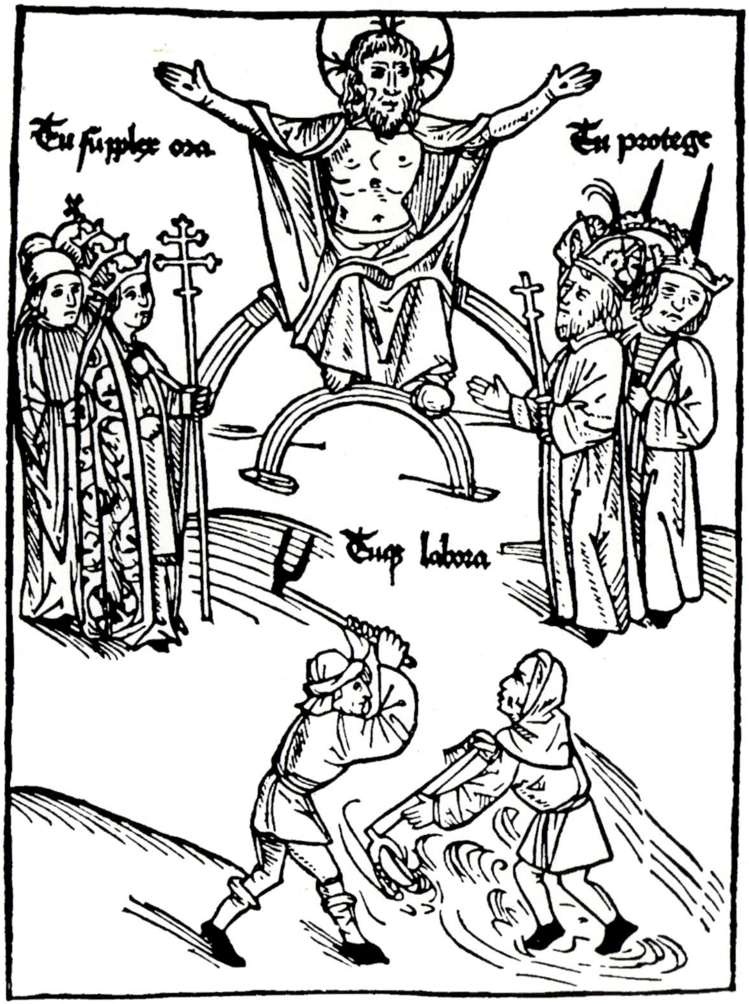

M1 Die drei Stände, Holzschnitt 1492
Aufschriften: „Du, bete ehrfürchtig" (links oben); „Du, beschütze" (rechts oben); „Und du, arbeite" (Mitte).

Die einzelnen Stände

Ganz oben stand der König. Er entschied über Krieg und Frieden, erließ Gesetze und war der höchste Richter im Land. Den ersten Stand bildeten die Geistlichen, also Bischöfe und Priester. Die Äbtissinen und Äbte standen einem Kloster vor, zu dem auch viel Land gehören konnte. Die Adligen waren der zweite Stand. Dazu gehörten die Gefolgsleute des Königs, die mächtigsten Herzöge und Grafen. Sie besaßen viel Land und Ansehen. Ritter waren längst nicht so reich. Sie lebten auf einer Burg und halfen mit, das Reich zu verwalten. Die allermeisten Menschen waren Bauern. Sie standen ganz unten in der Gesellschaft und gehörten darum dem dritten Stand an. Sie besaßen die wenigsten Rechte. Es gab freie und unfreie Bauern. Unfreie waren ihrem Gutsherrn untergeben. Sie mussten ihm einen Teil ihrer Ernte abliefern und Frondienste leisten, also bei der Bestellung der Felder und beim Straßen- und Wegebau mithelfen. Seit dem Spätmittelalter zählte man auch die Bürger in den Städten zum dritten Stand.

Gottgewollte Ordnung?

Die Ständeordnung wurde als gottgewollt angesehen. Jedoch widersprach sie eigentlich der Bibel, nach der alle Menschen als Gottes Kinder gleich waren. Doch für die Anhänger der Ständeordnung war das Wohl der Geistlichen und Adligen wichtiger als das der Bauern. Kritische Zeitgenossen kamen seit dem 13. Jahrhundert allerdings auf andere Rangfolgen. Manche betrachteten die Bauern als wichtigsten Stand, weil alle anderen von ihrem Fleiß lebten. Andere sahen die Bettelmönche als wichtigsten Stand an, weil diese mit ihrer selbst gewählten Armut am eifrigsten Christus nachfolgten.

M2 Ein Bauer mahnt seinen Sohn (aus einer Versgeschichte, um 1270):

Nun folge meiner Lehre,
das bringt dir Nutz und Ehre,
wer frevelnd seinem Stand entsteigt,
gar selten dem das Glück sich neigt,
dir angestammt ist, Sohn, der Pflug.
Ritter findest du ja genug (...).
Wenn du mir folgen wolltest nur.
Ach, baue mit dem Pflug die Flur. (...)
Wohlan, mein Sohn, den Acker bau!
Gewiss wird manch hohe Frau
durch deines Ackers Frucht verschönt,
und mancher König sieht gekrönt
sich dank des Bauern Fleiß und Schweiß.
Niemand erlangte Ruhm und Preis,
in Rang und Stand, wär' nicht das Feld
des Bauern immer neu bestellt.

M3 Über die Ständeordnung schrieb die Äbtissin Hildegard von Bingen (um 1150):

Gott achtet bei jedem Menschen darauf, dass sich der niedere Stand nicht über den höheren erhebt, wie es einst der Teufel und Adam im Paradies getan haben, die sich über ihren Stand hinaus erheben wollten. Wer steckt schon all sein Vieh in einen einzigen Stall – Rinder, Esel, Schafe und Böcke zusammen? Das gäbe ein schlimmes Durcheinander. Genauso muss darauf geachtet werden, dass nicht alle Menschen in eine Herde zusammengeworfen werden (...). Gott teilt sein Volk auf Erden in verschiedene Stände, so wie die Engel im Himmel auch in verschiedene Gruppen geordnet sind. Es gibt da die einfachen Engel und die Erzengel. (...) Aber Gott liebt sie alle.

M4 Die drei Stände der Frauen
(oben: Jungfrauenstand, Mitte: Witwenstand, unten: Ehestand)
Am Reichtum der Ernte ist das unterschiedliche Ansehen der Stände zu erkennen. Illustration, Rheinland, um 1190

1. Nennen Sie die jeweiligen Eigenschaften und Aufgaben der drei Stände im Mittelalter (**M1**).

2. Geben Sie mit eigenen Worten wieder, wie die Äbtissin Hildegard von Bingen die Ständeordnung begründet (**M3**).

3. Schreiben Sie die Versgeschichte **M2** in einen Dialog um. Der Vater erklärt dem Sohn, warum es gut ist, Bauer zu sein.

4. Finden Sie heraus, was **M4** über das Ansehen der verschiedenen Stände der Frau aussagt.

500 n. Chr. 1500 n. Chr.

Nur Arbeit und Fron?

Von 100 Menschen arbeiten heute in Deutschland höchstens noch 3 in der Landwirtschaft, im Mittelalter waren es 90. Aber nicht nur das war anders. Für die meisten Menschen war mit der Arbeit auch drückende Unfreiheit verbunden.

Grundherren
Weltliche und geistliche (Groß-)Grundbesitzer, die über das Land und die darauf arbeitenden Menschen herrschten und diese dafür beschützten.

Frondienste
Von „fro" = Herr. Arbeiten, die die abhängigen Bauern auf den Fron- bzw. Herrenhöfen oder beim Transport der Abgaben von den Fronhöfen zum Herrensitz leisten mussten.

Grundherren und Grundherrschaft

Grund und Boden gehörten im Mittelalter zum größten Teil den weltlichen und geistlichen Grundherren. Die Arbeit darauf verrichteten Bauern. Sie waren völlig abhängig von ihren Herren. Denn die Grundherren besaßen nicht nur den Grund und Boden, sondern herrschten auch über die Bauern, die ihn bearbeiteten. Daher ist diese Form der Landwirtschaft Grundherrschaft genannt worden. Spätestens seit dem 8. Jahrhundert sah sie so aus:
Ein Fronhof bildete mit mehreren Bauernhöfen einen Fronhofsverband. Auf dem Fronhof saß der Grundherr oder sein Verwalter. Der Verwalter wurde Meier oder Schultheiß genannt. Auf den Bauernhöfen wohnten die abhängigen Bauern. Hof und Land hatten sie vom Grundherrn erhalten. Dafür mussten sie dem Fronhof Abgaben liefern und Dienste leisten. Der Meier organisierte das Ganze. Auch war er – außer bei schweren Verbrechen – im Namen des Grundherrn Richter über die Menschen des Fronhofverbandes. Oft gehörte zu einem Fronhofsverband noch eine Kirche. Ihr Pfarrer wurde vom Grundherrn eingesetzt und erhielt einen Teil der Abgaben.

Abgestufte Unfreiheit

Die abhängigen Bauern waren unfrei. Aber das bedeutete nicht für alle dasselbe. Die Unfreiheit war abgestuft. Auf manchen Bauernhöfen und ihren Bewohnern lasteten höhere Abgaben und Dienste als auf anderen. Zu den bessergestellten Bauern zählten meist diejenigen, die sich freiwillig in die Abhängigkeit von einem Grundherrn begeben hatten. Diesen Schritt taten viele. Denn dadurch wurden sie zwar unfrei, aber sie brauchten keinen Kriegsdienst mehr zu leisten wie die freien Bauern. Außerdem war der Grundherr nun auch für ihren Schutz zuständig. Allerdings waren sie jetzt wie alle unfreien Bauern vom Willen ihres Grundherrn abhängig, wenn sie z. B. heiraten oder etwas vererben wollten.

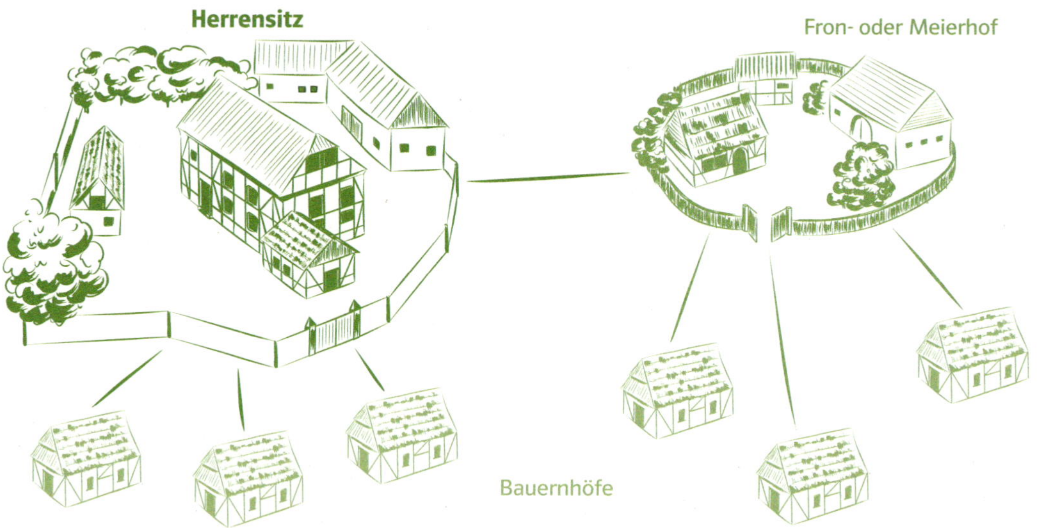

M1 Aufbau einer Grundherrschaft
(Rekonstruktion). Große Grundherrschaften bestanden aus vielen Fronhofsverbänden. Auf dem größten davon saß der Grundherr selber (Herrensitz). Die anderen ließ er durch seine Meier verwalten.

M2 Fronhofsordnung von Duisburg, wo der Abt des Klosters Prüm in der Eifel 893 Grundherr war:
In Duisburg gibt es eine Kirche, von der jährlich 30 Schillinge kommen. Es gibt dort 19 halbfreie Höfe. Jeder davon zahlt zu Weihnachten 1 Unze, zu Ostern 1 Huhn und 10 Eier, im Sommer an Steuer für den Heeresdienst 12 Denare, 1 Pfund Flachs und jedes zweite Jahr 1 Schwein im Wert von 5 Denaren; jeder leistet 2 Tage in der Woche Fronarbeit. Es gibt 2 andere Höfe, von denen jeder jährlich 3 Schillinge zahlt und sonst nichts. In Emmerich ist 1 Hof, der zahlt zu Weihnachten 1 Unze, 1 Pfund Flachs und leistet 2 Tage in der Woche Fronarbeit. (...) Es gibt dort 4 Höfe, die uns Meginhardus übergeben hat. Einer davon zahlt an Gerste 15 Müdden (1 M. = ca. 200 l), an Roggen 16 Müdden, an Hafer 14 Müdden, 2 Lämmer im Wert von 12 Denaren, leistet jährlich 14 Tage Fronarbeit, 1 Tag muss er pflügen (...). Es gibt dort 8 landlose Arbeiter auf dem Fronhof. Jeder davon zahlt 12 Denare, die Frauen zahlen 5 Schillinge.

M3 Über den geistlichen Grundherrn und Bischof Meinwerk von Paderborn (ca. 970–1036) wird Folgendes berichtet:
Häufig besuchte er die Fronhöfe seines Bistums. Verfallenes reparierte er, Repariertes sicherte er durch klugen Schutz (...). So kam er auch einmal und fand einen Garten, der außer einem kleinen Stück in der Mitte mit Brennnesseln, wildem Kohl und anderen Unkräutern bedeckt war. Und sofort befahl er, dass der Frau des Meiers (die den Garten zu pflegen hatte) ihre eitlen Kleider ausgezogen werden sollten. Dann ließ er sie durch den ganzen Garten schleifen, bis das Unkraut, das in die Höhe geschossen war, dem Erdboden gleichgemacht war. Dabei tröstete er die betrübte Frau mit den von ihm gewohnten Schmeichelworten und munterte sie mit der ihm eigenen Freundlichkeit auf. Im folgenden Jahr fand er den ganzen Garten mit aller Sorgfalt und überreichem Fleiß in Ordnung gebracht vor. Da belohnte er die Frau, indem er ihr vermehrt seinen Dank zeigte und sie freigebig beschenkte.

M4 Bauern vor dem Grundherrn und dem Meier
Holzschnitt von 1479 (später koloriert)

M5 Freiwillig in die Grundherrschaft? Königsboten berichten 811 Karl dem Großen:
Die ärmeren Freien beklagen sich:
Wer einem Bischof, einem Abt oder Grafen (...) sein Eigentum nicht übertragen will, gegen den suchen sie Gelegenheiten, ihn zu verurteilen, oder sie lassen ihn ständig in den Heeresdienst gehen, bis ihnen dieser Arme sein Eigentum überträgt oder verkauft. Die anderen aber, die ihr Eigentum schon übergeben haben, können in Ruhe zu Hause sitzen bleiben.

1. Beschreiben Sie, wie eine Grundherrschaft aufgebaut war. (**M1**)

2. Listen Sie auf, mit welchen Abgaben und Dienstleistungen die Bauern von Duisburg belastet waren (**M2**).

3. Verfassen Sie einen kurzen Erklärungstext zu **M4**.

4. Zwei freie Bauern streiten sich darüber, ob sie sich in die Unfreiheit einer Grundherrschaft begeben sollen. Was spricht dafür, was dagegen? Verfassen Sie einen Dialog (**VT2, M5**).

500 n. Chr. 1500 n. Chr.

Gruppenpuzzle: So lebten die Menschen im Mittelalter

Bestimmt haben Sie schon einmal gepuzzelt und kennen den Moment, wenn das letzte Puzzleteil eingefügt ist und sich ein Gesamtbild ergibt. Auch beim Erarbeiten von Themen kann das Sammeln von Informationen und das anschließende Puzzeln, also Zusammenfügen, angewendet werden. Hier erarbeiten Sie in der Gruppe gemeinsam ein Thema und können sogar zum Experten für ein Themengebiet werden.
Wie ein Gruppenpuzzle zum Thema „So lebten die Menschen im Mittelalter" aussehen könnte, sehen Sie beispielhaft auf dieser Doppelseite.

Beim Gruppenpuzzle agieren Sie in einer Doppelrolle: Als Lernender erarbeiten Sie sich zunächst in einer Expertengruppe einzelne Aspekte eines Themas. Im Anschluss geben Sie das erarbeitete Expertenwissen an die Mitschüler Ihrer Stammgruppe weiter. Dabei sind Sie Lehrender. Schließlich nehmen Sie in der Stammgruppe wieder die Rolle des Lernenden ein, wenn Sie sich von Ihren Mitschülern ein Thema erklären lassen.

Aufgabe für die Stammgruppe
Überlegen Sie sich in den Stammgruppen wie Sie das Thema „So lebten die Menschen im Mittelalter" als Gruppenpuzzle erarbeiten können. Welche Fragen sollen die jeweiligen Experten in ihren Gruppen lösen? Teilen Sie die Gruppen in die Experten auf.

Aufgaben für die Expertengruppen
Gruppe A: Wie wohnten und lebten die Menschen auf dem Land und wie bearbeiteten sie die Felder? Welche Arbeiten waren Männern, welche den Frauen vorbehalten? Lesen Sie den VT des Kapitels „Bauernleben" (S. 64/65) sowie M2 und M3. Beschreiben Sie die Bilder M1 und M4. Beantworten Sie dann die Fragen 1–4.

Gruppe B: Welche Aufgaben hatten Klöster im Mittelalter? Wie lebten dort die Mönche? Lesen Sie dazu den VT des Kapitels „Ein anderes Leben im Kloster" (S. 66/67) und die Materialien 2 und 3. Wie unterscheidet sich die in M1 dargestellte Unterrichtssituation von Ihrem heutigen Schulalltag? Beschreiben Sie, welche Tätigkeiten die Mönche im Kloster Maulbronn im Mittelalter ausführten (M4). Beantworten Sie die Fragen 1–3.

Gruppe C: Worum ging es im Streit zwischen Päpsten und Kaisern im Mittelalter? Warum reiste Kaiser Heinrich nach Canossa? Lesen Sie dazu den VT des Kapitels „Wer ist mächtiger – Papst oder Kaiser?" (S. 70/71). Erklären Sie auch die mittelalterliche Buchmalerei (M5). Lesen Sie M2, M3 und M4. Beantworten Sie dann die Fragen 1, 3 und 4.

Gruppe D: Erklären Sie anhand des VT der Doppelseite „Städte entstehen und wachsen" (S. 74/75), warum im Mittelalter Städte entstanden. Geben Sie in eigenen Worten wesentliche Inhalte der Gründungsurkunde von Freiburg (M3) wieder. Schreiben Sie den in Frage 3 geforderten Dialog. Beantworten Sie auch Frage 4.

Gruppe E: Beschreiben Sie, auf welch unterschiedliche Art und Weise die Städte im Mittelalter regiert wurden. Lesen Sie dazu den VT des Kapitels „Wer regiert die Stadt?" (S. 78/79). Verfassen Sie einen kurzen Bericht zu dem in M4 dargestellten Geschehen. Beantworten Sie auch die Fragen 2 und 3.

Aufgabe für die Stammgruppe
Die Experten tragen mithilfe ihrer Notizen ihre Ergebnisse vor. Die Stammgruppe fasst eine Übersicht dieser Ergebnisse z. B. in einer Tabelle zusammen, bei der für Land, Kloster und Stadt jeweils Aufgaben, Lebens- und Herrschaftsverhältnisse aufgelistet werden.

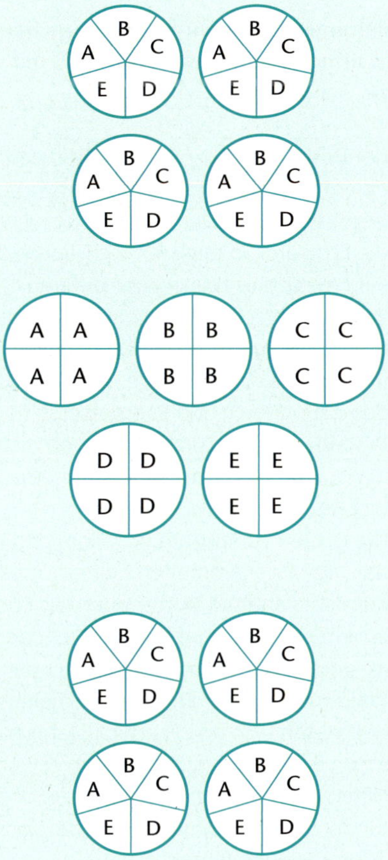

Methodische Arbeitsschritte

Phase 1:
Arbeit in Stammgruppen
Bilden Sie Arbeitsgruppen und machen Sie sich mit der Aufgabenstellung vertraut. Jedes Mitglied der Stammgruppe wählt einen Ausschnitt des Gesamtthemas. Diesen Aspekt soll es sich erarbeiten und später der Stammgruppe vermitteln.

Phase 2:
Arbeit in Expertengruppen
Alle Teilnehmer mit gleichen Themen treffen sich in Expertengruppen und erarbeiten sich dort gemeinsam den jeweiligen Inhalt. Sie lesen die Verfassertexte im Schulbuch, werten Materialien aus, nutzen eventuell bereitgestellte Nachschlagewerke oder das Internet.
Dabei klären die Experten aufkommende Fragen und verständigen sich auf Kernaussagen, die den Stammgruppen vermittelt werden sollen. Dazu wird eine übersichtliche Darstellung der Ergebnisse erarbeitet, die für alle Experten kopiert werden muss.

Phase 3:
Arbeit in Stammgruppen
Die Experten kehren in ihre Stammgruppen zurück und vermitteln sich gegenseitig das erarbeitete Wissen. Sie beantworten die in der ersten Phase aufgeworfenen Fragen. Die Lernenden hören zu, fragen nach und diskutieren einzelne Beiträge. Gemeinsam fassen sie das erworbene Wissen zusammen. Dies kann u.a. dadurch geschehen, dass sie die schriftlichen und grafisch aufbereiteten Ergebnisse der Experten thematisch ordnen, an Pinnwänden zusammenfügen und mit Überschriften versehen.

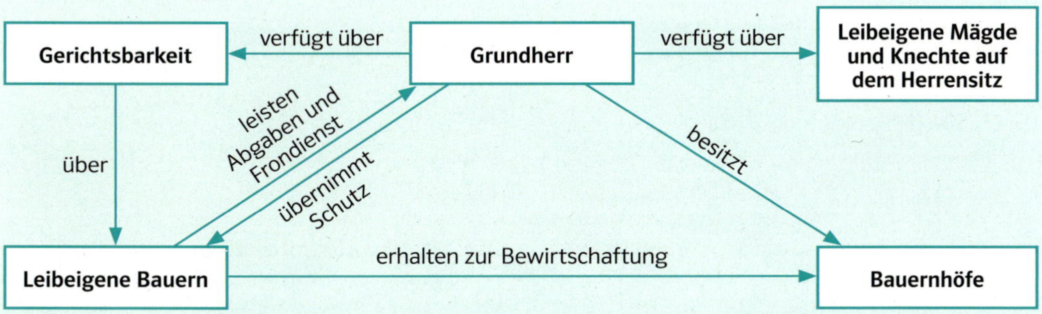

M1 Schematische Darstellung der Grundherrschaft

1. Führen Sie ein Gruppenpuzzle durch. Achten Sie darauf, dass sich alle Teilnehmer der Expertengruppen fundierte schriftliche Aufzeichnungen machen, die sie später ihrer Stammgruppe vermitteln können.

2. Beurteilen Sie das Ergebnis des Gruppenpuzzles. Haben Sie etwas gelernt? Haben alle Gruppenmitglieder etwas zum Erfolg der Gruppenarbeit beigetragen?

3. Erläutern Sie mithilfe Ihres gesammelten Wissens aus dem Gruppenpuzzle und der Darstellung **M1** die Grundherrschaft im Mittelalter.

500 n. Chr. 1500 n. Chr.

Bauernleben

Als Bauernfamilie zu leben, das bedeutete im Mittelalter vor allem harte Arbeit, um der Natur mühsam etwas abzutrotzen. Bauern waren meistens arm. Ihr Leben war ausgefüllt mit den Arbeiten auf dem Hof und im Feld – die ganze Familie war gefordert.

Wohnen auf dem Bauernhof

Zu einem Bauernhof gehörte ein Wohnhaus und ein Stall für das Vieh. Das Wohnhaus hatte meist nur einen Raum mit ein paar selbst gefertigten Möbeln. Hier lebte die ganze Bauernfamilie, in kalten Wintern manchmal auch das Vieh. Denn hier war die einzige Feuerstelle. Umgeben waren die Gebäude von einem Garten, der durch einen Zaun aus Reisig geschützt war. Dahinter erstreckten sich Wiesen, Felder und schließlich der Wald. Er lieferte Viehfutter (Eicheln, Bucheckern) und vor allem den wichtigsten Rohstoff: Holz. Denn Holz wurde für die Herstellung der Gebäude, Zäune und Gerätschaften gebraucht und als Brennmaterial für die Feuerstellen.

Arbeiten im Feld und auf dem Hof

Feldarbeiten waren meist Männersache. Gearbeitet wurde von Sonnenaufgang bis Sonnenuntergang. Die Art der Arbeit hing von der Jahreszeit ab. Besonders wichtig war der Anbau des lebensnotwendigen Getreides (Weizen, Roggen, Gerste, Hafer). Dafür musste zuerst der Boden gepflügt werden. Das geschah mit einem Hakenpflug aus Holz, der von Ochsen gezogen wurde. Der Pflug drang nicht tief in die Erde ein. So mussten die Bauern das gleiche Feld mehrmals kreuzweise pflügen. Die Ernte war oft schlecht. Mit einem Sack Saatgetreide drei Säcke zu ernten, war schon selten. Davon mussten die Bauern auch noch Abgaben für den Grundherrn und Saatgetreide fürs nächste Jahr abzweigen. Zum Leben blieb nicht viel übrig. Eine Missernte war daher eine Katastrophe.

Die Frauen versorgten vor allem den Hof und das Vieh. Sie sammelten Eier ein, melkten die Kühe und stellten Butter oder Käse her. Manche arbeiteten als Gänse-, Schweine- oder Ziegenmägde, die die Tiere auf Wiesen oder in den Wald trieben und hüteten. Die meisten Frauen heirateten früh mit 15 oder 16 Jahren und bekamen viele Kinder. Kinder waren erwünscht – als Hilfen bei der Arbeit und im Alter. Doch viele Kinder starben damals schon bei der Geburt oder in jungen Jahren.

M1 Bauernleben im Mittelalter (Rekonstruktionszeichnung)

M2 Das Sonntagsgesetz Karls des Großen von 789 schrieb den Menschen für den Sonntag folgende Regeln vor:

(…) dass die Männer weder Feldarbeiten verrichten, noch im Weinberg sich beschäftigen, noch auf den Feldern pflügen, mähen oder Holz schneiden, oder einen Zaun errichten, noch in den Wäldern roden oder Bäume fällen, oder im Felsgestein arbeiten, noch in Gerichtsversammlungen zusammenkommen, noch die Jagd ausüben dürfen. Und nur in drei Fällen darf man am Sonntag Transporte durchführen, nämlich im Kriegsfalle oder für die Herbeischaffungen von Lebensmitteln oder, wenn es sehr nötig sein sollte, für die Bestattung eines Toten. Ebenso sollen die Frauen nicht weben, Kleider weder auftrennen noch nähen oder Strickereien anfertigen. Auch haben sie keine Erlaubnis, Wolle zu rupfen, Flachs zu schlagen, Kleidungsstücke öffentlich zu waschen und Hammel zu scheren, damit auf jeder Weide die Ruhe des Sonntags gewahrt werde.

M3 Ein Gelehrter schrieb 1543 über das Bauernleben:

Bauern führen ein schlechtes und erbärmliches Leben. Es ist ein jeder von dem anderen abgeschieden und lebt für sich selbst nur mit seinem Gesinde und Vieh. Ihre Häuser sind schlecht von Schlamm und Holz gemacht, auf den Erdboden gesetzt und mit Stroh gedeckt. Ihre Speise ist trockenes Schwarzbrot, Haferbrei oder gekochte Erbsen und Linsen. Wasser und Molke ist fast ihr einziges Getränk. Eine grobe Joppe, zwei Bundschuhe und ein Filzhut ist ihre Kleidung. Diese Leute haben nie Ruhe. Von früh bis spät müssen sie arbeiten. (…) Ihren Herren müssen sie oft das ganze Jahr dienen, das Feld pflügen, säen, das Getreide abschneiden und in die Scheune bringen, Holz hauen und Gräben machen. Es gibt nichts, was das arme Volk nicht tun muss.

M4 Arbeiten des Bauern im Jahresablauf
Miniatur, um 818. Es handelt sich um die ältesten überlieferten Bilder von Bauern im Mittelalter.

1. Listen Sie auf, welche Arbeiten ein Bauer zu verrichten hatte (**VT2, M1, M2**).

2. Stellen Sie zusammen, wie der Arbeitsalltag einer Bäuerin aussah (**VT2, M1, M2**).

3. Ordnen Sie folgende Tätigkeiten den Monaten in **M4** zu: Gras mähen, pflügen, schlachten, säen, Bäume beschneiden, Getreide schneiden, Rebstöcke (Wein) aufbinden.

4. Beurteilen Sie die Ansicht von **M3** zum Bauernleben.

500 n. Chr. — 1500 n. Chr.

Ein anderes Leben im Kloster

Über das Bauernleben im Mittelalter haben Sie schon etwas erfahren. Ganz anders verlief das Leben im Kloster. Dort gab es strenge Regeln, nach denen sich alles richtete.

M1 Mittelalterliche Klosterschule
Buchmalerei, 15. Jahrhundert

Abt
So heißt der Vorsteher eines Klosters. Frauenklöster werden von einer Äbtissin geleitet. Äbte herrschten auch über die Ländereien, die dem Kloster gehörten, und über die darauf lebenden Menschen.

Laienbrüder
Anders als Mönche haben Laienbrüder keine Priesterweihe empfangen. Sie waren den Mönchen untergeordnet und vorwiegend mit körperlichen Arbeiten beschäftigt.

Im Kloster – gestern wie heute

Auch heute gibt es noch Klöster, in denen Männer oder Frauen als Mönche oder Nonnen leben, beten und arbeiten. Wenn sich heute jemand dazu entschließt, Nonne oder Mönch zu werden, so möchte er wie die Menschen früher ein gottgefälliges Leben führen. Er entscheidet sich dafür, in Armut zu leben, Gott zu gehorchen, nicht zu heiraten und seinen Mitmenschen zu helfen.
In einem Kloster leben die Nonnen und Mönche zurückgezogen von der Außenwelt. Geleitet werden die Klöster von einem Abt oder einer Äbtissin. Das Klosterleben verläuft wie früher nach festen Regeln. Auch der Tagesablauf der Nonnen und Mönche ist streng gegliedert.

Bete und arbeite

Viele Klöster richten sich auch in unserer Zeit danach, was Benedikt von Nursia über das Klosterleben gelehrt hat. Benedikt war ein weit gereister Mann. 529 gründete er in Italien das Kloster Montecassino. Er legte auch die Ordnung für das Klosterleben fest. Die Grundregel lautet: „Ora et labora", das bedeutet: „Bete und arbeite". Nur das gemeinsame Gebet unterbrach die vielfältige Arbeit, die täglich zu erledigen war.

Bibliotheken und Schulen

Eine wichtige Arbeit in den Klöstern war es auch, wertvolle Bücher abzuschreiben, zu verzieren und aufzubewahren. Nicht nur die Bibel wurde abgeschrieben, sondern auch Werke alter Schriftsteller und Wissenschaftler. In den Klosterbibliotheken sind so bis heute viele alte Werke erhalten geblieben.
Dass die Stadtbewohner lesen und schreiben lernten, verdankten sie der Kirche, die in ihren Klöstern und Schulen die Bildung pflegte.
Man schätzt, dass um 1300 ungefähr ein Drittel der erwachsenen Städter diese Fähigkeit beherrschte.
Die ersten Universitäten entstanden im 12. Jahrhundert in Paris und Bologna. Im heutigen Deutschland wurden im 14. Jahrhundert in Erfurt (1379) und Heidelberg (1385) die ersten Universitäten gegründet. Ähnlich wie bei den Schulen lagen die Ursprünge in den Kloster- und Domschulen der großen Städte.
Geistliche und Klöster übernahmen auch soziale Aufgaben. Da es noch keine Sozialversicherung gab, waren hilfsbedürftige Menschen auf die von den Pfarrgemeinden und Klöstern errichteten Spitäler angewiesen. Anders als in heutigen Krankenhäusern fanden sich in den Spitälern neben den Kranken die Alten, die Hungrigen und Obdachlosen ein. Ihre Versorgung ermöglichten besonders die Stiftungen reicher Kaufleute. Sie folgten damit – auf ihr Seelenheil bedacht – dem christlichen Gebot, Almosen zu geben.

M2 Aus der Urkunde zur Stiftung des Heiliggeist-Spitals in Nürnberg 1339:

Jedermann wisse, dass vor mir, dem öffentlichen Notar, der ehrbare Konrad Groß erschien, Bürgermeister der Stadt Nürnberg. Er erklärte, den sehnlichsten Wunsch zu haben, nach Gottes Gnade die zeitlichen [irdischen] Güter [gemeint ist sein Vermögen] gegen himmlische einzutauschen. (...) Deshalb hat Konrad Groß (...) zu seinem eigenen Seelenheil (...) ein Spital zu Ehren des heiligen Geistes (...) und für die Armen, die dort untergebracht werden, gestiftet. (...) Der Stifter setzte fest, dass für den Gottesdienst und zum Trost der dort lebenden Armen 6 Priester und 12 arme Scholaren (Studenten) daselbst Unterhalt, Nahrung und Bleibe finden sollen, damit sie (...) die täglichen Messen lesen und die Stundengebete bei Tag und Nacht feierlich und mit Gesang versehen zu seinem Seelenheil, dem seiner Eltern und Freunde, der Wohltäter des Spitals und anderer, die dort auf dem Spitalfriedhof beerdigt sind und noch werden.

M3 Der Tagesablauf, wie er in einem Benediktinerkloster heute aussieht:

4.40: Wecken
5.00–6.00: Nachtgebet und Morgenlob
6.00–7.00: Gebet und Bibellesung
7.30–11.00: gemeinsames Morgengebet, Beginn der Arbeit
11.15–12.00: Gottesdienst
12.30–13.00: Mittagsgebet, Mittagessen
13.00–14.00: Mittagsruhe
14.00–18.00: Gebet, danach Arbeit
18.00–18.30: Gottesdienst zum Ende des Arbeitstages
18.40–19.00: Abendessen
19.00–19.40: Zeit zur freien Verfügung
19.45: Abendgebet
20.00–4.40: Nachtruhe (...).

M4 Das Kloster Maulbronn
(nördlicher Schwarzwald), erbaut im 12. Jahrhundert
① Kirche, ② Vorhalle, ③ Kreuzgang, ④ Keller, ⑤ Speisesaal der Laienbrüder, ⑥ Speisesaal der Mönche, ⑦ Schlafsaal der Mönche, ⑧ Sprechraum, ⑨ Kapitelsaal, ⑩ Tor, ⑪ Herberge, ⑫ Küferei, ⑬ Fruchtkasten und Kelter, ⑭ Verwaltung, ⑮ Schmiede, ⑯ Pferdestall, ⑰ Mühle, ⑱ Bäckerei, ⑲ Scheunen, ⑳ Ställe, ㉑ Gesindehaus, ㉒ Brunnen, ㉓ Friedhof, ㉔ See
Das Kloster steht auf der Liste der UNESCO-Kulturdenkmäler.

1. Erklären Sie, mit welcher Absicht Menschen im Mittelalter Spitäler gegründet haben (**M2**).

2. Listen Sie auf, welche Aufgaben die Klöster neben ihren religiösen noch hatten.

3. Nennen Sie Unterschiede zwischen einem Spital im Mittelalter (**VT**, **M2**) und einem heutigen Krankenhaus.

4. Beschreiben Sie jeweils Ursachen von Armut im Mittelalter und in heutiger Zeit.

5. Erkundigen Sie sich nach einem Kloster in Ihrer Nähe. Besuchen Sie es oder bitten Sie es schriftlich um Informationen. Vergleichen Sie den Tagesablauf in diesem Kloster mit dem in **M3** wiedergegebenen. Stellen Sie Gemeinsamkeiten und Unterschiede fest.

500 n. Chr. 1500 n. Chr.

Ein Bauwerk untersuchen

Als Geschichtsquellen kennen Sie bereits Texte. Aber auch Bauwerke wie Kirchen, Burgen oder Rathäuser sind Zeugnisse, die Auskunft über das Leben der Menschen in früheren Zeiten geben. Aus der Anlage eines Bauwerks, seiner Aufteilung, aus dem Stil, in dem es erbaut ist oder dem Ort, an dem es steht, lassen sich Informationen über das Leben und Arbeiten in früheren Zeiten ablesen. Das Freiburger Münster ist größtenteils im gotischen Stil erbaut. Sein Beispiel kann Ihnen helfen, Bauwerke zum Sprechen zu bringen.

M1 Das Münster, erbaut in mehreren Abschnitten zwischen 1200 und 1513, ist bis heute die Hauptkirche der Stadt und Bischofssitz.
Freiburg konnte sich eine solche gewaltige Kirche nur leisten, weil die Stadt Silberminen im Schwarzwald besaß.

M2 Hauptschiff und Chor des Freiburger Münsters
Foto 2010

Beschreiben
Im Internet und in Broschüren der Freiburger Stadtinformation findet sich eine Vielzahl von Informationen über das Freiburger Münster. Demnach ist die aus Buntsandsteinquadern gebaute Kirche 127 Meter lang und 30 Meter breit. Der alle anderen Gebäude der Stadt überragende Hauptturm ist 116 Meter hoch. Das Mittelschiff ruht auf 12 frei stehenden Säulen, an denen die Apostelfiguren angebracht sind. Das Münster liegt im Zentrum der Stadt. Es ist deshalb für die meisten Freiburger, die in der Innenstadt leben, zu Fuß zu erreichen.

Untersuchen
Der Bau des Münsters begann vermutlich im Auftrag des Herzogs Bertold V. (1186–1218). Anfang des 13. Jahrhunderts wurden im romanischen Baustil das Querschiff und die beiden Seitentürme erbaut. Doch schon 30 Jahre später war ein neuer Baustil aktuell: die Gotik. In diesem Stil wurden das Langhaus mit seinem hohen Mittelschiff, den beiden Seitenschiffen und der Hauptturm gebaut. Im Jahr 1354 begann der Bau des großen Chorraums, der an das romanische Querschiff anschloss. Doch Seuchen und Finanznöte verzögerten den Weiterbau um 100 Jahre. Erst 1513 wurde das Gotteshaus vollendet. Auch später gab es noch Veränderungen, z. B. einen Anbau im Renaissancestil.
Das Münster wurde im Zweiten Weltkrieg nicht zerstört. Auch viele der spitz zulaufenden gotischen Glasfenster sind original erhalten, da man sie vor den Bombenangriffen entfernte und sie bis nach Kriegsende sicher lagerte.
Da Fenster sehr teuer waren, wurden sie von reichen Familien oder von Zünften gespendet. Diese Handwerksfenster sind an ihren jeweiligen Wappen gut zu erkennen. So gibt es zum

Beispiel ein Bäckerfenster mit einer Brezel, ein Schuhmacherfenster mit einem Stiefel oder ein Schneiderfenster mit einer Schere. Einer der bedeutendsten Gegenstände der Innenausstattung ist ein Altar von Hans Holbein dem Jüngeren.

Deuten

Als die Freiburger im Jahr 1200 beschlossen, ein großes Gotteshaus zu bauen, hatte die Stadt gerade einmal 6000 Einwohner. Die Stadtherren wollten nicht nur ein großes Gotteshaus bauen, sondern mit dem gewaltigen Bauwerk auch den aus ihren Erz- und Silberminen herrührenden Reichtum zeigen.

Methodische Arbeitsschritte

1 Beschreiben

- Bestimmen Sie Länge, Breite und Höhe des Gebäudes. Aus welchen Materialien wurde es erbaut?
- Untersuchen Sie die Lage des Bauwerks in der Stadt und das Größenverhältnis zu anderen Gebäuden. Suchen Sie nach einer Erklärung für die Lage bzw. Platzwahl.

2 Untersuchen

- Untersuchen Sie die einzelnen Teile des Bauwerks und stellen Sie anhand einzelner Merkmale fest, in welchem Baustil es erbaut wurde.
- Finden Sie heraus, ob das Bauwerk in späteren Zeiten erweitert, umgebaut oder renoviert wurde.
- Stellen Sie die Daten zur Bauzeit und -dauer zusammen.
- Informieren Sie sich, wer das Bauwerk errichten ließ und ob es einen bestimmten Anlass dazu gab.

3 Deuten

- Bestimmen Sie mithilfe des Grundrisses Aufgabe und Zweck des Bauwerks.
- Beurteilen Sie, ob die Größe des Gebäudes seiner Bestimmung angemessen war oder auch der Repräsentation diente.

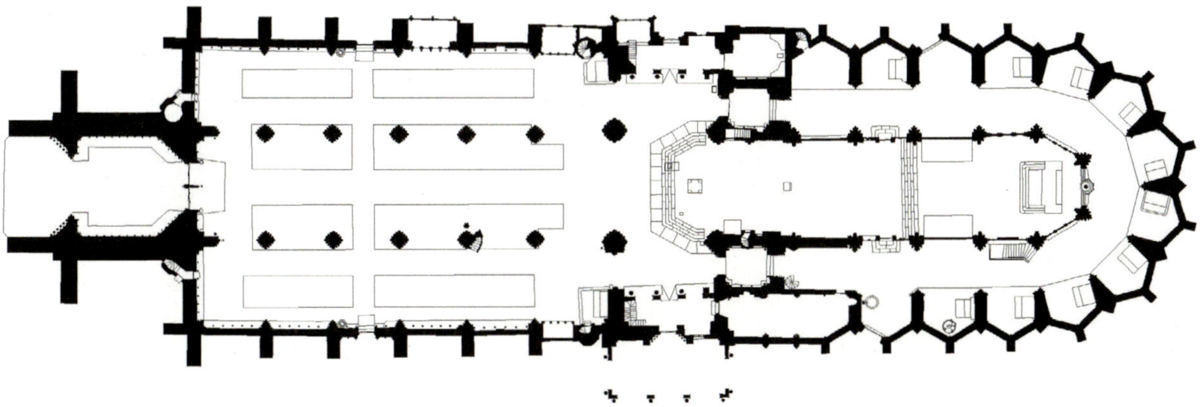

M3 Grundriss des dreischiffigen Freiburger Münsters
Die Kirchen des Mittelalters haben gewöhnlich die Form eines Kreuzes und bestehen aus einem Langhaus, einem Querhaus und dem Altarraum, dem sogenannten Chor.

1. In vielen Städten gibt es noch mittelalterliche Kirchen. Stellen Sie fest, wo sich solche Kirchen in Ihrer Nähe befinden. Starten Sie in Gruppen ein Erkundungsprojekt und gehen Sie nach den methodischen Arbeitsschritten vor.

2. Gestalten Sie eine Wandzeitung mit Ihren Untersuchungsergebnissen. In den meisten Kirchen gibt es Informationsbroschüren. Auch das Internet und Broschüren der Fremdenverkehrsämter helfen Ihnen weiter.

500 n. Chr. 1500 n. Chr.

Wer ist mächtiger – Papst oder Kaiser?

Man kann sich heute kaum mehr vorstellen, welchen Einfluss die Kirche im Mittelalter auf das Leben der Menschen und auf die Regierenden besaß. Die Päpste beanspruchten sogar, mächtiger zu sein als die Kaiser.

Bann
Wurde ein Christ gebannt, so durfte er die Kirche nicht mehr betreten und er wurde aus der kirchlichen Gemeinschaft ausgeschlossen. Fromme Christen fürchteten diesen Ausschluss sehr.

Investiturstreit
Der Begriff bezeichnet den zwischen Päpsten und weltlichen Herrschern geführten Streit um die Frage, wer Bischöfe und Äbte in ihr Amt einsetzen kann.

Aus Königen werden Kaiser

Der Frankenkönig Karl der Große wurde im Jahr 800 von Papst Leo III. zum römischen Kaiser gekrönt. Als Kaiser stand Karl der Große über allen anderen christlichen Herrschern Europas. Gleichzeitig war er verpflichtet, die Kirche zu verteidigen, das Christentum zu verbreiten und die Heiden zu bekämpfen. In den folgenden Jahrhunderten gelang es mehreren deutschen Königen, zum Kaiser ernannt zu werden. Allerdings kam es bald zu Problemen zwischen dem Papst und dem Kaiser. Sie stritten über die Frage, wer über dem anderen stehe: das geistliche Oberhaupt der Kirche, also der Papst, über dem Kaiser oder das weltliche, der Kaiser, über dem Papst? Sowohl der Papst als auch der Kaiser meinten, Gott habe sie auserwählt. Beide sahen sich als Stellvertreter von Jesus Christus auf Erden.

M1 König Heinrich IV. vor der Burg Canossa (Buchmalerei aus dem 11. Jahrhundert). Das Bild zeigt Heinrich IV. mit seinem Taufpaten Abt Hugo von Cluny und die Markgräfin Mathilde. In ihrem Gebiet lag Canossa. Der Text unter dem Bild lautet: „Der König bittet den Abt. Er fleht Mathilden an."

Heinrich IV. gegen Papst Gregor VII.

Im 11. Jahrhundert erreichte der Machtkampf seinen Höhepunkt. Bischöfe und Äbte hatten neben ihren geistlichen Pflichten zahlreiche weltliche Aufgaben übernommen. Sie regierten über große Ländereien und waren wichtige Helfer des Königs. Wenn ein Bischof starb, bestimmte der König den Nachfolger.
Im Jahr 1073 wurde Gregor VII. zum Papst gewählt. Er wollte die Kirche von weltlichen Einflüssen befreien. Deshalb verbot er dem deutschen König, Bischöfe in ihr Amt einzusetzen. Geistliche sollten nicht von Laien benannt, sondern nur von anderen Geistlichen gewählt werden. Der deutsche König Heinrich IV. hielt sich nicht an das Verbot. Es kam zum sogenannten Investiturstreit: Heinrich erklärte den Papst für abgesetzt. Gregor reagierte sofort und verhängte über den König den Kirchenbann. Nun drohten die Reichsfürsten ihrem König damit, einen neuen Herrscher zu wählen, wenn er sich nicht innerhalb eines Jahres vom Bann befreite.

Der König als Büßer

Im Winter 1076/77 zog Heinrich mit seiner Frau, seinem zweijährigen Sohn und einigen Begleitern über die verschneiten Alpen nach Norditalien, zur Burg Canossa. Dort hielt sich zu der Zeit Papst Gregor auf. Barfuß und nur mit einem einfachen Gewand bekleidet, erschien Heinrich im Januar 1077 vor dem Burgtor. Aber erst nach drei Tagen wurde er zum Papst vorgelassen. Heinrich fiel vor Gregor auf die Knie und bat ihn darum, ihn wieder in die Kirche aufzunehmen. Daraufhin löste der Papst den Bann.
Erst nach Jahrzehnten wurde eine endgültige Lösung für die alte Streitfrage gefunden. 1122 schloss der Sohn Heinrichs IV. in Worms einen Vertrag mit Papst Kalixt II. Von nun an setzte der Papst die Bischöfe und Äbte in ihr geistliches Amt ein, nachdem sie von Geistlichen gewählt worden waren. Der König hatte nur noch das Recht, den Geistlichen das Zepter als Zeichen ihrer weltlichen Macht zu überreichen.

M2 Französische Bischöfe forderten 1049 für die Freiheit der Kirche:

1. Dass keiner zu einem kirchlichen Amt zugelassen werde ohne Wahl durch Kirche und Volk.

2. Dass keiner ohne kirchliche Anordnungen Ämter oder Gotteshäuser kaufen und verkaufen soll.

3. Dass kein Laie ein kirchliches Amt besitzt oder ein Gotteshaus und auch kein Bischof dem zustimmt.

6. Dass kein Geistlicher Waffen tragen soll oder weltlichen Beschäftigungen nachgeht.

M3 Papst Gregor VII. forderte 1075:

3. Nur der Papst allein kann Bischöfe absetzen und auch wieder einsetzen.

8. Nur er verfügt über kaiserliche Insignien [Herrschaftszeichen].

9. Alle Fürsten haben einzig und allein die Füße des Papstes zu küssen.

12. Der Papst kann Kaiser absetzen.

18. Sein Entscheid kann von niemandem aufgehoben werden. (...)

27. Der Papst kann Untertanen vom Treueid gegen ungerechte Herrscher entbinden.

M4 König Heinrich IV. schrieb 1076 an Papst Gregor VII.:

Aber du hast unsere Demut für Furcht gehalten und dich daher nicht gescheut, dich sogar gegen die uns von Gott verliehene königliche Gewalt zu erheben; du hast zu drohen gewagt, du würdest sie uns nehmen, als ob wir von dir das Königtum empfangen hätten, als ob in deiner und nicht in Gottes Hand Königs- und Kaiserherrschaft lägen.
Dieser unser Herr Jesus Christus hat uns zum Königtum, dich aber nicht zur geistigen Herrschaft berufen. Du nämlich bist auf folgenden Stufen emporgestiegen: durch List – was das Mönchsgelübde verabscheut – bist du zu Geld gekommen, durch Geld zu Gunst, durch Gunst zum Schwert, durch das Schwert zum Sitze des Friedens, und vom Sitz des Friedens aus hast du den Frieden gestört; (...).
Mich, der ich (...) zum Königtum gesalbt worden bin, hast du angetastet, mich, von dem die Überlieferung der heiligen Väter sagt, dass ich nur von Gott gerichtet werden darf (...). So steige du denn, der du (...) durch das Urteil aller unserer Bischöfe und unser eigenes verdammt bist, herab, verlasse den päpstlichen Stuhl, den du dir angemaßt hast (...). Ich, Heinrich, durch die Gnade Gottes König, sage dir zusammen mit meinen Bischöfen: Steige herab, steige herab!

M5 Die zwei Gewalten, Papst und Kaiser (französische Buchmalerei aus dem 13. Jahrhundert). Der Schlüssel soll zeigen, dass der Papst den geistlichen Vorrang hat: Er kann den Gläubigen den Himmel aufschließen. Der Kaiser hält das Schwert.

Laie
Laie bedeutet heute auch Nichtfachmann. Im Mittelalter wurde mit diesem Begriff ein einfacher Gläubiger bezeichnet. Geistliche, die besondere Weihen für den Gottesdienst erhalten hatten, fühlten sich diesen überlegen.

1. Schreiben Sie aus **M2** und **M3** die wichtigsten Forderungen des Papstes und seiner Anhänger heraus. Überlegen Sie, was diese Forderungen für den König und seine Herrschaft bedeuteten.

2. Erstellen Sie eine Themenliste mit Konflikt- und Streitthemen zwischen Papst und Heinrich IV. (**VT, M3, M4**).

3. Beurteilen Sie, ob Heinrichs Gang nach Canossa ein Erfolg oder ein Misserfolg für ihn war.

4. Suchen Sie nach Verbindungen zwischen Politik und Kirche heute. Welche Rolle spielt die Kirche in der Öffentlichkeit? Welche Stellung hat der Papst heute?

500 n. Chr. — 1500 n. Chr.

Gewalt im Zeichen des Kreuzes

Der Glaube der Menschen war im Mittelalter tief verwurzelt, Aberglauben und bedingungslose Frömmigkeit weit verbreitet. So wurden im Namen der christlichen Religion Greueltaten verübt, die ihre Schatten bis in die Gegenwart werfen.

Kreuzzug
Dieser Begriff bezeichnete ursprünglich den Krieg zur Befreiung Jerusalems von den Muslimen. Wer sich dazu verpflichtete, dem wurde die Vergebung der Sünden versprochen. Wenn er aber seiner Pflicht nicht nachkam, wurde er von den Sakramenten der Kirche (Kommunion, Ehe, Krankensalbung) ausgeschlossen.

„Gott will es"

Mit diesen Worten rief Papst Urban II. 1095 auf einer Versammlung von Bischöfen und Adligen zu einem Kreuzzug gegen die Muslime auf. Diese bedrohten den christlichen Kaiser von Byzanz und hielten Palästina, das Heilige Land, besetzt. Zehntausende Ritter und Bauern folgten dem Aufruf. Glaubenseifer, aber auch Abenteuerlust und Hoffnung auf Beute trieben sie an.

Judenmassaker am Rhein

Als Erstes setzte sich ein Bauernheer in Bewegung und erreichte im April 1096 den Rhein. Hier begingen einige Kreuzfahrer eine schreckliche Tat. Sie überfielen die Judenviertel in Speyer, Worms, Mainz, Trier und Köln, raubten und mordeten. Die Juden seien Gottesfeinde, so begründeten sie ihre schrecklichen Taten. Aber in Wirklichkeit waren sie auf den Besitz der Juden aus.

Manche der Räuber machten sich beutebeladen wieder auf den Heimweg, sie hielten ihre Kreuzzugspflicht schon für erfüllt.

„Tod den Muslimen"

Die Bauern, die weitergezogen waren, wurden bei Nikomedia von muslimischen Truppen völlig vernichtet. Die Ritterheere dagegen drangen bis ins Heilige Land vor. Dabei töteten sie in einigen Städten die gesamte muslimische Bevölkerung. Denn für sie, die sich selbst für Streiter des wahren Glaubens hielten, waren die Muslime Heiden und Feinde Christi.
Daran änderte sich auch nicht viel während der fast 200 Jahre, in denen die Kreuzritter Teile des Heiligen Landes besetzt hielten. Zwischen Muslimen und Christen wurden zwar auch Freundschaften geschlossen, aber Feindschaft und Gewalt überwogen. 1291, am Ende der christlichen Herrschaft im Heiligen Land, waren Christen und Muslime verfeindeter als je zuvor.

M1 Der erste Kreuzzug 1096–1099

M2 **So stellte ein Maler des 19. Jahrhunderts dar, wie Kreuzritter 1099 Jerusalem eroberten.** Gemälde von E. Signol

M3 **Die Eroberung Jerusalems 1099 im Bericht eines christlichen Augenzeugen:**
Nachdem die Unsrigen die Heiden endlich zu Boden geschlagen hatten, ergriffen sie im Tempel eine große Zahl Männer und Frauen und töteten und ließen leben, wie es ihnen gut schien. Bald durcheilten die Kreuzfahrer die ganze Stadt und rafften Gold, Silber, Pferde und Maulesel an sich. Sie plünderten die Häuser, die mit Reichtümern überfüllt waren. Dann, glücklich und vor Freude weinend, gingen die Unsrigen hin, um das Grab unseres Erlösers Jesus Christus zu verehren, und brachten ihm gegenüber ihren Dank dar. Am folgenden Tag erkletterten die Unsrigen das Dach des Tempels, griffen die Muslime, Männer und Frauen, an, zogen das Schwert und schlugen ihnen die Köpfe ab (...). Niemand hat jemals von einem ähnlichen Blutbad unter einem heidnischen Volk gehört oder es gesehen.

M4 **1291 eroberten die Muslime die Hafenstadt Akkon zurück. Ein Muslim berichtet:**
Die Muslime richteten in Akkon ein ungeheures Blutbad an und machten unermessliche Beute. Der Sultan zwang alle Kreuzritter, die sich in den Türmen verschanzt hatten, zur Übergabe. Sie kamen heraus und wurden bis auf den letzten Mann vor der Stadt enthauptet. Darauf ließ er die Stadt zerstören und dem Erdboden gleichmachen.
Es ist wunderbar zu sehen, dass Allah der Erhabene Akkon am gleichen Tag und zur gleichen Stunde zurückerobern ließ, in der es die Kreuzritter 1190 eroberten. Damals versprachen sie den Muslimen in der Stadt das Leben und brachten sie dennoch um. Genauso versprach jetzt der Sultan ihnen das Leben und ließ sie dann umbringen, wie sie es damals mit den Muslimen getan hatten.

1. Beschreiben Sie Wege und Ereignisse des ersten Kreuzzuges (**VT, M1, M3**).

2. Erfinden Sie ein Gespräch zwischen Bauern und Rittern darüber, ob es sich lohnt, an einem Kreuzzug teilzunehmen (**VT, M3**).

3. Informieren Sie sich im Internet über die Judenpogrome am Rhein im Jahr 1096 (**VT**). Schreiben Sie einen kurzen Bericht darüber und tragen Sie ihn der Klasse vor. Diskutieren Sie, ob man hier auch von einem „Kreuzzug" sprechen kann.

4. Vergleichen Sie **M3** und das Gemälde **M2**. Hat der Maler das Ereignis realistisch oder verklärt dargestellt?

500 n. Chr. 1500 n. Chr.

Städte entstehen und wachsen

Um das Jahr 1000 lebten die allermeisten Menschen in Dörfern auf dem Land. Städte gab es kaum. Doch das änderte sich bald: Ab 1100 schossen neue Städte wie Pilze aus dem Boden – und veränderten das Leben.

M1 Reichsstadt Rottweil im Jahre 1643
Kupferstich von Matthäus Merian

Stadt
Von Landes- oder Grundherren gegründete größere Ansiedlung von Kaufleuten und Handwerkern, die vom Stadtherrn (Gründer) mit besonderen Rechten (Freiheiten) ausgestattet ist (z. B. Abhaltung von Märkten, Mauerbau, Zollfreiheit, persönliche Freiheit der Bewohner usw.).

„Städteboom"

Zwischen 1100 und 1400 entstanden allein in Deutschland ca. 3000 Städte. Die meisten von ihnen waren klein. Nur ganz wenige hatten über 10 000 Einwohner. Insgesamt wohnte um 1400 etwa jeder zehnte Deutsche in einer Stadt. In den Städten gab es viele Kaufleute und Handwerker. Die Handwerker verdienten ihren Lebensunterhalt damit, Güter herzustellen und zu verkaufen: Die Schuster fertigten Schuhe, die Schmiede Werkzeuge und Waffen, die Kürschner Pelze. Die Kaufleute verkauften diese Güter auch außerhalb der Stadt. Sie fuhren auf Märkte, die manchmal weit entfernt waren. Kaufleute und Handwerker ließen sich gern an Stellen nieder, wo sie mit vielen Abnehmern rechnen konnten: in der Nähe von Klöstern, Burgen oder an Handelswegen. Die Landes- und Grundherren erlaubten den Bewohnern solcher Siedlungen, dort Märkte abzuhalten und schützende Stadtmauern zu bauen. So entstanden aus den Siedlungen von Kaufleuten und Handwerkern Städte.

Städtische Freiheiten

Im Vergleich zu den Menschen auf dem Land genossen die Stadtbewohner viele Freiheiten. Man sagte daher: „Stadtluft macht frei." In der Stadt gab es keine Abgaben und Frondienste. Die Stadtbürger zahlten dem Stadtherrn nur eine erträgliche Steuer. Dienste für den Stadtherrn waren in fast allen Städten auf einen Tag begrenzt. Streitigkeiten untereinander durften Kaufleute und Handwerker oft selber schlichten. Oder sie durften zumindest bei der Schlichtung durch den Richter des Stadtherrn mitwirken. In vielen Städten gelang es den Kaufleuten und Handwerkern im Laufe der Zeit sogar, die Stadtregierung selbst auszuüben.
All das zog unfreie Landbewohner natürlich mächtig an. Viele zogen – auch ohne Erlaubnis ihrer Herren – in die Städte. Wer sich von ihnen „Jahr und Tag" (das entsprach etwa einem Jahr) in der Stadt halten konnte, wurde frei wie die anderen Stadtbewohner.

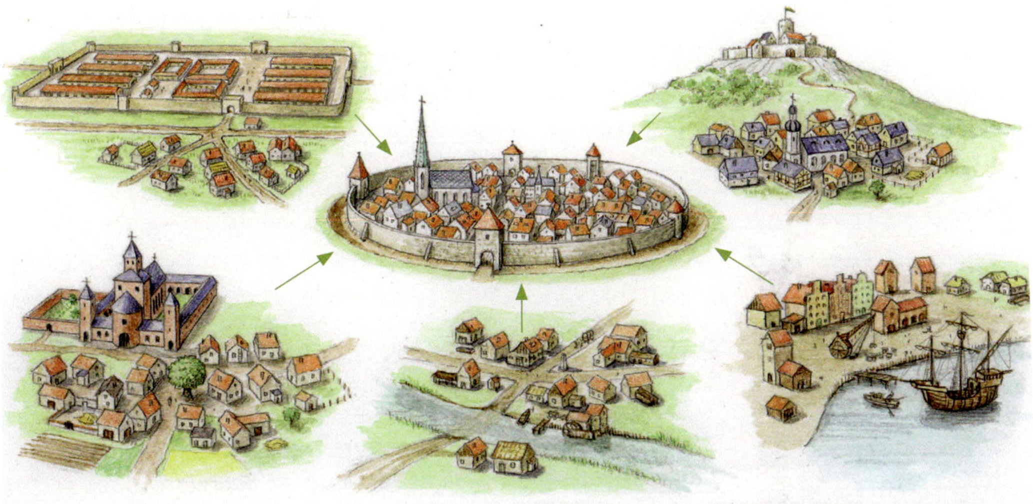

M2 **Günstige Standorte für die Gründung einer Stadt**

M3 Die Gründungsurkunde von Freiburg im Breisgau wurde zum Vorbild für viele Städte im 12. Jahrhundert:

Es sei den lebenden und zukünftigen Geschlechtern bekannt, dass ich, Konrad [Herzog von Zähringen], auf meinem Besitz einen Markt eingerichtet habe im Jahre des Herrn 1120. Nachdem ich Kaufleute der Umgebung zusammengerufen habe, habe ich beschlossen, diesen Markt zu gründen und einzurichten. Jedem Kaufmann habe ich ein Grundstück zum Bau eines eigenen Hauses gegeben und bestimmt, dass von jedem dieser Hausgrundstücke jährlich am Martinstag mir und meinen Nachfolgern ein Schilling Zins gezahlt werden soll. (…)

Ich verspreche all jenen, die zu meinem Markt kommen, Frieden und Schutz. Wenn einer in diesem Bereich beraubt wird und er nennt den Räuber, soll er den Schaden ersetzt bekommen. (…)

Allen Kaufleuten der Stadt erlasse ich den Zoll. Meinen Bürgern will ich keinen anderen Vogt [Vertreter des Herzogs in der Stadt] oder Priester geben außer den, welchen sie selbst gewählt haben.

Wenn ein Streit oder Rechtsfall entsteht, soll nicht von mir oder meinen Richtern darüber entschieden werden, sondern nach Gewohnheit und Recht aller Kaufleute, wie sie besonders in Köln geübt werden. (…)

Jede Frau wird dem Mann gleichgesetzt und umgekehrt. (…)

Jeder, der in diese Stadt kommt, darf sich hier frei niederlassen, wenn es nicht der Leibeigene irgendeines Herrn ist und diesen auch anerkennt als seinen Herrn. (…) Wenn aber ein Leibeigener seinen Herrn verleugnet, kann der Herr mit sieben Zeugen beweisen, dass der Leibeigene ihm gehört. Dann soll der Leibeigene ihm gehorchen. Wer aber über Jahr und Tag in der Stadt gewohnt hat, ohne dass irgendein Herr ihn als seinen Leibeigenen gefordert hat, der genieße von da an sicher die Freiheit.

1. Arbeiten Sie heraus, wie die Menschen in der Stadt ihren Lebensunterhalt verdienten (**VT1**).

2. Stellen Sie die Vorteile in einer Tabelle gegenüber, die die Stadt a) ihren Bürgern, b) dem Stadtherrn bot (**VT1, VT2, M3**).

3. Der unfreie Bauer Heinrich möchte in die Stadt ziehen, seine Frau ist dagegen. Schreiben Sie einen Dialog mithilfe des **VT** und **M3**.

4. Begründen Sie, warum die in **M2** gezeigten Stellen günstig für Stadtgründungen waren.

500 n. Chr. 1500 n. Chr.

Fernkaufleute verbinden die Städte

Sie haben gesehen, dass die Römer in der Antike bei ihrem Handel rund um das Mittelmeer einheitliche Münzen verwandten und sich in derselben Sprache verständigen konnten. Im Spätmittelalter gab es an Nord- und Ostsee eine ähnliche Situation.

M1 Modell einer Kogge
Das einmastige Segelschiff war 20 bis 30 Meter lang und 5 bis 8 Meter breit.

Fernhandel – ein riskantes Geschäft

An der Nord- und Ostseeküste hatten es deutsche Kaufleute zu Reichtum und Ansehen gebracht. Ihre seetüchtigen Schiffe, die Koggen, liefen Häfen in Russland, Schweden, Norwegen und England an. Die Koggen waren tiefbauchige Handelsschiffe, die 200 Tonnen Fracht aufnehmen konnten.
Doch der Seehandel war ein riskantes Unternehmen: Ein Schiff auszurüsten war kostspielig, und immer wieder überfielen Seeräuber die beladenen Koggen. Deshalb schlossen sich ab dem 12. Jahrhundert einzelne Kaufleute zu Genossenschaften, den Hansen, zusammen. Gemeinsam rüsteten sie nun ihre Schiffe aus, organisierten die Fahrten und heuerten bewaffneten Schutz an.

Von Hamburg nach Nowgorod

In vielen Hafenstädten an Nord- und Ostsee gründeten die Hansekaufleute Kontore. Das waren Handelsniederlassungen mit Büros, Lagerhäusern und eigenem Hafengelände. Dort wurden die Schiffe beladen, Waren umgeschlagen und Verträge mit ausländischen Kaufleuten geschlossen. Die berühmtesten Kontore waren der Petershof in Nowgorod (Russland) und der Stalhof in London. Untereinander sprachen die Hansekaufleute wie auch die Kapitäne und Schiffsleute ihre eigene Muttersprache, nämlich niederdeutsch oder auch „plattdütsch". Das Niederdeutsche wurde bald zur Handelssprache im gesamten Ostseeraum.
In wichtigen Städten sicherten sich die Kaufleute bestimmte Vorrechte, etwa die zollfreie Ein- und Ausfuhr von Waren und den Schutz vor unliebsamen Konkurrenten. Das alles brachte ihnen lange Zeit hohe Gewinne ein. Vor allem der Verkauf von Wolle und Tuch aus England und Flandern in die Ostseeländer und umgekehrt von Holz und Pelzen aus Russland in den Westen brachte viel Geld ein.

Die Hanse wird zum Städtebund

Im Jahr 1356 schlossen sich die Kaufmannshansen schließlich zur „Deutschen Hanse" zusammen, der in ihrer besten Zeit bis zu 80 Städte angehörten. Fast 200 Jahre lang beherrschte die Hanse den Fernhandel in Nordeuropa. Sie hatte eigene Maße und Münzen sowie eine eigene Rechtsprechung. Sie schloss sogar Bündnisse und führte Kriege wie ein Staat.
Doch Ende des 15. Jahrhunderts veränderte sich die europäische Handelswelt. Als die Spanier den neuen Kontinent Amerika entdeckten, verlagerten sich die wichtigen Handelswege in den Atlantischen Ozean zwischen der „Alten" und der „Neuen Welt". Spanien, Portugal, die Niederlande und England entwickelten sich zu großen See- und Handelsmächten, dagegen verloren die Hansestädte an Nord- und Ostsee ihre Bedeutung.

M2 Die bremischen Kaufleute wurden 1275 aus der Hanse ausgeschlossen, weil sie sich geweigert hatten, an einer Blockade Norwegens teilzunehmen. 1358 nahm die Stadt Bremen folgende Bedingungen zur Wiederaufnahme in die Hanse an:

Wir, Ratmänner und Bürgerschaft der Stadt Bremen, richten unseren unendlichen Dank an die ehrbaren Herren Ratmänner der Seestädte und der anderen Städte, ebenso an den gemeinen Kaufmann von der deutschen Hanse des Heiligen Römischen Reiches dafür, dass sie uns in Gnade wieder aufgenommen haben. (…)
Wir machen allen (…) bekannt (…), dass wir die folgenden Klauseln und Bedingungen genauestens beachten werden. (…)
Erstens, wann und wie oft auch immer wir von dem Rat der folgenden Städte angesprochen werden, nämlich von Lübeck, Wismar, Rostock, Stralsund und Greifswald, wollen wir zum Vorteil und Nutzen aller vorgenannten Kaufleute, zur Sicherung und Verteidigung des Öresundes ein gutes Schiff, ausgerüstet mit 50 Bewaffneten und anderen Kriegswaffen bereitstellen und dorthin senden, auf unsere Kosten und Gefahr; und wenn Gott uns den Sieg gibt, uns und unseren Verbündeten, über die Seeräuber und andere Angreifer (…) wollen wir die Beute mit unseren Verbündeten nach der Zahl der Beteiligten teilen. Desgleichen wollen wir wann und wie oft auch immer vom Rat von Hamburg zur Verteidigung der Elbe aufgefordert werden, auf einem Schiff 100 Bewaffnete bereitstellen und auf die Elbe schicken, ebenfalls auf unsere Kosten und Gefahr. (…)
Weiterhin wollen wir alle Entscheidungen, die von den Ratmännern der vorgenannten Städte im Namen aller erwähnten Kaufleute gefällt worden sind, genauestens befolgen. Wenn einer unserer Bürger es wagen sollte, mit seinen Schiffen und Waren Orte anzulaufen, über die von den Ratmännern und den genannten Kaufleuten eine Blockade [1] verhängt wurde, und so gegen die Entscheidungen verstößt, so soll er seine Güter und sein Leben verlieren.

1 Gemeint ist die Blockade Flanderns von 1358.

M3 Hamburger Hafen (Buchmalerei von 1497)
Das Bild zeigt die Zollstelle und das Handelsleben im Hamburger Hafen.

1. Erklären Sie, warum sich die norddeutschen Kaufleute zu Hansen zusammengeschlossen haben (**VT**).

2. Woran wird deutlich, dass die Hanse ein mächtiger Städtebund war? Erläutern Sie, in welchen Bereichen sie Macht ausübte (**VT**).

3. Untersuchen Sie, wie die Hanse mit der Stadt Bremen umging (**M2**). Erklären Sie, warum Bremen wieder in die Hanse aufgenommen werden wollte. Suchen Sie den Öresund in einem Atlas.

4. Nennen Sie die Bedeutung der Autokennzeichen HH, HB, HL, HRO.

500 n. Chr. 1500 n. Chr.

Wer regiert die Stadt?

Wer die Stadt regiert, das war und ist eine Machtfrage. Heute wird sie zwischen Parteien entschieden. Die gab es aber im Mittelalter noch nicht. Damals kämpften andere Gruppen um die Macht.

Zunft
(= „das, was sich ziemt“) Zusammenschluss der Meister eines Handwerks

Unter der Herrschaft der Stadtherren

Bis um 1200 wurden die Städte meist durch ihre Stadtherren regiert. Das waren Herzöge, Grafen, Bischöfe und in den Reichsstädten der König. Durch ihre Beamten sorgten die Stadtherren für Schutz und Ordnung in den Städten, sprachen Recht und zogen Steuern ein.

Patrizier, eine neue städtische Oberschicht

So blieb es aber in vielen Städten nicht. Vor allem die Kaufleute drängten auf Veränderungen. Die Städte verdankten ihnen den Wohlstand. Das machte sie selbstbewusst. Sie wollten sich nicht mehr herumkommandieren lassen, sondern in der Stadtregierung mitwirken. In neu gegründeten Städten wie Freiburg (1120) oder in königlichen Reichsstädten wie Aachen (1166) gewährten ihnen die Stadtherren von sich aus entsprechende Freiheiten und Rechte. Freiburger und Aachener Stadtrecht wurde vorbildlich für das Stadtrecht anderer Städte. In einigen Städten wie z. B. Köln kam es jedoch erst nach schweren Kämpfen zwischen dem Stadtherrn und den Stadtbewohnern zu Veränderungen. Gewinner war dabei fast immer die neue städtische Oberschicht der Patrizier. Sie war entstanden aus besonders reichen und angesehenen Kaufmannsfamilien, die so leben konnten wie die Adelsfamilien in ihrer Umgebung. Mit der Zeit wurden die Patrizier daher von den Adligen auch als ihresgleichen angesehen. Heiraten stifteten enge Verwandtschaften zwischen beiden Gruppen. Die Patrizier besetzten vielerorts die Führungsämter der Städte. Sie stellten die Bürgermeister und die Ratsherren des Rats. In vielen Städten galten lange Zeit nur Patrizier als geeignet dafür, die Städte zu regieren.

M1 **Fachwerk-Rathaus von Bad Urach**

Zünfte drängen an die Macht

Etwa vom 14. Jahrhundert an wehrten sich in zahlreichen Städten Handwerker gegen die Alleinherrschaft der Patrizier. Angeführt wurden sie meist von Mitgliedern der Zünfte, die in der Stadt besonders groß und wichtig waren, wie die Weberzunft in Köln. Kaufleute, die keine Patrizier waren, unterstützten sie oft. Wo die Aufstände Erfolg hatten, wurden fortan neben Patriziern auch Zunftmitglieder Bürgermeister und Ratsherren. Das war z. B. 1396 in Köln oder 1450 in Aachen der Fall. Allerdings fanden solche Veränderungen nicht in allen Städten Deutschlands statt. So gab es am Ende des Mittelalters viele unterschiedliche Formen der Stadtregierung. Manche Städte wurden immer noch von Stadtherren, andere von Patriziern oder Zünften oder von beiden regiert.

M2 Wer darf im Rat sitzen? Der Herzog von Sachsen, Heinrich der Löwe, bestimmte als Stadtherr über Lübeck um 1167:

Wählt man jemanden in den Rat, der soll zwei Jahre darin sitzen, im dritten soll er frei sein, man kann ihn aber bitten, den Rat zu besuchen. Wir bestimmen auch, dass niemand in den Rat komme, der nicht ehelich, von freier Geburt und niemandes Eigentum sei, auch darf er bei keinem Herrn irgendein Amt bekleiden. Er soll von gutem Ruf sein, und auch seine Mutter muss frei und niemandes Eigentum gewesen sein. Er darf keines Geistlichen oder Pfaffen Sohn sein und soll liegendes Eigentum (Grundbesitz) innerhalb der Mauern haben, er darf zu seinem Eide nicht gezwungen sein und seine Nahrung nicht mit Handwerk erworben haben.

M4 Zunftvertreter übernehmen 1368 die Herrschaft von den Patriziern in Augsburg (Malerei aus dem Ratsbuch von Augsburg).
Je ein Vertreter der Weber, Bäcker, Kürschner, Metzger, Kaufleute und Bierbrauer betritt die Ratsstube, in der die Patrizier sitzen.

M3 Aus einem zeitgenössischen Bericht über Kämpfe um das Stadtregiment zwischen Bischof und Bürgern in Straßburg:

[Am 8. März 1262] zogen die Straßburger aus mit all ihren Berittenen und dem halben Fußvolk. Sie nahmen Steinmetzen und andere Werkleute mit und brachen den Kirchturm zu Mundolsheim ab. Der war gar fest und hoch gemauert, und man fürchtete, der Bischof werde sich dort festsetzen und die Straßen sperren. (…) [Der Bischof zog daraufhin] sein Kriegsvolk zusammen, gegen 300 Reiter und 5000 Mann zu Fuß. Mit denen zog er von Dachstein gegen die Stadt heran, um den Bürgern eine Schlacht zu liefern. (…) Als die Straßburger das merkten, schickten sie Boten zurück. Die liefen durch die ganze Stadt und riefen, der Bischof rücke heran. Da ließ man die Glocken Sturm läuten, und alle Bürger zogen aus gegen den Bischof. (…) Es war so viel Volks, dass man vor lauter Menschen kaum den Erdboden sehen konnte. (…) [Der Bischof verlor den Kampf, konnte fliehen, starb aber bald darauf.] Nach seinem Tode verhandelten die Domherren mit den Bürgern, und der Friede wurde geschlossen. So kam dieser Krieg zu Ende. In ihm erfochten und erwarben die Bürger für die Stadt Nutz und Ehre, für sich selbst aber und ihre Nachkommen große Freiheit und großes Glück. Denn hätte der Bischof die Rechte gewonnen, auf die er in der Stadt Anspruch zu haben vermeinte, so wäre Straßburg sein Eigen worden und in seiner Gewalt gewesen.

1. Zählen Sie die verschiedenen Formen auf, durch die Städte im Mittelalter regiert wurden (**VT1–VT3**).

2. Nennen Sie Bestimmungen, die Heinrich der Löwe für den Lübecker Rat aufstellte (**M2**). Können Sie sich denken, mit welcher Absicht er das tat?

3. Lesen Sie die Textquelle **M3**. Wer kämpfte gegeneinander und was wollten die Gruppen erreichen?

4. Bereiten Sie in Partnerarbeit ein Streitgespräch zwischen zwei Handwerksmeistern über die Regierung der Patrizier vor und spielen Sie es in der Klasse.

500 n. Chr. 1500 n. Chr.

Leben im Mittelalter

1 Diese Begriffe kann ich erklären!

a) Völkerwanderung

b) Pfalz

c) Stand/Stände

d) Grundherren

e) Frondienste

f) Bann

g) Investiturstreit

h) Patrizier

i) Zunft

2 Zu diesen Bildern kann ich etwas erzählen!

3 Diese Daten kann ich erklären!

a) 800 n. Chr.

b) 962 n. Chr.

c) 1077 n. Chr.

d) 1356 n. Chr.

e) 1396 n. Chr.

4 Diese Fragen kann ich beantworten!

a) Wie entstand um 500 n. Chr. ein neues Großreich in Europa?

b) Warum stattete Otto I. besonders Bischöfe und Äbte mit großen Gütern aus?

c) Was versteht man unter der mittelalterlichen Grundherrschaft?

d) Wie vollzog sich das Leben in mittelalterlichen Klöstern?

e) Warum kam es im 11. Jahrhundert zu einem Machtkampf zwischen Papst und Kaiser?

f) Wie unterschied sich das Stadtleben vom Leben auf dem Land?

g) Was war die „Deutsche Hanse"?

h) Welche gesellschaftlichen Schichten gab es in den mittelalterlichen Städten?

Üben Sie noch einmal die Methode „Ein Bauwerk untersuchen“

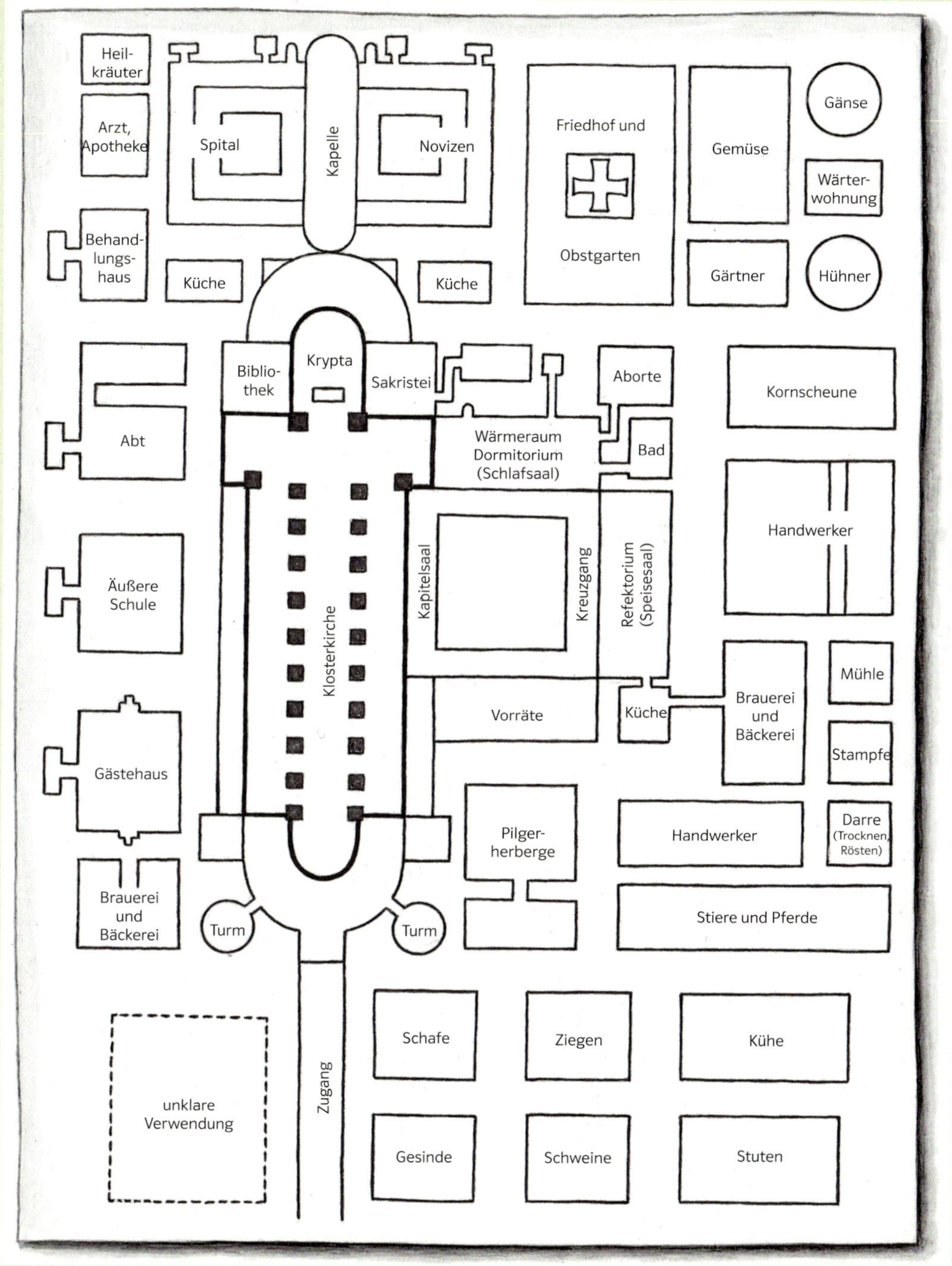

M1 Nachzeichnung des Klosterplans Sankt Gallen aus heutiger Zeit
Der Originalplan wurde in der Zeit um 820 entworfen. Der Plan ist ein idealer Entwurf für eine Klosterstadt, der für Jahrhunderte das Schema europäischer Klosterarchitektur festschrieb. Der Plan wurde in dieser Form nie verwirklicht.

1. Kopieren Sie diese Seite des Buches. Legen Sie die Gebäude des Grundrisses in verschiedenen Farben an: Rot für religiöse Gebäude, Gelb für wissenschaftliche Einrichtungen, grün für Einrichtungen, in denen Menschen geholfen wurde, und Blau für Wirtschaftsgebäude.

2. Begründen Sie, warum Klöster oft als „Welt im Kleinen“ bezeichnet wurden.

3 Aufbruch in eine neue Zeit

12. Oktober 1492: „Land in Sicht!", meldet der Wachoffizier vom Ausguck des Segelschiffes „Santa Maria". „Indien!", denkt Christoph Kolumbus. „Endlich haben wir Indien über einen neuen Seeweg erreicht!" Tatsächlich aber war Kolumbus nicht in Indien angekommen, sondern in Amerika. Weil die Europäer den amerikanischen Kontinent nicht kannten, gilt Kolumbus in Europa als Entdecker Amerikas. Kolumbus lebte in einer Zeit, in der viele Entdeckungen und Erfindungen gemacht wurden. Sie veränderten das Denken und das Leben der Menschen so sehr, dass die Menschen den Eindruck hatten, in einer „neuen Zeit" zu leben. Die „Neuzeit" begann – die Epoche, zu der auch unsere Gegenwart gehört.

Online-Link
416330-0301

1400	1452	1490
um 1450 Johannes Gutenberg erfindet den Buchdruck mit beweglichen Buchstaben.	**1452–1519** In Florenz lebt ein außergewöhnlicher Mann: Leonardo da Vinci – Maler, Bildhauer, Architekt, Naturforscher und Erfinder.	**1492** Christoph Kolumbus landet in Amerika.

M1 Modell der sogenannten Luftschraube von Leonardo da Vinci. Sie gilt heute als Vorgänger des Helikopters. Foto 2010

1510

1517
Der Mönch Martin Luther löst in Deutschland die Reformation aus.

1540

1543
Nikolaus Kopernikus behauptet, dass sich die Erde um die Sonne dreht.

1550

1555
Der Augsburger Religionsfrieden wird geschlossen.

M2 Luthers Thesenanschlag in einem Film von 2003. Doch hat sich diese Szene in Wirklichkeit auch so abgespielt?

1400 1600

Kolumbus „entdeckt" Amerika

Der tollkühne Seefahrer Christoph Kolumbus hatte einen Plan. Er wollte in westlicher Richtung einen Seeweg nach Indien finden. 1492 brach er mit drei Schiffen auf. Aber Indien erreichte er nie.

M1 Landung des Kolumbus auf Guanahani (Bahamas), kolorierter Kupferstich von Theodor de Bry aus dem Jahr 1594

Kolonien
Land, das Europäer in Amerika und Ostasien ab Ende des 15. Jahrhunderts unter ihre Herrschaft stellten und besiedelten.

Zimt, Ingwer und Vanille

1453 eroberten die muslimischen Türken Konstantinopel. Mit ihrem riesigen Reich im Vorderen Orient kontrollierten sie nun die Handelswege nach Indien und China. Auf die ostasiatischen Waren schlugen sie einen sehr hohen Zoll, wodurch diese Waren noch teurer wurden. Grund genug für die europäischen Fernhändler, nach neuen Handelswegen in den Orient zu suchen. Der Seeweg um Afrika nach Indien sollte die Lösung sein.
Bartolomeo Diaz erreichte 1487 die Südspitze Afrikas. Aber seine Mannschaft meuterte, sodass Diaz umkehren musste. Vasco da Gama war es schließlich, der Afrika umfuhr und den Weg nach Indien fand.

Westwärts nach Osten?

Die meisten Indienfahrer hatten vor, Afrika in Richtung Osten zu umrunden. Doch Christoph Kolumbus, ein erfahrener Handelsfahrer und ausgezeichneter Kapitän aus Genua, war davon überzeugt, dass man die „Ostländer" auch erreichen konnte, wenn man westwärts um die Erdkugel herum segelte.
Am 3. August 1492 verließ Kolumbus an Bord der „Santa Maria" Spanien.
Am 12. Oktober 1492 landeten Kolumbus' Schiffe auf einer kleinen Insel der Bahamas. Kolumbus nannte die Insel San Salvador (Heiliger Erlöser) und erklärte sie zum Besitz des spanischen Königs. Von San Salvador aus segelten Kolumbus und seine Leute weiter durch die Inseln der Karibik und „entdeckten" Kuba und Haiti. Dort gründete Kolumbus Weihnachten 1492 die erste spanische Kolonie.

Kolumbus' Irrtum

In den folgenden Jahren fuhr Kolumbus noch dreimal über den Atlantik. 1498 betrat er im heutigen Venezuela erstmals das Festland. Doch bis zu seinem Tod 1506 glaubte Kolumbus, dass er in Indien und nicht auf einem völlig neuen Erdteil gelandet war. Deshalb nannte er die Einheimischen auch „Indianer" oder auf Spanisch „Indios". Erst nach und nach wurde den Seefahrern und Forschern klar, dass Kolumbus einen riesigen Doppelkontinent entdeckt hatte. 1499 bis 1501 erkundete Amerigo Vespucci die südamerikanische Küste. Nach ihm erhielt der neue Kontinent seinen Namen: „Amerika".
Im Jahr 1519 versuchte Fernando Magellan, einen Seeweg zu den portugiesischen „Gewürzinseln" im Stillen Ozean zu finden, diesmal in westlicher Richtung. Tatsächlich entdeckte er einen Weg, und zwar um die Südspitze Amerikas herum. Magellan kehrte zwar nicht nach Portugal zurück – er wurde 1521 auf den Philippinen von dortigen Einheimischen erschlagen –, trotzdem gilt er als der erste Weltumsegler.
Die Gewürze, die sein Schiff mitbrachte, erzielten einen hohen Preis – viel höher als die Kosten der ganzen Weltumseglung.

M2 **Der Magnetkompass**
war bereits den Chinesen und Arabern bekannt.

M4 **Der Jakobsstab**
Mit einem Querstab des Geräts peilt der Seefahrer den Horizont, mit dem anderen die Gestirne an. Er stellt den Winkel zwischen Erdoberfläche und Sonne oder Stern fest. Auf der Tabelle des Langstabes liest er ab, wie weit nördlich oder südlich des Äquators sein Schiff segelt.

M3 **König Manuel von Portugal teilt dem deutschen Kaiser Maximilian 1499 in einem Brief die Entdeckung des Seewegs nach Indien mit:**

Was einstmals die Reiche der Römer, Karthager und anderer Völker (...) nicht vermochten (...) – nämlich die Umsegelung der Erde von Westen nach Osten durch den Atlantik und das (...) Indische Meer –, das hat die Gnade Gottes (...) den Königen von Portugal in unserer Regierungszeit gewährt. (...) Im Übrigen haben sie [Vasco da Gama und seine Schiffe] eine Fülle von orientalischen Waren, die über die ganze Welt verbreitet sind, nämlich Zimt, Nelken, Pfeffer, Ingwer (...) und alle Arten von Spezereien [Gewürzen] ebenso wie von Edelsteinen und Perlen (...) von den indischen Handelsplätzen mitgebracht (...). Daher müssen über den derart glücklichen Ausgang sowohl Eure Majestät als auch alle christlichen Fürsten (...) aufs Höchste frohlocken, (...) dass diesen bedeutenden Warenhandel, den wir bis zu diesem Tag den Händlern der Ungläubigen zu entreißen strebten, (...) hinfort Christen und Mauren innehaben werden.

M5 **Über den wissenschaftlichen Charakter von Entdeckungsreisen schrieb Pedro Nuñez 1537:**

Es steht fest, dass die Entdeckung von Küsten, Inseln und Kontinenten nicht zufällig erfolgt. Unsere Seefahrer genießen eine gründliche Ausbildung, bevor sie in See stechen. Sie kennen die Navigationsinstrumente, die Grundlagen der Sternenkunde und Geometrie, das heißt alle die Dinge, die schon Ptolemäus im 1. Buch seiner „Geographia" fordert. Unsere Entdeckungsreisenden führen Seekarten mit exakten Seekartenmarkierungen an Bord, die sich von denen früherer Seefahrer erheblich unterscheiden. Früher kannte man nur 12 Winde und segelte ohne Kompass. Vermutlich deshalb hielten sich die Schiffsführer damaliger Zeiten immer in Sichtweite der Küste und segelten stets nur mit günstigem Rückenwind.

1. Vollziehen Sie auf der Karte der Auftaktseite (S. 82/83) die Entdeckungsfahrten der portugiesischen Seefahrer nach.

2. Das Sprichwort „Geh doch dahin, wo der Pfeffer wächst!" hatte für die Kaufleute des 15. Jahrhunderts eine ganz besondere Bedeutung. Begründen Sie dies (**VT, M1, M3**).

3. Erklären Sie, auf welchem Irrtum der Begriff „Indianer" gründet.

4. Informieren Sie sich über die technischen Verbesserungen in der Seefahrt (**M2, M4**). Erklären Sie ihren Nutzen.

1400 1600

Der Mensch im Mittelpunkt

Um 1500 hatten gebildete Menschen den Eindruck, den Beginn einer neuen Zeit mitzuerleben. In der Kunst, der Architektur und der Wissenschaft – überall wagten sie es, bisherige Grenzen zu überschreiten und eine neue Sicht auf ihr Leben zu entwickeln.

Humanismus
Von lat. humanus = menschlich. Der Humanismus war die geistige, künstlerische und wissenschaftliche Bewegung, die den Menschen in den Mittelpunkt ihres Interesses stellte. Ihr Vorbild war die Antike. Sie breitete sich von Italien in ganz Europa aus.

Renaissance
Von franz. Wiedergeburt. Renaissance ist die Bezeichnung für die Zeit am Ende des Mittelalters, in der die Antike wiederentdeckt und der Mensch und die Künste „wiedergeboren" wurden.

Das Denken ändert sich

Im Mittelalter hatte jeder Mensch, ob Bauer, Nonne oder Ritter, seinen festen Platz in der Gesellschaft. Sie alle glaubten, dass diese Ordnung so von Gott gewollt war. Das verkündete auch die Kirche.
Im 14. Jahrhundert waren in Italien Städte wie Florenz, Venedig oder Mailand durch ihren Handel reich und mächtig geworden. Der Papst in Rom und der Kaiser verloren immer mehr an Einfluss. Stattdessen hatten reiche und vornehme Kaufleute und Fürsten das Sagen. Selbstbewusste Familien wollten sich von der Kirche und der alten Ordnung nicht mehr beschränken lassen. Politiker, Gelehrte und Künstler suchten neue Ideen.

Die Antike als Vorbild

In Italien suchten Künstler und Architekten in den Ruinen der Römerzeit nach Resten von Gebäuden und Skulpturen. Die Antike wurde als ein glanzvolles Zeitalter wiederentdeckt. Wie die Herrscher im alten Rom nannten sich die mächtigen italienischen Bürger nun „Patrizier". Die Gelehrten suchten die Schriften der griechischen und römischen Philosophen und fanden sie in den Bibliotheken von Klöstern. Sie studierten sie und übersetzten sie ins Lateinische, ins Italienische und in andere europäische Sprachen. So konnten mehr Menschen sie verstehen. Ein neues Denken und eine neue Sicht auf den Menschen verbreiteten sich.

M1 Selbstbildnis des Malers Albrecht Dürer aus Nürnberg (1498)
Maler der Renaissance bildeten die Menschen möglichst lebensnah ab. Albrecht Dürer reiste nach Italien und brachte die neuen Entwicklungen des Porträts und der Perspektive nach Deutschland.

Der Mensch im Mittelpunkt

Der Mensch wurde als freies, sich selbst bewusstes Wesen gesehen, das Verstand und persönliche Fähigkeiten besitzt. Jeder sollte seine geistigen und körperlichen Kräfte gebrauchen und sein Leben selbst bestimmen, ohne von kirchlichen Vorschriften eingeengt zu werden. Diese neue Sicht, die den Menschen in den Mittelpunkt aller Überlegungen stellt, nennt man Humanismus. Die Gelehrten beschäftigten sich nicht mehr mit dem Übermenschlichen, dem Göttlichen, sondern mit dem Menschlichen. Sie sahen darin keinen Widerspruch zum christlichen Glauben, denn der Mensch galt ja als das Ebenbild Gottes.

Eine neue Kunst

Nicht nur die Gelehrten, sondern auch die Künstler fanden ihre Vorbilder in der Antike. Wiedergeburt, „Renaissance", nennt man die neue Kunstrichtung, welche die Baukunst der Griechen und Römer wiederbeleben wollte. Säulen und Kuppeln zieren die Renaissance-Bauten. In Florenz plante und baute der Architekt Brunelleschi 1420 eine rund 90 Meter hohe Kuppel für den Dom.
Eine neue Zeichentechnik stellte den Betrachter in den Mittelpunkt. Mit der Zentralperspektive nutzten Künstler geometrische Kenntnisse der Griechen und Araber, um räumliche Tiefe auf einer Wand darzustellen. Dadurch sah man auf einer zweidimensionalen Wand einen dreidimensionalen Raum.

M2 Die Zentralperspektive

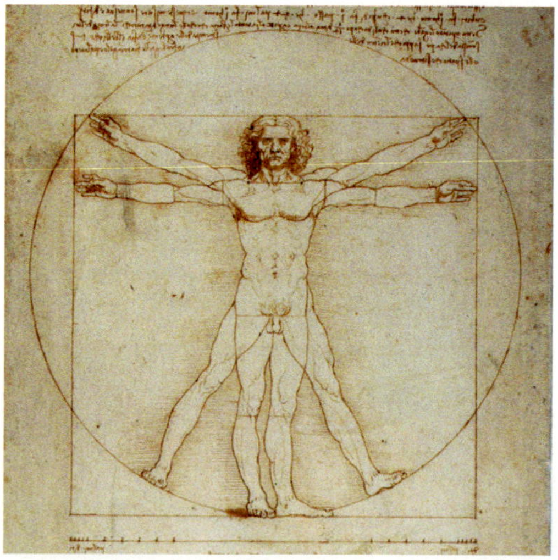

M4 Proportionen des menschlichen Körpers

Studie von Leonardo da Vinci. Er passte den menschlichen Körper in geometrische Figuren ein. So sollten Harmonie und Perfektion des Körperbaus deutlich werden.

M3 Leonardo da Vinci über das Studium der Natur:

Es ist notwendig, dass der Maler, um ein guter Darsteller der Gliedmaßen in den Stellungen und Gesten bei nacktem Körper zu sein, die Anatomie der Sehnen, Knochen, Muskeln, Fasern kenne, damit er bei verschiedenen Bewegungen und Kraftanstrengungen wisse, welche Sehnen und welcher Muskel der Ursprung der Bewegung sei, und also nur diesen Muskel deutlich und angeschwollen mache, und nicht alle am ganzen Körper, wie manche tun, die, um als große Zeichner zu erscheinen, ihre nackten Gestalten hölzern und ohne Anmut machen, sodass sie eher einem Sack voller Nüsse als einem menschlichen Äußeren gleichen, oder eher einem Bündel Rettiche als muskulösen nackten Körpern.

M5 Dom von Florenz

Der Architekt Filippo Brunelleschi hatte zuvor die Ruine des Pantheons, eines Gebäudes mit einer besonderen Kuppel, in Rom, vermessen und studiert. Die 1436 von ihm in Florenz gebaute Kuppel war die größte in Europa und eine Meisterleistung der Renaissance.

1. Bilden Sie Vierer-Gruppen. Teilen Sie sich die Arbeit auf: Beschreiben Sie jeweils ein Bild **M1, M2, M4, M5**. Benennen Sie typische Merkmale für die Renaissance (**VT**).

2. Stellen Sie sich die Beschreibungen gegenseitig vor. Erklären Sie gemeinsam, worin die neue Vorstellung vom Menschen bestand.

3. Versetzen Sie sich in die Zeit um 1420. Der Architekt Filippo Brunelleschi hat nach römischem Vorbild Pläne für einen Dom mit einer großen Kuppel in Florenz. Sein Auftraggeber ist eine reiche Familie in Florenz. Verfassen Sie einen Brief an Brunelleschi, in dem die Erwartungen der Familie klar werden. Was wollen sie mit dem Bau erreichen?

4. Lesen Sie **M3** und notieren Sie, welche Anforderungen Leonardo da Vinci an einen guten Maler stellt.

1400 1600

Bilder untersuchen

Bilder sind wichtige historische Quellen. Sie können uns Aufschlüsse über das Aussehen von Personen, Gegenständen oder Bauwerken vergangener Zeiten geben. Wir erfahren aus ihnen etwas über alltägliche Handlungen. Wie alle Quellen muss man Bilder genau hinterfragen, um ihre Aussage verstehen zu können. Das hier gezeigte Gemälde stellt eine Szene aus einem Londoner Handelskontor zur Zeit der Renaissance dar.

M1 Der Danziger Hansekaufmann Georg Gisze 1532 in London von Hans Holbein d. J. (1497–1543), einem der bedeutendsten Maler der Renaissance. Öl auf Eichenholz, Gemäldegalerie der Staatlichen Museen Berlin.

M2 Vergrößerte Ausschnitte aus dem Gemälde

Methodische Arbeitsschritte

1 Beschreiben
- Beschreiben Sie Ihren ersten Eindruck von dem Bild.
- Stellen Sie fest, was darauf besonders ins Auge fällt.
- Nennen Sie Einzelheiten, die Sie auf dem Bild sehen.

2 Untersuchen
- Benennen Sie das Thema des Bildes.
- Finden Sie heraus, welche einzelnen Personen, historischen Ereignisse und welche Gegenstände dargestellt sind.
- Analysieren Sie den Bildaufbau (Vorder-, Mittel-, Hintergrund, besondere Anordnung, Größenverhältnisse).
- Beschreiben Sie die dargestellten Personen.

3 Deuten
- Formulieren Sie die Gesamtaussage des Bildes.
- Erklären Sie, welche für die Zeit typischen Vorstellungen und Haltungen das Bild deutlich werden lässt.

Beschreiben

Der Hansekaufmann Georg Gisze sitzt in einem engen Holzverschlag an einem Arbeitstisch, der mit einem gewebten Teppich bedeckt ist. Den Mittelpunkt bildet das Porträt des Kaufmanns mit einem roten Seidenwams, einer Jacke aus schwarzem Leder und der schwarzen Kappe. Scharf gezeichnet sind Nase und Mund, das Gesicht ist ausgeleuchtet und bildet das Zentrum der Leinwand. Um das Porträt herum sind die Arbeitsmittel des Kaufmanns angeordnet.

Untersuchen

Georg Gisze war ein Kaufmann aus Danzig, der zu der Zeit, in der sein Porträt entstand, in London im Stalhof seinen Geschäften nachging. Der Stalhof war ein umzäuntes Gelände am Nordufer der Themse, an dem die Hansekaufleute in London ihre Niederlassungen hatten. Die Kontore waren sehr klein und hatten eine Übernachtungsmöglichkeit. Gisze war ein erfolgreicher Kaufmann, was ihn dazu bewog, sich von dem Porträtmaler Holbein in einem Gemälde verewigen zu lassen.
Die meisten der dargestellten Arbeitsmaterialien sind Briefe, wobei sich die Gewohnheit der damaligen Zeit verdeutlicht: Briefe wurden nicht in Umschläge gesteckt, sondern gefaltet, versiegelt und der Adressat auf der unbeschriebenen Seite notiert. Gisze ist gerade dabei, mit einer Münze einen Brief zu öffnen. Andere erkennbare Gegenstände des Kaufmanns sind Federkiele (mit denen in Tinte geschrieben wurde), ein Streuer mit Sand (um die Tinte schneller trocknen zu lassen), eine Dose mit Wachsplättchen für Siegel, eine Schere (Verträge wurden nach ihrem Abschluss in Zickzackform auseinandergeschnitten), eine Waage (zum Wiegen von Gold- und Silbermünzen), Siegelbänder, eine auf dem Tisch liegende Taschenuhr (Dosenuhr) und auf dem Tisch ein Kontobuch. Einen Siegelring trägt Gisze an seinem Zeigefinger der linken Hand. Daneben gibt es weitere Petschaften (Stempel, meist aus Bronze oder Messing, die geeignet sind, ein Siegel in eine Siegelmasse einzudrücken). Eine Petschaft hängt unmittelbar hinter dem Kopf Giszes am linken Regal, eine weitere an einer mit Ornamenten geschmückten Kugel rechts. Auffallend groß steht auf dem Tisch im Vordergrund eine Vase mit Nelken und Kräutern.

Deuten

Das Gemälde zeigt einen sich seines Standes, seiner Funktion und seiner Bedeutung bewussten Kaufmann. Seine Kleidung passt nicht recht zu dem bescheidenen Kontor. Vermutlich hat Holbein den Kaufmann außerhalb seines Arbeitsplatzes porträtiert. Auffallend sind die Blumen. So wenig wie die teure venezianische Vase gehören sie zum notwendigen Inventar eines Kontors. Nelken sind seit dem Mittelalter Zeichen für Verlöbnisse und häufig Bestandteil von Brautbildern. So ist das Porträt wohl als Geschenk für Giszes in Danzig lebende Braut bestimmt.

1. Begründen Sie anhand der Darstellung (Bildthema, Perspektive, Person, Gegenstände), warum man das Bild **M1** der Frühen Neuzeit bzw. dem Malstil Renaissance zuordnen kann.

2. Verfassen Sie für einen Museumskatalog eine Beschreibung des Gemäldes **M1** auf S. 86.

1400 1600

Erfindungen verändern das Leben

Mainz, um 1450: Der Goldschmied Johannes Gutenberg erfindet den Buchdruck mit einzelnen Metallbuchstaben. Immer neue Ideen und Erfindungen werden bekannt. Dafür sorgen gedruckte Bücher.

M1 Taschenuhr aus dem 16. Jahrhundert
Seit der Erfindung der Spiralfeder ließen sich kleine Uhren bauen, die alle 24 Stunden des Tages anzeigten. Kaufleute und Bürger trugen sie in der Tasche.

Gedruckte Bücher in ganz Europa

Ab dem 13. Jahrhundert brauchten gebildete Menschen in ganz Europa immer mehr Bücher. Gelehrte an den Universitäten studierten die Abschriften von Büchern aus der Antike. Ihre eigenen Forschungsergebnisse schrieben sie ebenfalls in Büchern auf, um sie bekannt zu machen. Kaufleute und Fürsten benötigten Bibeln, Rechtsbücher und Grammatiken. Bislang hatte ein Mönch zwei Jahre gebraucht, um eine einzige Bibel mit der Hand abzuschreiben. Sie war so wertvoll wie 30 Ochsen. Deshalb suchte man nach Wegen, um mehr Bücher schneller und preiswerter herzustellen.
Johannes Gutenberg hatte die entscheidende Idee: Er stellte aus Metall einzelne Buchstaben her. Diese Lettern wurden zu Worten und Texten zusammengesetzt. Nach dem Druck ließen sie sich wieder neu zusammensetzen. Im Jahr 1455 wurde das erste Buch gedruckt, eine Bibel. Sie war zehnmal preiswerter als eine handgeschriebene Bibel. Um 1500 gab es in etwa 270 europäischen Städten 1150 Druckereien, in denen fast zehn Millionen Bücher gedruckt wurden. Wissen und Neuigkeiten verbreiteten sich nun viel schneller.

Schießpulver, Uhren, Brillen

So wurde in Europa auch der Gebrauch des Schießpulvers schnell bekannt. Mit Geschützen konnte man jetzt Öffnungen in Burg- und Stadtmauern schießen – die mittelalterlichen Kampftechniken waren plötzlich veraltet. Ritter in schweren Rüstungen verloren gegen die Feuerwaffen. Andere Erfindungen nützten im Alltag: Da Sonnenuhren ungenau liefen und bei schlechtem Wetter nichts nutzten, entwickelte man um 1300 die Gewichtsräderuhr. Sie verkündete bei jedem Wetter und nachts die Zeit, war aber groß und schwer. Daher dauerte es nicht lange, bis die Taschenuhr gebaut wurde.
Eine andere wichtige Erfindung für die Gelehrten, aber auch für die Kaufleute, war die Brille. Jetzt konnten sie genau lesen, was in einem Vertrag oder in einem gelehrten Text stand, auch wenn ihre Augen schlechter wurden.

Leonardo da Vinci

Manche Erfindungen gingen auf einzelne Persönlichkeiten wie Leonardo da Vinci zurück. Als unehelicher Sohn durfte er den Beruf des Vaters – Notar – nicht ausüben. Stattdessen erhielt er eine Ausbildung als Handwerker. Um gut zu zeichnen, begann er, die Natur ganz genau zu beobachten. Alle seine Beobachtungen skizzierte er in Notizbüchern, zum Beispiel den Vogelflug. Aus den Skizzen entstanden neue Erfindungen, zum Beispiel Modelle für Flugmaschinen und Kriegsgeräte. Die Kirche wollte seine Forschungen einschränken. Doch ihre Verbote beachtete er nicht. So öffnete er etwa Leichen, um zu sehen, wie der Körper aufgebaut war. Seine Kenntnisse nutzte er für seine Gemälde – wie bei dem berühmten Porträt der Mona Lisa, das besonders lebensecht wirkt. Als Handwerker, Maler, Naturforscher und Erfinder kannte er sich in allen möglichen Gebieten aus – er war ein Universalgelehrter. Leonardo war ein Mensch, wie die Humanisten ihn sich wünschten: umfassend gebildet und für sich selbst verantwortlich.

M2 Eine Druckerwerkstatt im 16. Jahrhundert (Kupferstich von Philipp Galle). Mit dem Buchdruck entstanden auch neue Berufe: Metallgießer für die Lettern, Papierhersteller, Drucker, Buchbinder und Buchhändler.

M3 Über die Vorteile des Buchdrucks schrieb Bonus Accursius um 1475:

(Der Buchdruck) ist eine wahrhaft nutzbringende und gar schöne Kunst, denn Abschriften von Büchern zu verschaffen, ist wegen der hohen Preise für jedermann nicht gerade leicht. Aber wenn dies Gott sei Dank für dich auch kein Hinderungsgrund ist, so musst doch auch du den Buchdruck wegen seiner künstlerischen Schönheit hochschätzen; und dann auch deshalb, weil dieser Buchdruck, sobald er einmal richtig feststeht, immer in derselben Weise durch alle Druckbogen fortschreitet, sodass ein Fehler kaum möglich ist, eine Sache, mit der es beim Abschreiben von Büchern ganz anders aussieht.

M4 Der Abt Johannes Trithemius schrieb 1494 über gedruckte Bücher:

Niemand möge denken (...): Wozu muss ich mich noch mit Abschreiben schinden, wo doch die Druckkunst so viele und so große Bücher ans Licht bringt, dass man um billiges Geld eine große Bibliothek einrichten kann? Fürwahr, wer so daher redet, der schickt sich an, durch sein Nichtstun Finsternis einreißen zu lassen. Wer wüsste nicht, wie groß der Unterschied zwischen Schrift und Druck ist? Geschriebenes, wenn man es auf Pergament bringt, wird an die tausend Jahre Bestand haben; Gedrucktes aber, da es auf Papier steht, wie lange wird es halten? Wenn Gedrucktes in einem Band aus Papier an die zweihundert Jahre Bestand haben wird, wird es hochkommen.

1. Geben Sie die Meinungen der Zeitgenossen über die Erfindung des Buchdrucks in eigenen Worten wieder (**M3, M4**).

2. Gutenberg wurde 2001 zum „Mann des Jahrtausends" gewählt. Nennen Sie Argumente dafür.

3. Diskutieren Sie, welche Erneuerung heute die Bedeutung des Buchdrucks zurückdrängt. Begründen Sie Ihre Meinung.

4. Diskutieren Sie in der Klasse, welche Erfindung wohl für die Menschen dieser Zeit besonders wichtig war. Erstellen Sie gemeinsam eine „Rangliste".

1400 1600

Ein neues Weltbild

Im 16. Jahrhundert erkannten Astronomen, dass die Erde eine Kugel ist und um die Sonne kreist. Das war in der damaligen Zeit eine ungeheuerliche Behauptung.

Astronom
Ein Wissenschaftler, der die Sterne und das Weltall erforscht

Geozentrisches Weltbild
(Von griech. geo = Erde). Die Erde ist das Zentrum dieses Weltbildes.

Heliozentrisches Weltbild
(Von griech. helios = der Sonnengott). Die Sonne bildet den Mittelpunkt dieses Weltbildes. Nikolaus Kopernikus zeichnete es als Erster auf.

Die Erde – in der Mitte des Weltalls?

Dabei wussten schon die Griechen, dass die Erde eine Kugel ist. Folgende Beobachtung hatte sie darauf gebracht: Von einem Schiff, das am Horizont erschien, war zuerst nur die Mastspitze zu sehen. Erst Stück für Stück wurde es vollständig sichtbar. Es sah so aus, als wenn das Schiff einen Hügel hinauffuhr. Daraus schlossen die Griechen: Die Erde ist eine Kugel! Der griechische Gelehrte Aristoteles fand dafür sogar Beweise. Denn bei einer Mondfinsternis konnte er den Schatten der Erdkugel auf dem Mond sehen.
Der griechische Astronom Ptolemäus machte sich Gedanken darüber, wie das gesamte Weltall aussehen könnte. Er war sich sicher: Die Erde stand still in der Mitte des Weltalls. Sonne, Mond und Sterne waren leuchtende Punkte an durchsichtigen Kugelschalen, die sich um die Erde drehten. Dieses geozentrische Weltbild bestimmte Jahrhunderte lang die Vorstellung der Menschen.

M1 Der erste Globus, 1492 hergestellt von Martin Behaim
Behaim fertigte den „Erdapfel“ in Nürnberg an, nachdem er von Entdeckungsfahrten in Portugal zurückkam. Der amerikanische Kontinent fehlt noch.

Die Erde – nur ein Planet unter vielen?

Im 16. Jahrhundert kamen Zweifel am geozentrischen Weltbild auf. Der Astronom und Mathematiker Nikolaus Kopernikus beobachtete und berechnete viele Jahre lang den Lauf der Planeten. Er bemerkte, dass sie mit ihren Bahnen eigenartige Schleifen bildeten. Seine Erklärung: Die Erde musste ebenfalls ein Planet sein und wie alle anderen Planeten um die Sonne kreisen. Kopernikus' Entdeckung wird auch heliozentrisches Weltbild genannt. Ferner war auch Kopernikus – wie schon Aristoteles – davon überzeugt, dass die Erde eine Kugel ist.

Das neue Weltbild – im Widerspruch zur Bibel?

1543, kurz vor seinem Tod, veröffentlichte Kopernikus seine Studien. Die meisten Gelehrten lehnten sie ab. Sie konnten sich nicht vorstellen, auf einer Kugel zu leben, die sich drehte und um die Sonne kreiste. Auch die Kirche lehnte Kopernikus' Lehre ab, weil sie der Bibel widerspreche. Für die Kirche stand der Mensch im Mittelpunkt von Gottes Schöpfung. Also musste Gott doch auch die Erde in den Mittelpunkt des Weltalls gestellt haben. Die Erde – nur ein Planet unter vielen? Die Sonne – der Mittelpunkt des Weltalls? Das war für die Kirche damals undenkbar, ja sogar Ketzerei!
90 Jahre später versuchte der Italiener Galileo Galilei, die Beobachtungen von Kopernikus zu beweisen. Daraufhin machte die Kirche ihm den Prozess. Um nicht auf dem Scheiterhaufen verbrannt zu werden, gab Galilei zum Schein zu, dass er sich geirrt habe. Seine Schriften wurden verbrannt. Im 18. Jahrhundert erkannten Gelehrte langsam an, dass Kopernikus und Galilei doch Recht gehabt hatten.

M2 Das Weltbild des Ptolemäus:
Die Erde ist im Mittelpunkt, die Planeten und Sterne um sie herum.

M4 Das Weltbild des Nikolaus Kopernikus:
Die Planeten kreisen um die Sonne.

M3 Im „Dialog über die beiden hauptsächlichen Weltsysteme" begründete Galileo Galilei das Kopernikanische Weltbild, 1632:

Die Beobachtung, welche am deutlichsten zeigt, dass die Erde jenem Mittelpunkte entrückt ist, die Sonne aber in demselben steht, ist die Tatsache, dass sich alle Planeten bald näher, bald weiter entfernt von der Erde befinden.
Wenn es nun wahr ist, dass die Bahnen der Planeten um die Sonne als Zentrum gehen, so stimmt es erst Recht, dass die Sonne ruht und nicht die Erde. Die Erde hat eine Bewegung von einjähriger Dauer. Wenn die Sonne ruht, folgt mit Notwendigkeit, dass sich die Erde auch täglich dreht. Denn steht die Sonne fest und die Erde dreht sich nicht um sich selber, sondern nur einmal im Jahr um die Sonne, so würde unser Jahr nur aus einem Tag und einer Nacht bestehen.

M5 Kardinal Roberto Bellarmino, der Berater des Gerichts gegen Galilei, schrieb in einem Brief vom 12. April 1615:

Wenn man aber behaupten will, die Sonne stehe wirklich im Mittelpunkt der Welt und bewege sich nur um sich selbst, so läuft man damit große Gefahr, nicht nur alle Philosophen und Theologen (…) zu reizen, sondern auch unseren heiligen Glauben zu beleidigen, indem man die heilige Schrift eines Fehlers überführt. (…) Wenn ihr nicht nur die Väter, sondern auch die modernen Kommentare [über die Bibel] lesen wollt, werdet ihr finden, dass die Kommentare alle die Stellen aus der Bibel wörtlich nehmen und so erklären, dass die Sonne am Himmel ist und sich um die Erde bewegt und dass die Erde unbeweglich im Mittelpunkt der Welt steht.

1. Stellen Sie tabellarisch geozentrisches und heliozentrisches Weltbild gegenüber (**VT, M2, M4**).

2. Finden Sie heraus, welche Argumente Galilei für das Weltbild des Kopernikus hat und welche Gegenargumente Bellarmino (**M3, M5**).

3. Erläutern Sie, warum die Kirche Kopernikus' Lehre ablehnte (**VT3**).

4. Beurteilen Sie die Reaktion der Kirche auf Kopernikus' und Galileis Forschungen (**VT, M5**).

5. Verfassen Sie die Anklageschrift gegen Galilei.

1400 1600

Regiert Geld die Welt?

Schon die Fugger, wirtschaftlich eine der mächtigsten Familien im Mittelalter, wussten ihren Einfluss auch politisch zu nutzen.

M1 Schalterraum einer Bank in Florenz
Holzschnitt aus Florenz, 1490

Kredit
(Von lat. credere = glauben, vertrauen). Ein Kreditgeber stellt einem Kreditnehmer eine bestimmte Summe Geld zur Verfügung. Der Kreditnehmer verspricht, diesen Betrag zu einem bestimmten Termin mit Zinsen zurückzuzahlen.

Verleger/Verlag
Ein Kaufmann stellt Heimarbeitern Rohstoffe und Werkzeuge zur Verfügung, beispielsweise Flachs, Wolle und Webstühle. Für die fertigen Waren erhalten die Arbeiter einen Festpreis. Heute ist der Verlag ein Unternehmen, das Bücher, Zeitungen und Zeitschriften herstellt.

Händler treffen sich

In Nordeuropa hatten die Hansestädte sowie Flandern und die Niederlande ein weit verzweigtes Handelsnetz aufgebaut. Den südeuropäischen Raum beherrschten die italienischen Handelsstädte. Ihre Fernkaufleute handelten vor allem mit kostbaren Waren aus dem Orient: mit seltenen Gewürzen, feinen Seidenstoffen und chinesischem Porzellan.
Fernhändler aus Nord und Süd versammelten sich mit ihren Waren zu festen Terminen in günstig gelegenen Städten wie Paris, Genf oder Frankfurt zu einer Messe.
Die Gründung der Post erleichterte die Übermittlung von Nachrichten. Die erste ununterbrochene Postverbindung wurde um 1500 von Franz von Taxis zwischen Wien und Brüssel eingerichtet. Bald entwickelte sich die Taxis'sche Post zu einem Kuriernetz, das ganz Mitteleuropa überzog. Es wurden feste Poststationen errichtet, jeweils im Abstand einer Tagesreise.

Handel – auch mit Geld

In den Städten war es üblich geworden, Waren nicht mehr zu tauschen, sondern gegen Münzgeld zu verkaufen, weil dies den Warenverkehr erleichterte. Da jeder Landesherr eigene Münzen prägen ließ, waren viele Münzen von unterschiedlichem Gewicht und Wert im Umlauf.
Italienische Handelsleute stellten auf Märkten Bänke auf und stapelten darauf Münzen. Kaufleute aus vielen Ländern konnten „auf der Bank" ihre Münzen umtauschen. Die Banken nahmen auch Geld in Verwahrung und gaben darüber eine Bescheinigung aus. Diesen Schein konnte der Kaufmann in einer anderen Bank wieder gegen Geld einlösen. So musste er auf die gefährlichen Fernreisen kein Bargeld mitnehmen.
Die Banken gaben auch Kredite. Da Christen der Geldverleih gegen Zins verboten war, übernahmen dies jüdische Händler. Bald stiegen aber auch Christen in das Geschäft ein – die kirchlichen Verbote kümmerten sie angesichts des lockenden Gewinns nicht mehr.

Die Fugger in Augsburg

Eines der bekanntesten Handels- und Bankhäuser war das der Familie Fugger. Die Fugger verkauften ihre Tuche und andere Waren in ganz Europa. In vielen Städten gründeten sie Niederlassungen.
Als Nächstes stiegen die Fugger ins Bankgeschäft ein und verliehen Geld an Herzöge, Fürsten und sogar an Kaiser Karl V. Als Pfand erhielten sie dessen Kupfer- und Silbergruben in Tirol, Böhmen und Ungarn. Bald besaßen die Fugger alle wichtigen Kupfer- und Silberminen in Europa und hatten so das Monopol in diesem Markt: Sie konnten die Preise für diese Metalle bestimmen.
Doch nicht nur wirtschaftlich wurden die Fugger zu einer der mächtigsten Familien in ganz Europa. Karl V. hatte sich gewaltige Geldsummen bei den Fuggern geliehen, um die Kaiserwahl zu gewinnen. Er verdankte ihnen also seine Krone, wodurch die Fugger auch politisches Gewicht erhielten.

M2 Im Jahr 1523 klagten Grafen und Ritter gegen Jakob Fugger, weil dieser das Monopol über Kupfer- und Silbererz besaß. Daraufhin rechtfertigte sich Jakob Fugger in einem Brief an Kaiser Karl V.:

Es ist auch bekannt, dass Eure kaiserliche Majestät die Krone ohne meine Hilfe nicht erlangen hätte können. An mich habe ich dabei wenig gedacht. Ich hätte statt Euch auch Eure Gegner unterstützen können. Denn viel Geld und Gut ist mir von dieser Seite angeboten worden. Welcher Nachteil aber hieraus Eurer kaiserlichen Majestät erwachsen wäre, das können Eure Majestät selbst erkennen.

M3 Der Reformer Martin Luther urteilt in seiner Schrift „Von Kaufshandlungen und Wucher" von 1525 über die Großkaufleute:

Ebenso verkaufen etliche ihr Gut teurer, denn es auf gemeinem Markt gilt und im Kauf gang und gäbe ist und steigern also die Ware aus keiner Ursache, denn dass sie wissen, dass desselbigen Guts keins mehr im Lande ist oder in Kürze keins mehr kommen wird und man es haben müsse. Das ist reine Gier, die die Notlage des Nächsten ausnutzen und an seinem Schaden reich werden will. Das sind alles öffentliche Diebe, Räuber und Wucherer. Ebenso kaufen etliche ein Gut oder eine Ware in einem Lande oder in einer Stadt ganz und gar auf, auf dass sie alleine solch Gut ganz und gar in ihrer Gewalt haben und diese darnach weitergeben können, so teuer sie wollen oder können. Nun ist droben gesagt, dass die Regel falsch und unchristlich ist, dass jemand sein Gut so teuer gibt, als er will und kann. Viel gräulicher ist das, dass man darauf ein Gut alleine aufkauft, welches auch die kaiserlichen und weltlichen Rechte verbieten und heißen's Monopolia.

M4 Jakob Fugger, der „Reiche" (rechts), mit seinem Buchhalter in seinem Augsburger Kontor (Buchillustration von 1520)

M5 Taxis'sches Posthaus in Augsburg 1616

1. Erklären Sie, welche Vorteile Kaufleute und andere Menschen von den Banken hatten (**VT**). Welche Schwierigkeiten können sich aber auch daraus ergeben?

2. Erläutern Sie, wie die Familie Fugger Reichtum und Macht gewann (**VT, M2, M4**).

3. Geben Sie Luthers Kritik an den Großkaufleuten mit eigenen Worten wieder (**M3**). Erklären Sie dabei auch den Begriff „Monopol".

4. Erläutern Sie die Anfänge der Post (**VT1, M5**).

5. Nehmen Sie Stellung zur Frage der Doppelseite.

Bilder zum Sprechen bringen: ein Bildvergleich

An der Darstellung „Das Letzte Abendmahl" lässt sich zeigen, wie sehr sich die Malstile in unterschiedlichen Zeitabschnitten verändert haben. Es handelt sich hier um ein Motiv, das sich in der bildenden Kunst bis heute in immer neuen Darstellungen und Interpretationen beobachten lässt. Inwieweit sich Bildaussage und -eindruck trotz des gleichen Motivs voneinander unterscheiden können, zeigt Ihnen das folgende Beispiel.

M1 Das Abendmahl
Buchmalerei im Speyrer Evangeliar Heinrichs III. (um 1043–1046)

M2 Das letzte Abendmahl, Leonardo da Vinci
1494–1498, restauriert 1999, 8,80 x 4,60 m. Fresko in der Kirche Santa Maria delle Grazie, Mailand

Seit den Anfängen des Christentums gehört die Feier des Abendmahls zu den wichtigsten Handlungen des christlichen Glaubens im Rahmen eines Gottesdienstes. Sie erinnert an das Abendmahl am Vorabend des Karfreitags, bei dem Brot gegessen und Wein getrunken wurde. Jesus nahm es mit seinen engsten Vertrauten, den zwölf Jüngern ein. In der römisch-katholischen Kirche ist die Feier des Abendmahls fester Bestandteil eines jeden Gottesdienstes, in der evangelischen Kirche hat sich die Praxis herausgebildet, es wenigstens einmal im Monat zu feiern.

Bei der in **M1** angewandten Bedeutungsperspektive werden wichtige Personen groß, weniger wichtige kleiner dargestellt. Das Bild wirkt flächig, ohne räumliche Tiefe. Die Gesichter der Jünger und deren Kleidung sind nahezu gleich. Im Mittelalter gab es keine räumlich gemalten Bilder. Die Schöpfer der Buchmalereien, oft waren es Mönche, wollten keine naturgetreuen Abbildungen schaffen, sondern die Welt in ihrer göttlichen Ordnung oder die göttliche Ordnung selbst darstellen.

Da Vinci hat die zwölf Apostel in **M2** in vier Gruppen zu je drei Personen angeordnet.

Der lange Tisch steht in einem schmucklosen Raum, an dessen hinterer Wand drei Öffnungen sind: ein zentraler Durchgang zwischen zwei Fenstern.

Mit der Zentralperspektive begannen Maler, wirklich das zu malen, was sie sahen. Das Schema der Zentralperspektive konstruiert ein geometrisches Bild mit Linien: die Außenkanten einer Säule oder eines Fensterrahmens, die senkrecht im Raum stehen, werden auch senkrecht im Bild rekonstruiert. Ebenso waagerechte Linien, die quer zur Blickrichtung des Betrachters verlaufen, wie z. B. die Tischkante im Abendmahl. Dagegen werden Linien, die in die Tiefe des Raumes weisen, so gemalt, dass sie sich in einem gedachten, unendlich weit entfernten Punkt am Horizont schneiden. Dieser

M3 Das letzte Abendmahl, Salvador Dalí
Öl auf Leinwand 1955, 1,67 x 2,68 m. National Gallery of Art, Washington

liegt im einfachsten Fall genau im Zentrum des Bildes. So kreuzen sich die in die Tiefe des Raumes weisenden Kanten (z. B. die Kanten der Kassettendecke) alle in einem Punkt, der genau auf der Stirn von Jesus liegt. Auf diese Weise entsteht ein Bild, das an ein Foto erinnert.
Das Bild **M3** wurde von einem Kunden bei Dalí bestellt. Dieser ist sowohl rechts kniend als auch links hinter dem Tisch (mit weißen Haaren) erkennbar. Jesus hat die Gesichtszüge von Gala, der Frau von Dalí. Möglicherweise ist auch Dalí selbst, links kniend, zu sehen. Die Szene spielt in einem der Form eines Dodekaeders nachempfundenen Raum mit fünfeckigen Begrenzungen vor der Bucht von Lligath an der Costa Brava. Darüber schwebt nochmals der Körper von Jesus.
Von alters her hat das Dodekaeder die Beachtung von Künstlern und Wissenschaftlern gefunden. Für Griechen und Römer war es ein Symbol des Weltalls und wurde wegen seiner 12 Begrenzungsflächen mit den 12 Tierkreiszeichen in Verbindung gebracht.

Fresko
Bei dieser Technik wird das Bild in den frischen Putz der Wand gemalt. Dadurch leuchten die Farben besonders intensiv.

1. Lesen Sie die Abendmahlszene in der Bibel nach (Evangelium nach Markus, Kap. 14, Vers 17–25). Erklären Sie, wie die Künstler das Geschehen jeweils verstanden und gedeutet haben.

2. Verlängern Sie mit Lineal und Bleistift die Kanten der Kassettendecke und die Aussparungen in den Wänden links und rechts zur Mitte des Bildes (**M2**) hin. Beschreiben Sie das Ergebnis.

3. Erklären Sie den Unterschied zwischen der Bedeutungs- und der Parallelperspektive. Ordnen Sie dem Bild von Dalí (**M3**) diese Begriffe zu.

1400 1600

Ist die Kirche noch zu retten?

Am Ende des Mittelalters war das ganze Leben vom Glauben geprägt. Die Kirche achtete auf ein gottesfürchtiges Leben der Gläubigen. Aber gerade die Vertreter der Kirche führten oftmals ein unchristliches Leben.

Ablass
Ab dem 12. Jahrhundert bot die Kirche Schriftstücke an, in denen stand, welche Sündenstrafen man durch eine bestimmte gute Tat erlassen bekommen konnte. Diese Schriftstücke wurden Ablassbriefe genannt.

Sünde
Bezeichnung für Handlungen eines Menschen, mit denen er gegen göttliche Gebote verstößt

Die Kirche in der Krise

Am Ende des Mittelalters besaß die Kirche großen Einfluss auf die Menschen. Die Gläubigen hatten nicht nur große Angst vor dem Teufel und der Hölle, sondern auch vor dem Zorn Gottes. Sie fürchteten sich davor, von Gott für ihre Fehler bestraft zu werden. Priester erlegten den Gläubigen deshalb harte Strafen für begangene Sünden auf. Dabei verhielten sich die Geistlichen selbst oftmals nicht sehr vorbildlich: Die Päpste in Rom führten Kriege und lebten verschwenderisch. So gab Papst Leo X. riesige Geldsummen für Musiker und Dichter, für Jagden und Karneval und für seine Elefantenwärter aus. Einige Bischöfe, Priester und Mönche verhielten sich nicht gerade christlich: Sie tranken übermäßig viel Alkohol, hatten Geliebte und vernachlässigten ihre Aufgaben. Die Prediger waren zum Teil so ungebildet, dass sie im Gottesdienst nicht einmal aus der Bibel vorlesen konnten. Hohe kirchliche Ämter wie das Bischofsamt wurden einfach an denjenigen verkauft, der am meisten bot – unabhängig davon, ob er geeignet war oder nicht. Die Menschen wurden deshalb immer unzufriedener mit ihrer Kirche.

M1 Auf diesem Flugblatt gegen den Ablasshandel
sind im Vordergrund drei Gruppen zu sehen: rechts ein Kardinal (hoher Geistlicher) auf einem Pferd, daneben ein Kreuzträger; in der Mitte fertigt ein Mann Siegel zum Verschließen von Ablassbriefen an, ein zweiter Mann schaut ihm dabei zu. Links verkauft ein Ablasshändler an einen „Sünder" einen Ablassbrief. Holzschnitt von Jörg Breu d. Ä., 1530

Geld befreit von allen Sünden

Für gute Taten, beispielsweise Wallfahrten oder Bußen, stellte die Kirche den Gläubigen sogenannte Ablassbriefe aus. Damit sollten den Menschen ihre Sündenstrafen erlassen sein. Nach und nach war die Kirche allerdings dazu übergegangen, Ablassbriefe auch ohne Nachweise für ein gutes Werk einfach zu verkaufen. Schließlich brauchten die Päpste für ihr luxuriöses Leben viel Geld. Auch Prachtbauten wie der Petersdom in Rom wurden mit dem Geld aus dem Ablasshandel finanziert. Prediger zogen durch das Land, um den Gläubigen Ablassbriefe zu verkaufen. Ihr Werbespruch lautete: „Sobald das Geld im Kasten klingt, die Seele in den Himmel springt."

Ein Mönch namens Luther

Am 31. Oktober 1517 schrieb der Mönch Martin Luther an den Erzbischof von Mainz einen Brief mit 95 Thesen (Behauptungen) gegen diesen Ablasshandel. So wollte Luther auf die Missstände in der Kirche aufmerksam machen. Aber er erhielt auf seinen Brief keine Antwort. Daraufhin ließ Luther seine Thesen drucken und veröffentlichen. Sie wurden in vielen Städten nachgedruckt und verbreiteten sich in kurzer Zeit in ganz Deutschland. Viele Menschen waren begeistert: Endlich wagte es jemand, die Missstände öffentlich anzuprangern. Der Papst verlangte, dass Luther die Thesen widerrief. Da Luther sich weigerte, wurde er vom Papst gebannt, das heißt aus der katholischen Kirche ausgeschlossen.

M2 Martin Luther (1483–1546) war Mönch. Später studierte er Theologie und lehrte Bibelkunde an der Universität Wittenberg.

M3 Kann man das Seelenheil kaufen? Der Dominikanermönch Johann Tetzel gehörte zu den eifrigsten Ablasspredigern des Papstes. Aus einer Ablasspredigt Tetzels, 1517:

Wisse, dass ein jeder, der gebeichtet, bereut und Almosen in den Schrein getan hat, so viel ihm der Beichtvater geraten hat, eine volle Vergebung aller seiner Sünden haben wird. Was steht ihr also müßig? Eilet alle zum Heil eurer Seele. (...) Habt ihr nicht die Stimmen eurer Eltern und anderer Verstorbener gehört, die rufen und sagen: „Erbarmt euch, erbarmt euch wenigstens meiner (...) denn wir leiden sehr harte Strafen und Foltern, von denen ihr uns durch ein geringes Almosen loskaufen könnt – und ihr wollt es nicht?" (...) Ihr könnt nun Beichtzettel haben, durch deren Kraft ihr im Leben und in der Sterbestunde (...) Vergebung der Strafen für (eure) Sünden habt.

M4 „Ich kann nicht länger schweigen" – Luther schreibt 1517 an Erzbischof Albrecht von Mainz:

Es wird im Lande unter dem Schutz Eures erlauchten Titels der päpstliche Ablass zum Bau von Sankt Peter feilgeboten. Ich klage dabei nicht so sehr über das Geschrei der Ablassprediger, das ich (persönlich) nicht gehört habe. Wohl aber bin ich schmerzlich erzürnt über die grundfalsche Auffassung, die das Volk daraus gewinnt. Offenbar glauben die unglücklichen Seelen, ihrer Seligkeit sicher zu sein, sobald sie nur einen Ablassbrief gelöst haben, ebenso glauben sie, dass die Seelen sofort aus dem Fegefeuer fahren, sobald sie das Lösegeld in den Kasten gelegt haben. Weiter: So kräftig sei diese Ablassgnade, dass jede noch so große Sünde vergeben werden könne (...). Endlich soll der Mensch durch diesen Ablass von jeglicher Strafe und Schuld frei werden.
Ach lieber Gott, so werden die Seelen, die Eurer Fürsorge, teurer Vater, anvertraut sind, zum Tode unterwiesen! Und die schwere Verantwortung, die von Euch um dieser Seelen willen gefordert wird, wächst immer mehr an. Darum kann ich in dieser Sache nicht länger schweigen.

M5 Wahre Reue befreit von Schuld. Aus Luthers 95 Thesen vom 31. Oktober 1517:

36. Jeder Christ, der wahrhaft Reue empfindet, hat einen Anspruch auf vollkommenen Erlass von Strafe und Schuld, auch ohne Ablassbrief. (...)

43. Man soll die Christen lehren, dass es besser sei, den Armen etwas zu schenken und den Bedürftigen zu leihen, als Ablässe zu kaufen. (...)

45. Man soll die Christen lehren: Wer einen Bedürftigen sieht und ihm nicht hilft und stattdessen sein Geld für Ablass gibt, der hat sich nicht des Papstes Ablass, sondern Gottes Zorn erworben. (...)

1. Listen Sie auf, welche Zustände in der Kirche Anlass zur Kritik boten (**VT1**).

2. Erläutern Sie, mit welchen Argumenten Tetzel den Ablasshandel begründete (**M3**).

3. Untersuchen Sie mithilfe von **M4**, warum sich Luther entschloss, gegen den Ablasshandel zu protestieren.

4. Vergleichen Sie **M3** mit **M5**. Welche Haltung zu Schuld und Strafe vertritt Luther? Was rät er den Gläubigen?

Die Reformation und ihre Folgen

Im Jahr 1521 wurde Luther vom neu gewählten Kaiser Karl V. zum Reichstag in Worms befohlen. Hatte Luther den Mut, seiner Überzeugung treu zu bleiben?

M1 Luther vor dem Reichstag zu Worms (Holzschnitt, 1557)
Luther spricht vor Kaiser Karl V. und den Kurfürsten. Der Künstler hat den Text eingefügt: ① Die Bücher sollen mit ihren Titeln genannt werden. ② Hier stehe ich, ich kann nicht anders, Gott helfe mir, amen.

Reformation
So heißt die Erneuerung und Umgestaltung der Kirche im 16. Jahrhundert. Auslöser für die Reformation waren Luthers 95 Thesen. Durch die Reformation entstanden die evangelischen Kirchen.

Konfession
(Von lat. confessio = Geständnis, Bekenntnis). Unter den Christen in der Welt gibt es unterschiedliche Bekenntnisse, z. B. römisch-katholisch, russisch-orthodox, evangelisch-lutherisch oder evangelisch-reformiert.

Luther übersetzt die Bibel

Die Reformation der christlichen Kirche wäre sicherlich gescheitert, wenn sich nicht einige mächtige Fürsten in Deutschland auf Luthers Seite gestellt hätten, die vom Kaiser mehr Selbstbestimmung für sich forderten. 1521 wurde Luther vom Kaiser zum Reichstag nach Worms geladen. Vor Karl V. und den versammelten Fürsten sollte Luther seine Lehre widerrufen. Doch Luther weigerte sich und reiste ab. Kurfürst Friedrich der Weise von Sachsen ließ ihn auf die Wartburg bringen, da gegen Luther die Reichsacht verhängt worden war. Niemand sollte ihn aufnehmen dürfen, seine Bücher durften nicht gedruckt oder gelesen werden. Wer ihn tötete, hatte keine Strafe zu fürchten. Auf der Wartburg lebte Luther monatelang unerkannt. Er verfasste mehrere Schriften und übersetzte das Neue Testament ins Deutsche. Durch Luthers Wirken entstand die evangelische Kirche. Schon bald breitete sich die Reformation über Europa aus. Luther wurde, als er 1546 starb, von vielen als Reformator geachtet, von anderen aber als Spalter der christlichen Kirche gesehen.

Evangelische Kirchen entstehen

In vielen deutschen Städten erreichten die Bürgerinnen und Bürger, dass die Stadtregierungen evangelische Prediger einstellten und die Kirche reformierten. Dabei kam es in einigen Städten zu gewalttätigen Auseinandersetzungen zwischen evangelischen und katholischen Bürgern. Oft wurde ein Priester einfach aus seiner Kirche verjagt.
Die evangelischen Gemeinden hielten sich eng an das Neue Testament. Sie wollten sich selbst verwalten und ihren Pfarrer selbst wählen.
Sie schafften die Beichte und die katholische Messe ab. Der evangelische Gottesdienst wurde in deutscher, nicht mehr in lateinischer Sprache gehalten.

Glaubenskampf und Machtkampf

Der Streit um den richtigen Glauben war auch ein Kampf um die Herrschaft zwischen Kaiser und Fürsten. Der Kaiser wollte seine Macht sowie die Einheit der Kirche erhalten. Daher bekämpfte er Luthers Lehre. Einige deutsche Fürsten protestierten schriftlich dagegen und erhielten deshalb den Namen Protestanten. Bald nach Luthers Tod kam es zu blutigen Auseinandersetzungen zwischen den protestantischen Fürsten und dem Kaiser. Dieser wollte nicht nur die Ausbreitung der lutherischen Lehre, sondern auch die Selbstständigkeit der deutschen Fürsten verhindern. Letztlich konnte er sich aber nicht durchsetzen. Auf dem Reichstag zu Augsburg schlossen die verfeindeten Parteien 1555 schließlich einen Religionsfrieden. Dieser sollte ein friedliches Nebeneinander von protestantischen und katholischen Fürsten ermöglichen. Das mittelalterliche Prinzip der Einheit von Kirche und Staat blieb aber aufrechterhalten.

M2 Der Theologe Johannes Cochläus berichtete 1549 über die Wirkung der Lutherbibel:
Luthers Neues Testament wurde durch die Buchdruckerei dermaßen vermehrt, dass auch Schneider und Schuster, ja Weiber und andere einfältige Idioten dies neue lutherische Evangelium angenommen haben. Wenn sie auch nur ein wenig Deutsch lesen gelernt hatten, lasen sie es wie einen Brunnen der Weisheit mit größter Begierde. Etliche lernten es auswendig und erwarben innerhalb weniger Monate so viel Geschicklichkeit und Erfahrung, dass sie keine Scheu hatten, mit Priestern und Mönchen, ja selbst mit Doktoren der Heiligen Schrift zu disputieren. Ja, es fanden sich auch armselige Weiber, die so vermessen waren, mit Doktoren und ganzen Universitäten zu disputieren.

M3 Die wichtigsten Bestimmungen des Augsburger Religionsfriedens von 1555:
1. Das evangelische und das katholische Glaubensbekenntnis sind von nun an gleichberechtigt. Keine Seite darf der anderen Schaden zufügen.
2. Nicht der einzelne Christ entscheidet über sein Bekenntnis, sondern die Untertanen nehmen das Bekenntnis des jeweiligen Landesherrn an. Andersgläubige dürfen auswandern.
3. In den Reichsstädten darf jeder sein Bekenntnis frei wählen und danach leben. Dabei sollen die Bürger friedlich nebeneinander wohnen.

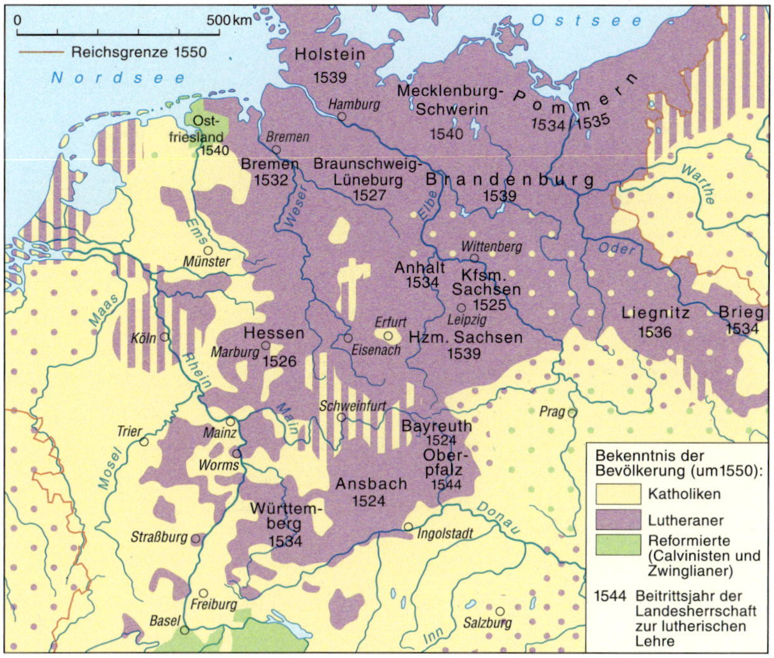

M4 Konfessionen in Deutschland 1555

M5 Prediger ziehen durch das Land und erzählen von Luthers Lehre.
Zeichnung von Hans Lufft, 1534

1. Erklären Sie die große Wirkung von Luthers Lehre auf das einfache Volk (**VT, M2, M5**).

2. Ordnen Sie folgende Personen und Personengruppen **M1** zu: Kaiser Karl V., Luther, geistliche Fürsten, weltliche Fürsten.

3. Begründen Sie, warum es im Streit um die Religion auch um die Machtposition des Kaisers ging.

4. Erläutern Sie die Bestimmungen des Augsburger Religionsfriedens (**M3**). Welche Folgen hatte dieser Friedensvertrag für den einzelnen Gläubigen?

1400 1600

Aufbruch in eine neue Zeit

1 Diese Begriffe kann ich erklären!

a) Kolonien

b) Humanismus

c) Renaissance

d) Heliozentrisches Weltbild

e) Geozentrisches Weltbild

f) Kredit

g) Verleger

h) Reformation

i) Konfession

j) Ablass

k) Sünde

2 Zu diesen Bildern kann ich etwas erzählen!

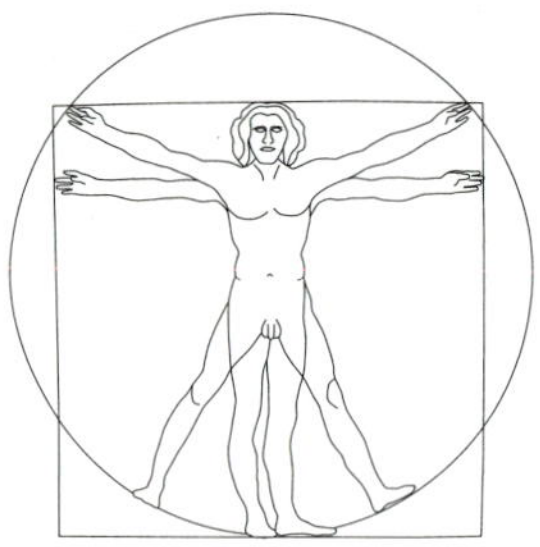

3 Diese Daten kann ich erklären!

a) um 1450

b) 1492

c) 1517

d) 1555

4 Diese Fragen kann ich beantworten!

a) Welche bedeutenden Persönlichkeiten lebten in der Renaissance? Nennen Sie drei Personen und ihre Leistungen.

b) Welche Vorstellung vom Menschen entstand während der Renaissance?

c) Was unterscheidet die Zentralperspektive von der Bedeutungsperspektive?

d) Wie gelang es den Portugiesen und Spaniern, neue Seewege und Länder zu entdecken?

e) Wie gestalteten sich die Anfänge des Fernhandels?

f) Was waren Ursachen für die Reformation?

Bilder vergleichen

M1 Der reiche Kaufmann
Kupferstich von Daniel Hopfer, ca. 1515
Rechts im Bild ein reicher Kaufmann an einem mit Schätzen überladenen Tisch. Er ist besessen von der Gier nach Geld, das ihm eine teuflische Gestalt ständig vor Augen hält. Links der herannahende Tod in Begleitung der göttlichen Gerechtigkeit, die durch eine Frau personifiziert wird. Sie hält in der einen Hand eine Waage, in der anderen ein Schwert. Hopfer hatte große Sympathien für Martin Luther, der immer wieder Kritik am überzogenen Gewinnstreben übte.

M2 Der Geldwechsler und seine Frau
Renaissancegemälde des flämischen Malers Quentin Metsys, 1514
Die Kenntnis der unzähligen sich im Umlauf befindlichen Währungen war eine einträgliche Wissenschaft, die sich die professionellen Geldwechsler zunutze machten. Der Geldwechsler prüft eine Münze mit der Münzwaage, seine Frau blättert in einem Stundenbuch mit Miniaturmalereien. Im Mittelalter untersagte das kirchliche Zinsverbot allen Christen, sich mit Geldgeschäften zu befassen. Seit der Reformation waren Bankgeschäfte in begrenztem Maß auch Christen erlaubt.

1. Vergleichen Sie die beiden Darstellungen **M1** und **M2**. Verwenden Sie dabei die Begriffe „Bedeutungsperspektive" und „Zentralperspektive".

2. Erklären Sie, welche Funktion in **M1** die Waage hat. Warum hat sie auch der Maler von **M2** in das Bild gerückt?

3. Übertragen Sie den Bibeltext (**M1**) aus den Sprüchen Salomos in heutiges Deutsch. Welches christliche Verständnis lässt sich daraus ableiten?

4. Entwickeln Sie ein Gespräch zwischen dem Geldwechsler (**M2**) und seiner skeptisch blickenden Frau über die Vorteile des Geldgeschäfts.

4 Auf dem Weg zur Demokratie

Über Jahrhunderte lebten die Menschen in Europa unter der Herrschaft von Fürsten und Königen. Doch ab dem 18. Jahrhundert lehnten immer mehr Menschen diese Regierungsform ab. Oftmals waren sie auch bereit, für die Ideen von Freiheit und Gerechtigkeit zu kämpfen.
Hinzu kam, dass Schriftsteller, Philosophen und Naturwissenschaftler die Menschen aufforderten, alles mit ihrem eigenen Verstand infrage zu stellen, was sie bisher durch Tradition und Überlieferung kannten – auch die bestehende Ordnung des Staates. Diese neue Denkweise nannte man schon im 18. Jahrhundert „Aufklärung".

Online-Link
416330-0401

1600

1607
Englische Siedler gründen Virginia, die erste Kolonie in Nordamerika.

1661–1715
König Ludwig XIV. regiert Frankreich als absolutistischer Herrscher.

1700

1776
Die britischen Kolonien in Nordamerika erklären ihre Unabhängigkeit von England.

1787
Die USA geben sich eine Verfassung.

M1 Frankreich am Nationalfeiertag
Studierende der Ecole Polytechnique während der Parade am 14. Juli 2009 in Paris. Die Ingenieurschule wurde während der Französischen Revolution gegründet. Sie bildet bis heute den Nachwuchs für die Spitzenpositionen in Armee, Verwaltung und Wirtschaft aus.

uropa nach 1815.

1789 **1800**

14. Juli 1789
In Paris stürmen Bürger eine Festung des Königs.

26. August 1789
Die französische Nationalversammlung beschließt Menschen- und Bürgerrechte.

1848/49
Revolution in Deutschland für Einheit, Freiheit und soziale Gerechtigkeit

M2 „175 Jahre Hambacher Fest“, Jubiläumsfeierlichkeiten im Jahr 2007. Ist die Erinnerung an den Kampf für Freiheit, Bürgerrechte und nationale Einheit noch zeitgemäß?

1600 1849

Der König regiert allein

„Der Staat – das bin ich!", soll Ludwig XIV. über sich selbst gesagt haben. Was bedeutete das für die übrigen 20 Millionen Franzosen?

Absoluter Herrscher
Im 17. und 18. Jahrhundert beanspruchten die Fürsten fast überall in Europa die uneingeschränkte Macht im Staat. Ihr Vorbild war Ludwig XIV., der König von Frankreich.

Gottesgnadentum
Wie Ludwig XIV. glaubten viele Könige von sich, sie seien Herrscher „von Gottes Gnaden". Auch die Kirche lehrte, alle Gewalt auf Erden komme nur von Gott.

Etikette
So nannte man die komplizierten Regeln, die genau festlegten, wie man sich bei Hofe verhalten musste. Wer sich nicht „höflich" benahm, machte sich lächerlich.

Der absolute Herrscher

Ludwig XIV. war fünf Jahre alt, als er 1643 König wurde. Natürlich konnte er in diesem Alter nicht selbst regieren. Das besorgte der Erste Minister des Königreichs. Als dieser 1661 starb, wurde Ludwig gefragt, an wen man sich nun in Angelegenheiten des Staates wenden solle. „Von jetzt an nur an mich", antwortete der 23-jährige König. Seine Minister empfing Ludwig meistens einzeln. Sie durften ihm berichten und Ratschläge erteilen, dann ordnete der König an, was sie zu tun hatten. Ludwig nahm sich auch das Recht, Steuern zu erhöhen, Gesetze zu erlassen, die Entscheidungen der Gerichte zu beeinflussen sowie über Krieg und Frieden zu entscheiden. Er sah sich als Herrscher von Gottes Gnaden, der seine Entscheidungen nur vor Gott – und sonst vor niemandem – rechtfertigen musste. Die übrigen 20 Millionen Franzosen hatten als Untertanen zu gehorchen. Als Zeichen seiner absoluten und alles andere überragenden Macht ließ Ludwig XIV. nach seiner Regierungsübernahme Münzen mit dem Motiv der Sonne prägen. Diese sollte als Symbol seiner Herrschaft den Glanz, die absolute Macht und das Verhältnis vom Herrscher zu seinen Untertanen verdeutlichen. Aus diesem Grund wird Ludwig der XIV. auch der Sonnenkönig genannt.

M1 Medaille Ludwigs XIV.
Die freie Übersetzung der Umschrift lautet: „Alles andere überragend".

Die Hofgesellschaft in Versailles

In Versailles, 14 Kilometer westlich von Paris, ließ Ludwig XIV. ein Schloss mit beinahe 2000 Räumen bauen. Viele Zimmer waren mit Spiegeln, Wandteppichen, Tapeten und Kronleuchtern prächtig ausgestattet. Im königlichen Park setzten Gärtner jährlich 150 000 Pflanzen nach einem genauen Plan, und ein gewaltiges Pumpwerk versorgte die 1400 Springbrunnen und künstlichen Seen täglich mit 5 Millionen Liter Wasser.
Für die Mitglieder der Hofgesellschaft veranstaltete der König fast jeden Tag Feste, Feuerwerke, Gondelfahrten, Jagden und Turniere, dazu gab es Theater- und Opernaufführungen. Tausende von Adligen aus ganz Frankreich kamen an den Hof von Versailles. Der König belohnte Schmeichler mit Ämtern, Titeln und Geld. Aus stolzen Adligen wurden ergebene Höflinge, die die Etikette des Hofes genau einhielten. So konnte der König auch gegenüber dem Adel absolut regieren und brauchte keinen Widerstand zu befürchten.

Bezahlen musste das Volk

Nach dem Vorbild von Versailles ließen sich Könige und Fürsten Europas Schlösser bauen und Gärten anlegen. Man kleidete sich nach französischer Mode und übernahm französische Sitten und Französisch als Sprache am Hof. Auch in den deutschen Kleinstaaten leisteten sich die Fürsten eine verschwenderische Hofhaltung. Das kostete oft mehr Geld, als durch Steuern wieder hereinkam. Die Beamten erfanden neue Abgaben oder ließen Handwerker dafür bezahlen, dass sie sich „Hoflieferant" nennen durften. Manche Fürsten verkauften sogar ihre Untertanen als Soldaten ins Ausland.

M2 Über das tägliche Aufstehen des Königs berichtet der Herzog von Saint-Simon in seinen „Erinnerungen", die er zwischen 1740 und 1745 aufschrieb:

Um acht Uhr früh (...) weckte der erste Kammerdiener den König (...). Der König nahm Weihwasser und sprach ein Gebet. Inzwischen waren die Prinzen und danach einige Vertreter des höchsten Adels eingetreten. (...) Es kamen die vier Minister, die Vorleser, Apotheker, Ärzte, die Silberbewahrer, einige Offiziere und Kammerdiener. Nachdem der König eine kleine Perücke aufgesetzt hatte (...), erschienen die Kammerherren, die ihrem Herrn die Namen der bedeutenderen Persönlichkeiten ins Ohr flüsterten, und sofort traten die anwesenden Kirchenfürsten und Kardinäle, Gesandten, Marschälle und andere Großwürdenträger ein, denen (...) der breite Schwarm der Höflinge folgte. Der König zog sein Nachthemd aus, übergab die Reliquien, die er während der Nacht auf bloßem Leibe trug, dem ersten Kammerdiener und verlangte sein Taghemd. Das war der Höhepunkt der ganzen Zeremonie: Das Recht, dem König das Hemd zu reichen, stand dem Bruder des Königs zu, wenn dieser abwesend war, den Söhnen und Enkeln des Königs. (...) Wenn der König angezogen war, betrat er das anliegende Gemach. Dort hielt er mit den Ministern Rat. Dabei verkündete er das Programm des Tages, das auf die Minute eingehalten wurde.

M4 Schloss Ludwigsburg
Das Schloss zählt zu den größten Barockresidenzen Europas. Es entstand nach dem Willen des Herzogs Eberhard Ludwig von Württemberg (Regierungszeit: 1693–1733).

M3 Warum Ludwig XIV. als Symbol seiner Herrschaft die Sonne wählte, hat er einmal so erklärt:

Durch ihre Einzigartigkeit, durch den Glanz, der sie umgibt, durch das Licht, das sie den anderen Sternen verleiht, die sie wie ein Hofstaat umgeben, durch die gleiche und gerechte Verteilung des Lichts auf alle Zonen der Erde, durch das Gute, das sie überall bewirkt, indem sie Leben, Freude und Tätigkeit hervorruft, (...) und durch ihren unveränderlichen Lauf, bei dem es keine Veränderung und keine Abweichung gibt, ist sie sicher das lebendigste und schönste Sinnbild eines großen Herrschers.

1. Finden Sie aus **M1** und **M3** heraus, warum Ludwig XIV. die Sonne als sein Symbol gewählt hat.

2. Fassen Sie die Informationen aus **VT2** zu einem Lexikonartikel zum Begriff „Hofgesellschaft" zusammen.

3. Zwei Adlige unterhalten sich: Lohnt es sich für uns, am Hof von Versailles zu leben? Spielen Sie die Szene nach.

4. Das Schloss Ludwigsburg (**M4**) wird oft als „Schwäbisches Versailles" bezeichnet. Recherchieren Sie im Internet, wie sich dieser Vergleich begründen lässt.

1600 1849

Das Zeitalter der Aufklärung

Weit über das Mittelalter hinaus gaben sich die meisten Menschen damit zufrieden, wenn die Kirche ihnen die Welt erklärte und ihnen sagte, was richtig oder falsch sei. Das änderte sich um 1700: Statt zu glauben, wollte man jetzt Beweise sehen.

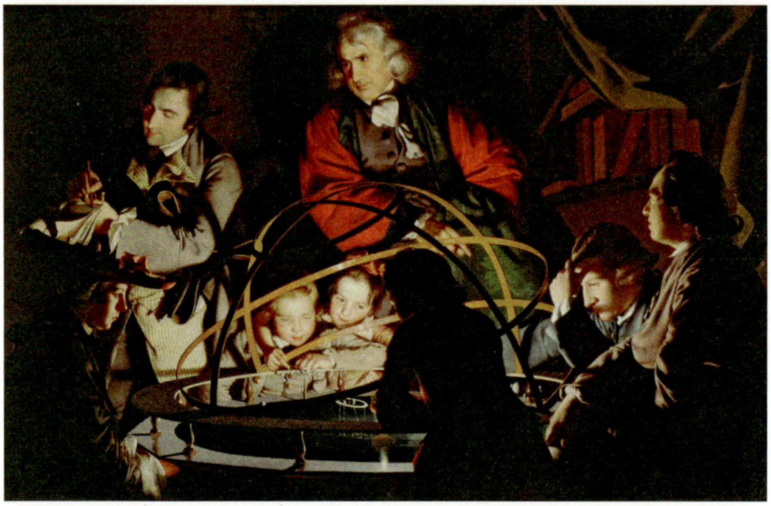

M1 Ein Wissenschaftler erklärt die Bewegung der Planeten.
Die Sonne ist durch eine Lampe ersetzt. Das von Joseph Wright um 1765 fertiggestellte Ölgemälde fasziniert durch seine Lichtwirkung. Das Licht war ein Symbol der Aufklärung.

Aufklärung
Der Begriff bezeichnet eine neue Denkweise im 18. Jahrhundert, die darauf abzielte, alle Gebiete des Lebens durch die Vernunft zu erklären und Erkenntnisse kritisch zu überprüfen. Die Aufklärer forderten von Staat und Kirche die Freiheit der Meinung.

Toleranz
Das lateinische Wort „tolerare" bedeutet dulden. Wer tolerant ist, respektiert die Meinungen und den Glauben anderer, auch wenn er selbst anders denkt.

Eine neue Vorstellung von der Welt
Im Jahr 1610 beobachtete der italienische Wissenschaftler Galileo Galilei durch das gerade erfundene Fernrohr vier Monde, die den Planeten Jupiter umkreisten. So müssten auch die Planeten die Sonne umkreisen, war sein Gedanke. Nikolaus Kopernikus hatte also Recht gehabt! Der hatte fast 100 Jahre zuvor behauptet: Die Erde dreht sich im Laufe eines Tages um sich selbst und umkreist in einem Jahr die Sonne. Der Papst verbot Galilei, seine Erkenntnisse zu verbreiten. Die Lehre widerspreche den Aussagen der Bibel. Dort heiße es, die Erde sei unbeweglich.
Aber mit Verboten ließ sich der Fortschritt in den Naturwissenschaften nicht mehr aufhalten. Johannes Kepler erkannte, dass sich die Planeten nach festen Gesetzen bewegen. Isaac Newton leitete daraus das Prinzip der Schwerkraft ab. Und Otto von Guericke fand durch Experimente heraus, dass sich Gase beim Erwärmen ausdehnen und beim Abkühlen wieder zusammenziehen.

Vernunft ersetzt den Glauben
Immer mehr Menschen erkannten, dass alle Vorgänge in der Natur nach bestimmten Gesetzen ablaufen. Durch Beobachtung und Experiment wollte man sie erforschen.
Einige Gelehrte übertrugen das neue Denken auf andere Lebensbereiche. Sie bezweifelten alles, was sich nicht durch die Vernunft erklären ließ. Ihre Kritik richtete sich zunächst gegen die Bevormundung durch die Kirche, dann aber auch gegen eine angeblich von Gott gewollte Herrschaft der Könige und Fürsten.
Die Aufklärer – so nennen wir die kritischen Gelehrten des 18. Jahrhunderts – sahen in der Erziehung und Bildung aller Volksschichten eine wichtige Aufgabe. Selbst einfache Menschen sollten ermutigt und befähigt werden, ihren eigenen Verstand zu gebrauchen. Sie müssten sich dann nicht mehr wie unmündige Kinder durch die Vorschriften anderer leiten lassen. Die Aufklärer glaubten, dass eine höhere Bildung sie auch gleichzeitig zu besseren und glücklicheren Menschen mache.

Die Aufklärung verbreitet sich
Die Ideen der Aufklärer wurden bald in allen Ländern Europas diskutiert. Dazu trug auch bei, dass nun Zeitungen und Zeitschriften gedruckt wurden, die Neuigkeiten schnell verbreiteten. In den neumodischen Kaffeehäusern kamen Menschen aus den verschiedensten Schichten zusammen – auch um Gedanken auszutauschen. Ein Treffpunkt besonderer Art waren die Salons vornehmer Damen. Hier verkehrten Bürger, Adlige und Geistliche miteinander. In diesem geschlossenen Kreis las man die Schriften der Aufklärer gemeinsam und sprach darüber. Jeder konnte seine Meinung frei sagen.

M2 Der deutsche Philosoph Immanuel Kant erklärte die neue geistige Bewegung 1783 so:

Aufklärung ist der Ausgang des Menschen aus seiner selbst verschuldeten Unmündigkeit. Unmündigkeit ist das Unvermögen, sich seines Verstandes ohne Leitung eines anderen zu bedienen. Selbstverschuldet ist diese Unmündigkeit, wenn die Ursache derselben nicht am Mangel des Verstandes, sondern der Entschließung und des Mutes liegt, sich seiner ohne Leitung eines anderen zu bedienen. „Habe Mut, dich deines eigenen Verstandes zu bedienen!“, ist also der Wahlspruch der Aufklärung.

M3 Für den französischen Philosophen Voltaire (1694–1778) waren die bestehenden Religionen schlecht. Ihnen stellte er eine neue Religion aus dem Geist der Aufklärung gegenüber:

Und wie wäre diese Religion?
Derart, dass sie dem Nächsten um der Liebe Gottes willen dient, statt ihn zu verfolgen und im Namen Gottes zu töten. Derart, dass sie alle anderen toleriert, und, indem sie das Wohlwollen aller genießt, als einzige in der Lage wäre, aus dem Menschengeschlecht ein Volk von Brüdern zu machen.

M4 Gegen die Lehren der Aufklärung wandte sich die österreichische Kaiserin Maria Theresia 1774 in einem Brief an ihren Sohn Franz, der selbst ein Anhänger der Aufklärung war:

Schämt Euch nicht, jederzeit ein guter Christ zu sein, in Euren Worten wie in Euren Taten. Das verlangt die größte Wachsamkeit und Strenge, heute noch mehr als früher, weil die Sitten locker und verdorben sind, seit man den Gottesglauben aus den Herzen vertreiben will und gar den Gottesdienst einschränkt, aus Furcht, man könnte sich lächerlich machen. (...) Nichts ist bequemer (...) als die Freiheit von allem Zwang. Das ist das Zauberwort, das man im Jahrhundert der Aufklärung an die Stelle der Religion setzen will – jeder soll selbst zur Erkenntnis kommen und nach eigener Einsicht und Überzeugung handeln. Diese Irrlehre hat viel Bestechendes, weil sie unseren hochmütigen und gierigen Leidenschaften vortrefflich Vorschub leistet. (...) Diese ganze Philosophie ist ein Unglück, ich kann Euch das nicht oft genug sagen und muss Euch immer wieder davor warnen. Haltet fest an den Lehren, die Euch in Eurer Jugend zuteil und bisher an unserem Hofe befolgt worden sind.

M5 Otto von Guerickes Versuch mit den Halbkugeln, Kupferstich von 1672 (koloriert). Guericke entwickelte Pumpen, mit denen man durch Absaugen der Luft ein Vakuum erzeugen konnte. 1657 zeigte er in Magdeburg, dass man zwei aufeinandergelegte und leer gepumpte Halbkugeln nicht einmal mit der Kraft von 16 Pferden auseinanderreißen konnte. Guericke wies nach, dass Luft ein Gewicht hat, das auf alles drückt. Er hatte den Luftdruck entdeckt.

1. Mit dem Beginn der Neuzeit beginnt der Mensch damit, immer stärker zu forschen. Finden Sie heraus, welches neue Denken mit der Aufklärung begann (**VT1**).

2. Zählen Sie auf, woran Aufklärer Kritik übten und welche Ziele sie hatten (**VT2, M2**).

3. Untersuchen Sie die Quelle **M3** und erklären Sie, welche Kritik hier geäußert wird.

4. Suchen Sie aus dem Brief von Maria Theresia Gegenargumente zu den Positionen der Aufklärung heraus (**M4**).

1600 1849

Neue politische Ideen

Dürfen Menschen über andere herrschen? Braucht man überhaupt Könige oder könnte sich das Volk auch selbst regieren? Solche Fragen stellten die Aufklärer. Das war unerhört!

Menschenrechte

Die Aufklärer wollten alle Lebensbereiche auf die Vernunft gründen, also auch den Staat und die Gesellschaft. Mit dem Verstand war es aber nicht zu erklären, wenn die Fürsten behaupteten, von Gott als Herrscher eingesetzt zu sein. Die Ordnung in der Gesellschaft musste vielmehr von Menschen geschaffen worden sein. Niemand, so sagten die Aufklärer, ist dazu geboren, Untertan eines anderen zu sein. Alle Menschen sind von Natur aus frei und haben die gleichen Rechte.

Einen besseren Staat schaffen

Keiner Regierung sollte es erlaubt sein, die Menschenrechte zu verletzen. Die wichtigste Pflicht des Staates müsste es vielmehr sein, die Freiheit des Einzelnen zu schützen, das Eigentum zu garantieren sowie das Glück und den Wohlstand der Menschen zu fördern.

Freiheit des Glaubens und des Gewissens

Der Staat hatte nach Meinung der Aufklärer nicht das Recht, den Glauben der Menschen zu bestimmen. Alle Religionen müssten also toleriert werden. Die Folter, mit der man bisher noch Geständnisse bei Gericht erzwang, war abzuschaffen.

M1 Der Philosoph Voltaire (1694–1778) auf einem zeitgenössischen Gemälde. Voltaire sah im aufgeklärten Monarchen den idealen Herrscher. Sein Freund und Gönner war König Friedrich II. von Preußen.

Gewaltenteilung als Lösung

Wie sollte aber ein Staat aufgebaut sein, in dem freie und mündige Bürger leben könnten? Auf diese Frage gab der Franzose Charles de Montesquieu eine Antwort: Er meinte, die Menschen könnten nur dann als freie Bürger leben, wenn keiner zu viel Macht hätte. Die Befugnisse des Staates müssten daher in drei Teile gegliedert werden:

1. Parlament (= Volksvertretung):
beschließt Gesetze, die das Zusammenleben der Bürger im Staat regeln (Legislative).

2. Regierung:
sorgt dafür, dass die Gesetze ausgeführt und die staatlichen Aufgaben erledigt werden (Exekutive).

3. Gerichte:
entscheiden unabhängig, was im Einzelfall rechtens ist (Judikative).

Widerstandsrecht gegen die Regierung

Die meisten Aufklärer wollten das Königtum (die Monarchie) nicht abschaffen. Aber der König sollte nicht mehr absolut regieren, sondern wie in England durch eine Verfassung in seiner Macht beschränkt sein. Die Engländer hatten 1688 ihren König gestürzt, weil er die Rechte des Parlaments einschränken wollte. Der englische Philosoph John Locke rechtfertigte dieses Vorgehen damit, dass das Volk nur so lange einem Herrscher Gehorsam schuldig sei, solange dieser nicht gegen die Rechte der Untertanen verstoße.

M2 Im Salon der Madame Geoffrin,
Gemälde von Gabriel Lemonnier, um 1770. Marie Thérèse Geoffrin ① war eine gebildete und reiche Frau der Pariser Gesellschaft. Sie empfing in ihrem Salon die berühmtesten Schriftsteller, Philosophen und Künstler ihrer Zeit. Die dargestellte Szene zeigt einen Schauspieler, der aus einem Drama Voltaires vorliest. Anschließend werden die Gäste über das Werk diskutieren. Man erkennt auf dem Bild Montesquieu ②, Diderot ③, Rousseau ④ und die Büste Voltaires ⑤.

M3 Der Schriftsteller Denis Diderot entwarf den Plan, das gesamte Wissen seiner Zeit in einer „Enzyklopädie" zusammenzufassen. Viele Aufklärer unterstützten sein Werk, indem sie Artikel verfassten. Diderot selbst schrieb Tausende von Artikeln, darunter den über die „politische Autorität":

Kein Mensch hat von der Natur das Recht erhalten, über andere zu herrschen. Die Freiheit ist ein Geschenk des Himmels, und jeder einzelne Mensch hat das Recht, sich ihrer zu erfreuen, sobald er Vernunft besitzt.
Jede andere Autorität (…) kann man auf eine dieser beiden Quellen zurückführen: entweder auf Macht und Gewalt desjenigen, der sie an sich gerissen hat, oder auf die Zustimmung derjenigen, die sich ihr durch einen Vertrag unterworfen haben.

M4 Über die Freiheit jedes Menschen sagte Jean-Jacques Rousseau 1762:

Der Mensch wird frei geboren, und überall ist er in Ketten. (…) Solange ein Volk gezwungen wird zu gehorchen und gehorcht, so tut es wohl; sobald es aber das Joch abwerfen kann und es abwirft, so tut es besser (…). Rechtmäßige Gewalt kann nur auf einer Übereinkunft der Menschen gründen (…). Auf seine Freiheit verzichten heißt auf seine Menschheit, die Menschenrechte, ja selbst auf seine Pflichten verzichten. Eine solche Entsagung ist mit der Natur des Menschen unvereinbar.

1. Finden Sie heraus, warum die Aufklärer die bisherige Ordnung im Staat kritisierten (**VT1**).

2. Bearbeiten Sie mit Ihrem Tischnachbarn die Begriffe „Gewaltenteilung" (**VT4**) und „Widerstandsrecht" (**VT5**). Jeder erklärt einen Begriff und sagt, wie die Idee begründet wird.

3. Beschreiben Sie die Gäste im Salon der Madame Geoffrin (**M2**). Achten Sie auf ihre Kleidung, ihre Haltung, ihren Gesichtsausdruck.

4. Erklären Sie mithilfe von **M3** und **M4**, warum manche Aufklärer auf Befehl absolutistischer Könige ins Gefängnis kamen.

1600 1849

Eine freiere Welt in Amerika?

Die Idee von der Freiheit des Einzelnen kam aus Europa. Doch in Amerika setzte sie sich zum ersten Mal durch. Viele Amerikaner sahen sich sogar als eine Vorhut im Kampf gegen die Unterdrückung überall auf der Welt.

M1 Die Halbinsel Manhattan
kaufte der Holländer Peter Minnewit den Indianern 1626 ab. Er bezahlte mit Glasperlen, Messern und Beilen (Stich aus dem 19. Jahrhundert). Minnewit gründete auf Manhattan die Siedlung Neu-Amsterdam und machte sie zur Hauptstadt einer niederländischen Kolonie. 1664 unterwarfen sie Engländer der britischen Herrschaft und nannten die Stadt New York.

Reservat
Durch Verträge traten die Indianer den Weißen ihr Land ab. Teile davon wurden ihnen als Lebensraum „reserviert".

„Auf nach Amerika!"

Zwischen 1607 und 1732 gründeten englische Siedler und Seefahrer an der Ostküste Nordamerikas 13 Kolonien für ihr Mutterland England. Hier wanderten zunächst Leute aus England ein, bald aber auch Iren, Deutsche, Niederländer und Franzosen. Die meisten kamen, weil es in ihren Heimatländern für die schnell wachsende Bevölkerung nicht mehr genug Ackerland und Arbeit gab, andere wurden wegen ihrer Religion verfolgt. So zum Beispiel die englischen Puritaner, von denen im Jahr 1620 102 Frauen und Männer mit ihrem Schiff „Mayflower" an der nordamerikanischen Küste landeten und dort die Kolonie Massachusetts gründeten.

Siedler und Ureinwohner

Die Zahl weißer Siedler wuchs schnell; um 1750 lebten schätzungsweise 1,5 Millionen Europäer in den 13 englischen Kolonien. Die Indianer aber verloren immer mehr Land an die Siedler. Bis 1890 mussten die Indianer immer weiter nach Westen in meist unfruchtbare Gebiete zurückweichen. Sie verloren durch Hunger und Krankheiten, die von den Europäern eingeschleppt wurden, weit mehr Menschen als in Kämpfen und Kriegszügen.
Heute stammen etwa sieben Millionen US-Amerikaner von den indianischen Ureinwohnern ab. 1,4 Millionen von ihnen bezeichnen sich als „Vollblutindianer". Davon leben noch 400 000 in den Reservaten, die ihnen die Regierung im 19. Jahrhundert zugewiesen hatte.

Freiheit – aber nicht für alle

Mit dem Anbau von Getreide, Reis, Mais, Tabak und Baumwolle, aber auch durch Fisch- und Holzreichtum, Handel und Gewerbe kamen viele Bewohner der Kolonien zu Wohlstand. Das machte sie selbstbewusst und stolz auf ihre Leistung. Weil das Mutterland England weit weg war, hatten sie viele Freiheiten und durften sich weitgehend selbst verwalten.
Bald wurden die Arbeitskräfte in den Kolonien knapp. Daher warb man in Europa junge Menschen mit dem Versprechen an, sie würden in Amerika Land und Arbeit bekommen. Wer seine Überfahrt nicht bezahlen konnte, musste sich verpflichten, mehrere Jahre ohne Lohn zu arbeiten.
Viel schlechter erging es allerdings den Männern, Frauen und Kindern aus Afrika, die von Sklavenhändlern in die Neue Welt gebracht wurden. In den Kolonien des Südens war das Klima günstig für Tabak, Baumwolle, Zuckerrohr und Reis. Dort bewirtschafteten reiche Grundbesitzer riesige Plantagen. Ihre Sklaven lebten in schäbigen Hütten, wurden häufig von brutalen Aufsehern bewacht und konnten nach Belieben verkauft, ausgepeitscht und sogar getötet werden.

M2 Eine amerikanische Zeitung im Jahre 1845:

Die reichen und schönen Täler von Wyoming sind dazu bestimmt, von der angelsächsischen Rasse in Besitz genommen zu werden. (…) Die Indianer müssen der immer weiter vorrückenden und immer mehr anschwellenden Flut der Einwanderer weichen oder sie wird sie hinwegspülen. Das Geschick der Einwanderer ist in Lettern geschrieben, die nicht zu missdeuten sind. Der gleiche unerforschliche Gebieter, der Rom zum Untergang verurteilte, hat die Vernichtung der roten Menschen in Amerika beschlossen.

M3 Der Häuptling der Manhattan-Indianer, Metacomet, rief seine Stammeskrieger 1675 zur Gegenwehr auf:

Es ist unmöglich, mit diesen weißhäutigen Raubmenschen in Frieden zu leben. Man kann sich nur von ihnen zerstören lassen oder versuchen, sie selbst zu zerstören. Das ist aber nur möglich, wenn wir einen Krieg nicht so führen, wie wir es gewohnt sind, sondern wie sie ihn selbst führen, also einen Krieg aus dem Hinterhalt und mit dem Willen, alles, was eine weiße Haut besitzt, zu töten.

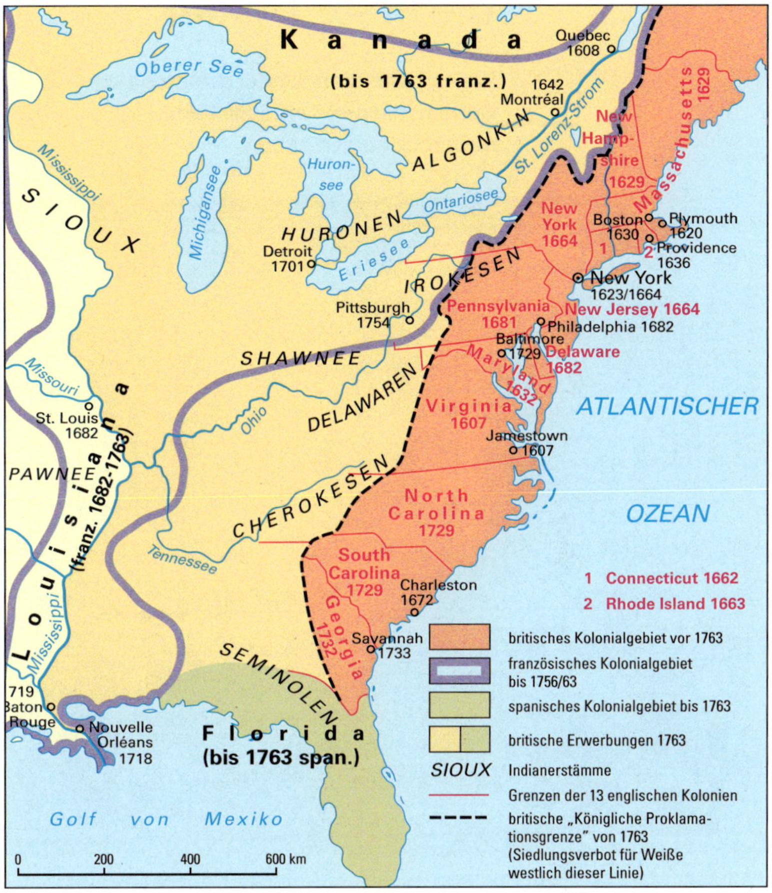

M4 Die englischen Kolonien in Nordamerika

M5 Die amerikanische Armee führte im Winter 1838/39 eine Umsiedlungsaktion durch.
Gemälde von Robert Lindneux, 1942
15 000 Cherokees wurden gewaltsam aus ihrer angestammten Heimat vertrieben und in ein Reservat gebracht. Mehr als 4000 Indianer starben auf dem Zug, weil die Armee keine Rücksicht auf Kranke und Schwache nahm.

1. Wie wird die Aneignung von Indianerland in **M2** begründet? Diskutieren Sie diese Argumentation.

2. Beurteilen Sie den Aufruf des Häuptlings Metacomet in **M3**.

1600 1849

Die erste Demokratie

Die europäischen Siedler in Nordamerika sahen nicht ein, von einer Regierung bevormundet zu werden, die mehr als 5000 Kilometer entfernt war. Der Wunsch nach Unabhängigkeit sollte weitreichende Folgen haben.

M1 Das Massaker von Boston, zeitgenössischer Stich, 1770. Als die englische Regierung neue Steuern auf Tee, Blei, Glas und Farben einführte, kam es in Boston zu einem blutigen Zusammenstoß zwischen Siedlern und englischen „Rotröcken".

Menschenrechte
Angeborene, unantastbare Rechte und Freiheiten des Einzelnen gegenüber staatlichen Eingriffen werden als Menschenrechte bezeichnet. Sie werden in den Verfassungen als Grundrechte gewährleistet, so in Deutschland in Art. 1 des Grundgesetzes.

Die „Boston-Tea-Party"

Boston, Nordamerika, 1770: Im Hafen der Stadt liegen Schiffe der englischen Ostindien-Handelsgesellschaft, beladen mit Tee für die Siedler in der Kolonie Massachusetts. Plötzlich stürmen Männer, die wie Indianer aussehen, an Bord der Schiffe, überwältigen die Mannschaften und werfen 342 Kisten Tee ins Hafenbecken. Der Überfall geht als „Boston-Tea-Party" in die Geschichte ein.

Die Indianer waren nicht echt. Männer einer Geheimorganisation hatten sich verkleidet, um unerkannt gegen die hohen Zölle auf Tee zu protestieren. Die Aktion wurde von den meisten Siedlern begrüßt. Sie sahen nicht ein, dass sie Steuern und Zölle bezahlen mussten, aber nicht wie die Bürger Englands im Parlament darüber mitbestimmen durften. „No taxation without representation" – „Keine Steuern ohne eigene Vertreter im Parlament", so lautete ihre Losung.

Die Kolonisten wagen den Kampf

Die englische Regierung setzte Soldaten ein, doch damit brachte sie die Bürger der Kolonien erst recht gegen sich auf. Diese waren erbost darüber, dass die Regierung in London eine Reihe von Gesetzen nur zum Nutzen des Mutterlandes erlassen hatte. So schrieb ein Gesetz von 1660 vor, dass die Kolonien Waren wie Zucker und Tabak nur nach England ausführen durften. 1765 wurden sogar Steuern auf alle Drucksachen und Dokumente erhoben. Diese Steuern begründete die britische Regierung damit, dass sie einen kostspieligen Krieg gegen die Franzosen in Nordamerika geführt hatte.

Ein neuer Staat wird geboren

Die Kolonisten schickten im Jahr 1774 Vertreter zum Ersten Kontinentalkongress, um über gemeinsame Maßnahmen gegen die englische Regierung zu beraten. Als britische Truppen 1775 bei Lexington ein Waffenlager der Rebellen fanden, kam es zu Gefechten. Die Kolonisten wählten daraufhin den Tabakpflanzer George Washington zum Befehlshaber ihrer Freiwilligenarmee.

Am 4. Juli 1776 erklärten Vertreter aller Kolonien in Philadelphia im Zweiten Kontinentalkongress ihre Unabhängigkeit von England. Das nahmen das englische Parlament und der König nicht einfach hin. Es kam zum Krieg zwischen den Kolonien und England, der bis 1783 dauerte. Letztlich siegten die Siedler und gründeten aus den 13 Kolonien die „United States of America" (USA). 1787 kamen Vertreter der ehemaligen Kolonien zusammen, um dem neuen Staat eine Verfassung zu geben. Mit ihr wurde die erste moderne Demokratie begründet. 1789 wählten die Amerikaner George Washington zum ersten Präsidenten.

M2 Darf ein Herrscher abgesetzt werden? Darüber dachte 1689 schon der Engländer John Locke (1632–1704) nach:

Die Vernunft lehrt allen Menschen, dass wir alle gleich und unabhängig sind, dass daher keiner dem anderen in Bezug auf sein Leben und sein Eigentum schaden soll. Wenn wir betrachten, in welchem Zustand sich die Menschen von Natur befinden, so sehen wir: Dies ist ein Zustand völliger Freiheit (…). Gebraucht der Herrscher die Gewalt gegen das Volk ohne Vollmacht und im Gegensatz zu dem Vertrauen, das in ihn gesetzt wurde, (…) so hat das Volk das Recht, die Gewalt durch Gewalt zu beseitigen. Unter allen Umständen ist es das richtige Hilfsmittel gegen ungesetzliche Gewalt, ihr mit Gewalt zu begegnen.

M3 Die Unabhängigkeitserklärung der 13 englischen Kolonien wurde am 4. Juli 1776 in Philadelphia unterzeichnet. Sie beginnt mit den Menschenrechten:

Wir halten diese Wahrheiten für in sich einleuchtend: dass alle Menschen gleich geschaffen sind; dass sie vom Schöpfer mit gewissen unveräußerlichen Rechten ausgestattet sind, darunter Leben, Freiheit und Streben nach Glück; dass zur Sicherung dieser Rechte Regierungen unter Menschen eingesetzt sind, die ihre gerechten Vollmachten von der Einwilligung der Regierten herleiten; dass, wenn immer eine Regierungsform diesen Zielen zum Schaden gereicht, es das Recht des Volkes ist, sie zu ändern oder abzuschaffen und eine neue Regierung einzusetzen.

M4 Frauen und Männer kämpfen für die Unabhängigkeit, zeitgenössischer Stich. In der Mitte sieht man Molly Pitcher im Gefecht. Ihr Mann ist vor wenigen Augenblicken als Kanonier gefallen; an seiner Stelle hat sie die Kanone geladen, die nun gegen den Feind gerichtet wird.

M5 George Washington, der erste Präsident der USA, leistet 1789 in New York seinen Amtseid auf die Bibel.

1. Erklären Sie, aus welchem Grund sich in den 13 nordamerikanischen Kolonien eine Unabhängigkeitsbewegung gebildet hat (**VT1**, **VT2**).

2. Vergleichen Sie die beiden Bilder **M1** und **M4** und beschreiben Sie, wie sich die Situation der Kolonisten verändert hat. Wie wirken die Szenen auf Sie?

3. Fassen Sie die Hauptaussagen der Quellentexte **M2** und **M3** zusammen. Erläutern Sie, wie beide Texte miteinander zusammenhängen.

4. Verfassen Sie zum 4. Juli 1776 einen kurzen Zeitungsbericht einer britischen oder nordamerikanischen Zeitung.

1600 1849

Ein Verfassungsschaubild auswerten

Um den Aufbau eines Staates und die Funktionsweise der staatlichen Organe anschaulich zu machen, werden oft Verfassungsschaubilder gezeichnet. Wie bei jedem anderen Schaubild auch werden dabei Farben, Kästchen, Pfeile und manchmal auch Symbole verwendet. Am Beispiel der Verfassung der USA von 1789 wird Ihnen gezeigt, wie eine Auswertung aussehen kann.

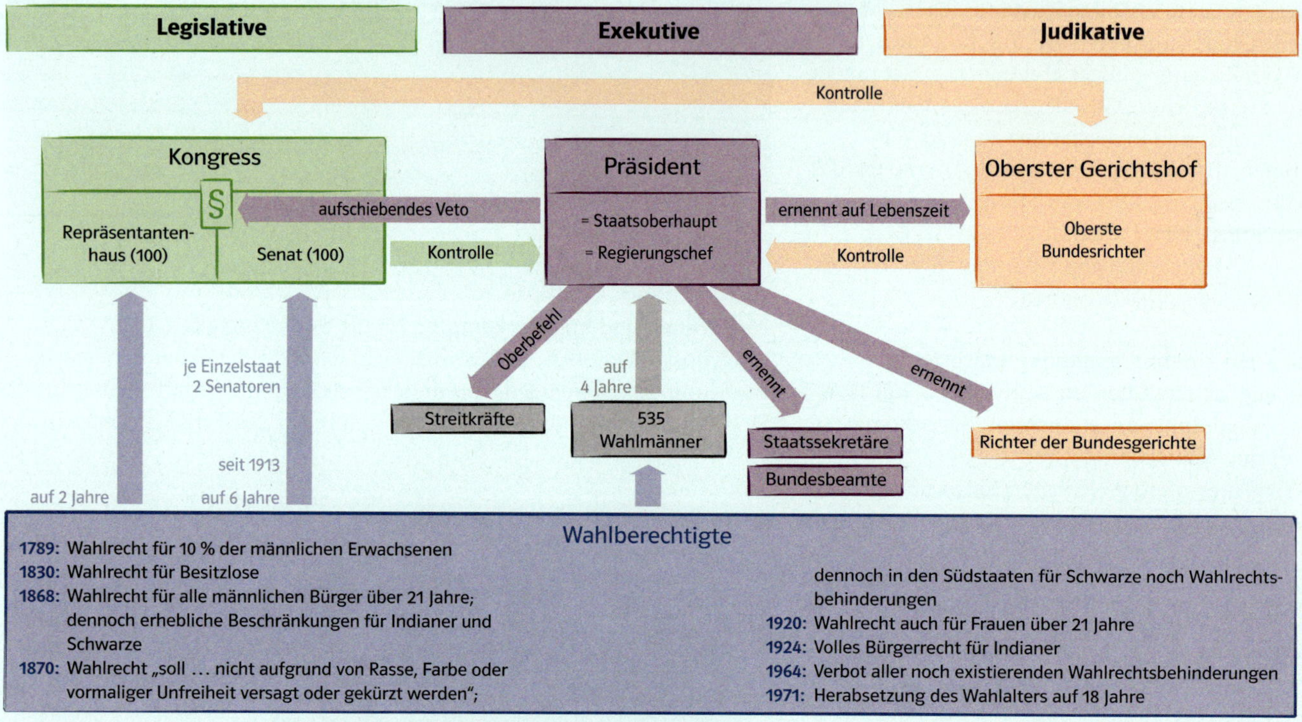

M1 Verfassungsschaubild der USA von 1789

Beschreiben
In dem Schaubild **M1** wird die Verfassung der USA dargestellt. Auf dem von Mai bis September 1787 währenden Verfassungskonvent in Philadelphia erarbeiteten Vertreter der damaligen 13 Staaten der USA eine Verfassung. Das war notwendig geworden, denn der lose Staatenbund drohte nach dem Ende des Unabhängigkeitskrieges auseinanderzufallen. Diese Verfassung ist bis heute gültig. Seit ihrer Verabschiedung wurden aber 27 Zusätze (Amendments) angefügt.

Untersuchen
Das Schaubild besteht aus einzelnen Kästchen, für die fünf Farben verwendet werden. Verbunden sind die Kästchen mit Pfeilen, die ebenfalls farbig sind.

Die blaue Farbe symbolisiert die Wähler und die Wahlhandlungen. Die Wahlberechtigten wählen das Parlament – den Kongress. Wenn Präsidentschaftswahlen durchgeführt werden, wählt das Volk insgesamt 535 Wahlmänner, die dann den Präsidenten wählen.
Ganz oben im Schaubild stehen drei Kästchen nebeneinander, die gemeinsam die oberste Gewalt verkörpern. Das zeigt, dass nicht mehr alle Macht allein in der Hand einer einzelnen Person, z. B. eines Königs, liegt, sondern dass sie auf mehrere Personen bzw. politische Gewalten aufgeteilt ist. Das nennt man „Gewaltenteilung“.
Die Legislative ist grün eingezeichnet. Sie hat die Aufgabe, Gesetze auszuarbeiten und zu beschließen. In einer Demokratie übernimmt das ein Parlament. Das Parlament der USA heißt

Kongress. Dieser ist in zwei Häuser geteilt, das Repräsentantenhaus und den Senat. In das Repräsentantenhaus werden alle zwei Jahre 435 Abgeordnete gewählt. Alle zwei Jahre wählen die Amerikaner ein Drittel ihrer Senatoren für eine Amtszeit von sechs Jahren und zwar in jedem Bundesstaat zwei.
Die Exekutive ist die ausführende Gewalt, sie ist violett eingezeichnet. Sie ist die Regierung, also der Regierungschef und seine Minister. Regierungschef in den USA ist der Präsident. Er ist zugleich das Staatsoberhaupt, das die USA im Ausland in allen wichtigen Fragen vertritt. Zur Exekutive gehören auch alle Bundesbeamten und Staatssekretäre in den Ministerien.
Orange eingezeichnet ist die Judikative. Dazu gehören der Oberste Gerichtshof und die Bundesgerichte in den einzelnen Bundesstaaten. Hier sprechen die höchsten Richter des Landes ihre Urteile aus, die dann unbedingte Gültigkeit haben.
Die farbigen Pfeile mit ihren Beschriftungen zeigen, welche Beziehungen zwischen den drei Gewalten bestehen. So kontrollieren sich zum Beispiel Kongress und Oberster Gerichtshof gegenseitig und beide kontrollieren den Präsidenten. Regierungsmitglieder dürfen deswegen keinen Sitz im Parlament haben, denn sonst müssten sie sich selbst kontrollieren. Der Präsident ernennt die obersten Richter sowie die Staatssekretäre. Außerdem hat er den Oberbefehl über die Streitkräfte. Die gegenseitigen Kontrollen wurden eingerichtet, damit niemand zu viel Macht anhäufen kann. Das gilt auch für den Präsidenten. Er kann zwar ein aufschiebendes Veto gegen Gesetze des Kongresses einlegen, aber das Veto kann mit einer Zweidrittelmehrheit beider Häuser des Kongresses überstimmt werden. Die Macht des Präsidenten soll auch dadurch begrenzt werden, dass er nur zweimal für vier Jahre gewählt werden darf.

Methodische Arbeitsschritte

1 Beschreiben
- Stellen Sie fest, um die Verfassung welchen Landes es sich handelt.
- Ordnen Sie die Verfassung in die Zeit ein.
- Informieren Sie sich, wer die Verfassung ausgearbeitet und in Kraft gesetzt hat und unter welchen historischen Umständen das geschah (z.B. während einer Revolution).

2 Untersuchen
- Stellen Sie fest, welche Bestandteile das Schaubild hat. Untersuchen Sie, welche Bedeutung die verschiedenen Elemente (Farben, Pfeile, Symbole) haben.
- Stellen Sie fest, wer wahlberechtigt ist, wer nicht, welche Gremien gewählt werden und wie oft Wahlen stattfinden.
- Untersuchen Sie, welche staatlichen Teilgewalten es gibt und welche Bestandteile sie haben.
- Klären Sie, welche Beziehungen es zwischen den einzelnen Teilgewalten gibt.

3 Deuten
- Fassen Sie zusammen, um welche Staatsform es sich handelt.
- Beurteilen Sie, ob mit der Verfassung alle Mitglieder der Gesellschaft die gleichen staatsbürgerlichen Rechte haben und wer eventuell ausgeschlossen ist.

Deuten
Die Vereinigten Staaten von Amerika sind eine Republik. Die drei Teilgewalten Legislative, Exekutive und Judikative wirken unabhängig voneinander. Durch die gegenseitigen Kontrollen kann Machtmissbrauch weitgehend ausgeschlossen werden. Damit entsprach die USA-Verfassung von Anfang an dem Modell der Gewaltenteilung, das von den europäischen Aufklärern entwickelt wurde. Als die Verfassung in Kraft trat, waren noch viele Bürger von der Mitbestimmung ausgeschlossen, weil sie kein Wahlrecht besaßen.

1. Recherchieren Sie im Internet, welche politischen Mehrheitsverhältnisse derzeit im amerikanischen Senat und im Repräsentantenhaus bestehen.

2. Informieren Sie sich, welche Institutionen in Deutschland zur Legislative, zur Exekutive und zur Judikative gehören. Finden Sie heraus, welche Unterschiede hinsichtlich der Gewaltenteilung zwischen der Verfassung der USA und dem deutschen Grundgesetz bestehen.

1600 – 1849

Frankreich in der Krise

Im Jahr 1788 stand der französische König Ludwig XVI. vor einem Problem: Missernten ließen den Brotpreis steigen, der Staat war pleite und die Bürger zweifelten an der Rechtmäßigkeit der staatlichen Ordnung. So fasste er einen folgenschweren Entschluss.

M1 „Hoffen wir, dass das Spiel bald ein Ende nimmt“, seufzt der Bauer. Aus seiner Tasche hängen Zettel, auf denen die Salz-, die Tabak- und die Kopfsteuer, die Abgaben und Dienste genannt werden. Französische Karikatur aus dem Jahr 1789.

Ständegesellschaft
Darunter versteht man die Einteilung der Gesellschaft in Adel, Klerus und Bürgertum. Die Zugehörigkeit zu einem Stand war in der Regel durch die Geburt vorgegeben.

Klerus
Bezeichnung für den geistlichen Stand. Dazu gehören Bischöfe, Priester, Äbte, Mönche und Nonnen.

Privilegien
Sonderrechte für einzelne Personen oder Personengruppen im Staat

Das Volk hungert

Der Winter war hart gewesen. Im Frühjahr führten Regenfälle zu Überschwemmungen, eine Hitzewelle ließ im Sommer die Felder vertrocknen. In manchen Regionen Frankreichs fiel die Getreideernte des Jahres 1788 katastrophal schlecht aus. Der Preis für Brot stieg stark an. Gleichzeitig verkauften sich die Erzeugnisse des Handwerks schlecht, in den Städten stieg die Arbeitslosigkeit. Immer mehr Franzosen hungerten. Sie hofften auf die Hilfe des Königs, doch die staatlichen Getreidelager waren leer. Die Hungernden waren wütend: auf den König, aber auch auf Adel und Klerus, deren Reichtum ein Leben ohne Not ermöglichte.

Zweifel an der staatlichen Ordnung

Es gab aber auch viele Bürger, die in den vergangenen Jahrzehnten reich geworden waren. Sie hatten durch Handel, Bankgeschäfte, Schifffahrt und mit der Produktion von Luxusgütern in Manufakturen große Vermögen verdient. Ärzte, Rechtsanwälte und tüchtige Handwerksmeister gehörten zu den angesehenen und oft wohlhabenden Bürgern der Städte. Sie bezahlten einen Großteil der Steuern. Doch die hohen Ämter in der staatlichen Verwaltung, bei der Armee und in der Kirche gab der König den Adligen. Viele fragten sich: Sind die Privilegien von Adel und Klerus noch zeitgemäß? Sagen die Aufklärer nicht, dass alle Menschen gleiche Rechte haben?

Die Staatskasse ist leer

Die Hofgesellschaft in Versailles interessierte sich dafür nicht. Sie lebte wie immer in Saus und Braus. Der König bezahlte für alles – aber mit Geld, das er sich selbst erst leihen musste. Denn die Staatskasse war leer. Verschwendung und eine Reihe von Kriegen hatten sie ruiniert. Allein für die Zinsen der riesigen Staatsschulden musste Ludwig XVI. mehr als die Hälfte der Einnahmen aufwenden. Es blieb ihm nichts anderes übrig, als die Steuern zu erhöhen. Sonst drohte der Staatsbankrott.

Der König reagiert

Der Dritte Stand, die Bauern und Bürger, waren aber nicht mehr bereit, fast allein den Staat zu finanzieren. Sie verlangten, dass Adel und Klerus endlich nach Einkommen und Vermögen besteuert würden. Doch die weigerten sich. Der König entschloss sich zu einem riskanten Schritt: Er berief die Generalstände ein. Sie sollten wie früher über neue Steuern beraten. Das hatte es seit 1614 nicht mehr gegeben. Zu Beginn des Jahres 1789 versammelten sich überall im Lande die Menschen. Nach Ständen getrennt, wählten sie Abgeordnete, die sie beim König vertreten sollten. Ihre Beschwerden an den Monarchen gaben sie den Abgeordneten gleich mit auf den Weg. Ludwig XVI. hatte sie selbst dazu aufgefordert. Auch das war für den König riskant!

M2 Männer, die mindestens 25 Jahre alt waren und Steuern zahlten, durften die Abgeordneten ihres Standes für die Generalstände wählen. Gleichzeitig sollten sie dem König Missstände mitteilen und Verbesserungen vorschlagen. Diese „Beschwerdehefte" wurden zwischen März und Mai 1789 verfasst:

a) Die Bauern des Dorfes La Chapelle fordern:

4. Vollständige Abschaffung aller Privilegien.

5. Abschaffung der königlichen Salzsteuer, der Kopfsteuer für Nichtadlige und anderer Rechte.

6. Um diese Steuern und Rechte zu ersetzen, soll eine persönliche Kopfsteuer eingeführt werden, die ohne Unterschied die Bürger aller drei Stände betrifft (…)

9. Dass jegliche Gerichtsbarkeit und Polizeigewalt der Adligen abgeschafft wird; dass ihr Recht auf Jagd, Fischerei, (…) Abgaben und Dienste abgeschafft wird; dass jeder das Recht hat, zumindest jeder auf seinem Land, Hasen und andere Schädlinge der Landwirtschaft zu töten.

13. Dass man den Kirchenzehnten abschafft.

b) Die Bürger der Stadt Beaucaire fordern:

Artikel 3: Die Erklärung der Menschen- und Bürgerrechte.

Artikel 4: Die Freiheit der Presse und das Briefgeheimnis.

Artikel 16: Das Recht für alle Angehörigen des Dritten Standes, die verschiedensten Arbeitsplätze bei Armee, Marine und höherer Verwaltung einzunehmen.

c) Der Adel des Wahlbezirks Ament fordert:

Die Bewahrung der Privilegien und Auszeichnungen, die der Adel zu allen Zeiten besessen hat (…). Der Adel denkt in keiner Weise daran, sich seiner herrschaftlichen Rechte berauben zu lassen, weder die Ehrenämter noch die nützlichen, wie hohe, mittlere und niedere Gerichtsbarkeit, Jagd, Fischerei, Frondienste, (…) Abgaben (…).

d) Der Klerus des Wahlbezirks Orléans fordert:

Dass der König, dem Beispiel seiner Vorgänger folgend, seinen ganzen Eifer einsetzt, um die (Kirche) gegen die vielfältigen Anfeindungen der Gottlosigkeit und der modernen Philosophie zu verteidigen; dass er durch harte Gesetze die ungezügelte Möglichkeit der Presse unterdrückt, die Hauptstadt und die Provinzen mit schmählichen Schriften aller Art zu überfluten. (…) Damit der katholische Glauben (…) der einzig zulässige und berechtigte ist. (…)

Generalstände
Das war in Frankreich die Versammlung der drei Stände. Sie hatte das Recht, Steuern zu beschließen.

Kirchenzehnter
So nannte man die Steuer für die Kirche, bei der die Bauern den zehnten Teil ihrer Ernte abgeben mussten.

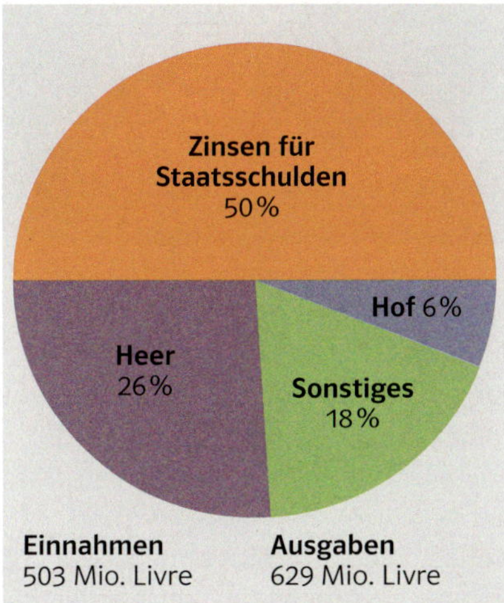

M3 Frankreichs Staatshaushalt 1788

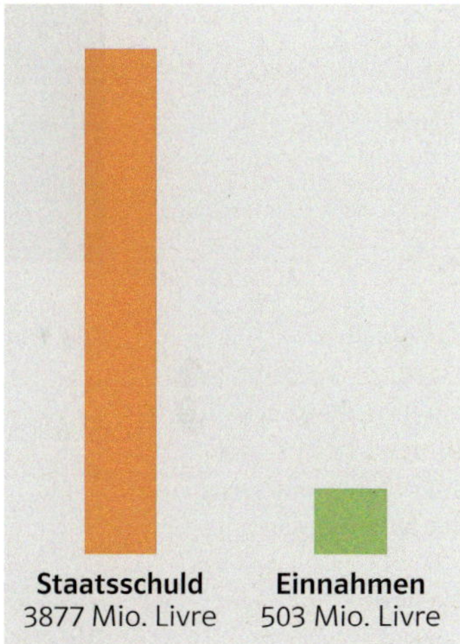

M4 Schulden und Einnahmen Frankreichs 1788

1. Listen Sie auf, womit das Volk in Frankreich 1788 unzufrieden war (**VT1, VT2**).

2. Erläutern Sie die Aussage der Karikatur **M1**. Überlegen Sie zunächst, welche Stände die drei Männer verkörpern. Begründen Sie Ihre Aussagen, indem Sie Kleidung, Haltung und Texte auswerten.

3. Finden Sie heraus, warum Ludwig XVI. die Steuern erhöhen wollte (**VT3, M3, M4**).

4. Ordnen Sie die Forderungen aus den „Beschwerdeheften" den folgenden Oberthemen zu: Gleichberechtigung der Stände, Freiheitsrechte, Steuerrecht, Religion (**M2**).

1600 1849

Die Revolution beginnt

„Was ist der Dritte Stand? – Alles. Was ist er bis jetzt in der politischen Ordnung gewesen? – Nichts. Was fordert er? – Endlich etwas zu sein!“ Dieses Flugblatt eines Geistlichen veränderte Frankreich.

M1 Eröffnung der Generalstände am 5. Mai 1789, Gemälde, um 1840. Die Sitzordnung: Ludwig XVI. und seine Gemahlin Marie Antoinette oben links, die Vertreter der drei Stände zu ebener Erde. Die Abgeordneten verteilen sich wie folgt: Klerus: 291, Adel: 270, Dritter Stand: 578.

Revolution
Darunter versteht man einen zumeist gewaltsamen Umsturz der staatlichen und gesellschaftlichen Ordnung.

Nation
„Natio“ heißt im Lateinischen „Stamm“ oder „Volk“. Heute fasst man darunter Menschen gleicher Sprache oder Staatsangehörigkeit zusammen.

Nationalversammlung
Versammlung von gewählten Vertretern des Volkes, die eine Verfassung oder Gesetze erarbeiten sollen.

Die Generalstände treten zusammen

Am 5. Mai 1789 geschah etwas Unglaubliches. König Ludwig XVI. eröffnete im Schloss von Versailles eine Versammlung, der die gewählten Vertreter aller drei Stände angehörten. Das hatte es seit 1614 nicht mehr gegeben, und es war für den König auch nicht ohne Risiko. Als der König die Versammlung der Generalstände eröffnete, war die Stimmung gespannt. Die Abgeordneten des Dritten Standes wollten nicht nur über höhere Steuern reden. Sie forderten wirkliche Reformen, vor allem die Beseitigung der Privilegien von Adel und Klerus. Es ging also auch um die Macht im Staat. Über die Frage, wie abgestimmt werden sollte, kommt es zum Streit: Der König besteht auf einer Abstimmung nach Ständen. Damit wären Adel und Klerus im Vorteil. Die Vertreter des Dritten Standes verlangen dagegen eine Abstimmung „nach Köpfen“.

Die Nationalversammlung

Am 17. Juni erklärten sich die Abgeordneten des Dritten Standes zur Nationalversammlung. Die Begründung ist einfach: Sie vertraten 98 Prozent aller Franzosen, also beinahe die gesamte Nation.

Der Ballhausschwur

Als der König den Tagungsraum schließen ließ, zogen die Abgeordneten des Dritten Standes in ein leer stehendes Ballspielhaus. Dort schworen sie, nicht eher auseinanderzugehen, bis Frankreich eine Verfassung habe.

Bürger greifen zu den Waffen

Nun überstürzten sich die Ereignisse. In Paris war Brot so knapp geworden, dass hungrige Menschen die Bäckereien belagerten. Es kam zu Plünderungen. Gerüchte gingen um, der König habe Truppen um Paris zusammenziehen lassen. In den ärmeren Vierteln der Stadt bewaffneten sich Tausende von Männern. Sie stürmten ein Waffenlager und erbeuteten 30 000 Gewehre und einige Kanonen. Damit zogen die Aufständischen zu einer alten Festung. Sie fiel – und mit ihr die politische Ordnung Frankreichs. Im Laufe des Juli und August stürmten Bauern die Schlösser des Adels, verlangten die Bücher mit den Lehnsrechten und verbrannten sie.

M2 „Was ist der Dritte Stand?" Unter diesem Schlagwort verfasste der Abbé Sieyès, ein Geistlicher adliger Herkunft, im Januar 1789 ein Flugblatt. Darin hieß es:

Was ist der Dritte Stand? – Alles.
Was ist er bis jetzt in der politischen Ordnung gewesen? – Nichts.
Was fordert er? – Endlich etwas zu sein. (...)
Was braucht die Nation, um zu bestehen und zu blühen? – Private Verrichtungen und öffentliche Ämter. (...)
Diese Arbeiten halten die Gesellschaft zusammen. Wer übt sie aus? Der Dritte Stand. Wer wollte es noch bezweifeln, dass der Dritte Stand alles umfasst, um eine vollständige Nation zu bilden? Er ist der starke und kräftige Mann, dessen einer Arm noch immer in Ketten liegt.

M3 Frauen des Dritten Standes verfassten 1789 eine Bittschrift an den König:

In einer Zeit, da ein jeder bemüht ist, seine Ansprüche und Rechte geltend zu machen (...), sollte es da nicht auch den Frauen möglich sein, ihrer Stimme Gehör zu verschaffen? (...) Die Frauen des Dritten Standes werden fast alle ohne Reichtümer geboren; ihre Erziehung wird vernachlässigt (...). Wir bitten Euch inständig, Sire, kostenlose Schulen einzurichten, damit wir unsere Sprache von Grund auf erlernen können, die Religion und die geistlichen und sittlichen Werte (...). Ebenso [ist] es nur gerecht, ihre [der Frauen] Stimmen zu zählen, da sie doch wie die Männer dazu verpflichtet sind, die königlichen Abgaben zu zahlen und den Verpflichtungen des Handels nachzukommen. Man wird eventuell vorbringen, alles, was man ihnen gewähren könne, sei, ihnen zu gestatten, sich durch Bevollmächtigte in den Generalständen vertreten zu lassen. Man könnte dem entgegnen, (...) dass weder ein Adliger einen Nichtadligen vertreten kann noch dieser einen Adligen; ebenso (...) können Frauen nur von Frauen vertreten werden.

M4 Sturm auf die Bastille am 14. Juli 1789, Ölbild eines unbekannten Künstlers von 1789. Die Bastille (sprich: Bastije) war ursprünglich eine königliche Festung. Im 18. Jahrhundert wurde sie als Gefängnis und Waffenlager genutzt. Man sperrte hier zum Beispiel Schriftsteller ein, die über Kirche und Königtum spotteten. Dadurch wurde sie zum Symbol für die Willkür der absoluten Monarchie. Die Szene zeigt den Augenblick, als sich der Kommandant Launay mit seinen Soldaten und Offizieren ergibt. Das Haus des Kommandanten brennt, beide Zugbrücken sind herabgelassen. Den Aufständischen haben sich schon Soldaten des Königs angeschlossen.

1. Legen Sie einen Zeitstrahl zu den Ereignissen des Jahres 1789 an (**VT2–4, M1, M4**).

2. Erörtern Sie, ob die Flugschrift des Abbé Sieyès die Abgeordneten des Dritten Standes unterstützt hat (**M2**).

3. Die Bilder dieser Seite zeigen Ereignisse, die in nur zwei Monaten stattfanden. Erklären Sie, warum sich Frankreich in diesem kurzen Zeitraum stärker veränderte als in den 100 Jahren zuvor (**M1, M4**).

4. Ein zorniger Abgeordneter des Dritten Standes wird zu seinen Forderungen befragt. Was könnte er antworten?

1600 1849

Die Erklärung der Menschenrechte

Den Sommer des Jahres 1789 nennt man in Frankreich die Zeit der „großen Angst". Auf dem Land stürmen Bauern die Herrensitze des Adels. In ihrer Wut über die Grundherren brennen sie deren Schlösser nieder – und mit ihnen die verhassten Abgabenverzeichnisse.

Die Menschen auf dem Lande

Vier von fünf Franzosen lebten 1789 auf dem Lande. Die meisten von ihnen waren Bauern. Sie litten am meisten unter einer Ordnung, die Adel und Klerus privilegierte.

M1 Erklärung der Menschen- und Bürgerrechte vom 26. August 1789 auf einer Bildtafel aus dem Jahr 1791
Die Erklärung besteht aus 17 Artikeln. Die deutsche Übersetzung ist hier in gekürzter Form in das Original eingefügt worden. Die Frauengestalt oben links symbolisiert Frankreich, die Engelsgestalt oben rechts die Freiheit. Das Auge im Dreieck mit dem Strahlenglanz der Sonne ist ein Symbol der Aufklärung: Man nennt es das „Auge der Vernunft". Pike und rote Kappe sind Symbole der Französischen Revolution.

Eine unerträgliche Last

Auf den Bauern lasteten nicht nur die Steuern des Königs. Noch erdrückender waren die Pflichten gegenüber ihren adligen Herren. Diese besaßen Verzeichnisse, in denen genau aufgelistet war, was die Bauern seit Generationen zu leisten hatten: Abgaben für das Ackerland, unbezahlte Dienste, Pflicht zur Benutzung der herrschaftlichen Mühle und vieles mehr. Und dann kamen noch die Herren der Kirche: Sie verlangten von allem, was der Bauer erntete, den zehnten Teil. So war es seit Jahrhunderten.

„Weg mit den Privilegien!"

Doch die Familien der Bauern hungerten. Und die Bürger von Paris hatten gezeigt, dass durch den Zorn des Volkes sogar eine königliche Festung fallen konnte. Jetzt waren auch die Bauern nicht mehr bereit zu gehorchen. Mit Äxten, Mistgabeln und Sensen bewaffnet, vertrieben sie ihre Grundherren. Viele Adlige fürchteten um ihr Leben und flohen ins Ausland.
In Versailles kam es zu einer dramatischen Sitzung der Nationalversammlung. Am Ende verzichteten Adel und Klerus auf ihre Privilegien. Drei Wochen später folgte die Erklärung der Menschen- und Bürgerrechte. Damit wurden alle Franzosen zu Staatsbürgern mit gleichen Rechten. Die Ständegesellschaft gab es nicht mehr.

„Freiheit, Gleichheit, Brüderlichkeit"

So lautete die Parole der neuen Zeit. Doch ihre Umsetzung warf Fragen auf: Wie sollte man die Gleichheit aller Menschen verwirklichen? Genügte es, wenn der Adel mitsamt seinen Titeln und Wappen abgeschafft wurde? Hatten alle die gleichen Chancen, wenn der Staat nun die Aufsicht über die Schulen übernahm? Sollten Frauen die gleichen Rechte wie Männer bekommen?

M2 „Mann, bist du fähig, gerecht zu sein?" So beginnt ein Text, den die Schriftstellerin Olympe de Gouges im September 1791 verfasste. Sie hatte erkannt, dass die Vorteile der Revolution einseitig von den Männern beansprucht wurden. Mit ihrer Schrift wollte sie erreichen, dass die Nationalversammlung die Menschenrechtserklärung von 1789 neu formulierte. Dazu legte sie ihre „Erklärung der Rechte der Frau und Bürgerin" in 17 Artikeln vor:

Artikel 1: Die Frau wird frei geboren und bleibt dem Manne gleich an Rechten. (…)

Artikel 2: Der Zweck jeder politischen Verbindung ist die Bewahrung der natürlichen und unverjährbaren Rechte der Frau und des Mannes; diese Rechte sind Freiheit, Eigentum, Sicherheit und vor allem das Recht auf Widerstand gegen Unterdrückung.

Artikel 6: Das Gesetz soll der Ausdruck des allgemeinen Willens sein; alle Bürgerinnen und Bürger sollen persönlich oder über ihre Vertreter zu seiner Gestaltung beitragen; es muss für alle gleich sein: Da alle Bürgerinnen und Bürger vor ihm gleich sind, müssen sie gleichermaßen zu allen öffentlichen Würden, Ämtern und Anstellungen zugelassen sein: nach ihren Fähigkeiten und ohne andere Unterschiede als die ihrer Tugenden und Begabungen.

Artikel 10: Niemand darf wegen seiner Meinung, selbst in Fragen grundsätzlicher Natur, Nachteile erleiden. Die Frau hat das Recht, das Schafott zu besteigen, gleichermaßen muss ihr das Recht zugestanden werden, eine Rednertribüne zu besteigen, sofern sie nicht in Wort und Tat die vom Gesetz garantierte öffentliche Ordnung stört.

M3 Zug der Frauen nach Versailles, 5. Oktober 1789, zeitgenössische Radierung. Im Herbst 1789 wussten viele Frauen in den Pariser Arbeitervierteln nicht mehr, wie sie ihre Familien ernähren sollten. Für die steigenden Brotpreise machten sie den König verantwortlich. Es ärgerte sie auch, dass Ludwig immer noch zögerte, die Beschlüsse der Nationalversammlung zu unterschreiben. Mehrere Tausend Frauen zogen bewaffnet nach Versailles und zwangen den König, mit ihnen nach Paris zu kommen und die Beschlüsse anzuerkennen.

M4 Patriotischer Frauenklub, Zeichnung aus dem Jahr 1791. Frauen hatten maßgeblich dazu beigetragen, die Ideen der Aufklärung zu verbreiten. In ganz Frankreich gab es zur Zeit der Revolution fast 60 solcher Klubs.

1. Erklären Sie, warum die Bauern im Sommer 1789 die Schlösser des Landadels stürmten (**VT2** und **VT3**).

2. Nennen Sie zwei Beschlüsse der Nationalversammlung vom August 1789, die das Ende der alten Ordnung in Staat und Gesellschaft bedeuteten (**VT3, M1**).

3. Unterscheiden Sie in **M1** Freiheitsrechte, Gleichheitsrechte und Besitzrechte. Listen Sie in einer Tabelle auf, welche Artikel zu den jeweiligen Rechten eine Aussage machen.

4. Beschreiben Sie, wie Frauen sich an der Revolution beteiligten (**M3, M4**).

Menschenrechte heute

Die „Erklärung der Menschen- und Bürgerrechte" war ein Dokument, dessen Wirkung bis in die Gegenwart anhält. Menschen in aller Welt haben sich seither auf diese Ideen berufen – und tun es heute noch: in ihrem Kampf gegen Unterdrückung und staatliche Willkür.

M1 Kindersoldat in Uganda
Die meisten Kindersoldaten werden in den Bürgerkriegen Afrikas eingesetzt: sowohl von den Regierungstruppen als auch von den Rebellen. Sie schleppen Munition, spionieren feindliche Stellungen aus, werden in Minenfelder geschickt und als menschliche Schutzschilde eingesetzt. Plakat der internationalen Kinderhilfsorganisation „terre des hommes"

Es begann 1789

Am 26. August 1789 verkündete die französische Nationalversammlung die Erklärung der Menschen- und Bürgerrechte. Menschen in aller Welt haben seitdem für die Garantie grundlegender Rechte gekämpft und dabei große Fortschritte gemacht. Heute erscheint es fast selbstverständlich, dass Menschenrechte einen Schutz auch durch die internationale Staatengemeinschaft genießen. Trotzdem kann nicht von einem tatsächlichen Siegeszug der Menschenrechte gesprochen werden. Wenn man an einem beliebigen Tag der Woche die Zeitung aufschlägt, wird man fast immer einen Bericht aus irgendeinem Land der Welt finden, in dem geschildert wird, wie Menschen geschunden, Kinder misshandelt, Häftlinge gefoltert werden, weil sie einer bestimmten Nationalität angehören, eine bestimmte politische Ansicht oder religiöse Überzeugung vertreten, die den Machthabern nicht passt.

Die „Erklärung der Menschenrechte"

Längst ist es üblich, dass sich internationale Organisationen einmischen, wenn irgendwo auf der Welt Menschenrechte verletzt werden. Ausgelöst worden ist diese Entwicklung vor allem durch die Schrecken des Zweiten Weltkriegs. Die menschenverachtende Politik der nationalsozialistischen Diktatur mit ihren Millionen von Opfern ließ die Überzeugung reifen, dass das Schicksal des Einzelmenschen im Verhältnis zu seiner Staatsgewalt auch eine Angelegenheit der Internationalen Gemeinschaft sei. So wurde 1945 in die Charta der Vereinten Nationen die Bestimmung aufgenommen, dass die Weltorganisation sich für die Förderung und den Schutz der Menschenrechte einzusetzen habe. Im Jahr 1948 wurde von der Generalversammlung der Vereinten Nationen die „Allgemeine Erklärung der Menschenrechte" angenommen. Zum ersten Mal in der Geschichte war damit ein für alle Menschen ohne Rücksicht auf Geschlecht, Nationalität, Religion bestimmter Katalog von Rechten formuliert und verabschiedet worden.

Menschenrechtsverletzungen heute

Gegenüber dem Menschenrechtskatalog der Vereinten Nationen hegen einige Länder Vorbehalte, vor allem China und einige islamische Länder, die weder den Gedanken religiöser Selbstbestimmung des Menschen noch das Prinzip einer vollen Gleichheit von Mann und Frau akzeptieren. In der Frage, wie auf religiöse Traditionen reagiert werden soll, sind die Meinungen geteilt. Während die arabischen Staaten Respekt vor ihren überkommenen religiösen Werten fordern, ist die Menschenrechtskommission der Vereinten Nationen nicht bereit, auf Kritik an menschenverachtenden Zuständen in diesen Ländern zu verzichten.

M2 „Amnesty international“ listet in seinem Report 2008 die folgenden Verletzungen von Menschenrechten durch Staaten auf:

In 45 Staaten saßen Menschen allein aus politischen Gründen in Haft. In 81 Staaten wurden Menschen gefoltert, entwürdigt oder unmenschlich behandelt. In 24 Staaten sind mindestens 1252 Menschen hingerichtet worden. 77 Staaten haben die Presse- und Meinungsfreiheit verletzt. In mindestens 23 Staaten galten Gesetze, die Frauen diskriminieren. 54 Staaten führen unfaire Gerichtsverhandlungen durch.

M3 Im Jahr 1948 veröffentlichte die UNO die „Allgemeine Erklärung der Menschenrechte“. Darin heißt es:

Art. 1: Alle Menschen sind frei und gleich an Rechten geboren. (...)

Art. 3: Jeder Mensch hat das Recht auf Leben, Freiheit und Sicherheit der Person.

Art. 4: Niemand darf in Sklaverei und Leibeigenschaft gehalten werden. (...)

Art. 5: Niemand darf der Folter oder grausamer, unmenschlicher oder erniedrigender Behandlung oder Strafe unterworfen werden. (...)

Art. 9: Niemand darf willkürlich festgenommen, in Haft gehalten oder des Landes verwiesen werden. (...)

Art. 18: Jeder Mensch hat den Anspruch auf Gedanken-, Gewissens- und Religionsfreiheit.

M5 Bettelndes Straßenkind in Kathmandu (Nepal)
Bis zu 9000 Kinder leben in der Hauptstadt auf der Straße und sind, schutzlos, sich selbst überlassen. Foto 2007

M4 Menschenrechte werden auch in Deutschland nicht immer ausreichend geschützt, so berichtet „die tageszeitung“ vom 14.06.2006:

In Deutschland ist eine menschenwürdige und flächendeckende Grundversorgung von Pflegebedürftigen nicht gewährleistet. Zu diesem Schluss kommt eine Studie des Deutschen Instituts für Menschenrechte (DIM). (...) Der Studie zufolge erhalten über 380 000 Pflegebedürftige nicht hinreichend zu essen und zu trinken. Das sind ein Drittel aller Menschen, die in Pflegeheimen untergebracht sind oder Besuch von ambulanten Diensten erhalten. Knapp die Hälfte von ihnen – 440 000 Menschen – drohen wund zu liegen oder haben Druckgeschwüre. Dabei sind sich Experten einig, dass Wundliegen bei richtiger fachlicher Pflege meistens vermieden werden kann. Von den Heimbewohnern wird jeder Fünfte nur ungenügend wegen Blasenschwäche versorgt. Bei den Pflegebedürftigen, die zu Hause wohnen, ist jeder Vierte betroffen.

1. Finden Sie heraus, durch wen und seit wann die Menschenrechte verteidigt werden.

2. Stellen Sie fest, welche der in der Menschenrechtserklärung der Vereinten Nationen (**M3**) genannten Rechte in ähnlicher Form im Grundgesetz und in der Erklärung der Menschenrechte durch die französische Nationalversammlung 1789 (**M1, S. 122**) ausgewiesen sind.

3. Ordnen Sie den in **M2** und **M4** geschilderten Fällen die Artikel aus **M3** zu, gegen die verstoßen wird.

1600 1849

Informationen aus dem Internet

Das World Wide Web bietet eine Vielzahl von Möglichkeiten, sich zu bestimmten Themen zu informieren. Speziell bei der Suche nach Fachinformationen kommt es darauf an zu wissen, welche Internetseiten gut recherchierte und überprüfbare Inhalte bieten.

M1 Screenshot zum Thema Menschenrechte auf der Internetseite der Bundeszentrale für politische Bildung (Zugriff: 14.12.2010)

Sinnvoll suchen
Im Internet können Sie auf verschiedenen Wegen Informationen finden. Am schnellsten geht es, wenn Sie eine Ihnen bereits bekannte Internetadresse anwählen. Wenn Sie keine passende Adresse kennen, können Sie in einem Katalog danach suchen. Kataloge haben den Vorteil, dass meist sachkundige Personen schon eine Auswahl getroffen haben. Zuverlässige Organisationen bieten auch Linklisten an, über die Sie gezielt weitersuchen können. Mit Suchmaschinen können Sie mithilfe von Stichwörtern fündig werden.

Informationen prüfen
Mit dem Auffinden von Internetadressen und Webseiten ist es jedoch nicht getan. Eine Vielzahl von Adressen entpuppt sich bei näherer Betrachtung als kaum aussagefähig, als inhaltlich falsch oder auch als tendenziös in der Absicht einer einseitigen Meinungsmanipulation. Schon vor der Suche müssen Sie sich genau überlegen, was Sie eigentlich erfahren wollen. Suchen Sie Fakten, Expertenmeinungen, private Äußerungen, Statistiken, Illustrationen oder neue Ideen? Wenn Sie einen Begriff in eine Suchmaschine eingeben, werden Sie mit einer Flut von Informationen überschüttet, deren Aussagefähigkeit Sie zunächst beurteilen müssen. Wenn Sie z. B. in der am häufigsten verwendeten Suchmaschine „Google" das Stichwort „Europa" eingeben, bekommen Sie rund 15 Millionen Informationen angeboten. Mithilfe von Kriterienkatalogen können Sie prüfen, wie die Informationen einer Webseite zu bewerten sind.

Glaubwürdigkeitsprüfung von Internetseiten – ein Kriterienkatalog

1. **Ist der Verfasser der Internetseite mit Vor- und Zunamen angegeben?**
2. **Ist Ihnen der Verfasser oder seine Organisation dem Namen nach bekannt?**
3. **Ist die Domain bekannt oder durch Löschen der Bezeichnungen nach dem Länderkürzel problemlos zu ermitteln?**
4. **Werden Quellen und Zitate korrekt angegeben?**
5. **Existiert eine Postadresse der Verfasser?**
6. **Ist der Zeitpunkt der Veröffentlichung bzw. der Aktualisierung ersichtlich?**
7. **Was beinhaltet die Internetseite Ihrer Ansicht nach?**
   - ☐ Sachdarstellungen
   - ☐ Äußerungen von Parteien oder Verbänden
   - ☐ Meinungsäußerungen von Privatpersonen
   - ☐ Wissenschaftliche Arbeiten oder Referate
   - ☐ Statistiken oder Schaubilder
   - ☐ Zeitungsberichte oder -kommentare
8. **Wer hat die Internetseite veröffentlicht?**
   - ☐ Regierung, Behörde
   - ☐ Museum
   - ☐ Unternehmen, Interessenverband
   - ☐ Partei
   - ☐ Zeitung
   - ☐ kommerzieller Anbieter
   - ☐ Bildungseinrichtung
   - ☐ Privatperson
9. **Welche Interessen verfolgen Verfasser und Domain?**
   - ☐ Werbung
   - ☐ wirtschaftliche Interessen
   - ☐ politische Interessen
   - ☐ Selbstdarstellung
   - ☐ Information
   - ☐ nicht kommerzielle Hilfe
10. **Macht die Internetseite einen „gepflegten Eindruck"?**

Üben Sie das Recherchieren im Internet anhand der Fragestellungen: Welche Menschenrechtsverletzungen kommen heute häufig vor? Gibt es dagegen geeignete Maßnahmen? Wie kann jeder Einzelne helfen?

Gruppe 1

Wählen Sie im Internet die Internetseite der Bundeszentrale für politische Bildung. Suchen Sie das Stichwort „Publikationen" in der linken Randspalte. Wählen Sie dort die Zeitschrift „Informationen zur Politischen Bildung". Rufen Sie die Inhalte von Heft 297 auf. Drucken Sie dort das Kapitel „Situation von Frauen und Kindern" aus. Verwenden Sie dazu die in der rechten Randspalte vorgegebene „Druckversion". Fassen Sie die Inhalte so zusammen, dass Mitglieder Ihrer Gruppe sie vor der Klasse vortragen können. Berücksichtigen Sie bei Ihrer Recherche auch Inhalte, die Sie unter dem Lexikonbegriff „Menschenrechte" im Verzeichnis „Wissen" der Startseite gefunden haben.

Gruppe 2

Rufen Sie im Internet die Seite von Amnesty auf. Wählen Sie aus dem Unterverzeichnis „Schnelleinstieg" in der Kopfzeile den Abschnitt „Themenbereiche" und dort die Begriffe „Folter" und „Todesstrafe" aus. Drucken Sie dort jeweils Berichte aus, die sich dazu eignen, dass Sie sie vor der Klasse vortragen können. Informieren Sie sich, wie man bei amnesty international Mitglied werden und an politischen Aktionen teilnehmen kann, die sich gegen Menschenrechtsverletzungen richten.

Gruppe 3

Recherchieren Sie bei der Internetenzyklopädie „Wikipedia", welche Organisationsform UNICEF besitzt. Rufen Sie dann die Seite von UNICEF auf. Klicken Sie auf der Startseite in der Kopfzeile den Begriff „Presse" an. Verschaffen Sie sich einen Überblick über Maßnahmen, die Unicef gegenwärtig durchführt. Drucken Sie einige Pressemitteilungen aus, die sich dazu eignen, dass Sie sie zusammenfassen und vor der Klasse vortragen. Stellen Sie dabei auch Möglichkeiten dar, wie jeder von Ihnen ehrenamtlich bei UNICEF mitarbeiten kann.

1. Fertigen Sie ein Poster mit den Ergebnissen Ihrer Recherche an. Alle Gruppenmitglieder übernehmen dabei Teilaufgaben. Präsentieren Sie die Ergebnisse Ihrer Recherchen vor der Klasse. Am besten teilen Sie sich die Arbeit auf, sodass mehrere Gruppenmitglieder vortragen können.

1600 1849

Revolution in Deutschland

Februar 1848: In Paris stürzen Bürger, Studenten und Arbeiter den König und rufen die Republik aus. Wie eine Welle schwappt die Revolution über halb Europa. Die Zeit absoluter Fürstenherrschaft scheint abgelaufen.

M1 Aufständische Bürger, Arbeiter und Soldaten verbrennen 1848 vereint den Königsthron in Paris.
Zeitgenössische Darstellung. Die Einigkeit hielt nicht an. Die Besitzenden fürchteten bald die radikalen Forderungen der Arbeiter. Mit ihren Stimmen wurde 1852 der Neffe Napoleons, Louis Napoleon, der den Schutz der bestehenden Ordnung versprach, zum Kaiser gewählt und Frankreich wieder ein Kaiserreich.

Deutscher Bund
Als loser Zusammenschluss von 35 deutschen Staaten und vier freien Städten wurde er 1815 gegründet und trat an die Stelle des aufgelösten „Heiligen Römischen Reiches Deutscher Nation". Die Staaten und Städte waren beim Frankfurter Bundestag, in dem Österreich den Vorsitz hatte, durch Gesandte vertreten.

Revolutionen in Europa

Es begann Ende Februar 1848 in Paris: Bürger und Arbeiter gingen für das allgemeine Wahlrecht auf die Straße. Doch der König antwortete mit Verboten und setzte Soldaten gegen die Demonstranten ein. Es kam zu blutigen Straßenkämpfen, in denen sich nach vier Tagen die Demonstranten durchsetzten: Der König floh, die Republik wurde ausgerufen.
Die Nachrichten vom Sieg der Revolutionäre verbreiteten sich wie ein Lauffeuer in Europa. Alle, die unzufrieden mit den bestehenden Verhältnissen waren, schöpften Mut. In Italien, Böhmen, Ungarn demonstrierten einheimische Nationalisten gegen die österreichische Fremdherrschaft. In Deutschland griff die revolutionäre Stimmung zuerst auf Staaten nahe der französischen Grenze über. Fast überall verliefen die Ereignisse nach gleichem Muster: Liberale Bürger hielten Versammlungen ab, sie verfassten Bittschriften an die Regierungen, forderten freie Wahlen, Presse- und Versammlungsfreiheit. Arbeiter unterstützten die Bürger in der Hoffnung, dass sich auch ihre Lage verbessern würde. Fast überall scheuten die Regierungen harten militärischen Widerstand. Sie waren sich nämlich nicht sicher, ob ihre Militärs zu ihnen stehen würden. Um ihre Krone zu retten, gaben die Herrscher nach, setzten liberale Minister ein, ließen freiheitliche Reformen zu und versprachen die Schaffung eines deutschen Nationalstaats.

Straßenkämpfe in Wien und Berlin

Entscheidend aber war, was in den beiden Großmächten, Österreich und Preußen, passieren würde. In Wien kam es am 13. März zu schweren Straßenkämpfen zwischen Soldaten und Aufständischen. Schon nach dem ersten Blutvergießen lenkte der Kaiser ein: Er führte die Pressefreiheit ein und entließ den verhassten Kanzler Metternich.
In Berlin hatte der preußische König, um das Volk zu beruhigen, Pressefreiheit und eine Verfassung versprochen. Als sich das Volk dafür am 18. März in einer friedlichen Demonstration vor seinem Schloss bedanken wollte, fielen plötzlich Schüsse. Die Menge glaubte, der König lasse auf sie schießen. Schnell errichtete sie Barrikaden. Ein blutiger Kampf zwischen Bürgern, Arbeitern und Soldaten begann. Über 230 Aufständische starben. Erschüttert zog der König die Soldaten zurück. Um das Volk zu versöhnen, ritt er am 21. März unter schwarz-rot-goldenen Fahnen durch Berlin. Er versprach, sich fortan für Einheit und Freiheit in Deutschland einzusetzen. Es schien so, als hätte die Revolution in Deutschland gesiegt.

M2 Bei vielen Volksversammlungen erhoben Bürger Forderungen, so in Offenburg (Baden) am 14. September 1847:

Art. 2. Wir verlangen Pressefreiheit (...).

Art. 3. Wir verlangen Gewissens- und Lehrfreiheit. (...) Jedes Glaubensbekenntnis hat daher Anspruch auf gleiche Berechtigung im Staat. (...)

Art. 5. Wir verlangen persönliche Freiheit. Die Polizei höre auf, die Bürger zu bevormunden und zu quälen. Das Vereinsrecht, ein frisches Gemeindeleben, das Recht des Volkes, sich zu versammeln und zu reden. (...)

Art. 6. Wir verlangen Vertretung des Volkes beim Deutschen Bund. Die Deutschen sollen ein Vaterland werden (...)

Art. 8. Wir verlangen eine gerechte Besteuerung. (...) An die Stelle der bisherigen Besteuerung trete eine progressive Einkommenssteuer. (...)

Art. 9. Wir verlangen, dass die Bildung durch Unterricht allen gleich zugänglich werde. (...)

Art. 10. Wir verlangen Ausgleichung des Missverhältnisses zwischen Kapital und Arbeit. (...)

Art. 11. Wir verlangen (...) Geschworenengerichte. Der Bürger werde von dem Bürger gerichtet. Die Gerechtigkeitspflege ist Sache des Volkes.

M4 Barrikadenkämpfe in Berlin am 18. März 1848, kolorierter Stich aus der „Illustrierten Zeitung" vom 15. April 1848

M3 Aufruf des preußischen Königs vom 21. März 1848:

An mein Volk und an die deutsche Nation! (...) Deutschland ist von innerer Gärung ergriffen (...). Rettung aus dieser (...) Gefahr kann nur aus der innigsten Vereinigung der deutschen Fürsten und Völker unter Einer Leitung hervorgehen. Ich übernehme heute diese Leitung (...). Ich beabsichtige, (...) den Fürsten und Ständen Deutschlands die Gelegenheit zu eröffnen, (...) zu einer gemeinschaftlichen Versammlung zusammenzutreten. (... Diese Versammlung wird) über die Wiedergeburt und Gründung eines neuen Deutschlands beraten, eines einigen, nicht einförmigen Deutschlands, (...) einer Einheit mit Freiheit. Allgemeine Einführung wahrer (...) Verfassungen, (...) gleiche politische und bürgerliche Rechte für alle religiösen Glaubensbekenntnisse (...) werden allein solche höhere und innere Einheit zu bewirken (...) imstande sein.

1. Beschreiben Sie Entstehung und Ausbreitung der Revolutionen von 1848 (**VT1**, **VT2**).

2. Finden Sie heraus, welche Forderungen eher Bürgern oder eher Arbeitern entsprachen (**M2**).

3. Erläutern und beurteilen Sie die Absichten des Aufrufs in einem Zeitungskommentar (**M3**).

4. Geben Sie die Forderungen des Volkes in Offenburg (**M2**) in eigenen Worten wieder. Welche Missstände sollten jeweils beseitigt werden? Was meint Art. 8 mit einer „progressiven" Einkommenssteuer?

1600 1849

Das erste deutsche Parlament

Die Aufstände hatten die deutschen Fürsten so sehr erschreckt, dass sie viele Forderungen ihrer Völker erfüllten. Es gab sogar ein deutsches Parlament – zum ersten Mal in der deutschen Geschichte.

M1 Die Mitglieder des Vorparlaments ziehen in die Frankfurter Paulskirche ein.
Druck von 1848, später koloriert. Das Vorparlament tagte vom 31. März bis zum 3. April 1848 in der Paulskirche. Seine Aufgabe war es, die Wahl der Abgeordneten für die Nationalversammlung vorzubereiten.

Konstitutionelle Monarchie
Der König ist als Staatsoberhaupt an eine Verfassung (Konstitution) gebunden. Seine Macht wird durch eine Volksvertretung (Parlament) eingeschränkt.

Die erste deutsche Nationalversammlung

Ende März 1848 trafen sich in Frankfurt ca. 500 Anhänger der Freiheitsbewegung aus ganz Deutschland. Sie beschlossen, dass in ganz Deutschland in freier Wahl eine Nationalversammlung gewählt werden sollte. Ihre Mitglieder allein sollten über die künftige Verfassung Deutschlands entscheiden. Die Fürsten standen noch unter dem Eindruck der Revolution – und stimmten zu. So wurden zum ersten Mal vom deutschen Volk Abgeordnete für ein deutsches Parlament gewählt.
Am 18. Mai 1848 kamen die Abgeordneten in Frankfurt zusammen. Das Ereignis wurde als großes nationales Fest gefeiert. Die Abgeordneten zogen unter Glockengeläut und Kanonendonner in die Paulskirche ein. Das war ihr Tagungsort, ein Parlamentsgebäude gab es noch nicht. Fast alle Abgeordneten gehörten zum gehobenen Bürgertum, waren Juristen, Gelehrte, höhere Beamte. Nur vier Handwerksmeister gab es – keinen Arbeiter, keine Frau.

Die erste deutsche Verfassung

Die wichtigste Aufgabe der Nationalversammlung war es, eine Verfassung für ein einiges und freies Deutschland auszuarbeiten. Als Grundlage dafür beschloss die Nationalversammlung im Dezember 1848 mit großer Mehrheit die „Grundrechte des deutschen Volkes". Eine Frage spaltete das Parlament jedoch: Wie sollte der künftige deutsche Nationalstaat aussehen? Großdeutsch (mit Österreich) oder kleindeutsch (ohne Österreich)? Das Problem: Im Kaiserreich Österreich lebten außer Deutschen viele andere Völker – Ungarn, Tschechen, Slowaken. Da es unmöglich schien, nur den deutschen Teil Österreichs in das neue Reich aufzunehmen, entschied sich die Versammlung für eine kleindeutsche Lösung. Doch der Streit hatte die Abgeordneten entzweit. Deshalb wurde die Verfassung am 28. März 1849 nur mit knapper Mehrheit angenommen. Der König von Preußen war als Staatsoberhaupt (Kaiser) vorgesehen. Doch er lehnte die Kaiserkrone ab, weil er es unter seiner Würde fand, die Krone vom Volk zu empfangen. Jetzt hatte man eine Verfassung, aber kein Staatsoberhaupt. Was nun?

Die alten Mächte kehren zurück

Als Friedrich Wilhelm IV. die Kaiserkrone aus der Hand des Volkes ablehnte, legten viele Abgeordnete ihr Amt enttäuscht nieder. Die radikalen Revolutionäre kämpften jetzt für eine deutsche Republik. Doch preußische Truppen schlugen Aufstände in Sachsen, in der Pfalz und in Baden nieder. Überall beendeten die Fürsten mit Soldaten die Revolution und hoben Freiheitsrechte wieder auf. Manche Revolutionäre wurden erschossen, andere verhaftet. Zehntausende flohen in die Schweiz und in die USA.

M2 Grundrechte des deutschen Volkes, von der Nationalversammlung beschlossen am 28. Dezember 1848 und am 28. März 1849 in die Reichsverfassung aufgenommen:

§ 133. Jeder Deutsche hat das Recht, an jedem Orte des Reichsgebiets seinen Aufenthalt und Wohnsitz zu nehmen (...)

§ 137. Vor dem Gesetz gilt kein Unterschied der Stände. Der Adel als Stand ist aufgehoben. (...) Die Deutschen sind vor dem Gesetze gleich. (...) Die öffentlichen Ämter sind für alle Befähigten gleich zugänglich. Die Wehrpflicht ist für alle gleich.

§ 138. Die Freiheit der Person ist unverletzlich. (...)

§ 140. Die Wohnung ist unverletzlich. (...)

§ 143. Jeder Deutsche hat das Recht, durch Wort, Schrift, Druck und bildliche Darstellung seine Meinung frei zu äußern. (...)

§ 144. Jeder Deutsche hat volle Glaubens- und Gewissensfreiheit. (...)

§ 161. Die Deutschen haben das Recht, sich friedlich und ohne Waffen zu versammeln. (...)

§ 162. Die Deutschen haben das Recht, Vereine zu bilden. (...)

§ 164. Das Eigentum ist unverletzlich. Eine Enteignung kann nur aus Rücksichten des allgemeinen Besten, nur aufgrund eines Gesetzes und nur gegen gerechte Entschädigung vorgenommen werden. (...)

M3 Ein „Reif aus Dreck und Letten" – schon als die Möglichkeit einer Wahl diskutiert wurde, schrieb Friedrich Wilhelm IV. im Dezember 1848 an seinen Freund Freiherr von Bunsen:

Die [Krone] aber, die Sie – leider – meinen, verunehrt überschwänglich mit ihrem Ludergeruch der Revolution von 1848, der albernsten, dümmsten, schlechtesten, wenn auch gottlob nicht der bösesten dieses Jahrhunderts. Einen solchen imaginären Reif, aus Dreck und Letten [Erde] gebacken, soll ein legitimer König von Gottes Gnaden und nun gar der König von Preußen sich geben lassen, der den Segen hat, wenn auch nicht die älteste, doch die edelste Krone, die niemandem gestohlen ist, zu tragen? (...) Ich sage es Ihnen rundheraus: Soll die tausendjährige Krone deutscher Nation, die 42 Jahre geruht hat, wieder einmal vergeben werden, so bin ich es und meinesgleichen, die sie vergeben werden; und wehe dem, der sich anmaßt, was ihm nicht zukommt.

M4 Gesandte der Nationalversammlung benachrichtigen den preußischen König über seine Wahl zum „Kaiser der Deutschen". Zeitgenössischer Holzstich. Seine Ablehnung stellte alle Beschlüsse der Nationalversammlung infrage. Denn nur er hatte die Macht, sie durchzusetzen.

1. Beschreiben und beurteilen Sie Wahl und Zusammensetzung des ersten deutschen Parlaments (**VT1**).

2. Stellen Sie zusammen, welche Hauptaufgaben das deutsche Parlament hatte und wie es sie löste (**VT2**).

3. Vergleichen Sie die Grundrechte von 1848 (**M2**) mit den Menschen- und Bürgerrechten von 1789 (S. 122) und den Artikeln 1 bis 20 unseres Grundgesetzes.

4. Erklären Sie die Bedeutung der Szene **M4** für die Revolution von 1848 (**VT3**). Warum lehnte der preußische König die Kaiserkrone ab (**M3**)?

1600 1849

Politische Lieder untersuchen

Die Nationalhymne der Deutschen kennt jeder. Sie wird zum Beispiel vor jedem Fußballspiel gesungen. Doch haben Sie schon einmal versucht, den Text zu verstehen? Wer ihn entschlüsseln will, muss ins 19. Jahrhundert zurückschauen.

Lieder als Botschaften
Im 19. Jahrhundert haben politische Lieder wahrscheinlich mehr Menschen beeinflusst als Bücher oder Zeitungen. Sie entstanden vor allem in politisch erregten Zeiten wie bei den Kämpfen um Einheit und Freiheit in Deutschland. Denn gemeinsames Singen schafft Gemeinschaftserlebnisse. Dabei wirkt das politische Lied auf zweifache Weise: 1) Der Liedtext – meist ein Gedicht – erinnert an wichtige Ereignisse und Überzeugungen, oder er ruft zu etwas auf. 2) Die Melodie verstärkt das, indem sie Gefühle und Stimmungen erzeugt. Beides muss leicht zu lernen sein, damit die Botschaft, die sie vermitteln wollen, beim Sänger und Hörer auch „ankommt".

Das „Lied der Deutschen"
Eine besondere Art politischer Lieder stellen die Nationalhymnen dar. Sie gehören zu den Symbolen, mit deren Botschaft ein Staat sich identifiziert. Das trifft bei uns für das „Lied der Deutschen" zu. Der Liedtext wurde 1841 von dem liberalen Dichter und Literaturprofessor August Heinrich Hoffmann von Fallersleben (1798–1874) geschrieben. 1922 wurde das inzwischen sehr bekannte Lied zur deutschen Nationalhymne erklärt. Aber nach der Herrschaft Adolf Hitlers (1933–1945) wurde vor allem im Ausland die erste Strophe als anmaßend und unpassend angesehen. Dagegen passte die dritte Strophe durchaus zu dem geteilten Nachkriegsdeutschland. Sie wurde daher 1952 zur Nationalhymne der damaligen Bundesrepublik erklärt. Und sie blieb es 1990 nach der Wiedervereinigung.

M1 Die Studenten auf dem Weg zum Wartburgfest
erscheinen auf dieser zeitgenössischen Darstellung in fröhlicher Laune, vermutlich singen sie sogar. 1817 fand auf der Wartburg bei Eisenach eine Kundgebung von Studenten statt. Sie forderten einen Nationalstaat und eine Verfassung auf der Grundlage von Menschenrechten.

M2 August Heinrich Hoffmann von Fallersleben (1798–1874),
zeitgenössische Radierung, später koloriert

M3 Ernst Moritz Arndt schrieb 1813 das Lied „Was ist des Deutschen Vaterland?“:

1. Was ist des Deutschen Vaterland?
Ist's Preußenland? Ist's Schwabenland?
Ist's, wo am Rhein die Rebe blüht?
Ist's, wo am Belt die Möwe zieht?
O nein, nein, nein!
Sein Vaterland muss größer sein!

7. Was ist des Deutschen Vaterland?
So nenne endlich mir das Land!
So weit die deutsche Zunge klingt
und Gott im Himmel Lieder singt:
Das soll es sein!
Das, wackrer Deutscher, nenne dein! (...)

10. Das ganze Deutschland soll es sein!
O Gott vom Himmel, sieh darein
und gib uns rechten deutschen Mut,
dass wir es lieben treu und gut!
Das soll es sein,
das ganze Deutschland soll es sein!

Methodische Arbeitsschritte

1 Beschreiben

- Singen Sie das Lied in der Klasse oder hören Sie sich eine Aufnahme an. Beschreiben Sie die Gefühle bzw. Stimmung, die die Melodie erzeugt.
- Fassen Sie die zentrale(n) Aussage(n) jeder Textstrophe in eigenen Worten zusammen.

2 Untersuchen

- Stellen Sie fest, von wem der Text, von wem die Melodie stammt und wann das Lied entstanden ist.

3 Deuten

- Bestimmen Sie den politischen Standpunkt des Textautors und die Botschaft, die er vermitteln will.
- Fassen Sie Ihren Gesamteindruck zusammen.

M4 Ein badisches Wiegenlied von Ludwig Pfau auf den Ausgang der 1848/49er Revolution. Es wird nach der Melodie von „Maikäfer, flieg“ gesungen. Der Text bezieht sich auf die Aufstände im Rheinland, in der Pfalz und in Baden, die von den preußischen Truppen niedergeschlagen wurden.

1. Schlaf, mein Kind, schlaf leis,
Dort draußen geht der Preuß!
Deinen Vater hat er umgebracht,
Deine Mutter hat er arm gemacht,
Und wer nicht schläft in guter Ruh,
Dem drückt der Preuß die Augen zu.
Schlaf, mein Kind, schlaf leis,
Dort draußen geht der Preuß!

2. Schlaf, mein Kind, schlaf leis,
Dort draußen geht der Preuß!
Der Preuß hat eine blut'ge Hand,
Die streckt er übers bad'sche Land,
Und alle müssen stille sein,
Als wie der Vater unterm Stein.
Schlaf, mein Kind, schlaf leis,
Dort draußen geht der Preuß!

(...)

4. Schlaf, mein Kind, schlaf leis,
Dort draußen geht der Preuß!
Gott aber weiß, wie lang er geht,
Bis dass die Freiheit aufersteht,
Und wo dein Vater liegt, mein Schatz,
Da hat noch mancher Preuße Platz!
Schrei, mein Kind, schrei's:
Dort draußen liegt der Preuß!

1. Suchen Sie einen der Liedtexte (**M3**, **M4**) aus und interpretieren Sie ihn nach den methodischen Arbeitsschritten.

2. Informieren Sie sich über Ernst Moritz Arndt. Warum schrieb er das Lied „Was ist des Deutschen Vaterland“?

3. Sicher kennen Sie das „Lied der Deutschen“, das Hoffmann von Fallersleben 1841 auf der damals englischen Insel Helgoland schrieb. Seine dritte Strophe ist seit 1952 die deutsche Nationalhymne. Welche Gemeinsamkeit hat das Lied mit dem von E. M. Arndt?

4. Suchen Sie andere Lieder oder Gedichte aus der Zeit des Vormärz und der Revolution von 1848/49. Suchen Sie in Liederbüchern und Gedichtbänden, gehen Sie mit gut gewählten Suchbegriffen ins Internet (vgl. S. 126/127).

1600 — 1849

Auf dem Weg zur Demokratie

1 Diese Begriffe kann ich erklären!

a) Absoluter Herrscher

b) Gottesgnadentum

c) Aufklärung

d) Gewaltenteilung

e) Menschenrechte

f) Ständegesellschaft

g) Revolution

h) Nationalversammlung

i) Konstitutionelle Monarchie

j) Republik

2 Zu diesen Bildern kann ich etwas erzählen!

3 Diese Daten kann ich erklären!

a) 1776

b) 1787

c) 1789

d) 1848/49

4 Diese Fragen kann ich beantworten!

a) Welcher König regierte Frankreich von 1661 bis 1715 absolut?

b) Wen kritisierten die Aufklärer vor allem?

c) In welchem Land entstand die erste moderne Demokratie?

d) Warum berief Ludwig XVI. die Generalstände ein?

e) Was versteht man unter dem „Ballhausschwur“?

f) Welche Ziele verfolgten Bürger und Arbeiter während der Revolution von 1848/49 in den deutschen Einzelstaaten?

g) Warum lehnte der preußische König 1849 die Kaiserkrone ab?

M1 Aus der Verfassung des Deutschen Reiches vom 28. März 1849:

§ 70. Das Reichsoberhaupt führt den Titel: **Kaiser der Deutschen.**

§ 73. [Reichsregierung:] Der Kaiser übt die ihm übertragene Gewalt durch verantwortliche von ihm ernannte **Minister** aus.

§ 79. Der Kaiser **beruft** und **schließt** den Reichstag; er hat das Recht, das Volkshaus **aufzulösen.**

§ 80. Der Kaiser hat das Recht des Gesetzvorschlages.

§ 83. Der Kaiser hat [den Oberbefehl] über die bewaffnete Macht [**Heer und Flotte**].

§ 85. Der **Reichstag** besteht aus zwei Häusern, dem **Staatenhaus** und dem **Volkshaus.**

§ 86. Das Staatenhaus wird gebildet aus den **Vertretern der deutschen Staaten.**

§ 88. Die Mitglieder des Staatenhauses werden **zur Hälfte durch die Regierung und zur Hälfte durch die Volksvertretung** der betreffenden [**38**] Staaten ernannt.

§ 92. Die Mitglieder des Staatenhauses werden auf **sechs Jahre** gewählt. Sie werden alle drei Jahre zur Hälfte erneuert.

§ 93. Das Volkshaus besteht aus den Abgeordneten des deutschen Volkes.

§ 94. Die Mitglieder des Volkshauses werden (...) immer auf **drei Jahre** [im **allgemeinen, geheimen, direkten** Wahlrecht von **Männern ab 25 Jahren**] gewählt.

§ 100. Ein Reichstagsbeschluss kann nur durch die Übereinstimmung beider Häuser gültig zustande kommen.

§ 125. Die dem Reich zustehende Gerichtsbarkeit wird durch ein **Reichsgericht** ausgeübt.

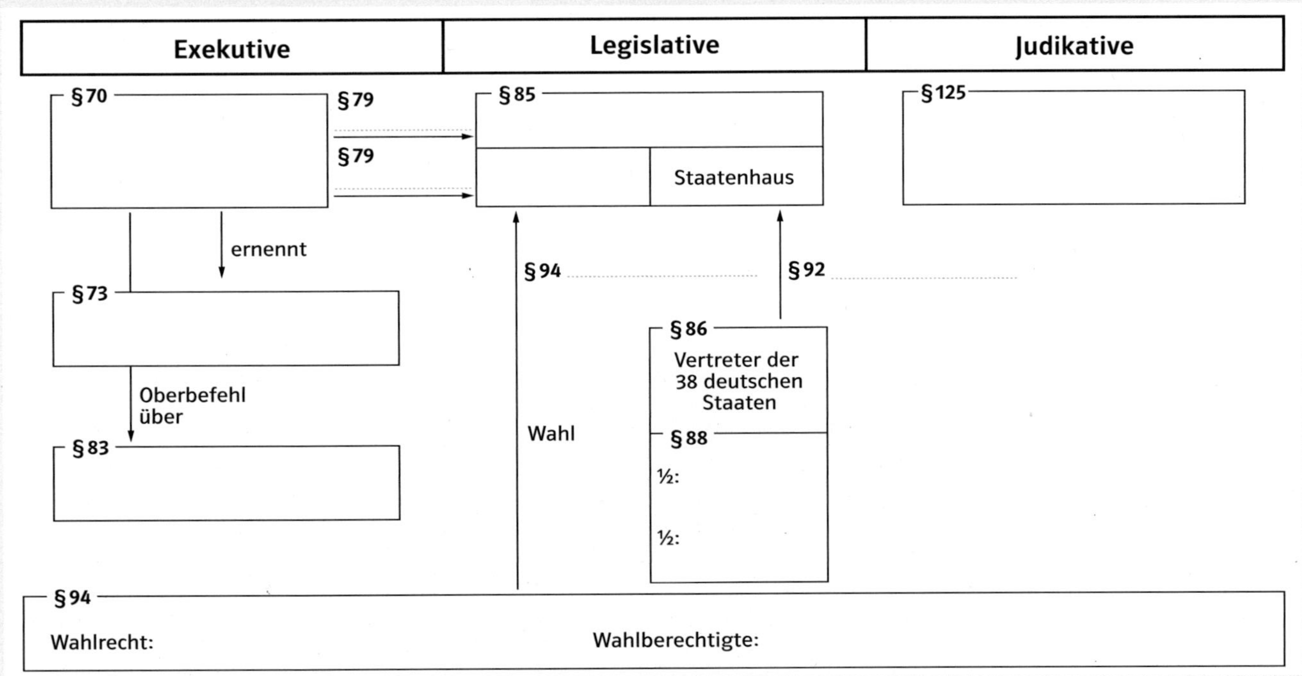

M2 Verfassungsschaubild von 1849

1. Kopieren Sie die Buchseite. Ergänzen Sie das Verfassungsschaubild mithilfe des Textes der Verfassung (**M1**). Die angegebenen Paragrafen und die markierten Begriffe helfen Ihnen dabei.

2. Markieren Sie die Organe der Exekutive grün, der Legislative violett, der Judikative orange und das Wahlorgan blau.

3. Nennen Sie die Regierungsform, die die Verfassung von 1848 anstrebte.

5 Industrialisierung und Soziale Frage

Im Internet surfen, mit Lasertechnik operieren, per Flugzeug um den Erdball reisen – so wie alle diese Dinge heute ganz selbstverständlich sind, waren sie vor 200 Jahren noch undenkbar. Erst durch die Industrialisierung ist unsere Welt so modern geworden, wie wir sie heute kennen. Wann aber begann diese Entwicklung, welche Kräfte haben sie vorangetrieben? Wie hat der Fortschritt das Leben der Menschen verändert? Und welche Probleme haben die Neuerungen gebracht?

Online-Link
416330-0501

1760

1769
James Watt lässt sich seine Erfindung einer Dampfmaschine patentieren.

1800

1834
Der Deutsche Zollverein wird gegründet.

1835
Die Eisenbahnstrecke Nürnberg–Fürth wird eröffnet.

1840
Emil Kessler baut in Karlsruhe eine der ersten deutschen Lokomotiven.

M1 Charlie Chaplin in dem Film „Moderne Zeiten“, 1936

1850

1880

1863
Die erste deutsche Arbeiterpartei wird gegründet.

1883–1889
Die Sozialversicherung wird eingeführt.

1884
Oskar von Miller errichtet in München ein Elektrizitätswerk.

1886
Carl Benz baut in Mannheim das erste Automobil.

M2 Dampfmaschine (Ausschnitt) der ehemaligen Tuchfabrik Müller, Industriemuseum Euskirchen (NRW). Foto 2009

1769 1889

Aufbruch ins Industriezeitalter

Englische Tüftler erfanden im 18. Jahrhundert zahlreiche Maschinen. Diese Erfindungen veränderten die Arbeits- und Lebensverhältnisse der Menschen so grundlegend, dass wir heute von einer Revolution sprechen – der Industriellen Revolution.

Industrielle Revolution
Dieser Begriff beschreibt die Anfangsphase der Industrialisierung. Der Schritt zur Industriegesellschaft brachte so viele technische, wirtschaftliche und soziale Umwälzungen mit sich, dass wir heute von einer Revolution sprechen. Die Industrialisierung begann im 18. Jahrhundert in England und hat bis heute fast alle Länder der Erde erfasst.

Mehr Menschen brauchen mehr Güter

Im 18. Jahrhundert warf die Landwirtschaft durch bessere Anbautechniken immer mehr Erträge ab. Die Menschen hatten mehr zu essen. Da sich auch die hygienischen Bedingungen besserten, starben immer weniger Menschen frühzeitig. Die Bevölkerung Englands wuchs, und zwar von etwa fünf auf über neun Millionen. Mehr Menschen brauchten mehr Lebensmittel und mehr Kleidung.

Kapital für neue Maschinen

Viele Händler, Handwerker und Landbesitzer waren durch den Überseehandel reich geworden. Sie verdienten mehr, als sie ausgaben – und häuften Kapital an. Plötzlich sahen sie eine gute Möglichkeit, ihr Geld gewinnbringend einzusetzen: Jetzt, wo mehr Menschen Kleidung brauchten, lohnte es sich, in neue Anlagen zu investieren. Die Spinn- und Webtechnik war nämlich in den letzten hundert Jahren kaum verändert worden: In mühevoller Handarbeit wurde nach wie vor auf Spinnrädern Wolle zu Garn gesponnen und anschließend auf Webstühlen zu Stoffen verarbeitet. Doch damit war es nun vorbei: Englische Erfinder bauten für die reichen Kaufleute Maschinen, die riesige Mengen von Baumwolle von der Faser bis zum fertigen Garn verarbeiten konnten. Die Baumwolle führte man billig aus Indien ein.

Eine Maschine namens „Jenny"

1764 gelang der große Durchbruch. Der Weber James Hargreaves erfand eine handbetriebene Spinnmaschine, die „Spinning Jenny". Sie lieferte in gleicher Zeit sechzehnmal so viel Garn wie ein Spinnrad.
Eine weitere Verbesserung erzielte Richard Arkwright 1769. Er ließ die Spinnmaschinen nicht mehr von Muskelkraft, sondern von Wasserkraft antreiben. Den ersten mechanischen Webstuhl ließ sich 1785 Edmund Cartwright patentieren. Seine Erfindung setzte sich erst nach 1830 durch, weil dann erst Eisen- und Stahlerzeugnisse in hinreichender Präzision zur Verfügung standen.

Eine kraftvolle Erfindung

Schon bald reichte die Wasserkraft zum Antrieb der Maschinen nicht mehr aus. 1782 gelang es dem jungen Mechaniker James Watt, eine leistungsstarke Dampfmaschine zu entwickeln, die mit Kohle befeuert wurde. Später veränderte Watt die Maschine noch so, dass man andere Maschinen damit antreiben konnte. Um 1850 stellten 750 Arbeiter einer Baumwollfabrik so viel Garn her wie 200 000 Heimarbeiter um 1750.

M1 Heimarbeit im 18. Jahrhundert,
englisches Gemälde, um 1750. Das Bild zeigt das Kochen, Aufspulen und Spinnen des Garns. Spinnräder dieser Art gab es seit dem 15. Jahrhundert.

M2 Im Auftrag der preußischen Regierung unternahm der Beamte May 1814 eine Reise nach England. Er berichtet aus Manchester:
Zu Hunderten sieht man fünf und sechs Stock hohe Fabrikgebäude hervorragen, zur Seite mit turmhohen Schornsteinen versehen, welche schwarzen Steinkohlendampf aushauchen und damit andeuten, dass hier mächtige Dampfmaschinen wirksam sind. Die Wolke, welche der Steinkohlendampf bildet, ist von fernher schon zu bemerken. Die Häuser sind davon schwarz gefärbt. Der Fluss, welcher Manchester bewässert, ist so mit ausgeflossenen Farbflotten angefüllt, dass er selbst einer Farbenbrühe ähnlich sieht. Das Ganze hat ein melancholisches Ansehen. Doch erblickt man überall geschäftige, fröhliche und gut genährte Menschen, welches das Gemüt wieder erheitert.
Bei einiger Empfehlung fällt es nicht schwer, zu Manchester in den Fabriken Zutritt zu finden. Baumwollenspinnereien sieht man von aller Gattung und Art. Um Arbeitslohn zu ersparen, hat man die Anlagen der Mules [Maschinen] so weit getrieben, dass 600 Spinnspillen [Winden] von einer erwachsenen Person und von zwei Kindern versehen werden. Zwei Mules, welche diese Anzahl Spillen enthalten, stehen sich gegenüber. Die Wagen werden durch die Kraft der Dampfmaschine wechselseitig ausgezogen; das Zurückschieben derselben besorgt die erwachsene Person, welche ihren Platz in der Mitte hat. Die Kinder sind zu beiden Seiten zum Anknüpfen der gerissenen Fäden in Bereitschaft. (...) In den großen Spinnereien sind die verschiedenen Arten von Maschinen wie die Bataillone in einer Armee aufgestellt.

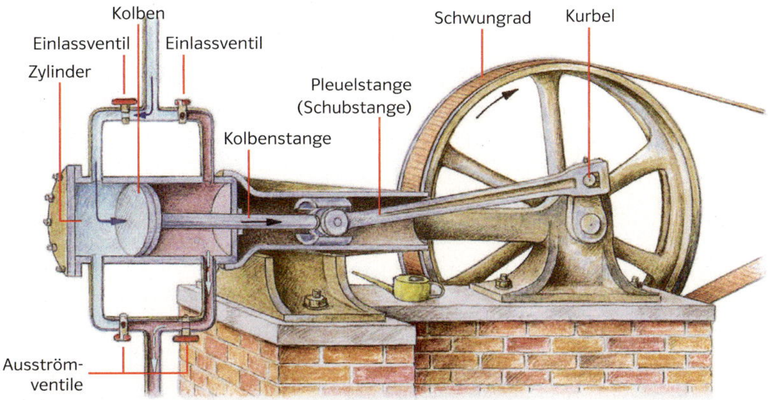

M3 Schnitt durch eine Dampfmaschine
Der Dampf strömt abwechselnd durch das rechte und linke Einlassventil in den Zylinder ein. Dadurch wird der Kolben in eine gleichmäßige Bewegung versetzt.

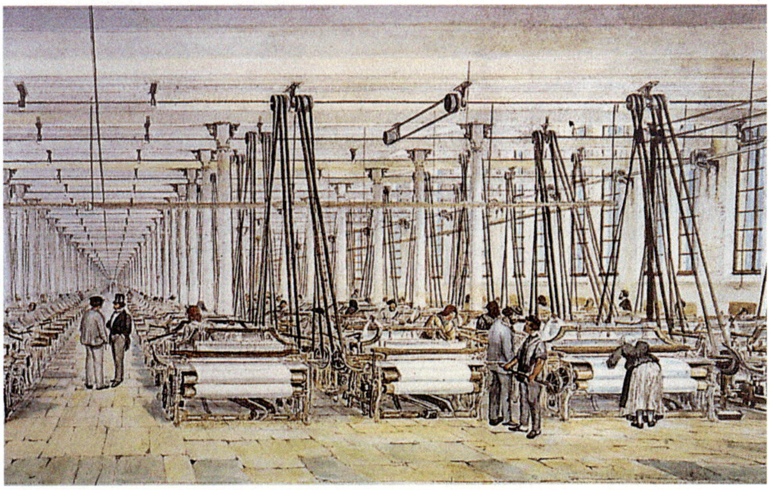

M4 Websaal der Baumwollspinnerei und Weberei A. Staub & Söhne mit etwa 400 mechanischen Webstühlen um 1862 in Kuchen bei Göppingen.

1. Ordnen Sie richtig zu:
   - 1764 – 1769 – 1782 – 1785
   - James Watt – James Hargreaves – Richard Arkwright – Edmund Cartwright
   - Spinnmaschine mit Wasserantrieb – Dampfmaschine – „Spinning Jenny" – Mechanischer Webstuhl

2. Erläutern Sie die Ursachen, die zur Industriellen Revolution führten (**VT1, VT2**).

3. Arbeiten Sie heraus, inwiefern die technischen Neuerungen auch die Rolle des Menschen in der Arbeitswelt veränderten (**M1, M3, M4**).

4. Beschreiben Sie mit eigenen Worten die Wirkungsweise einer Dampfmaschine (**M3**).

Mit Volldampf voraus

„Vorwärts mit Dampf", das galt ab 1835 in Deutschland in doppelter Hinsicht. Die Dampfmaschine trieb nun Eisenbahnen voran – und bescherte der Wirtschaft einen unglaublichen Aufschwung.

M1 Eröffnung der ersten deutschen Eisenbahnstrecke zwischen Nürnberg und Fürth im Jahre 1835, Zeitgenössisches Gemälde. Diese Lokomotive trug den Namen „Adler".

Die ersten Eisenbahnen

Der 6. Oktober 1829 war ein denkwürdiger Tag: Ein Wettbewerb sollte klären, welche Lokomotive auf der neu erbauten Eisenbahnstrecke zwischen Manchester und Liverpool fahren sollte. An den Gleisen bei Rainhill drängten sich Tausende Zuschauer sowie Wissenschaftler und Techniker. Alle wollten das Ereignis erleben. Nur eine einzige Lokomotive erreichte schließlich das Ziel ohne Pannen: die „Rocket". Die dampfgetriebene „Rakete" erreichte fast 47 Kilometer in der Stunde. Der Bergwerkingenieur Robert Stevenson hatte sie gebaut. Die Zuschauer jubelten.
Die Nachrichten aus England über die Eisenbahnen erregten in Deutschland großes Aufsehen. Am 7. Dezember 1835 fuhr dann auch in Deutschland die erste Eisenbahn. Sie benötigte für die sechs Kilometer lange Strecke von Nürnberg nach Fürth etwa neun Minuten. „Vorwärts mit Dampf" war nun das Motto der Industrialisierung auch in Deutschland.

Ein „Schub" nach vorn

Mehr als 33 000 Kilometer Eisenbahnschienen wurden zwischen 1840 und 1880 in Deutschland gebaut. Diese Entwicklung leitete einen gewaltigen Aufschwung der Wirtschaft ein. Tausende Menschen fanden bei den Eisenbahngesellschaften Arbeit. Sie schütteten Bahndämme auf, gruben Tunnel, verlegten Schienen, bauten Brücken und Bahnhöfe. Aber auch in den Fabriken wurden immer mehr Arbeiter eingestellt. Sie mussten Lokomotiven und Waggons bauen. Riesige Mengen an Werkzeugen und Maschinen waren nötig. Folglich stieg der Bedarf an Eisen und Stahl. Neue Bergwerke und Eisenhütten wurden erschlossen.
Ein weiterer Schritt belebte den Handel: 1834 schlossen sich 18 Staaten des Deutschen Bundes zum Deutschen Zollverein zusammen. Nun gab es ein großes, einheitliches Handelsgebiet ohne Zollschranken. Eine Essener Kohlenzeche gab sich daraufhin den Namen „Zollverein".

M2 Maschinenfabrik Esslingen, gegründet 1846 von E. Kessler (Lithografie)
1865 gab es in Deutschland 5500 Lokomotiven, 316 davon waren in Esslingen gebaut worden.

M3 Der deutsche Volkswirtschaftler Friedrich List über Zollverein und Eisenbahn, 1841:
Der Zollverein und das Eisenbahnsystem sind siamesische Zwillinge; zur gleichen Zeit geboren (...) eines Geistes und Sinnes, unterstützen sie sich wechselseitig, streben nach Vereinigung der deutschen Stämme zu einer großen und gebildeten, zu einer reichen, mächtigen und unantastbaren Nation. Ohne den Zollverein wäre ein deutsches Eisenbahnsystem nie zur Sprache, geschweige denn zur Ausführung gekommen (...). Das deutsche Eisenbahnsystem wirkt (...) auch als Stärkungsmittel des Nationalgeistes; denn es vernichtet die Übel der Kleinstaaterei und des provinziellen Eigendünkels und Vorurteils.

M4 Königliches Landhaus Rosenstein in Stuttgart 1846 mit Neckarbrücke und Tunnelmündung (Lithografie)

von Berlin nach	Schnellpost um 1800	Eisenbahn Ende 19. Jh.
Dresden	23	3
Hamburg	36	5
Frankfurt am Main	64	9
Köln	82	10

M5 Fahrzeiten von Postkutsche und Eisenbahn im Vergleich (in Stunden)

1. Beschreiben Sie die industriellen und politischen Entwicklungen in Deutschland ab 1834 (**VT, M1, M2, M4**). Erklären Sie dabei die Bedeutung des Eisenbahnbaus und des Zollvereins.

2. Erläutern Sie anhand von **M5**, warum die Eisenbahn das Ende der Postkutsche einläutete.

3. Bewerten Sie die Bedeutung der Eisenbahn für die weitere Entwicklung der Industrialisierung auf einer Skala von 1 (gering) bis 10 (sehr groß). Begründen Sie Ihre Wertung.

4. Warum bezeichnete Friedrich List Zollverein und Eisenbahnbau als „siamesische Zwillinge" (**M3**)?

1769 — 1889

Deutschland wird Industrieland

Sicherlich kennen Sie die Redensarten „Kohle machen" oder „unter Dampf stehen". Sie stammen alle aus dem 19. Jahrhundert, als in Deutschland die Industrialisierung einsetzte.

Sektor
Bezeichnung für die verschiedenen Bereiche in der Wirtschaft. Heute unterscheiden wir folgende Sektoren:
1. Primärer Sektor: Landwirtschaft/Fischerei/Bergbau
2. Sekundärer Sektor: Industrie/Handwerk
3. Tertiärer Sektor: Dienstleistungen (Handel, Verkehr, Verwaltung, Lehrer, Architekten u.a.)

Großstädte und Industriezentren

Ab 1850 setzte auch in Deutschland die Industrialisierung ein. Bergwerke, Stahlwerke, Eisenhütten und Fabriken wurden errichtet, Kohle, Koks und Eisen hatten Hochkonjunktur.
Die Industrieregionen boten unzählige Arbeitsplätze, sodass immer mehr Menschen vom Land in die Industriestädte zogen. Wohnungen für die Arbeiter entstanden meist in der Nähe der Fabriken und Zechen, denn der Weg zum Arbeitsplatz sollte möglichst kurz sein. Es wurden schmale Reihenhäuser oder große, sogenannte Mietskasernen errichtet. Die Straßen in diesen Vierteln waren eng, die Wohnungen klein, feucht und dunkel.

Neue Industriezweige

Vergleicht man die deutsche und britische Entwicklung zwischen 1870 und 1913, dann wird deutlich, wie groß die Fortschritte waren: Die industrielle Produktion in Großbritannien verdoppelte sich, während sich die deutsche versechsfachte! England war vor allem in den älteren Industrien stark. Doch in den schnell wachsenden neuen Sektoren wie der Chemieindustrie übernahm Deutschland bald die Führung. Unternehmen wie Siemens, AEG, BASF, Bayer und Hoechst entwickelten sich zu mächtigen Konzernen.
Noch bedeutender war die rasante Entwicklung in der Elektroindustrie: Werner von Siemens entwickelte den Elektrodynamo, der Amerikaner Thomas Edison um 1860 die ersten Glühlampen. Bald darauf waren Straßen, Wohnhäuser und Fabriken mit elektrischem Licht erhellt. Die Elektrizität beschleunigte neue Entwicklungen, wie den elektrischen Motor, der bald die Dampfkraft in Fabriken ablöste. 1879 konstruierte Werner von Siemens eine Elektrolokomotive und 1880 den ersten elektrischen Aufzug.

M1 Der Maschinenfabrikant Friedrich Harkort gründete auf der leer stehenden Burg Wetter 1819 seine „Mechanische Werkstätte", eine der ersten Maschinenfabriken des Ruhrgebiets (Ölgemälde, um 1834). Ab 1826 arbeiteten hier die ersten Hochöfen. Die Maschinen wurden zunächst britischen Fabrikaten nachgebaut.

M2 Deutschland als Industriestaat aus der Sicht eines französischen Besuchers (1915):
Zu Beginn des 20. Jahrhunderts lebten von 67 Millionen Deutschen kaum 17 Millionen von der Landwirtschaft. Jedes Jahr kehrten zahllose Bauern dem Lande den Rücken und strömten in die riesigen Fabriken. Die Städte wuchsen ganz im amerikanischen Tempo, und 45 davon hatten bereits zu jener Zeit mehr als 100 000 Einwohner; ganze Armeen von Arbeitern stellten sich unter das Kommando der Industriekapitäne – 15 000 bei Mannesmann, mehr als 30 000 bei Thyssen und 73 000 in den verschiedenen Werken Krupps.

M4 Spulenwickeln in der Kleinmotorenfabrik AEG
(Allgemeine Elektrizitätsgesellschaft) in Berlin-Wedding (Foto, 1906).

M3 Arthur Wilke schreibt 1893 in seinem Buch „Die Elektrizität":
Es ist noch nicht lange her, da nannte man unsere Zeit das „Jahrhundert des Dampfes". Mit Recht, denn die Dampfmaschine hat die modernen Erwerbs- und Verkehrsverhältnisse gestaltet. Kaum ist der „Dampf" zu voller Kraft herangewachsen, da will ihn jemand verdrängen, die „Elektrizität". Nicht mehr das „Jahrhundert des Dampfes", nein, das „Zeitalter der Elektrizität" ist angebrochen. Die Elektrizität hat eine sehr viel größere Unabhängigkeit. Brauchen wir Licht? Die Elektrizität spendet es. In der Elektrizität besitzen wir jede benötigte Energieform: bewegende Kraft, Licht, Wärme usw.

M5 Elektrischer „Omnibus" in Berlin,
Stich von 1899. Die erste dieser neuartigen Straßenbahnen fuhr 1881 in Berlin.

1. Zeigen Sie anhand von **VT, M2, M4** und **M5**, wie Deutschland zum Industrieland wurde. Welche Wirtschaftsbereiche spielten dabei eine große Rolle?

2. Vergleichen Sie die industrielle Entwicklung in Großbritannien und Deutschland. Erklären Sie die Unterschiede (**VT2**).

3. Rauchende Schornsteine wurden im 19. Jahrhundert als Zeichen des Fortschritts gesehen (**M1**). Wie wirken sie heute auf uns?

4. Erklären Sie, warum sich die Anzahl der Wirtschaftssektoren mit der Industrialisierung veränderte. Welche Folgen hatte dies für die Menschen (**VT**)?

1769 1889

Statistiken und Diagramme auswerten

In der zweiten Hälfte des 19. Jahrhunderts begann man damit, Zahlen über die verschiedensten wirtschaftlichen und gesellschaftlichen Bereiche zu sammeln, etwa über Produktionsergebnisse, Ein- und Ausfuhren, Preise und Löhne, Familiengrößen und anderes mehr. Solche Zahlenreihen nennen wir Statistiken. Sie sind für uns wichtige Geschichtsquellen.

Vorsicht, Falle!
Wer aus den Zahlenangaben die gewünschten Informationen erhalten will, muss die Tabellen und Schaubilder (Diagramme) allerdings richtig „lesen" und kritisch hinterfragen. Dies gilt sowohl für die Zahlen selbst als auch für die Darstellungsform. Gerade Daten zu sozialen oder wirtschaftlichen Fragen werden häufig mit dem Ziel zusammengestellt, einen ganz bestimmten Eindruck zu erwecken. Um statistische Angaben richtig auszuwerten und eine mögliche „Manipulation" zu durchschauen, sollten Sie die Hinweise und Arbeitsschritte auf dieser Doppelseite beachten.

Realeinkommen
So wird das um die Höhe der Geldentwertung verminderte Einkommen bezeichnet. Steigen die Einkommen einer Arbeitnehmergruppe um 5 % und beträgt die Inflationsrate 3 %, so nehmen die Realeinkommen um 2 % zu, womit die Kaufkraft des Einkommens um genau diesen Satz zunimmt. Die Veränderung des Geldwerts kann entweder gegenüber dem Vorjahr oder gegenüber einem Basisjahr mit der Basis (dem „Index") 100 angegeben werden.

		Summe der Erwerbstätigen bzw. Berufslosen und Rentenbezieher (in Tsd.)	davon weiblich (in %)	in Prozent der Gesamtbevölkerung
Land- und Forstwirtschaft	1822	8236	30,8	41,6
	1895	8293	33,2	35,0
	1907	9883	46,5	28,4
Industrie, Handwerk	1822	6396	17,6	34,8
	1895	8281	18,4	38,5
	1907	11256	18,7	42,2
Handel und Verkehr	1822	1570	19,0	9,4
	1895	2339	24,8	11,0
	1907	3478	26,8	12,9
Häusliche Dienste	1822	1723	85,1	5,0
	1895	1772	87,4	4,3
	1907	1736	90,4	3,3
Verwaltung, Militär, freie Berufe	1822	1031	11,2	4,6
	1895	1426	12,4	5,1
	1907	1739	16,6	5,2
Berufslose, Rentenbezieher	1822	1354	51,8	4,6
	1895	2143	52,1	6,1
	1907	3405	52,6	8,0
zusammen	1822	20311	30,7	100,0
	1895	24253	31,7	100,0
	1907	31497	35,8	100,0

M1 Erwerbstätige nach Wirtschaftsbereichen in Deutschland 1822, 1895 und 1907

Beschreiben

Die statistischen Zahlenwerte verdeutlichen die Veränderung der Beschäftigungszahlen von Männern und Frauen innerhalb einzelner Wirtschaftsbereiche zwischen 1822 und 1907 in Deutschland. Die Erwerbstätigen sind jeweils in absoluten Zahlen angegeben, die der weiblichen Erwerbstätigen in Prozentanteilen. Zusätzlich zeigt die Tabelle für die drei untersuchten Jahre die prozentualen Anteile der Gesamtbevölkerung an den einzelnen Wirtschaftsbereichen.

Untersuchen

Die Statistik wurde von Wirtschaftshistorikern anhand von Daten zusammengestellt, die 1822 in Preußen, einzelnen deutschen Kleinstaaten und nach 1871 im Deutschen Reich erhoben wurden. Es fällt auf, dass sich die Zahl der Erwerbstätigen zwischen 1822 und 1907 erheblich vergrößert hat. Von 1822 bis 1895 allein um rund 4 Millionen, in der kurzen Zeitspanne von 1895 bis 1907 sogar um mehr als 7 Millionen. Dies ist eine Folge des enormen Bevölkerungswachstums, aber auch des Anstiegs der Erwerbstätigkeit von Frauen zwischen 1822 und 1895 von 30,7 % auf 35,8 %. Besonders hoch war der Anteil der Frauenarbeit bei „Häuslichen Diensten". Dort waren Frauen als Mägde oder Dienstmädchen beschäftigt.
Übersichtlicher werden die Zusammenhänge, wenn die Zahlen- oder Prozentangaben entweder für jeden Wirtschaftsbereich einzeln oder für die drei untersuchten Zeiträume in Kreis- oder Säulendiagramme übertragen werden.

Deuten

Die Tabelle verdeutlicht den Wandel Deutschlands von einem Agrar- zu einem Industriestaat. Der größte Industrialisierungsschub erfolgte nach der Reichsgründung von 1871. Aufgrund des Einsatzes moderner Anbaumethoden schrumpfte der Anteil der in der Landwirtschaft Beschäftigten zugunsten derer in Handwerk und Industrie. Der Dienstleistungssektor nahm nur langsam zu. Erst im beginnenden 20. Jahrhundert wurden immer mehr Menschen im Transportgewerbe tätig, Banken und Versicherungen gegründet, Schulen, Universitäten, Kaufhäuser, Zeitungsverlage und Krankenhäuser gebaut. Diese Entwicklung setzt sich bis in die Gegenwart fort. Man spricht in Deutschland heute von einer „Dienstleistungsgesellschaft".

Methodische Arbeitsschritte

1 Beschreiben

- Stellen Sie fest, worum es in der Statistik geht. Die Überschrift gibt dazu bereits Informationen.
- Klären Sie, welcher Zeitraum dargestellt wird.
- Untersuchen Sie, wie das statistische Material dargestellt ist; als Tabelle oder Grafik, in absoluten Zahlen oder in Prozentangaben.

2 Untersuchen

- Finden Sie heraus, von wem die Statistik stammt. Mit welcher Absicht wurde sie veröffentlicht?
- Beschreiben Sie die Entwicklung, die Sie erkennen können. Gibt es Auffälligkeiten?
- Erörtern Sie, ob andere Darstellungsformen infrage kommen, welche die Aussage anschaulicher machen.

3 Deuten

- Fassen Sie zusammen, welche einzelnen Informationen Sie erhalten haben. Erklären Sie, was diese für den dargestellten Zeitraum aussagen.
- Stellen Sie fest, ob im Untersuchungszeitraum wichtige politische oder wirtschaftliche Ereignisse Einfluss auf die Daten genommen haben könnten.
- Beurteilen Sie, ob die Statistik Ihnen helfen konnte, Zusammenhänge zu klären, die Sie zu untersuchen hatten.

1. Zeichnen Sie mithilfe der Tabellenwerte von **M1** ein Säulendiagramm, in dem die prozentualen Anteile der im primären (landwirtschaftlichen) Sektor Beschäftigten in den Jahren 1822, 1895 und 1907 eingetragen sind. Worauf sind die Veränderungen zurückzuführen?

2. Erstellen Sie für die Jahre 1822, 1895 und 1907 jeweils Kreisdiagramme, die den Anteil der Erwerbstätigen an den drei Sektoren veranschaulichen. Berücksichtigen Sie bei der Darstellung auch die Rentenbezieher. Erstellen Sie in einem weiteren Schritt diese Diagramme getrennt für Männer und Frauen.

1769 1889

Die Industrialisierung in Baden und Württemberg

Die Württembergische Metallwarenfabrik (WMF) und die Spielwarenfabrik Märklin gehören zu weltbekannten Firmen. Ihre Erfolgsgeschichte begann bereits im 19. Jahrhundert. Den Anschluss an Industriestaaten wie England schafften Baden und Württemberg dennoch erst spät.

M1 Die Uhrenfabrik Junghans in Schramberg im Schwarzwald um 1900
Ende des 19. Jahrhunderts kamen deutsche Uhren überwiegend aus dem Schwarzwald.

Fehlende Rohstoffe

Anders als in den preußischen Industrierevieren des Ruhrgebiets, des Saargebiets und Oberschlesiens gab es in Baden und Württemberg fast keine Rohstoffe – weder Kohle noch Eisenerz. Vor dem Bau von Eisenbahnen war es auch kaum möglich, solche Rohstoffe aus anderen Regionen herbeizuschaffen. Dazu kam, dass die arme Bevölkerung des Schwarzwalds, des Odenwalds und der Schwäbischen Alb, wo oft Spinnen und Weben in Heimarbeit ausgeübt wurde, nicht die notwendigen Ersparnisse hatte, um ihre kleinen Hausspinnereien oder -webereien zu Industriebetrieben auszubauen. Als 1830 in der englischen Stadt Manchester einem Zeitungsbericht zufolge „hundert fünf- bis sechsgeschossige Fabriken, jede mit einem Schornstein daneben", vorhanden waren, waren Baden und Württemberg noch weitgehend Agrarstaaten mit nur wenigen kleinen Textilfabriken und Metallverarbeitungswerkstätten.

Der Zollverein bringt die Wende

Erst als 1834 nach der Gründung des Deutschen Zollvereins die Zollschranken innerhalb der meisten Staaten des Deutschen Bundes fielen, kam es zu einem Aufschwung. Nun siedelten sich Industrielle aus der Schweiz und aus Frankreich, die die Außenzölle des Zollvereins umgehen wollten, in Baden und Württemberg an. Die ausländischen Unternehmer erkannten rasch, dass ihnen aufgrund der reichlich vorhandenen Wasserkraft günstige Produktionsbedingungen zur Verfügung standen. Dampfmaschinen kamen im deutschen Südwesten nur selten zum Einsatz, das Heranschaffen der Kohle wäre zu teuer gewesen. Stattdessen errichteten Fabrikanten und Handwerker ihre Betriebe an den Ufern von Flüssen und Bächen und betrieben die Maschinen über Transmissionen mit Wasserturbinen.

Regierungen unterstützen die Unternehmer

Schließlich begünstigten auch die fürstlichen Regierungen Badens und Württembergs die Ansiedelung von Industriebetrieben. Anders als in Preußen und den meisten anderen deutschen Staaten wurde der Eisenbahnbau nicht privaten Aktiengesellschaften überlassen, sondern im Staatsauftrag durchgeführt. Aufträge für Betriebsmittel wie Lokomotiven und Eisenbahnwagen vergaben die Regierungen meist nicht an die günstigsten Anbieter, sondern vor allem an heimische Unternehmer. Von entscheidender Bedeutung war aber auch, dass die Regierungen in Karlsruhe und Stuttgart Technische Schulen errichteten, wo Fachkräfte herangebildet wurden, die in der Lage waren, selbst Unternehmen zu gründen. Einige der dort ausgebildeten Ingenieure gründeten seit den 1840er-Jahren bedeutende Maschinenfabriken. Dazu gehörte Emil Kessler, der in Karlsruhe Maschinenbau studiert hatte. Er baute anschließend zuerst in Karlsruhe, dann in Esslingen Lokomotiven, die in alle Welt verkauft wurden. In Württemberg war Gottlieb Daimler fünf Jahre lang auf Staatskosten ins Elsass geschickt worden, um sich dort Fachwissen anzueignen. Danach besuchte er die Ingenieurschule in Stuttgart und wurde zu einem der weltweit erfolgreichsten Automobilkonstrukteure.

1841	Emil Kessler baut in Karlsruhe eine der ersten deutschen Lokomotiven.
1885	Gottlieb Daimler und Wilhelm Maybach bauen in Stuttgart das erste Motorrad.
1886	Carl Benz baut in Mannheim das erste Automobil.
1887	Robert Bosch erfindet in Stuttgart die elektromagnetische Zündung für Benzinmotoren.
1909	Graf Zeppelin und Wilhelm Maybach gründen in Friedrichshafen die Fabrik für Luftschiffmotoren. Daraus entsteht die Flugzeugfabrik Dornier.

M2 **Erfindungen aus Baden-Württemberg**

Anzahl der eingesetzten Dampfmaschinen					
Baden		**Württemberg**		**Preußen**	
1847	24	1840	2	1843	862
1861	223	1858	212	1861	7000
1869	489	1868	578	1875	28783

Anteil der Wasserkraft an der Energieerzeugung in Württemberg			
1861	93%	1907	25%
1895	47%	1953	39%

M3 **Technische Entwicklung**

M4 **WMF – eine württembergische Firmengeschichte:**

Daniel Straub (1815–1889) entstammte einer Familie von Geislinger Wassermüllern. Er verbesserte die Technik in seinen zwei Wassermühlen und stellte sechs verschiedene Sorten hochwertigen Mehls her. Als 1847 der Eisenbahnbau bei Geislingen begann, richtete er in einer Mühle eine Reparaturwerkstätte ein. Hier wurden Werkzeuge oder Geräte repariert und Ersatzteile für Maschinen angefertigt. Das Mühlrad lieferte tagsüber Energie für die Maschinenfabrik und trieb nachts das Mühlwerk an. Straub bildete sich mit Fachliteratur und auf langen Reisen fort. 1852 entdeckte Straub für eine Pariser Ausstellung, wie man Bestecke, Kannen oder Schüsseln mit Silber überziehen konnte. Gerne kauften ärmere Menschen Straubs Silberimitate und täuschten etwas Reichtum vor. Fabrikinspektoren kritisierten allerdings die schlechten Arbeitsbedingungen in Straubs 1853 gegründeter Metallwarenfabrik: Es fehlte an Licht, Heizung und sanitären Einrichtungen. 1869 bezahlte er den Arbeitern durchschnittlich einen Stundenlohn von 24,6 Pfennig und ließ sie 10 Stunden am Tag arbeiten. 1880 wandelte er den Familienbetrieb in eine Aktiengesellschaft um, aus der die Württembergische Metallwarenfabrik (WMF) erwuchs.

M5 **„Löchlesbohrer“**
Um 1900 lieferte Elektrizität billige Energie. Emil Fein erfand 1885 in Stuttgart die erste elektrische Handbohrmaschine der Welt. Die Fabriken C&E Fein und Bauknecht in Stuttgart stellten ab 1900 serienmäßig elektrische Kleinmotoren her. So nahm die Elektroindustrie einen großen Aufschwung in Südwestdeutschland und belieferte die Handwerksbetriebe.

1. Vergleichen Sie die wirtschaftliche Entwicklung in Baden und Württemberg mit der Preußens (**VT1, M1–M3**).

2. Zeigen Sie auf, worauf der Erfolg Daniel Straubs als Unternehmer beruhte (**M4**).

3. Erläutern Sie die Rolle der staatlichen Schulen bei der Industrialisierung in Baden und Württemberg (**VT3**).

4. Berichten Sie in einem Kurzvortrag über Erfinder aus Baden-Württemberg (z.B. Robert Bosch).

1769 1889

Exkursion in die Industriestadt Mannheim

Wenn Sie mit einer Freundin oder einem Freund einen Besuch ins Kino planen, denken Sie automatisch viele Dinge bereits mit. Filmauswahl, Anfahrtsweg, Beginn der Vorstellung und Rückweg. Sie haben Erfahrungen in der Vergangenheit gesammelt, die Ihnen bei der Vorbereitung dieses „Ausflugs" helfen. Ähnlich ist es mit dem Planen von Exkursionen – sie erfordern eine gute Vorbereitung und Informationen für ihr Gelingen.

M1 Das „Landesmuseum für Technik und Arbeit" in Mannheim
Es wurde 1990 eröffnet.

M3 „Herr Eisele"
informiert mit modernen Medien. An jeder Station gibt es bei ihm interessante Kurzfilme.

M2 Benz-Patent-Motorwagen von 1886,
Nachbau im TECHNOSEUM. In den 1880er-Jahren experimentierten Carl Benz in Mannheim und Gottlieb Daimler in Stuttgart erstmals mit Benzinautomobilen.

Zu Besuch im Museum
Das TECHNOSEUM in Mannheim ist ein lebendiges Museum. Eine Dampflokomotive fährt durch die Ausstellung in den Museumspark hinaus. An der Bütte wird Papier geschöpft und bei der Weberei dreht sich das Wasserrad. Hier werden Technik- und Sozialgeschichte lebendig. Die Architektur des Gebäudes macht die Orientierung leicht. Auf sechs Stockwerken werden umwälzende Erfindungen seit dem 18. Jahrhundert bis heute gezeigt. Der Industrialisierungsprozess veränderte auch das Alltagsleben. In einer massenhaften Landflucht strömten die Menschen in die Städte, um sich als Fabrikarbeiter zu verdingen. Eine Ausstellung zeigt, unter welchen Bedingungen diese Menschen lebten.
Menschen und Objekte aus der Arbeits- und Alltagswelt werden dargestellt. Vorführtechniker zeigen die Arbeitsabläufe und beantworten Fragen der Besucher. Wer möchte, kann sich mit dem fiktiven Geschichtstouristen,

Herrn Eisele, auf eine Zeitreise begeben. Während des Rundgangs trifft man ihn an zahlreichen Orten und Kurzfilmstationen.

Zuschauen und Mitmachen
Im TECHNOSEUM ist Handanlegen möglich: Experimente vermitteln spielerisch naturwissenschaftlich-technische Grundkenntnisse und zeigen, welche technischen Erfindungen durch die Entdeckung naturwissenschaftlicher Phänomene erst möglich wurden. Vorführungen verdeutlichen technische Zusammenhänge. So kann man beispielsweise miterleben, wie Papier geschöpft wird, wie die Arbeitsabläufe bei Porsche in den 1970er-Jahren aussahen oder wie eine Dampfmaschine in der Praxis funktioniert.
Am Neckarufer liegt das größte Ausstellungsstück des TECHNOSEUMs, der Schraubenraddampfer „Mannheim". Er lief 1929 vom Stapel und beförderte jahrzehntelang Ausflügler den Rhein entlang. An Bord des Dampfers können sich Besucher über die Geschichte der Binnenschifffahrt und ihre Bedeutung für den Industrialisierungsprozess informieren.

Methodische Arbeitsschritte

1. Überlegen Sie gemeinsam in der Klasse, welche nahe gelegene Stadt Sie besuchen möchten. Welche Museen, historischen Gebäude oder Schauplätze könnten von Interesse sein?

2. Informieren Sie sich zu Fahrpreisen mit öffentlichen Verkehrsmitteln, aber auch mit privaten Anbietern (Busunternehmen). Oftmals erhalten Frühbucher ordentliche Rabatte.

3. Lassen Sie sich rechtzeitig vom Museum oder dem Ort, den Sie mit der Klasse besuchen möchten, einen Ausstellungskatalog oder andere Informationen zuschicken. Informieren Sie sich auch im Internet über Ihr Ausflugsziel.

4. Entscheiden Sie sich, welche Abteilungen Sie besonders intensiv besichtigen wollen. Sollten Führungen angeboten werden, melden Sie sich möglichst frühzeitig an.

5. Prüfen Sie, welche weiteren Aktivitäten Sie an Ihrem Ausflugsziel entfalten wollen. Einen Stadtplan können Sie sich meist von der Stadtinformation zusenden lassen.

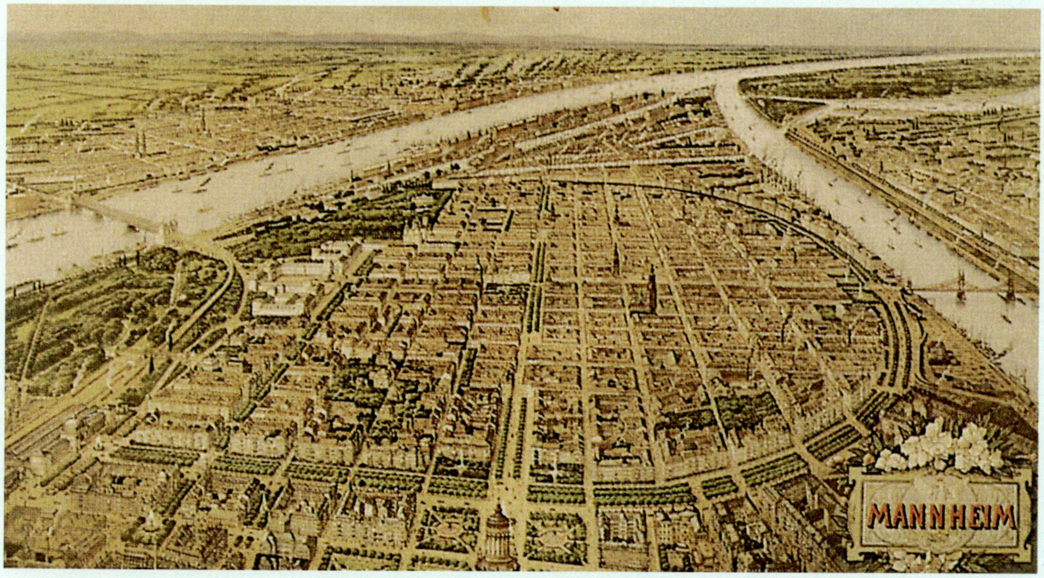

M4 Mannheim
Mit 309 000 Einwohnern zweitgrößte Stadt Baden-Württembergs, war Mannheim schon immer eines der bedeutendsten Industriezentren – vor allem dank seiner günstigen Verkehrslage an der Mündung des Neckars in den Rhein. Das Bild stammt von 1896 und zeigt auch die in 136 Rechtecke eingeteilte Altstadt.

1. Planen Sie einen Besuch im Landesmuseum für Technik und Arbeit in Mannheim und eine anschließende Stadtbesichtigung.

1769 | 1889

Die Industrialisierung bringt Probleme

Fabriken, Stahlwerke und Bergwerke waren Zeichen für Wohlstand und Fortschritt. Die Industrie boomte. Doch die Industrialisierung hatte Schattenseiten – für die Umwelt, und für den Menschen.

M1 Bergleute beim Erneuern des Stollenbaus
Foto, um 1890

Fabrikschlote – Zeichen für Wohlstand?

Die Industrialisierung brachte den Menschen Fortschritt und Wohlstand. Gleichzeitig bereitete sie den Menschen und der Umwelt Probleme. Die Kohle, die verheizt wurde, und der Koks in den Hochöfen setzten Ruß, Rauch und giftige Abgase frei. Darunter litten die Arbeiter mit ihren Familien, aber auch die Armen, denn ihre Wohnungen lagen meist in unmittelbarer Nähe der Fabriken. Die Abwässer aus den Fabriken, sogar aus den Chemiebetrieben, wurden direkt in die Flüsse geleitet.

Dunkle Wohnungen

Die Wohnungsnot war groß in den Städten. Man war auf den großen Zuzug der Arbeitsuchenden nicht eingerichtet. Die meisten Arbeiterfamilien lebten deshalb in Mietskasernen. Viele Familien hatten nur einen Raum, in dem sie kochten, aßen und schliefen. Die Kinder spielten auf den Straßen oder den Hinterhöfen. Es fehlte an allem: Oft standen für alle Bewohner eines Wohnblocks nur drei oder vier stinkende Toiletten zur Verfügung. Die Brunnen reichten nicht aus, es gab keine Wasserleitungen. Deshalb mussten die Menschen ihr Wasser zum Trinken, Waschen, Kochen oder Putzen aus den nahe gelegenen Flüssen schöpfen. Verschmutzte Straßen, verunreinigtes Wasser, Müll, Ungeziefer und Ratten waren mit dafür verantwortlich, dass sich Krankheiten ausbreiteten.

Schwere Arbeit

Obwohl seit 1859 eine Achtstundenschicht für Bergleute unter Tage festgeschrieben war, wurde in den Zechen länger gearbeitet. Zehn bis elf Stunden reine Arbeitszeit waren die Regel. Die Zeit für Anfahrtswege zum Kohlenschacht, die Ausgabe der Grubenlampen und Werkzeuge, das Umziehen und Waschen nach der Arbeit wurden nicht auf die Schichtzeit angerechnet. Die Arbeit im Schacht war anstrengend und gefährlich: Die Temperatur betrug in 600 Metern Tiefe etwa 30 Grad. Oft mussten die Bergleute kriechend oder gebückt bei hoher Luftfeuchtigkeit arbeiten.
Auch in den Fabriken arbeiteten Männer, Frauen und Kinder unter schwersten Bedingungen: Hitze, Lärm, Ruß, die ständig gebückte Haltung sowie die langen Arbeitszeiten machten viele Menschen krank. An den Maschinen passierten oft Unfälle: Manche Arbeiter verletzten sich schwer und hatten oft bleibende Schäden.

Schlechtes Essen

Mitte des 19. Jahrhunderts gab es mehrere Missernten. Die Lebensmittelpreise stiegen auf das Drei- bis Vierfache, die Löhne blieben jedoch fast gleich. Bis zu 70 Prozent des Einkommens musste eine Arbeiterfamilie für Nahrungsmittel ausgeben. Das Essen einfacher Arbeiterfamilien bestand aus Kartoffeln mit Gemüse – wie Bohnen, Erbsen, Sauerkraut und Rüben – sowie aus Roggenbrot mit Milch. Fleisch und Speck konnten sie sich nur selten erlauben.

M2 Der preußische Regierungsrat Keller schilderte 1834 die Arbeitsbedingungen in einer Fabrik:

Von da eilte ich nach Gladbach, wo ich (...) mich durch die interessantesten Fabriken geleiten ließ. Am auffallendsten war mir das Gebäude und die Einrichtung der Spinnereien der Gebrüder Busch, die eher einer Mördergrube als einer Fabrik gleichsieht. Die Säle sind so niedrig, dass man unwillkürlich mit gebücktem Kopfe durch sie hindurchschreitet, weil man besorgt ist, an die Decke zu stoßen, was denn doch nicht möglich ist; so überfüllt, dass man angsthaft seine Kleidungsstücke zu wahren hat, um nicht bei der geringsten (...) Bewegung hier ein Tuch, dort einen Rockzipfel der Maschine preiszugeben und von ihr zerfetzen zu lassen; die Luft in den Sälen und die Wände mit dem Schmutze des zu verarbeitenden Materials und die faserigen Partikelchen des Stoffes ganz angefüllt und überkleidet; die Kinder dementsprechend wahre Gebilde des Jammers, hohläugig und bleich wie der Tod.

M3 Fabrikordnung für eine südbadische Weberei aus dem Jahr 1839:

1. Jeder Arbeiter soll sowohl dem etwa bestellten Aufseher, als dem Fabrikanten selbst, allen gebührenden Gehorsam erzeigen.
2. Zur Sommerzeit sind die bestimmten Arbeitsstunden von halb 5 Uhr morgens bis halb 8 Uhr abends; zur Winterzeit von halb 6 Uhr morgens bis 10 Uhr abends.
3. Kein Arbeiter darf einen Tag ohne Erlaubnis versäumen, bei Strafe von 20 bis 30 Kreuzer. [60 Kreuzer = 1 Gulden; ein geübter Weber verdiente pro Tag etwa 1 Gulden] (...)
10. Jeder Arbeiter, der betrunken in der Fabrik angetroffen wird, verfällt in eine Strafe von 12 bis 18 Kreuzer.

M4 Unfall in einer Maschinenfabrik, Gemälde von Johann Bahr, 1889

M5 Bericht einer Tübinger Zeitung vom 9. Januar 1878:

Der Bettel der sogenannten Reisenden auf dem Lande, worunter sehr viele ältere Leute, hat wieder eine bedeutende Höhe erreicht, und es sind 12 bis 15 Mann je Tag keine Seltenheit. (...) Und doch, wer vermag es über sich zu bringen, ohne sich selbst der Herzenshärte anklagen zu müssen, diese meist jämmerlichen, grundverkommenen Gestalten, die kaum ihre Blöße zu bedecken vermögen, ohne Weiteres von sich zu weisen. Solange man nicht weiß, ob es nicht bloß wahrhaft unglückliche, dem Schicksal unterlegene Menschen, wie infolge der Stockung [Wirtschaftskrise] entlassene Arbeiter (...) sind. Gibt es denn gar keinen Ausweg und keine Sicherheit, und hat die Polizei kein Mittel mehr in der Hand, das belastete Publikum zu schützen?

1. Beschreiben Sie in eigenen Worten die Arbeitsbedingungen der Fabrikarbeiter während der industriellen Revolution (**VT, M1, M2**).

2. Suchen Sie sich eine Person aus **M4**. Verfassen Sie einen Bericht über ihren beruflichen Alltag.

3. Auf welches unerwünschte Verhalten von Arbeitern lässt die Fabrikordnung (**M3**) schließen? Versuchen Sie, daraus Aussagen zum Verhältnis von Fabrikanten zu ihren Arbeitern abzuleiten.

4. Beurteilen Sie, ob sich mit dem Zuzug in die Stadt die Erwartungen der armen Landbevölkerung von Wohlstand immer erfüllten (**VT2**).

1769 1889

Kindheit und Jugend im Industriezeitalter

Zur Zeit der Industrialisierung war Kinderarbeit an der Tagesordnung. Und noch heute gibt es sie in vielen Teilen der Welt.

M1 Kinder und Jugendliche bei der Arbeit in einer Buntpapierfabrik in Aschaffenburg (1858)

Kinder arbeiteten wie Erwachsene

Die Fabrikbesitzer im 19. Jahrhundert stellten gerne Kinder ein. Sie arbeiteten genauso lange wie Erwachsene, bekamen aber weniger Lohn. Tausende von Mädchen und Jungen arbeiteten zwölf Stunden am Tag und mehr. Einige der Kinder waren kaum älter als zehn Jahre. Die Pausen waren kurz. Wer zu spät kam oder fehlte, wurde bestraft oder einfach entlassen. Auch in Baden und Württemberg gab es Kinderarbeit. In der Spinnerei und Weberei Ettlingen (südlich von Karlsruhe) arbeiteten 1840 insgesamt 1298 Personen, davon 1008 Kinder unter 14 Jahren. Sie besuchten die Fabrikschule, in der nach der mindestens zehnstündigen täglichen Arbeit meist noch eine Stunde Unterricht erteilt wurde. Besonders hart war die Arbeit im Bergbau. Die Kinder sahen oft wochenlang nicht die Sonne. Sie wurden krank und viele starben schon sehr früh.

Gesetze regeln Kinderarbeit

Als man feststellte, dass Jugendliche durch ihre Arbeit oft für den Militärdienst untauglich wurden, erließ der Staat Gesetze. Seit 1839 durften in Preußen Kinder unter zehn Jahren nicht mehr in Fabriken arbeiten. 1853 wurde die Altersgrenze auf 12 Jahre angehoben. Auch Bayern und Baden erließen entsprechende Vorschriften, nicht aber Württemberg. Hier war Kinderarbeit ab sechs Jahren bis 1871 möglich.

Kinderarbeit heute

Leider ist Kinderarbeit in vielen Ländern der Erde heute noch immer alltäglich. Das Kinderhilfswerk UNICEF beklagt, dass fast jedes siebte Kind zwischen fünf und 14 Jahren arbeiten muss (Stand: 2009). Das sind weltweit etwa 160 Millionen Kinder. Viele Familien sind so arm, dass sie ohne den Verdienst der Kinder nicht überleben können.

BSZ BERUFLICHES SCHULZENTRUM LEONBERG

Industrialisierung und Soziale Frage

Zeit	Inhalt	Material

Louis
Danijel
Kosta
Mustafa

Ishan
Sandra
P-M

M2 Die 1869 geborene Adelheid Popp berichtet über ihre Erlebnisse als Zwölfjährige:
Ich wurde in einer Werkstätte aufgenommen, wo ich Tücher häkeln lernte; bei zwölfstündiger fleißiger Arbeit verdiente ich 20 bis 25 Kreuzer im Tage. Wenn ich noch Arbeit für die Nacht nach Hause mitnahm, so wurden es einige Kreuzer mehr. Wenn ich frühmorgens um 6 Uhr in die Arbeit laufen musste, dann schliefen andere Kinder meines Alters noch. Und wenn ich um 8 Uhr abends nach Hause eilte, dann gingen die anderen gut genährt und gepflegt zu Bette. Während ich gebückt bei meiner Arbeit saß und Masche an Masche reihte, spielten sie, gingen spazieren oder sie saßen in der Schule. (…) [Ein] heißer Wunsch überkam mich immer wieder: mich nur einmal ausschlafen zu können.

M3 Fabrikschulordnung der Spinnerei und Weberei Ettlingen 1849:
§1. Schulpflichtige Kinder können von dem ordentlichen Besuche der Volksschule nicht befreit werden, um in Fabriken zu arbeiten, es sei denn, dass sie besondere Fabrikschulen besuchen. (…)
§3. Kinder, welche das elfte Lebensjahr noch nicht zurückgelegt haben, können nicht in die Fabrikschule aufgenommen werden (…)
§4. Von ein und demselben Lehrer dürfen nie mehr als 70 Kinder in gleicher Stunde unterrichtet werden. (…)
§9. Die Arbeits- und Unterrichtsstunden zusammen dürfen bei Kindern, die das Schulentlassungsalter [13 Jahre] noch nicht erreicht haben, nicht mehr als täglich zwölf Stunden betragen. Nur wo eine Beschäftigung der Kinder im Freien stattfindet, darf mit Zustimmung des Physikats [Amt des Bezirksarztes] die Arbeitszeit auf zwölf Stunden erhöht werden. (…)

M4 Nachbildung einer Fabrikschule im Landesmuseum für Technik und Arbeit (TECHNOSEUM)
1840 wurde in Baden gesetzlich geregelt, dass in den Fabriken eigene Schulen eingerichtet werden müssen.

M5 Kinderarbeit
in Indien, Foto 2010

1. Beschreiben Sie, zu welchen Arbeiten Kinder früher herangezogen wurden (**VT, M1–M3**). Informieren Sie sich im Internet über Kinderarbeit heute. Vergleichen Sie die heutige Situation der Kinder (**M5**) mit der im Industriezeitalter.

2. Vergleichen Sie die Fabrikschulen mit den Schulen heute (**M3, M4**). Beurteilen Sie Vor- und Nachteile.

3. Experten behaupten, dass man auch heute Kinderarbeit nicht einfach abschaffen kann (**VT3**). Nehmen Sie Stellung.

1769 1889

Arbeiter kämpfen für ihre Rechte

Wer alleine ist, kann oft nur wenig ausrichten. Wer sich aber mit anderen zusammentut, wird beachtet und kann Verbesserungen durchsetzen. Das erkannten auch die Arbeiter in den Fabriken.

M1 Proletarier (Arbeiter) aller Länder vereinigt euch!
Dieses Flugblatt zum 1. Mai 1896 hat Otto Marcus gestaltet. Der 1. Mai wurde 1889 zum „Kampftag der Arbeit" erklärt. 1890 wurde er erstmals mit Massendemonstrationen auf den Straßen gefeiert.

Soziale Frage
Sammelbegriff für die sozialen Probleme, die mit der Industrialisierung entstanden: Kinderarbeit, lange Arbeitszeiten, schlechte Wohnverhältnisse sowie Verelendung der Arbeiterschicht.

Gewerkschaften
sind freiwillige Zusammenschlüsse der Arbeitnehmer. Sie vertreten gegenüber den Arbeitgebern die Interessen ihrer Mitglieder.

Angst vor der Entlassung
Die meisten Fabrikbesitzer kümmerten sich wenig um ihre Arbeiter. Schließlich warteten genügend Menschen vor den Fabriktoren, die Arbeit suchten. So konnten die Unternehmer die Löhne, die ohnehin kaum zum Leben reichten, noch weiter senken. Wer erkrankte, wer zu alt war, wer die langen Arbeitszeiten nicht durchhielt, musste gehen. Wer sich Anordnungen widersetzte oder aufgrund neuer Maschinen überflüssig war, wurde entlassen.

Aufstände und Streiks
Die Not der Arbeiterfamilien führte mancherorts zu Gewalt. Viele Arbeiter und Handwerker machten die Maschinen für ihre Lage verantwortlich. In England stürmten sie deshalb Fabriken und zerstörten die Einrichtungen. Solche Aufstände blieben in Deutschland aber die Ausnahme. Vielmehr setzten die Arbeiter Streiks ein – gewaltlos. Sie wollten höhere Löhne und bessere Arbeitsbedingungen erkämpfen.

Arbeiter organisieren sich
Allmählich erkannten die Arbeiter, dass sie alle die gleichen Probleme und Interessen hatten: Tagsüber schufteten sie in den Fabriken und Bergwerken. Nachts hausten sie in elenden Wohnungen. Immer mehr Arbeiter schlossen sich in Vereinen zusammen. Sie tauschten Erfahrungen aus, bereiteten Aktionen vor und richteten Notkassen ein. Auf Druck der Arbeitervereine mussten die Behörden 1869 sogar das Streikverbot aufheben und Gewerkschaften zulassen.

Arbeiter gründen Parteien
In Leipzig gründeten Arbeitervertreter aus ganz Deutschland 1863 den „Allgemeinen Deutschen Arbeiterverein" (ADAV). Zum Präsidenten wählten sie den Journalisten Ferdinand Lassalle.
Er kämpfte für das allgemeine Wahlrecht – allerdings nur für Männer. Sechs Jahre später riefen August Bebel und Wilhelm Liebknecht in Eisenach die „Sozialdemokratische Arbeiterpartei" ins Leben. Sie vereinigte sich 1875 mit dem ADAV. Seit 1890 heißt diese Partei „Sozialdemokratische Partei Deutschlands" oder kurz: SPD.

Verdächtige Sozialdemokratie
Viele Politiker und Unternehmer misstrauten den Sozialdemokraten. 1878 setzte Reichskanzler Bismarck das sogenannte Sozialistengesetz durch. Sozialdemokraten durften sich nicht mehr öffentlich betätigen. Ihre Versammlungen und ihre Zeitungen wurden verboten, ihre Anhänger überwacht. Allerdings konnten weiterhin Einzelpersonen bei Wahlen für die Sozialdemokratie kandidieren. Die Verfolgung weckte die Solidarität großer Teile der Arbeiterschaft und führte seit 1881 zunehmend zu Wahlerfolgen. 1890 wurde daher das Gesetz gegen die Sozialdemokratie aufgehoben.

M2 „Der Beginn des Streiks“, kolorierter Holzstich nach einem Gemälde von Robert Koehler, 1893

M3 August Bebel (SPD) in einer Rede über die Aufgaben der Gewerkschaften (1900):
Der einzelne Arbeiter ist dem Unternehmer gegenüber machtlos. Jeder Versuch, auf eigene Faust seine Lage zu verbessern, endet in der Regel mit einer Niederlage. (…) Die einzige Möglichkeit, seine Arbeit und damit seine Lebensbedingungen auf einige Dauer zu verbessern, ist die Vereinigung mit seinesgleichen. Deshalb ist der Beitritt zu einer Gewerkschaft eine Lebensnotwendigkeit für jeden Arbeiter. Die Gewerkschaft erstrebt: Erhöhung des Lohnes nach Maßgabe der Verhältnisse des Arbeitsmarktes, Verkürzung der Arbeitszeit, Herbeiführung menschenwürdiger Zustände im Betrieb, Rechtsschutz, Arbeitslosenunterstützung. (…) Ferner stärkt sie das Solidaritätsgefühl, ohne das kein großes Ziel erreicht werden kann.

M4 Aus einer Bekanntmachung der Direktion des Märkisch-Westfälischen Bergwerks-Vereins (1878):
An unsere Arbeiter.
Wir erklären hiermit, dass wir fortan jedem sofort kündigen werden, der sich an sozialdemokratischen (…) Bestrebungen beteiligt, sei es durch Besuch ihrer Versammlungen, oder von Lokalen, wo solche Blätter ausliegen, oder durch Halten und Verbreiten solcher Blätter, Geldunterstützung, oder andere Handlungen ähnlicher Art. Fleiß, Ordnung, Nüchternheit und Sparsamkeit sind die einzigen Mittel, um zu einer gesicherten Existenz zu gelangen und seine Lage zu verbessern.

1. Fassen Sie zusammen, wie es zur Entstehung von Arbeiterparteien kam (**VT3** und **VT4**).

2. Erklären Sie, warum die Sozialistengesetze genau das Gegenteil von dem bewirkten, was Bismarck wollte (**VT5**).

3. Erläutern Sie mithilfe von **M1** und **M3** den sozialdemokratischen Leitspruch „Einigkeit macht stark“.

4. Begründen Sie, warum Arbeitgeber Maßnahmen gegen Sozialdemokraten erließen (**M4**).

5. Ein Mitglied einer Gewerkschaft wirbt auf dem Hof einer Fabrik in der Mittagspause neue Mitglieder. Bereiten Sie eine kurze Rede vor, in der Sie die Arbeiter von den Vorteilen der Mitgliedschaft überzeugen (**M3**).

1769 1889

Kirche, Staat und Fabrikanten reagieren

Fast jeder Bundesbürger zahlt Beiträge zur Kranken-, Arbeitslosen- und Rentenversicherung, um in Notsituationen oder im Alter abgesichert zu sein. Was für uns heute selbstverständlich ist, mussten sich die Arbeiter im Industriezeitalter mühsam erkämpfen.

M1 Der Pfarrer Johann Hinrich Wichern richtete 1833 in Hamburg für verwahrloste und verwaiste Kinder das „Rauhe Haus“ ein. Hier wohnten die Kinder in Gruppen zusammen. Sie lernten lesen und schreiben und konnten in Lehrbetrieben eine Ausbildung erlernen.

Christliche Nächstenliebe

Die beiden christlichen Kirchen standen der Arbeiterbewegung ablehnend gegenüber. Doch angesichts der extremen Verelendung forderten die Kirchen schließlich, die tägliche Arbeitszeit zu verkürzen, einen gerechten Arbeitslohn zu zahlen und Kinderarbeit zu verbieten. Um Arbeiterfamilien unmittelbar helfen zu können, gründeten sie eigene Organisationen: 1848 die evangelische Innere Mission und 1897 die katholische Caritas.

Auch Unternehmer wurden aktiv

Manche Unternehmer sahen ein, dass ein Betrieb ein besseres Ergebnis erwirtschaften konnte, wenn die Arbeiter zufriedener waren. So gründete beispielsweise der Essener Fabrikant Alfred Krupp eine Betriebskrankenkasse und ließ Werkswohnungen für Arbeiterfamilien bauen. Er erwartete aber von seinen Arbeitern, dass sie seinem Betrieb treu blieben und nicht in Gewerkschaften eintraten. Ferdinand Stumm, ein Konzernherr an der Saar, sorgte für seine Arbeiter mit einer Kranken- und Altersversorgung und baute für sie billige Betriebswohnungen. Dafür erwartete er eiserne Disziplin am Arbeitsplatz.

Staatliche Sozialpolitik

Auch die Regierung sah ein, dass sie sich um die sozialen Fragen kümmern musste. Sie fürchtete, dass sich die Arbeiter noch stärker den Sozialdemokraten zuwenden würden. Deshalb erließ Reichskanzler Otto von Bismarck Sozialgesetze. 1883 trat die Krankenversicherung, 1884 die Unfall- und 1889 die Invaliditäts- und Altersversicherung in Kraft. Diese Sozialversicherungen werden heute unterschiedlich bewertet. Einige Experten meinen, dass die tatsächlich ausgezahlten Beiträge enttäuschend niedrig waren. Andere betonen die großen Verbesserungen für die Arbeiter und ihre Familien.

M2 Aus einer Zeitung vom 12. Januar 1866:

Gestern wurde uns ein Schreiben eines Arbeiters überbracht, in welchem mehrere Fälle zusammengestellt sind, die beweisen, wie schlecht bis jetzt für die Invaliden der Arbeit gesorgt wird.

1. Ein Arbeiter, welcher in einer Fabrik eine Reihe von Jahren gearbeitet hat, ist jetzt über ein halbes Jahr krank. Dieser erhält aus der städtischen Unterstützungskasse kein Geld mehr, seine Kameraden legen wöchentlich einen Betrag zusammen, damit er nicht vor Hunger und Elend umkommt.

2. Ein Arbeiter, der über ein Brett muss, gleitet aus und fällt mit einem Bein in heiße Lauge. Er kommt ins Krankenhaus und die Kosten, welche dadurch erwachsen, werden ihm später monatlich (...) abgehalten.

Es ist in neuerer Zeit mehrfach ausgesprochen worden, dass die Fabrikanten durch ein Gesetz gezwungen werden müssten, für ihre Invaliden ausreichend zu sorgen. Andere haben gemeint, der Staat müsste dies tun.

M3 Eine Tübinger Zeitung berichtete 1856:

Das grässliche Unglück, dass ein großer mit Malz gefüllter Zuber im Sturz von der Höhe dem hiesigen Küfer Reutter beide Füße derart abgeschlagen hat, dass der eine Fuß sogleich amputiert werden musste und der Schenkelbruch des anderen noch nicht eingerichtet werden konnte, veranlasst mich, das Mitleid mit der Bitte um Unterstützung in Anspruch zu nehmen. Der Verunglückte ist 39 Jahre alt, verheiratet, Vater von drei Kindern, hat sich seither durch seine Hände Arbeit fleißig und ehrlich ernährt. Mögen viele Menschenfreunde diesem Manne, der im Stande klaren Bewusstseins mit großer Ergebung sein schweres Geschick trägt, durch liebreiche Teilnahme helfen, mit Mut in die dunkle Zukunft zu blicken. (...)

Pfarrer Stoll

M4 Karikatur aus dem Jahre 1905

Die Unterschrift lautete: „Der Kapitalist: So! Der läuft mir nicht mehr davon!“

Versicherungsart	Beiträge	Leistungen
Krankenversicherung 1883 für gewerbliche Arbeiter und (freiwillig ab 1892) Angehörige	2–3 % des Lohns; 2/3 vom Versicherten, 1/3 vom Arbeitgeber	ärztliche Behandlung und Medizin, Krankenhauskosten; nach zweitägiger Wartezeit Krankengeld (50 % des Durchschnittslohns, max. 2 Mark/Tag)
Unfallversicherung 1884 für gewerbliche Arbeiter	als Haftpflicht vom Arbeitgeber zu zahlen	Heilungskosten; bei Erwerbsunfähigkeit 2/3 des Einkommens, 1/5 für Witwen
Invaliden- und Altersversicherung 1889 für Gewerbe- und Landarbeiter (ab 1911 auch für Familienangehörige)	1 % (ab 1900 1,5–3 %) des Lohns, je zur Hälfte von Arbeitnehmern und Arbeitgebern	Invalidenrente bei Erwerbsunfähigkeit (1911): 1,1 Mio. Rentenbezieher von durchschnittlich 187 Mark/Jahr; Altersrente ab 70. Lebensjahr und nach 30 Beitragsjahren (ab 1900: 24 Beitragsjahre)

M5 Sozialversicherung im Deutschen Kaiserreich

Die Arbeitslosenversicherung wurde erst 1927 eingeführt, die Pflegeversicherung 1995.

1. Listen Sie auf, mit welchen Maßnahmen Kirchen, einige Unternehmer und der Staat auf die Lage der Arbeiter reagierten (**VT1, VT3, M1**).

2. Bewerten Sie die Motive der Unternehmer bei der Umsetzung ihrer Maßnahmen (**VT2, M4**).

3. Reichskanzler Bismarck verteidigt im Reichstag die Sozialgesetze. Suchen Sie Argumente, die er vortragen könnte (**VT3, M2, M3**).

1769 1889

Industrialisierung und Soziale Frage

1 Diese Begriffe kann ich erklären!

a) Industrielle Revolution

b) Sektor

c) Gewerkschaften

d) Soziale Frage

2 Zu diesen Bildern kann ich etwas erzählen!

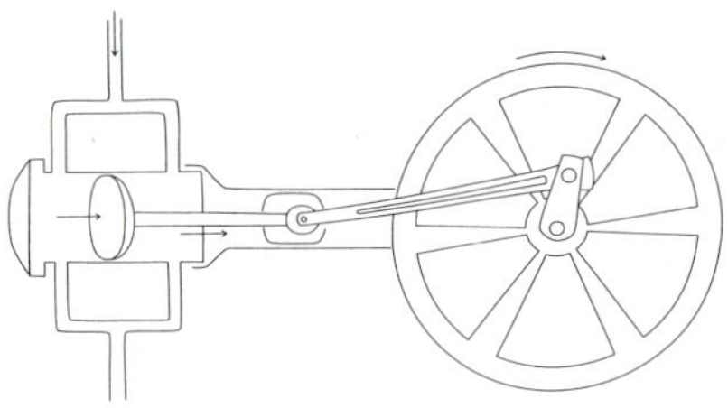

3 Diese Daten kann ich erklären!

a) 1769

b) 1835

c) 1869

d) 1878

e) 1883–1889

4 Diese Fragen kann ich beantworten!

a) Wie veränderten Maschinen die Arbeitsbedingungen der Menschen?

b) Wie erklärt sich der Erfolg der „Spinning Jenny“?

c) Wie ist der Ausspruch „Vorwärts mit Dampf“ zu verstehen?

d) Wie gelang die Industrialisierung in Baden und Württemberg?

e) Welche Schattenseiten hatte die industrielle Revolution?

f) Warum ist Kinderarbeit immer noch nicht „Geschichte“?

g) Welche Ereignisse führten zur Verbesserung der Situation der Arbeiter?

Die Automatisierung verändert das Arbeitsleben

M1 Blick in eine Gießerei 1913 und 1988
Die Gießerei der Maschinenfabrik Esslingen ging 1965 an die Daimler AG über. Dort werden seitdem Kurbelgehäuse für Pkw-Motoren gegossen.

1. Nehmen Sie an, die Gießerei (**M1**) hätte sowohl 1913 als auch 1988 neue Mitarbeiter gesucht. Formulieren Sie dazu jeweils eine Stellenanzeige für die örtliche Tageszeitung. Berücksichtigen Sie bei den Anzeigentexten die Kenntnisse, Fertigkeiten und Fähigkeiten, die von den neuen Mitarbeitern 1913, und diejenigen, die 1988 erwartet wurden.

2. Beurteilen Sie jeweils die körperliche Beanspruchung der Beschäftigten, die Unfallgefahren und die Umwelteinflüsse in den Werkstätten.

6 Imperialismus und Erster Weltkrieg

Mit der Gründung des deutschen Kaiserreiches war ein mächtiger Staat in Mitteleuropa entstanden. Wirtschaft, Industrie und Verkehr entwickelten sich schnell. Kaiser Wilhelm II., der 1888 den Thron bestieg, genügte das nicht. Er wollte einen „Platz an der Sonne" und meinte damit: Deutschland sollte Kolonien in aller Welt erwerben. Zu dieser Zeit hatte bereits ein Wettlauf vor allem unter den europäischen Staaten um Kolonien begonnen. Um die Jahrhundertwende waren fast ganz Afrika und Südostasien unter den europäischen Staaten aufgeteilt. Der Wettlauf um die verbliebenen Gebiete verschärfte die Rivalität zwischen den europäischen Mächten und endete in der Katastrophe des Ersten Weltkriegs.

Online-Link
416330-0601

1870

1870/71
Deutsch-Französischer Krieg

1871
Gründung des Deutschen Reiches unter preußischer Führung

1880

ab 1880
„Wettlauf" der europäischen Staaten um Kolonien in Afrika und im Pazifik

M1 Ein Modell des Passagierdampfers „Barbarossa" der Schiffsgesellschaft Norddeutscher Lloyd (NDL) im Focke-Museum, Bremen. Der NDL war eines der bedeutendsten Schifffahrtsunternehmen des späten 19. und frühen 20. Jahrhunderts. Foto 2007

s Deutsche Kaiserreich 1871

1888 | 1900 | 1914

1888
Wilhelm II. wird Deutscher Kaiser und verfolgt einen neuen Kurs in der Außenpolitik.

1904
Aufstand der Herero gegen die deutschen Kolonialherren in Südwestafrika

1914–1918
Erster Weltkrieg

M2 Gedenken an den Herero-Aufstand im Jahr 1904,
Foto 2004

1870 1918

Die Europäer teilen die Welt unter sich auf

Mitte des 19. Jahrhunderts: Viele europäische Staaten sind durch den Handel in Übersee und die Industrialisierung reich und mächtig geworden. Doch das ist ihnen nicht genug: Sie wollen ihren Reichtum und ihren politischen Einfluss weiter vergrößern.

Imperialismus
(Von lat. imperium = Macht, Herrschaft, Reich). Dieser Begriff bezeichnet ganz allgemein die Herrschaft eines Reiches über die Bevölkerung eines fremden Landes. Meistens wird der Begriff für die Jahre 1880 bis 1914 verwendet, in der die europäischen Großmächte weite Gebiete in Afrika und Südostasien in ihren Besitz brachten.

Wettlauf um Kolonien

Viele Politiker und Unternehmer in fast allen europäischen Staaten forderten, Gebiete in Afrika und Asien zu besetzen. Im letzten Drittel des 19. Jahrhunderts kam es auf diesen beiden Erdteilen zu einem regelrechten Wettlauf der europäischen Großmächte um die noch nicht kolonisierten Gebiete.

Wirtschaftliche Interessen

Die Europäer erwarben Kolonien zunächst besonders aus wirtschaftlichen Gründen. Deutsche Unternehmer und Kaufleute wollten Rohstoffe wie Baumwolle und Kautschuk aus den Kolonien billig für die eigene Industrie nach Deutschland ausführen. Davon versprachen sich sowohl die Fabrikanten in Deutschland als auch die deutschen Plantagenbesitzer in den Kolonien hohe Gewinne. Auch hofften die deutschen Unternehmer, in den Kolonien neue Absatzmärkte für ihre Produkte zu finden. Doch diese Hoffnungen erfüllten sich kaum. Mit den Kolonien wurde wenig gehandelt – die meisten Geschäfte machten die europäischen Staaten untereinander. Auch war es sehr kostspielig, die Kolonien zu verwalten und militärisch zu schützen sowie Straßen und Eisenbahnstrecken zu bauen. Insgesamt steckten die europäischen Mächte mehr Geld in ihre Kolonien hinein, als sie an Einnahmen wieder aus ihnen herausholten.

M1 „Wenn das Wetter hält, soll nächstens die Fassade unseres Erdballs frisch gestrichen werden."
So lautet die Unterschrift dieser Karikatur aus einer deutschen Zeitschrift von 1884.

Politische Ziele

Trotz der Schwierigkeiten hielt man an den Kolonien fest, denn sie waren mittlerweile zu „Prestigeobjekten" geworden. Sowohl die Regierungen als auch die Bevölkerung in den europäischen Staaten glaubten: Wer viele Kolonien besitzt, ist mächtig und angesehen. Sie meinten: Nur mächtige und reiche Nationen können im „Kampf ums Dasein" überleben. Oft kam es unter den Kolonialmächten fast zum Krieg, weil sie sich nicht über die Grenzen ihrer Kolonien in Übersee einigen konnten.

Das Zeitalter des Imperialismus

Russland war neben Österreich-Ungarn der einzige größere europäische Staat, der keine Kolonien in Afrika oder im Pazifik erwarb. Vielmehr konzentrierte sich die russische Regierung darauf, ihre Herrschaft über die Völker in Mittelasien sowie über China auszudehnen. Auch die USA und Japan wurden schließlich Kolonialmächte. Während die USA vorwiegend auf dem eigenen Kontinent blieben, breitete sich Japan in Asien aus und eroberte Gebiete in Korea und in Taiwan. Um 1900 war fast die ganze Welt in riesige Kolonialreiche unter europäischer Herrschaft aufgeteilt. Diese Zeit nennen wir heute das Zeitalter des Imperialismus.

M2 Aus einer Rede des französischen Politikers Eugène Etienne (1889):
Heute also muss Frankreich darum besorgt sein, sich seinen eigenen Markt zu bewahren, nämlich denjenigen, den es auf seinem eigenen Territorium, in seinen Kolonien besitzt (...). Wegen der sich immer schneller vollziehenden maschinellen Produktion muss man bemüht sein, den Konsum zu erweitern. Es ist deshalb nötig, dass Frankreich sich nach außen begibt.

M3 Der deutsche Historiker Heinrich von Treitschke 1890:
Alle großen Völker der Geschichte haben, wenn sie stark geworden waren, den Drang gefühlt, Barbarenländern den Stempel ihres Wesens aufzudrücken. Und heute sehen wir die Völker Europas drauf und dran, weit über den Erdkreis eine Massenaristokratie der weißen Rasse zu schaffen. Wer bei diesem gewaltigen Wettkampf nicht mitwirkt, wird später einmal eine klägliche Rolle spielen. Es ist daher eine Lebensfrage für eine große Nation heute, kolonialen Drang zu zeigen. Das erste Volk der Geschichte, das die Majestät des Welthandels erkannt hatte, die Phöniker, sind auch große Kolonisatoren gewesen. Dann folgt die Kolonisation der Griechen im östlichen und westlichen Becken des Mittelmeers, dann die Römer, im Mittelalter die Deutschen, Spanier und Portugiesen, schließlich Holland und England. (...)

M4 Foto vom Eisenbahnbau in der deutschen Kolonie Togo, 1905
Deutsche Banken stellten das Kapital. Die Stahlindustrie lieferte die Schienen.

M5 Aus einer Rede des britischen Kolonialministers Joseph Chamberlain (1903):
Unsere nationale Existenz beruht auf unserer industriellen Leistungsfähigkeit und Produktion. Wir sind nicht etwa ein wesentlich Ackerbau betreibendes Land, dies kann niemals die Hauptquelle unseres Wohlstandes sein. Wir sind ein großes industrielles Land.
Daraus folgt eins: dass der Handel innerhalb unseres Weltreiches für unser Gedeihen in der Gegenwart unbedingt notwendig ist. Geht dieser Handel nieder oder hört er nur auf, im Verhältnis zu unserer Bevölkerung zuzunehmen, dann sinken wir zu einer Nation fünfter Klasse herab.

1. Erarbeiten Sie das Thema „Imperialismus" in der Arbeitsform des Gruppenpuzzles (s. S. 62/63):
   - Stammgruppe: Klären Sie mithilfe der Lexikonerklärung den Begriff „Imperialismus" und verfassen Sie einen erweiterten Lexikoneintrag.
   - Expertengruppen:
     1: Erläutern Sie, welche politischen Interessen und welche wirtschaftlichen Ziele verfolgten die Europäer mit der Kolonialpolitik? Lesen Sie S. 162/163.
     2: Erklären Sie den Begriff „Rassismus" und nennen Sie Beispiele rassistischen Verhaltens während der Kolonialisierung Afrikas. Lesen Sie S. 164/165.
     3: Wie sah die deutsche Kolonialpolitik aus und welche Argumente für und gegen die Kolonialisierung Afrikas wurden in Deutschland diskutiert? Lesen Sie S. 168/169.
     4: Stellen Sie dar, wie sich die deutschen Kolonialherren verhielten und warum es zum Aufstand der Herero kam. Lesen Sie S. 172/173.
   - Stammgruppe: Tragen Sie Ihre Ergebnisse vor und fertigen Sie eine Mindmap zum Thema „Imperialismus" an, bei der jeder Experte einen Ast beschriftet.

1870 1918

Der Globus in der Hand der „überlegenen Rasse"

Viele Menschen in Europa glaubten, den „unterentwickelten" Völkern in Afrika und Asien überlegen zu sein. Zu den angeblich primitiven Völkern zählten die Europäer sogar alte Hochkulturen wie Indien, China oder die hoch entwickelten Aschanti in Westafrika.

M1 „Frankreich wird Marokko Kultur, Wohlstand und Frieden bringen können",
Titelseite des „Petit Journal", 19. November 1911

Rassismus
Der Begriff unterstellt, dass Menschen einer Gruppe angehören und deshalb bestimmte Eigenschaften besitzen. Für Rassisten ist der Wert eines einzelnen Menschen davon abhängig, welcher Gruppe er angehört.

Rassismus der Weißen

Der englische Dichter Rudyard Kipling schrieb 1895 das Gedicht „Die Bürde des weißen Mannes". Darin forderte er seine Landsleute auf, in die Welt zu ziehen, um den „eingefangenen Völkerschaften, die halb Kinder sind und halb Teufel", zu essen zu geben und dort herrschende Seuchen zu bekämpfen. Wie viele seiner Zeitgenossen war er davon überzeugt, dass die „weiße Rasse" allen anderen Menschen überlegen sei. Die Europäer meinten, es sei auch für die Ureinwohner das Beste, sie zu „zivilisieren". Alle sollten die europäische Lebensweise annehmen.

Weiße Missionare

Mit den Kolonialherren kamen die Missionare, um in den Kolonien den christlichen Glauben zu verbreiten. Manche Missionare richteten Krankenhäuser und Schulen ein, um das Leben der Menschen in den Kolonien zu verbessern. Doch sie trugen auch dazu bei, die alten Lebensgewohnheiten zu zerstören. Die einheimischen Kinder wurden in den Missionsschulen gezwungen, den christlichen Glauben anzunehmen. Außerdem verdrängte die Kirche die traditionellen afrikanischen Bräuche, Sitten und Feste. Dadurch veränderte sich das Leben in den Familien, Dörfern und Städten.

Die Folgen des Rassismus

Auf die Traditionen der einheimischen Völker nahmen die weißen „Herren" keine Rücksicht. Sie zerstörten die traditionelle Landwirtschaft und den einheimischen Handel. Die Europäer waren nur daran interessiert, möglichst hohe Gewinne zu erzielen. Europäische Handelsgesellschaften und Kaufleute errichteten große Plantagen, auf denen sie Kaffee, Tee, Kakao und Baumwolle pflanzten. Sie bauten Bergwerke, um wertvolle Rohstoffe wie Gold, Kupfer und Diamanten zu gewinnen. Tausende Afrikaner mussten auf den Plantagen und in den Bergwerken arbeiten. Sie bauten Straßen und verlegten Eisenbahnschienen für die Europäer. Die europäischen Familien in den Kolonien wohnten in eigenen Stadtteilen mit breiten Straßen und hellen, großen Villen. Hier waren die einheimischen Männer und Frauen nur als Hauspersonal, Gärtner oder Pförtner geduldet. Die Unterkünfte der Einheimischen lagen in eng bebauten, stickigen Wohnvierteln. Dort gab es häufig weder feste Straßen noch eine Kanalisation.

M2 Der spätere Kolonialpolitiker Cecil Rhodes sagte 1877 als junger Student:

Ich behaupte, dass wir die erste Rasse der Welt sind und dass es für die Menschheit umso besser ist, je größere Teile der Welt wir bewohnen. (...) Darüber hinaus bedeutet es einfach das Ende aller Kriege, wenn der größere Teil der Welt in unserer Herrschaft aufgeht. Da (Gott) sich die englisch sprechende Rasse offensichtlich zu seinem auserwählten Werkzeug geformt hat, (...) muss es auch seinem Wunsch entsprechen, dass ich alles in meiner Macht Stehende tue, um jener Rasse so viel Spielraum und Macht wie möglich zu verschaffen. Wenn es einen Gott gibt, denke ich, so will er daher eines gern von mir getan haben: nämlich so viel von der Karte Afrikas britisch-rot zu malen wie möglich und anderswo zu tun, was ich kann, um die Einheit der englisch sprechenden Rasse zu fördern und ihren Einflussbereich auszudehnen.

M3 Georges Clemenceau, der spätere französische Ministerpräsident, erwiderte in einer Debatte einem anderen Kolonialpolitiker (1885):

Überlegene Rassen! Minderwertige Rassen! Das ist leicht gesagt! Ich für meinen Teil bin da vorsichtig, seit ich erlebt habe, wie deutsche Gelehrte wissenschaftlich nachgewiesen haben, dass Frankreich den Krieg gegen Deutschland verlieren musste, weil die Franzosen den Deutschen gegenüber eine minderwertige Rasse seien. Die Hindus – eine minderwertige Rasse (...)? Die Chinesen? (...) Nein! Nein, es gibt kein Recht für sogenannte überlegene Nationen gegenüber unterlegenen Nationen. Wir sollten nicht die Gewalt mit der heuchlerischen Bezeichnung Kultur verhüllen. Sprechen wir nicht von Recht oder Pflicht. Die Eroberung, die Sie propagieren, ist nichts anderes als der Missbrauch der Macht, die die Wissenschaft unserer Kultur gegenüber zurückgebliebenen Kulturen gibt. Sie dient dazu, sich der Menschen zu bemächtigen, sie zu foltern oder alles aus ihnen herauszuholen zum Profit des angeblichen Kulturbringers.

M4 Ein afrikanischer Lehrer und seine Frau (Foto, um 1900)
Die europäische Kultur wurde auch mit Zwang eingeführt. Selbst private Bereiche wie Heirat und Familienleben waren davon betroffen.

M5 Einheimische im belgischen Teil des Kongo
Ihnen wurden die Hände abgehackt, weil sie zu wenig Kautschuk abgeliefert hatten (Foto, 1907).

1. Erklären Sie den Begriff Rassismus mit eigenen Worten (**VT, Lexikon**).

2. Fassen Sie zusammen, wie die Europäer die Völker in Afrika sahen.

3. Arbeiten Sie heraus, welches Recht sie daraus ableiteten (**VT, M1, M5**).

4. Lesen Sie **M2** und **M3** und geben Sie die Meinungen der Verfasser mit eigenen Worten wieder. Begründen Sie, welche von Clemenceaus Argumenten Sie besonders überzeugend finden.

5. Betrachten Sie **M4**: Diskutieren Sie, was das Brautpaar denken könnte.

1870 1918

Deutschland 1871 – Reichsgründung durch „Eisen und Blut“

1871 wurde der erste deutsche Nationalstaat ausgerufen, das Deutsche Kaiserreich. Die Einheit war nun erreicht, doch wie hielt es der neue Staat mit der Freiheit seiner Bürgerinnen und Bürger?

Annexion
Die gewaltsame, nach dem Völkerrecht unrechtmäßige Einverleibung eines fremden Staatsgebietes wird als Annexion bezeichnet.

Auf dem Weg zum Deutschen Reich

Auch Deutschland wurde europäische Großmacht und strebte nach Kolonien. Dies konnte jedoch nur als Nationalstaat gelingen. Den Abgeordneten der Paulskirche (s. S. 130/131) war 1848 die Entscheidung schwergefallen: Sie hatten sich nach langen Debatten für ein „kleindeutsches“ Reich entschieden. Indem das Parlament Österreich ausschloss, trennte es den Teil Deutschlands ab, der seit 1438 fast ununterbrochen die deutschen Kaiser gestellt hatte.

Norddeutscher Bund

1862 berief der preußische König den Grafen Otto von Bismarck zum Ministerpräsidenten. Um Deutschland zu einen und unter preußische Führung zu bringen, nahm er auch Kriege in Kauf: 1864 marschierten die preußischen Truppen gemeinsam mit den Österreichern gegen Dänemark, um die Herzogtümer Schleswig und Holstein zu annektieren. 1866 traten Preußen und Österreich dann aber gegeneinander an. In der Schlacht von Königgrätz siegte das preußische Heer. Preußen gründete den Norddeutschen Bund, alle Staaten nördlich des Mains mussten ihm beitreten. In einem Staatenbund ohne Österreich übernahm nun Preußen die Führung.

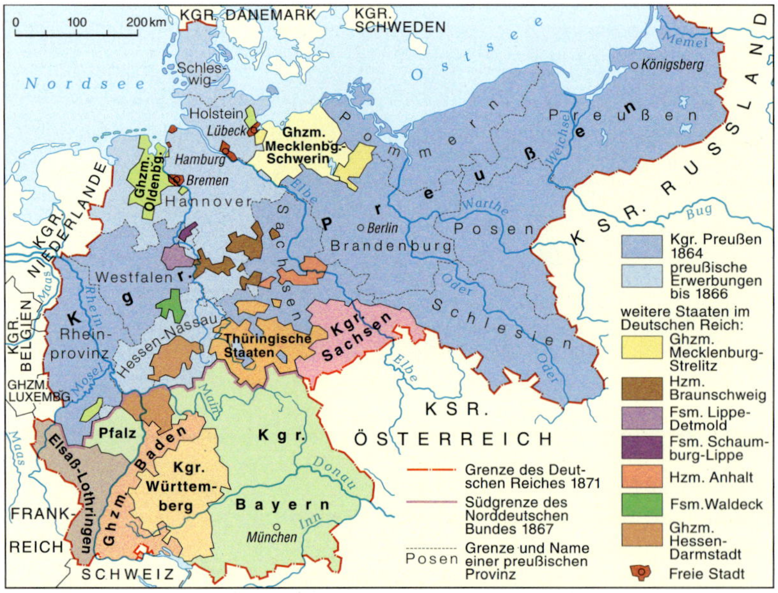

M1 Vom Norddeutschen Bund zur Reichsgründung
Die Karte zeigt unter anderem die Lage der preußischen Territorien in der Zeit zwischen 1864 und 1871.

Deutsch-Französischer Krieg

Der französische Kaiser Napoleon III. war beim Krieg von 1866 neutral geblieben. Als Gegenleistung verlangte er nun linksrheinische Gebiete für Frankreich. Aber Bismarck lehnte ab. Das machte ihn in den Augen vieler Deutscher zum Verfechter nationaler Interessen. Gleichzeitig nutzte Bismarck die Gelegenheit, mit den süddeutschen Staaten „Schutz- und Trutzbündnisse“ abzuschließen. Diese fühlten sich nämlich von Frankreich bedroht.
1870 kam es erneut zu einem Konflikt zwischen Preußen und Frankreich, den Bismarck bewusst verschärfte. Schließlich erklärte Napoleon III. den Krieg, doch seine Armeen wurden von den preußischen und süddeutschen Truppen geschlagen. Frankreich musste eine hohe Kriegsentschädigung zahlen und Elsass-Lothringen abtreten.

Reichsgründung

Am 18. Januar 1871 riefen die deutschen Fürsten in Versailles den preußischen König zum deutschen Kaiser aus. In ganz Deutschland wurde die damit verbundene Einigung zum Deutschen Reich begeistert gefeiert. Die meisten vergaßen dabei im Siegestaumel, dass diese Reichsgründung „von oben“, also durch die Fürsten, aber ganz ohne das Volk zustande gekommen war. Für viele Franzosen war es demütigend, dass das deutsche Kaiserreich ausgerechnet in Versailles ausgerufen wurde. Auch den Verlust von Elsass-Lothringen sahen viele als Raub an, der nach einer „Revanche“ (Vergeltung) verlangte.

M2 Kaiserproklamation König Wilhelms I. von Preußen am 18. Januar 1871 im Spiegelsaal des Schlosses von Versailles
Das Gemälde von Anton von Werner hat Kaiser Wilhelm I. 1885 zu Bismarcks 70. Geburtstag in Auftrag gegeben. Bismarck steht in weißer Uniform in der Bildmitte, neben ihm (vorne) der preußische Generalstabschef Moltke. Von Werner stellt den Augenblick dar, in dem der Großherzog von Baden ein „Hoch auf Kaiser Wilhelm“ ausbringt.

M3 Bismarck setzte 1862 eine Heeresreform gegen das preußische Abgeordnetenhaus durch. Vor den Abgeordneten erklärte er:
Nicht auf Preußens Liberalismus sieht Deutschland, sondern auf seine Macht. (…) Preußen muss seine Kraft zusammenfassen und zusammenhalten auf den günstigen Augenblick, der schon einige Male verpasst ist; Preußens Grenzen nach den Wiener Verträgen sind zu einem gesunden Staatsleben nicht günstig; nicht durch Reden und Majoritätsbeschlüsse werden die großen Fragen der Zeit entschieden – das ist der große Fehler von 1848 und 1849 gewesen –, sondern durch Eisen und Blut.

M4 Der preußische Kronprinz Friedrich Wilhelm nahm am Krieg von 1870/71 als Oberbefehlshaber einer Armee teil. Am 31. Dezember 1870 schrieb er in sein Kriegstagebuch:
Bismarck hat uns groß und mächtig gemacht, aber er raubte uns unsere Freunde, die Sympathien der Welt und – unser gutes Gewissen. Ich beharre noch heute fest bei der Ansicht, dass Deutschland ohne Blut und Eisen (…) einig, frei und mächtig werden konnte.

1. Erläutern Sie, mit welchen Mitteln Bismarck die Einheit erreichen wollte (**VT2, M3**). Wie sah der preußische Kronprinz Bismarcks Politik (**M4**)?

2. Die geplante Reichsgründung von 1848 wäre von „unten“ erfolgt, die von 1871 erfolgte von „oben“. Erklären Sie, wie das gemeint ist.

3. Formulieren Sie in Gruppenarbeit Schlagzeilen für zwei verschiedene Zeitungsartikel zur Kaiserproklamation von 1871 (**M2**): einen aus deutscher, den anderen aus französischer Sicht.

1870 1918

Das Deutsche Reich wird Kolonialmacht

Lange lehnte Reichskanzler Otto von Bismarck es ab, Kolonien zu erwerben. Er hielt sie für zu teuer und politisch riskant. Doch der Reichskanzler geriet wegen seiner Ablehnung immer mehr unter Druck.

M1 Titelbild eines deutschen Schulbuchs von 1891

Bismarck und die Kolonien

Aus Bismarcks Sicht waren Kolonien schon deswegen nicht erstrebenswert, weil ihre Verwaltung hohe Kosten verursachte. Aber auch aus außenpolitischen Gründen war er gegen deutsche Kolonien. Denn Bismarck glaubte, dass sich die Spannungen mit den Nachbarstaaten verschärfen würden, wenn sich auch das Deutsche Reich an dem Wettlauf um Besitzungen in Übersee beteiligte. Auf der Berliner Kongokonferenz von 1884/85 trat Bismarck deshalb als Vermittler auf, um Gebietsstreitigkeiten der großen europäischen Kolonialmächte zu schlichten. Um die anderen europäischen Mächte, vor allem Frankreich, von Deutschland abzulenken, förderte Bismarck sogar deren koloniale Bestrebungen.

Weltmacht Deutschland?

Einflussreiche Großindustrielle und Großgrundbesitzer forderten immer nachdrücklicher den Erwerb von Kolonien. Zudem meinten viele Politiker, mit der Kolonialpolitik könne man von den sozialen Problemen im eigenen Land ablenken. Das Deutsche Reich sollte durch den Erwerb von Kolonien zur Weltmacht werden. Diesen Forderungen gab Bismarck nach. Im Auftrag der Regierung zogen ab 1884 deutsche Kaufleute, Forscher und Offiziere nach Afrika und in die Südsee. Dort erwarben sie sogenannte „Schutzgebiete". Dazu zählten Kamerun, Togo, Deutsch-Ostafrika, Deutsch-Südwestafrika und kleinere Inselgruppen im Pazifik wie die Marshallinseln. Dennoch blieb Bismarck stets ein zurückhaltender Kolonialpolitiker. Viele Zeitgenossen und Politiker enttäuschte das. Es kam deshalb auch zu Meinungsverschiedenheiten zwischen Bismarck und dem Kaiser.

„Im Dienste Seiner Majestät"

Einer der Deutschen, die nach Afrika reisten, war Carl Peters. Er hatte 1884 die „Gesellschaft für deutsche Kolonisation" gegründet. In deren Auftrag unternahm Peters mit sechs Dienern und vierzig Trägern im November 1884 eine Expedition in das östliche Afrika. In fieberhafter Eile durchquerte die Gruppe das Land mehrerer ostafrikanischer Stämme, um von den Stammesfürsten deren Gebiete als deutschen Besitz zu erwerben. Es war ein Wettlauf mit der Zeit, denn auch britische und französische Expeditionen waren mit diesem Ziel unterwegs. Es gelang Carl Peters, innerhalb von fünf Wochen Verträge mit zwölf Stammesfürsten abzuschließen. Er erwarb ein riesiges Gebiet, das die Regierung in Berlin 1890 als Kolonie „Deutsch-Ostafrika" übernahm.

M2 Carl Peters beschreibt, wie er mit Sultanen in Afrika Verträge abschloss:

Ich selbst hatte mir, um den Sultanen ebenbürtig zu erscheinen, eine Reihe Fahnen mitgenommen, die ich aufziehen ließ (...). Wir tranken dann einen Trunk guten Grogs und brachten seine Hoheit von vornherein in die vergnüglichste Stimmung (...). Alsdann wurden Ehrengeschenke ausgetauscht (...). [Peters beschreibt außerdem, wie er vorging, wenn ein Sultan sich weigerte, einen Vertrag mit ihm abzuschließen:]

Ich wandte mich nun in die benachbarten Dörfer (...), um noch vor Einbruch der Nacht den Leuten eine Lektion zu erteilen. Ich befahl, alles, was für uns von Wert war, schnell herauszuräumen, und ließ dann nacheinander sechs von diesen Dörfern in Brand stecken.

M3 Zur Kolonialpolitik sagte Wilhelm Liebknecht (SPD) 1885 im Reichstag:

Was wird mit der sogenannten Kolonialpolitik denn eigentlich bezweckt? Wenn wir auf den Grund gehen, so wird als der Zweck hingestellt: die Überproduktion und die Überbevölkerung zu [bekämpfen]. (...) Deutschland ist noch lange nicht übervölkert, bei vernünftiger sozialer Organisation, bei zweckmäßiger Organisation der Industriearbeit und bei wissenschaftlichem Betriebe des Ackerbaues könnte Deutschland eine weit größere Bevölkerung ernähren, als dies heutzutage der Fall ist (...). Und gerade so ist es mit der Überproduktion. Da klagen unsere Fabrikanten, dass ihre Produkte keinen Absatz finden. Ja, meine Herren, warum haben sie keinen Absatz? Weil das Volk nicht kaufen kann – abermals eine Folge unserer mangelhaften sozialen Verhältnisse (...).

M4 Der deutsche Reichstagsabgeordnete Dr. Arendt in Deutsch-Ostafrika, 1906

M5 Der deutsche Staatssekretär im Reichskolonialamt Dernburg im Jahr 1908 über die Kolonialpolitik:

1. Sie sichert der stetig wachsenden Bevölkerung unseres Vaterlandes, die (...) auf den Export angewiesen bleibt, zunächst große und sich steigernde Aufträge, also: Arbeit (...)
2. Kolonien sichern der deutschen Produktion einen großen Teil derjenigen Rohstoffe, welche zum eigenen Gebrauch innerhalb der Nation und zum Zwecke der Veredelung (...) dienen.
3. Sie sichert dem deutschen Fabrikanten (...) einen Einfluss auf die Preisgestaltung dieser Rohmaterialien gegenüber monopolistischen Tendenzen des Auslandes (...).

Das ist die Bedeutung einer deutschen kolonialen Wirtschaft im Lichte der gegenwärtigen handelspolitischen Weltlage. Ihre Ausführung bedeutet demnach nicht mehr und nicht weniger als die Frage der Zukunft der nationalen Arbeit, die Frage des Brotes vieler Millionen Industriearbeiter, die Frage der Beschäftigung der heimischen Kapitalien im Handel, im Gewerbe, in der Schifffahrt.

1. Listen Sie Argumente auf, die für und die gegen den Erwerb von Kolonien sprechen (**VT1** und **VT2**).

2. Beurteilen Sie, wie die deutsche Regierung vorging, um Kolonien in Afrika zu erwerben (**VT2, VT3, M2**).

3. Vergleichen Sie **M1** mit **M4**. Was soll das Bild auf dem Schulbuch vermitteln, was drückt das Foto von 1906 aus?

4. Vergleichen Sie die Argumente der deutschen Regierung (**M5**) mit denjenigen des Sozialdemokraten Wilhelm Liebknecht (**M3**).

1870 — 1918

Politische Karikaturen entschlüsseln

Nur selten offenbart eine Karikatur beim oberflächlichen Hinsehen die ganze Breite ihrer Aussage. Der Betrachter wird vielmehr vom Zeichner zum intensiven Mitdenken aufgefordert.

M1 „Mir kann es ganz recht sein, wenn die anderen dort unten Beschäftigung finden, man hat dann mehr Ruhe hier oben."
Karikatur aus dem „Kladderadatsch" vom 13. Juli 1884

Karikaturen erschließen

Karikaturen sind ironische, teilweise auch witzige, künstlerische Darstellungen mit der Absicht, Kritik zu üben. Ziel ihrer entlarvenden, beißenden, überspitzten Darstellung sind bekannte Politiker, politische Programme, politische Entscheidungen oder gesellschaftliche Zustände. Sie sind keine Abbildungen der Wirklichkeit, sondern sie verfremden, verzerren, übertreiben und sind meist politisch einseitig. Solche Zerrbilder agieren häufig aus der Sicht des Schwächeren, des wirtschaftlich Unterlegenen oder desjenigen, der für mehr Freiheit, Demokratie und Gerechtigkeit eintritt. Der Wahrheitsgehalt der Karikatur stellt sich erst dann heraus, wenn die Aussage auf die Wirklichkeit bezogen und überprüft wird. Politische Karikaturen sind nicht einfach Illustrationen, die Heiterkeit erzeugen sollen. Sie wollen darüber hinaus beim Betrachter etwas bewirken: Sie wollen ihn betroffen und nachdenklich machen und ihn vielleicht sogar politisch aktiv werden lassen.

Beschreiben

Die Karikatur eines unbekannten Zeichners (der mit E. Spott signierte) von 1884 stellt Bismarck Pfeife rauchend und in seine sozialen Reformen vertieft dar (vgl. S. 156/157). Dagegen erwerben südlich des Äquators, verdeckt von der Rauchwolke aus Bismarcks Pfeife, andere europäische und außereuropäische Mächte in großem Umfang Kolonien. Ein Franzose breitet seine Arme weit aus in dem Bemühen, ganz Afrika von Osten nach Westen zu umfassen. Ein britischer Matrose findet in Indien und im Nahen Osten Haltegriffe, ein winziger Holländer greift nach Ostindien, ein Japaner wirft ein Auge auf Ostasien, ein Russe steckt seinen Kopf bei Merw in Persien heraus, das 1884 in Besitz genommen wurde, und auch das Bein eines Amerikaners ist zu erkennen, der am Wettlauf um Kolonien teilnimmt. Eine winzige, in Südwestafrika aufgepflanzte Flagge markiert

Angra Pequena, wo der Bremer Kaufmann Adolf Lüderitz im April 1884 eine deutsche Handelsniederlassung gegründet hatte, die dann zur ersten deutschen Kolonie wurde. Bismarck scheint es in der Ruhe oberhalb der Weltkugel sichtlich wohl zu gehen, während, wie im Titel der Karikatur beschrieben, „die anderen dort unten Beschäftigung finden".

Untersuchen

Die Karikatur wurde im Jahr 1884 in der politisch-satirischen Zeitschrift „Kladderadatsch" veröffentlicht. Der „Kladderadatsch" hatte in den 1870er-Jahren seine geistige Unabhängigkeit verloren. Um genügend Käufer zu finden, versetzten sich die Redakteure und Zeichner immer mehr in die Gedankenwelt ihrer konservativen und gut situierten Leser. Viele Menschen in Deutschland nahmen Bismarcks ablehnende Haltung zum Kolonialerwerb übel. Sie waren von einem übersteigerten Nationalstolz erfüllt und der Ansicht, Deutschland müsse eine Weltmacht werden. Während die anderen europäischen Großmächte am Wettlauf um Kolonialgebiete teilnahmen, hielt das Deutsche Reich sich zurück.

Deuten

Die Botschaft der Karikatur ist eindeutig: Der Karikaturist wirft Bismarck vor, die Bedeutung kolonialer Erwerbungen nicht zu erkennen, weil er nur mit seinen Sozialgesetzen beschäftigt ist. Er kritisiert damit Bismarcks einseitige Hinwendung zur Sozialpolitik. Der Zeichner mahnt einen schnelleren Kolonialerwerb an, solange die anderen Großmächte die Welt noch nicht unter sich aufgeteilt haben.

In Wirklichkeit war Bismarck politisch hellwach und handelte angemessen. In den Jahren 1883 bis 1889 entwickelte der Reichskanzler seine soziale Gesetzgebung (1883 Kranken-, 1884 Unfall-, 1889 Alters- und Invalidenversicherung), um soziale Spannungen im hoch industrialisierten Deutschen Reich zu verhindern. An den Kolonialerwerbungen der anderen europäischen und außereuropäischen Mächte nahm er nur deshalb nicht teil, weil er sich neben Frankreich, von dem Deutschland 1870/71 Elsass-Lothringen annektiert hatte, keine weiteren Gegner in Europa schaffen wollte.

Nationalismus
Überzogener Stolz auf Leistungen und Werte des eigenen Volkes. Andere Völker werden dabei oft gering geschätzt.

Methodische Arbeitsschritte

1 Beschreiben
- Informieren Sie sich, wann und wo die Karikatur erstmals veröffentlicht wurde. Wer ist der Zeichner?
- Beschreiben Sie die dargestellten Personen und Gegenstände. Achten Sie dabei auch auf die Größendarstellungen und verbindende Elemente.
- Wenn eine Beschriftung vorhanden ist, stellen Sie eine Beziehung zur Abbildung her.

2 Untersuchen
- Finden Sie so viel wie möglich über die abgebildeten Personen und den geschichtlichen Hintergrund heraus (u.a. Entstehungsjahr, -ort).

3 Deuten
- Erörtern Sie, welche Botschaft der Zeichner verbreiten wollte.
- Fassen Sie die Aussage der Karikatur zusammen und nehmen Sie dazu Stellung.

1. Lesen Sie die methodischen Arbeitsschritte und die Auswertung der Karikatur durch und vergleichen Sie mit **M1**.

2. Erläutern Sie, was eine Karikatur von einem Gemälde oder einer Zeichnung unterscheidet.

3. Erklären Sie, welche Funktion Karikaturen in der politischen Berichterstattung haben.

4. Entwerfen Sie eine eigene Karikatur, in der Sie die Überlegenheit und das rassistische Verhalten der Europäer kritisieren.

1870 | 1918

Ausbeutung und Vernichtung

Die Europäer beuteten ihre Kolonien rücksichtslos aus. 1904 wehrte sich das Volk der Herero gegen die deutschen Besatzer. Der Aufstand wurde blutig niedergeschlagen und Zehntausende Herero ermordet.

Völkermord
Massenhafte Vernichtung bis hin zur Ausrottung von Menschen einer nationalen, ethnischen oder religiösen Gruppe, wie beispielsweise die Ermordung der europäischen Juden während des Zweiten Weltkriegs oder der Massenmord an dem Volk der Tutsi in Ruanda in den 1990er-Jahren.

Deutsche Kolonialherren brechen jeden Widerstand

Die deutschen Kolonialherren unterschieden sich kaum von den anderen europäischen Mächten darin, wie sie ihre Gebiete beherrschten. Die weißen Siedler nahmen der Bevölkerung ihr Land und häufig auch ihr Vieh und zwangen die Männer und Frauen, auf ihren Plantagen zu arbeiten. Aufseher und Plantagenbesitzer gingen rücksichtslos mit den Arbeitern um, misshandelten sie und vergewaltigten ungezählte Frauen. Immer wieder kam es zu Aufständen der einheimischen Bevölkerung, die die Europäer aber meist schnell mit Gewalt niederschlugen.

Der Herero-Aufstand

1883 hatte der Bremer Kaufmann Adolf Lüderitz an der Südwestküste Afrikas Ländereien erworben. Die deutsche Regierung hatte sie später zur Kolonie „Deutsch-Südwestafrika" erklärt.

M1 Mit ihren Maschinengewehren waren die deutschen Soldaten den einfacher bewaffneten Herero überlegen.
Foto, 1904

Hier, am Rand einer großen Wüste, lebten die Herero. Sie zogen als Nomaden mit ihren Viehherden von Weideplatz zu Weideplatz. Als eine Rinderpest unter ihren Tieren ausbrach, waren die Herero gezwungen, ihr überlebendes Vieh zu einem Spottpreis an die weißen Siedler zu verkaufen.
1903 wurde den Herero von den deutschen Behörden ein Gebiet zugewiesen, wo sie künftig leben sollten. Doch dieses Reservat bestand aus unfruchtbarem Land. Das Weideland der Herero hatten die Deutschen für sich behalten. Auch für den Bau neuer Bahnlinien zur Erschließung des Inlands mussten die Herero Gebiete abtreten – so wurden sie zunehmend von den lebensnotwendigen Wasserlöchern abgeschnitten.
Ihre Not und ihr Zorn brachten die Herero dazu, sich gegen die Kolonialherren zu wehren. In der Nacht zum 12. Januar 1904 vertrieben sie die Deutschen aus ihren Häusern und von ihrem Land. Der Angriff kam so unerwartet, dass die Herero in kurzer Zeit das Zentrum des Landes besetzen konnten. Insgesamt wurden ungefähr 100 Siedler getötet.

Völkermord

Doch gegen die Gewehre und Kanonen der deutschen Truppen waren sie chancenlos. Die Soldaten trieben alle Herero – Männer, Frauen und Kinder – in die Omaheke-Wüste und riegelten das gesamte Gebiet ab. Wenn jemand versuchte, aus der Wüste zu entkommen oder an eines der wenigen Wasserlöcher zu gelangen, schossen die Soldaten. Bis zu 60 000 Herero kamen in der Wüste um. Nur etwa 15 000 Menschen überlebten. Viele Historiker nennen diese Militäraktion den ersten Völkermord des 20. Jahrhunderts.
Zwar kritisierten damals manche Deutsche das gnadenlose Vorgehen. Aber man hielt es durchaus für richtig, die Ansprüche der deutschen Siedler gegenüber den Einheimischen auch gewaltsam zu verteidigen.

M2 Gesuch von weißen Einwohnern Südwestafrikas an das Auswärtige Amt in Berlin (Juli 1900):

Aus den Verhandlungen des Reichstags ersehen wir, dass daselbst beantragt worden ist, in unseren Kolonien die Prügelstrafe bei Eingeborenen abzuschaffen. (...) Die erste Vorbedingung für eine richtige Behandlung der Eingeborenen ist, dass man sich über ihre Lebensanschauung und ihren Gesichtskreis klar wird. Unsere Eingeborenen leben seit Urzeiten in Faulheit, Rohheit und Stumpfsinn in den Tag hinein; (...). Für jeden Weißen, der unter Eingeborenen gelebt hat, ist es nicht gut möglich, dieselben Menschen im europäischen Sinn anzusehen; sie müssen erst in endloser Geduld, Strenge und Gerechtigkeit im Laufe der Jahrhunderte dazu erzogen werden. Für Milde und Nachsicht hat der Eingeborene auf die Dauer kein Verständnis; er sieht nur Schwäche darin und wird infolgedessen anmaßend und frech gegen den Weißen, dem er doch nun einmal gehorchen lernen muss, denn er steht geistig und moralisch doch tief unter ihm.

M3 Der Häuptling der Herero schrieb an den deutschen Gouverneur:

Der Anfang des Krieges ist nicht jetzt in diesem Jahr durch mich begonnen worden, sondern er ist begonnen worden von den Weißen. Du weißt, wie viele Herero durch die weißen Leute, besonders durch Händler, mit Gewehren und in Gefängnissen getötet worden sind (...). Die Händler raubten meine Leute aus. Für ein oder zwei Pfund Sterling Schulden nahmen sie meinen Leuten zwei oder drei Rinder gewaltsam weg (...). Leutnant N. fing an, meine Leute im Gefängnis zu töten. Es starben zehn und es hieß, sie seien an Krankheit gestorben, aber sie starben durch die Aufseher (...). Jetzt muss ich die Weißen töten (...).

M4 Herero, die vor deutschen Truppen geflüchtet waren, nach ihrer Rückkehr aus der Omaheke-Wüste (Foto, 1907).

M5 Deutsch-Südwestafrika und der Aufstand der Herero, 1904/05

Nach dem Aufstand bestimmte der deutsche Kaiser, dass die Herero ihr gesamtes Land verloren. Der Gouverneur der Kolonie, Lothar von Trotha, ließ die gefangenen Herero Zwangsarbeit beim Eisenbahnbau leisten. Alle Überlebenden wurden in speziellen Lagern untergebracht und als Arbeitskräfte eingesetzt.

1. Erklären Sie, warum es zum Aufstand der Herero kam (**VT, M3**).

2. Schreiben Sie einen Zeitungskommentar über das Vorgehen der deutschen Truppen (**VT, M1, M3**).

3. Charakterisieren Sie das Menschenbild der Eingeborenen und der Siedler, das in dem Dokument **M2** zum Ausdruck kommt.

4. Recherchieren Sie, inwiefern die deutsche Verantwortung an dem Völkermord politisch und gesellschaftlich aufgearbeitet wurde.

1870 1918

Afrika heute

Weite Teile Afrikas sind heute wirtschaftlich unterentwickelt. Ursachen dafür reichen weit zurück in die Geschichte.

M1 Hunger in der Welt 2010
Jährlich wird die Ernährungslage von der Welthungerhilfe ausgewertet. Am schlimmsten ist die Lage nach wie vor in Afrika. Hier wird die Situation für vier Länder als gravierend eingestuft.

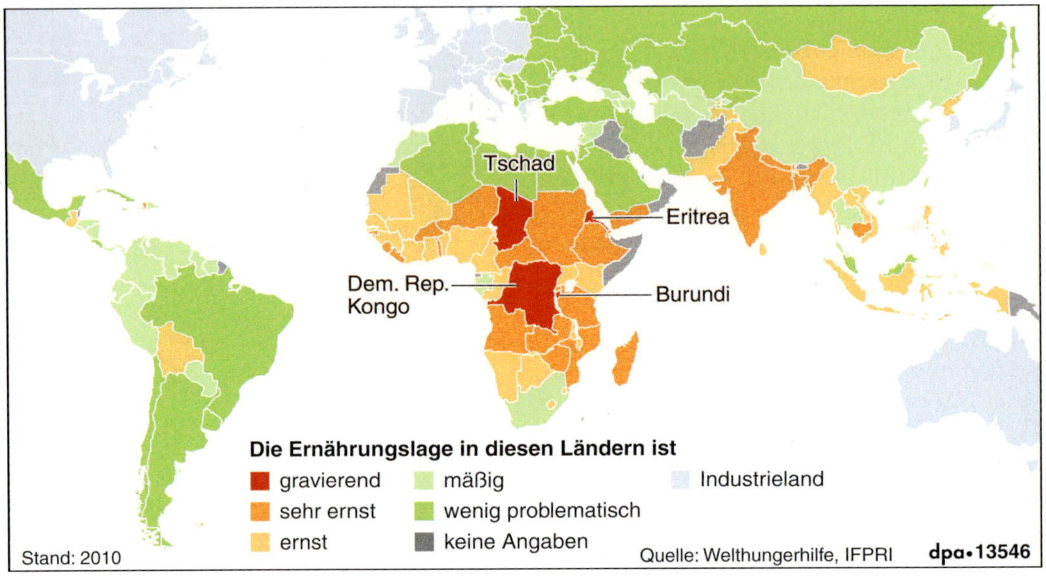

Entwicklungsländer/ unterentwickelte Länder
Beide Begriffe sollen die wirtschaftlich schwächsten Länder der Erde bezeichnen. Sie spiegeln allerdings nur die Sichtweise der reichen Industrieländer, indem sie andere Länder an der eigenen Entwicklung messen.

Die Folgen der Kolonialherrschaft

Die Kolonialmächte bestimmten über lange Zeit die wirtschaftliche Entwicklung „ihrer" Kolonien. Da die Bodenschätze und die Erträge der Plantagen vor allem den Mutterländern zugutekommen sollten, wurde die industrielle Entwicklung in den Kolonien nicht gefördert. Durch die Plantagenwirtschaft wurden Produkte wie Kaffee, Tee und Bananen für die Menschen in Europa immer erschwinglicher. Für die Kolonien bedeutete die Plantagenwirtschaft aber, dass andere einheimische Pflanzen- und Gemüsesorten kaum noch angebaut wurden.
Doch die Veränderungen durch die Europäer gingen noch weiter: Neue Grenzziehungen zerschnitten in vielen Landesteilen traditionelle Stammesgebiete oder Wanderwege der Nomaden. Zudem wurden die Großfamilien auseinandergerissen, da viele Männer und Frauen zur Arbeit auf den Plantagen, in den Bergwerken oder auf den Baustellen der Europäer gezwungen wurden.

Willkürliche Grenzen

Immer wieder brechen in vielen Gegenden Afrikas Bürgerkriege aus. Eine Ursache dafür ist die koloniale Vergangenheit. Afrika bestand vor der Kolonialisierung aus Tausenden von Stammesgebieten und wandernden Nomadenstämmen. Es gab weder einheitliche Sprachen noch Zahlungsmittel oder Gesetze. 1884/85 wurden bei der Kongokonferenz in Berlin die Einflussgebiete der Kolonialmächte festgelegt: Oft Tausende Kilometer lange schnurgerade Grenzen wurden willkürlich mit dem Lineal gezogen ohne Rücksicht auf die Wohngebiete der Völker. Die meisten dieser Grenzziehungen sind bis heute so geblieben.
Die Europäer fingen damit an, Verwaltungen, Polizei, Gerichtsbarkeit und Gefängnisse aufzubauen und die Landwirtschaft als Exportwirtschaft zu organisieren. Dies alles geschah ohne Zustimmung der heimischen Bevölkerung, die auf die ihnen aufgezwungene europäische koloniale Rechts-, Staats- und Wirtschaftsordnung nicht vorbereitet war. Nach dem Zweiten Weltkrieg zogen sich die Kolonialmächte überstürzt aus Afrika zurück, ohne eine funktionsfähige heimische Verwaltung aufgebaut zu haben.

M2 Lernen für eine bessere Zukunft
Vor allem Schulen in ländlichen Gegenden müssen improvisieren und sind auf Unterstützung angewiesen.

M4 Brunnen in einem äthiopischen Dorf
Das ist immer noch die Ausnahme. Im Jahr 2010 haben weiterhin nur 41 Prozent der äthiopischen Bevölkerung Zugang zu sauberem Trinkwasser.

M3 Njongonkulu Ndungane, zwischen 1996 und 2007 anglikanischer Erzbischof von Kapstadt, über Probleme Afrikas (2002):
Dieser mein Vortrag ist ein leidenschaftlicher Appell an die moralischen Grundsätze derer, die im Westen leben. Sie sollten bedenken, dass sie großenteils nur deswegen dort stehen, wo sie heute stehen, weil ihnen die Rohstoffvorräte der unterentwickelten Länder über Jahrhunderte hinweg zu Gebote standen. Man kann durchaus sagen, dass Ungerechtigkeit sich in den meisten Fällen auf Kosten der Schwächeren zugunsten der Stärkeren auswirkt. (...) Zusätzlich zu der verheerenden Armut werden die afrikanischen Gemeinschaften noch durch eine weitere Plage von enormem Ausmaß dezimiert, die Aids-Pandemie [Seuche]. Wenn wir im Kampf gegen diese Krankheit nicht bedeutende Anstrengungen unternehmen, sieht die Zukunft düster aus. (...) Wir verlieren unsere zukünftigen Führungspersönlichkeiten. Großeltern, die bereits ihre eigenen Kinder großgezogen haben, müssen jetzt ihre Enkel großziehen. (...) Erschwert werden diese Probleme in Afrika zusätzlich durch Regierungsmitglieder (...). Die Erträge von Rohstoffen, die eigentlich allen, und besonders den Unterprivilegierten, zugutekommen sollten, dienen lediglich dazu, die Habgier einiger weniger Auserwählter zu befriedigen. (...) Den Erfolg einer Führungspersönlichkeit kann man nicht an Äußerlichkeiten festmachen, wie z. B. daran, wie viele neue Autos er hat oder wie luxuriös er lebt. Viel wesentlicher ist die Frage, ob die Kluft zwischen Reich und Arm breiter oder schmaler wird, ob die Zahl der Unterprivilegierten steigt oder sinkt und ob ein jeder Zugang zu einer soliden medizinischen Grundversorgung und adäquaten Bildungsmöglichkeiten hat. (...).

1. Listen Sie die Folgen der europäischen Kolonialherrschaft in Afrika auf (**VT**).

2. Geben Sie in eigenen Worten die Probleme wieder, die der frühere südafrikanische Erzbischof in **M3** beschreibt. Warum ist er der Meinung, dass die Industriestaaten moralisch verpflichtet sind, den afrikanischen Entwicklungsländern zu helfen?

3. Erläutern Sie mithilfe von **M2** und **M4**, warum Hilfsaktionen dieser Art sinnvoll sind.

1870 1918

Bündnisse und Konflikte

Jahrzehntelang hatte Bismarck eine kluge Bündnispolitik betrieben, um Deutschland abzusichern. Das änderte sich, als Wilhelm II. den Thron bestieg. Er begann eine aggressive Außenpolitik – mit fatalen Folgen.

M1 Kaiser Wilhelm II. in Admiralsuniform, Ausschnitt aus einer Ansichtskarte um 1900. Mit solchen Darstellungen wurde in der deutschen Bevölkerung für die Flottenaufrüstung geworben.

Bismarcks Bündnispolitik

Um das Deutsche Reich abzusichern, hatte Bismarck Bündnisse mit Russland, Österreich-Ungarn und Italien geschlossen. Auf diese Weise sollte Frankreich isoliert werden, damit es dem Deutschen Reich nicht gefährlich werden konnte. Doch mit der Zeit verfeindeten sich Österreich-Ungarn und Russland immer stärker. Durch diese Feindschaft geriet das Deutsche Reich in Gefahr, in einen Krieg gegen Russland verwickelt zu werden.

Flottenpolitik von Wilhelm II.

1888 wurde Wilhelm II. Kaiser. Der junge Kaiser wollte in seiner Außenpolitik einen neuen Kurs verfolgen, so viele Kolonien wie möglich erwerben und das Deutsche Reich zu einer Weltmacht erheben. Bismarck dagegen war zurückhaltender in der Kolonialpolitik (siehe S. 168). 1890 forderte Wilhelm II. Bismarck auf, zurückzutreten, was dieser verbittert tat. Bismarcks Nachfolger erneuerten das Bündnis mit Russland nicht mehr. Daraufhin verständigten sich Frankreich und Russland auf ein Bündnis, sodass Deutschland sich nun von zwei Seiten bedroht sah.

„Unsere Zukunft liegt auf dem Wasser" – das jedenfalls behauptete Kaiser Wilhelm II. Eine große Kriegsflotte sollte dem Deutschen Reich eine führende Stellung in der Welt sichern. Die deutsche Regierung beschloss daher, die Flotte auf insgesamt 36 Linienschiffe, 22 große und 38 kleine Kreuzer auszubauen. Im Ausland wurde die deutsche Politik misstrauisch beobachtet. Vor allem die britische Regierung sah ihre Vormachtstellung auf See gefährdet. Ab 1904 begannen deshalb auch die Briten, ihre Flotte aufzurüsten.

Konflikte um Kolonien

Wilhelm II. nahm in Kauf, dass er durch seine Weltmachtpolitik mit anderen Mächten in Streit geriet. Doch während sich die Beziehungen zwischen dem Deutschen Reich und seinen Nachbarn verschlechterten, verbesserte sich das Verhältnis anderer europäischer Mächte untereinander.

Frankreich und Großbritannien beanspruchten beide ein Gebiet am oberen Nil bei Faschoda im heutigen Sudan. 1898 drohte es, zum Krieg zu kommen. Doch letztlich erkannten beide Regierungen: Es ist besser, sich in der Kolonialpolitik zu einigen. 1904 schlossen sie eine Allianz, welche sie „Entente cordiale" (= herzliches Übereinkommen) nannten.

Das Deutsche Reich ist isoliert

1905 besetzte Frankreich Marokko. Die deutsche Regierung protestierte, weil sie Auswirkungen auf den Handel mit Marokko befürchtete. Doch nun zeigte sich, dass Frankreich und Großbritannien gegen das Deutsche Reich zusammenhielten. Auch Großbritannien und Russland einigten sich, nachdem sie lange um Macht und Einfluss in Persien und Afghanistan gestritten hatten. Das Deutsche Reich war nun in Europa isoliert.

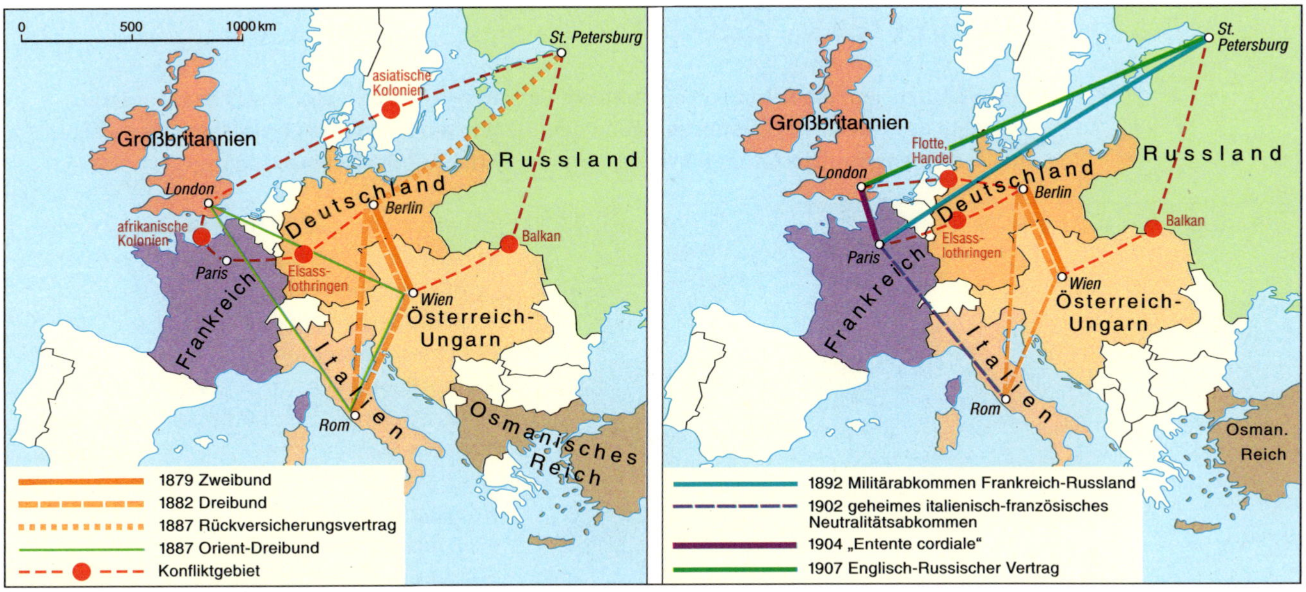

M2 Bündnisse und Spannungen zwischen den Großmächten 1887 und 1914
Die Karte links zeigt die Lage vor dem Amtsantritt Wilhelms II., die Karte rechts die Situation danach.

M3 Im Jahr 1892 schlossen Frankreich und Russland ein Militärabkommen. Darin wurde Folgendes festgeschrieben:

1. Falls Frankreich von Deutschland oder von Italien mit Deutschlands Unterstützung angegriffen wird, wird Russland alle seine verfügbaren Kräfte für einen Angriff auf Deutschland einsetzen. Falls Russland von Deutschland oder von Österreich mit Unterstützung Deutschlands angegriffen wird, wird Frankreich alle seine verfügbaren Kräfte zum Kampf gegen Deutschland einsetzen.
2. Falls der Dreibund oder eine der an ihm beteiligten Mächte etwa mobil machen sollten, werden auch Frankreich und Russland auf die erste Kunde von diesem Ereignis sofort gemeinsam ihre gesamten Streitkräfte mobil machen und so nahe wie möglich an die Grenze werfen.
3. Die gegen Deutschland verfügbaren Streitkräfte werden auf französischer Seite 1 300 000 Mann, auf russischer Seite 700 000 bis 800 000 Mann betragen. Diese Streitkräfte werden mit Nachdruck (...) derart vorgehen, dass Deutschland zugleich sowohl nach Osten wie nach Westen hin zu kämpfen hat.

M4 Die Sozialdemokraten zur geplanten Verstärkung der deutschen Flotte (1900):

Die Arbeiterklasse hat kein Interesse, Rüstungen zu unterstützen, welche die Gefahren zu Reibungen zwischen den Kulturstaaten vermehren (...). Insbesondere ist es wieder die Arbeiterklasse, auf deren Schultern die Last der neuen ins Riesenhafte sich steigernden Ausgaben hauptsächlich abgewälzt wird, wohingegen die herrschenden Klassen durch die ungeheuren Profite aus diesen Rüstungen ihren Reichtum ins Ungemessene steigern.

1. Prüfen Sie, ob Frankreich und Russland 1892 ein Verteidigungsbündnis oder ein Angriffsbündnis schlossen (**M3**).

2. Arbeiten Sie aus **M2** heraus, welche Länder Bündnisse miteinander schlossen. Legen Sie dazu eine Tabelle an (1. Spalte: Jahr, 2. Spalte: Bündnisname, 3. Spalte: beteiligte Länder).

3. Beurteilen Sie, wie sich die Situation nach dem Machtantritt Wilhelms II. 1888 änderte (**M2**). Hat die Flottenpolitik die strategische Situation des Deutschen Reiches verbessert?

4. Arbeiten Sie die Argumente gegen die Flottenpolitik heraus (**M4**).

1870 — 1918

„Pulverfass“ Balkan

Der „Wettlauf“ um die Kolonien belastete die Beziehungen der Staaten in Europa. Zusätzlich bedrohte das Flottenwettrüsten zwischen dem Deutschen Reich und Großbritannien den Frieden. In dieser angespannten Situation verschärfte eine Krise auf dem Balkan die Lage.

M1 **Der Balkan 1908 bis 1913**

Ein Krisenherd in Europa

Die Balkanvölker gehörten seit Langem zum Osmanischen Reich, das vom türkischen Sultan beherrscht wurde. Dieses Reich wurde Ende des 19. Jahrhunderts von den Europäern nur noch als „kranker Mann am Bosporus“ bezeichnet. Versuche, den Staat durch Reformen in das Industriezeitalter zu führen, waren gescheitert. Zudem lebten viele verschiedene Völker in den Grenzen des Reiches, wodurch es politisch recht instabil war.

Vor allem die slawischen Völker auf dem Balkan versuchten, sich von der türkischen Herrschaft loszulösen. Sie lebten zum Teil verstreut über die Staatsgrenzen hinweg und strebten danach, Nationalstaaten zu bilden. So wollte beispielsweise Serbien alle Serben in einem „großserbischen Reich“ vereinen. Dazu sollten auch die Serben gehören, die auf dem Gebiet des österreichisch-ungarischen Kaiserreiches lebten. Russland als größte slawische Nation verstand sich als Beschützer aller Slawen, also auch der Serben.

Kriege auf dem Balkan

1908 rebellierten türkische Offiziere gegen den Sultan. Österreich-Ungarn nutzte diese Krise des Osmanischen Reiches aus und annektierte Bosnien und Herzegowina. Damit löste die österreichische Regierung eine gefährliche Krise aus: Serbien betrachtete Österreich als Feind und drohte, militärisch vorzugehen. Auch Russland fühlte sich durch die österreichische Annexion in seinen Interessen angegriffen. Doch die deutsche Regierung, die ja mit Österreich-Ungarn verbündet war, warnte Russland davor, Serbien gegen Österreich zu unterstützen.

Auf dem Balkan selbst brachen in den folgenden Jahren mehrere Kriege einiger Staaten untereinander sowie gegen die Türkei aus. Nur mit Mühe gelang es den europäischen Großmächten, diese Kämpfe zu beenden. Doch seit 1908 galt der Balkan als „Pulverfass“, das ständig explodieren konnte: Auf dem Balkan konnte sich jederzeit ein Krieg zwischen den Bündnisstaaten entzünden.

Rüstungswettlauf

Das Deutsche Reich fühlte sich von den anderen Bündnismächten „eingekreist“. Umso mehr rüstete es auf: Heer und Flotte wurden 1912/13 noch vergrößert. Die anderen Mächte antworteten ebenfalls mit Aufrüstung. So entstand ein allgemeines Wettrüsten.

M2 Österreichs Haltung gegenüber Serbien formulierte der österreichische Generalstabschef am 20. Januar 1913:

Die Entwicklung eines selbstständigen großserbischen Staates ist eine (sehr große) Gefahr für die Monarchie (Österreich-Ungarn); sie liegt darin, dass (...) die Slawen der Monarchie (...) ihren Hort in diesem neuen, von Russland unterstützten Staatswesen suchen, dass vor allem die Serben der Monarchie die Angliederung an dasselbe anstreben werden; damit droht der Monarchie der Verlust der wichtigsten Gebiete für ihre Großmachtstellung und ihr wirtschaftliches Gedeihen. (...) Eingekeilt zwischen Russland, dann einem mächtig gewordenen Serbien und Montenegro und einem auf die Dauer kaum verlässlichen Italien wird die Monarchie zur politischen Ohnmacht und damit zum sicheren Niedergang verurteilt sein. (...) Die Monarchie muss durch eine militärische Kraftäußerung ihr Prestige, besser gesagt ihre politische Geltung, wiederherstellen.

M3 Die serbische Zeitung „Piemont" schrieb am 8. Oktober 1913, dem Jahrestag der Annexion Bosniens und Herzegowinas:

Den Schmerz, der an diesem Tage dem serbischen Volke zugefügt wurde, wird das serbische Volk noch durch Jahrzehnte fühlen. (...) Das Volk legt das Gelübde ab, Rache zu üben, um durch einen heroischen Schritt zur Freiheit zu gelangen. Serbische Soldaten (...) legen heute das Gelübde ab, dass sie gegen die „zweite Türkei" ebenso vorgehen werden, wie sie (...) gegen die Balkan-Türkei vorgegangen sind. (...) Der Tag der Rache naht. Eine Türkei verschwand. Der gute serbische Gott wird geben, dass auch die „zweite Türkei" verschwindet.

M4 „Wie sollen wir uns da die Hand geben?", deutsche Karikatur in der satirischen Zeitschrift „Simplicissimus", 1912. Die Figur links ist der „deutsche Michel", die Figur rechts stellt England dar.

	1889 bis 1900	1900 bis 1910	1910 bis 1913
Großbritannien	38	36	20
Deutschland	12	25	13
Frankreich	15	11	11
Russland	15	6	4

M5 Der Bau schwerer Kriegsschiffe

	1905	1910	1913
Frankreich	991	1177	1327
Russland	1069	1435	2050
Großbritannien	1263	1367	1491
Deutschland	1064	1377	2111
Österreich-Ungarn	460	660	720

M6 Rüstungsausgaben (in Millionen Mark)

Deutscher Michel
Eine in Karikaturen und Bildern seit der 1. Hälfte des 19. Jahrhunderts zu findende bildliche Verkörperung Deutschlands, meist mit Schlafmütze dargestellt. Ähnliche Symbole sind für Frankreich die Marianne, für die USA Uncle Sam.

1. Erläutern Sie, aus welchen Gründen der Balkan ein „Pulverfass" für Europa war (**VT2**).

2. Prüfen Sie, was Österreich mit der Annexion von Bosnien und Herzegowina erreichen wollte (**M2**). Welche Folgen hatte dieser Schritt (**M3**)?

3. Beschreiben Sie die Entwicklung der Rüstungsausgaben (**VT, M5, M6**). Fertigen Sie dazu ein Säulendiagramm an (s. S. 144/145).

4. Untersuchen Sie die Karikatur **M4**. Auf welche Gefahren weist der Zeichner hin?

Julikrise und Kriegsausbruch

Der 28. Juni 1914 war ein prächtiger Sommertag in Europa. Aber am Abend erschienen Extrablätter mit einer entsetzlichen Meldung: In der bosnischen Stadt Sarajewo war auf Erzherzog Franz Ferdinand, den österreichischen Thronfolger, und seine Frau geschossen worden.

Gratis. Extra-Blatt. Gratis.

Vossische Zeitung

Königlich privilegirte Berlinische Zeitung von Staats- und gelehrten Sachen.

Haupt-Geschäftsstelle Breite Str. 8/9, Berlin C.

Der österreichische Thronfolger und seine Gattin ermordet.

Einer grauenvollen Bluttat sind der Erzherzog-Thronfolger Franz Ferdinand von Oesterreich-Ungarn und seine Gattin, die Herzogin von Hohenberg, zum Opfer gefallen. Durch Schüsse serbischer Fanatiker wurden sie ermordet, nachdem sie einem Bomben-attentat ...

M1 Extrablatt einer Berliner Zeitung vom 28. Juni 1914

Mobilmachung
Damit wird die Kriegsbereitschaft der Streitkräfte (Heer, Flotte, Luftwaffe) hergestellt, so müssen z. B. Transportmittel bereitgestellt und Reservisten einberufen werden.

Das Attentat in Sarajewo

Der Attentäter war ein serbischer Student, der mit seiner Tat gegen die Unterdrückung der Serben in Österreich-Ungarn protestieren wollte. Die Menschen in Europa waren empört und bestürzt über diesen politischen Mord.

„Blankovollmacht" für den Bündnispartner

Das Streben der Serben nach einem eigenen Staat war für Österreich-Ungarn seit Langem eine Gefahr. Daher sah die Regierung in Wien in dem Attentat einen geeigneten Anlass, um mit Serbien „abzurechnen". Das Deutsche Reich war bereit, diese Politik zu unterstützen. Die Regierung in Berlin ging davon aus, dass Russland einem Krieg Österreichs gegen Serbien tatenlos zusehen würde. So sicherte die deutsche Regierung Österreich-Ungarn am 6. Juli ihre bedingungslose Unterstützung zu. Damit erteilte sie dem österreichischen Bündnispartner eine Art „Blankovollmacht" für jedes weitere Vorgehen.

Spiel mit dem Feuer

Falls Russland Serbien aber doch militärisch unterstützen sollte, wäre ein europäischer Krieg kaum vermeidbar gewesen. Denn alle europäischen Großmächte waren durch ihre Bündnisse feste militärische Verpflichtungen eingegangen. Über dieses Risiko waren sich die Politiker in Berlin von Anfang an im Klaren. Großbritannien schlug mehrfach vor, alle Staaten, die an dem Konflikt beteiligt waren, sollten eine Verhandlungslösung suchen. Doch aus Sicht der Regierungen in Berlin und Wien wäre ein politischer Kompromiss eine Niederlage gewesen.

Beginn des „Weltbrandes"

Ende Juli stellte die österreichische Regierung Serbien ein Ultimatum: Unter anderem sollten österreichische Beamte an den Untersuchungen des Attentats vom 28. Juni mitwirken. Die serbische Regierung war bereit, Wien entgegenzukommen, lehnte aber eine Einmischung in die inneren Angelegenheiten ab. Daraufhin erklärte Österreich Serbien den Krieg. Entgegen der deutschen Hoffnung begann die russische Regierung mit der Mobilmachung, um die Serben gegen die Österreicher zu unterstützen. Daraufhin erklärte die deutsche Reichsregierung Russland und dessen Verbündeten Frankreich den Krieg.
Gleich zu Kriegsbeginn überfielen deutsche Truppen das neutrale Belgien. Die deutsche militärische Führung wollte Frankreich von Norden her schnell besiegen, um sich dann gegen Russland zu wenden. Für Großbritannien war der Überfall auf Belgien der Anlass, an der Seite Frankreichs und Russlands in den Krieg einzutreten. Damit waren innerhalb kurzer Zeit alle europäischen Großmächte in den Krieg verwickelt, der sich bald zu einem „Weltbrand" ausweitete.

M2 Zwei Historiker über die Schuld am Ausbruch des Ersten Weltkriegs:

a) Thomas Nipperdey, 1992:

Die deutsche Regierung hat (...) ihren erheblichen Anteil am Kriegsausbruch gehabt. Ihre Planungen und Aktionen haben, vom „Blankoscheck" angefangen, das Kriegsrisiko von vornherein einkalkuliert und insoweit (...) die Zuspitzung der Krise zum Krieg mitbewirkt: Aus der Möglichkeit, (...) die Krise durch Vermittlung friedlich zu lösen, ist auch wegen des Verhaltens der deutschen Regierung nichts geworden. (...)
Die Reichsleitung ist (aber) nicht der alleinige Urheber des Weltkrieges gewesen, auch nicht der Hauptverantwortliche. Die russische Mobilmachung ist so entscheidend wie der Blankoscheck.

b) Sönke Neitzel, 2002:

Nachdem sich im Sommer 1914 (...) der Handlungsspielraum des Deutschen Reiches weiter verringert hatte, war der Mord von Sarajewo das Signal zu einer Risikopolitik (...). Wenngleich die deutsche und die österreichisch-ungarische Politik in der Juli-Krise einer defensiven Grundhaltung entsprangen, trugen sie doch die Hauptverantwortung für den Ausbruch des Ersten Weltkriegs. Gewiss darf die Rolle der anderen Mächte, insbesondere diejenige Russlands, nicht außer Acht gelassen werden. Tatsache bleibt jedoch, dass Berlin und Wien gleichermaßen zum Krieg drängten. Für den heutigen Betrachter mutet ihr Handeln, in Kenntnis der Folgen, als unverantwortlich an. In der Tat muss der entscheidende Vorwurf lauten, dass sich weder der österreichische Ministerrat noch die deutsche Reichsleitung ausreichende Gedanken zur Gestalt eines großen Krieges gemacht haben. Beide verließen sich allzu blauäugig auf die optimistischen Versprechungen der Militärs. Insofern kommt diesen eine bedeutende Mitschuld am Ausbruch des Ersten Weltkrieges zu.

M3 Kurz nach dem Attentat:
Der serbische Student Gavrilo Princip wird überwältigt und festgenommen (Fotografie, 1914).

28. Juni	Attentat in Sarajewo
5. Juli	Die deutsche Reichsführung versichert gegenüber Österreich ihre volle Rückendeckung und Bündnistreue.
23. Juli	österreichisches Ultimatum an Serbien, unter anderem mit der Forderung nach Untersuchung der Schuld unter Beteiligung österreichischer Beauftragter
25. Juli	russisches Hilfsversprechen für Serbien, serbische Mobilmachung
28. Juli	Kriegserklärung Österreich-Ungarns an Serbien
30. Juli	russische Mobilmachung
31. Juli	deutsches Ultimatum an Frankreich (Frankreich sollte in einem russisch-deutschen Krieg neutral bleiben); deutsches Ultimatum an Russland (Einstellung der Mobilmachung)
1. August	15 Uhr französische Mobilmachung 17 Uhr deutsche Mobilmachung 19 Uhr Kriegserklärung Deutschlands an Russland
3. August	Kriegserklärung Deutschlands an Frankreich
4. August	deutscher Einmarsch in Belgien, Kriegserklärung Englands an Deutschland

M4 Die Kriegsmaschine kommt in Gang – die Ereignisse im Sommer 1914

1. Verfassen Sie einen Zeitungsartikel vom 4. August 1914, der über die Gründe für den Kriegsausbruch berichtet (**VT, M2**).

2. Arbeiten Sie heraus, welchen beiden Staaten der Historiker Nipperdey (**M2a**) und welchen beiden Staaten der Historiker Neitzel (**M2b**) die Hauptverantwortung für den Ausbruch des Krieges gibt.

3. Urteilen Sie selbst: Was waren die Ursachen für den Ersten Weltkrieg?

1870 1918

Europa wird zum Schlachtfeld

Als im August 1914 die Züge mit Millionen von Soldaten an die Fronten rollten, herrschte in der deutschen Bevölkerung überwiegend Begeisterung. Viele junge Männer meldeten sich freiwillig an die Front. Doch die Ernüchterung folgte bald.

M1 Die Folgen der neuen Kriegstechnik zeigt dieses Foto von der Gegend um die nordfranzösische Stadt Arras (1917).

Kriegsbeginn

Auch die Parteien ließen sich alle von der anfänglichen Euphorie anstecken. Waren die Reichstagsabgeordneten der Arbeiterparteien zunächst gegen den Krieg gewesen, wollten sie nun nicht als Vaterlandsverräter gelten.
Mit wenigen Ausnahmen stimmten sie Kriegskrediten zu, damit die Regierung die hohen Kriegskosten bezahlen konnte. Die Regierung ging davon aus, dass sie nach einem gewonnenen Krieg Entschädigungen von Frankreich erhalten würde.
Die deutschen Truppen marschierten über Belgien in Richtung Paris vor. Doch unerwartet früh griffen russische Armeen Deutschland im Osten an, sodass die deutschen Armeen zugleich gegen Belgier, Briten, Franzosen und Russen kämpfen mussten.
Nach verlustreichen Kämpfen an der Marne in der Nähe von Paris kam im September 1914 der deutsche Vormarsch zum Stehen. Zur gleichen Zeit besiegten deutsche Truppen im Osten zwei russische Armeen. Damit verhinderten sie zwar den Einmarsch der Russen in deutsches Gebiet, doch ein schnelles Kriegsende war nicht in Sicht.

Materialschlacht und Stellungskrieg

Bald machten sich die riesigen Verluste an Menschen und Kriegsmaterial bemerkbar. Die Fabriken konnten die angeforderten Mengen an Munition kaum liefern. Der Krieg erstarrte zum „Stellungskrieg“: Die Soldaten gruben sich in Schützengräben in die Erde ein. Bald zogen sich die Schützengräben von der Küste durch Belgien und Frankreich bis zur Schweiz. Keine Kriegspartei konnte entscheidende Siege erzielen. Daher versuchte man nun, weitere Länder auf die eigene Seite zu ziehen.
Auch in den Kolonialgebieten wurde gekämpft. Der Krieg war zu einem Weltkrieg geworden: Überall auf dem Globus verliefen die Fronten zwischen den Kriegsparteien.

Giftgas als Waffe

Schließlich setzten die Militärs neue Waffen ein, z.B. Giftgas. Dieses Gas verursachte entsetzliche Leiden bei den Soldaten, führte aber auch keine Kriegsentscheidung herbei.

Die Hölle von Verdun

Am 21. Februar 1916 eröffnete die deutsche 5. Armee das Feuer auf die Festung Verdun sowie auf die Nachschubwege und die gegnerischen Schützengräben. Die Strategie war, Frankreich „ausbluten“ zu lassen und so zum Aufgeben zu zwingen. Über Monate hinweg tobten grausame Schlachten zwischen dem deutschen und dem französischen Heer, wobei Zehntausende Männer von Maschinengewehren „niedergemäht“ oder von Granaten zerrissen wurden.
Im Oktober 1916 waren die deutschen Truppen gezwungen, aus Verdun abzuziehen. An einem einzigen Tag gewannen die Franzosen das Gelände zurück, das die Deutschen in vier Monaten erkämpft hatten.

M2 Reichskanzler Bethmann Hollweg zu den deutschen Kriegszielen, September 1914:

Das allgemeine Ziel des Krieges: Sicherung des Deutschen Reiches nach West und Ost auf erdenkliche Zeit. Zu diesem Zweck muss Frankreich so geschwächt werden, dass es als Großmacht nicht neu erstehen kann, Russland von der deutschen Grenze nach Möglichkeit abgedrängt und seine Herrschaft über die nicht russischen Vasallenvölker gebrochen werden. Die Ziele des Krieges im Einzelnen:
1. Frankreich. (…) eine in Raten zahlbare Kriegsentschädigung; sie muss so hoch sein, dass Frankreich nicht imstande ist, in den nächsten 18 bis 20 Jahren erhebliche Mittel für Rüstung aufzuwenden. Des Weiteren: ein Handelsvertrag, der Frankreich in wirtschaftliche Abhängigkeit von Deutschland bringt, es zu unserem Exportland macht und es ermöglicht, den englischen Handel in Frankreich auszuschalten. (…)

M3 Der französische Botschafter in St. Petersburg zu den alliierten Zielen, September 1914:

1. Das Hauptziel der drei Verbündeten würde sein, die Macht Deutschlands und seinen Anspruch auf militärische und politische Herrschaft zu brechen. (…)
3. Russland würde sich den Unterlauf des Njemen und den östlichen Teil Galiziens aneignen. Es würde dem Königreich Polen das östliche Posen, Schlesien (…) und den westlichen Teil Galiziens angliedern.
4. Frankreich würde Elsass-Lothringen wiedernehmen, wobei es ihm freisteht, einen Teil Rheinpreußens und der Pfalz hinzuzufügen. Belgien würde (…) einen bedeutenden Gebietszuwachs erhalten. (…)
12. England, Frankreich und Japan würden sich die deutschen Kolonien teilen.
13. Deutschland und Österreich würden eine Kriegskontribution zahlen.

M4 **Frontenverlauf des Ersten Weltkriegs**

M5 **Deutsche Soldaten fahren an die Westfront** (Foto, 1914).

1. Vergleichen Sie die Bildaussagen von **M1** und **M5**.

2. Stellen Sie mithilfe von **M4** die strategische Lage Deutschlands dar.

3. Erläutern Sie am Beispiel von Verdun die Art der Kriegführung und die Folgen für die Soldaten.

1870 | 1918

Das Entscheidungsjahr 1917

Deutschlands Kraft begann zu schwinden. Aber noch konnte die Regierung auf günstige Bedingungen bei Friedensverhandlungen hoffen. Daher machte Reichskanzler Bethmann Hollweg den Alliierten Ende 1916 ein Friedensangebot. England und Frankreich lehnten ab.

M1 „Nur die Marine kann dies beenden", Propagandaplakat der US-amerikanischen Regierung von 1917

Waffenstillstand
Einstellung von Feindseligkeiten zwischen Krieg führenden Staaten. Meistens folgen Friedensverhandlungen. Werden Kampfhandlungen für kurze Zeit – z. B. zur Bergung von Verwundeten – eingestellt, spricht man von Waffenruhe.

Der verpasste Frieden

Der amerikanische Präsident Wilson forderte die Krieg führenden Mächte auf, ihre Bedingungen für eine Friedenskonferenz zu nennen. Ein „Frieden ohne Sieg" war es, was Wilson vorschlug. Aber dazu war keine der beteiligten Regierungen bereit.

Die entscheidende Wende

Angesichts der zunehmend ausweglosen Lage an allen Fronten verschärfte die Oberste Heeresleitung im Februar 1917 den Krieg zur See. Deutsche U-Boote sollten nun ohne Vorwarnung Handels- und Passagierschiffe versenken. Als in dem folgenden „uneingeschränkten U-Boot-Krieg" auch amerikanische Schiffe versenkt wurden, erklärte Präsident Wilson den Deutschen im April 1917 den Krieg. In nur eineinhalb Jahren brachten die USA über 30 Milliarden Dollar und 4,5 Millionen Soldaten für den Krieg in Europa auf.

In Russland brach im Frühjahr 1917 eine Revolution aus: Der Zar wurde gestürzt und die Kommunisten unter dem Politiker Lenin übernahmen die Macht. Doch politische Kämpfe und Probleme in der Lebensmittelversorgung schwächten die russische Regierung und die Truppen. Lenin wollte um jeden Preis schnell aus dem Krieg aussteigen: Im Frühjahr 1918 schloss er deshalb einen von Deutschland diktierten Friedensvertrag.

Das Militär will den Waffenstillstand

Erstmals seit vier Jahren geriet der Krieg wieder in Bewegung. Aber jetzt machte sich bemerkbar, dass die USA gewaltige Massen an Kriegsmaterial nach Europa gebracht hatten und dass die deutsche Armee erschöpft war. Auch die Verbündeten des Deutschen Reiches standen kurz vor dem Zusammenbruch. Im September 1918 verlangte die Oberste Heeresleitung, an ihrer Spitze die Generäle Hindenburg und Ludendorff: Die deutsche Regierung muss einen Waffenstillstand schließen. Der Krieg war praktisch verloren.

Die Matrosen meutern

Trotzdem ließ die deutsche Marineführung Anfang November ihre Hochseeflotte gegen England auslaufen. Lieber heldenhaft untergehen, als die Flotte an den Feind auszuliefern, war ihre Devise. Doch die Matrosen weigerten sich. In Kiel kam es zum bewaffneten Aufstand, der sich zu einer Revolution in ganz Deutschland ausbreitete. Am 9. November musste Kaiser Wilhelm II. vom Thron zurücktreten. Zwei Tage später unterzeichneten Vertreter der neuen demokratischen Regierung mit den Siegermächten einen Waffenstillstand. Der Krieg war zu Ende.

M2 Das deutsche Friedensangebot aus dem Jahr 1916

a) Auszug aus einem Schreiben der deutschen Regierung vom 2. Dezember 1916 an die Alliierten:

Getragen von dem Bewusstsein ihrer militärischen und wirtschaftlichen Kraft und bereit, den ihnen aufgezwungenen Kampf nötigenfalls bis zum Äußersten fortzusetzen, zugleich aber von dem Wunsch beseelt, weiteres Blutvergießen zu verhüten und den Gräueln des Krieges ein Ende zu machen, schlagen die vier verbündeten Mächte vor, alsbald in Friedensverhandlungen einzutreten. Die Vorschläge, (...) die darauf gerichtet sind, Dasein, Ehre und Entwicklungsfreiheit ihrer Völker zu sichern, bilden nach ihrer Überzeugung eine geeignete Grundlage für (einen) dauerhaften Frieden.

b) Auszug aus der Antwort der Alliierten vom 30. Dezember 1916:

Vor jeder Antwort legen die alliierten Mächte Gewicht darauf, gegen die beiden wesentlichen Behauptungen der Note der feindlichen Staaten lauten Einspruch zu erheben, welche auf die Alliierten die Verantwortung für den Krieg abwälzen will und die den Sieg der Zentralmächte verkündete. (...) Für die Vergangenheit übersieht die deutsche Note die Tatsachen, die Daten und die Zahlen, die feststellen, dass der Krieg gewollt hervorgerufen und erklärt worden ist durch Deutschland und Österreich-Ungarn. (...) Für die Zukunft verlangen die (...) verursachten Verwüstungen (...) Sühne, Wiedergutmachung und Bürgschaften.

M3 Die deutsche Waffenstillstandskommission
mit weißen Fahnen an den Autos fährt durch den französischen Ort Compiègne zu den Verhandlungen. Matthias Erzberger, Mitglied der Zentrumspartei und der Regierung, unterzeichnet am 11. November 1918 um 17 Uhr den Waffenstillstandsvertrag.

M4 Matrosen der Kriegsflotte
verweigern im November 1918 den Gehorsam und rufen zur Revolution in Deutschland auf.

1. Lesen Sie **M2** und beurteilen Sie den Friedenswillen der Kriegsparteien.

2. Diskutieren Sie, welche Gründe das Verhalten gehabt haben könnte.

3. Erläutern Sie, inwiefern der Eintritt der USA in den Krieg eine entscheidende Wende brachte (**VT2**).

4. Schildern Sie mit eigenen Worten den Ausgang des Krieges (**VT3, VT4, M3, M4**).

1870 1918

Kriegerdenkmäler auswerten

Der Niederlage Deutschlands im Ersten Weltkrieg hatte neben politischen und wirtschaftlichen Folgen auch Auswirkungen auf die deutsche Gedächtniskultur. Noch nie zuvor waren so viele deutsche Soldaten für ihr Heimatland gestorben. Am Ende dieses erstmals mit modernen Kriegswaffen geführten Grabenkrieges wurden mit Abstand die meisten Denkmäler errichtet.

M1 Kriegerdenkmal in Heilbronn-Neckargartach

M2 Das Kriegerdenkmal vor der Peterskirche in Heilbronn

Neue Form der Gedächtniskultur

Bis zum Ersten Weltkrieg waren Kriegerdenkmäler in Deutschland im Wesentlichen Siegerdenkmäler. Meist wurden wichtig erscheinende Persönlichkeiten des Kriegsgeschehens, z. B. Monarchen, Politiker oder Generäle, dargestellt, häufig als Bronzestatuen, manchmal auf einem Pferd sitzend. Auch andere Monumente, z. B. in Form von „Siegessäulen", waren üblich. Nun rückte der Soldat in den Mittelpunkt, der ruhmvoll für sein Vaterland gestorben war. Die Kriegerdenkmäler boten den Hinterbliebenen oft ein Ersatzgrab, da viele Soldaten im Ausland gefallen waren – sie sollten die Angehörigen trösten, dem Tod einen Sinn verleihen. Sie sollten oft auch die Überlebenden auf das Vorbild der Opfer verpflichten, aber auch den Staat und seine Ideale repräsentieren.

Beschreiben

Das aus Sandstein gehauene Kriegerdenkmal vor der Peterskirche im Heilbronner Stadtteil Neckargartach ist ein 1937 eingeweihtes Ehrenmal für die 138 gefallenen Neckargartacher des Ersten Weltkriegs. Es wurde 1981 um die 309 Namen der Opfer des Zweiten Weltkriegs ergänzt. Die Plastik ist ein Relief, das zwei Soldaten in Mantel, Stahlhelm und mit Gewehr zeigt. Sie halten symbolisch Wache an den Steinen und Tafeln, auf denen die Namen, die Geburts- und Todestage der Gefallenen verewigt sind. Der Text über dem Denkmal lautete 1937: „Aus eurem Erbe, ihr Helden, aus dem Geiste ewiger Opferbereitschaft und Hingabe, baut sich das Volk." Nach dem Zweiten Weltkrieg wurde dieser Spruch durch die Aufschrift „Die Toten mahnen" ersetzt.

Untersuchen

Der Heimatverein Neckargartach hatte 1937 zur Errichtung des Denkmals aufgerufen, unterstützt wurde er durch die örtliche NSDAP und deren Unterorganisationen. Finanziert wurde der Bau vor allem mit Spenden der heimischen Industrie, darunter das Salzwerk Heilbronn und das Kraftwerk Altwürttemberg in Ludwigsburg. Der aus Neckargartach stammende „Gaupropagandaleiter" Mauer war von Beruf Bauingenieur. Er bestimmte den Stuttgarter Bildhauer Ernst Neumeister für die plastischen Arbeiten. Die Einweihung fand im nationalsozialistischen Geist statt. Volks- und Kampflieder wurden gesungen. Hunderte Anwesende erhoben den Arm zum Hitlergruß. Das Denkmal sollte nationale Identität schaffen und die Bürger darin bestärken, dass der Soldatentod ein ehrenvoller Opfertod war.

Deuten

Nur 25 Monate nach der Einweihung begann Deutschland den Zweiten Weltkrieg, der noch viel mehr Opfer fordern sollte als der Erste. Das Denkmal hatte, wie Tausende andere in Deutschland auch, nicht vor einem neuen Krieg gewarnt und die Toten betrauert. Es war kein Mahnmal, sondern geriet wie viele andere Denkmäler dieser Zeit zum Ort einer Heldenverehrung. Mit dem neu hinzugefügten Spruch „Die Toten mahnen" nach Ende des Zweiten Weltkriegs wurde aus dem Ehrenmal vor allem ein Mahnmal mit der Aufgabe, der Toten und ihrer Leiden, die sich nicht wiederholen dürfen, zu gedenken.

Methodische Arbeitsschritte

1 Beschreiben

- Beschreiben Sie das Denkmal genau. Welche Werkstoffe wurden verwendet? Was ist dargestellt, welche Eigenheiten fallen auf?
- Gibt es eine Inschrift? Was sagt sie aus?
- Wo ist das Denkmal aufgestellt? Hat dieser Platz eine besondere Bedeutung?

2 Untersuchen

- Finden Sie heraus, wer der Erbauer und der Auftraggeber des Denkmals war.
- Recherchieren Sie, wie das Denkmal wahrgenommen wurde (Eröffnung, Gedenkveranstaltung, Kritik).

3 Deuten

- Charakterisieren Sie den Gesamteindruck des Denkmals.
- Fassen Sie die Grundaussage zusammen und erläutern Sie, welche Rolle die einzelnen Elemente dabei spielen.
- Diskutieren Sie die Bedeutung des Denkmals in der heutigen Zeit.

M3 Die 23 Meter lange Namensmauer zeigt Namen, Sterbeort, Geburts- und Todesdatum der im Ersten Weltkrieg gefallenen Soldaten.

1. Suchen Sie in der Nähe Ihres Wohnorts nach Kriegerdenkmälern. Verwenden Sie zu deren Hinterfragung die methodischen Arbeitsschritte.

2. Diskutieren Sie in der Klasse den Ausspruch des polnischen Schriftstellers Stanislaw Jerzy Lec (1909–1966): „Die meisten Denkmäler sind hohl" und die Bewertung des französischen Historikers und Journalisten Pierre Gaxotte (1895–1982): Denkmäler seien „Lesezeichen der Geschichte".

1870 1918

Imperialismus und Erster Weltkrieg

1 Diese Begriffe kann ich erklären!

a) Imperialismus

b) Rassismus

c) Nationalismus

d) Annexion

e) Norddeutscher Bund

f) Mobilmachung

g) Hölle von Verdun

2 Zu diesen Bildern kann ich etwas erzählen!

3 Diese Daten kann ich erklären!

a) 1866

b) 1884

c) 1890

d) 1914

e) 1917

4 Diese Fragen kann ich beantworten!

a) Beschreiben Sie Anspruch und Wirklichkeit des Kolonialismus.

b) Beschreiben Sie, wie es zur Gründung des Deutschen Reiches von 1871 kam. Warum spricht man von einer Staatengründung „von oben"?

c) Wie kam es zum Herero-Aufstand in Südwestafrika?

d) Erklären Sie den außenpolitischen Umschwung des Deutschen Reiches seit der Thronbesteigung Wilhelms II.

Das Zeitalter des Imperialismus

M1 Propagandapostkarte aus dem Ersten Weltkrieg

M2 Feldpostbrief von Johannes Henne aus Altdorf, Kreis Böblingen (23. Mai 1917). Kurze Zeit später fiel der 19-Jährige bei Verdun.

Lieber Vater und Geschwister!

(...) Wie ich Euch schon vorgestern geschrieben habe, hat unser Regiment unsagbar viele Verluste gehabt. Aber an Boden haben wir nichts verloren. Der Ort, wo ich bin, ist etwa drei Stunden hinter dem ersten Graben. Ihr könnt Euch schon denken, dass ich weit genug vorne bin. Und es ist schrecklich, wenn man so von der Ferne das Trommelfeuer mit anhören muss.

In dem Ort, wo ich bin, ist die Verwundeten-Sammelstelle für unsere Division eingerichtet. Ich gehe jeden Tag 2 bis 3 Mal hinunter und schaue, was für Kameraden von meiner Kompanie verwundet worden sind. (...) Ich könnte Euch manch schreckliche Szenen schreiben, aber ich darf's nicht! ... Aber eines will ich doch erwähnen: Das 2. Bataillon meines Regiments hat in einem gut erhaltenen Eisenbahntunnel Schutz gesucht, der Franzmann nahm aber das Tunnel so unter Feuer und trommelte die Ausgänge zusammen, sodass das ganze Bataillon mit lebendigem Leibe begraben wurde, und es konnte vor lauter Trommelfeuer kein Mann gerettet werden. (...)

Das Wunder, dass ich die schrecklichen Tage nicht mitmachen muss, ist so groß als das in der Bibel stehende Wunder: die Speisung der 5000 Mann.

Ich will jetzt schließen.

Es grüßt Euch

Euer Sohn und Bruder Johannes

Auf Wiedersehen, aber wann?

1. Zeichnen Sie zu **M5** und **M6** auf S. 179 je ein Säulendiagramm. Leiten Sie Ergebnisse ab, die daraus hinsichtlich des Flottenwettrüstens deutlich werden.

2. Schreiben Sie einen Lexikonartikel über den Verlauf des Ersten Weltkriegs zwischen den Jahren 1914 und 1917.

3. Beschreiben und erläutern Sie die Karikatur **M1**. Verwenden Sie dazu die methodischen Arbeitsschritte von S. 171.

4. Vergleichen Sie **M1** mit **M2**. Was hätte Johannes Henne wohl anders geschrieben, wenn Feldpostbriefe nicht der Zensur unterlegen gewesen wären?

7 Die Weimarer Republik

11. November 1918: In Paris und London läuten die Siegesglocken. Der Erste Weltkrieg ist zu Ende, aber der Friede hat keineswegs begonnen. Vielmehr bricht in Europa eine Zeit der Spannungen und Konflikte an. Revolutionen und Bürgerkriege, Wirtschaftskrisen und die verzweifelte Suche nach Ordnung und Orientierung prägen das Gesicht des Kontinents. Bis 1939 zerfällt Europa in zwei Lager: Während die Demokratien im Westen und Norden Bestand haben, beschreiten Deutschland und das übrige Europa nach und nach den Weg in die Diktatur.
Was trieb die Deutschen zur „Flucht in die Unfreiheit“? Warum scheiterte die neu errichtete erste deutsche Republik? Und war der Niedergang der Demokratie zwangsläufig oder gab es bis zuletzt nicht auch die Chance des Erfolges?

Online-Link
416330-0701

1918 | 1919 | 1923

1918
Nach der Novemberrevolution wird in Deutschland die Republik ausgerufen.

1919
Die Siegermächte aus dem Ersten Weltkrieg legen im Versailler Vertrag die Friedensbedingungen fest.

1923
Französische Truppen besetzen das Ruhrgebiet. In Deutschland erreicht die Inflation ihren Höhepunkt.

M1 Petschaft, die bei der Besiegelung des Versailler Vertrages im Jahr 1919 verwendet wurde.
Foto 2009

1929 | 1933

1929
Dramatische Kurseinbrüche an der New Yorker Börse lösen eine Weltwirtschaftskrise aus.

ab 1930
Präsidialregierungen bestimmen die Politik Deutschlands.

1933
In Deutschland beendet die Diktatur der Nationalsozialisten die Demokratie der Weimarer Republik.

M2 Die Zwanziger in Gestalt der „Neuen Frau"
Marlene Dietrich als Lola Lola im Film „Der blaue Engel" (1930)

1918 1933

Die Epoche der Weimarer Republik in einem Lernzirkel erarbeiten

Die Idee des Lernzirkels (auch: Stationenlernen) kommt ursprünglich aus dem Bereich des Sports. Hier werden unterschiedliche Übungsstationen in Kreisform aufgebaut, die der Reihe nach oder in freier Auswahl durchlaufen werden.

Dieses Prinzip lässt sich auch auf den Geschichtsunterricht übertragen: Dazu muss ein Themenbereich in unterschiedliche Teilbereiche aufgegliedert und diese auf mehrere Lernstationen verteilt werden. In Arbeitsgruppen können Sie die einzelnen Stationen dann durchlaufen. Nach Ablauf einer festgesetzten Zeit findet ein Wechsel der Stationen statt.
In einer Auswertungsphase am Ende können die erarbeiteten Ergebnisse zusammengefasst, verglichen und diskutiert werden.

Ablauf eines Lernzirkels

1. Phase: Plenum – Vorstellung des übergreifenden Themas und der einzelnen Stationen. Stellen Sie die Tische des Klassenraums zu Gruppentischen bzw. Stationen zusammen und bilden Sie so viele Arbeitsgruppen, wie Lernstationen vorgesehen sind. Wichtig: An jeder Lernstation müssen die benötigten Materialien bereitliegen.

2. Phase: Gruppenarbeit an den Stationen – Durchlaufen Sie die einzelnen Lernstationen mit Ihrer Arbeitsgruppe, eventuell in einer vorgegebenen Reihenfolge. Teilen Sie die Arbeitsaufträge an den Stationen unter den Gruppenmitgliedern auf oder bearbeiten Sie den vorhandenen Arbeitsauftrag gemeinsam. An jeder Station übernimmt ein anderes Gruppenmitglied die Aufgabe, sorgfältige Notizen zu machen. Nach dem Ablauf einer vorgegebenen Zeit wechseln alle Gruppen zur nächsten Station.

3. Phase: Plenum – Vergleichen und diskutieren Sie die an den Stationen erarbeiteten Ergebnisse und Erkenntnisse gemeinsam im Plenum. Heften Sie dazu etwaige Ergebnisse der Stationen (z. B. Zeitstrahl, Mindmap) an eine Pinnwand. In einer Tabelle fassen Sie die wichtigsten Ergebnisse zusammen.

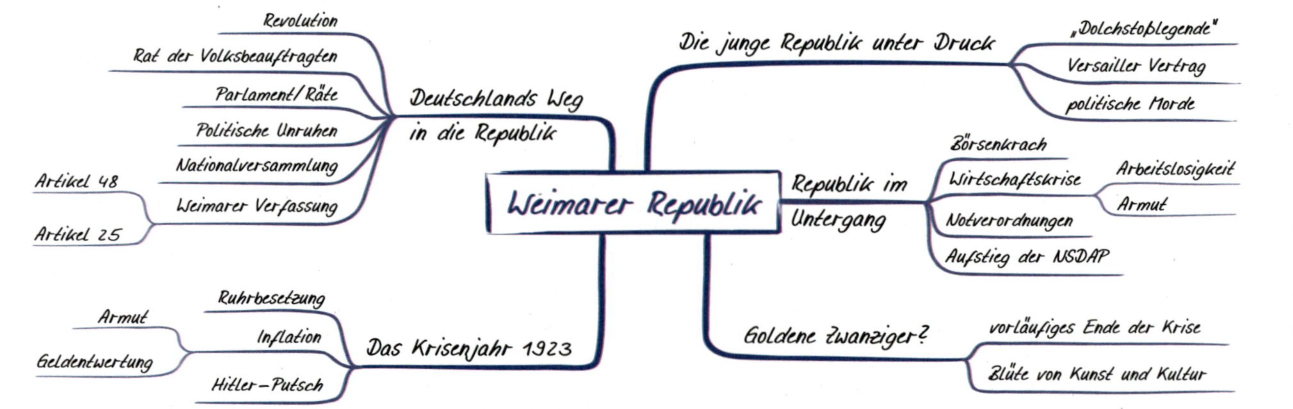

M1 Mindmap zur Weimarer Republik
Übersichtlich zeigt die Grafik wichtige Aspekte und Begriffe des Themas. Ein Themenbereich wie die Weimarer Republik lässt sich auch dann erarbeiten, wenn Sie die einzelnen Zeitabschnitte nicht chronologisch, sondern anhand einzelner Äste einer Mindmap ergründen (vgl. S. 26/27).

Erarbeiten Sie in einem Lernzirkel wesentliche Inhalte des Themas „Weimarer Republik".
Folgende Materialien benötigen Sie:

- Themenseiten 2–6 der Themeneinheit „Die Weimarer Republik" (S. 194–209),
- 2 Ausgaben des Grundgesetzes,
- Geschichtsatlas,
- Wirtschaftslehrebuch,
- PC mit Internetzugang.

Station 1:
Parlamentarische Republik oder Rätesystem?
Materialien: Kapitel „Deutschlands Weg in die Republik", Grundgesetz
Lesen Sie den **VT** des Kapitels und halten Sie Deutschlands Weg vom Kaiserreich zur Republik auf einem Zeitstrahl fest. Beantworten Sie Frage 3 und schlagen Sie im Grundgesetz nach, welche Rechte der Bundespräsident heute besitzt. Vergleichen Sie auch Artikel 109 der Reichsverfassung (**M6**) mit Artikel 3 des Grundgesetzes.

Station 2:
Politische Krisen – wie kamen sie zustande?
Materialien: Kapitel „Lasten und Legenden", Geschichtsatlas
Lesen Sie den **VT** des Kapitels und untersuchen Sie die Materialien 1 bis 4. Beantworten Sie die Fragen 1 und 2. Vergleichen Sie die Landkarte auf S. 199 mit einer Europakarte unmittelbar nach dem Zweiten Weltkrieg und einer Karte des heutigen Europas. Listen Sie auf, welche Gebietsveränderungen sich in Europa seit 1919 ergeben haben.

Station 3:
Die Inflation – welche Ursachen hatte sie und wie wirkte sie sich aus?
Materialien: Kapitel „Das Krisenjahr 1923", Wirtschaftslehrebuch
Lesen Sie den **VT** des Kapitels und erstellen Sie eine Mindmap gemäß Frage 1. Lesen Sie im Wirtschaftslehrebuch nach, welche Ursachen und welche Auswirkungen Inflationen haben. Beantworten Sie die Fragen 2 und 4.

Station 4:
Die Zeit zwischen den Krisen – „goldene" Jahre?
Materialien: Kapitel „Goldene Zwanziger?" des Schülerbuchs, PC mit Internetzugang
Lesen Sie den **VT** des Kapitels. Beantworten Sie die Fragen 2 und 3. Vergleichen Sie das Frauenbild der Zwanziger Jahre mit dem heutigen. Verwenden Sie dazu auch aktuelle Modezeitschriften und Werbematerialien.

Station 5:
Untergang der Republik – wie kommt es zum Ende der Demokratie?
Materialien: Kapitel „Republik im Untergang", Lexikon, Grundgesetz
Lesen Sie den **VT** des Kapitels und fertigen Sie ein Schaubild gemäß Frage 1 an. Bearbeiten Sie anschließend Frage 4. Informieren Sie sich in Artikel 67 des Grundgesetzes, wie in der heutigen Zeit ein Bundeskanzler durch einen anderen Kanzler ersetzt werden kann. Vergleichen Sie mit Artikel 54 der Reichsverfassung der Weimarer Republik (S. 196, **M6**).

Abschlussgespräch im Plenum
Präsentieren Sie Ihre Ergebnisse im Plenum. Fertigen Sie abschließend gemeinsam eine Art Konjunkturkurve an. Führen Sie die waagerechte Achse als Zeitstrahl zwischen 1918 und 1933 aus. Tragen Sie darüber die Kurve so ein, dass politische und wirtschaftliche Krisenzeiten und die Phase der Beruhigung sichtbar werden. Beschriften Sie die Kurve.

1918 1933

Deutschlands Weg in die Republik

Das Ende des Ersten Weltkriegs brachte in Deutschland eine Revolution und dramatische Veränderungen: Innerhalb kürzester Zeit trat an die Stelle des Kaiserreiches eine demokratische Republik. Auslöser dieser Entwicklung waren die Geschehnisse in den letzten Kriegstagen.

M1 Mitglieder des Arbeiter- und Soldatenrates besetzen am 9. November 1918 in Berlin eine Militärkaserne.

Räte
Von Arbeitern und Soldaten gewählte Vertreter. Ihr Vorbild waren die erstmals in Russland von Arbeitern, Soldaten und Bauern gewählten „Sowjets".

Weimarer Nationalversammlung
Sie arbeitete vom 6. Februar bis zum 31. Juli 1919 in Weimar die Verfassung der neuen Republik aus (daher der Name „Weimarer Republik").

Von der Rebellion zur Revolution

Obwohl das Ende der Kämpfe bereits abzusehen war, wollten die Offiziere die Flotte im Oktober 1918 zu einem letzten Gefecht in die Schlacht schicken. Doch die Schiffsbesatzungen wollten sich nicht sinnlos opfern lassen. Sie widersetzten sich dem Befehl, es kam zur Rebellion. Werftarbeiter und aus dem Krieg zurückkehrende Soldaten verbündeten sich mit den Matrosen (s. S. 184). Sie riefen zum Generalstreik auf und besetzten die Rathäuser der Küstenstädte. Deren Kontrolle übernahmen gewählte Vertreter aus den eigenen Reihen: die Arbeiter- und Soldatenräte. In den folgenden Tagen weitete sich der Aufstand zur Revolution aus. In fast allen Städten übernahmen rasch gebildete Arbeiter- und Soldatenräte die Macht.

Das Ende der Monarchie

Am 9. November 1918 erreichte die Revolution Berlin. Riesige Demonstrationszüge bewegten sich auf das Schloss und den Reichstag zu. Streikende Arbeiter forderten die sofortige Beendigung des Krieges und die Abdankung des Kaisers. Nun überschlugen sich die Ereignisse: Unter dem Druck der Massen verkündete der Reichskanzler der kaiserlichen Regierung eigenmächtig den Rücktritt des Monarchen. Er ernannte den Vorsitzenden der SPD, Friedrich Ebert, zum neuen Reichskanzler. Fast zeitgleich riefen Philipp Scheidemann (SPD) und Karl Liebknecht (Spartakusbund) am Nachmittag des 9. November die Republik aus – allerdings mit unterschiedlichen Zielen.

Die Aufgaben der neuen Regierung

Ebert bildete eine provisorische Regierung, die sich „Rat der Volksbeauftragten" nannte. Ihr gehörten je drei Politiker der SPD und der links von der SPD stehenden Unabhängigen Sozialdemokratischen Partei Deutschlands (USPD) an. Die Übergangsregierung stand vor großen Problemen: Wie sollten die Soldaten von der Front zurückgeführt und wieder in den Arbeitsprozess eingegliedert werden? Was war gegen Arbeitslosigkeit und Hungersnot zu tun? Aufgrund der Notlage waren insbesondere die SPD-Mitglieder im Rat der Volksbeauftragten dazu bereit, mit den führenden Kräften des alten Kaiserreiches – der Obersten Heeresleitung, den Beamten und den Unternehmern – zusammenzuarbeiten. Selbst offene Gegner der Republik blieben dadurch im Amt.

Parlament oder Räte?

Die SPD unter Friedrich Ebert strebte eine parlamentarische Demokratie an. Eine von den Deutschen gewählte Nationalversammlung sollte eine Verfassung ausarbeiten. Der linke Flügel der USPD und der kommunistische Spartakusbund dagegen wollten eine Räterepublik nach russischem Vorbild: Die Wirtschaft sollte verstaatlicht und die Macht in die Hände von Arbeiter- und Soldatenräten gelegt werden. Die Entscheidung fiel im Dezember auf einem Kongress der Arbeiter- und Soldatenräte in Berlin. Die große Mehrheit stimmte dort für die Wahl zur Nationalversammlung und somit für die parlamentarische Demokratie.

„Berliner Blutwoche“

Der Spartakusbund war jedoch nicht bereit, die Vorstellung von der Räterepublik kampflos aufzugeben. Am 1. Januar 1919 gründeten die Spartakisten zusammen mit anderen linksradikalen Gruppierungen die Kommunistische Partei Deutschlands (KPD). Um die Wahl zu verhindern und die Revolution voranzutreiben, organisierte die KPD am 5. Januar in Berlin einen bewaffneten Aufstand. Die Regierung rief Einheiten der Reichswehr und Freiwilligenverbände zu Hilfe. Diese sogenannten Freikorps bestanden meist aus entlassenen Berufssoldaten. Sie lehnten zwar die Demokratie ab, ihr Hass auf die kommunistischen „Roten“ war aber noch größer. Innerhalb einer Woche wurde die Revolte mit großer Härte niedergeworfen. Dabei wurden auch die KPD-Führer Rosa Luxemburg und Karl Liebknecht von Freikorpssoldaten ermordet.

Wahl zur Nationalversammlung

Bei den ersten freien, geheimen und gleichen Wahlen auf deutschem Boden entschied sich die große Mehrheit für demokratische Parteien. Erstmals durften auch Frauen als gleichberechtigte Bürgerinnen an den Wahlen teilnehmen. Die SPD wurde stärkste Partei, erreichte aber nur 39 Prozent der Stimmen. Viele Arbeiter hatten der Arbeiterpartei das Bündnis mit den Militärs nicht verziehen.
Weil man weitere Unruhen in Berlin befürchtete, trat die Nationalversammlung am 6. Februar in Weimar zusammen. Diese wählte Friedrich Ebert zum Reichspräsidenten. Die SPD bildete mit der Zentrumspartei und der DDP die Regierung. Ebert ernannte den SPD-Politiker Scheidemann zum Reichskanzler.

Die Weimarer Verfassung

Am 11. August 1919 trat die von der Nationalversammlung ausgearbeitete neue Verfassung in Kraft. Sie sicherte allen Deutschen die Menschenrechte als Grundrechte zu. Gewählt wurde künftig nach dem Verhältniswahlrecht: Alle Parteien schickten genau im Verhältnis ihres erreichten Stimmenanteils Abgeordnete in den Reichstag. Das Volk sollte aber auch durch Volksbegehren und Volksentscheide direkt über Gesetze abstimmen können.

M2 Der Rat der Volksbeauftragten,
Postkarte aus den 1920er-Jahren. Links: Mitglieder aus den Reihen der USPD. Rechts: Mitglieder aus den Reihen der SPD. In der Mitte: Ausrufung der Republik durch Philipp Scheidemann. Die Szene wurde 1927 nachgestellt, da es von diesem Moment kein Foto gibt.

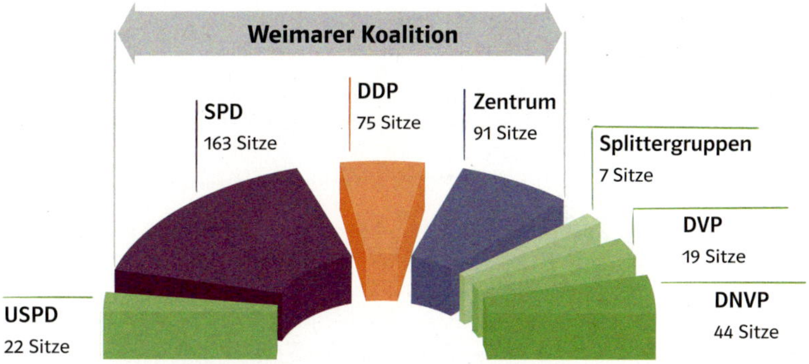

M3 Ergebnis der Wahlen zur Nationalversammlung
Die Deutsche Demokratische Partei (DDP) vertrat bürgerliche Schichten, das Zentrum die Katholiken. Als Vertreterin der Industrie verstand sich die Deutsche Volkspartei (DVP). Die Deutschnationale Volkspartei (DNVP) wurde vor allem von Anhängern der Monarchie gewählt. Die KPD hatte die Wahl boykottiert.

Der Reichspräsident als „Ersatzkaiser“?

Staatsoberhaupt war der Reichspräsident, der alle sieben Jahre direkt vom Volk gewählt wurde. Die Verfassung sprach ihm eine große Machtfülle zu. In Krisenzeiten konnte er Notverordnungen erlassen und so ohne den Reichstag regieren. Der Reichspräsident sollte als eine Art „Ersatzkaiser“ die Anhänger der Monarchie mit der Republik versöhnen und ein Gegengewicht zum Parlament bilden.

8. Extraausgabe. Sonnabend, den 9. November 1918.

Vorwärts

Berliner Volksblatt.

Zentralorgan der sozialdemokratischen Partei Deutschlands.

Arbeiter, Soldaten, Mitbürger!

Der freie Volksstaat ist da!

Kaiser und Kronprinz haben abgedankt!

Fritz Ebert, der Vorsitzende der sozialdemokratischen Partei, ist Reichskanzler geworden und bildet im Reiche und in Preußen eine neue Regierung aus Männern, die das Vertrauen des werktätigen Volkes in Stadt und Land, der Arbeiter und Soldaten haben. **Damit ist die öffentliche Gewalt in die Hände des Volkes übergegangen. Eine verfassunggebende Nationalversammlung tritt schnellstens zusammen.**

Arbeiter, Soldaten, Bürger! Der Sieg des Volkes ist errungen, er darf nicht durch Unbesonnenheiten entehrt und gefährdet werden. Wirtschaftsleben und Verkehr müssen unbedingt aufrecht erhalten werden, damit die Volksregierung unter allen Umständen gesichert wird.

Folgt allen Weisungen der neuen Volksregierung und ihren Beauftragten. Sie handelt im engsten Einvernehmen mit den Arbeitern und Soldaten.

Hoch die deutsche Republik!

Der Vorstand der Sozialdemokratie Deutschlands.
Der Arbeiter- und Soldatenrat.

M4 Extraausgabe des „Vorwärts" vom 9. November 1918
Der „Vorwärts" war die offizielle Parteizeitung der SPD. Am 9. November wurden insgesamt sechs Extraausgaben gedruckt.

M5 Zweimal Ausrufung der Republik am 9. November 1918 in Berlin:

a) Philipp Scheidemann gegen 14 Uhr vom Balkon des Reichstagsgebäudes:

Arbeiter und Soldaten! Das deutsche Volk hat auf der ganzen Linie gesiegt. Das alte Morsche ist zusammengebrochen. (…) Die Hohenzollern haben abgedankt! Es lebe die deutsche Republik! Der Abgeordnete Ebert ist zum Reichskanzler ausgerufen worden. (…) Jetzt besteht unsere Aufgabe darin, diesen glänzenden Sieg (…) nicht beschmutzen zu lassen, und deshalb bitte ich Sie, sorgen Sie dafür, dass keine Störung der Sicherheit eintrete. (…) Ruhe, Ordnung und Sicherheit ist das, was wir jetzt brauchen.

b) Karl Liebknecht gegen 16 Uhr vor dem Berliner Schloss:

Der Tag der Revolution ist gekommen. Wir haben den Frieden erzwungen. (…) Parteigenossen, ich proklamiere die freie sozialistische Republik Deutschland. (…) Die Herrschaft des Kapitalismus, der Europa in ein Leichenfeld verwandelt hat, ist gebrochen. (…) Wenn auch das Alte niedergerissen ist, dürfen wir doch nicht glauben, dass unsere Aufgabe getan ist. Wir müssen alle Kräfte anspannen, um eine Regierung der Arbeiter und Soldaten aufzubauen und eine neue staatliche Ordnung des Proletariats zu schaffen.

M6 Auszüge aus der Weimarer Verfassung:

Art. 1: Das Deutsche Reich ist eine Republik. Die Staatsgewalt geht vom Volke aus. (…)
Art. 25: Der Reichspräsident kann den Reichstag auflösen, jedoch nur einmal aus dem gleichen Anlass. (…)
Art. 48: Der Reichspräsident kann, wenn im Deutschen Reiche die öffentliche Sicherheit und Ordnung erheblich gestört oder gefährdet wird, die zur Wiederherstellung der öffentlichen Sicherheit und Ordnung nötigen Maßnahmen treffen, erforderlichenfalls mithilfe der bewaffneten Macht einschreiten. Zu diesem Zwecke darf er vorübergehend die (…) Grundrechte ganz oder zum Teil außer Kraft setzen.
Art. 54: Der Reichskanzler und die Reichsminister bedürfen zu ihrer Amtsführung des Vertrauens des Reichstags. Jeder von ihnen muss zurücktreten, wenn ihm der Reichstag durch ausdrücklichen Beschluss sein Vertrauen entzieht.
Art. 109: Alle Deutschen sind vor dem Gesetze gleich. Männer und Frauen haben grundsätzlich dieselben staatsbürgerlichen Rechte und Pflichten.

	linksradikale Parteien	sozialistische Parteien	christliche Parteien	liberale Parteien		konservative Parteien	rechtsradikale Parteien
Partei	Kommunistische Partei Deutschlands (KPD)	Sozialdemokratische Partei Deutschlands (SPD)	Zentrum (Z) (katholisch)	Deutsche Demokratische Partei (DDP)	Deutsche Volkspartei (DVP)	Deutschnationale Volkspartei (DNVP)	Nationalsozialistische Deutsche Arbeiterpartei (NSDAP)
	Unabhängige Sozialdemokratische Partei Deutschlands (USPD)						
angestrebte Staatsform	Rätedemokratie bzw. Diktatur des Proletariats	parlamentarische Demokratie, Republik	parlamentarische Demokratie, Republik	parlam. Demokr., Republik	parlam. Monarchie	parlamentarische Mitwirkung in der Monarchie	antiparlamentarische autoritäre Diktatur

M7 Politische Grundeinstellung der wichtigsten Parteien der Weimarer Republik

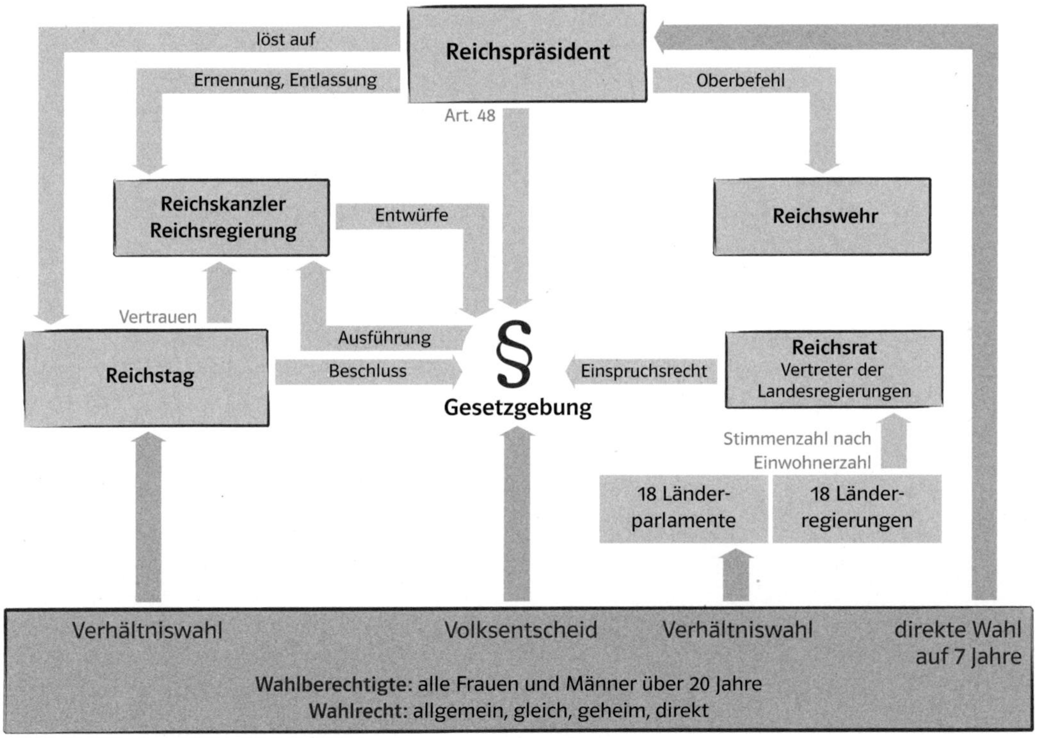

M8 Die Weimarer Verfassung
Im Reichstag war jede Partei ihrem Stimmenanteil entsprechend vertreten. Eine Fünfprozentklausel gab es nicht. Das begünstigte Splitterparteien und erschwerte die Bildung von kompromissfähigen Regierungsmehrheiten.

1. Vergleichen Sie, welche Ziele Philipp Scheidemann (SPD) und Karl Liebknecht (Spartakusbund) verfolgten (**VT, M5**).

2. Auf welchen Wegen versuchten SPD und Spartakusbund (später KPD), ihre politischen Ziele zu erreichen (**VT, M4**)?

3. Beschreiben Sie die Grundzüge der Weimarer Verfassung (**VT**). Vergleichen Sie dabei die Stellung des Reichspräsidenten mit der des Reichskanzlers (**M6**).

4. Erklären Sie, wie sich die politische Stellung der Frau in der Weimarer Republik veränderte (**VT, M6, M8**).

1918 1933

Lasten und Legenden – die junge Republik unter Druck

Die erste deutsche Demokratie entstand in einem Moment, als Deutschland am Boden lag. Doch statt ihre Verantwortung einzugestehen, griffen die Anhänger des Kaiserreiches die Demokratie scharf an.

Die Dolchstoßlegende

Oktober 1918: Der Krieg ist verloren. Die Oberste Heeresleitung (OHL) fordert den Abschluss eines Waffenstillstandes. Wer aber soll die Verhandlungen führen? Generalfeldmarschall Ludendorff sagte vor seinen Offizieren: „Ich habe aber seine Majestät gebeten, jetzt auch diejenigen Kreise an die Regierung zu bringen, denen wir es in der Hauptsache zu verdanken haben, dass wir so weit gekommen sind. (…) Die sollen nun den Frieden schließen, der jetzt geschlossen werden muss. Sie sollen die Suppe jetzt essen, die sie uns eingebrockt haben." Gemeint waren Politiker der SPD und der Zentrumspartei, denen Ludendorff mit diesem Schachzug die Verantwortung für die Niederlage zuschieben wollte.

November 1918: Der Zentrumspolitiker Matthias Erzberger unterzeichnet als Leiter der deutschen Delegation auf Drängen der OHL trotz größter Bedenken ein Waffenstillstandsabkommen. Nur wenige Monate später verbreiten die Generäle Hindenburg und Ludendorff jedoch in der Öffentlichkeit, das Heer sei „im Felde unbesiegt" geblieben. Man habe es „von hinten erdolcht". Für die Niederlage machten sie die Novemberrevolution und demokratische Politiker verantwortlich, die hinterrücks den Waffenstillstand ausgehandelt hätten.

Der Versailler Vertrag

Bösen Beschimpfungen im eigenen Lande sahen sich die demokratischen Politiker ausgesetzt, die sich für die Unterzeichnung des Versailler Friedensvertrages einsetzten. Dass Deutschland gezwungen worden war, die alleinige Kriegsschuld anzuerkennen, empfanden viele Deutsche als Kränkung ihrer nationalen Ehre. Die extremen rechten Parteien machten in aggressiver Weise Stimmung gegen die „Kriegsschuldlüge" von Versailles. Demokratische Politiker waren für sie „Erfüllungspolitiker" und Schwächlinge, die dem Ausland nichts entgegenzusetzen hatten.

Anfeindungen von rechts und links

Die Dolchstoßlegende und der „Schandvertrag von Versailles" vergifteten das politische Klima in Deutschland. Die Ablehnung der Demokratie kam im Hass auf die Politiker von Weimar zum Ausdruck. Für die Anhänger des alten Kaiserreiches waren sie „Novemberverbrecher" und „Vaterlandsverräter", für die Kommunisten „Arbeiterschlächter" und „Spartakusmörder". Demokratische Politiker, die in der militärischen Niederlage die Verantwortung auf sich genommen hatten, wurden von rechten Kräften ermordet. Zu den Opfern zählten 1921 Matthias Erzberger, der Unterzeichner des Waffenstillstandes, und 1922 Reichsaußenminister Walter Rathenau.

	Politische Morde begangen von	
	Linksstehenden	Rechtsstehenden
Anzahl der Morde	22	354
ungesühnte Morde	4	326
teilweise gesühnte Morde	1	27
gesühnte Morde	17	1
verurteilte Mörder	38	24
freigesprochene Täter	–	23
hingerichtete Mörder	10	–
Freiheitsstrafe je Mord	15 Jahre	4 Monate

M1 Gerechte Richter?
Rechtsprechung in den Jahren 1918–1922

M2 Ein „Todesurteil". Die Süddeutsche Zeitung kommentiert den Versailler Vertrag am 24. Juni 1919:

Dem deutschen Volke ist die Schande angetan worden, nicht nur sein Todesurteil zu unterschreiben, sondern seines eigenen Blutes und Stammes Genossen dem Feinde auszuliefern, zur Aburteilung, zur Bestrafung dafür, dass sie ihrem Vaterlande in seiner Not das Beste gegeben. (…) Was haben wir denn gutzumachen, wir, die wir der großen seit Jahrzehnten zusammengebrauten Verschwörung Hass erfüllter Nachbarn und gieriger, Neid erfüllter Konkurrenten zum Opfer gefallen sind. Wie kann man dem heiligen Volksempfinden so ins Gesicht schlagen! (…) Es ist geschehen, dein Schicksal, deutsches Volk, ist besiegelt, durch die Männer der Revolution, die den 9. November zum Nationalfeiertag machten, den Tag der Freiheit, wie sie meinten.

M3 Der Journalist und Gesellschaftskritiker Kurt Tucholsky schrieb 1919 unter dem Titel „Das erdolchte Heer":

Die Generale habens gesagt
und haben die Heimat angeklagt.
Die Heimat – heißt es – erdolchte das Heer.
Aber die Heimat litt viel zu sehr!
Sie schrie und ächzte unter der Faust.
Es würgt der Hunger, der Winterwind saust.
Ihr habt der Heimat erst alles genommen
und seid noch besiegt zurückgekommen.
Besiegt hat euch euer eigener Wahn.
Dreimal kräht jetzt der biblische Hahn.
Und nach so vielen Fehlern und falschen Taten
habt ihr nun auch die Heimat verraten.
Die Heimat, die Frauen, die Schwachen, die
Kranken –
Wir danken, Generale, wir danken!

M4 Ausschnitt aus einem Wahlplakat der Deutschnationalen Volkspartei (DVP) 1924

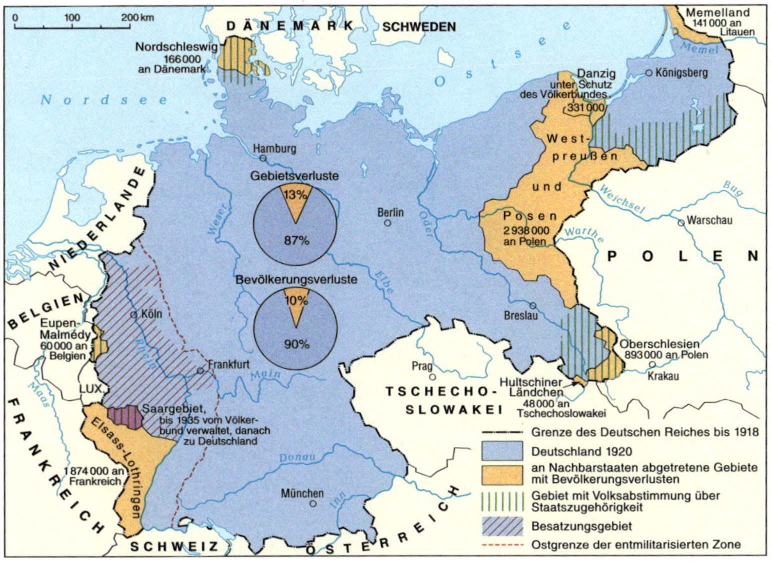

M5 Die Bestimmungen des Versailler Vertrages für das Deutsche Reich

1. Vergleichen Sie das Wahlplakat **M4**, den Zeitungskommentar **M2** und das Gedicht **M3** miteinander. Wem wird jeweils die Schuld an der Kriegsniederlage zugeschrieben?

2. Erläutern Sie, warum die Dolchstoßlegende und der Versailler Vertrag enorme Belastungen für die erste deutsche Republik darstellten (**VT, M5**).

3. Im Versailler Vertrag wird Deutschland die alleinige Kriegsschuld vorgeworfen. Prüfen Sie dies mit Hilfe der Themeneinheit „Imperialismus und Erster Weltkrieg".

4. Fassen Sie in eigenen Worten zusammen: Warum hatte die erste deutsche Demokratie einen schweren Start?

1918 1933

Das Krisenjahr 1923

Der britische Botschafter in Berlin notierte Silvester 1923: „Nun geht das Krisenjahr zu Ende. Die inneren und äußeren Gefahren waren so groß, dass sie Deutschlands ganze Zukunft bedrohten. Wenn man zurückblickt, sieht man klarer, wie nah dieses Land am Abgrund stand."

M1 Plakat der Reichsregierung aus dem Jahr 1923

Inflation
Dieser Begriff bezeichnet den Wertverlust des Geldes durch Vermehrung der Geldmenge. Der Staat lässt Geld drucken, die Warenmenge wird aber nicht vermehrt. Dies führt zu steigenden Preisen. Sachwerte wie Grundstücke oder Schmuck behalten ihren Wert. Wer Schulden hat, kann sie nun leichter zurückbezahlen.

Staatshaushalt
Ausgaben und Einnahmen des Staates

Ruhrbesetzung

Im Januar 1923 waren französische Truppen ins Ruhrgebiet einmarschiert, weil Deutschland mit Reparationslieferungen im Rückstand war. Soldaten sollten den Transport von Kohle nach Frankreich überwachen. Eine Welle der Empörung erfasste Deutschland – ausnahmsweise waren sich alle politischen Lager einig. Die deutsche Regierung rief zum „passiven Widerstand" auf: Zechen wurden stillgelegt, Fabriken bestreikt. Beamte verweigerten die Zusammenarbeit mit den französischen Besatzern. Radikale Kräfte sprengten sogar Gleise und überfielen Wachposten.

Inflation – das Geld verliert an Wert

Der Staat unterstützte die Streikenden finanziell. Der „Ruhrkampf" war allerdings eine teure Angelegenheit: Die Produktion ruhte, dadurch fehlten dem Staat Steuern; dazu musste er die Versorgung der Bevölkerung an der Ruhr zahlen – zusammen kostete das die Staatskasse täglich 40 Millionen Goldmark. Um das bezahlen zu können, ließ die Regierung Geld drucken. 300 Papierfabriken und 150 Druckereien waren in der Hochphase der Ruhrbesetzung mit der Herstellung von Banknoten beschäftigt. Immer mehr Geldscheine kamen in Umlauf, für die man aber immer weniger Güter kaufen konnte. Das heizte die Inflation an: Die Warenpreise stiegen, der Wert des Geldes fiel rasend schnell.

Probleme vom Kaiserreich geerbt

Die eigentliche Ursache für die Inflation lag aber weiter zurück: Um die enormen Kriegskosten zu bezahlen, hatte die Regierung des Kaiserreiches die Papiergeldmenge zwischen 1914 und 1918 erhöht. Dadurch hatte die Mark bereits in diesem Zeitraum über 90 Prozent an Wert verloren.
Zudem hatte sich die damalige Regierung unter dem Druck der Industrie dazu entschlossen, den Krieg nicht über höhere Steuern, sondern fast ausschließlich durch Anleihen zu finanzieren. So lagen die Schulden des Deutschen Reiches Ende 1918 bei 164 Milliarden Mark. Zu Kriegsbeginn hatten sie noch bei 5 Milliarden Mark gelegen. Nur ein Sieg im Weltkrieg hätte es dem Staat ermöglicht, diese Summen zurückzuzahlen. So aber litt der Weimarer Staat von Beginn an unter den Folgen der Kriegsinflation und unter einem desolaten Staatshaushalt: Die Zahlungen für die Schulden und deren Zinsen fraßen die Einnahmen auf.

Zusammenbruch und Währungsreform

Durch die Kriegsniederlage und die dadurch fälligen Reparationsleistungen entstanden der Weimarer Republik zusätzliche Kosten. Der junge Staat wusste sich nicht anders zu helfen, als abermals Geld zu drucken. Dadurch brach die deutsche Währung weiter ein. Sie lag 1920/21 nur noch bei 7 bis 8 Prozent ihres Vorkriegswerts. Deutschland war also zu Beginn des Jahres 1923 bereits hoch verschuldet und

M2 Plakat zum Hitler-Putsch am 8./9. November 1923

M3 Kinder bauen aus wertlos gewordenen Papiergeldscheinen ein Kartenhaus.
Foto 1923

litt seit fast einem Jahrzehnt unter einer Geldentwertung.
Durch Streik und Produktionsausfall lag die Wirtschaft im September 1923 nun völlig am Boden. Der Ruhrkampf musste deshalb schließlich abgebrochen werden. Nachdem man den Franzosen weitere Reparationszahlungen zugesichert hatte, räumten sie 1925 das Ruhrgebiet wieder. Um die Inflation zu stoppen, führte die deutsche Regierung eine Währungsreform durch: Eine Billion Papiermark entsprachen ab dem 15. November 1923 einer Rentenmark.

Gewinner und Verlierer der Inflation

Der Zusammenbruch der Währung traf vor allem diejenigen, die ihre Ersparnisse zur Bank gebracht hatten. Das waren vor allem Angestellte, Beamte, Handwerker und Arbeiter. Sie fühlten sich von der Republik betrogen, ihr Vertrauen in die Demokratie war schwer erschüttert.

Besitzer von Sachwerten und Schuldner zählten hingegen zu den Gewinnern der Inflation. Sie konnten ihre Schulden schlagartig mit wertlosem Geld zurückzahlen. Zahlreiche Fabrikanten befreiten sich auf diese Weise von ihren Krediten und waren plötzlich schuldenfrei. Gewinner war auch der Staat: Seine gesamten Kriegsschulden sanken am 15. November 1923 auf den Wert von 16,4 Pfennig.

Hitler-Putsch

Im Spätherbst 1923 versuchte Adolf Hitler, der „Führer" der rechtsradikalen NSDAP (Nationalsozialistische Deutsche Arbeiterpartei), die Krise der Republik für sich zu nutzen.
Sein Ziel war es, die Regierung mit Waffengewalt zu stürzen. Gemeinsam mit dem ehemaligen General Ludendorff rief er die „Nationale Revolution" aus und marschierte am 9. November mit etwa 2000 Anhängern durch München. Vor der Feldherrnhalle ging die bayerische Polizei jedoch gegen die Putschisten vor. Hitler wurde verhaftet, die NSDAP verboten.

Anleihe
Langfristige Geldbeschaffung von Unternehmen oder des Staates gegen die Zahlung von Zinsen. Um den Ersten Weltkrieg zu finanzieren, lieh sich der Staat von Bürgern und Banken Geld. Dabei verpflichtete er sich, das Geld verzinst zurückzuzahlen.

1918 – 1933

M4 Der Schriftsteller Max Krell erinnert sich in einem Buch von 1961 an die Zeit der Inflation von 1923:

Die Mark rutschte, fiel, überstürzte sich, verlor sich im Bodenlosen. Städte, Fabriken, Handelsunternehmungen druckten Assignaten [Papiergeld] nach eigenem Belieben, ließen Milliardenflocken auf die Straße schneien. Keiner wollte die bunten Zettel wirklich haben. Wer wusste denn, ob sie gedeckt waren? Die Inflation machte aus dem Geld einen Unsinn. Wer etwas davon in die Tasche bekam, stopfte es am Vormittag in irgendeine Geschäftskasse, um etwas zu erstehen, das er nicht brauchte, der Kaufmann stürzte mit dem Papier in ein anderes Geschäft, nur fort damit, es war, als ob die Geldzettel giftig oder feucht wären; ein Mann kaufte zwanzig Badewannen, das Wort „Sachwerte" wurde Trumpf.

Die Preise der neuen Woche.

In Milliarden Mark.

Brot, grau (77 Pf.)	770	Mark
Brot, weiß (84 Pf.)	840	"
Schrippe (3 Pf.)	30	"
Vollmilch, 1 Liter	380	"
Magermilch, 1 Liter	95	"
Gas, 1 Kubikmeter	210	"
Elektr. Strom, 1 Kilowattstunde	420	"
Wasser, 1 Kubikmeter	210	"
Briketts, Zentner frei Keller	1981	"
Straßenbahn	150	"
Hochbahn, 3. Klasse	100 u. 150	"
Hochbahn, 2. Klasse	150 u. 200	"
Stadtbahn, 3. Klasse (15 Pf.)	150	"
Stadtbahn, 2. Klasse (25 Pf.)	250	"
Omnibus	150 u. 200	"
Brief, Berlin	40	"
Brief, außerhalb	80	"
Postkarte, Berlin	16	"
Postkarte, außerhalb	40	"
Telephongespräch (10 Pf.)	100	"

M6 Preise der letzten Inflationswoche
(November 1923)

M5 „Das habe ich nicht gewollt!"
Johannes Gutenberg beim Anblick der Milliardenpresse. Karikatur 1923

M7 Aus den Erinnerungen des Buchautors Curt Riess (geb. 1902):

Diejenigen aber, die alles verloren, waren in der großen Mehrheit. Was uns persönlich anging – mein Vater begriff erst, woran er war, als er feststellen musste, dass die Rechnung für 3,20 Meter Tuch, aus dem ein Anzug gemacht werden konnte, höher war als die Rechnung, die er einem Kunden für den Anzug ausstellen konnte. Von diesem Tag an fertigte er nur noch Anzüge gegen Dollar an. So blieb ihm sein Geschäft erhalten. Aber nicht jeder deutsche Kaufmann reagierte so schnell. Viele gingen zugrunde. Und wie stand es um die sogenannten kleinen Leute, die Gehaltsempfänger? Sie mussten am Ende des Monats feststellen, dass sie sich für den Lohn, den sie erhielten, so gut wie nichts mehr kaufen konnten. Um diesem Desaster abzuhelfen, wurde es zur Regel, dass Angestellte und Arbeiter nicht mehr monatlich bezahlt wurden, sondern wöchentlich, dann jeden dritten Tag, schließlich täglich. Dann sausten sie (…) in die nahen Geschäfte und kauften ein. Und die Geschäftsinhaber brachten das eingenommene Geld so schnell wie möglich auf die Bank und kauften dafür, wenn irgend möglich, fremde Währung, vor allem Dollar, Pfund oder Schweizer Franken.

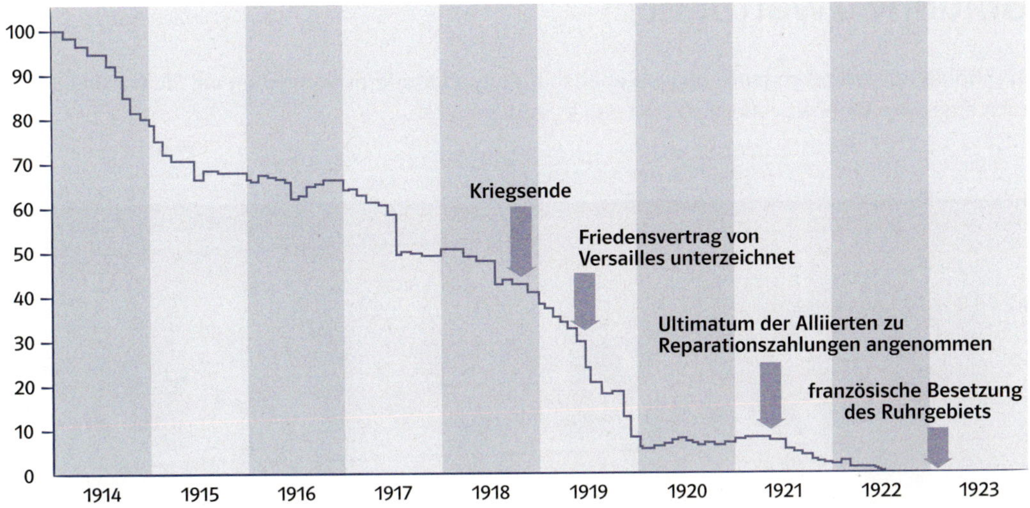

M8 Der Wertverfall der Mark 1914–1923
(Januar 1914 = 100)

M9 Der Historiker Heinrich August Winkler zeigt auf, wen die Inflation schädigte und wem sie nützte, 2002:

Wer seinen Lebensunterhalt aus Ersparnissen (…) zu bestreiten gewohnt war, der stand am Ende der Inflationsperiode buchstäblich vor dem Nichts. Hart betroffen waren auch jene Akademikerfamilien, die das Studium ihrer Kinder traditionell aus Ersparnissen zu finanzieren pflegten. Auf der anderen Seite gab es auch in den Mittelschichten viele, die aus der Geldentwertung Nutzen zogen: Haus- und Grundbesitzer wurden schuldenfrei (…). Die eigentlichen Inflationsgewinner waren die meist hoch verschuldeten Großgrundbesitzer, die durch die Geldentwertung ihrer Schulden ledig wurden, und die Besitzer großer industrieller Vermögen. Materiell war auch der Staat ein Gewinner der Inflation: Die Rückzahlung von Schulden und namentlich der gigantischen Summe der Kriegskredite in wertlosem Papiergeld kam einer Schuldenbefreiung gleich. (…) Seine Glaubwürdigkeit war durch die Inflation fundamental erschüttert worden, und es war die Republik, gegen die sich das Ressentiment (die Abneigung) der Enttäuschten richtete. Die Monarchie, die die Inflation 1914 ausgelöst hatte, erschien hingegen fünf Jahre nach Kriegsende vielen Deutschen schon wieder in einem verklärten Licht.

M10 Überdruckter Geldschein einer Stuttgarter Zigarettenfabrik
Um den riesigen Geldbedarf zu decken, brachten außer der Reichsbank auch Städte, Banken und Unternehmen Geldscheine in Umlauf.

1. Stellen Sie die einzelnen Aspekte, die das Jahr 1923 zu einem Krisenjahr machten, in einer Mindmap dar.

2. Erläutern Sie, welche Ursachen die Inflation hatte und wie sie das Leben der Menschen veränderte (**VT, M4, M6, M7**).

3. Erläutern Sie mithilfe von **M9**, warum der Weimarer Staat gleichzeitig Gewinner und Verlierer der Inflation von 1923 war.

4. Begründen Sie, warum Parteien wie die NSDAP von solchen Krisenzeiten profitieren.

1918 1933

Goldene Zwanziger?

Die „Goldenen Zwanzigerjahre" voller Lebenshunger und Modernität brachen an. Sie waren aber auch eine unruhige Zeit voller Extreme und Ungewissheiten.

M1 „Großstadt", ein berühmtes Gemälde der „Neuen Sachlichkeit" von Otto Dix, 1927/28 (181 x 402 cm, Kunstmuseum Stuttgart). Viele Maler und Schriftsteller machten die Metropole Berlin zum Thema ihrer Werke.

Neue Sachlichkeit
Eine in den 1920er-Jahren in Deutschland aufgekommene Kunstrichtung, die die Wirklichkeit nüchtern abbilden wollte und sich kritisch mit der Gesellschaft auseinandersetzte.

„Hoppla, wir leben!"

So heißt ein Theaterstück von Ernst Toller, das 1927 in Hamburg uraufgeführt wurde. Der Titel spiegelt den vorsichtigen Optimismus, der sich nach dem Krisenjahr 1923 ausbreitete. Deutschland hatte sich wirtschaftlich und politisch leicht erholt. Es schien, als ginge es nun endlich aufwärts.

Weltstadt Berlin

Vor allem die Metropole Berlin mit ihren vier Millionen Einwohnern verkörperte die neue, moderne Welt. Mitte der 1920er-Jahre existierten in der Hauptstadt 49 Theater, 3 Opernhäuser sowie 75 Kabarett- und Varietébühnen. Das Nachtleben blühte: In Tanzhallen und Bars war Swingmusik aus den USA zu hören, zu der neue Tänze wie der Charleston ausprobiert wurden. Zwar konnte sich dieses aufregende Leben nur ein kleiner Kreis von Wohlhabenden leisten, doch auch für die breite Bevölkerung nahm das Freizeitangebot zu. Tageszeitungen, „Groschenromane" und neue Illustrierte warben um Leser. Hinzu kamen die ersten Radioprogramme und Tonfilme im Kino. Eine Massenkultur war entstanden.

Kulturelle Blütezeit

Die Umbrüche, die die Weimarer Republik hervorgerufen hatte, setzten enorme Kreativität im Kulturleben frei. Viele Künstler ließen sich von der großstädtischen Atmosphäre anregen und experimentierten mit neuen Stilen und Formen. Oft schockierten sie die Öffentlichkeit. Einige Kritiker beklagten deshalb lautstark die „Verrottung der Kunst".
Die „Neue Sachlichkeit" wurde zur wichtigsten Kunstrichtung, die Großstadt zum zentralen Thema. So fingen Maler wie Otto Dix und George Grosz das Leben in den modernen Metropolen in ihren Bildern ein. Alfred Döblin schilderte in seinem Roman „Berlin Alexanderplatz" den Alltag des „kleinen Mannes". Regisseur Fritz Lang zeigte im Science-Fiction-Film „Metropolis" seine Vision von einer Zukunftsstadt. Weltberühmt wurde Marlene Dietrich 1930 in der Romanverfilmung von Heinrich Manns „Professor Unrat", dem Film „Der blaue Engel" (S. 191). Dieser erste deutsche Tonfilm gibt ein eindrückliches Bild von den Zwängen und Wünschen der Bürger zur Zeit der Weimarer Republik.

M2 Titelblatt einer Mode- und Frauenzeitschrift vom Mai 1922

M3 Die Historikerin Ursula Becher schreibt über die Entstehung der modernen Massenkultur:

Erst in der Weimarer Republik wurde mit Arbeitszeitverkürzung und Urlaubsregelung die Voraussetzung für die moderne Freizeit geschaffen. Erst jetzt war es einer breiten Bevölkerung möglich, die nach ihrer Berufstätigkeit verbleibende Zeit nach eigenen Wünschen zu gestalten und an Vergnügungen teilzunehmen, die bisher vorwiegend dem Bürgertum vorbehalten waren. Außer den traditionellen und erweiterten Bildungsangeboten wie Theater, Bibliotheken, Museen, Konzerte, Veranstaltungen der Volkshochschulen wurden Massenspektakel populär: Boxkämpfe und Sechstagerennen zogen Zuschauermengen an. Die neuen Kinopaläste, Varietés, Tanzsäle, Sportarenen waren Hochburgen der neuen Freizeitwelt. (...) Massenkultur ist nicht zu denken ohne Massenkonsum. Die Versorgung der Bevölkerung mit neuen Produkten verbesserte sich stetig. Im Jahr 1932 kamen in Deutschland auf je 1000 Einwohner 66 Rundfunkgeräte, 52 Fernsprechanschlüsse und 8 Personenautos. Das entsprach dem europäischen Durchschnittswert.

M4 Ein junger Mann aus einem Berliner Arbeiterviertel schreibt über die 1920er-Jahre:

Von der kulturellen Metropole Europas merkten wir im Norden Berlins wenig. Die „goldenen zwanziger Jahre“ fanden in den Theaterzentren, Galerien und feinen Restaurants statt, waren eine Angelegenheit sensationeller Bälle und Galas der Neureichen, der Nachtlokale und Künstler-Cafés (...). Den Kulturbedarf der breiten Massen befriedigten das Radio, der neue Unterhaltungsfilm, die Trivialliteratur sowie Revuen und Tanzlokale. Die Schlager (...) halfen Luftschlösser bauen, erleichterten die Flucht aus dem grauen Alltag.

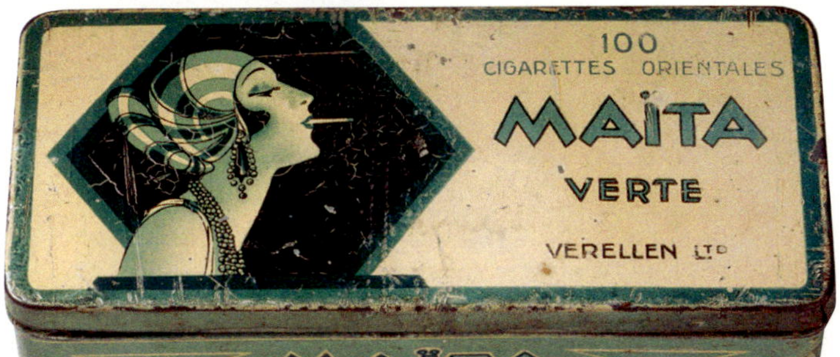

M5 Blechdose für Zigaretten, 1925–1930

1. Beschreiben Sie, wie das Großstadtleben in **M1** dargestellt ist.

2. a) Erläutern Sie den Begriff „Massenkultur“.
b) Zeigen Sie auf, wie und in welchen Bereichen sich diese Kultur entwickelt hat (**VT, M3, M4**).

3. Beschreiben Sie das Frauenbild, das **M2** und **M5** vermitteln.

4. Diskutieren Sie in einem Rollenspiel darüber, wie zufrieden Sie mit der Weimarer Republik sind. Es nehmen teil: Ein verarmter Kleinsparer, ein schuldenfreier Unternehmer, eine Berliner Tänzerin, ein Architekt. Bestimmen Sie einen Mitschüler/eine Mitschülerin zum Moderator.

1918 1933

Republik im Untergang

Nachdem es Ende 1923 gelungen war, die Inflation zu stoppen, blühte die deutsche Wirtschaft in den Folgejahren auf. Allerdings war der Wohlstand „auf Pump" finanziert. 1929 kam es an der New Yorker Börse zu einem Crash – mit Folgen auch für Deutschland.

M1 Auf verzweifelter Suche nach Arbeit waren während der Wirtschaftskrise Millionen Menschen in den Industrieländern.

Weltwirtschaftskrise
Der Begriff bezeichnet die große Wirtschaftskrise, die ab 1929 alle großen Industrieländer erfasste. Sie begann am 24. Oktober 1929 in New York. An der dortigen Börse brachen die Kurse ein, weil Aktien zuvor weit über Wert gehandelt worden waren.

Der New Yorker Börsencrash

Vor allem aus den USA flossen Anleihen und Kredite in Milliardenhöhe nach Deutschland. Deshalb wurde Deutschland von der amerikanischen Wirtschaftskrise im Herbst 1929 besonders hart getroffen. Die Krise griff aber auch auf andere Länder über und weitete sich schnell zur Weltwirtschaftskrise aus.

Die Wirtschaftskrise ...

Deutschland bekam die Folgen der amerikanischen Krise doppelt zu spüren. Zum einen ging der deutsche Export stark zurück. In den Überseehäfen stauten sich Schiffe. Sie konnten ihre Güter nicht entladen, weil die Empfänger nicht in der Lage waren zu bezahlen. Zum anderen forderten amerikanische Banken wegen des Geldmangels in den USA unerwartet Kredite zurück, die sie nach Deutschland vergeben hatten. Einige deutsche Banken wurden dadurch zahlungsunfähig. Eine verhängnisvolle Spirale setzte nun ein: Der Zusammenbruch der Banken zog den Konkurs von Betrieben nach sich, die auf die Kredite angewiesen waren. Andere Firmen mussten wegen mangelnder Aufträge ihre Produktion herunterfahren und Arbeitnehmer entlassen. Dadurch wurden weniger Waren gekauft und auch die Steuereinnahmen des Staates gingen zurück. Der Staat sah sich zum Sparen gezwungen und konnte weniger Aufträge an die Wirtschaft vergeben.

... und ihre Folgen

Die Zahl der Arbeitslosen, die auch in den wenigen Jahren des wirtschaftlichen Aufschwungs noch recht hoch gewesen war, stieg dramatisch an. Seit 1927 gab es zwar eine Arbeitslosenversicherung, aber deren Leistungen sicherten kaum das Existenzminimum. 1932 bekamen von mehr als sechs Millionen Arbeitslosen rund 800 000 Familien überhaupt keine Unterstützung mehr. Viele dieser Menschen hungerten und mussten ihre Wohnung aufgeben. Nackte Existenzangst machte sich breit – auch unter denjenigen, die noch Arbeit besaßen.

Regierung zerbricht an den Problemen

Seit den Reichstagswahlen von 1928 regierte eine Große Koalition der gemäßigten demokratischen Parteien. Die Spannungen innerhalb der Koalition waren groß und die Parteien kaum zu Kompromissen bereit. Als die Arbeitslosenversicherung wegen der hohen Arbeitslosigkeit ein Defizit aufwies, kam es zum Streit: Während die DVP als Vertreterin der Großindustrie eine Senkung der Leistungen forderte, wollte die SPD lieber die Leistungen beibehalten und die Beiträge erhöhen. Daraufhin verließ die DVP 1930 die Koalition – die Regierung trat zurück. Danach gelang es nie wieder, eine demokratische Mehrheit im Reichstag zu finden.

Die Zeit der Notverordnungen

Fortan schlug die Stunde der Präsidialkabinette, die mit der Unterstützung des Reichspräsidenten Hindenburg regierten. Hindenburg war 1925 zum Staatsoberhaupt gewählt worden. Der überzeugte Monarchist und Urheber der „Dolchstoßlegende" (s. S. 198) im höchsten Staatsamt von Weimar – das war ein schwerer Schlag für die Republik. Nach dem Ende der Großen Koalition ernannte Hindenburg den Zentrumspolitiker Heinrich Brüning zum neuen Reichskanzler. Die Regierung Brüning war die erste von vier sogenannten Präsidialregierungen. Sie hatten keine Mehrheit im Parlament, waren also allein vom Vertrauen des Reichspräsidenten abhängig. Sie regierten vor allem mithilfe von Notverordnungen nach Art. 48 der Verfassung. Als die Abgeordneten im Juli 1930 versuchten, eine Notverordnung Brünings wieder aufzuheben, löste Hindenburg den Reichstag auf und schrieb Neuwahlen aus. Dieses Vorgehen wurde zur gängigen Praxis der nächsten zweieinhalb Jahre.

Die Stunde der Gegner

Brüning glaubte, die Wirtschaftskrise mit einer drastischen Sparpolitik überwinden zu können. Doch Not und Arbeitslosigkeit nahmen immer weiter zu. Insbesondere diejenigen, die durch Krieg, Inflation und Wirtschaftskrise alles verloren hatten, wurden anfälliger für die radikalen Parolen der Republikfeinde. So versprach die KPD das Ende aller Not, sobald der Kapitalismus vernichtet sei. Die NSDAP machte die demokratischen Politiker für die schlimme Lage verantwortlich und forderte einen autoritären „Führerstaat". Die Hetzkampagnen zeigten Wirkung. Nach den Neuwahlen im September 1930 gehörten etwa 40 Prozent der Reichstagsabgeordneten antidemokratischen Parteien an. Gleichzeitig schürten Kommunisten und Nationalsozialisten mit Straßenschlachten bewusst die Furcht vor einem Bürgerkrieg. Viele riefen deshalb nach einem „starken Mann", der wieder für Ruhe und Ordnung sorgen sollte.

M2 Menschenansammlung vor den geschlossenen Toren einer Berliner Bank
In der Wirtschaftskrise gehörten Bankenzusammenbrüche zum alltäglichen Geschehen. Viele Menschen verloren ihre gesamten Ersparnisse. Foto, Juli 1931

Das Ende der Weimarer Republik

Als bei den Reichstagswahlen im Juli 1932 NSDAP und KPD die Stimmenmehrheit im Reichstag erhielten, hatten die Demokraten den Kampf endgültig verloren. Vorher war schon Reichskanzler Brüning durch Intrigen von Beratern Hindenburgs gestürzt worden. Führende konservative Politiker, Industrielle, Adlige und Angehörige der Reichswehr gehörten zu diesem engsten Beraterkreis des Reichspräsidenten. Sie lehnten die demokratische Republik ab und hatten maßgeblichen Einfluss auf die Politik der Präsidialkabinette seit 1930. Teile dieser Gruppe sprachen sich Ende 1932 für Adolf Hitler als Reichskanzler aus. Sie glaubten, den Führer der NSDAP für ihre Ziele einspannen zu können. Zwar hatte Hindenburg Zweifel gegenüber Hitler. Den Beratern gelang es jedoch, diese Bedenken zu zerstreuen. Am 30. Januar 1933 wurde Adolf Hitler zum deutschen Reichskanzler ernannt.

Notverordnungen
Der Reichspräsident konnte nach Artikel 48 der Weimarer Verfassung im Krisenfall Notverordnungen erlassen (vgl. S. 196, M6). Sie hatten Gesetzeskraft. Damit wurde das Parlament aus dem Gesetzgebungsprozess ausgeschaltet.

1918 1933

M3 Auswirkungen der Weltwirtschaftskrise auf die Bevölkerung. Der 24-jährige Günther Prien war damals immer wieder vergeblich auf Arbeitsuche:
Ich ging auf die Straße hinaus. Nun war ich also wieder unten, ganz unten. (...) Warum? Jeder, den man fragte, zuckte die Achseln: „Ja es gibt eben keine Arbeit, das sind die Verhältnisse, mein Lieber!" Ja, verflucht noch mal, waren denn die da oben, die Minister, die Parteibonzen, (...) nicht dazu da, die Verhältnisse zu ändern? Wie konnten sie ruhig schlafen, solange es noch Menschen gab, kräftig und gesund, willig zur Arbeit (...) und nun verrottend wie faules Stroh? Die paar elenden Pimperlinge, die sie uns hinwarfen, schützten gerade vor dem Hungertode. Sie gaben sie widerwillig her, weil sie Angst hatten vor unserer Verzweiflung, und sie wickelten uns das Lumpengeld in das Papier ihrer Zeitungen, die von schönen Redensarten (...) trieften. Ein wütender Zorn (...) packte mich. In diesen Tagen wurde ich Mitglied der nationalsozialistischen Bewegung.

M4 Die Bewohner der Hinterhofwohnungen in der Berliner Köpenicker Straße treten 1932 in den Mieterstreik.

M5 In einer Schulchronik aus dem Jahre 1932 findet sich folgende Eintragung:
Immer häufiger erscheinen morgens Mütter oder Väter in der Schule mit dem Bescheid: „Ich kann meine Kinder nicht schicken; wir haben kein Stück Brot im Haus. Wir haben die Kinder im Bett gelassen, da merken sie den Hunger nicht so." – Oder es heißt: „Die Schuhe sind ganz durch. Gestern ging's noch, da war's trocken, aber heute ist die Straße nass." Am 10. November eröffnete die Schule (...) eine Frühspeisung für zunächst 25 Kinder. Ihr Appell an die noch erwerbstätigen Eltern und Freunde der Schule setzte sie in die Lage, die Zahl auf 40 bis 50 zu erhöhen (von 430 Kindern hatten noch rund 170 erwerbstätige Väter und Mütter).

M6 Petition (politische Bittschrift) von Wirtschaftsvertretern und Großgrundbesitzern an den Reichspräsidenten, November 1932:
Gegen das bisherige parlamentarische Parteiregime sind nicht nur die Deutschnationale Volkspartei und die ihr nahe stehenden kleinen Gruppen, sondern auch die Nationalsozialistische Deutsche Arbeiterpartei grundsätzlich eingestellt (...).
Wir erkennen in der nationalen Bewegung, die durch unser Volk geht, den verheißungsvollen Beginn einer Zeit, die durch Überwindung des Klassengegensatzes die unerlässliche Grundlage für einen Wiederaufstieg der deutschen Wirtschaft erst schafft. Wir wissen, dass dieser Aufstieg noch viele Opfer erfordert. Wir glauben, dass diese Opfer nur dann willig gebracht werden können, wenn die größte Gruppe dieser nationalen Bewegung führend an der Regierung beteiligt wird.
Die Übertragung der verantwortlichen Leitung eines mit den besten sachlichen und persönlichen Kräften ausgestatteten Präsidialkabinetts an den Führer der größten nationalen Gruppe wird die Schwächen und Fehler, die jeder Massenbewegung notgedrungen anhaften, ausmerzen und Millionen Menschen (...) zu bejahender Kraft mitreißen.

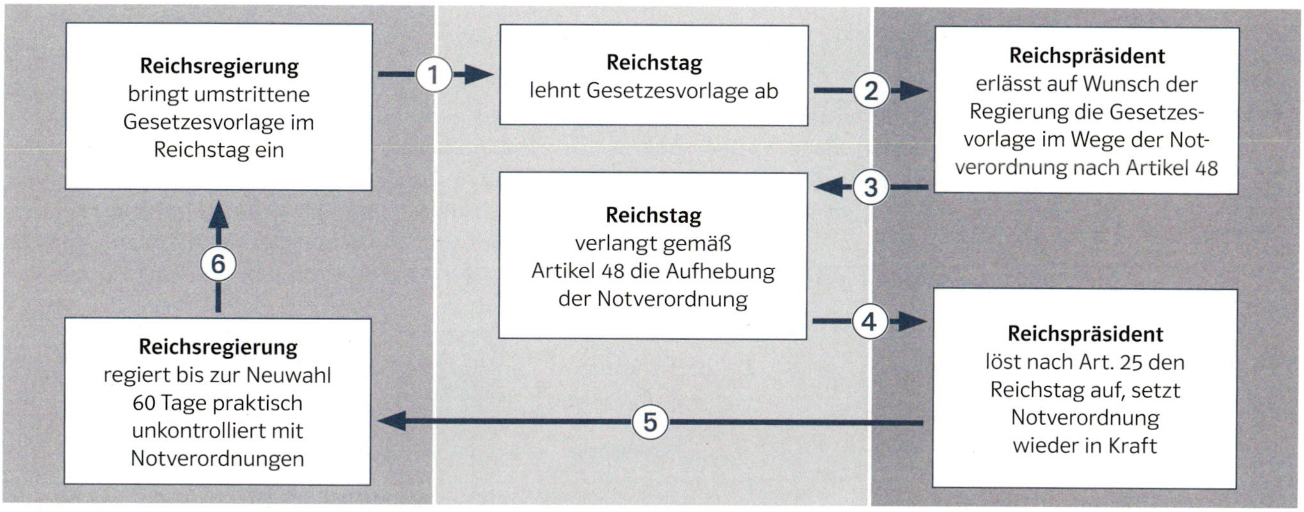

M7 Die Funktionsweise der Präsidialregierungen (1930–1933)
Die Präsidialregierungen beruhten auf der Kombination der Artikel 48 und 25 der Weimarer Verfassung (vgl. S. 196). Durch Androhung und Anwendung beider Artikel konnte der Reichspräsident das Parlament ausschalten.

Jahr	Arbeitslose	Arbeitslosenquote
1929	1899000	8,5 Prozent
1930	3076000	14,0 Prozent
1931	4520000	21,9 Prozent
1932	5603000	29,9 Prozent

M8 Arbeitslosigkeit in Deutschland
(Jahresdurchschnitt)

	Gesetze	Notverordnungen	Reichstagssitzungen
1930	98	5	94
1931	34	44	41
1932	5	60	13

M9 Reguläre Gesetzgebung und Notverordnungspraxis 1930–1932

M10 „Notverordnung":
Nach den Erfahrungen der letzten Tage ist verfügt worden, dass jeder Demonstrationszug seinen eigenen Leichenwagen mitzuführen hat.“ Karikatur aus der Zeitschrift „Simplicissimus“, 1931.

1. Stellen Sie den Zusammenhang zwischen dem Börsencrash, den wirtschaftlichen Folgen und Auswirkungen auf die deutsche Politik in einem Schaubild dar (**VT**).

2. Beschreiben Sie die Not der Menschen während der Krise (**VT, M1, M2, M5, M8**).

3. Erklären Sie, welcher Zusammenhang sich zwischen Wirtschaftskrise und politischen Veränderungen erkennen lässt (**M3, M4**).

4. a) Erläutern Sie mithilfe des Schaubildes (**M7**) und der Statistik (**M9**) das System der Präsidialregierungen. b) Inwiefern trugen sie zur Zerstörung der parlamentarischen Demokratie bei?

1918 1933

Politische Plakate analysieren

Neben Hörfunk, Fernsehen, Internet und Printmedien gehören Plakate zu den wichtigsten Werbeträgern der Parteien. So hoffen sie, die Wählerinnen und Wähler für ihre Programme zu interessieren und zur Abgabe ihrer Stimme zu bewegen. Zur Zeit der Weimarer Republik, als es noch kein Fernsehen und kein Internet gab, waren Plakate im „Kampf um Wählerstimmen" noch wichtiger als heute. Sie waren damals häufig künstlerisch anspruchsvoll gestaltet, aussagekräftig und vermittelten wesentliche Botschaften an die Wähler.

M1 Wahlplakat der KPD aus dem Jahr 1932

M2 Wahlplakat der SPD von 1932

Beschreiben

Ein riesiger Mann steht mit geballter Faust hinter einem runden Tisch (**M1**). Durch Kleidung und Kopfbedeckung (offene Jacke, Pullover, Schiebermütze), in der roten Farbe des Kommunismus und der russischen Revolution gekleidet, ist er als Arbeiter zu erkennen. Haltung und Gesichtsausdruck zeigen Stärke und Entschlossenheit. Er überragt mit seiner Größe den Tisch unter ihm, den er offensichtlich zerschlagen will. Am Tisch sitzt im Zentrum des Bildes Reichskanzler von Papen (mit Zylinder), links neben ihm (aus der Sicht des Betrachters), an ihrer Kopfbedeckung zu erkennen, je ein Vertreter der rechten Kampfverbände Stahlhelm und SA, dann Hitler. Durch Zylinder und preußische Pickelhaube wird deutlich, dass vor allem die politischen Vertreter des Großkapitals und des kaiserlichen Militarismus dargestellt sind. Zur Tischgesellschaft gehören auch Vertreter der Wirtschaft. Sie sitzen mit dem Rücken zum Betrachter, gekennzeichnet durch Zylinderhüte und feisten Nacken. Der Schriftzug „Liste 3" weist darauf hin, dass der Wähler die Partei in der dritten Zeile der oft mehr als 30 Parteien umfassenden Wahlzettel findet.

Untersuchen

Das Jahr 1932 wurde auf politischer Ebene geprägt von einer Art Dauerwahlkampf (zwei Wahlgänge zur Reichspräsidentenwahl und zwei Reichstagswahlen). Begleitet wurde das Wahljahr von einer Eskalation der Gewalt, ausgelöst durch die Auseinandersetzungen

M3 Wahlplakat des Zentrums aus dem Jahr 1932

Methodische Arbeitsschritte

1 Beschreiben
- Beschreiben Sie das Plakat. Achten Sie dabei auch auf kleinste Gegenstände und Texte, die Verteilung von Licht und Schatten, Farben und die Anordnung der Texte.
- Stellen Sie fest, was auf dem Plakat besonders ins Auge fällt.
- Nennen Sie Einzelheiten, die Sie auf dem Plakat sehen.

2 Untersuchen
- Stellen Sie fest, wer das Plakat in Auftrag gegeben hat.
- Finden Sie heraus, aus welchem Grund das Plakat in Auftrag gegeben wurde.
- An wen wendet sich das Plakat?
- Untersuchen Sie, welche Symbole und welche Anspielungen auf historische Ereignisse Sie erkennen können.
- Untersuchen Sie, falls vorhanden, den Text des Plakats.

3 Deuten
- Ordnen Sie das Plakat in den historischen Zusammenhang ein.
- Überlegen Sie, welches Ziel der Auftraggeber mit dieser Form der Gestaltung und den Texten zu erreichen versucht.
- Beurteilen Sie, wie dieses Plakat auf die Wählerinnen und Wähler gewirkt haben könnte.

zwischen den militanten Verbänden der Parteien (300 Tote und über 1000 Verletzte allein in den Monaten Juni und Juli). Die wachsende Radikalisierung der politischen Kultur und die Zunahme einer allgemeinen Gewaltbereitschaft finden sich auch auf vielen Wahlplakaten wieder.
Auftraggeber des Plakats war die KPD. Sie hatte während der Weltwirtschaftskrise die Zahl ihrer Mitglieder und ihrer Anhängerschaft beträchtlich steigern können. Der Zeichner des Plakats aus dem Jahr 1932 ist nicht bekannt, möglicherweise ist es John Heartfield, Mitarbeiter der Arbeiter Illustrierten Zeitung.

Deuten
In weiten Teilen der deutschen Bevölkerung, insbesondere aber in der Arbeiterschaft, herrscht 1932 Unzufriedenheit mit dem „konservativen Herrenklub" der Präsidialregierung von Reichskanzler Papen, an dessen Tisch nun auch Adolf Hitler Platz nehmen möchte. Die KPD empfiehlt sich mit dem Plakat als tatkräftige Alternative, die durchzugreifen weiß. „Schluss mit diesem System" ist eine deutliche Aufforderung zur Abschaffung der bestehenden Ordnung. In Wahrheit, so die Aussage des Plakats, dient das parlamentarische System nur den Interessen des Großkapitals, dem sich auch Hitler untergeordnet hat. Die Darstellung macht deutlich, dass die KPD das parlamentarische System genauso unerbittlich bekämpfte wie die NSDAP.

1. Vergleichen Sie die Wahlplakate aus der Endphase der Weimarer Republik miteinander (**M1–M3**). Nennen Sie Gemeinsamkeiten und Unterschiede.

2. Diskutieren Sie in der Klasse, welche Werbemittel Parteien heute einsetzen, um Wählerstimmen zu gewinnen.

1918 1933

Wer wählte die NSDAP?

Bei der Reichstagswahl 1928 entschieden sich nur 2,6 Prozent der Wähler für die NSDAP. Vier Jahre später erreichte die NSDAP 37,4 Prozent der Stimmen. Wie lässt sich dieser Aufstieg von einer kleinen, relativ erfolglosen Splitterpartei zur stärksten Fraktion erklären?

M1 „Das Firmenschild. Vor den Proleten und vor den zahlungskräftigen Kreisen“,
Karikatur aus dem „Wahren Jacob“, 1931

Volkspartei des Protestes

Nach dem gescheiterten Putschversuch von 1923 änderte die NSDAP ihre Taktik. Die revolutionären Bestrebungen stellte sie zurück, stattdessen wollte sie die Republik von innen aushöhlen.

Ziel war es, die Herrschaft im Parlament und auf der Straße zu erlangen. Dabei bemühte sich die NSDAP darum, als Partei für das ganze Volk aufzutreten und alle gesellschaftlichen Gruppen zu umwerben. Die NS-Propaganda schürte Angst und Unzufriedenheit. Gleichzeitig hielt sie für jede Sozialschicht spezielle „Heilsbotschaften“ bereit: Den Arbeitslosen versprach die NSDAP Arbeit und Brot, dem Mittelstand nahm sie die Furcht vor dem sozialen Abstieg, der Wirtschaft und den Kirchen versicherte sie Schutz vor dem Kommunismus, den Bauern stellte sie eine Überwindung der Krise in der Landwirtschaft in Aussicht, dem Militär gab sie die Hoffnung auf eine neue große Armee. So gelang es der Partei, Menschen ganz unterschiedlicher Herkunft zu gewinnen. Hitler wurde zum Heilsbringer aufgebaut, seine Bewegung zur Sammelpartei des Protestes.

Zwischen Attraktivität und Immunität

Insbesondere junge Menschen fühlten sich von der NSDAP angezogen. Für sie stellte die Partei, die sich besonders dynamisch und aggressiv gab, eine Art Aufbruchsbewegung in eine bessere Zukunft dar. 1933 war fast jedes zweite Parteimitglied zwischen 18 und 30 Jahre alt. Besonders häufig wählten Protestanten die NSDAP. Einigermaßen immun gegenüber den Versprechungen der NSDAP waren dagegen Katholiken und Kommunisten. Sie hielten ihren angestammten Parteien, dem Zentrum und der KPD, zumeist die Treue.

M2 Der Journalist Helmut von Gerlach kommentierte in einem Zeitungsartikel vom 6. Oktober 1930 den Erfolg der NSDAP bei der Wahl:

Die Welt zerbricht sich den Kopf darüber, worauf die Verneunfachung der Hitlerstimmen zurückzuführen ist. (...) „Deutschland hat drei Millionen Arbeitslose, sie haben fast sämtlich nationalsozialistisch gewählt. Ergo." So konnte man wörtlich in Paris und anderswo lesen. Irrtum! Von den drei Millionen Erwerbslosen hat nur ein verschwindend geringer Prozentsatz Hitler seine Stimme gegeben. Diese drei Millionen stellen vielmehr das Gros der kommunistischen Wähler dar. (...) Die Arbeitslosen waren also nicht die Hauptwähler Hitlers. Wohl aber ist richtig, dass die Wirtschaftskrisis, deren äußeres Symptom die riesenhafte Arbeitslosigkeit ist, die Grundlage des hitlerischen Sieges war.

Die Hitlerwähler setzen sich aus zwei Kategorien zusammen: einer kleinen Minderheit von Nationalsozialisten, die auf das Hakenkreuz eingeschworen sind, und einer riesigen Mehrheit von Mitläufern.

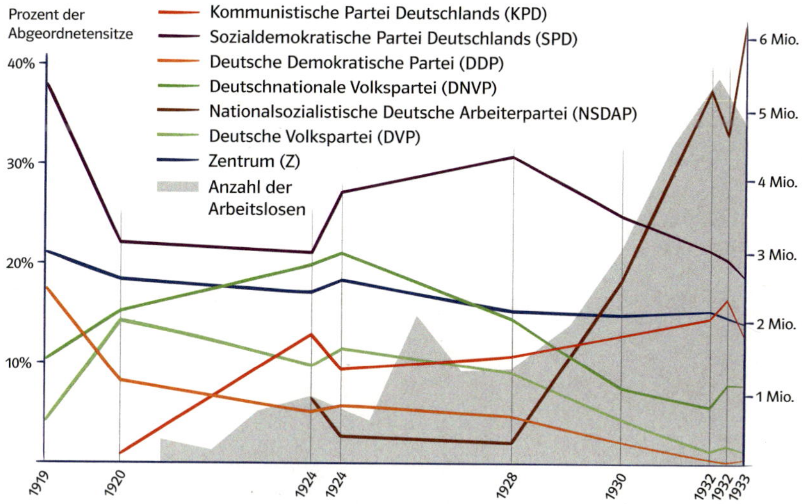

M3 Entwicklung der Parteien bei den Reichstagswahlen

	1928	1930	1932 J	1932 N	1933	Alle
Selbstständige/ Mithelfende	26	27	31	30	31	24
Angestellte/ Beamte	12	13	11	12	12	15
Arbeiter	30	26	25	26	26	32
Berufslose	13	17	17	17	16	13
Hausfrauen usw.	17	17	16	16	16	17

M4 Die soziale Zusammensetzung der NSDAP-Wählerschaft nach Berufsgruppen (in Prozent)

1932 J = Juli; 1932 N = November; Alle = Anteil der Berufsgruppe an allen Wahlberechtigten; Berufslose: davon ca. 90 % Rentner und Pensionäre (1933);

Lesebeispiel: 26 % der NSDAP-Wähler im Jahre 1928 gehörten zur Berufsgruppe der Selbstständigen und mithelfenden Familienangehörigen, 1933 waren es 31 %. Der Anteil dieser Berufsgruppe an allen Wahlberechtigten lag in diesem Zeitraum bei 24 %.

1. Worauf führt der Karikaturist (**M1**) den Wahlerfolg der Nationalsozialisten zurück?

2. Historiker haben den Aufstieg der NSDAP in der Weimarer Republik unterschiedlich erklärt. Überprüfen Sie mithilfe der Materialien folgende Theorien:
   - Die NSDAP ist fast ausschließlich von Angehörigen der Mittelschicht gewählt worden (**VT, M4**).
   - Die Wirtschaftskrise hat die Arbeitslosen in die Arme der NSDAP getrieben (**M2, M4**).
   - Durch den Niedergang der Wirtschaft und die Massenarbeitslosigkeit verloren viele Menschen das Vertrauen in das Weimarer System und wählten aus Protest die NSDAP (**VT, M2, M4**).

3. Erläutern Sie das Verhalten der Wählerschaft von KPD und Zentrum (**M3**).

1918 1933

Warum scheiterte die erste deutsche Demokratie?

Nicht einmal 15 Jahre hatte die erste deutsche Demokratie Bestand gehabt. Der gesellschaftliche und politische Neubeginn nach Ende des Ersten Weltkriegs sollte Voraussetzungen und Grundlagen schaffen für den dunkelsten Zeitabschnitt in der deutschen Geschichte.

M1 Wahlplakat der DNVP, 1932

„Republik ohne Republikaner"

Der atemberaubende Aufstieg der Nationalsozialisten hatte verschiedene Ursachen: Viele Menschen aus dem Bürgertum trauerten nach dem Ersten Weltkrieg der Monarchie nach, von der sie glaubten, sie hätte das Deutsche Reich zu einer bedeutenden Weltmacht geführt. Große Teile des Militärs, der Beamtenschaft und der Justiz sehnten sich nach einem Staat mit einer starken politischen Führung, in der das Parlament nur eine untergeordnete Rolle spielen sollte. Den Versailler Vertrag empfanden fast alle Deutsche als ungerecht. Für sein Zustandekommen machten konservative Persönlichkeiten aber nicht die militärische Niederlage verantwortlich, sondern die Politiker der Weimarer Republik, die ihn unterschrieben hatten. Die Parteienzersplitterung (damals gab es keine Fünfprozentklausel) und die mangelnde Bereitschaft der demokratischen Parteien zur Bildung von Koalitionen verschärfte die Abneigung gegen das parlamentarische System. Hinzu kam, dass die Weimarer Verfassung dem Reichspräsidenten eine viel zu große Macht gegeben hatte. Sie befähigte ihn, Gesetze auch ohne parlamentarische Zustimmung zu erlassen. Heute sagen viele Historiker, die Zeit zwischen 1919 und 1932 sei eine „Republik ohne Republikaner" gewesen.

Not und Verzweiflung: Wahlerfolge von NSDAP und KPD

Die wichtigste Voraussetzung für Hitlers Wahlsiege seit 1929 bildete die von Amerika ausgegangene Wirtschaftskrise. Nach dem „Schwarzen Freitag" in New York sank in Deutschland die industrielle Produktion um über 50 Prozent. Die Arbeitslosigkeit stieg geradezu dramatisch an. Im März 1932 waren von 18 Millionen Erwerbstätigen 6 Millionen ohne Arbeit.
In nahezu allen gesellschaftlichen Schichten wuchs die Unzufriedenheit mit dem Staat. Die Menschen hörten in ihrer Ratlosigkeit immer mehr auf die Propaganda von KPD und NSDAP, denn diese Parteien versprachen, das parlamentarische Regierungssystem abzuschaffen und die Wirtschaftskrise zu überwinden. Obwohl die Demokratiefeindlichkeit der extremen Parteien bekannt war, erhielt bei den Reichstagswahlen vom Juli 1932 die NSDAP über 37 Prozent aller Stimmen, die KPD kam auf über 14 Prozent. Die Wähler hatten den staatstragenden Parteien SPD, DVP, DDP und Zentrum und damit der parlamentarischen Demokratie auf dem Höhepunkt der Wirtschaftskrise eine klare Absage erteilt. Die politischen Auseinandersetzungen verschärften sich, Straßenkämpfe und Saalschlachten forderten Verletzte und Tote. Mit der Ernennung Hitlers zum Reichskanzler war das Ende der Weimarer Republik am 30. Januar 1933 besiegelt.

M2 „Ich will von Politik nichts wissen", Zeichnung von George Grosz, 1930

M3 Gründe für das Scheitern der Weimarer Demokratie

a) Karl Dietrich Erdmann (1973):

Durch den Bruch der Großen Koalition am 27. März 1930 schaltete der deutsche Reichstag sich selber aus. Damals waren von 491 Abgeordneten nur 12 Nationalsozialisten und 54 Kommunisten. Der Parlamentarismus der Weimarer Republik ist nicht von außen zu Fall gebracht worden. Er ging an sich selber zugrunde, als die Flügelparteien der Großen Koalition nicht mehr die Kraft und den Willen aufbrachten, über den widerstreitenden Interessen der hinter ihnen stehenden Gruppen eine zum Kompromiss fähige (...) Staatsgesinnung zur Geltung zu bringen. (...) Das Versagen der demokratischen Parteien vor dieser Aufgabe machte den Weg frei für Hitler.

b) Der Historiker Eberhard Kolb (1993):

Gewiss war die erste deutsche Republik im Ergebnis der Gründungsphase mit einer fundamentalen Schwäche behaftet. In ihrer 1919 konstituierten konkreten Gestalt wurde die parlamentarische Demokratie nur von einer Minderheit der Bevölkerung wirklich akzeptiert und mit kämpferischem Elan verteidigt, breite Bevölkerungsschichten verharrten in Distanz, Skepsis und offener Ablehnung, bereits im Verlauf der Gründungsphase organisierten sich auf der politischen Rechten und der äußersten politischen Linken die antidemokratischen Kräfte zum Kampf gegen die Republik. Unter diesen Umständen muss es als ein kleines Wunder – und als eine beachtliche Leistung – gelten, dass es den republikanischen Politikern gelang, die Weimarer Demokratie durch die von komplexen innen- und außenpolitischen Gefährdungen erfüllten Anfangsjahre hindurchzuretten und schließlich einen bemerkenswerten Grad von politischer und wirtschaftlicher „Normalisierung" zu erreichen. (...)

Mit dem Übergang zum Präsidialsystem wurde eine Abwendung von der parlamentarischen Regierungsweise vollzogen und die Position gerade der republiktreuen und staatsbejahenden Kräfte empfindlich geschwächt, (...) sodass die extrem nationalistische und demokratiefeindliche NSDAP jenen Auftrieb erhielt, der sie zur Massenbewegung machte. Aber trotz aller Erfolge bei der Massenmobilisierung und an den Wahlurnen war die NSDAP nur deshalb schließlich siegreich, weil die alten Eliten in Großlandwirtschaft und Industrie, Militäraristokratie und Großbürgertum zur autoritären Abkehr von Weimar entschlossen waren und glaubten, die nationalsozialistische Massenbewegung für sich benutzen zu können.

1. Beschreiben Sie die Zeichnung von George Grosz (**M2**). Was ist die Hauptaussage des Künstlers?

2. Nehmen Sie Stellung zu den Aussagen der Historiker in **M3**. Welche Position erscheint Ihnen überzeugender?

3. Erläutern Sie die Behauptung „Republik ohne Republikaner" in Bezug auf **M1**.

4. Stellen Sie die im **VT** und in dem Quellentext **M3** genannten Gründe für den Untergang von Weimar zusammen.

1918 — 1933

Die Weimarer Republik

1 Diese Begriffe kann ich erklären!

a) Arbeiter- und Soldatenräte

b) Rat der Volksbeauftragten

c) Dolchstoßlegende

d) Inflation

e) Weltwirtschaftskrise

f) Notverordnungen

2 Zu diesen Bildern kann ich etwas erzählen!

3 Diese Daten kann ich erklären!

a) November 1918

b) Januar 1919

c) November 1923

d) 1928–1932

e) Oktober 1929

f) Januar 1933

4 Diese Fragen kann ich beantworten!

a) Was waren die wesentlichen Grundsätze der Weimarer Verfassung?

b) Was waren die wesentlichen Bestimmungen des Versailler Vertrages?

c) Was waren Gründe für die Inflation von 1923?

d) Wie wirkte sich die Inflation auf das Leben der Menschen und ihr Verhältnis zum neuen Staat aus? Wer profitierte von der Inflation?

e) Welche Auswirkungen hatte die Weltwirtschaftskrise in Deutschland?

f) Welche Bevölkerungsgruppen wählten besonders häufig die NSDAP?

Karikaturen aus der Zeit der Weimarer Republik

M1

M2

M3

M4

a) „Jetzt bin ich Millionär – mein Gott, wie werd ich erst als Milliardär aussehen!"
Karikatur von Thomas Theodor Heine, 1923

b) „Deutsches Verhängnis" von A. Paul Weber, 1932

c) „Das ist der Vater Staat, ein ganz gefährlicher Bursche. Er sitzt wegen Wucher, Diebstahl, Betrug und betrügerischem Bankrott."
Karikatur von Thomas Theodor Heine im „Simplicissimus", 1923

d) „The source" [Die Quelle].
Karikatur aus der amerikanischen Zeitung „St. Louis Dispatch" vom 18. Oktober 1930

1. Kopieren Sie die Seite. Ordnen Sie jeder der Karikaturen die passende Bildlegende zu.

2. Analysieren Sie die Karikaturen entsprechend der methodischen Arbeitsschritte auf S. 170/171.

3. Sammeln Sie Informationen zu den historischen Hintergründen der Karikaturen **M1** bis **M4** und gestalten Sie damit eine Wandzeitung.

8 Der Nationalsozialismus

Zwölf Jahre dauerte die nationalsozialistische Diktatur in Deutschland – Jahre, die geprägt waren von Krieg, Terror und Völkermord. Von Anfang an strebten die Nationalsozialisten danach, ihren Machtbereich auszudehnen. Dies führte zum Zweiten Weltkrieg, in dem Millionen von Menschen getötet wurden. In Deutschland und in den besetzten Gebieten begingen Deutsche unvorstellbare Verbrechen. Wie konnte es zu dieser Schreckensherrschaft kommen? Wie gelang es den Nationalsozialisten, so viele Anhänger unter den Deutschen zu gewinnen? Und warum wehrten sich so wenige Menschen gegen die nationalsozialistischen Verbrechen?

Online-Link
416330-0801

1933 | 1935 | 1939

1933
Die Nationalsozialisten übernehmen die Macht.

1935
Die „Nürnberger Gesetze" grenzen Juden aus der Gesellschaft aus.

1938
In der Pogromnacht werden jüdische Bürger misshandelt, viele Synagogen werden angezündet.

1939
Mit dem Einmarsch in Polen löst Deutschland den Zweiten Weltkrieg aus.

M1 Berlin – Holocaust-Mahnmal, Stelenfeld im Denkmal für die ermordeten Juden Europas, Foto 2007

1940 **1944** **1945**

ab 1941
Beginn des Völkermords, Deportationen von Juden in die Vernichtungslager

1944
Stauffenbergs Attentat auf Hitler scheitert.

1945
Deutsche Kapitulation: Ende des Zweiten Weltkriegs und der NS-Herrschaft

M2 Stuttgart – Gedenkstätte für die Deportation und Ermordung von Juden am Stuttgarter Nordbahnhof
Das Gelände war in den Jahren 1941 bis 1945 Ausgangspunkt zahlreicher Deportationen von Juden in die Sammel- und Konzentrationslager der Nationalsozialisten. Foto 2006

1933 1945

Kam Hitler legal an die Macht?

Am Abend des 30. Januar 1933 fand in Berlin ein gewaltiger Fackelzug statt: Die Nationalsozialisten feierten die Ernennung Hitlers zum Reichskanzler. Mit welchen Mitteln hatte Hitler es bis an die Spitze der Regierung geschafft?

M1 „Der 30. Januar 1933“,
Gemälde von Arthur Kampf, 1938. Fackelzug durch das Brandenburger Tor anlässlich der Machtübernahme Hitlers.

SA
(Abkürzung für Sturm-Abteilung) Die SA war die Parteiarmee der NSDAP. Sie zählte 1932 rund 400 000 braun uniformierte Mitglieder – meist arbeitslose, unzufriedene junge Männer, die bereit waren, jederzeit Gewalt anzuwenden.

Reichskanzler Hitler

Einflussreiche Personen aus Politik, Wirtschaft, Adel und Reichswehr hatten sich bei Reichspräsident Hindenburg dafür eingesetzt, dass er Hitler zum Reichskanzler ernannte. Die konservativen Kreise glaubten, Hitler kontrollieren, ja sogar „zähmen“ zu können. Hitler war zwar der Führer der stärksten Partei im Reichstag (Novemberwahl 1932: 33,1 Prozent für die NSDAP), doch in der neuen Regierung gab es neben ihm nur zwei weitere Nationalsozialisten als Minister. Hitler aber wollte die ganze Macht. Er setzte für den 5. März Neuwahlen an. Dort wollte er die absolute Mehrheit für die NSDAP erreichen.

Der Reichstagsbrand und seine Folgen

In der Nacht vom 27. auf den 28. Februar 1933 brannte das Reichstagsgebäude in Berlin. Die Nationalsozialisten machten die Kommunisten dafür verantwortlich und schürten die Furcht vor einem kommunistischen Aufstand. Mit Zustimmung des Reichspräsidenten wurde eine von den Nationalsozialisten vorbereitete Notverordnung erlassen. Diese setzte wichtige Grundrechte der Weimarer Verfassung außer Kraft. Die sogenannte Reichstagsbrandverordnung blieb bis 1945 in Kraft. Sie war die Grundlage des NS-Terrors: Unliebsame politische Gegner wurden nun verhaftet, Zeitungen verboten, die Versammlungs- und Meinungsfreiheit eingeschränkt. Die SA konnte ungestört den Wahlkampf anderer Parteien behindern. Trotzdem verfehlte die NSDAP bei den Wahlen mit 43,9 Prozent die absolute Mehrheit.

Entmachtetes Parlament

Noch war Hitlers Macht nicht unbeschränkt. Die Nationalsozialisten wollten deshalb den Reichstag ausschalten. Am 23. März legte Hitler dem Parlament ein „Gesetz zur Behebung der Not von Volk und Reich“ vor. Dieses sogenannte Ermächtigungsgesetz sah für die Regierung das Recht vor, Gesetze ohne Zustimmung des Parlaments zu erlassen. Um das Gesetz zu beschließen, war allerdings eine Zweidrittelmehrheit im Reichstag notwendig. Schon Tage vor der Abstimmung warb die NSDAP mit Terror und Drohungen für das Gesetz. SA-Männer verhafteten als Hilfspolizisten politische Gegner.
Am Tag der Abstimmung selbst war das Parlamentsgebäude von SA-Leuten umstellt. Die Drohkulisse verfehlte ihre Wirkung nicht: Zwei Drittel der Abgeordneten sprachen sich für das Gesetz aus. Nur die SPD stimmte dagegen. Die Abgeordneten der KPD konnten an der Sitzung nicht teilnehmen, da sie bereits verhaftet oder auf der Flucht vor den Nazis waren. Das Parlament war damit entmachtet: Gesetze konnten künftig ohne Zustimmung des Reichstags beschlossen werden.

M2 Aus der „Reichstagsbrandverordnung" vom 28. Februar 1933:

§ 1 Es sind daher Beschränkungen der persönlichen Freiheit, des Rechts der freien Meinungsäußerung, einschließlich der Pressefreiheit, des Vereins- und Versammlungsrechts, Eingriffe in das Brief-, Post- und Fernsprechgeheimnis, Anordnungen von Hausdurchsuchungen und von Beschlagnahme sowie Beschränkungen des Eigentums auch außerhalb der sonst hierfür bestimmten gesetzlichen Grenzen zulässig.

M3 Die Abstimmung über das „Ermächtigungsgesetz" am 23. März 1933:

a) Otto Wels spricht für die SPD:

Freiheit und Leben kann man uns nehmen, die Ehre nicht. Nach den Verfolgungen, die die Sozialdemokratische Partei in der letzten Zeit erfahren hat, wird billigerweise niemand von ihr verlangen oder erwarten können, dass sie für das hier eingebrachte Ermächtigungsgesetz stimmt. (...) Noch niemals, seit es einen Deutschen Reichstag gibt, ist die Kontrolle der öffentlichen Angelegenheiten durch die gewählten Vertreter des Volkes in solchem Maße ausgeschaltet worden, wie es jetzt geschieht, und wie es durch das neue Ermächtigungsgesetz noch mehr geschehen soll.

b) Aus Hitlers Rede vor der Abstimmung:

Es würde dem Sinn der nationalen Erhebung widersprechen, (...) wollte die Regierung sich für ihre Maßnahmen von Fall zu Fall die Genehmigung des Reichstages erhandeln oder erbitten. Die Regierung wird dabei nicht von der Absicht getrieben, den Reichstag als solchen aufzuheben, im Gegenteil, sie behält sich auch in Zukunft vor, ihn von Zeit zu Zeit über ihre Maßnahmen zu unterrichten oder aus bestimmten Gründen, wenn zweckmäßig, auch seine Zustimmung einzuholen (...). (Die Regierung) bietet den Parteien des Reichstags die Möglichkeit einer ruhigen Entwicklung (...). Mögen Sie, meine Herren, nunmehr selbst die Entscheidung treffen über Frieden oder Krieg.

M4 Aus dem „Ermächtigungsgesetz", 1933:

Art. 1 Reichsgesetze können (...) auch durch die Reichsregierung beschlossen werden.
Art. 2 Die von der Reichsregierung beschlossenen Reichsgesetze können von der Reichsverfassung abweichen.
Art. 3 Die von der Reichsregierung beschlossenen Reichsgesetze werden vom Reichskanzler ausgefertigt und im Reichsgesetzblatt verkündet.

M5 Joseph Goebbels, Reichsminister für Volksaufklärung und Propaganda, 1934:

Wir Nationalsozialisten haben niemals behauptet, dass wir Vertreter eines demokratischen Standpunktes seien, sondern wir haben offen erklärt, dass wir uns demokratischer Mittel nur bedienen, um die Macht zu gewinnen.

M6 Propagandaplakat zur Reichstagsbrandverordnung
Wer den Brand gelegt hat, weiß man bis heute nicht genau.

SS
(Abkürzung für Schutzstaffel) Die SS war anfangs Hitlers persönliche Elitetruppe. Nach der Entmachtung der SA übernahm die SS polizeiliche Aufgaben im Staat und innerhalb der NSDAP. Unter Führung Heinrich Himmlers war die SS an der Judenvernichtung maßgeblich beteiligt.

1. Erklären Sie, welche Folgen der Reichstagsbrand für den Wahlkampf und die Abschaffung der Demokratie hatte (**VT, M2, M6**).

2. Erläutern Sie die Auswirkungen des Ermächtigungsgesetzes für die Regierung, die Gewaltenteilung und für die Opposition (**VT, M5**).

3. Fassen Sie die Aussagen von Otto Wels und Hitler (**M3a, M3b**) in eigenen Worten zusammen und vergleichen Sie sie.

4. Kam Hitler legal an die Macht? Nehmen Sie Stellung (**VT, M2–M6**).

1933 1945

Auf dem Weg in den „Führerstaat"

Nach der Ernennung Hitlers zum Reichskanzler, am 30. Januar 1933, gelang es der NSDAP innerhalb von nur 18 Monaten sämtliche demokratischen Strukturen der Weimarer Verfassung zu zerstören. Dies konnte nur mit Hilfe vieler Deutscher gelingen, die dem Führer entgegenarbeiteten.

M1 Deutsches Turnfest in Stuttgart
Auf der Ehrentribüne (von links): Vizekanzler Franz v. Papen, der persönliche Adjutant SS-Führer Julius Schaub, Hitler, Joseph Goebbels; Foto 30. Juli 1933

M2 „Gleichschaltung" auf allen Gebieten
Schild bzw. Schmuckblatt des DRK

Ausschaltung der Opposition

Das Ermächtigungsgesetz gab Hitler freie Hand. Ohne Kontrolle des Parlaments schufen die Nationalsozialisten einen Staat, in dem sich alles dem „Willen des Führers" unterzuordnen hatte. Für anderes Denken oder gar eine Opposition sollte im künftigen „Führerstaat" kein Platz mehr sein. In diesem Sinne wurden wichtige Bereiche des Staates und der Gesellschaft „gleichgeschaltet". Einer der ersten Schritte auf diesem Weg war das „Gesetz zur Wiederherstellung des Berufsbeamtentums" vom April 1933. Es erlaubte die Entlassung missliebiger Beamter. Im gleichen Monat beseitigte das „Gesetz zur Gleichschaltung der Länder mit dem Reich" die bisherige Eigenständigkeit der Länder.

Auch die Arbeiterbewegung blieb nicht verschont. Anfang Mai wurden die freien Gewerkschaften zerschlagen. Leichtes Spiel hatten die Nationalsozialisten mit den Parteien: Die meisten lösten sich selbst auf oder traten der NSDAP bei, die SPD wurde im Juni 1933 verboten. Im „Gesetz gegen die Neubildung von Parteien" vom 14. Juli wurde die NSDAP zur einzigen politischen Partei erklärt.

Selbstgleichschaltung

Wo die Strategie für eine allmähliche Machtübernahme nicht auf legalem Wege zu erreichen war, wurde mit Hilfe lokalen SA-Terrors zusätzlich Druck ausgeübt. Dies führte dazu, dass sich weite Teile der deutschen Bevölkerung, oftmals in vorauseilendem Gehorsam, „selbst gleichschalteten".

Morde vollenden die Diktatur

Nach der Ausschaltung der politischen Gegner drohte der NSDAP nur noch Gefahr aus den eigenen Reihen. Grund dafür war ein Konflikt zwischen SA und Reichswehr. Der Führer der SA, Ernst Röhm, wollte die Reichswehr mit der bewaffneten Parteiarmee unter seiner Führung „gleichschalten". Dies lehnte die Reichswehrführung strikt ab. Hitler brauchte aber die Reichswehr für seine Aufrüstungspläne. So schlug er sich in diesem Streit auf die Seite der Generäle und ließ im Morgengrauen des 30. Juni 1934 Röhm und andere SA-Führer verhaften und ermorden.

Führer und Reichskanzler

Als am 2. August 1934 Reichspräsident Hindenburg starb, ernannte Hitler sich selbst als „Führer und Reichskanzler" zum Staatsoberhaupt. Hitlers „Führerstaat" war jedoch kein perfekt durchorganisierter und zentralistischer Herrschaftsapparat. Es bestand vielmehr eine „Herrschaft vieler" (Polykratie), in deren Kompetenzrangeleien Hitler einzugreifen wusste: er sicherte sich so seine unangefochtene Autorität.

M3 Der sozialistische Schriftsteller und Widerstandskämpfer Ernst Niekisch schrieb 1935:

Der Punkt, an dem der Hebel ansetzt, welcher den Menschen gleichschaltet, ist die Existenzfrage. Wenn der Mann nicht richtig liegt, bekommt er kein Futter mehr. Unverhüllter wurde noch niemals auf den Magen gedrückt, um die richtige Gesinnung herauszupressen. Der Beamte zittert um Gehalt und Versorgung. (...) Angestellten und Arbeitern erging es nicht besser; sie verloren die Arbeitsplätze, wenn ihr Eifer der Gleichschaltung enttäuschte. Entzog sich ein Arbeiter dem anbefohlenen Aufmarsch, wurde er fristlos entlassen: Er war als Staatsfeind nicht würdig, wirtschaftlich geborgen zu sein. (...) Wurden sie (die freien Berufe wie Architekten, Ärzte, Rechtsanwälte, Gewerbetreibende, Handwerker und Kaufleute) aus ihrer Berufskammer entfernt, war ihnen das Recht auf Berufsausübung genommen; sie waren brotlos und ins wirtschaftliche Nichts verstoßen. Die nationalsozialistische Weltanschauung zog ihre überzeugende Kraft aus der Sorge um den Futterplatz; weil der nationalsozialistische Herr den Brotkorb monopolisiert hatte (weil er alleiniger Arbeitgeber war), sang jedermann sein Lied.

M4 Eine an den SPD-Ortsverein Hannover gerichtete Erklärung vom 29. März 1933:

Nachdem sich die Machtverhältnisse in ungeahnter Weise überschlagen haben, komme ich dem Verbot – der SPD als Mitglied noch weiter anzugehören – zuvor und erkläre hiermit meinen Austritt aus der Partei.

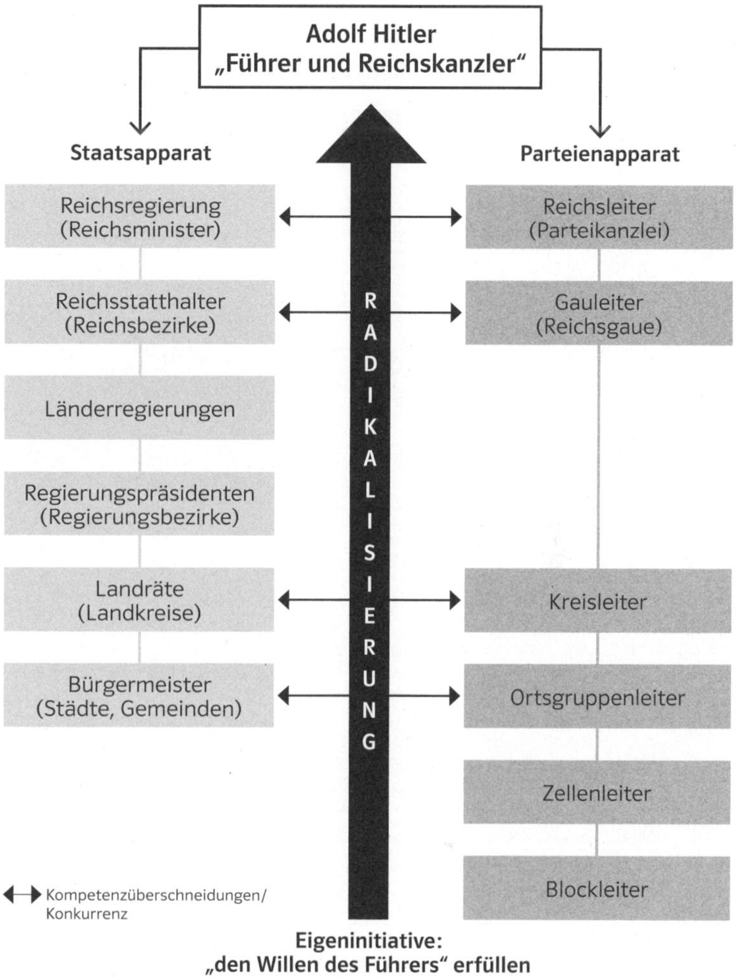

M5 Dynamik und Radikalisierung im NS-Staat

Neben die staatliche Struktur wurde von den Nationalsozialisten ein Parteienapparat etabliert. Auf Grund dieser Parallelstruktur kam es zu Überschneidungen in einzelnen Bereichen und Rivalität. Dies hatte zur Folge, dass jeder versuchte, Anordnungen von oben besonders scharf umzusetzen, sodass eine allmähliche Radikalisierung einsetzte.

1. Listen Sie auf, welche demokratischen Grundlagen der Weimarer Republik von der NSDAP zerstört wurden.

2. Erklären Sie den Prozess der zunehmenden Radikalisierung im „Dritten Reich“ (**M5**).

3. Beurteilen Sie mithilfe von **M5**, inwieweit das NS-System ein „Führerstaat“ war.

4. Nennen Sie Gründe, warum sich die Mehrheit ohne Gegenwehr „gleichschalten“ ließ (**M3, M4**).

1933 1945

Ziele und Ideen der Nationalsozialisten – wie reagierten die Deutschen?

Mit viel Propaganda verkündeten die Nationalsozialisten ihre Idee der Volksgemeinschaft. Das klang verlockend. Doch nicht alle Menschen durften zur Volksgemeinschaft dazugehören.

M1 Empfang Hitlers auf dem Berliner Wilhelmplatz nach dem Waffenstillstand mit Frankreich 1940.

Ideologie
(griech. = Lehre von den Ideen). Man versteht darunter die Weltanschauung gesellschaftlicher oder politischer Gruppen. Zu einer Art Religionsersatz gesteigert, soll sie alle Vorgänge in der Welt erklären.

Volksgemeinschaft: das Versprechen

Egal ob arm oder reich, Mann oder Frau, Arbeiter oder Unternehmer – die Nationalsozialisten versprachen eine Gesellschaft ohne Klassenunterschiede. Standesgegensätze und Parteienstreit sollte es nicht mehr geben. Gemäß der Parole „Du bist nichts, dein Volk ist alles“ sollten sich Einzelinteressen dem Gemeinwohl unterordnen. Mit solchen Vorstellungen wollten die Nationalsozialisten die Deutschen für ihre Politik gewinnen.

Verführung durch soziale Verlockungen

Unterstützung der Bevölkerung erhoffte sich die NS-Regierung auch durch sozialpolitische Maßnahmen: So bot die 1933 gegründete Organisation „Kraft durch Freude“ (KdF) allen, die sie zur Volksgemeinschaft zählte, ein kulturelles und touristisches Freizeitprogramm. Besonders begehrt waren die zu günstigen Preisen angebotenen Ausflüge und Auslandsreisen, die auch für weniger wohlhabende Bevölkerungsteile erschwinglich sein sollten. Dies sollte den Eindruck erwecken, alle seien Teil einer großen Volksgemeinschaft.
Die Aktionen des Winterhilfswerks (WHW) verfolgten ein ähnliches Ziel. Die Organisation sammelte Geld für Arme und Arbeitslose. An den „Eintopf-Sonntagen“, die einmal im Monat stattfanden, sollten die Deutschen auf Fleisch verzichten. Das eingesparte Geld wurde dem WHW gespendet.

Volksgemeinschaft: die Wirklichkeit

In Wirklichkeit strebten die Nationalsozialisten mit der Volksgemeinschaft jedoch nicht die Gleichheit aller Deutschen an. Im Gegenteil: „Volksgemeinschaft“ bedeutete verstärkte Kontrolle. Sowohl im Beruf als auch im Privatleben sollte sich der „Volksgenosse“ nur nach den Vorstellungen der Nationalsozialisten richten. Tat er das nicht, machte er sich verdächtig. Er drohte aus der Volksgemeinschaft ausgeschlossen zu werden.
Nicht zur Volksgemeinschaft gehörten all jene, die den NS-Rassenvorstellungen nicht entsprachen.

Rassenlehre

Die Rassenlehre war das Kernstück der NS-Ideologie. Danach gehörten alle Menschen unterschiedlich wertvollen Rassen an. Als hochwertigste Rasse galten die Arier. Zu ihnen wurden die germanischen Völker und somit auch die Deutschen gezählt. Arier waren angeblich groß, blond, blauäugig und besonders klug und mutig.
Als Gegenstück dazu galten die Juden. Sie waren in den Augen der Nationalsozialisten eine wertlose Rasse. Den Juden gab die

NSDAP die Schuld an allem Übel in der Welt. Als „rassisch minderwertig" galten außerdem Behinderte, Homosexuelle sowie Sinti und Roma. Sie waren ebenso wie die Juden von Anfang an Ziel der menschenverachtenden NS-Politik.

„Lebensraum"

Die Nationalsozialisten predigten das Recht des Stärkeren. Sie waren überzeugt, dass sich die in ihren Augen höherwertigen Rassen im Kampf gegen andere Rassen durchsetzen würden. Sich selbst sahen sie als „Herrenrasse", die über andere Völker herrschen werde. Die Nationalsozialisten wollten mehr „Lebensraum" für das deutsche Volk erobern. Diesen „Lebensraum" wollten sie durch Kriege im Osten erkämpfen, denn die östlich des Deutschen Reiches lebenden Völker galten in ihren Augen als minderwertig.
Diese ideologischen Grundgedanken hatte Hitler bereits 1924 in seinem Buch „Mein Kampf" niedergeschrieben.

Terror gegen Andersdenkende

Wer dem Rassenideal der Nationalsozialisten nicht entsprach, wer es wagte, Kritik zu üben, oder wer eine andere Meinung vertrat, bekam den Terror zu spüren. Viele Schriftsteller, Künstler, Wissenschaftler und politisch Andersdenkende verließen Deutschland nach 1933. Sie sahen sich in ihrer Meinungsfreiheit beschränkt oder fürchteten gar um ihr Leben.
Schon in den ersten Tagen nach Hitlers Regierungsantritt wurden Menschen ohne gerichtliche Anordnung verhaftet. Diese sogenannte Schutzhaft stützte sich auf die Reichstagsbrandverordnung (s. S. 221). Die Verhafteten hatten kein Recht auf richterliche Anhörung oder einen Anwalt. Sie waren der Willkür und der Gewalt der SA-Schlägertrupps ausgesetzt, die als Hilfspolizisten eingesetzt waren. Bereits kurz nach der Machtübernahme entstanden die ersten Konzentrationslager. Dort wurden Regimegegner unter menschenunwürdigen Bedingungen gefangen gehalten.

Die Deutschen – überzeugte Nazis?

Die Mehrheit der Bevölkerung nahm den Terror widerspruchslos hin. Die ersten Gewalttaten gegen politische Gegner und Andersdenkende wurden als notwendige Maßnahmen auf dem Weg zur nationalen Erneuerung akzeptiert.
Die Hetze gegen Juden fiel bei vielen Deutschen auf fruchtbaren Boden. Die Juden waren als Sündenböcke für alles willkommen, was die Menschen in den letzten Jahren erlitten hatten. Und auch die Forderung nach mehr „Lebensraum" war populär. Sie kam all jenen entgegen, die sich nach dem verlorenen Weltkrieg nach mehr nationaler Größe sehnten.
Waren also alle Deutschen begeisterte Nationalsozialisten? Eine große Anzahl war anfangs vom Nationalsozialismus überzeugt. Viele ließen sich dabei von den sozialen Versprechungen blenden, glaubten an die Volksgemeinschaft. Groß war auch die Zahl derjenigen, die den Staat unterstützten, weil sie sich davon persönliche Vorteile versprachen. Manche profitierten von der Ausgrenzung anderer, etwa im Beruf.
Natürlich gab es auch Menschen, die Terror und NS-Ideologie ablehnten. Viele unternahmen jedoch nichts, weil sie fürchteten, sich selbst in Gefahr zu bringen. Immer mussten Oppositionelle damit rechnen, von einer Nachbarin, einem Freund oder sogar einem Familienmitglied denunziert (d.h. angezeigt, verraten) zu werden.

M2 Politische Gegner werden in einer Berliner SA-Kaserne zusammengetrieben (Foto, 1933).

Arier
(altindisch = der Edle). Nach der NS-Rassenideologie stellten die Arier durch ihre körperlichen (groß, blond, blauäugig) und geistig-seelischen (tapfer, heldisch, opferbereit) Eigenschaften die höchste Rasse dar. Den Kern der arischen Rasse bildeten nach dieser „Lehre" die germanischen Völker und hier vor allem die meisten Deutschen.

1933 1945

M3 Nationalsozialistischer Mutterkult
Im nationalsozialistischen Rollenverständnis kam der Frau die Rolle als Hausfrau und Mutter zu. Mütter mit vier und mehr Kindern erhielten das „Mutterkreuz".

M4 Bilder deutscher Rassen, Schautafel um 1935

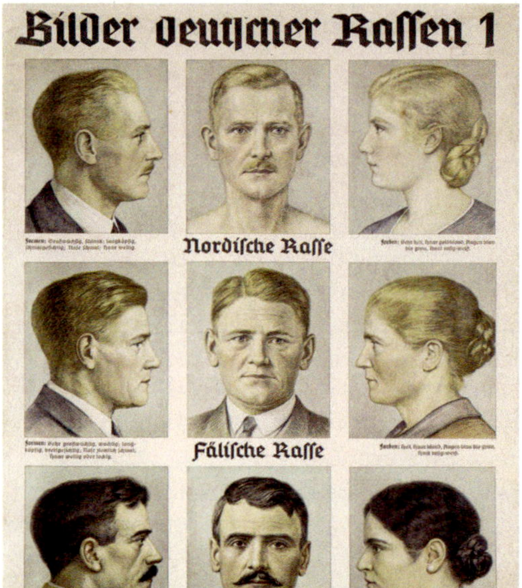

M5 Hitler in „Mein Kampf" über Rasse:
Die völkische Weltanschauung (...) glaubt somit keineswegs an eine Gleichheit der Rassen, sondern erkennt mit ihrer Verschiedenheit auch ihren höheren oder minderen Wert und fühlt sich (...) verpflichtet, (...) den Sieg des Besseren, Stärkeren zu fördern, die Unterordnung des Schlechteren und Schwächeren zu verlangen. (...) Sie sieht nicht nur den verschiedenen Wert der Rassen, sondern auch den verschiedenen Wert der Einzelmenschen.

M6 Hitlers Menschenbild:
Was für ein Glück für die Regierenden, dass die Menschen nicht denken! Denken gibt es nur in der Erteilung oder im Vollzug eines Befehls. Wäre es anders, so könnte die menschliche Gesellschaft nicht bestehen. (...) Der Mensch ist von Geburt aus schlecht. Man bändigt ihn nur mit Gewalt. Um ihn zu leiten, sind alle Mittel zulässig. Man muss auch lügen, verraten, ja sogar morden können, wenn es die Politik erfordert.

M7 Hitler über seine „Lebensraum"-Politik:
Wir Nationalsozialisten (müssen) unverrückbar an unserem außenpolitischen Ziel festhalten, nämlich dem deutschen Volk den ihm gebührenden Grund und Boden auf dieser Erde zu sichern. Und diese Aktion ist die einzige, die vor Gott und unserer deutschen Nachwelt einen Bluteinsatz gerechtfertigt erscheinen lässt. (...)
Wir (...) weisen den Blick nach dem Land im Osten. Wir (...) gehen über zur Bodenpolitik der Zukunft. Wenn wir aber heute in Europa von neuem Grund und Boden reden, können wir in erster Linie nur an Russland und die ihm untertanen Randstaaten denken.

M8 Werbeprospekt für den KdF-Wagen von 1938
Wöchentlich konnten Interessenten Sparmarken erwerben, bis der Kaufpreis von 990 Reichsmark erreicht war. Zwar zahlten viele Deutsche ein, einen Wagen bekamen sie aber nicht. Für den Krieg wurde die Produktion nämlich auf Militärfahrzeuge umgestellt.

M9 Auszug aus einem Denunziationsschreiben vom 22. Juni 1935:

Wir hatten geschäftlich in Wiesbaden zu tun und begaben uns (...) in das Lokal des Hauser. (...)

Kurze Zeit darauf betrat ein Jude das Lokal und bestellte sich ein Glas Wein. Einige Minuten später kam aus einem Raum hinter dem Büfett ein Mädchen (...). Das Mädchen nahm bei dem Juden am Tisch Platz. Selbiger unterhielt sich mit dem Mädchen in freundschaftlicher Form. Nach ungefähr einer halben Stunde verließ der Jude das Lokal, das Mädchen verschwand hinter dem Büfett. Daraufhin baten wir die Wirtin mit ruhigen Worten um Auskunft, ob das Mädel ihre Tochter sei und ob der Herr ein Jude. Die Wirtin tat entrüstet und erwiderte: „Das ist kein Jude, der ist längst vor dem Krieg getauft.“ Wir erwiderten: „Ob getauft, Jude bleibt Jude.“ Die Wirtin erwiderte daraufhin: „Gestatten Sie, wir sind schon lange mit dem Herrn befreundet, und er verkehrt sehr oft bei uns.“

In diesem Augenblick betrat der Wirt das Lokal und mischte sich sofort erregt in das Gespräch (...). Ich verbat mir die Äußerungen des Wirtes mit den Worten: „Ich bin SA-Mann, Parteigenosse und Amtsverwalter.“ Daraufhin erwiderte der Wirt: „Ich bin auch Untergruppenführer im Luftschutz.“

Mein Kamerad erwiderte. „Es ist eine große Zumutung für uns als Gäste, dass Sie in Ihrem Lokal Juden bewirten.“

M11 Im Mai 1933 organisierte das Propagandaministerium eine Bücherverbrennung.

Im Bild eine Szene aus Hamburg. In ganz Deutschland wurden Bücher von berühmten deutschen Schriftstellern und Denkern verbrannt (z. B. von Ernst Bloch, Bertolt Brecht, Erich Kästner, Thomas Mann, Heinrich Mann, Stefan Zweig oder Anna Seghers).

M10 Lina Haag war mit einem Kommunisten verheiratet. 1933 wurde sie mit ihrem Mann verhaftet und über vier Jahre in ein KZ gesperrt. Sie berichtet:

Am Ostersonntag peitscht er eigenhändig drei Frauen aus. Die Genossin Steffie ist dabei. Sie hatte ihrem Freund, einem Juden, zur Flucht verholfen. Bald darauf stirbt sie. Sie hält das nicht aus. So feiert der Kommandant des Konzentrationslagers Ostern. Mit drei, auf den Holzpflock geschnallten Frauen, die er auspeitscht, bis er nicht mehr kann. Würde das draußen ein Mensch glauben? Angenommen, es würde einer glauben, vielleicht sogar weitererzählen – ein Gestapodaumennagel genügt, um ihn augenblicklich alles vergessen zu lassen. Die leiseste Drohung genügt und das Volk schweigt. Schweigt nicht nur, jubelt, marschiert, denunziert, steht geschlossen hinter dem Führer, wie es der Führer will.

1. In seinem Buch „Mein Kampf“ erläutert Hitler seine Ideologie. Fassen Sie sie mithilfe von **M4, M5, M6** und **M7** stichpunktartig zusammen.

2. Stellen Sie zusammen, wie die Nationalsozialisten die Bevölkerung für ihre Politik gewinnen wollten (**VT, M3, M8**).

3. Listen Sie auf, wer zur Volksgemeinschaft gehörte und wer nicht (**VT, M2, M5, M9, M10, M11**).

4. Schildern Sie, wie die Nationalsozialisten mit Andersdenkenden umgingen (**VT, M2, M10, M11**).

1933 1945

NS-Wirtschaftspolitik – den Krieg im Visier

Die von der Weltwirtschaftskrise ausgelöste hohe Arbeitslosigkeit war ein Grund, warum die Nationalsozialisten in Deutschland an die Macht gekommen waren. Wie würde die Regierung Hitler nun mit dem Problem von sechs Millionen Arbeitslosen fertig werden?

100 RM A·7902640

Ehestandsdarlehen

Bedarfsdeckungsschein

über

Einhundert

Reichsmark

Nur gültig für den Erwerb von Möbeln und Hausgerät in zugelassenen Verkaufsstellen (insbesondere in Schreinereien und sonstigen Unternehmungen des Handwerks)

1. Bevor der Bedarfsdeckungsschein einer Verkaufsstelle in Zahlung gegeben wird, ist er vom Darlehensempfänger auf der Rückseite mit Namenszeichnung und der Angabe von Wohnort und Wohnung mit Tinte oder Tintenstift zu versehen.
2. Die Verkaufsstelle hat den von ihr angenommenen Bedarfsdeckungsschein auf der Rückseite an der dafür vorgesehenen Stelle mit ihrer Firmenzeichnung zu versehen.
3. Der von einer Verkaufsstelle angenommene Bedarfsdeckungsschein wird nur durch die Kasse desjenigen Finanzamts eingelöst, das für die Umsatzbesteuerung der Verkaufsstelle zuständig ist.
4. Eine Bareinlösung des Bedarfsdeckungsscheins durch die Verkaufsstelle ist verboten. Es ist jedoch zulässig, daß Reichspfennigbeträge bis zu einer Reichsmark bar herausgezahlt werden, wenn der Kaufpreis der gekauften Waren den vollen Wert des Bedarfsdeckungsscheins nicht erreicht.
5. Der Bedarfsdeckungsschein ist nicht übertragbar.

Berlin, 20. Juni 1933.

Der Reichsminister der Finanzen

Reichsdruckerei, Berlin

M1 Ehestandsdarlehen in Höhe von bis zu 1000 RM wurden in Form von Gutscheinen gewährt.
Die zurückzuzahlenden Schulden wurden nach der Geburt eines Kindes jeweils um ein Viertel vermindert.

Arbeitsbeschaffung ...

Tatsächlich sank die Zahl der Arbeitslosen in den ersten drei Jahren der NS-Herrschaft stark: Im Herbst 1936 waren in Deutschland nur noch rund eine Million Menschen ohne Arbeit. Wie war das möglich?
Die NS-Regierung vergab als Sofortprogramm gegen die Arbeitslosigkeit große Staatsaufträge: Autobahnen, öffentliche Gebäude, Kasernen und Flugplätze wurden gebaut. Dabei griffen die Nationalsozialisten meist auf bereits vorliegende Pläne aus der Weimarer Zeit zurück. Das Bauen fand zum Großteil ohne Maschinen statt und erforderte den Einsatz von vielen Menschen. Das schuf Arbeitsplätze und kurbelte die Wirtschaft an.

... und geschönte Statistiken

1935 trat das „Reichsarbeitsdienstgesetz" in Kraft. Alle 18- bis 25-jährigen Jugendlichen mussten für ein halbes Jahr gemeinnützige Arbeit, etwa in der Landwirtschaft oder beim Straßenbau, leisten. Rund 200 000 bis 300 000 junge Männer und Frauen befanden sich ständig in den Lagern des Reichsarbeitsdienstes und verschwanden aus der Statistik der Arbeitslosen. Auch die Wiedereinführung der Wehrpflicht im März 1935 ließ die Zahl der Arbeitslosen sinken. Schließlich sorgte auch das sogenannte Ehestandsdarlehen für eine geschönte Statistik. Frisch verheiratete Paare bekamen ein günstiges Darlehen vom Staat unter der Bedingung, dass die Frau ihren Arbeitsplatz aufgab. Bis 1935 wurden so rund 370 000 Frauen aus dem Berufsleben gedrängt.

Aufrüstung für den Krieg

Zahlreiche neue Arbeitsplätze gab es zudem durch die seit 1934 voll anlaufende Aufrüstung des Staates in den Betrieben der Rüstungsindustrie.
Den meisten Deutschen erschien die Wirtschaftspolitik Hitlers in diesen Jahren erfolgreich, sank doch die Zahl der Arbeitslosen. Nur wenige erkannten die Schattenseiten: Um die staatlichen Großaufträge, die Maßnahmen zur Senkung der Arbeitslosigkeit und die Ankurbelung der Rüstungsindustrie zu finanzieren, machte der Staat enorme Schulden, die er unter normalen Umständen gar nicht zurückzahlen konnte. Doch längst hatten die führenden Nationalsozialisten beschlossen, dieses Problem durch Krieg und Eroberung zu lösen.

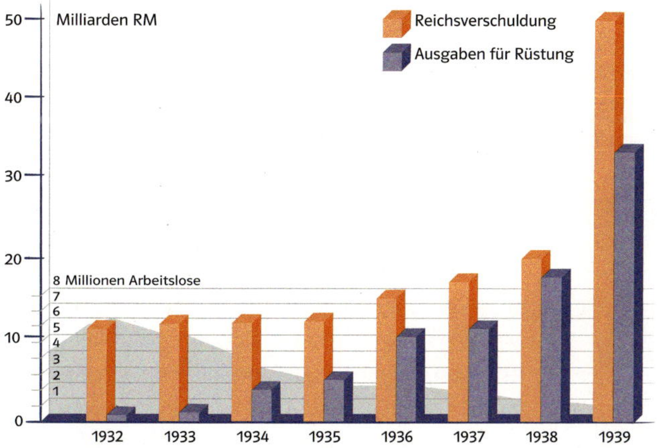

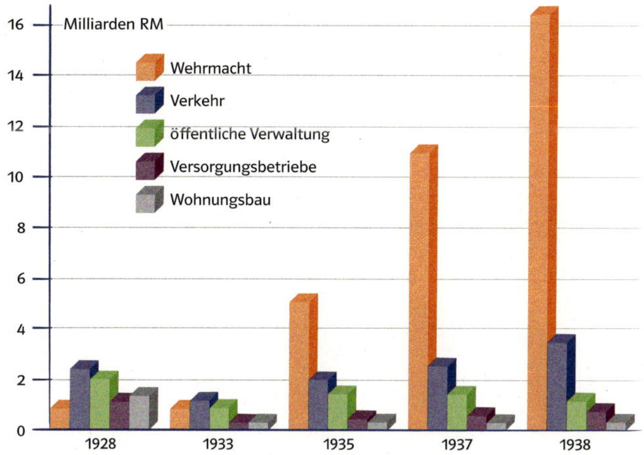

M2 Statistiken

Links: Arbeitslosigkeit, Rüstung, Staatsschulden; Rechts: Öffentliche Investitionen in Deutschland

M3 Im August 1936 legte Hitler eine geheime Schrift zum Vierjahresplan (siehe Lexikonbegriff rechts) vor. Darin heißt es unter anderem:

Es hat eine Mobilmachung der Wirtschaft zu erfolgen, und zwar mit Tempo, mit Entschlossenheit und wenn nötig auch mit Rücksichtslosigkeit. (...)

In diesem Sinne ist die deutsche Brennstofferzeugung im schnellsten Tempo vorwärtszutreiben. Diese Aufgabe ist mit derselben Entschlossenheit wie die Führung eines Krieges anzufassen und durchzuführen; denn von ihrer Lösung hängt die kommende Kriegsführung ab. (...)

Ich stelle damit folgende Aufgabe:

1. Die deutsche Armee muss in vier Jahren einsatzfähig sein.
2. Die deutsche Wirtschaft muss in vier Jahren kriegsfähig sein.

M4 Der Historiker Werner Bührer schreibt in einem Aufsatz über die Wirtschaftspolitik Hitlers 1997:

Die wirtschaftliche Entwicklung Deutschlands unter dem Nationalsozialismus (...) war gekennzeichnet durch einen raschen, kontinuierlichen und lang anhaltenden Aufschwung, der sich vor allem in den Investitions- und Produktionsgüterindustrien bemerkbar machte, verbunden mit einem deutlichen Rückgang der Arbeitslosigkeit bis zum Erreichen der Vollbeschäftigung im Jahr 1936. Ohne die spätestens seit 1935 unübersehbare einseitige Ausrichtung der staatlichen Wirtschaftspolitik auf die Aufrüstung wären diese Erfolge freilich kaum möglich gewesen.

Vierjahresplan
Programm von 1936, mit dem das Deutsche Reich innerhalb von vier Jahren kriegsbereit gemacht werden sollte. Beauftragter für den Vierjahresplan war Hermann Göring. Der Staat griff in die freie Wirtschaft ein und steuerte die Produktion, um sie den Erfordernissen der Kriegsvorbereitung anzupassen.

	1928	1937
Kartoffeln (kg)	507,8	530,3
Milch (l)	481	358
Eier (Stück)	472	258
Fleisch (kg)	146,5	118,5
Gemüse (kg)	127,3	117,8
Obst (kg)	96,2	64,9

M5 Lebensmittelverbrauch im Vergleich
Durchschnittlicher Jahreskonsum in einem Vier-Personen-Haushalt

1. Erklären Sie mit eigenen Worten die Ziele der nationalsozialistischen Wirtschaftspolitik (**VT, M1, M3**).

2. Stellen Sie fest, inwieweit sich die Kosten für die Aufrüstung auf den Lebensstandard der Bevölkerung ausgewirkt haben (**M2, M5**).

3. War Hitlers Wirtschaftspolitik erfolgreich? Nehmen Sie Stellung.

4. Sie kommen mit einem Jugendlichen ins Gespräch, der behauptet, mit Hitler „wurde alles besser". Wie können Sie seine Aussage entkräften?

1933 1945

Schule und Berufsausbildung im NS-Staat

Die Hitlerjugend stand im Mittelpunkt der NS-Jugenderziehung. Doch auch auf den Schulunterricht und die Lehrlingsausbildung versuchten die Nationalsozialisten, Einfluss zu nehmen. Schule und Unterricht sollten gemäß der NS-Ideologie gestaltet werden.

M1 Rassenkunde in der Schule
Schulhelferinnen, die als Maßnahme gegen den Lehrermangel ausgebildet werden, vermitteln mithilfe von Schautafeln die nationalsozialistische Rassenlehre (Bild von 1943).

Deutsche Arbeitsfront (DAF)
Einheitsverband der Arbeitgeber und Arbeitnehmer, der die Vertretung aller „schaffenden Deutschen“ sein sollte. Die DAF wurde 1933 nach der Zerschlagung der Gewerkschaften gegründet. Ziel der DAF war es, Arbeitgeber und Arbeitnehmer im Sinne der NS-Regierung zu kontrollieren und politisch zu beeinflussen.

Nationalsozialistische Schulbildung
Schule und Ausbildung sollten gemäß der NS-Ideologie gestaltet werden. Ein erster Schritt auf diesem Weg war ein Gesetz vom April 1933. Es ermöglichte die Entlassung von jüdischen und regimekritisch gesinnten Lehrern aus dem Schuldienst.
Änderungen gab es auch bei den Unterrichtsinhalten. Die Lehrpläne der Fächer Deutsch, Geschichte, Biologie und Erdkunde wurden auf die NS-Ideologie abgestimmt. Im neu geschaffenen Fach „Rassenkunde“ lernten Jungen und Mädchen, dass die Einteilung der Menschen in höher- und minderwertige Rassen angeblich wissenschaftlich nachzuweisen sei. Als besonders wichtig galt auch die körperliche Ertüchtigung im Sportunterricht. Manche Schüler hatten fünf Stunden Sport pro Woche. Die Klassenzimmer waren häufig mit nationalsozialistischen Symbolen ausgestattet. Morgens begrüßte man sich mit dem Hitlergruß, an manchen Schulen gab es auch einen Fahnenappell, bei dem feierlich eine Hakenkreuzflagge gehisst wurde.

Betriebliche Lehrwerkstätten
Die „Deutsche Arbeitsfront“(DAF) griff unmittelbar in die Berufsausbildung ein. Sie veranlasste in allen größeren Betrieben die Einrichtung von Lehrwerkstätten, die meist nur sehr spartanisch mit Werkzeugen und Maschinen ausgerüstet waren. Großen Wert legte die DAF dagegen auf Wasch- und Badeeinrichtungen, auf Schulungsräume für die theoretische Unterweisung und auf Lautsprecheranlagen. Sportunterricht, Geländespiele und Belehrung durch Wochenparolen dienten der ideologischen Beeinflussung der Auszubildenden. Die den kirchlichen Losungen nachempfundenen wöchentlichen Parolen mussten von Ausbildern und Lehrern der Berufsschulen am Wochenanfang oder zu Beginn des Unterrichts verdeutlicht werden.

Reichsberufswettkämpfe
Wer als Lehrling erfolgreich war, besonders bei den jährlich ausgerichteten Reichsberufswettkämpfen, bei denen berufliche Fertigkeiten, sportliche Leistungsfähigkeit und politische Überzeugung überprüft wurden, bekam Preise und Urkunden überreicht. Solche Erfolge halfen beim beruflichen Aufstieg. Auch der Besuch von Eliteschulen wie der Berufsoberschule in Ulm wurde dadurch erleichtert. Den maximal 18 Werktage dauernden Jahresurlaub verbrachten erfolgreiche Lehrlinge bei Segelfliegerlehrgängen, Marine-HJ-Lehrgängen und Schulungen für HJ-Führerinnen und -Führer. Die weniger Tüchtigen versammelten sich in HJ-Lagern zum Ernteeinsatz.

M2 Aus einem NS-Rechenbuch:
Ein moderner Nachtbomber kann 1800 Brandbomben tragen. Auf wie viel Kilometern Streckenlänge kann er diese Bomben verteilen, wenn er bei einer Stundengeschwindigkeit von 250 Kilometern in jeder Sekunde eine Bombe wirft?

M3 Schulausschluss eines Lehrlings: Schreiben des Schulleiters der Gewerbeschule Aalen an die Schulbehörde am 2. Juni 1937:
Ich beantrage hiermit den Ausschluss des Malerlehrlings Leis aus der Gewerbeschule. Eine Folge dieses Ausschlusses ist, dass Leis keinen Gesellenbrief erhalten kann. Diesem Antrag liegt folgender Tatbestand zugrunde: Am Nachmittag fragte ich Leis, ob er die Rede von Dr. Goebbels im Radio gehört habe, was er bejahte. Auf meine Frage, ob diese aufrüttelnde Rede uns nicht zur Einigkeit mahnen müsste, schwieg er. Auf meine zweite Frage, ob er den Inhalt der Rede von Dr. Goebbels etwa bezweifle, presste er die Lippen zusammen und schwieg. Auf mein ernsthaftes Eindringen, mir diese Frage als seinem Klassenlehrer und Schulleiter beantworten zu wollen, presste er ein verstocktes „nein" heraus. (...) Auf meine Frage, er möchte mir nun antworten, ob er den Inhalt der Rede vergessen habe, presste er wieder die Lippen zusammen und schwieg. Dieses ehrverletzende Verhalten von Leis zwang mich zur Bestrafung. Er erhielt einige Ohrfeigen. Nunmehr zeigte Leis sein wahres Gesicht. In Abwehrstellung übergehend rief er mir zu: „Sie haben kein Recht, mich zu schlagen!" Was ich mit einer Bestrafung ahndete. Ich entließ ihn dann aus meinem Amtszimmer, das Leis verließ, ohne den Gruß „Heil Hitler" zu erbieten, obwohl das Bild unseres Führers an der Wand aufgehängt ist.

M4 Schule im Dritten Reich,
Propagandaaufnahme

M5 Aus einem Bericht über die Ausbildung in der Maschinenfabrik Esslingen 1940/41:
Unsere Lehrlinge sind vollzählig in der HJ. Jeden Montag findet bei Arbeitsbeginn ein Wochenappell mit Flaggenhissung statt, bei dem die Wochenparole ausgegeben und erläutert wird. An ihm nehmen sowohl die Lehrlinge aus den Lehrwerkstätten wie diejenigen aus den Betriebsabteilungen und Büros teil. Auf enge Zusammenarbeit mit den Dienststellen der HJ wird Wert gelegt. (...) Die weltanschauliche und charakterliche Haltung der Lehrlinge, ihr berufliches und außerberufliches Verhalten ist Gegenstand dauernder Beobachtung und Fürsorge. (...) Das Antreten zur Arbeit nach den Pausen, zum Sport oder zu sonstigen gemeinsamen Veranstaltungen der Lehrlinge vollzieht sich in militärischer Ordnung mit Marschgesang, wie überhaupt auf soldatisch-stramme Haltung geachtet wird.

1. Heinrich Böll schrieb über seine Schulzeit: „Wir lernten nicht fürs Leben in der Schule, sondern für den Tod." Nehmen Sie mithilfe des **VT** und **M2** Stellung zu diesem Ausspruch.

2. Welche Ausbildungsinhalte waren für Lehrlinge während der NS-Zeit wohl attraktiv (**VT**)? Welche Bedeutung hatten die Wochenparolen (**M5**)?

3. Listen Sie auf, wie Berufsschulen und Betriebe die Auszubildenden ideologisch beeinflussten (**VT**, **M3**, **M5**).

4. Erläutern Sie, auf welche Art und Weise Aufgaben wie in **M2** Schüler beeinflussen sollten.

1933 — 1945

Ausgegrenzt, verfolgt, ermordet

Die Nationalsozialisten duldeten in ihrem Staat keine Menschen, die nicht ihren Vorstellungen entsprachen. Wer nicht in das Schema der Volksgemeinschaft passte, wurde unterdrückt, ausgegrenzt oder gar ermordet.

M1 Brennende Synagoge in Baden-Baden
Am 9. und 10. November 1938 zerstörten SA- und SS-Mitglieder Synagogen und jüdische Einrichtungen. Foto 10. November 1938

Boykott gegen Juden

Vor allem für die jüdischen Bürger begann mit der Machtübernahme der Nationalsozialisten ein unvorstellbarer Leidensweg. Im Jahr 1932 lebten rund 550000 Juden in Deutschland. Mit Hitlers Regierungsantritt begannen die Nationalsozialisten, das bürgerliche Leben der Juden systematisch zu zerstören.
Am 1. April 1933 rief die NSDAP zum Boykott jüdischer Läden, Anwaltskanzleien und Arztpraxen auf. SA-Mitglieder versperrten den Zugang zu jüdischen Geschäften. Sie beschmierten Schaufenster mit Sprüchen wie „Juden raus". Dabei kam es mehrfach zu Gewalttaten. Bereits eine Woche später trat das „Gesetz zur Wiederherstellung des Berufsbeamtentums" in Kraft (s. S. 222): Ab sofort wurden nicht nur „politisch unzuverlässige" Beamte, sondern auch Juden aus dem Staatsdienst entlassen.

Ausgrenzung per Gesetz

Mit den Nürnberger Rassengesetzen von 1935 machte der NS-Staat die Juden zu Bürgern zweiter Klasse. Sie durften nicht mehr wählen und kein öffentliches Amt übernehmen. Eheschließungen zwischen Juden und Nichtjuden wurden verboten. Sogar der Kontakt zwischen Juden und Nichtjuden wurde strafrechtlich verfolgt. Während der Olympischen Spiele in Berlin 1936 nahm die NS-Regierung Rücksicht auf die ausländische Öffentlichkeit und hielt sich bei der Judenverfolgung zurück. Inoffiziell ging die Diskriminierung jedoch weiter. In den folgenden Jahren erließ der Staat neue Bestimmungen: Jüdische Unternehmen mussten an Nichtjuden verkauft werden, Ärzte und Rechtsanwälte durften ihre Berufe nicht mehr ausüben, Reisepässe wurden mit einem „J" gekennzeichnet.

Die Pogromnacht

In der Nacht vom 9. auf den 10. November 1938 organisierte die NSDAP die bis dahin schlimmste Verfolgung von jüdischen Bürgern. Als Vorwand diente das Attentat eines jüdischen Jugendlichen auf einen deutschen Diplomaten. Der 17-Jährige wollte mit seinem Anschlag gegen die Abschiebung seiner Eltern aus Hannover nach Polen protestieren.

Aufgestachelt von einer Hetzrede Goebbels' prügelten SA-Männer Tausende von Juden durch die Straßen. Jüdische Menschen wurden verhöhnt, gedemütigt und misshandelt. Ihre Geschäfte wurden geplündert, Synagogen angezündet. Hunderte Juden wurden bei diesen Terroraktionen ermordet oder starben an den Folgen der Verletzungen.
In den folgenden Tagen sperrte man annähernd 30000 jüdische Männer in Konzentrationslager (KZ). Und es gab weitere Schikanen: Juden durften keine öffentlichen Verkehrsmittel mehr benutzen, Autos oder Motorräder besitzen, keine Kinos, Theater oder Konzerte besuchen. Anfang 1939 mussten die Juden Wertsachen wie Schmuck und Silberbesteck bei den Stadtverwaltungen abgeben. Schritt für Schritt wurde nun das Eigentum von Juden „arisiert".

Was tat die Bevölkerung?
Die Deutschen reagierten unterschiedlich. Auch wenn ein großer Teil der Bevölkerung mit der Diskriminierung der Juden grundsätzlich einverstanden war, lehnten die meisten doch Gewalttaten oder gar Morde ab. Nur wenige beteiligten sich direkt an den Boykottaktionen oder dem Pogrom.
Öffentlichen Protest gegen den NS-Terror gab es aber auch nur selten. Die große Mehrheit schwieg, schaute weg, unternahm nichts und nahm so die Verfolgungen hin – aus Angst, Anpassung oder Gleichgültigkeit. Allmählich entstand auf diese Weise eine Kluft zwischen Juden und Nichtjuden: Freundschaften wurden gelöst, Nachbarn nicht mehr gegrüßt, jüdische Kinder gehänselt und verspottet.

Jüdische Auswanderung
Bis 1938 wanderten etwa 130000 Juden aus dem Deutschen Reich aus. Warum verließen angesichts des Terrors nicht mehr Juden das Land? Auszuwandern war eine schwerwiegende Entscheidung: Man verließ die Heimat, Verwandte, Freunde und wusste nicht, was einen in der Fremde erwartete. Nicht alle Juden konnten eine Auswanderung bezahlen: Ihr Vermögen war oftmals verloren oder beschlagnahmt, der Staat verlangte für die Auswanderung hohe Abgaben.
Als 1938 eine neue Auswanderungswelle einsetzte, weigerten sich mehrere Staaten, weitere

M2 „Rassenschande"
Ein Paar wird öffentlich gedemütigt.

Juden aufzunehmen. 1941 wurde den Juden schließlich die Auswanderung aus Deutschland verboten. Zu diesem Zeitpunkt lebten noch rund 170000 Juden im Deutschen Reich.

„Artfremd" und „asozial"
Neben den Juden gab es weitere Minderheiten, die bis in den Tod verfolgt wurden. Zu ihnen zählten die Sinti und Roma, die im Sinne der NS-Rassenlehre als „artfremd" oder „asozial" galten (s. S. 224/225).
Verfolgt, verhaftet und teils ermordet wurden auch Menschen, deren Glaubensrichtung (z. B. Zeugen Jehovas) oder Lebensführung (z. B. Homosexuelle) den Nationalsozialisten nicht passte.

Behinderte werden ermordet
Auch für Behinderte war in der NS-Volksgemeinschaft kein Platz. Psychisch kranke, missgebildete oder geistig behinderte Menschen durften im NS-Staat weder heiraten noch Kinder bekommen. 1939 ordnete Hitler die Vernichtung „unwerten Lebens" an („Euthanasie"). In einer Geheimaktion wurden 70000 körperlich und geistig behinderte Menschen ermordet. Insgesamt wurden mindestens 120000 behinderte Menschen ermordet – manche Schätzungen liegen noch höher.

„Arisierung"
Entfernung der Juden aus dem Wirtschaftsleben. Juden durften nur noch eingeschränkt erwerbstätig sein. Besitz und Vermögen von Juden wurde zugunsten von Nichtjuden („Ariern") beschlagnahmt.

Euthanasie
(griech. = guter Tod). Tötung unheilbar kranker und behinderter Menschen („lebensunwerten Lebens") in der NS-Zeit.

M3 Reisepass von Susanne Blumenthal mit „J-Stempel" und dem Zwangsnamen „Sara"

In die Ausweise wurde seit 1938 ein „J" (für Jude) gestempelt. Seit 1939 wurden auch die zusätzlichen Vornamen „Sara" bzw. „Israel" eingetragen.

M4 Während des Parteitags in Nürnberg 1935 wurden die sogenannten „Nürnberger Rassengesetze" beschlossen. Darin heißt es:

§ 1 Eheschließungen zwischen Juden und Staatsangehörigen deutschen oder artverwandten Blutes sind verboten. Trotzdem geschlossene Ehen sind nichtig. (…)

§ 2 Außerehelicher Verkehr zwischen Juden und Staatsangehörigen deutschen oder artverwandten Blutes ist verboten.

§ 3 Juden dürfen weibliche Staatsangehörige deutschen oder artverwandten Blutes unter 45 Jahren in ihrem Haushalt nicht beschäftigen.

M5 In den „Amtlichen Mitteilungen für die Stadtverwaltung Mülheim an der Ruhr" Nr. 11 vom 28. November 1935 heißt es unter der Überschrift „Ausschaltung des jüdischen Einflusses":

Als Abwehrmaßnahme der Stadt habe ich in der Stadthalle, in der Stadtbücherei und im Lesesaal, an den städtischen Sportplätzen und im Museum Schilder anbringen lassen, die darauf hinweisen, dass der Besuch der städtischen Veranstaltungen und die Benutzung der städtischen Einrichtungen durch Juden unerwünscht ist. Ferner verbiete ich den Verkauf von städtischen Häusern und Grundstücken oder sonstigem städtischen Eigentum an Juden. Dass jüdische Ärzte und Rechtsanwälte nicht in Anspruch genommen werden, ist selbstverständlich.

M6 Ein Deutscher beschwerte sich 1936:

Wie ich heute Morgen feststellen musste, waren im Hansabad 3 Juden und zwar 1 Jude und 2 Jüdinnen. Es ist mir unverständlich, dass Juden dort zugelassen sind. Der Wärter sagte, es bestände dort (…) kein Judenverbot. Es ist aber höchste Zeit, dass ein solches Verbot in Kraft tritt, da auch in anderen Städten derartige Verbote für Juden bestehen. Vielleicht lässt sich dieses auch in Bremen durchführen.

M7 Aus Berichten der „Rheinisch-Westfälischen Zeitung" vom 10. November 1938:

Nach Bekanntwerden des Ablebens des durch feige jüdische Mörderhand niedergestreckten Diplomaten haben sich im ganzen Reich spontane judenfeindliche Kundgebungen entwickelt. Die tiefe Empörung des deutschen Volkes machte sich dabei auch vielfach in starken antijüdischen Aktionen Luft.
(… Im) Verlaufe der antijüdischen Demonstrationen in der Essener Innenstadt wurden die Schaufenster jüdischer Einzelhandelsgeschäfte zerstört, und zwar sowohl der noch bestehenden jüdischen Geschäfte in den Hauptgeschäftsstraßen wie auch der zahlreichen kleinen Geschäfte im alten Gänsemarktviertel.

M8 Aus den Berichten der Sopade (Exil-SPD), November 1938:

Alle Berichte stimmen darin überein, dass die Ausschreitungen von der großen Mehrheit des deutschen Volkes scharf verurteilt werden. In den ersten Pogromtagen sind im ganzen Reich viele Hundert Arier verhaftet worden, die ihren Unwillen laut geäußert haben. Oft wird die Frage gestellt: „Wer kommt nach den Juden an die Reihe?" – Man muss sich allerdings – wie groß die allgemeine Empörung auch sein mag – darüber klar werden, dass die Brutalitäten der Pogromhorden die Einschüchterung gesteigert und in der Bevölkerung die Vorstellung gefestigt haben, jeder Widerstand gegen die uneingeschränkte nationalsozialistische Gewalt sei zwecklos. (…) Bemerkenswert ist übrigens, dass, wie nach jeder früheren Welle von Ausschreitungen so auch diesmal wieder, das Gerede auftaucht, Hitler habe das nicht gewollt. „Hitler will zwar, dass die Juden verschwinden, aber er will doch nicht, dass sie totgeschlagen und so behandelt werden“ usw. usw.

M9 Auszug aus einem Polizeibericht, März 1939:
Der evangelische Pfarrer F. Seggel aus dem Landkreis Bayreuth wurde am 28. Februar 1939 angezeigt. Seggel hatte am 16. November 1938 bei seiner Predigt die Juden in Schutz genommen. Dabei sagte er u. a.: „Die in den vergangenen Tagen gegen die Juden durchgeführten Empörungsaktionen seien vom christlichen Standpunkt aus zu verurteilen. Ein Christenmensch mache so etwas nicht, das seien Untermenschen gewesen.“

M10 Das „Gesetz zur Verhütung erbkranken Nachwuchses“ vom 14. Juli 1933:
§ 1 (1) Wer erbkrank ist, kann durch chirurgischen Eingriff unfruchtbar gemacht (sterilisiert) werden (...).
(2) Erbkrank im Sinne des Gesetzes ist, wer an einer der folgenden Krankheiten leidet:
1. angeborenem Schwachsinn,
2. Schizophrenie,
3. zirkulärem (manisch-depressivem) Irresinn,
4. erblicher Fallsucht,
5. erblichem Beitstanz (Huntingtonsche Chorea),
6. erblicher Blindheit,
7. erblicher Taubheit,
8. schwerer körperlicher Missbildung.
(3) Ferner kann unfruchtbar gemacht werden, wer an schwerem Alkoholismus leidet.

M11 Ausmerzung des Kranken und Schwachen in der Natur,
Propagandamaterial für die Schule.

M12 Wie Menschenverachtung gelehrt wurde, zeigt diese Mathematikaufgabe:
Ein Geisteskranker kostet täglich RM 4,–, ein Krüppel RM 5,50, ein Verbrecher RM 3,50. In vielen Fällen hat ein Beamter täglich nur etwa RM 4,–, ein Angestellter kaum RM 3,50, ein ungelernter Arbeiter noch keine RM 2,– auf den Kopf der Familie.
a) Stelle diese Zahlen bildlich dar. Nach vorsichtiger Schätzung sind in Deutschland 300 000 Geisteskranke, Epileptiker usw. in Anstaltspflege.
b) Was kosten diese jährlich insgesamt bei einem Satz von RM 4,–?
c) Wie viele Ehestandsdarlehen zu je RM 1000,– könnten – unter Verzicht auf spätere Rückzahlung – von diesem Geld jährlich ausgegeben werden?

M13 Judenstern
Ab 1941 mussten alle Juden in Deutschland dieses Zeichen auf ihrer Kleidung tragen.

1. Listen Sie auf, wer im NS-Staat Opfer von Terror und Verfolgung werden konnte (**VT**). Berücksichtigen Sie auch die Seiten 224/5.

2. Stellen Sie die Maßnahmen zur Ausgrenzung der jüdischen Bevölkerung zusammen (**VT, M2–M7, M13**). Inwiefern veränderten sich diese im Laufe der Zeit?

3. Beschreiben Sie, wie sich die Bevölkerung zur Ausgrenzung und Verfolgung verhielt (**VT4, M1, M6, M8, M9**). Arbeiten Sie heraus, welche Motive dahinter standen.

4. Der Zeitungsartikel (**M7**) und der Bericht der Exil-SPD (**M8**) schildern die Pogromnacht völlig unterschiedlich. Erklären Sie, warum.

1933 1945

Pogromnacht in Esslingen – eine Regionalstudie

Die Nationalsozialisten konnten sich nur an der Macht halten, weil Deutsche sie in jeder Stadt und in jedem noch so kleinen Dorf unterstützten. Auch in Esslingen kam es infolge der Reichspogromnacht zu Ausschreitungen gegen die jüdische Bevölkerung.

10. November 1938 in Esslingen
Am Morgen nach der Pogromnacht mit ihren landesweiten Ausschreitungen gegen jüdische Bürger, Einrichtungen und Geschäfte kam von der NSDAP-Gauleitung aus Stuttgart der Befehl, die Synagoge in Esslingen in Brand zu setzen. Der NSDAP-Kreisleiter rief deshalb um 12.00 Uhr zu einer Kundgebung auf dem Esslinger Marktplatz auf, zu der sich Angehörige von Esslinger Betrieben, Studenten des Lehrerseminars und der Ingenieurschule versammelten. Nach einer antijüdischen Hetzrede machte sich die Menge zu den beiden bedeutendsten jüdischen Gebäuden der Stadt auf: der Synagoge und dem jüdischen Waisenhaus.

Zerstörung der Synagoge
Die Synagoge – ein ehemaliges Schneiderzunfthaus – befand sich seit Beginn des 19. Jahrhunderts im Besitz der kleinen jüdischen Gemeinde Esslingens. Kaum traf die Menge bei der Synagoge ein, begann sie, das jüdische Gotteshaus auszuplündern und die Inneneinrichtung vollkommen zu zerstören. Angezündet wurde die Synagoge nicht, Nachbarn befürchteten ein Übergreifen der Flammen auf die umliegenden Häuser und die Innenstadt. Stattdessen wurden sämtliche Gegenstände aus der Synagoge und deren Einrichtung zusammengetragen und in Brand gesetzt. An den Zerstörungen unmittelbar beteiligt waren vor allem SA-Mitglieder, die allerdings keine Uniform trugen. Damit sollte der Eindruck erweckt werden, der „Volkszorn" hätte zu den Verwüstungen geführt.

Übergriff auf das jüdische Waisenhaus
Ähnlich verfuhr man mit dem Waisenhaus, dem auch eine jüdische Schule angegliedert war. Die Inneneinrichtung wurde demoliert und verbrannt, zwei jüdische Lehrer von der Menge misshandelt. Nach den Verwüstungen wurden Waisenhaus und Schule geschlossen. Einige der Kinder kamen in der jüdischen Schule in Stuttgart unter, andere wurden zu ihren Eltern zurückgeschickt. Viele jüdische Familien wanderten aufgrund dieser Geschehnisse aus. Etliche derer, die blieben, wurden später in Konzentrationslager verschleppt und dort ermordet.

M1 Das jüdische Waisenhaus „Wilhelmspflege" vor 1933

M2 An die Verwüstung der Esslinger Synagoge erinnert sich die Pförtnerin:

(...) Der Haufe kam herein und zerstörte mit Hämmern und Werkzeugen die großen Türen zum Gebetssaal. Sie raubten alle Wertgegenstände, u. a. Altar- und Gebetsschalen, Bücher und sonstige Kostbarkeiten. Dann zertrümmerten sie Altar und Bänke; Fenster und Fensterrahmen schlugen sie hinaus. Es wurde alles mit bestialischer Gewalt durchgeführt. Der Anführer unter ihnen wollte Petroleum aus dem Laden von Gotthilf Bocher holen, um die Synagoge anzuzünden. Man weigerte sich, ihm dies zu geben. (...)

Der Volkshaufe nahm dann vieles aus der Synagoge, wie z. B. Bücher, Dokumente, Altargegenstände, und verbrannte es auf dem Platz vor der Synagoge. (...) Einige Tage später wurden alle männlichen Juden in ein Konzentrationslager gebracht und für Wochen eingesperrt. Nach ihrer Rückkehr erlaubte man ihnen nicht, über ihre Erlebnisse zu sprechen, aber das, was sie erlitten hatten, war auf ihren Gesichtern geschrieben. In der Zwischenzeit hatte man ihre Häuser weggenommen und ihr Vermögen beschlagnahmt (...). Die Juden in Esslingen mussten alle in ein Haus ziehen, und es wurde ihnen nicht mehr gestattet, in „arischen“ Läden einzukaufen.

M4 Die ehemalige Synagoge in Esslingen im heutigen Zustand

Im Jahr 1819 hatte die jüdische Gemeinde das Haus erworben. Im 1. Stock war der Betsaal.

M3 Die Frau des letzten Leiters des Waisenhauses Rothschild schilderte später rückblickend, was am 10. November 1938 in Esslingen geschah:

Ich wusste die Namen der Männer, die um die Mittagszeit im Waisenhaus erschienen; wir saßen mit den Kindern beim Essen – diese Männer stürmten in den Speisesaal, schrien: „Raus mit euch“ etc.; warfen die Tische mit Geschirr und Essen um, trieben uns aus dem Haus, rannten durch die Küche und unteren Räume und zerschlugen, was sie gerade sahen. (...) Unterdessen holten sich diese Helden „Keulen“ und Stangen aus dem Turnsaal, misshandelten meinen Mann und die beiden Lehrer Samuel und Jonas. Andere gingen durch das Haus und die Schulräume, nahmen dabei Gegenstände, die man in die Tasche stecken konnte: Taschenuhren, Wecker, kleine Silberleuchter etc. Als einige Kinder ins Haus zurückgehen wollten und mussten, wurden sie mit Drohungen rausgeworfen: „Wenn ihr nicht verschwindet, werfen wir euch ins Feuer!“ Im inneren Hof unter dem Amtszimmer hatten sie einen Scheiterhaufen errichtet und verbrannten Thorarollen [Gesetzbuch der Juden] und einen Teil der wertvollen Bibliothek meines Mannes. Andere Bücher wurden zerrissen, viele gestohlen, die feuerfesten Geldschränke erbrochen, die Ersparnisse der Kinder und deren Papiere verschwanden.

M5 Brief von Frau Flora Beer über das Geschehen im Waisenhaus:

(...) mittags, ca. 12 Uhr kam ein Strom von jungen Menschen ins Waisenhaus Esslingen/N gestürzt. Die Kinder saßen gerade am Tisch. Die Suppe war geschöpft und jedes Kind hatte einen Teller vor sich. Die Nazis brachen in den Speisesaal rein, voll von Hass und Vernichtung, zogen an jedem Tischtuch, und Teller und heiße Suppe fielen auf Kinder und Boden. Die zwei Lehrer, ein Herr Samuel und Herr Jonas, haben die Schweine in den hinteren Hof geschleppt, an die Wand gestellt und geschlagen, bis sie blutig umfielen, dann aufgeladen und in ein Konzentrationslager gebracht.

1933 1945

M6 Für ganz Württemberg wurden die Juden vom Sammellager Stuttgart-Killesberg aus in die Vernichtungslager deportiert.

M7 Bericht von Carl Graf, einem Esslinger Schüler, über den 10. November:

Mit meinem Bruder war ich gerade auf dem Nachhauseweg, als wir auf dem Marktplatz einer großen Menschenmenge ansichtig wurden, die sich eben anschickte, in wilder Erregung, gestikulierend und schreiend (...) in jagender Eile dem Waisenhaus zuzusteuern. Wir schlossen uns natürlich, neugierig geworden, diesem Zug von Rasenden an. Am Waisenhaus angekommen, wurden mit krachenden Schlägen die Tore und Türen aufgezwängt (...). Die Menge ergoss sich in das Innere des Heims, Fensterscheiben klirrten – das Werk der Zerstörung nahm seinen Lauf. In den Gängen des Heims ein chaotisches Durcheinander. Alles, was irgendwie erlangbar, was nicht niet- und nagelfest war, schleuderte man auf den Boden. Ausgelaufene Tinte, umgestürzte Schulbänke, in einem Wort ein Bild der Barbarei. Dann flogen die Fenster auf, und in den Hof entleerte sich ein Sturzregen von Papieren und Büchern. (...)

Und tatsächlich verbrannte wenig später alles, was in den Hof hinuntergeworfen worden war. Im Hintergrund der schaurigen Szene standen die Waisenkinder wie eine zusammengewürfelte Herde und mussten sich das alles mit ansehen.

Als wir, mein Bruder und ich, am Tage nach dem Sturm auf das Esslinger Waisenhaus erwarteten, dass in der Schule oder sonst wie verständliche Erklärungen zu den schaurigen Vorgängen abgegeben würden, sahen wir uns darin schrecklich getäuscht. Alles schwieg sich darüber aus.

M8 Am Tag nach den Verwüstungen fand sich in der Esslinger Zeitung folgender Bericht:

Gerechter Zorn. Eine entrüstete Volksmenge, die durch die Botschaft vom Tode Raths sehr bewegt war, zog in spontaner Eingebung gestern Mittag vor und in das jüdische Waisenhaus, wo sie deutlich Stellung nahm gegen die Juden. So verständlich anlässlich des gemeinen Mordes in Paris die Entrüstung und Vergeltungsgefühle waren, so diszipliniert ging die Aktion vor sich. Einigen jüdischen Lehrern, die noch frech wurden, mussten kleinere Abreibungen gegeben werden. Es ist selbstverständlich, dass deutsche Menschen sich auch nicht an dem kleinsten Gut jüdischen Eigentums persönlich „bereicherten". Wie überall im Lande sollte die Demonstration nur ein spontanes Warnzeichen gegen die Juden sein, bei denen falsches Mitleid natürlich gänzlich deplatziert ist.

M9 Mutig verurteilte der Pfarrer Julius von Jan aus Oberlenningen (in der Nähe von Esslingen) in seiner Predigt am 16. November die Verbrechen der Pogrome vom 9./10. November 1938:

Ein Verbrechen ist geschehen in Paris (...). Wir trauern mit unserem Volk um das Opfer dieser verbrecherischen Tat. Aber wer hätte gedacht, dass dieses eine Verbrechen in Paris bei uns in Deutschland so viele Verbrechen zur Folge haben könnte? (...) Die Leidenschaften sind entfesselt, die Gebote Gottes missachtet, Gotteshäuser, die anderen heilig waren, sind ungestraft niedergebrannt worden, das Eigentum der Fremden geraubt oder zerstört, Männer, die unserem deutschen Volk treu gedient und ihre Pflicht gewissenhaft erfüllt haben, wurden ins KZ geworfen (...). Mag das Unrecht auch von oben nicht zugegeben werden – das gesunde Volksempfinden fühlt es deutlich, auch wo man nicht darüber zu sprechen wagt.

M10 Über die brutale Reaktion der Nationalsozialisten auf die kritischen Worte des Oberlenninger Pfarrers Jan berichtet ein Augenzeuge:

Am Freitag, dem 25.11.1938, fuhren abends gegen 8 Uhr eine Anzahl Lastwagen, Motorräder, Personenautos, auch ein Omnibus in Oberlenningen ein, mit denen einige Hundert Menschen herbeibefördert worden waren. (…) Kurz nach 9 Uhr wurden im Untergeschoss des Pfarrhauses die Fensterscheiben eingeschlagen, die zum Garten führende Tür mit Gewalt erbrochen, hierauf drang eine Anzahl unbekannter Männer ins Pfarrhaus ein. (…) Die Menge hatte sich dicht herangedrängt und begann sofort, entsetzlich auf den Pfarrer einzuhauen. Die Fäuste flogen nur so. Grauenvoll war der Anblick der rasend gewordenen Menschen. Immer mal wieder wurde der Misshandelte hochgehoben, um dann erneut geschlagen, gestoßen, gepufft und getreten zu werden. (…) Einige beherzte Männer griffen jedoch zu und trugen den Bewusstlosen vom Pfarrhaus bis zum Rathaus (…). Die Träger mussten den ganzen Weg eine Reihe von Püffen und Schlägen aushalten. (…) Die ganze Gemeinde war ob dieses räuberischen Überfalls, ob solch unmenschlichen Verhaltens bis ins Innerste erschüttert, empört und aufgebracht. Es war ihr, als ob die Grauen des Dreißigjährigen Krieges über sie hereingebrochen wären. Wohl kaum ein Mensch hat in der folgenden Nacht ein Auge zutun können.*

* Pfarrer Jan wurde verhaftet und von einem Sondergericht zu 16 Monaten Gefängnis verurteilt. Nach seiner Entlassung wurde er an die Ostfront geschickt.

M11 Auf Anordnung der amerikanischen Militärregierung mussten einige der Täter, die am Tag nach der Pogromnacht das jüdische Waisenhaus überfallen hatten, am 15. November 1945 auf dem Esslinger Marktplatz zur Strafe Holz sägen und hacken.

1. Lesen Sie **M2, M3, M5, M7** und vergleichen Sie die Zeugenaussagen. Warum waren wohl vor allem junge Menschen an den Verwüstungen beteiligt? Überlegen Sie, warum keine Uniformen zu sehen waren und warum in den Schulen nicht über die Vorgänge gesprochen wurde.

2. Vergleichen Sie den Zeitungsartikel **M8** mit den Berichten der Augenzeugen **M2, M3, M5, M7**.

3. Beschreiben und bewerten Sie das Verhalten des Pfarrers in Oberlenningen (**M9**). Wie beurteilen Sie das Verhalten der Oberlenninger Bürger (**M10**)?

4. Suchen Sie in Ihrer Gemeinde nach Quellen über Geschehnisse in der Pogromnacht. Fragen Sie in Büchereien, in Archiven, bei jüdischen Einrichtungen nach.

1933 — 1945

Der Weg in den Krieg

In seinem Buch „Mein Kampf" hatte Hitler als Ziel der nationalsozialistischen Außenpolitik formuliert: „Deutschland wird entweder Weltmacht oder überhaupt nicht mehr sein." Was bedeutete diese Ankündigung?

M1 Hitler fährt nach dem „Anschluss" Österreichs, der in Wirklichkeit eine militärische Besetzung war, durch Wien.

Selbstbestimmungsrecht der Völker
Damit ist der Anspruch eines Volkes auf Unabhängigkeit und Entscheidungsfreiheit über seine Angelegenheiten gemeint. Hitler missbrauchte dieses Recht für seine Eroberungspläne.

Ziel: Weltmacht

In Hitlers Vorstellungen spielte dabei der Gedanke von „mehr Lebensraum im Osten" eine große Rolle. Das bedeutete die gewaltsame Ausdehnung Deutschlands nach Osten, also Krieg. Hitler verstand es jedoch, seine Ziele nach außen hin zu verbergen.
Anfangs verfolgte die NS-Außenpolitik vor allem ein Ziel: die Rücknahme der Bestimmungen des Versailler Vertrages. Das war bei vielen Deutschen populär, die sich nach alter Macht und Größe sehnten. Bereits 1933 trat das Deutsche Reich aus dem Völkerbund aus. Die Nationalsozialisten konnten sich so internationaler Kontrolle entziehen und heimlich aufrüsten. 1935 verletzte die NS-Regierung gleich zweimal die Rüstungsbeschränkungen des Versailler Vertrages: Im März wurde die Wehrpflicht wieder eingeführt, im Juli kam es zu einem Flottenabkommen mit England. 1936 besetzten die Deutschen das entmilitarisierte Rheinland – auch das war ein Verstoß gegen den Versailler Vertrag. Die ausländischen Regierungen protestierten nur schwach.

Großdeutsches Reich

1938 befahl Hitler den Einmarsch in Österreich. Dabei berief er sich auf das Selbstbestimmungsrecht der Völker: Die Österreicher wünschten laut Hitler den „Anschluss" an das Deutsche Reich. Während die österreichische Regierung protestierte, jubelten die meisten Österreicher tatsächlich über die Vereinigung mit Deutschland zum „Großdeutschen Reich". Noch im selben Jahr forderte Hitler auch für die in der Tschechoslowakei lebenden Sudetendeutschen das Selbstbestimmungsrecht: Das Sudetenland solle Deutschland angegliedert werden. Als Hitler mit Krieg drohte, gaben die Staatsmänner Englands, Frankreichs und Italiens nach. Auf der Münchener Konferenz 1938 beschlossen sie: Die Tschechoslowakei müsse das Sudetenland abtreten. Dafür wurde die Existenz der übrigen Tschechoslowakei garantiert. Hitler erklärte, keine weiteren Forderungen zu stellen. Der Frieden in Europa schien gerettet.

Am Vorabend des Krieges

Als im März 1939 deutsche Truppen in die Tschechoslowakei einmarschierten, war die britische Appeasementpolitik gescheitert. England und Frankreich gaben nun Polen eine Garantieerklärung, denn dieser Staat schien als nächster ins Visier Hitlers zu geraten. Ende August 1939 überraschten Deutschland und die Sowjetunion die übrige Welt mit der Unterzeichnung eines Nichtangriffspaktes. In einem geheimen Zusatzprotokoll teilten sie bereits Polen als Kriegsbeute auf.
Am 1. September 1939 griffen deutsche Soldaten Polen an. England und Frankreich hielten sich an ihre Garantiezusage und erklärten Deutschland den Krieg. Der Zweite Weltkrieg hatte begonnen.

M2 Aus der Regierungserklärung Hitlers vor dem Deutschen Reichstag am 23. März 1933:
Das deutsche Volk will mit der Welt in Frieden leben (...). Die Begriffe von Siegernationen und von Besiegten können nicht als eine dauernde Basis freundschaftlicher Beziehungen der Völker untereinander gelten (...). Die nationale Regierung ist bereit, jedem Volke die Hand zu einer aufrichtigen Verständigung zu reichen, das gewillt ist, die traurige Vergangenheit endlich einmal grundsätzlich abzuschließen (...). Die Reichsregierung wird jede Bemühung unterstützen, die darauf gerichtet ist, einer allgemeinen Abrüstung wirksam zu dienen und den dabei schon längst fälligen Anspruch Deutschlands zur Gleichberechtigung sicherzustellen (...). Wir sind (...) der Überzeugung, dass ein solcher Ausgleich in unserem Verhältnis zu Frankreich möglich ist.

M3 Auf einer Besprechung äußerte sich Hitler 1937 zur Außenpolitik. Sein Adjutant Oberst Hoßbach notierte diese Gedanken:
Das Ziel der deutschen Politik sei die Sicherung und Erhaltung der Volksmasse und deren Vermehrung, somit handle es sich um das Problem des Raumes. (...) Dass jede Raumerweiterung nur durch Brechen von Widerstand und unter Risiko vor sich gehen könne, habe die Geschichte aller Zeiten – römisches Weltreich, englisches Empire – bewiesen. Auch Rückschläge seien unvermeidbar. Weder früher noch heute habe es herrenlosen Raum gegeben, der Angreifer stoße stets auf den Besitzer. Für Deutschland laute die Frage, wo größter Gewinn unter geringstem Einsatz zu erreichen sei. (...) Zur Lösung der deutschen Frage könne es nur den Weg der Gewalt geben.

M4 Bewohner Prags beim Einmarsch deutscher Truppen 1939

M5 Hitlers Friedensrede,
amerikanische Karikatur von 1933

Appeasementpolitik
(Von engl. to appease = beschwichtigen). Politik der englischen Regierung bis 1938: Zugeständnisse gegenüber Hitlers Aufrüstungsplänen und Gebietsansprüchen sollten ihn davon abhalten, Gewalt anzuwenden.

1. Listen Sie die Schritte der NS-Außenpolitik 1933 bis 1939 auf. Nehmen Sie dabei die Karte auf S. 219 zu Hilfe.

2. Erläutern Sie, inwieweit das Motto „Den Frieden verkünden, den Krieg vorbereiten" auf die Außenpolitik Hitlers zutrifft (**VT1, VT2, M2–M5**).

3. Die NS-Propaganda bezeichnete den Einmarsch in Österreich als „Anschluss". Diskutieren Sie über diese Denkweise.

4. Verfassen Sie einen Zeitungsbericht zum Einmarsch in die Tschechoslowakei: wahlweise aus deutscher, tschechischer oder englischer Sicht. Welche Unterschiede stellen Sie fest?

1933 1945

Der Krieg in Europa – Völkervernichtung

1939 entfesselte das Deutsche Reich den Zweiten Weltkrieg, der am Ende fast 60 Millionen Menschen das Leben kostete. Der Krieg gegen die Sowjetunion war kein „normaler" Krieg: Die Deutschen planten ihn von Anfang an als Vernichtungsfeldzug.

„Blitzkriege" in Europa

Der Krieg in Polen dauerte nur wenige Wochen. Zwar hielten England und Frankreich ihr Bündnisversprechen gegenüber Polen und erklärten Deutschland den Krieg. An den Kämpfen beteiligten sie sich jedoch nicht. Beide Länder fürchteten, einem Krieg noch nicht gewachsen zu sein. So standen die polnischen Truppen allein einer überlegenen, hochgerüsteten deutschen Wehrmacht gegenüber. Als Mitte September 1939 zudem sowjetische Soldaten in Polen eindrangen, war das polnische Schicksal endgültig besiegelt. Wie im „Hitler-Stalin-Pakt" verabredet, wurde das Land zwischen dem Deutschen Reich und der Sowjetunion aufgeteilt.

Nach der Eroberung Polens verlagerte sich der Krieg zunächst nach Nord- und Westeuropa. Da die Erzimporte aus Schweden für die deutsche Kriegswirtschaft sehr wichtig waren, ließ Hitler Dänemark und Norwegen besetzen. Im Mai 1940 begann der sogenannte Westfeldzug.

M1 Jüdische Zwangsarbeiter im Dienste der Wehrmacht in Mogilew (Weißrussland),
Foto einer Propaganda-Kompanie der Wehrmacht, 1944

Die deutschen Truppen besetzten zunächst die Niederlande und Belgien. Dann griff die Wehrmacht Frankreich an. Mithilfe der überlegenen Panzer- und Luftwaffe wurde Frankreich binnen weniger Wochen zur Kapitulation gezwungen. Im Mittelmeerraum kämpften deutsche Truppen gemeinsam mit ihren italienischen Verbündeten. Die Wehrmacht besetzte den Balkan, Griechenland und Nordafrika.

Weite Teile Europas standen 1941 unter nationalsozialistischer Besatzung. Einzig England wehrte sich erfolgreich gegen die Angriffe. Die von Hitler geplante Eroberung der britischen Insel ließ sich nicht verwirklichen.

Vernichtungskrieg im Osten

Am 22. Juni 1941 brach die deutsche Regierung ihren Nichtangriffspakt mit Stalin: Deutsche Truppen fielen in die Sowjetunion ein. Der Kampf im Osten war von Anfang an ein Vernichtungskrieg. Er wurde mit äußerster Brutalität geführt. Vor allem SS-Männer, aber auch Soldaten der deutschen Wehrmacht ermordeten Millionen Kriegsgefangene und Zivilisten. Die Nationalsozialisten führten diesen Krieg nicht, um einen Staat zu erobern. Sie wollten das Land ausbeuten und die in ihren Augen „rassisch minderwertige" Bevölkerung vernichten. Bereits im Oktober 1939 hatten deutsche Sondereinheiten in Polen mit der Vernichtung der dortigen Intelligenz und Führungsschicht begonnen. Bis Kriegsende starben dabei mindestens eine Million Polen. Ähnliches wiederholte sich nun in der Sowjetunion: Mehr als 20 Millionen Russen kostete der Kampf gegen die Nationalsozialisten das Leben, darunter etliche Zivilisten. Rund 3,3 Millionen sowjetische Soldaten kamen allein in deutscher Kriegsgefangenschaft ums Leben. Sie starben an Hunger, Kälte, Seuchen oder den Folgen von Zwangsarbeit.

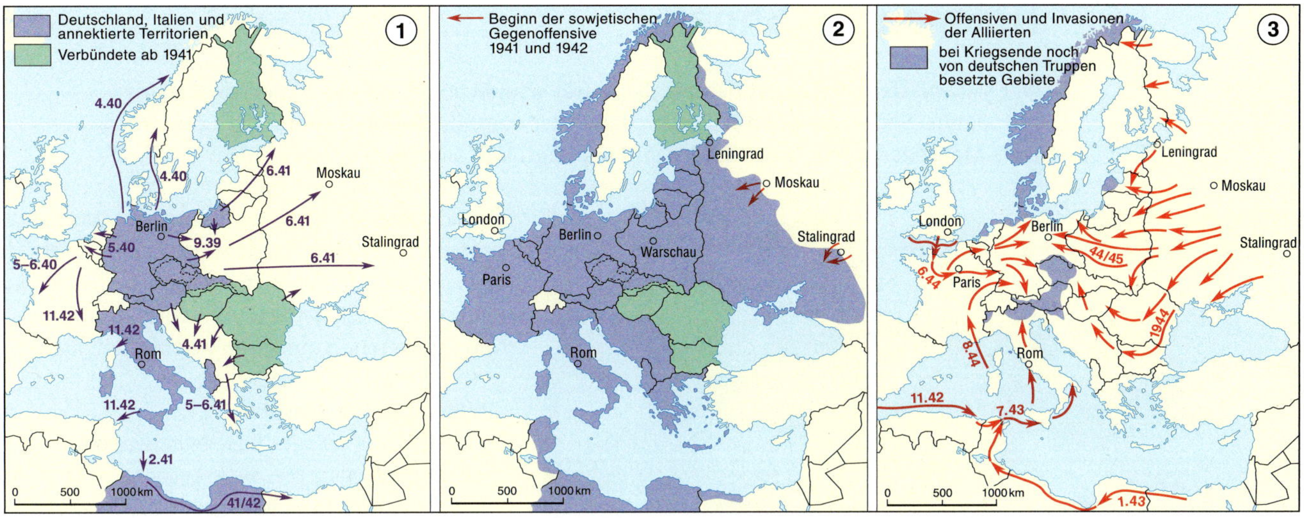

M2 Der Krieg in Europa 1939 bis 1945:
① Phase der deutschen „Blitzkriege"; ② größte Ausdehnung der deutschen und italienischen Mächte während des Krieges im Jahre 1942; ③ die Zeit der alliierten Invasion und Offensiven, die am 8. Mai 1945 zur Kapitulation des Deutschen Reiches führten.

M3 Aus einem Brief des Generalmajors Hellmuth Stieff vom 31. Oktober 1939 (Stieff gehörte später zum Widerstand gegen Hitler und wurde hingerichtet.):

Es ist eine Stadt und eine Bevölkerung (in Warschau), die dem Untergang geweiht ist. (…) Man bewegt sich dort nicht als Sieger, sondern als Schuldbewusster. (…) Dazu kommt noch all das Unglaubliche, was dort am Rande passiert und wo wir mit verschränkten Armen zusehen müssen! Die blühendste Fantasie einer Gräuelpropaganda ist arm gegen die Dinge, die eine organisierte Mörder-, Räuber- und Plünderbande unter angeblich höchster Duldung dort verbricht. (…) Diese Ausrottung ganzer Geschlechter mit Frauen und Kindern ist nur von einem Untermenschentum möglich, das den Namen Deutsch nicht mehr verdient. Ich schäme mich, ein Deutscher zu sein!

M4 Der ehemalige Wehrmachtssoldat Bruno Schneider berichtet:

1941 gehörte ich zur 4. Kompanie. Mit dieser Einheit kam ich Ende Juni 1941 von Frankreich nach Russland. Kurz vor unserem Abmarsch wurden wir von unserem Kompaniechef, dem Oberleutnant Prinz, in einer Scheune versammelt. Hier erhielten wir folgenden Geheimbefehl: „Kriegsgefangene sind von der Roten Armee nur in Ausnahmefällen, d. h. wenn es unvermeidlich ist, zu machen. Im Übrigen sind gefangene Sowjetsoldaten zu erschießen. Stets zu erschießen sind Frauen, die in den Einheiten der Roten Armee dienen." Ich kann nun noch sagen, dass sich der große Teil der Soldaten meiner Einheit nicht so verhielt, wie es der obige Befehl von ihnen forderte. Ich sah aber auch, wie sich die deutsche Armee ein grauenhaftes Ansehen erwarb.

Vernichtungskrieg
Die Wehrmachtsführung erließ extra für den Krieg gegen die Sowjetunion verbrecherische Befehle, die gegen das Völkerrecht verstießen: Sie kündigte z. B. an, dass Verbrechen von deutschen Soldaten an Zivilisten nicht zwingend verfolgt würden. Das war ein Freibrief zum Mord. Kommunistische Funktionäre (Kommissare) sollten sofort erschossen werden.

1. Stellen Sie Vermutungen an, welche Wirkung die NS-Propaganda mit dem Foto erzielen wollte (**M1**).

2. Erläutern Sie, worin sich der Krieg im Westen vom Krieg im Osten unterschied (**VT, M3, M4**).

3. Erklären Sie mit eigenen Worten, warum bei den Völkern Osteuropas die Taten der SS-Männer und der Soldaten nicht vergessen und wohl auch nicht vergeben werden können.

1933 1945

Holocaust – Shoah

Wer sich mit dem Holocaust beschäftigt, gerät schnell an die Grenze seines Vorstellungsvermögens. Sechs Millionen Juden wurden unter dem NS-Regime systematisch ermordet. Viele Menschen waren am Massenmord beteiligt. Wie konnte es dazu kommen?

M1 Schuhe von vergasten Opfern
türmen sich in den Lagerhallen des KZ Auschwitz. Foto 1945

Holocaust/Shoah
(Von griech. holocaustos = völlig verbrannt). Mit dem Begriff Holocaust bezeichnet man heute die Ermordung der Juden während der nationalsozialistischen Diktatur. Häufig wird für dieses Verbrechen auch der Begriff „Shoah" verwendet. Das hebräische Wort bedeutet „großes Unheil, Katastrophe".

Beginn des Völkermords

Noch heute fällt es schwer, Antworten auf die Frage zu finden, wie es zu diesem beispiellosen Verbrechen kommen konnte.
Schon seit dem Machtantritt Hitlers wurden die Juden in Deutschland unterdrückt, gedemütigt, entrechtet und verfolgt. Mit Beginn des Krieges wurden die Nationalsozialisten noch radikaler. Durch den Vormarsch der Wehrmacht im Osten gerieten polnische und sowjetische Juden unter deutsche Herrschaft. Sondereinheiten, die sogenannten Einsatzgruppen, erschossen hinter der Front systematisch Juden oder vergasten sie mit mobilen Vergasungswagen. Auf diese Weise wurden knapp zwei Millionen Menschen ermordet.

„Endlösung der Judenfrage"

Auf der Wannsee-Konferenz in Berlin im Januar 1942 besprachen führende Nationalsozialisten die Organisation der „Endlösung der Judenfrage". Gemeint war damit die systematische Vernichtung aller Juden in Europa. Seit Herbst 1941 wurden Juden aus dem Deutschen Reich und den seit Kriegsbeginn besetzten Ländern in Konzentrationslager und Vernichtungslager in den eroberten Ostgebieten verschleppt.

„Todesfabrik" Auschwitz

Das Vernichtungslager Auschwitz war die größte Mordmaschine, die je erdacht und verwirklicht wurde. In Güterwaggons zusammengepfercht wurden die Menschen in das Lager gebracht und sofort bei der Ankunft in Arbeitsfähige und Todeskandidaten sortiert. Es waren Frauen, Kinder, alte Menschen, die man sofort in den Tod schickte. Sie wurden vergast, ihre Leichen verbrannt. Die Arbeitsfähigen wurden als billige Arbeitskräfte eingesetzt. Doch auch sie starben, an Unterernährung, Seuchen, Misshandlungen und den unmenschlichen Bedingungen im Lager.
Neben Auschwitz gab es etliche weitere Vernichtungslager, in denen systematisch gemordet wurde. Allein in Auschwitz starben über eine Million Menschen.

Von allem nichts gewusst?

Die Vernichtung der Juden war schon vor 1933 ein erklärtes Ziel Hitlers. Allein mit dem wahnhaften Rassismus eines mächtigen Diktators lässt sich der Holocaust jedoch nicht erklären. Die Vernichtung hatte industrielle Ausmaße, zahlreiche Menschen waren daran beteiligt: Planer, Ingenieure, Buchhalter, Lieferanten, Lokführer, Wachpersonal und viele mehr. Soldaten berichteten auf ihrem Heimaturlaub von Massenerschießungen und Lagern. Wer wissen wollte, was vor sich ging, hatte genügend Hinweise: die Vertreibung der jüdischen Deutschen geschah in aller Öffentlichkeit (s. S. 254).
Bei der Aufarbeitung der NS-Verbrechen nach Kriegsende bestand ein großes Problem darin, dass kaum jemand bereit war, sein Wissen oder seine Teilhabe zuzugeben.

M2 Auf dem Bahnsteig des Vernichtungslagers Auschwitz-Birkenau sortierten SS-Ärzte und Wachpersonal die Ankommenden in zwei Gruppen: Schwangere, Mütter mit Kindern, Invaliden und alte Menschen kamen sofort in die Gaskammern. Alle anderen wurden dem Lager zur „Vernichtung durch Arbeit" zugewiesen.

M3 Aus dem Protokoll der Wannsee-Konferenz, 20. Januar 1942:

Unter entsprechender Leitung sollen im Zuge der Endlösung die Juden im Osten zum Arbeitseinsatz kommen. In großen Arbeitskolonnen, unter Trennung der Geschlechter, werden die arbeitsfähigen Juden Straßen bauend in diese Gebiete geführt, wobei zweifellos ein Großteil durch natürliche Verminderung ausfallen wird. Der allfällig endlich verbleibende Restbestand wird, da es sich bei diesem zweifellos um den widerstandsfähigsten Teil handelt, entsprechend behandelt werden müssen, da dieser, eine natürliche Auslese darstellend, bei Freilassung als Keimzelle eines neuen jüdischen Aufbaues anzusprechen ist.

M4 Ruth Klüger, eine Jüdin, die das Konzentrationslager überlebte, beschreibt in ihren Erinnerungen den Transport nach Auschwitz:

Noch jetzt, wenn ich Güterwagen sehe, überläuft es mich. Es ist ja üblich, Viehwaggons zu sagen, aber auch Tiere werden normalerweise nicht so befördert und wenn, so sollte es nicht sein. Die Türen waren abgeschlossen, Luft kam durch ein kleines Viereck von einem Fenster. Waren es 60 oder 80 Menschen? Bald stank der Wagen nach Urin und Kot, es gab nur eine Luke, um Gefäße zu entleeren. Ich weiß nicht, wie lange die Reise gedauert hat. Aber die Fahrt war für mich die längste. Vielleicht hat der Zug auch mehrmals gehalten und ist herumgestanden. Bestimmt nach der Ankunft in Auschwitz, doch wohl auch schon vorher standen die Waggons und die Temperatur drinnen stieg. Panik, Ausdünstungen der Körper, die es nicht mehr aushielten in der Hitze und in einer Luft, die mit jeder Minute zum Atmen ungeeigneter wurde. Von daher glaube ich eine Ahnung zu haben, wie es in den Gaskammern gewesen sein muss.

M5 Rudolf Höß, der 1947 hingerichtete ehemalige Lagerkommandant von Auschwitz, beschreibt den Gastod:

Die zur Vernichtung bestimmten Juden wurden möglichst ruhig – Männer und Frauen getrennt – zu den Krematorien geführt. Im Auskleideraum wurde ihnen (...) gesagt, dass sie hier nun zum Baden und zur Entlausung kämen, dass sie ihre Kleider ordentlich zusammenlegen sollten und vor allem den Platz zu merken hätten, damit sie nach der Entlausung ihre Sachen schnell wiederfinden könnten (...). Nach der Entkleidung gingen die Juden in die Gaskammer, die mit Brausen und Wasser-

1933 1945

leitungsrohren versehen, völlig den Eindruck eines Baderaumes machte. Zuerst kamen die Frauen mit den Kindern hinein, hernach die Männer (...). Die Tür wurde schnell zugeschraubt und das Gas sofort durch die (...) Decke der Gaskammer in einen Luftschacht bis zum Boden geworfen. Dies bewirkte die sofortige Entwicklung des Gases. Durch das Beobachtungsloch in der Tür konnte man sehen, dass die dem Einwurfschacht am nächsten Stehenden sofort tot umfielen. Man kann sagen, dass ungefähr ein Drittel sofort tot war. Die anderen fingen an zu taumeln, zu schreien und nach Luft zu ringen. Das Schreien ging aber bald in ein Röcheln über und in wenigen Minuten lagen sie alle. Nach mindestens 20 Minuten regte sich keiner mehr (...). Eine halbe Stunde nach Einwurf des Gases wurde die Tür geöffnet und die Entlüftungsanlage eingeschaltet (...). Den Leichen wurden nun (...) die Goldzähne entfernt und den Frauen die Haare abgeschnitten. Hiernach (wurden sie) durch den Aufzug nach oben gebracht vor die inzwischen angeheizten Öfen. Je nach Körperbeschaffenheit wurden bis zu drei Leichen in eine Ofenkammer gebracht. Auch die Dauer der Verbrennung war durch die Körperbeschaffenheit bedingt. Es dauerte im Durchschnitt 20 Minuten (...). Die Asche fiel (...) durch die Roste und wurde laufend entfernt und zerstampft. Das Aschenmehl wurde mittels Lastwagen nach der Weichsel gefahren und dort schaufelweise in die Strömung geworfen, wo es sofort abtrieb und sich auflöste.

M6 **Vernichtungslager und die Herkunftsländer der ermordeten Juden**

M7 Am 4. Oktober 1943 erklärte der Reichsführer der SS, Heinrich Himmler, in einer Rede vor SS-Führern in Posen:

Ich will hier vor Ihnen in aller Öffentlichkeit auch ein ganz schweres Kapitel erwähnen. Unter uns soll es einmal ganz offen ausgesprochen sein und trotzdem werden wir in der Öffentlichkeit nie darüber reden (…). Ich meine jetzt die Judenevakuierung, die Ausrottung des jüdischen Volkes. Es gehört zu den Dingen, die man leicht ausspricht – „Das jüdische Volk wird ausgerottet“, sagt ein jeder Parteigenosse, „ganz klar, steht in unserem Programm, Ausschaltung der Juden, Ausrottung, machen wir.“ Und dann kommen sie alle an, die braven 80 Millionen Deutschen, und jeder hat seinen anständigen Juden. Es ist ja klar, die anderen sind Schweine, aber dieser eine ist ein prima Jude. Von allen, die so reden, hat keiner zugesehen, keiner hat es durchgestanden. Von euch werden die meisten wissen, was es heißt, wenn 100 Leichen beisammenliegen, wenn 500 daliegen oder (…) 1000 (…). Dies durchgehalten zu haben und dabei – abgesehen von Ausnahmen menschlicher Schwächen – anständig geblieben zu sein, das hat uns hart gemacht. Dies ist ein niemals geschriebenes und niemals zu schreibendes Ruhmesblatt unserer Geschichte.

M9 Großunternehmen und Konzerne, darunter Siemens, Krupp, IG Farben, errichteten Fabriken neben den Vernichtungslagern und liehen sich von der SS Häftlinge als billige Arbeitskräfte. Zeichnung eines Häftlings des Lagers Sachsenhausen (Brandenburg)

M8 Was wussten die Deutschen vom Holocaust? Der Historiker Wolfgang Benz schreibt 1995 dazu:

(Es) gab viele Möglichkeiten, davon zu erfahren – und man konnte sich dem Wissen kaum entziehen. Soldaten der Wehrmacht erzählten im Urlaub von der Ostfront oder schrieben nach Hause, was sie gesehen hatten. Die Existenz der Ghettos und Konzentrationslager konnte ebenso wenig verborgen bleiben wie die Deportation der Juden aus allen Teilen Europas „zur Siedlung im Osten“.
Dass es – über die Gerüchte hinaus – mehr oder weniger deutliches Wissen um den organisierten Völkermord am Ostrand des deutschen Herrschaftsgebiets gab, ist evident (klar). Aber die Deutschen wussten von den Gaskammern und Vernichtungslagern, ohne davon wissen zu wollen. Was vielen Selbstschutz war, wurde nach dem Zusammenbruch des Hitlerstaats zur Lebenslüge einer Generation. Weil sie entsetzt und beschämt waren über die Verbrechen, wollten sie nicht durch Wissen mitschuldig gewesen sein und beteuerten nach 1945 gemeinsam, nichts gewusst zu haben, redeten sich ein, der Völkermord sei das Geheimnis einer kleinen Clique von Verbrechern gewesen.

1. Beschreiben Sie die Schritte von der Ausgrenzung bis zur „Endlösung der Judenfrage“ (**VT, M1, M3**).

2. Vergleichen Sie das Protokoll **M3** und den Bericht von Höß (**M5**) mit der Schilderung von Ruth Klüger (**M4**). Beachten Sie vor allem die Sprache.

3. Stellen Sie fest, wo sich die Vernichtungslager befanden (**M6**). Was kann man daraus schließen? Klären Sie, ob es auch in der Nähe Ihres Ortes ein Konzentrationslager gab.

4. Beschreiben Sie, wie die Täter ihre Verbrechen rechtfertigten (**M7**).

1933 1945

Widerstand im NS-Staat

In vielen deutschen Städten gibt es heute Straßen oder Plätze, die nach Widerstandskämpfern gegen den NS-Staat benannt sind. Damals hatten nur wenige den Mut, etwas gegen die Nationalsozialisten zu unternehmen.

Menschen mit Mut

Zu groß schien das Risiko, denn eine andere Meinung oder gar öffentlicher Widerspruch waren lebensgefährlich. Dennoch gab es Menschen, die nicht mitmachten, die protestierten oder Widerstand leisteten: Sie verweigerten den Hitler-Gruß oder ignorierten die Regeln der „Volksgemeinschaft"; sie hörten verbotene Musik wie Jazz oder Swing; sie lauschten im Radio verbotenen ausländischen Radiosendern („Feindsendern"). Andere versteckten Juden und politisch Verfolgte, verteilten Flugblätter oder planten gar ein Attentat auf Hitler. Die Motive, sich nicht mit der NS-Herrschaft zu arrangieren, waren vielfältig: Manche handelten aus politischer oder christlicher Überzeugung, manche aus Entsetzen und Scham über die NS-Verbrechen. Manchen missfiel der Kriegskurs Hitlers, andere störten sich an Maßnahmen der NS-Politik, die ihren persönlichen Lebensbereich betrafen.

M1 Der Werftarbeiter August Landmesser
(obere Bildmitte mit verschränkten Armen) verweigerte 1936 beim Stapellauf eines Kriegsschiffes den Hitlergruß. Obwohl Parteimitglied, war er in Gegensatz zum NS-Regime geraten. Landmesser liebte eine Jüdin, die er nach den „Nürnberger Gesetzen" von 1935 nicht heiraten durfte.

Politischer Widerstand

Anfangs waren besonders Gewerkschaftler, Sozialdemokraten und Kommunisten im Widerstand aktiv, die schon vor 1933 überzeugte politische Gegner der Nationalsozialisten gewesen waren. Spektakuläre Aktionen gelangen ihnen jedoch kaum. Angesichts des Terrors und der Verhaftungswellen gegen die Arbeiterbewegung im Frühjahr 1933 waren viele schon früh in den Untergrund gegangen, um durch Flugblattaktionen oder Sabotageakte ihren Kampf fortzuführen.

Christlicher Widerstand

Die beiden christlichen Kirchen leisteten anfangs kaum Gegenwehr. Die katholische Kirche protestierte erst, als der Staat in ihren Bereich eingreifen und katholische Schulen schließen sowie katholische Verbände verbieten wollte. Vereinzelt gab es auch öffentliche Kritik am NS-Staat und dessen menschenverachtender Ideologie. Bischof Clemens von Galen protestierte 1941 lautstark gegen die Tötung geistig und körperlich Behinderter. Mutige Pfarrer griffen seine Worte auf und predigten in ihren Gemeinden ebenfalls gegen die Morde.
Die evangelische Kirche war gespalten. Eine Mehrheit unterstützte die „Deutschen Christen" und damit Partei und Regierung. Eine Minderheit – die „Bekennende Kirche" – stand dem NS-Staat kritisch gegenüber. Sie wehrte sich gegen staatliche Eingriffe in den Bereich der Kirche, ohne jedoch den Nationalsozialismus grundsätzlich infrage zu stellen. Einzelnen Priestern

und Pfarrern ging diese Haltung nicht weit genug. Sie widersetzten sich der NS-Ideologie aus christlicher Überzeugung und protestierten in ihren Predigten gegen die NS-Politik.

Das Attentat am 20. Juli 1944

Bürgerlich-militärische Kreise sahen in den Anfangsjahren keinen Anlass, sich gegen die NS-Regierung aufzulehnen. Erst der außenpolitische Kriegskurs, die alltäglichen Gewalttaten und der zunehmende Terror im Land ließen Gedanken an Widerstand reifen. Eine Widerstandsgruppe um den konservativen Politiker Carl Goerdeler, Generaloberst Ludwig Beck und Oberst Claus Graf Schenk von Stauffenberg entschloss sich, Hitler zu töten. Am 20. Juli 1944 nahm Stauffenberg an einer Besprechung in Hitlers Hauptquartier teil. In seiner Aktentasche hatte er eine Bombe, die er in Hitlers Nähe platzierte. Die Bombe explodierte zwar, doch Hitler überlebte leicht verletzt. Stauffenberg und drei Offiziere wurden noch am selben Abend verhaftet und erschossen. Das gescheiterte Attentat löste eine Verfolgungs- und Mordwelle aus: Etliche Regimegegner wurden in den folgenden Wochen verhaftet und ermordet.

Einzelkämpfer

Neben organisierten Gruppen gab es auch immer wieder Einzelpersonen, die sich widersetzten. So plante Georg Elser, ein Tischler aus Württemberg, ein Attentat auf Hitler, weil er ihn für einen Kriegstreiber hielt. Sein Anschlag im November 1939 misslang jedoch. Hitler hatte die Veranstaltung, auf der Elser eine Bombe explodieren ließ, früher als geplant verlassen. Elser wurde gefasst, in ein Konzentrationslager gebracht und dort 1945 ermordet. Insgesamt scheiterten etwa vierzig weitere Versuche, Hitler zu töten.
Beispielhaft für Protest aus persönlichen Gründen sind Elise und Otto Hampel. Sie unterstützten anfangs die NS-Politik. Doch als Elises Bruder im Krieg fiel, wandte sich das Berliner Ehepaar 1940 gegen den NS-Staat. Auf über 200 Flugblättern klagte es Hitler als Verbrecher an und rief zum Sturz der Regierung auf. Beim heimlichen Verteilen seiner selbst gefertigten Zettel wurde das Ehepaar eines Tages beobachtet und angezeigt. Ein Gericht verurteilte es 1943 zum Tode.

M2 Späte Würdigung einer Widerstandskämpferin
Im Jahr 2007 wurde in Hannover eine Straße nach Orli Wald benannt. Sie war in einer kommunistischen Widerstandsgruppe aktiv und wurde 1936 verhaftet. 1942 transportierten die Nationalsozialisten Orli Wald nach Auschwitz. Dort war sie weiterhin im Widerstand aktiv und rettete zahlreichen Opfern das Leben.

Die „Weiße Rose"

Auch Jugendliche und Studenten lehnten sich gegen den NS-Staat auf, wie etwa die „Weiße Rose". Diese Gruppe von Studenten um die Geschwister Sophie und Hans Scholl verteilte während des Krieges heimlich Flugblätter. Darin riefen sie zum Widerstand auf, verurteilten den Krieg und die Morde an den Juden. Nach einer Flugblattaktion in der Münchener Universität verriet sie der Hausmeister. Im Februar 1943 wurden sie verhaftet und hingerichtet.

„Widerstand ohne Volk"?

Im Verhältnis zur Gesamtbevölkerung widersetzten sich nur sehr wenige Menschen. Der Historiker Hans Mommsen spricht deshalb von einem „Widerstand ohne Volk". Viele Deutsche unterstützten den NS-Staat. Andere hatten sich arrangiert und protestierten nicht, auch wenn sie mit manchen Dingen nicht einverstanden waren. Sie passten sich an und schwiegen.
Terror, Einschüchterung und Propaganda der Nationalsozialisten taten ein Übriges, um den Großteil der Bevölkerung gegen die Frauen und Männer des Widerstandes einzunehmen.
Nach 1945 galt in der Bundesrepublik Widerstand, Protest und Verweigerung während der NS-Zeit noch lange Zeit als Makel. Erst im Jahr 2002 hob der Bundestag die Urteile der NS-Justiz gegen Deserteure, Kriegsdienstverweigerer und „Wehrkraftzersetzer" auf.

Widerstand
So bezeichnet man jede Handlung, die absichtsvoll darauf gerichtet war oder ist, ein Unrechtsregime zu beseitigen. Das Recht auf Widerstand ist gegeben, wenn ein Staat oder eine Regierung die Menschenrechte missachtet. Es wird unterschieden zwischen aktivem und passivem Widerstand.

M3 Aus der Biografie des Reichstagsabgeordneten der SPD Wilhelm Keil über seine Zeit während des Nationalsozialismus:

An meinem Wohnort sind meine Gesinnungsgenossen durch die gemeinsame Parteiarbeit unlöslich verbundene treue Freunde geworden. In diesem Kreis kann man frei und offen sprechen. Jeder ist von unauslöschbarem Hass gegen die Gewaltherrschaft erfüllt.
Die Propagandatricks werden durchschaut und ändern nichts an der unbedingten Ablehnung des Staatssystems, das die Freiheitsrechte und die Würde des Menschen mit Füßen tritt. Die einfältige Redensart alter Weiber beiderlei Geschlechts, dass alles Übel nur von den örtlichen Parteigrößen, der kleinen „Adölfle" komme, der große Adolf von alledem nichts wisse und keine Ungerechtigkeit dulde, verfällt dem Spott. Man ist sich vollkommen im Klaren darüber, (...) dass dieser Mann jedes Verbrechen, das von seinen Mordgesellen verübt wird, gutheißt. Die Gemüter atmen auf, wenn man so unter zuverlässigen Gesprächspartnern sich den Druck von der Seele reden kann.

M5 Aus dem Todesurteil gegen Elise und Otto Hampel vom 22. Januar 1943:

Die Angeklagten haben gemeinschaftlich in der Zeit von 1940–1942 über 200 Flugschriften gefertigt und verbreitet, in welchen unter schwerster Beschimpfung des Führers und seiner Mitarbeiter zum Sturz der nationalsozialistischen Regierung, zum Abwenden vom Führer und seiner Bewegung, zur Aufgabe des Widerstands im Kampfe und zur Nichtdurchführung der Rüstungsarbeit aufgefordert wird. Der Angeklagte Otto Hermann Hampel und die Ehefrau Martha Elise Hampel, geborene Lemme, werden daher wegen Zersetzung der Wehrkraft in Verbindung mit Vorbereitung zum Hochverrat und landesverräterischer Feindbegünstigung zum Tode und zum Verlust der bürgerlichen Ehrenrechte auf Lebenszeit verurteilt. Die sichergestellten Flugblätter werden eingezogen. Die Kosten des Verfahrens werden den Angeklagten auferlegt.

M4 Widerstandskämpfer
Oben: Oberst Claus Graf Schenk von Stauffenberg (militärischer Widerstand), Sophie Scholl (Widerstandsgruppe „Weiße Rose"), Liselotte Herrmann (kommunistischer Widerstand), unten: Julius Leber (Sozialdemokrat), Dietrich Bonhoeffer (evangelischer Theologe), Clemens August Graf von Galen (katholischer Bischof). Bis auf Bischof Galen wurden alle hingerichtet.

M6 Flugblatt der Geschwister Scholl, am 18. Februar 1943 verbreitet (Auszüge):

Erschüttert steht unser Volk vor dem Untergang der Männer von Stalingrad. Dreihundertdreißigtausend deutsche Männer hat die geniale Strategie des Weltkriegsgefreiten sinn- und verantwortungslos in Tod und Verderben gehetzt. Führer, wir danken Dir!
Der Tag der Abrechnung ist gekommen, der Abrechnung der deutschen Jugend mit der verabscheuungswürdigsten Tyrannei, die unser Volk je erduldet hat. Im Namen der deutschen Jugend fordern wir vom Staat Adolf Hitlers die persönliche Freiheit, das kostbarste Gut der Deutschen, zurück, um das er uns in der erbärmlichsten Weise betrogen.
In einem Staat rücksichtsloser Knebelung jeder freien Meinungsäußerung sind wir aufgewachsen. HJ, SA, SS haben uns in den fruchtbarsten Bildungsjahren unseres Lebens zu uniformieren, zu revolutionieren, zu narkotisieren versucht.
Es gibt für uns nur eine Parole: Kampf gegen die Partei!

M7 Bericht der Gestapo-Leitstelle Wilhelmshaven vom 23. September 1941:

Der katholische Pfarrer Heinrich F., geb. 2. 5. 1900 in Essen, wurde am 18. 9. 1941 vorläufig festgenommen, weil er während des Hochamtes am 7. 9. 1941 Auszüge aus der Predigt des Bischofs von Münster (Clemens von Galen) abkündigte, die geeignet waren, erhebliche Unruhe in der Bevölkerung zu verursachen. U. a. führte er aus: „In der Nähe von Münster ist eine Anstalt für geisteskranke Patienten. Von dieser Anstalt aus kommen die Kranken in eine andere Anstalt. Nach kurzer Zeit bekommen dann die Angehörigen die Nachricht, dass der Kranke gestorben ist. Gegen Entsendung eines gewissen Geldbetrags wird den Angehörigen die Asche zugeschickt. Die Leichen sind also verbrannt worden. Diese kranken Personen sind aber nicht eines natürlichen Todes gestorben, sondern sie haben eine Spritze bekommen und sind dann langsam eingeschlafen. Das ist Mord."

M8 Denkmal für einen Deserteur in Ulm

Inschrift: „Hier lebte ein Mann, der sich geweigert hat, auf seine Mitmenschen zu schießen. Ehre seinem Andenken." Die Stadt Ulm erlaubte nicht, das Denkmal auf dem Marktplatz aufzustellen. Es stand jahrelang im Garten einer Ulmerin. Erst seit 2005 ist das Denkmal auf einem öffentlichen Platz zu sehen.

1. Stellen Sie zusammen, wer aus welchen Gründen im NS-Staat Widerstand leistete, protestierte oder sich verweigerte.

2. Diskutieren Sie, ob man das Verhalten von August Landmesser (**M1**) Widerstand nennen kann.

3. Wählen Sie in Gruppen jeweils eine Person aus **M4** aus, die Widerstand leistete. Sammeln Sie im Internet und in Lexika Informationen zum Leben dieser Person und tragen Sie Ihre Ergebnisse der Klasse vor.

4. Viele Ulmer wehrten sich gegen ein Denkmal für Deserteure (**M8**). Wie denken Sie darüber?

1933 1945

Vom totalen Krieg zur Kapitulation

Am 7. Dezember 1941 griff Japan völlig überraschend den amerikanischen Flottenstützpunkt Pearl Harbor auf Hawaii an. Die USA reagierten und griffen nun auch zu den Waffen. Der Krieg weitete sich aus.

M1 „Der letzte Pressetermin"
Hitler verleiht den Jungen des Volkssturms im Garten der Reichskanzlei das Eiserne Kreuz, Foto vom 20. März 1945.

Alliierte
(Von frz. allier = verbünden). In Deutschland werden damit meist die verbündeten Siegermächte des Zweiten Weltkriegs bezeichnet: Frankreich, Großbritannien, die USA und die Sowjetunion.

Der Krieg wird zum Weltkrieg

Am 8. Dezember 1941 traten die USA offiziell in den Krieg gegen Japan ein. Daraufhin erklärten das Deutsche Reich und Italien als Bündnispartner der Japaner den USA ebenfalls den Krieg. Die Amerikaner begannen verstärkt, die alliierten Truppen in Europa mit Munition, Waffen und Soldaten zu unterstützen. Der Krieg war zum Weltkrieg geworden.

Stalingrad – die Wende

Neben dem Kriegseintritt der USA gilt die Schlacht um Stalingrad im Winter 1942/43 als Wendepunkt im Zweiten Weltkrieg. Etwa 250 000 Soldaten der sechsten deutschen Armee waren bei Stalingrad von sowjetischen Truppen eingekesselt worden. Hitler befahl, die Stadt zu verteidigen und untersagte einen möglichen Ausbruchsversuch. Das führte aus deutscher Sicht zur Katastrophe: 160 000 deutsche Soldaten starben bei den Kämpfen, erlagen ihren Verletzungen oder verhungerten. 90 000 gerieten in Kriegsgefangenschaft. Die NS-Propaganda versuchte, die Niederlage zu beschönigen. Im offiziellen Sprachgebrauch hieß es: Die Front im Osten sei „begradigt" worden.

Totaler Krieg

Wenige Tage nach der Niederlage bei Stalingrad rief Goebbels im Februar 1943 die Deutschen zum „totalen Krieg" auf. Das gesamte Leben an der „Heimatfront" wurde nun auf Krieg eingestellt: Die Arbeitszeiten wurden verlängert, Lebensmittel gab es nur noch gegen Bezugsscheine und immer mehr Frauen arbeiteten in Rüstungsbetrieben. Dabei war das Ende des Krieges nur eine Frage der Zeit. Zu groß war die Übermacht der Alliierten.
Die Menschen in Deutschland erlebten die Schrecken des Krieges nun auch am eigenen Leib: Bei Luftangriffen alliierter Bomber kamen mehr als 600 000 Menschen ums Leben, darunter zahlreiche Zivilisten. Etliche deutsche Städte wurden in Schutt und Asche gelegt. Die Stimmung in der Bevölkerung verschlechterte sich stetig. Dennoch begehrte kaum jemand gegen das Nazi-Regime auf. Zu groß war die Angst vor der Niederlage.

Ende des Krieges

Im Juni 1944 landeten alliierte Truppen in Frankreich und drangen unaufhaltsam Richtung Deutschland vor. Aus dem Osten rückte die Rote Armee der Sowjetunion immer näher. Die Niederlage war nun unvermeidlich, da halfen weder Durchhalteparolen noch der sogenannte Volkssturm. Am 8. und 9. Mai 1945 kapitulierte die deutsche Wehrmacht schließlich. Der Krieg in Europa war damit beendet. In Asien dauerten die Kämpfe an. Um die Kapitulation der Japaner zu erzwingen, setzten die USA erstmals in der Geschichte Atombomben ein. In Hiroshima und Nagasaki starben dabei über 150 000 Menschen.

M2 Propagandaplakat
zur Mobilisierung der letzten Kräfte, November 1944

M4 Berlin war 1945 das größte Trümmerfeld in Europa.
Zwischen 1943 und 1945 erlitt die Stadt insgesamt 351 Luftangriffe.

M3 Führer-Befehl vom 19. März 1945:
Alle militärischen, Verkehrs-, Nachrichten-, Industrie- und Versorgungsanlagen sowie Sachwerte innerhalb des Reichsgebietes, die sich der Feind für die Fortsetzung des Kampfes irgendwie sofort oder in absehbarer Zeit nutzbar machen kann, sind zu zerstören.

M5 Feldpostbrief eines deutschen Soldaten aus Stalingrad vom 31. Dezember 1942:
Meine Lieben!
Jetzt ist Silvesterabend und wenn ich an zu Hause denke, dann will mir fast das Herz brechen. Wie ist das alles hier trost- und hoffnungslos. Seit 4 Tagen habe ich schon kein Brot mehr zu essen und lebe nur von dem Schlag Mittagssuppe. Morgens und abends einen Schluck Kaffee und alle 2 Tage 100 g Büchsenfleisch od. ½ Büchse Ölsardinen od. etwas Tubenkäse. – Hunger, Hunger, Hunger und Läuse und Schmutz. Tag und Nacht werden wir von Fliegern angegriffen, und das Artillerie-Feuer schweigt fast nie. Wenn nicht in absehbarer Zeit ein Wunder geschieht, gehe ich hier zugrunde.

Volkssturm
Männer im Alter von 16 bis 60 Jahren, die noch nicht zur Wehrmacht eingezogen worden waren, sollten ab September 1944 die Heimat verteidigen. Sie waren schlecht ausgebildet und bewaffnet. Tausende starben.

1. Erklären Sie mit eigenen Worten, was die Nationalsozialisten unter „totalem Krieg" verstanden (**VT3, M1–M3**).

2. Diskutieren Sie, warum es nicht früher zu einer Kapitulation kam.

3. Der Befehl Hitlers (**M3**) ist kaum befolgt worden. Überlegen Sie, was die Ausführung dieser Anordnung für die Deutschen bedeutet hätte.

4. Erkundigen Sie sich bei Betroffenen nach ihren Kriegserfahrungen. Beachten Sie dabei die methodischen Arbeitsschritte auf S. 315.

1933 1945

Orte der Erinnerung: Besuch der Gedenkstätte Grafeneck

Mit der Niederlage im Zweiten Weltkrieg war die Schreckensherrschaft des NS-Regimes beendet. Dennoch beschäftigt uns dieses Kapitel der deutschen Geschichte noch heute. Bei der Auseinandersetzung mit der Vergangenheit geht es auch um die Frage, wie ein angemessenes und nachhaltiges Gedenken an die Opfer erfolgen kann.

„Die Würde des Menschen ist unantastbar, sie zu achten und zu schützen ist Verpflichtung aller staatlichen Gewalt." Die Väter und Mütter des Grundgesetzes wussten, warum sie diese Sätze in Artikel 1 der Verfassung festgeschrieben haben. Sie hatten das Leid von Ausgrenzung und Verfolgung im Nationalsozialismus selbst miterlebt. Damit es in unserem Land nie mehr Machthaber gibt, die bestimmen, welches Leben „würdig" ist und welches nicht, ist es notwendig, die Erinnerung an das Geschehen wachzuhalten. Es ist deshalb wichtig, dass Gedenkstätten einen Beitrag zur Aufarbeitung des grauenvollen Geschehens leisten.

M1 Ehemaliges Landwirtschaftsgebäude mit Gaskammer

M2 In Bussen mit grauer Tarnlackierung wurden die Opfer nach Grafeneck gebracht.
Foto 1940

„Euthanasie"-Verbrechen in Schloss Grafeneck

Das abseits auf der Schwäbischen Alb gelegene Schloss Grafeneck war zwischen 1929 und 1939 ein Behindertenheim der evangelischen Samariterstiftung in Stuttgart. Im Oktober 1939 wurde es für „Zwecke des Reiches" vom Württembergischen Innenministerium beschlagnahmt, um bereits im Jahr darauf Ausgangspunkt für die „Euthanasie"-Verbrechen des Dritten Reiches zu werden.
Auf dem Gelände des Schlosses im heutigen Landkreis Reutlingen wurden zwischen Januar und Dezember 1940 insgesamt 10 654 Menschen aus 40 Behinderteneinrichtungen – Männer, Frauen und Kinder – in einer Gaskammer ermordet. Grafeneck war der erste deutsche Ort systematisch-industrieller Ermordung von Menschen. Zu den Opfern zählten Patienten der Heil- und Pflegeanstalten vor allem aus Baden und Württemberg, die in den Augen der Täter als „lebensunwertes Leben" galten.

Vereinzelte Proteste

Eine „Aktion" solchen Ausmaßes wie in Grafeneck konnte trotz aller Bemühungen nicht geheim bleiben. Zu deutlich waren die berüchtigten grauen Busse, mit denen die Opfer in den Tod transportiert wurden. Aus Furcht protestierten Mitte 1940 nur vereinzelt Eltern und Verwandte, Leiter von Heil- und Pflegeanstalten, vor allem aber Kirchenvertreter. Die Geheimhaltungspläne der „Geheimen Reichsache Grafeneck" waren dennoch gescheitert. Ende Dezember wurden die Morde in Grafeneck beendet.

M3 **Dokumentationszentrum Grafeneck**

Gedenkstätte Grafeneck
Die 1990 errichtete Gedenkstätte mit einem Gedenkstein in der Nähe des Schlosses soll die Erinnerung an die nationalsozialistischen „Euthanasie"-Verbrechen wachhalten. Angeschlossen ist eine Forschungs- und Dokumentationsstätte, wo das Wissen um das Geschehene aufbewahrt und der Öffentlichkeit zugänglich gemacht wird. Dies geschieht vor allem in Form einer Dauerausstellung über Opfer und Täter. Zahlreiche Jugend- und Erwachsenengruppen aus dem In- und Ausland besuchen jährlich diesen Ort.

Historische Bedeutung
Grafeneck war der Ort, an dem die systematische Vernichtung von Menschen im nationalsozialistischen Deutschland ihren Ausgangspunkt fand. Die Spuren der Täter führen von Grafeneck in die Vernichtungslager im Osten: Belzec, Treblinka, Sobibor und Auschwitz-Birkenau. Auch die Übernahme der Tötungstechnologie der Gasmordanstalten weist auf den direkten Zusammenhang zwischen den „Euthanasie"-Verbrechen und der „Endlösung der Judenfrage" hin.

Methodische Arbeitsschritte

1. Informieren Sie sich, wo es in Baden-Württemberg Gedenkstätten gibt. Im Internet finden Sie von der baden-württembergischen Landeszentrale für politische Bildung eine Übersicht mit Links, die über Gedenkstätten und Besuchsmöglichkeiten Auskunft geben.
2. Verschaffen Sie sich über die Homepage einer Gedenkstätte in Ihrer Nähe einen ersten Überblick. Recherchieren Sie, ob es wie in Grafeneck die Möglichkeit einer fachkundigen Führung gibt.
3. Vereinbaren Sie telefonisch oder per Internet einen Besuchs- und Führungstermin.
4. Bereiten Sie sich auf den Besuch gründlich vor. Welchem Personenkreis wird dort gedacht? Was ist an diesem Ort geschehen?
5. Bereiten Sie Fragen vor, die Sie dem Verantwortlichen, der Sie durch die Gedenkstätte führt, stellen können.
6. Welchen Eindruck hatten Sie von dem Besuch? Hat er Ihnen das Geschehen in Ihrer unmittelbaren Umgebung nähergebracht?
7. Diskutieren Sie mit Ihren Mitschülern das Erlebte.

M4 **Schloss Grafeneck,**
wo heute wieder behinderte Menschen leben und betreut werden.

1. Fassen Sie zusammen, welche Aufgaben die Gedenk- und Dokumentationsstätte Grafeneck wahrnimmt.

2. Planen Sie in der Klasse einen Ausflug zu einer Gedenkstätte für die Opfer des Nationalsozialismus.

3. Erläutern Sie, in welchem Zusammenhang die Ereignisse in Grafeneck zur NS-Politik standen.

1933 1945

Flucht und Vertreibung

Die Deutschen hatten in ihrem Vernichtungskrieg gegen die Sowjetunion schwere Verbrechen an der Zivilbevölkerung begangen. Als im Herbst 1944 sowjetische Truppen die deutsche Grenze überschritten, rächten sich die sowjetischen Soldaten an der deutschen Bevölkerung.

Massenflucht und Zwangsausweisungen

Die sowjetischen Soldaten ermordeten und misshandelten auf ihrem Vormarsch unzählige Zivilisten. Hunderttausende Deutsche flüchteten daraufhin in Panik Richtung Westen. Tausende Flüchtlinge starben unterwegs. Sie waren den Strapazen der Flucht nicht gewachsen. In den Gebieten, in denen neben den Deutschen auch andere Bevölkerungsgruppen lebten (etwa die Tschechen im Sudetenland), entlud sich nach der Befreiung aufgestauter Hass. Hunderttausende Deutsche wurden gezwungen, diese Gebiete zu verlassen.

Auf der Potsdamer Konferenz im Juli/August 1945 beschlossen die USA, Großbritannien und die Sowjetunion unter dem Druck des sowjetischen Diktators Stalin die Anerkennung der Oder-Neiße-Linie als Westgrenze Polens. Die deutsche Bevölkerung sollte aus den ehemaligen deutschen Ostgebieten sowie aus Polen, Ungarn und der Tschechoslowakei „in ordnungsgemäßer und humaner Weise" nach Deutschland überführt werden. Insgesamt wurden bis 1947 12 Millionen Deutsche vertrieben. Die Zahl derjenigen, die dabei umkamen, wird auf zwei Millionen geschätzt. Aber nicht nur Deutsche mussten ihre Heimat verlassen. Auch Hunderttausende Polen wurden aus ehemals polnischen Gebieten ausgewiesen, die der Sowjetunion angegliedert wurden.

M1 Vertreibung Sudetendeutscher
Ankunft eines Zugs im Durchgangslager Wiesau (Bayern), 1947. Das Gepäck wird ins Lager geschoben.

M2 Im Notaufnahmelager
Oft mussten Flüchtlinge und Vertriebene jahrelang in solchen Wohnunterkünften leben.

In der neuen Heimat

Nicht selten wurden die Flüchtlinge in der neuen Heimat mit Ablehnung und Misstrauen aufgenommen. Die Dörfer und Städte waren überfüllt, die Neuankömmlinge verschärften die bereits schon vorhandenen Ernährungsprobleme. Am schwierigsten war die Unterbringung, da es überall an Wohnraum fehlte. Oft waren für die Flüchtlingsfamilien Schulen, Kasernen, Gasthöfe oder Baracken Durchgangsstationen, bis ihnen anderer Wohnraum zugewiesen wurde. Dass es oft doch gelang, für Flüchtlinge und Vertriebene menschenwürdige Lebensbedingungen zu schaffen, lag an der selbstlosen Hilfe vieler Einheimischer. Die Integration der Flüchtlinge zählt zu den großen menschlichen und politischen Leistungen in West- und Ostdeutschland.

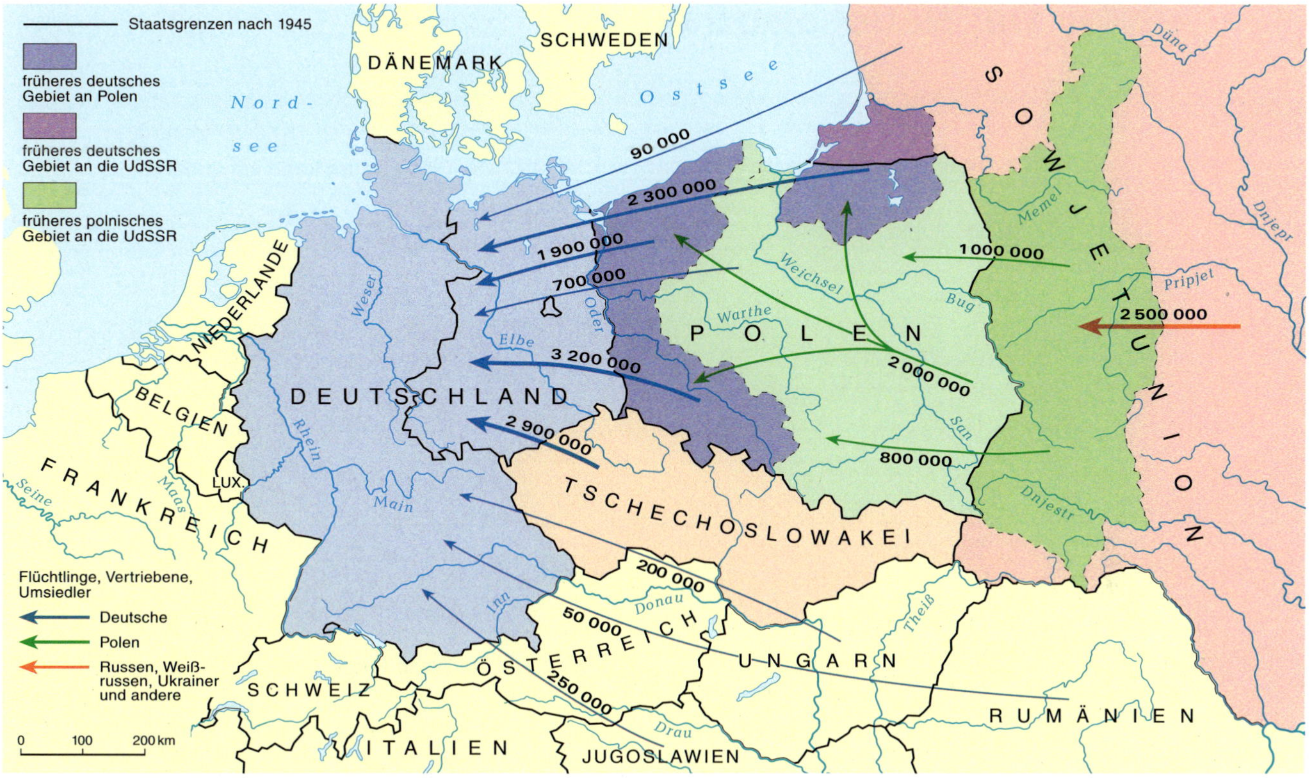

M3 **Bevölkerungsverschiebung nach 1945**

M4 Ein einheimischer Bürger aus dem Kreis Ludwigsburg erinnert sich:

Als ich 1945 mit 23 Jahren aus dem Krieg zurückkehrte, waren 28 Gebäude im Dorf beschädigt oder zerstört. Die Obdachlosen lebten bei anderen Familien. Eines Tages hielt bei der Kirche ein Lastwagen mit Flüchtlingen. Eine dieser Familien, Eltern, Großeltern und drei Kinder, wurden in unser Haus eingewiesen. (…) Unsere Stube mussten wir durch eine Trennwand teilen, damit die Flüchtlinge einen Schlafraum erhielten. Die Küche benutzten wir gemeinsam. Abends, wenn wir von der Feldarbeit müde und hungrig heimkehrten, wollte Mutter ein warmes Essen machen, gerade da kamen auch die Männer der anderen Familie nach Hause, die den Tag über in der Fabrik gearbeitet und mittags nur Brot gegessen hatten. Das war sehr schwer für beide Teile, es gab manchmal Streit. (…) Und doch haben wir viele Jahre miteinander gelebt.

1. Erläutern Sie mit Hilfe von **M3**, warum ab 1945 viele Deutsche ihre Heimat verlassen mussten.

2. Stellen Sie anhand von **M1**, **M2** und **M4** die Situation der Flüchtlinge dar.

3. Diskutieren Sie, was Sie bei einer Flucht von zu Hause mitnehmen würden, wenn Sie kein Fahrzeug als Transporthilfe hätten.

4. Begründen Sie, warum viele Flüchtlinge in ihrer neuen Heimat meist misstrauisch aufgenommen wurden (**VT2**).

1933 — 1945

Der Nationalsozialismus

1 Diese Begriffe kann ich erklären!

a) Ideologie

b) Arier

c) Gleichschaltung

d) Terror

e) KdF

f) Deutsche Arbeitsfront

g) „Euthanasie“

h) Appeasementpolitik

i) Holocaust

j) Volkssturm

2 Zu diesen Bildern kann ich etwas erzählen!

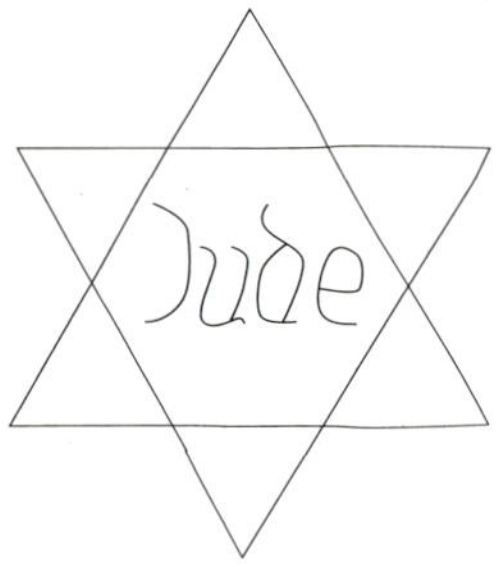

3 Diese Daten kann ich erklären!

a) 30. Januar 1933

b) 23. März 1933

c) 9./10. November 1938

d) 1. September 1939

e) 20. Juli 1944

f) 8. Mai 1945

4 Diese Fragen kann ich beantworten!

a) Was waren wesentliche Stationen der Machtergreifung Hitlers?

b) Welche demokratischen Grundsätze der Weimarer Verfassung wurden durch die „Reichstagsbrandverordnung“ und das Ermächtigungsgesetz außer Kraft gesetzt?

c) Was verstanden die Nationalsozialisten unter dem Begriff „Volksgemeinschaft“?

d) Welche Ziele wurden mit den Maßnahmen zur nationalsozialistischen Arbeitsbeschaffung verfolgt?

e) Was waren die Ziele der Reichsberufswettkämpfe?

f) Erläutern Sie, wie sich das alltägliche Leben der Juden in Deutschland unter den Nationalsozialisten veränderte. Welche Rechte wurden den Juden durch die „Nürnberger Gesetze“ genommen?

g) Listen Sie Aktionen von Widerstandskämpfern gegen den Nationalsozialismus auf.

Der Widerstand in Brettheim

Noch in den letzten Wochen vor Ende des Zweiten Weltkriegs ging das nationalsozialistische Regime mit außergewöhnlicher Brutalität gegen seine Feinde vor. Die Ereignisse, welche sich in dem 800 Einwohner zählenden Dorf Brettheim im Landkreis Schwäbisch Hall zugetragen haben, berichten eindrücklich davon.

M1 Heinrich Himmler in einer Rede am 18. Oktober 1944:

Unsere Gegner müssen begreifen lernen: Jeder Kilometer, den sie in unser Land vordringen wollen, wird sie Ströme des Blutes kosten. Jeder Häuserblock einer Stadt, jedes Dorf, jedes Gehöft, jeder Graben, jeder Bunker, jeder Wald wird von Männern, Knaben und Greisen und – wenn es sein muss – von Frauen und Mädchen verteidigt. (...)

M2 Norman Krauß, seit 2004 Vorsitzender des Fördervereins Erinnerungsstätte „Die Männer von Brettheim", über das Geschehen im April 1945, kurz vor Kriegsende:

Friedrich Braun, Gründer und langjähriger Vorsitzender des Fördervereins der Erinnerungsstätte, erzählt die Tragödie, die sich hier abspielte: „Die älteren Brettheimer erinnern sich noch gut an den 7. April 1945, als schon frühmorgens amerikanische Panzer aus Rot am See zu hören waren. Die Leute waren kriegsmüde und warteten auf die Amerikaner." Stattdessen aber kamen an diesem Samstagmorgen vier Hitlerjungen, 15 Jahre jung, mit vier Panzerfäusten, einem Gewehr und einigen Handgranaten nach Brettheim. (...) Offenes Geheimnis jener Tage war: Militärischer Widerstand führt unweigerlich zur Zerstörung. (...) Für Bauer Friedrich Hanselmann, Amtsdiener Friedrich Uhl und andere Brettheimer stand sofort fest: Die Waffen mussten weg. Kurzerhand wurden die Jungen entwaffnet und fortgejagt, die Waffen im Feuerlöschteich versenkt. Den Brettheimern wurde bald klar, dass ihnen nun eine weitere Gefahr drohte: Eine Bestrafung durch die SS, die im nahen Schillingsfürst ihr Quartier hatte. General Simon beauftragte Sturmbannführer Gottschalk, die „Schweinerei von Brettheim" auszuräumen. So kam es an jenem Samstagabend zu einem Standgericht im Rathaus. Alle Brettheimer Männer folgten der Vorladung – bis auf Friedrich Uhl. Er hatte Warnungen ernst genommen und war geflohen.

(...) [Friedrich Hanselmann] und der geflüchtete Friedrich Uhl wurden von Gottschalk wegen Wehrkraftzersetzung zum Tod verurteilt. Sehr wahrscheinlich wäre das Urteil sofort vollstreckt worden. Doch NSDAP-Ortsgruppenleiter Wolfmeyer und Bürgermeister Gackstatter waren sich einig und verweigerten ihre Zustimmung: „Das unterschreib ich nicht!" Wegen dieser Unterschriftsverweigerung wurden Wolfmeyer und Gackstatter am Montag, den 9. April 1945 verhaftet und in Schillingsfürst ebenfalls zum Tod verurteilt. Den wehrunwilligen Brettheimern sollte deutlich werden, dass trotz der nahen Front die Rechtsordnung der SS weiterhin das Maß aller Dinge war. Hitlerjungen hatten die mächtigen Linden vor dem Friedhofseingang mit Hilfe von Telefonkabeln in drei Galgen verwandelt, hatten Tische und Stühle geholt und den Brettheimern stolz von ihrem Vorhaben erzählt, Leute erhängen zu wollen. Aus den Häusern in Friedhofsnähe wurde das grausige Geschehen beobachtet. (...)

1. Schildern Sie die Situation der Brettheimer am 7. April 1945.

2. Beurteilen Sie, inwiefern die Entscheidung der Brettheimer, die Hitlerjungen zu entwaffnen, mutig war.

3. Erläutern Sie, inwiefern sich die deutsche Bevölkerung kurz vor Kriegsende in einer Ausnahmesituation befand.

4. Recherchieren Sie im Internet, ob es nach Kriegsende eine Aufarbeitung der Ereignisse in Brettheim gab. Diskutieren Sie Ihre Ergebnisse in der Klasse.

9 Politische Mitwirkung in Baden-Württemberg

Aktive politische Mitwirkung ist eine Aufgabe für jeden von uns. Auch Sie können sich einbringen und einmischen – in der Schule, am Arbeitsplatz, im Verein oder in der Gemeinde. Gemeinde- und Kreisräte opfern oft viele Stunden Freizeit für ihr politisches Ehrenamt. Dabei haben sie die Möglichkeit, mit ihrem Engagement das unmittelbare Umfeld von Bürgerinnen und Bürgern zu gestalten und zu beeinflussen. Der Bau von Straßen, Schulen und Sporteinrichtungen gehört dazu. Die örtlichen Medien berichten über solche Entscheidungen. Nicht immer sind die Bürgerinnen und Bürger damit zufrieden. Sie rufen Bürgerinitiativen ins Leben, erzwingen Bürgerentscheide und korrigieren auf diesem Weg Beschlüsse der gewählten Gemeindevertreter. Solche Proteste können auch – wie sich bei Stuttgart 21 gezeigt hat – ein ganzes Bundesland berühren und sogar Stellungnahmen der Bundesregierung in Berlin herausfordern.

Online-Link
416330-0901

Persönliches Engagement

Mitwirkung in der Schule
Ehrenamt
Bürgerinitiativen
Jugendgemeinderäte

Kommunalpolitik

Gemeinden und Landkreise
Bürgermeister
Bürgerbegehren/Bürgerentscheid

M1 **Der baden-württembergische Landtag in Stuttgart,** Foto 2009

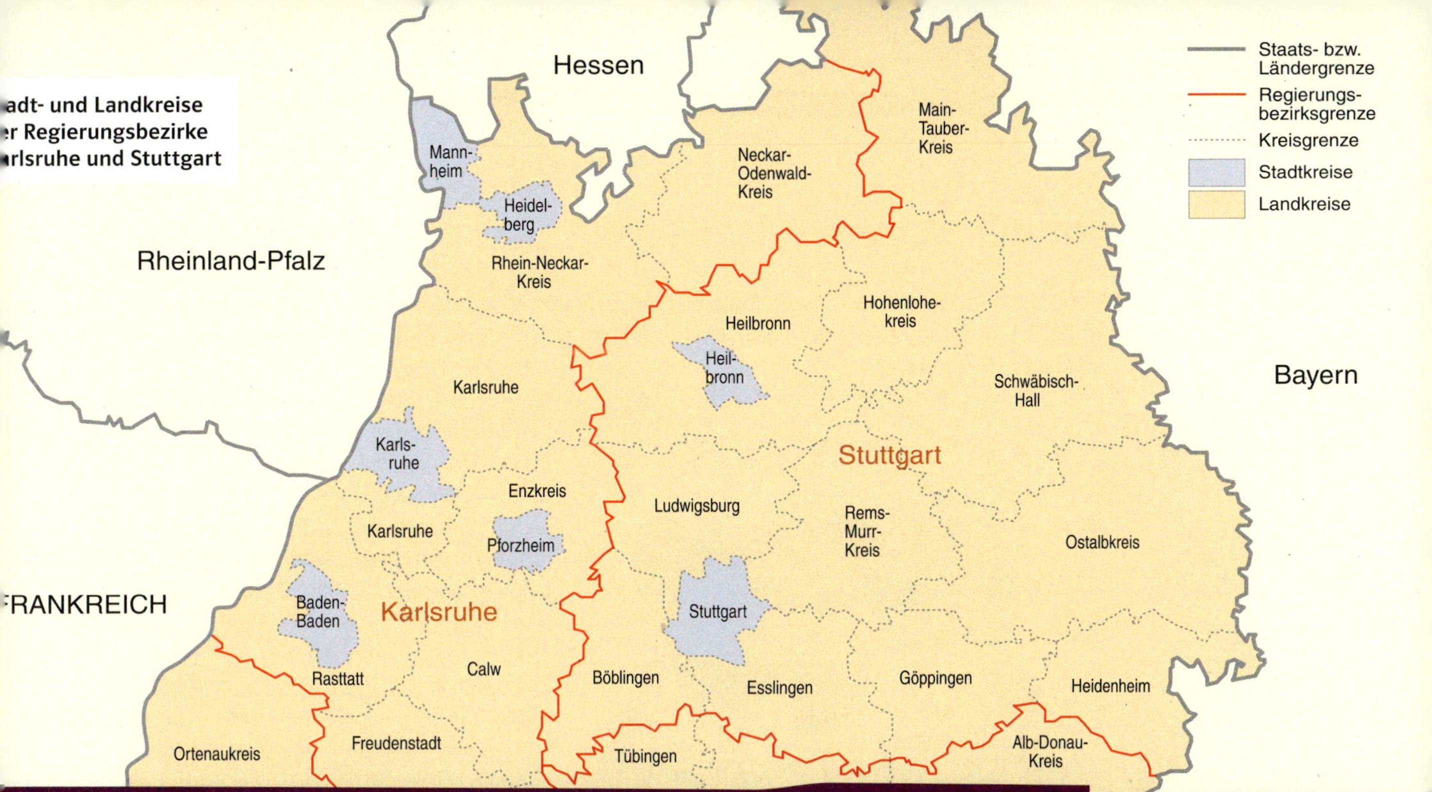

Landes- und Bundespolitik

- Landesverfassung
- Landeshaushalt
- Landtagswahlen
- Bundespolitik

Mediennutzung

- Fernsehen, Radio, Zeitung, Internet
- Macht der Medien
- Umgang mit Medien

M2 „Wir wollen Euren Mist nicht ausbaden!“
150 Mitglieder der Greenpeace-Jugend schwimmen in Berlin in der Spree, um gegen die Laufzeitverlängerung von Atomkraftwerken zu demonstrieren.
Foto 2010

In der Schule mitmischen

Sich zu engagieren, ob in der Schule oder im privaten Umfeld, erfordert viel Ehrgeiz und oftmals Zeit. Die Mitwirkung am Schulleben beginnt für Sie und Ihre Klassenkameraden mit der Klassensprecherwahl.

M1 SMV-Homepage der Kaufmännischen Schule Geislingen

Wahlgrundsätze
Wahlen sind allgemein, wenn alle Bürgerinnen und Bürger wählen dürfen, unabhängig von Besitz und Bildung; gleich, wenn jede Stimme gleich viel zählt; direkt bzw. unmittelbar, wenn es keine Wahlmänner gibt; frei, wenn jeder selbst entscheidet, ob er an der Wahl teilnimmt oder nicht und geheim durch unbeobachtete Stimmabgabe in einer Wahlkabine.

Schülermitverantwortung (SMV)

Sie haben sicher schon Klassensprecher erlebt, die nach ihrer Wahl gleichgültig und ideenlos blieben oder die nur die Interessen einer kleinen Gruppe in der Klasse vertraten. Welche Fähigkeiten sollten gute Klassensprecher haben? Sie sollen verbindlich auftreten und gut argumentieren können, Kontakt zu allen Mitschülerinnen und Mitschülern haben, bereit sein, sich für die Klasse und im Schülerrat zu engagieren, unparteiisch sein, Interesse an der Klassengemeinschaft haben, die Rechte und Pflichten der Schülerinnen und Schüler kennen, kompromissbereit und auch mutig sein. Sie sollen in der Lage sein, Streit zwischen einzelnen Schülern zu schlichten und ihnen bei der Wahrnehmung ihrer Rechte zu helfen.
Schülervertreter werden nach den im Grundgesetz verankerten Grundsätzen demokratischer Wahlen bestimmt. Sie haben einen Anspruch gegenüber Lehrern und Schulleitung, zu allen die Schüler berührenden Fragen gehört und darüber informiert zu werden. Nachteile dürfen ihnen aus der Wahrnehmung ihrer Aufgaben selbstverständlich nicht erwachsen; aber auch keine Vorteile.

Schulisches Engagement

Schülermitverantwortung gehört zum Schulalltag, doch sie ist eine rein ehrenamtliche Aufgabe. Am wichtigsten ist dabei die Interessenvertretung der Schüler gegenüber den Lehrern und der Schulleitung. Dass darüber hinaus große Bereitschaft zum Engagement besteht, beweisen viele Beispiele wie Mitarbeit bei Schülerzeitungen, Schulhaus- und Schulhofgestaltung, Pausenangeboten, Organisation von Sportveranstaltungen oder die Mitwirkung an pädagogischen Tagen. Ferner gibt es von Schülern initiierte schulische Projekte mit Außenwirkung. An vielen beruflichen Schulen engagieren sich Schülerinnen und Schüler in Junior- und Übungsfirmen oder Projektgruppen mit Aufgabenstellungen unter anderem im sozialen Bereich oder im Umweltschutz, die nicht an den Schulgrenzen enden.

Ehrenamtliche Tätigkeit

Einer aktuellen Umfrage zufolge bekleiden rund 46 Prozent der 14- bis 30-jährigen Bürgerinnen und Bürger in Baden-Württemberg ein Ehrenamt. Es geht dabei um ein Handeln außerhalb des Unterrichts oder der beruflichen Tätigkeit, bei dem Menschen zusammenkommen, um etwas gemeinsam mit- und füreinander zu tun. Die Palette der Möglichkeiten reicht vom ehrenamtlichen Sanitätshelfer oder dem Mitglied der freiwilligen Feuerwehr bis zur Übungsleiterin im Sportverein, vom Dirigenten im Musikverein bis zur Mitarbeiterin im selbst organisierten Jugendzentrum.
Viele Menschen begründen ihren freiwilligen Einsatz auch damit, dass sie im Ehrenamt Fähigkeiten verwirklichen können, die im Berufsleben nicht zum Tragen kommen. Zu den ehrenamtlich Tätigen gehören in Baden-Württemberg auch rund 100 000 Mütter und Väter, die als gewählte Elternvertreter tätig sind, und ebenso viele gewählte Klassensprecherinnen und Klassensprecher.

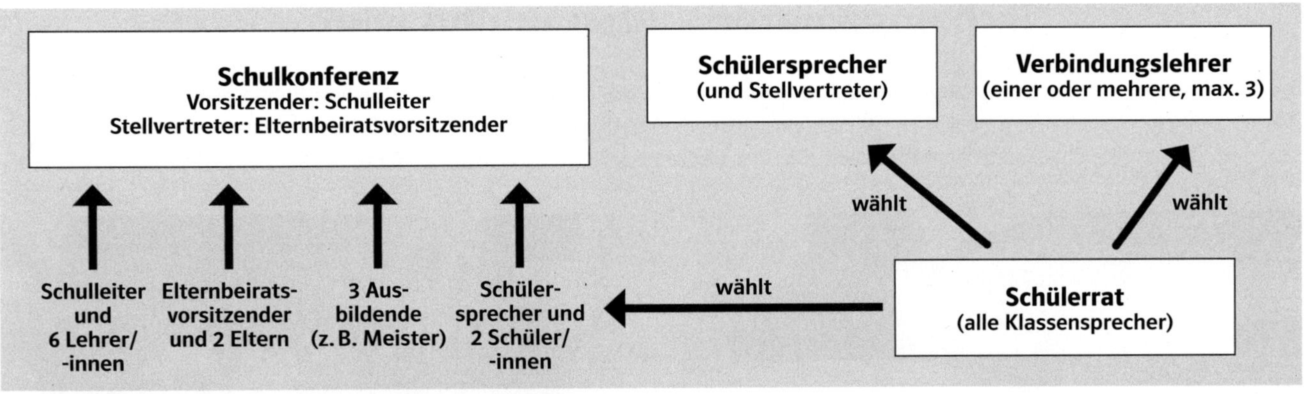

M2 Mitwirkungsmöglichkeiten an beruflichen Schulen

M3 Auszug aus dem Schulgesetz für Baden-Württemberg:

§ 47 Schulkonferenz. (1) Die Schulkonferenz ist das gemeinsame Organ der Schule. Sie hat die Aufgabe, das Zusammenwirken von Schulleitung, Lehrern, Eltern, Schülern und der für die Berufserziehung Mitverantwortlichen zu fördern, bei Meinungsverschiedenheiten zu vermitteln sowie über Angelegenheiten, die für die Schule von wesentlicher Bedeutung sind, zu beraten und (…) zu beschließen.

M4 Auszug aus der SMV-Verordnung:

§ 3 Organe.
(2) Die Klassenschülerversammlung besteht aus allen Schülern der Klasse. (…)
(3) Die Wahl des Klassensprechers und seines Stellvertreters (…) soll spätestens bis zum Ablauf der dritten Unterrichtswoche im Schuljahr stattfinden. (…)
(6) Der Schülerrat soll binnen zweier Wochen nach der Wahl aller seiner Mitglieder, spätestens jedoch in der fünften Unterrichtswoche im Schuljahr, erstmals zusammentreten. (…) Spätestens binnen zweier weiterer Wochen soll die Wahl des Schülersprechers und seines Stellvertreters (…) stattfinden. (…)
§ 5 Wahlverfahren, Abwahl.
(1) Die Wahl [von Klassensprechern und Schülersprechern] ist geheim. (…) Im Übrigen muss die Wahl der Schülervertreter den Grundsätzen entsprechen, die für demokratische Wahlen gelten, insbesondere also allgemein, frei, gleich und unmittelbar sein.
(2) Gewählt ist, wer die meisten gültigen Stimmen erhält. Bei Stimmengleichheit ist ein zweiter Wahlgang erforderlich.
(3) Ein Schülervertreter kann aus seinem Amt vor Ablauf seiner Amtszeit nur dadurch abberufen werden, dass von der Mehrheit der Wahlberechtigten ein Nachfolger für den Rest der laufenden Amtszeit gewählt wird. Die wahlberechtigten Schüler müssen zur Wahl eines Nachfolgers eingeladen werden, wenn ein Drittel der Wahlberechtigten schriftlich darum nachsucht. (…)

1. Aus wie vielen Personen besteht an beruflichen Schulen die Schulkonferenz? Wie ist das zahlenmäßige Verhältnis zwischen Lehrern und den übrigen Mitgliedern (**M2**)?

2. Skizzieren Sie einen Zeitstrahl, in dem im laufenden Schuljahr die jeweils spätesten Wahltermine für den Klassensprecher bis hin zum Schülersprecher eingetragen sind (**M4**).

3. Begründen Sie, warum die Grundsätze einer demokratischen Wahl auch für die SMV gelten.

4. Listen Sie in einer Spalte wünschenswerte Eigenschaften eines Klassensprechers auf, in einer zweiten Verhaltensweisen, die er vermeiden sollte.

5. Diskutieren Sie Vor- und Nachteile eines Ehrenamts (**VT3**).

Sich engagieren – warum und wie?

Viele Bürgerinnen und Bürger rufen nach dem Staat, wenn es darum geht, soziale Aufgaben zu erfüllen. Nicht alles können die öffentlichen Haushalte jedoch bezahlen. Zusätzlich ist soziales Engagement notwendig, das ehrenamtlich und freiwillig geleistet wird.

M1 Behindertengerechter Bürgerbus der Gemeinde Aichwald, Kreis Esslingen
In vielen Gemeinden gibt es Bürgerbusse, die einzelne Ortsteile miteinander verbinden. Da sich auf solchen Strecken gewerbliche Busverbindungen meist nicht lohnen und die Preise günstig sein sollen, sind als Fahrer der Kleinbusse ausschließlich ehrenamtliche Helfer tätig.

Ehrenamt – wie, wo, warum?

Engagieren Sie sich ehrenamtlich in einem Sportverein, der Feuerwehr, dem Roten Kreuz, in der kirchlichen Jugendarbeit? Wenn ja, dann gehören Sie zu der großen Zahl von freiwillig und ehrenamtlich tätigen Jugendlichen. Überall trifft man auf Jugendliche und Erwachsene, die sich engagieren und füreinander da sind. Ehrenamt und Hilfsbereitschaft werden bei vielen Menschen großgeschrieben. Über 42 % aller Bürgerinnen und Bürger in Baden-Württemberg sind ehrenamtlich tätig. Im Sport und in der Kultur, in Jugend- und Selbsthilfegruppen, in den Kirchen, beim Umweltschutz, bei der Feuerwehr und in vielen anderen Bereichen setzen sie sich unentgeltlich für die Belange des Gemeinwohls ein.
Jugendliche, die in Vereinen Verantwortung und praktische Aufgaben übernehmen, erwerben vielerlei Kompetenzen, die ihnen später zugutekommen. Sie erwerben fachliches Wissen, Selbstständigkeit, Kommunikationsfähigkeit und die Fähigkeit, komplexe Vorgänge zu durchschauen und politische Zusammenhänge praktisch zu erfahren. Darüber hinaus bieten Vereine und Verbände wie Gewerkschaften oder Jugendorganisationen von Parteien den Jugendlichen die Möglichkeit, ihre Fähigkeiten zu entdecken, zu erproben und weiterzuentwickeln.

Gesellschaftliche Teilhabe

Der Wunsch nach Kontakt und Geselligkeit, nach Selbstbestimmung, Anerkennung und die Suche nach gesellschaftlicher Teilhabe findet durch das ehrenamtliche Engagement Erfüllung. In Baden-Württemberg engagieren sich bei den 990 Jugendfeuerwehren 29 000 Jugendliche bis 18 Jahre, bevor sie zur Erwachsenenfeuerwehr wechseln; rund 15 000 Jugendliche gehören zum Jugendrotkreuz; mehr als 100 000 engagieren sich in der evangelischen und katholischen kirchlichen Jugendarbeit. Viele junge Menschen sind nicht nur Mitglieder in Sportvereinen, sondern übernehmen dort auch ehrenamtliche Aufgaben.

Mitarbeit zeitlich befristen

Manche Jugendliche wollen sich nicht auf ein langfristiges Engagement festlegen, sondern in spontanen, zeitlich befristeten und begrenzten Formen mitarbeiten. Dazu gibt es zahllose Beispiele im Land. Wo auf Initiative Jugendlicher Jugendzentren zustande gekommen sind, werden sie oft von den jungen Leuten zusammen mit Erwachsenen in Selbstverwaltung geführt. Die meisten Jugendlichen sind dort dann nur wenige Monate oder auch Jahre aktiv. Vielfach engagieren sich junge Menschen auch bei zeitlich befristeten Projekten des Umweltschutzes oder auch bei der Organisation von Straßenfesten oder Sportveranstaltungen.

M2 Vom Ehrenamt zum Hauptamt:
Bei der Leonberger Lebenshilfe [Verein für geistig behinderte Menschen] gibt es einen neuen Kopf: Christina R. hat die Nachfolge der bisherigen Geschäftsführerin Sonja K. angetreten (...). Die 28-jährige R. ist gebürtige Leonbergerin und hat schon als Schülerin die ersten Kontakte zur Lebenshilfe beziehungsweise zur Karl-Georg-Haldenwang-Schule geknüpft. Während ihres Sozialpädagogik-Studiums an der Stuttgarter Berufsakademie war sie als Praktikantin bei der Lebenshilfe, hat bei Wochenendfreizeiten und beim Familienentlastenden Dienst (FED) mitgearbeitet. Nach dem Studium arbeitete sie bei der Stadt Kornwestheim im Bereich Sozialarbeit und Kinder- und Jugendhilfe. (...) Sie ist für Verwaltungsangelegenheiten ebenso zuständig wie für sozialpädagogische Themen. Zudem gilt es, die derzeit 185 ehrenamtlichen Mitarbeiter zu koordinieren. „Die machen den Familienentlastenden Dienst oder gehen in die Familien", macht der Vereinsvorsitzende Jürgen Rein deutlich, dass die Lebenshilfe ohne die Ehrenamtlichen nicht funktioniere. (...) Ein wichtiges Angebot der Lebenshilfe sind die begleitenden Dienste. Sie ermöglichen es behinderten Menschen, ihre Freizeit nach ihren Vorstellungen zu gestalten. Das kann ein Opernbesuch ebenso sein wie ein Stadtbummel, Essen gehen oder sonstige Unternehmungen.

M4 Bürgerschaftliches Engagement kann viele Ausprägungen haben.
Eine Mitarbeiterin der „Kasseler Tafel" packt Lebensmittel in eine Tüte. Die Kasseler Tafel versorgt mithilfe von 70 ehrenamtlichen Mitarbeitern mehr als 1000 Familien mit Lebensmitteln. Foto 2006

M3 Bürgerschaftliches Engagement in Baden-Württemberg, eine Analyse:
In Baden-Württemberg sind Tag für Tag 4,5 Millionen Menschen in ihrer Freizeit freiwillig und unentgeltlich für andere Menschen oder in gemeinschaftlichen Projekten aktiv. Das sind 42 % der Bevölkerung. Damit sind wir in Baden-Württemberg bundesweite Spitzenreiter – und das schon seit Jahren. (...) Die Menschen in Baden-Württemberg beginnen schon früh mit einem freiwilligen Engagement. Deutlich mehr als die Hälfte der Engagierten üben schon im Alter von 6 bis 20 Jahren, also in sehr jungen Jahren, eine freiwillige Tätigkeit aus. In keinem andern Bundesland sind mehr junge Menschen in dieser Altersgruppe aktiv und engagieren sich. Das immer noch weit verbreitete Vorurteil von der „ichbezogenen" Einstellung junger Menschen wird damit deutlich widerlegt.
Die Schwerpunkte des Engagements finden sich in Gemeinschaftsaktivitäten auf den Feldern „Sport und Bewegung" (43 %), „Kultur und Musik" (24 %) sowie „Freizeit und Geselligkeit" (28 %). Aber auch in den Bereichen „Schule oder Kindergarten" (13 %), „sozialer Bereich" (14 %), „außerschulische Jugendarbeit" oder „Bildungsarbeit für Erwachsene" (10 %) sowie bei „Kirche und dem weiteren religiösen Bereich" (15 %) arbeiten viele Menschen freiwillig mit. Nicht zuletzt dieser ehrenamtliche Einsatz der Bürgerinnen und Bürger macht Baden-Württemberg zu einem so lebenswerten Land.

1. Listen Sie auf, welche ehrenamtlichen Tätigkeiten Schülerinnen und Schüler Ihrer Klasse leisten. Ordnen Sie diese Engagements jeweils den in **M3** genannten Feldern zu.

2. Beschreiben Sie die Vorteile, die soziale Engagements der Gesellschaft bringen und denjenigen, die sich engagieren (**VT, M2–M4**).

Etwas bewegen – Bürgerinitiativen und ihre Möglichkeiten

Bürgerinnen und Bürger haben eine Vielzahl von Möglichkeiten, an politischen Entscheidungen mitzuwirken und sie zu beeinflussen.

M1 Bürgerinnen und Bürger protestierten mit Demonstrationen, Plakaten, Briefen an Abgeordnete, Infoständen und Bürgerversammlungen gegen einen Mobilfunkmast neben der örtlichen Grundschule. Die Proteste hatten Erfolg, der Mobilfunkanbieter ließ den Mast entfernen.

Stuttgart 21
Verkehrsprojekt, bei dem der Stuttgarter Hauptbahnhof in einen unterirdischen Durchgangsbahnhof umgebaut werden soll. Die bisherigen oberirdischen Gleise werden in einen Tunnel verlegt und die dadurch frei werdenden Flächen der städtebaulichen Nutzung zur Verfügung gestellt. Ziel ist die Schaffung einer schnellen Verkehrsverbindung für Hochgeschwindigkeitszüge von Paris über Stuttgart nach Budapest.

Der starke Bürger

Nehmen wir an, Sie leben in einer kleinen Gemeinde ohne ausreichende Freizeitmöglichkeiten für Jugendliche. Sie wollen, dass dort ein Jugendzentrum errichtet wird, und Sie sind auch bereit, bei der Renovierung eventuell vorhandener Räume sowie bei der Betreuung der Einrichtung mitzuwirken. Wie gehen Sie vor? Sie suchen andere Jugendliche, die mit Ihnen zusammen aktiv werden. Sie überlegen mit Gleichgesinnten, wem Sie Ihre Pläne vortragen können: dem Bürgermeister, Mitgliedern des Gemeinderats, aber auch Vorständen von Vereinen und den örtlichen Pfarrern. Wenn Sie Erfolg haben wollen, braucht Ihr Vorhaben Sympathien in der Bevölkerung und dort Fürsprecher. Vermutlich müssen Sie auch Erwachsene finden, die Sie beraten. Wenn Sie sich mit anderen Jugendlichen zusammenfinden, mit dem Ziel, ein solches Projekt durchzusetzen, haben Sie eine Bürgerinitiative ins Leben gerufen.

Bürger schließen sich zusammen

Bürgerinnen und Bürger haben eine Vielzahl von Möglichkeiten, an politischen Entscheidungen mitzuwirken oder solche Entscheidungen zu beeinflussen. Es gibt viele Probleme, die von Verwaltungen und Parlamenten, auch von Gemeinderäten, nicht immer rechtzeitig erfasst und gelöst werden. In solchen Fällen treten vor allem in den Gemeinden spontan gegründete und nicht als Vereine organisierte Bürgerinitiativen in Aktion. Diese setzen sich vorwiegend aus unmittelbar Betroffenen zusammen. Die Tätigkeitsfelder der Bürgerinitiativen reichen vom Erziehungs- und Bildungswesen (Kindergarten, Spielplatz, kleine Klassen) über den Verkehrs- und Städtebaubereich (Straßenbau, verkehrsberuhigte Zonen) bis hin zur Umwelt- und Energiepolitik. Allein in Baden-Württemberg gibt es zurzeit nahezu 40 Bürgerinitiativen, die sich aus Furcht vor möglichen Gesundheitsschäden gegen Mobilfunkanlagen zur Wehr setzen.

Öffentlichkeitsarbeit

Probleme der Öffentlichkeit zu signalisieren, ist eine legitime Aufgabe der Bürgerinitiativen. Das Grundgesetz weist ausschließlich den gewählten Parlamenten und Regierungen das politische Entscheidungsrecht zu. Deshalb haben Bürgerinitiativen zwar wichtige demokratische Aufgaben, aber keine Entscheidungskompetenz. Ihnen verbleibt der Weg der Öffentlichkeitsarbeit, indem sie über Info-Stände, Handzettel und gegebenenfalls Demonstrationen auf Missstände und Probleme aufmerksam machen. In der Regel sind Bürgerinitiativen auf eine Gemeinde oder einen Stadtteil begrenzt. Die meisten lösen sich auf, wenn sie ihre Ziele erreicht haben oder wenn sie diese nicht erreichen können.

M2 Stuttgart 21 – Standpunkte:

a) Der „Verkehrsclub Deutschland“ gehört zu den Gegnern des Projekts:

Schluss mit Stuttgart 21. Auch nach 10 Jahren Planung und Diskussion um Stuttgart 21 geben die Bürgerinitiative Leben in Stuttgart – Kein Stuttgart 21 und die Umweltverbände und der Verkehrsclub Deutschland nicht auf: Stuttgart 21 ist eines der teuersten und unsinnigsten Projekte der Deutschen Bahn AG, der Stadt Stuttgart und des Landes Baden-Württemberg, dessen Planung möglichst bald in der Schublade verschwinden sollte.

Alle Argumente von Stadt und Land haben sich als unwahr und falsch herausgestellt:

1. Die Stadt braucht kein Stuttgart 21, um an das europäische Hochgeschwindigkeitsnetz angeschlossen zu werden, sie ist es schon. Schon heute verkehren die ICE- und IC-Züge in alle Richtungen.
2. Mit Stuttgart 21 werden keine Fahrzeiten verkürzt. Der Fahrzeitgewinn des Durchgangsbahnhofs wird mit wenigen Minuten angegeben, die u. a. auch durch eine kürzere Haltezeit zustande kommen, aber wegen des zusätzlichen Halts am Flughafen wieder verloren gehen.
3. Die angeblichen Verbesserungen im Nahverkehr sind leere Versprechungen. (…) Am Ende von Stuttgart 21 gibt es nicht mehr, sondern weniger Verkehr auf der Schiene.

Warum die Umweltverbände den Tunnelbahnhof ablehnen: Stuttgart 21, der Durchgangsbahnhof im Tunnel, hat nur noch acht Bahnsteiggleise (…). Auf acht Gleisen soll der gesamte nationale und internationale Verkehr auf der Achse Karlsruhe/Mannheim–München und auf den acht Regionalbahnlinien, die von Stuttgart ausgehen, abgewickelt werden. (…)

Das Urteil der Umweltverbände ist daher klar:

M3 **Jugendliche Teilnehmer einer Montagsdemonstration** gegen das umstrittene Bauprojekt Stuttgart 21, Foto 2010

Stuttgart 21 ist zu klein, zu teuer und im Betrieb zu störanfällig. Mehr Verkehr auf der Schiene wird so nicht erreicht. Auch städtebaulich kann der düstere Tunnelbahnhof nicht überzeugen.

b) In einer Zeitungsanzeige nennen die Befürworter des Projekts ihre Argumente:

Wir lieben Stuttgart – Wir für Stuttgart 21

Wir sehen in dem Projekt Stuttgart 21 eine große Chance für die Stadt Stuttgart, die Region und das ganze Land:

Stuttgart 21 bedeutet einen deutlichen Schub für den Fern- und den Regionalverkehr.

Stuttgart 21 ermöglicht neue Arbeitsplätze.

Stuttgart 21 lässt ein neues Stadtviertel entstehen, beseitigt das fremde Gleisfeld im Schlossgarten und führt Nord und Ost wieder zusammen.

Stuttgart 21 ermöglicht die Erweiterung des Schlossgartens und des Rosensteinparks. (…)

1. Erklären Sie, was man unter einer Bürgerinitiative versteht (**VT2**). Erläutern Sie den Unterschied zu einer Partei.

2. Informieren Sie sich, ob es auch in Ihrer Gemeinde Proteste gegen Mobilfunkanlagen gegeben hat. Recherchieren Sie im Internet, welche Befürchtungen im Zusammenhang mit solchen Anlagen bei den Bürgerinnen und Bürgern entstehen.

3. Listen Sie auf, welche Argumente Gegner und Befürworter von Stuttgart 21 jeweils in die Diskussion einbringen (**M2**).

4. Fertigen Sie eine Wandzeitung zum Thema Stuttgart 21 an. Sammeln Sie dazu Zeitungsmeldungen über den Fortgang des Umbaus des Bahnknotenpunktes Stuttgart.

Lärmschutz auf der Autobahn – ein Planspiel

Planspiele stellen für Sie Übungsfelder dar, die mögliche Situationen aus Ihrem späteren Leben vereinfachend vorwegnehmen. Sie ahmen beim Planspiel nicht nur die Handlung einzelner Personen nach, sondern auch die von Gruppen oder Gremien mit unterschiedlichen Interessen. Mehrere Spielgruppen führen dabei eine Konflikt- oder Planungssituation Schritt für Schritt einer Entscheidung zu. Sie üben dies anhand der Simulation (Nachahmung) eines realen Vorgangs.

M1 Der steile Autobahnabschnitt an den Anschlussstellen Pforzheim Süd und Nord (oben) muss entschärft und nach dem Ausbau mit Lärmschutzmaßnahmen versehen werden. Eine mögliche Überdeckelung wie auf dem unteren Bild wäre eine Möglichkeit.

Worum geht es?

Die Autobahn A8 zwischen Stuttgart und Karlsruhe wird zurzeit von vier auf sechs Fahrspuren ausgebaut. Nach neueren Prognosen steigt bis zum Jahr 2025 der Verkehr, insbesondere der Lastwagenverkehr, auf rund 100 000 Fahrzeuge am Tag – und damit steigt auch die Lärmbelastung der Anwohner. Berechnungen zufolge gibt es dann eine größere Zahl von Gebäuden am Rand der Autobahn, bei denen durch den Autobahnausbau der gesetzlich vorgeschriebene Grenzwert für den Lärm deutlich überschritten wird. Der 4,8 Kilometer lange Abschnitt zwischen den Anschlussstellen Pforzheim Süd und Nord, eine steile Berg-und-Tal-Strecke, bereitet dabei besondere Probleme.
Beim Lärmschutz müsse insgesamt nachgebessert werden, fordern die Bürgerinnen und Bürger u. a. der autobahnnahen Gemeinden Niefern-Öschelbronn. Sie diskutieren verschiedene Pläne, wie dies verwirklicht werden könnte. Die Bundesrepublik Deutschland („der Bund“) ist der Bauherr der Autobahn und der

Gruppe 1:
Die Straßenbaubehörden wollen die Lärmbelästigung für die am Rand der Autobahn gelegenen Wohnorte vermindern. Als preisgünstigste Lösung erscheint es ihnen, am Rand der Autobahn einen Erdwall aufzuschütten und darauf eine 7 Meter hohe Lärmschutzwand zu errichten. Die Gesamthöhe von Wall und Schutzwand würde 18 Meter betragen. Sie als Anwohner sind über das massive Bauwerk entsetzt und wehren sich. Diskutieren Sie das Für und Wider einer so hohen Wand. Suchen Sie nach Alternativen, z. B. der Finanzierung von Schallschutzfenstern an Gebäuden in der Nähe der Autobahn durch den Bauherrn oder der Aufbringung eines offenporigen Belags („Flüsterasphalt“).

Gruppe 2:
Bürger der Gemeinde Niefern-Öschelbronn haben einen weiteren Vorschlag eingebracht: eine knapp einen Kilometer lange und rund 20 bis 30 Meter hohe Talbrücke. Damit könnte insbesondere auch der starke Anstieg der Autobahn nach der Anschlussstelle Pforzheim Ost in Richtung Karlsruhe von derzeit rund 7 auf 3,1 Prozent abgeflacht werden. Auch dadurch sinke der Lärmpegel. Der Vorschlag führt zu Mehrkosten von rund 35 Millionen Euro. Dem Bauherrn sind diese Kosten zu hoch. Suchen Sie nach Argumenten, die diese Kosten rechtfertigen.

Lärmschutzanlagen. Die Verantwortung liegt dort beim Verkehrsministerium. Der Bund hat jedoch die Planung an das Land Baden-Württemberg weitergegeben. Das Land seinerseits lässt die Planungen durch das zuständige Regierungspräsidium Karlsruhe ausführen. Änderungswünsche sollten deshalb an alle beteiligten Behörden von Bund und Land weitergegeben werden.

Gruppe 3:
Der Bauherr diskutiert eine Überdeckelung der Autobahn bei Niefern-Öschelbronn, die begrünt werden soll. Rund 380 Meter soll die Tunnelröhre lang sein. Ergänzt wird die Röhre durch vorgelagerte Erdwälle, die den aus der Röhre dringenden Lärm dämpfen. Die Anwohner fordern einen 800 Meter langen Deckel. Eine Verlängerung des Tunnels auf rund 800 Meter würde mindestens zehn Millionen Euro mehr kosten und wird vom Bauträger abgelehnt. Zusätzlich müssten dann Flucht- und Rettungswege gebaut werden, die das Projekt finanziell zusätzlich belasten. Suchen Sie nach Argumenten, die die Mehrkosten rechtfertigen.

Gruppe 4:
Sie wollen die Lärmbelästigung für die am Rand der Autobahn gelegenen Wohnorte vermindern, indem Sie die Autofahrer selbst zur Verantwortung ziehen. Am wichtigsten ist es Ihnen, die Zahl der dort verkehrenden Fahrzeuge zu verringern, vor allem durch einen attraktiveren Personen- und Güterverkehr auf der Bahnstrecke Stuttgart-Karlsruhe. Diskutieren Sie dazu mögliche Vorgehensweisen. Ihre Hauptforderung besteht aber in einer Geschwindigkeitsbeschränkung auf 100 km/h für Pkws und 80 km/h für Lkws in der Nähe von Ortschaften. Sie argumentieren, dass es in fast keinem Land der Welt erlaubt ist, auf Autobahnen so ungezügelt zu rasen, wie in Deutschland.

Methodische Arbeitsschritte

1 Einführungsphase
- Machen Sie sich mit der Situation vertraut.

2 Erarbeitungsphase I (Gruppenarbeit)
- Bilden Sie für die einzelnen Interessenvertretungen Gruppen.
- Simulieren Sie Ihr weiteres Vorgehen (Leserbriefe, Besuch bei Landtags- und Bundestagsabgeordneten, Bildung einer Bürgerinitiative, Einbeziehung von Verbänden z.B. BUND oder ADAC, Anfrage beim Regierungspräsidium über bestehende Pläne).
- Simulieren Sie die Vorbereitung einer Bürgerversammlung, deren Teilnehmer den Vertretern des Regierungspräsidiums Lösungsvorschläge unterbreiten (Hearing).
- Visualisieren Sie Ihren Standpunkt, z.B. an einer Pinnwand.

3 Konferenzphase I (Bürgerversammlung – Hearing)
- Tragen Sie Ihre in der Gruppe erarbeiteten Statements vor.
- Diskutieren Sie diese Vorschläge mit den Mitgliedern der anderen Gruppen.

4 Erarbeitungsphase II (Gruppenarbeit)
- Überprüfen Sie Ihre Position, wo sind Unterschiede zu anderen Vorschlägen?
- Bereiten Sie sich auf eine Bürgerversammlung vor, bei der Sie sich mit anderen Positionen auseinandersetzen müssen.

5 Konferenzphase II (Entscheidung in der Bürgerversammlung)
- Simulieren Sie eine Sitzung der von Ihnen gebildeten Bürgerinitiative.
- Suchen Sie Kompromisse zwischen einzelnen Standpunkten.
- Entscheiden Sie sich mehrheitlich für eine Lösung des Problems.

6 Kritische Bewertung des Spielverlaufs
- Überprüfen Sie Ihre Entscheidungen und Ihr Verhalten. Was könnten Sie in Zukunft besser machen?

1. Verfolgen Sie in der Presse, welche Maßnahmen ergriffen werden, um die Anlieger der Autobahn A8 vor Verkehrslärm zu schützen.

2. Informieren Sie sich, welche verkehrsberuhigten Maßnahmen in Ihrem Wohn- oder Schulort geplant sind. Fragen Sie bei der Gemeindeverwaltung nach, auch bei Mitgliedern der Gemeinderatsfraktionen und bei Verbänden.

Mitmachen oder sich raushalten?

In fast allen größeren Gemeinden Baden-Württembergs bestehen Jugendgemeinderäte. Auf ihre Initiative gehen zum Beispiel die Einrichtung und Gestaltung von Spiel- und Sportplätzen zurück.

M1 Jugendgemeinderat in Plochingen
Die Jugendlichen wollen sich dort u. a. für einen Nachtbus einsetzen und dafür, dass Schulsportplätze samstags für alle Jugendlichen offen stehen.
Foto 2010

Jugendgemeinderäte
Die rund 1500 Jugendgemeinderäte in Baden-Württemberg sind die Interessenvertreter der Jugendlichen gegenüber Bürgermeistern und Gemeinderäten.
Zusammensetzung, Zustandekommen und Kompetenzen von Jugendgemeinderäten sind in jeder Gemeinde unterschiedlich geregelt.
In Heidelberg besteht der Jugendgemeinderat aus 30 gewählten Mitgliedern im Alter von 14 bis 19 Jahren und sechs beratenden Mitgliedern aus der Mitte des Gemeinderats. Von den jugendlichen Mitgliedern sind zehn aus Gymnasien, zehn aus beruflichen Schulen, fünf aus Realschulen und fünf aus Haupt- und Förderschulen. Die Jugendlichen tagen etwa alle sechs Wochen im Rathaus. Sie haben auch im Gemeinderat der Stadt ein Rederecht bei Jugendangelegenheiten.
Jugendgemeinderäte gibt es meist nur in größeren Gemeinden, also in den Städten.
Sie werden nach unterschiedlichen Verfahren gewählt. In den meisten Gemeinden haben Jugendliche von 14 bis 17 Jahren das aktive und passive Wahlrecht, unabhängig davon, ob sie einen deutschen Pass haben oder nicht. Gewählt wird meist an Schulen, in Räumen der Gemeinden, per Post und in einigen Fällen auch online.

Jugendorganisationen von Parteien
Ein Teil der Jugendgemeinderäte ist in den Jugendorganisationen von politischen Parteien aktiv. Sie beschäftigen sich dort u. a. mit Schul- und Berufsbildungsfragen. Weitere wichtige Themen sind Arbeitsplätze, Integration von Migranten, Umweltprobleme, Ausstieg aus der Kernkraft, Friedenssicherung und Überwindung der Staatsverschuldung. Politische Jugendorganisationen vertreten dabei nicht immer die Meinung der jeweiligen Mutterparteien. Sie weichen oft davon ab und entwickeln eigene Ideen. Die Jugendorganisationen der Parteien sind auch Vereinigungen, wo junge Menschen sich treffen, reden, feiern, wo sie also einen Teil ihrer Freizeit gemeinsam gestalten.

M2 Der baden-württembergische Jugendverband von Bündnis 90/Die Grünen stellt sich vor:

Die GRÜNE JUGEND steht inhaltlich der Partei nahe, agiert jedoch unabhängig und nimmt ihr gegenüber auch kritische Positionen ein. (...) Wir wollen:

- den Atomausstieg und die Energiewende jetzt – nicht erst in 30 Jahren
- dass nachhaltiger Umweltschutz Vorrang vor Profitinteressen hat
- gewaltfreie Lösungen von Konflikten
- bessere (Aus-)Bildung für alle – unabhängig vom sozialen Hintergrund
- mehr direkte Mitbestimmung für Kinder und Jugendliche (...)
- das Recht auf Asyl und Gleichberechtigung für MigrantInnen
- mindestens die Hälfte der Macht für Frauen
- eine akzeptierende, offene und multikulturelle Gesellschaft ohne Diskriminierung oder Rassismus
- dass Arbeit und Einkommen gerecht verteilt werden (...).

M3 Die „Jungen Liberalen" in Baden-Württemberg schreiben über sich:

Wir wollen, dass Baden-Württemberg ein weltoffenes und wohlhabendes Land ist, das uns jungen Menschen eine gute Zukunft bietet. Dazu gehört eine Bildungspolitik, die den Schulen, aber auch den Schülern Freiräume lässt. (...)

Und dazu gehört auch, dass eine moderne Gesellschaftspolitik gemacht wird, sei es bei der Vereinbarkeit von Familie und Beruf oder der erfolgreichen Integration von Minderheiten. (...) Der schleichenden Bedrohung unserer Freiheit durch die Umweltverschmutzung, durch die riesigen Staatsschulden, durch die bevormundende Bürokratie erwehren wir uns gemeinsam und mit viel Engagement und Verantwortungsgefühl. Denn Freiheit ist untrennbar von der persönlichen Verantwortung für das, was um uns herum geschieht. Wir sind nicht (...) der Kindergarten der FDP, sondern einer ihrer leistungsstärksten Motoren.

M4 Die „Jungsozialisten" werben auf ihrer Homepage:

Warum sich bei den Jusos engagieren? Darum:

- Weil wir uns innerhalb der SPD für eine zukunftsfähige, nachhaltige Politik einsetzen. Dies gilt von der Umwelt- über die Familien- bis hin zur Finanzpolitik.
- Weil wir gemeinsam etwas bewegen wollen. Gerade auch vor Ort müssen wir die Interessen der jungen Menschen einfordern. (...)
- Weil eine gerechte, solidarische Gesellschaft nur dann möglich ist, wenn sich möglichst viele dafür engagieren.
- Weil auch Du jederzeit dieser Aufzählung einen Punkt hinzufügen kannst. Als offener Mitmachverband freuen wir uns auf Deine Mitarbeit.

M5 Die Junge Union Baden-Württemberg stellt ihr Programm vor:

- Für die Junge Union Baden-Württemberg stellt die Familie (...) die Keimzelle unserer Gesellschaft dar und muss daher besonders geschützt und gefördert werden. (...)
- Ein thematischer Schwerpunkt (...) ist die Jugendkriminalität. Wir setzen uns intensiv mit den Erscheinungsformen und möglichen präventiven [vorbeugenden] wie auch repressiven [Straf-]Maßnahmen auseinander. (...)
- Wir stecken mittendrin im Klimawandel. (...) Wie können wir den CO_2-Ausstoß verringern? Tempolimits auf Autobahnen? Gebäudesanierungsprogramme? 3-Liter-Auto? Längere Laufzeiten für Atomkraftwerke? Was ist sinnvoll? Habt Ihr weitere Ideen?

1. Listen Sie auf, mit welchen Themen sich Jugendgemeinderäte beschäftigen (**VT, M1**).

2. Stellen Sie in einer Tabelle die politischen Ziele zusammen, die in den Internetauftritten (**M2–M5**) der Jugendorganisationen von Parteien in Baden-Württemberg genannt sind. Entnehmen Sie der Tabelle Unterschiede und Gemeinsamkeiten der Programme.

3. Beurteilen Sie, wie groß der Einfluss von Jugendorganisationen sein kann.

Gemeinden und Landkreise – wer macht hier was?

Ob es in Ihrem Ort ein vielfältiges kulturelles Programm gibt, darüber entscheiden u. a. die einzelnen Gemeinden und Kreise. Ihre Politik betrifft die Bürgerinnen und Bürger damit unmittelbar und nachhaltig.

M1 Das Rathaus von Wangen im Allgäu
Rathäuser sind Sitz des Bürgermeisters und der Stadtverwaltung.

Aufgaben von Gemeinden und Kreisen

Wir kommen mehrfach am Tag mit Aufgaben und Leistungen unserer Gemeinde oder unseres Kreises in Berührung: Wir benutzen die Strom-, die Wasserversorgung, die Kanalisation und die Müllabfuhr. Wir gehen in die berufliche Schule und sind für den Schulweg auf öffentliche Verkehrsmittel angewiesen. Wie die Berufsschulen ausgestattet sind, hängt von den finanziellen Möglichkeiten des Kreises ab, aber auch davon, wie wichtig dem Landrat und den Kreisräten die berufliche Bildung ist. Nach dem Unterricht besuchen wir vielleicht eine Bibliothek, am Wochenende ein Museum oder ab und zu eine Theateraufführung, und manchmal bleibt uns auch ein Krankenhausaufenthalt nicht erspart.

Gemeinden – Rechte und Pflichten

In der Bundesrepublik Deutschland existieren mehrere eigenständige politische Ebenen (Bund, Länder und Gemeinden) mit eigenen Zuständigkeiten, eigenen Finanzen und eigenen politischen Willensbildungsprozessen. Die Gemeinden sind die unterste politische Ebene und somit die Ebene, die den Bürgern am nächsten steht. Sie haben das Recht, im Rahmen der Gesetze ihre eigenen Angelegenheiten selbstständig zu regeln. In Baden-Württemberg gibt es 1101 Gemeinden. Es überwiegen kleinere Städte und Dörfer, fast 60 Prozent haben weniger als 5000 Einwohner. Gemeinden nehmen nicht nur Selbstverwaltungsaufgaben wahr. Der Staat bedient sich ihrer auch zur Erfüllung seiner Aufgaben.

Stadt- und Landkreise

Die 35 Landkreise Baden-Württembergs sind jeweils Zusammenschlüsse mehrerer Gemeinden, denen wie den Gemeinden selbst das Recht auf Selbstverwaltung zusteht. Sie haben zweierlei Aufgabenbereiche: Zum einen sind sie untere staatliche Verwaltungsbehörde, zum anderen regeln sie gemeinsam die Dinge, die die Kraft einer einzelnen Gemeinde übersteigen. Bei den neun größten Gemeinden des Landes bilden einzelne Städte die Kreise, man spricht dann von Stadtkreisen.

Kreistage und Landräte

Das Parlament eines Landkreises ist der Kreistag. Seine Mitglieder, die Kreisräte, werden alle fünf Jahre von den Wahlberechtigten des Landkreises im Verhältniswahlsystem gewählt. Wahlberechtigt sind diejenigen Einwohner des Landkreises, die Deutsche sind und das 16. Lebensjahr vollendet haben. Außerdem müssen sie mindestens drei Monate im Gebiet des Landkreises ansässig sein. Vorsitzender des Kreistags und Leiter der Kreisverwaltung ist der Landrat. Er wird vom Kreistag auf acht Jahre gewählt. Die Kreisverwaltung (Landratsamt) übernimmt Aufgaben der gemeindlichen Selbstverwaltung, zugleich ist sie untere staatliche Verwaltungsbehörde.

Gemeinde
(Kommune) Die Gemeinden sind die unterste politische Ebene, unterhalb von Bund und Ländern.

Mehrheits- oder Persönlichkeitswahlsystem
Die Abgeordneten werden in Wahlkreisen gewählt. Die im Wahlkreis siegende Person bekommt das Mandat. Alle anderen gehen leer aus, das heißt, die für sie abgegebenen Stimmen bleiben wirkungslos. So ist es auch bei der Bürgermeisterwahl.

Verhältniswahlsystem
Zur Wahl stehen nicht einzelne Kandidaten, sondern die Kandidatenlisten verschiedener Parteien oder Wählervereinigungen. Dadurch sind auch kleine Parteien in den Parlamenten vertreten. Deren Zusammensetzung entspricht, wenn es keine Sperrklausel gibt, exakt der Verteilung der Stimmen auf den Wählerlisten.

	Gemeinden	Kreise
Pflichtaufgaben	allgemein bildende Schulen, Straßen, Wasserversorgung, Feuerwehr	Berufs- und Sonderschulen, Kreisstraßen, Krankenhäuser, Abfallbeseitigung, Schülerbeförderung, Kinder- und Jugendhilfe
freiwillige Aufgaben	Bibliotheken, Jugendhäuser, Schwimmbäder, Museen	Pflegeheime, Sportstätten, Kläranlagen
vom Land oder Bund übertragene Aufgaben	Standesamt, Meldewesen, Ausstellung von Lohnsteuerkarten und Pässen	Ausbildungsförderung (BAFöG), Kfz-Zulassung, Wohngeld

M2 **Beispiele für Aufgaben von Kreisen und Gemeinden**

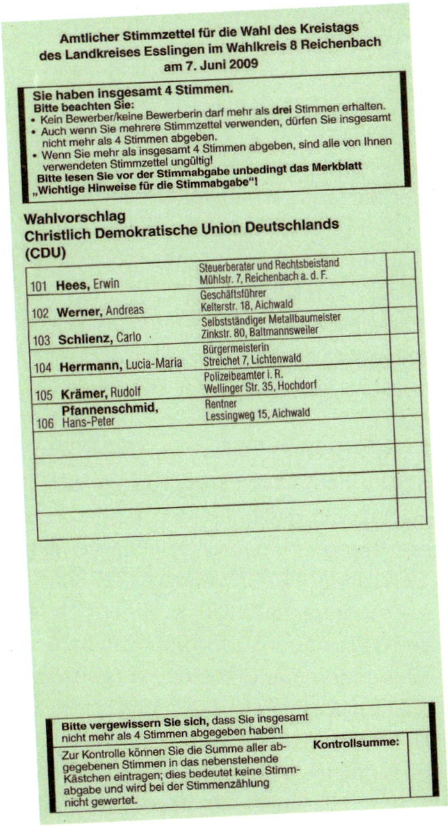

Amtlicher Stimmzettel für die Wahl des Kreistags des Landkreises Esslingen im Wahlkreis 8 Reichenbach am 7. Juni 2009

Sie haben insgesamt 4 Stimmen.
Bitte beachten Sie:
- Kein Bewerber/keine Bewerberin darf mehr als **drei** Stimmen erhalten.
- Auch wenn Sie mehrere Stimmzettel verwenden, dürfen Sie insgesamt nicht mehr als 4 Stimmen abgeben.
- Wenn Sie mehr als insgesamt 4 Stimmen abgeben, sind alle von Ihnen verwendeten Stimmzettel ungültig!

Bitte lesen Sie vor der Stimmabgabe unbedingt das Merkblatt „Wichtige Hinweise für die Stimmabgabe"!

Wahlvorschlag
Christlich Demokratische Union Deutschlands (CDU)

101 **Hees,** Erwin	Steuerberater und Rechtsbeistand, Mühlstr. 7, Reichenbach a. d. F.	
102 **Werner,** Andreas	Geschäftsführer, Kelterstr. 18, Aichwald	
103 **Schlienz,** Carlo	Selbstständiger Metallbaumeister, Zinkstr. 80, Baltmannsweiler	
104 **Herrmann,** Lucia-Maria	Bürgermeisterin, Streichet 7, Lichtenwald	
105 **Krämer,** Rudolf	Polizeibeamter i. R., Wellinger Str. 35, Hochdorf	
106 **Pfannenschmid,** Hans-Peter	Rentner, Lessingweg 15, Aichwald	

Bitte vergewissern Sie sich, dass Sie insgesamt nicht mehr als 4 Stimmen abgegeben haben!

Zur Kontrolle können Sie die Summe aller abgegebenen Stimmen in das nebenstehende Kästchen eintragen; dies bedeutet keine Stimmabgabe und wird bei der Stimmenzählung nicht gewertet. **Kontrollsumme:**

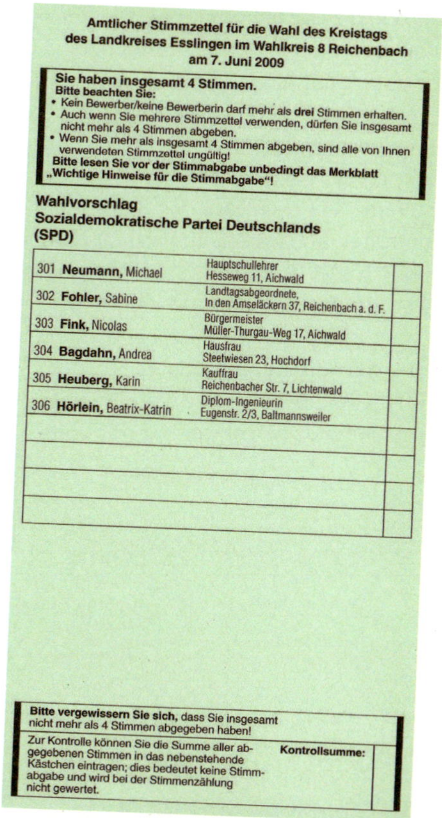

Amtlicher Stimmzettel für die Wahl des Kreistags des Landkreises Esslingen im Wahlkreis 8 Reichenbach am 7. Juni 2009

Sie haben insgesamt 4 Stimmen.
Bitte beachten Sie:
- Kein Bewerber/keine Bewerberin darf mehr als **drei** Stimmen erhalten.
- Auch wenn Sie mehrere Stimmzettel verwenden, dürfen Sie insgesamt nicht mehr als 4 Stimmen abgeben.
- Wenn Sie mehr als insgesamt 4 Stimmen abgeben, sind alle von Ihnen verwendeten Stimmzettel ungültig!

Bitte lesen Sie vor der Stimmabgabe unbedingt das Merkblatt „Wichtige Hinweise für die Stimmabgabe"!

Wahlvorschlag
Sozialdemokratische Partei Deutschlands (SPD)

301 **Neumann,** Michael	Hauptschullehrer, Hesseweg 11, Aichwald	
302 **Fohler,** Sabine	Landtagsabgeordnete, In den Amseläckern 37, Reichenbach a. d. F.	
303 **Fink,** Nicolas	Bürgermeister, Müller-Thurgau-Weg 17, Aichwald	
304 **Bagdahn,** Andrea	Hausfrau, Steetwiesen 23, Hochdorf	
305 **Heuberg,** Karin	Kauffrau, Reichenbacher Str. 7, Lichtenwald	
306 **Hörlein,** Beatrix-Katrin	Diplom-Ingenieurin, Eugenstr. 2/3, Baltmannsweiler	

Bitte vergewissern Sie sich, dass Sie insgesamt nicht mehr als 4 Stimmen abgegeben haben!

Zur Kontrolle können Sie die Summe aller abgegebenen Stimmen in das nebenstehende Kästchen eintragen; dies bedeutet keine Stimmabgabe und wird bei der Stimmenzählung nicht gewertet. **Kontrollsumme:**

M3 **Stimmzettel (Auszug) des Wahlkreises 8** für die Kreistagswahl des Landkreises Esslingen. Dem Esslinger Kreistag gehören 100 Abgeordnete an.

1. Erklären Sie, was man unter der „Selbstverwaltung" der Gemeinden versteht (**VT**).

2. Wie unterscheiden sich die Aufgaben der Gemeinden von denen der Kreise (**VT, M2**)?

3. Informieren Sie sich über die Mehrheitsverhältnisse in Ihrem Kreistag. Geben Sie in einer Suchmaschine im Internet den Begriff „Kreistag" und den Namen Ihres Kreises ein.

4. Finden Sie heraus, welche Abteilungen es bei Ihrer Gemeinde- oder Kreisverwaltung gibt und ordnen Sie diese **M2** zu.

Bürgermeister – Chef der Gemeinde?

Die Aufgaben einer Gemeinde sind vielfältig. Eine Schlüsselstellung in der Organisation und Verwaltung nimmt hier der Bürgermeister ein.

Quorum
So wird die für die Gültigkeit eines Antrags erforderliche Mindestzahl abzugebender Stimmen bezeichnet.

Absolute Mehrheit
Gewählt ist, wer mehr als die Hälfte aller abgegebenen Stimmen auf sich vereinigen kann.

Einfache oder relative Mehrheit
Gewählt ist, wer die meisten der abgegebenen Stimmen erhält.

Was macht ein Bürgermeister?

Die Bürgermeister in Baden-Württemberg haben eine starke Position. Sie sind die Vorsitzenden des Gemeinderats und seiner Ausschüsse. Außerdem leiten sie die Verwaltung und vertreten die Gemeinde nach außen. Die Bürgermeister werden direkt vom Volk gewählt. Das verleiht ihnen eine hohe Bekanntheit und macht sie unabhängig vom Gemeinderat. Während die Gemeinderäte für fünf Jahre gewählt werden, dauert die Amtszeit der Bürgermeister acht Jahre.
Häufig verfügen die Bürgermeister gegenüber dem Gemeinderat über einen Informationsvorsprung, da die Gemeindeverwaltung, der sie vorstehen, die Beschlüsse des Gemeinderats vorbereitet. In Städten mit mehr als 20 000 Einwohnern tragen Bürgermeister die Bezeichnung Oberbürgermeister.

Wer kontrolliert die Bürgermeister?

Kontrolliert wird die Arbeit der Bürgermeister vom Gemeinderat. Doch dieser hat nicht das Recht, die Bürgermeisterin oder den Bürgermeister abzusetzen. Wenn Bürgermeister ihre Amtspflichten grob vernachlässigen oder verletzen, können sie nur vom Regierungspräsidenten, dem leitenden Beamten eines Regierungsbezirks, von ihrem Posten abgelöst werden. Ein unerfreuliches Beispiel aus den 1990er-Jahren: Weil der Bürgermeister von Neckarwestheim 40 Millionen DM bei Aktiengeschäften veruntreut hatte, wurde er vor Gericht zu acht Jahren Freiheitsstrafe verurteilt – und selbstverständlich vom Regierungspräsidenten des Amtes enthoben.

M1 Karikatur von Mester

Wer darf Bürgermeister werden?

Die Bürgerinnen und Bürger einer Gemeinde entscheiden über ihr Gemeindeoberhaupt in einer direkten Wahl. Wahlberechtigt sind alle EU-Bürgerinnen und -Bürger, die das 16. Lebensjahr vollendet und die ihren Wohnsitz seit mindestens drei Monaten in der jeweiligen Gemeinde haben.
Um die Bewerbung von „Spaßkandidaten", die nicht ernsthaft am Bürgermeisteramt interessiert sind, einzudämmen, gibt es ein Unterschriftenquorum bei Wahlen in Gemeinden mit mehr als 20 000 Einwohnern. Bei Gemeinden mit mehr als 200 000 Einwohnern etwa müssen 250 Unterschriften von wahlberechtigten Einwohnern der Gemeinde vorgelegt werden, die den Wahlvorschlag unterstützen. Für die Oberbürgermeisterwahl in Stuttgart 2012 gab es zunächst 17 Bewerber, aber nur 14 davon konnten die vorgeschriebenen 250 Unterstützungsunterschriften vorweisen.

Zur Not entscheidet die Neuwahl

Ein Bewerber ist bei der Bürgermeisterwahl im ersten Wahlgang dann gewählt, wenn er die absolute Mehrheit der gültigen Stimmen auf sich vereinigt. Erreicht kein Bewerber im ersten Wahlgang die absolute Mehrheit, findet meist zwei Wochen später eine Neuwahl statt, bei der auch neue Bewerber zugelassen sind. Dort reicht dann die einfache Mehrheit.

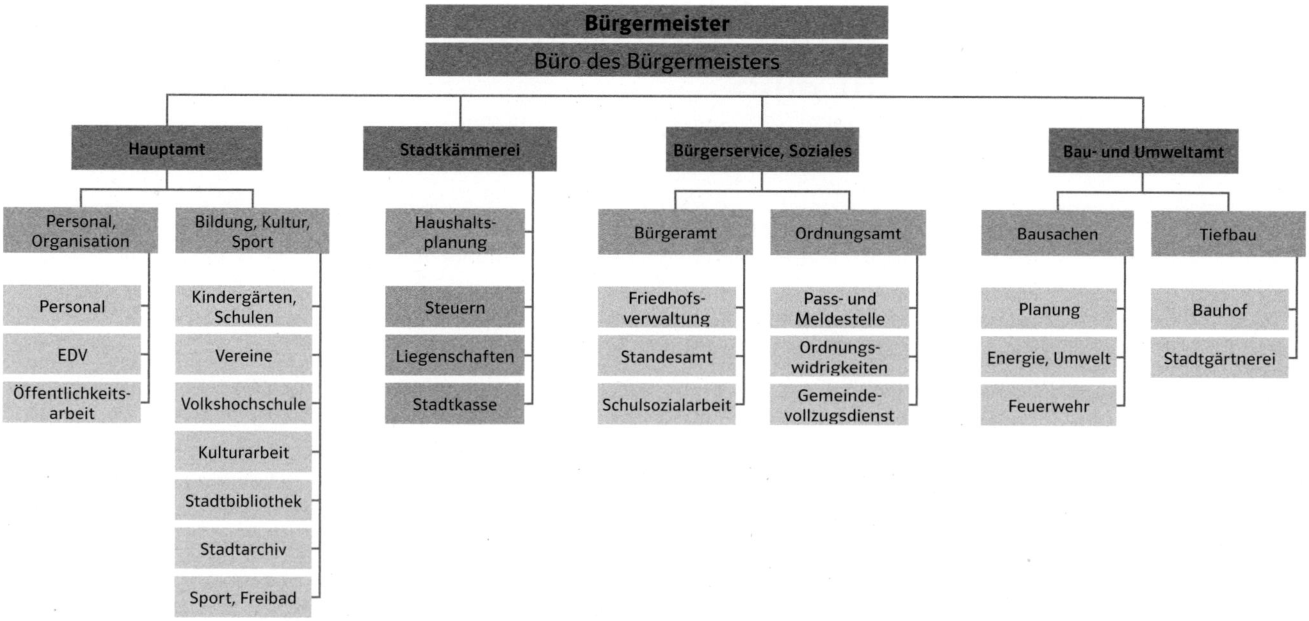

M2 **Beispiel für die Organisationsstruktur einer Gemeindeverwaltung (Organigramm)**

Lichtenstein
Landkreis Reutlingen

Die Stelle der/des hauptamtlichen

Bürgermeisterin/Bürgermeisters

der rund 9100 Einwohner zählenden Gemeinde Lichtenstein mit den Ortsteilen Unterhausen, Holzelfingen und Honau ist wegen Ablauf der Amtszeit des derzeitigen Stelleninhabers zum 03. Januar 2011 neu zu besetzen.

Die Amtszeit beträgt 8 Jahre. Die Besoldung richtet sich nach den gesetzlichen Bestimmungen.

Die Wahl findet am Sonntag, 24. Oktober 2010, eine evtl. notwendig werdende Neuwahl am Sonntag, 07. November 2010, statt.

Wählbar sind Deutsche im Sinne von Artikel 116 des Grundgesetzes und Staatsangehörige eines anderen Mitgliedsstaates der Europäischen Union (Unionsbürgerinnen/Unionsbürger), die vor der Zulassung der Bewerbungen in der Bundesrepublik Deutschland wohnen. Die Bewerberinnen/Bewerber müssen am Wahltag das 25., dürfen aber noch nicht das 65. Lebensjahr vollendet haben und müssen die Gewähr dafür bieten, dass sie jederzeit für die freiheitliche demokratische Grundordnung im Sinne des Grundgesetzes eintreten. (...)

M3 **Ausschreibung einer Bürgermeisterstelle**
Zu besetzende Bürgermeisterstellen werden im Staatsanzeiger öffentlich ausgeschrieben.

1. Erklären Sie die Karikatur (**M1**). Inwieweit wird die Aussage durch den **VT** und durch **M2** gestützt? Nennen Sie Vor- und Nachteile einer starken Stellung des Bürgermeisters.

2. Beurteilen Sie anhand von **M3**, ob sich ein 22-jähriger Franzose in Lichtenstein zum Bürgermeister wählen lassen kann.

3. An welche Stelle im Rathaus können Sie sich wenden, wenn
- Sie einen Reisepass benötigen,
- Ihre Wohnstraße große Schlaglöcher aufweist,
- Ihr Sportverein ein Vereinsfest plant,
- Ihr Nachbar häufig Ihre Einfahrt zuparkt? (**M2**)

Gemeinderäte können vieles bewegen, aber nicht alles

Die Mitglieder der Gemeindeparlamente müssen vielerlei Aufgaben lösen. Diese sind nicht auf Dauer festgelegt sondern werden von gesellschaftlichen und politischen Veränderungen beeinflusst.

Partei
Vereinigung von Bürgern mit gleichen oder ähnlichen politischen, sozialen, wirtschaftlichen und weltanschaulichen Auffassungen. Sie will auf die politische Willensbildung Einfluss nehmen und wirkt an der Vertretung der Bürger im Gemeinderat, in einem Landtag oder im Bundestag mit.

Fraktion
Gruppe innerhalb eines Gemeinderats oder eines Parlaments, die derselben Partei oder Wählervereinigung angehört.

Gemeinderat – Vertretung der Bürger

Der Gemeinderat – in den Städten führt er die Bezeichnung Stadtrat – bildet die politische Vertretung der Bürgerschaft. Die Mitglieder des Gemeinderats werden von den Einwohnern der Gemeinde gewählt. Sie arbeiten ehrenamtlich, erhalten aber eine Aufwandsentschädigung. Der Gemeinderat entscheidet über alle wichtigen Belange der Gemeinde, auch über den Haushalt. Er bestimmt also darüber, wofür die Gemeinde ihr Geld verwendet. Darüber hinaus entscheiden die Mitglieder des Gemeinderats über die Einstellung von Gemeindebediensteten.

Grundsätzlich können alle Deutschen und EU-Bürger, die in der Gemeinde wohnen und über 18 Jahre alt sind, für das Amt des Gemeinderats kandidieren. Die meisten Kandidaten werden von politischen Parteien nominiert. Allerdings gibt es auch Gemeinderäte, die keiner Partei angehören. Zwischen den im Gemeinderat vertretenen Fraktionen wird beraten, gestritten und letztlich mit dem Stimmrecht des Bürgermeisters entschieden. Die Sitzungen finden meist in den Abendstunden statt, weil die Gemeinderatsmitglieder tagsüber ihrem Hauptberuf nachgehen.

M1 Karikatur zum demografischen Wandel

Neue Herausforderungen

Waren im Jahr 2000 noch etwa 22 % der deutschen Bevölkerung über 60 Jahre alt, so werden es 2020 fast ein Drittel mehr sein. Umgekehrt sinkt die Zahl der Jugendlichen. Das bedeutet, dass die Gemeinden einerseits Einrichtungen u. a. für altersgerechtes Wohnen schaffen müssen, zum anderen aber auch Kinderbetreuungseinrichtungen, die für junge Familien so attraktiv sind, dass sie sich gern in der Gemeinde niederlassen. Hinzu kommt, dass der demografische Wandel es notwendig macht, dass immer mehr Migranten in die Gemeinden ziehen, und dass dort Voraussetzungen für eine erfolgreiche Integration geschaffen werden müssen.

Wie kann man mitgestalten?

Politisches Mitgestalten in der Gemeinde ist auch außerhalb des Gemeinderats möglich: Besucher können den Sitzungen des Gemeinderats beiwohnen und in Bürgerfragestunden über Entscheidungen diskutieren. Zudem kann jeder im Rahmen der Gesetze für seine Vorstellungen durch Leserbriefe, Flugblätter oder Demonstrationen werben. Auch wer sich in Bürgerinitiativen einsetzt, sich in einem Verein engagiert oder um Menschen kümmert, die Hilfe brauchen, übernimmt Verantwortung für das Gemeinwesen.

Der Einfluss örtlicher Vereine auf das politische Geschehen in der Gemeinde ist groß. Oft haben Gemeinderatsmitglieder Ämter in Vereinen inne. Dadurch werden sie bekannt und deshalb auch gewählt. Bei ehrenamtlichen Tätigkeiten in den Vereinen lernt man das, was man im Gemeinderat braucht: öffentlich reden, andere überzeugen, die Geschäftsordnung beachten, sich durchsetzen. Deshalb gelten die Vereine als „Schulen des Gemeinderats".

M2 **Alkoholverbot in Freiburg?**
Spiegel Online berichtete am 28. Juli 2009:

Freiburger Nachtschwärmer können sich wieder zuprosten. Die Stadt hatte Trinken auf öffentlichen Plätzen untersagt. Doch Jura-Doktorand John Philipp Thurn, 27, klagte dagegen. Mit Erfolg: Das Alkoholverbot sei zu pauschal und unzulässig, urteilten Mannheimer Richter. (...) Schon länger ist die Innenstadt Freiburgs an Wochenenden eine Art Hochsicherheitszone. An den Abenden postieren sich meist zwei Polizeiwagen hinter dem Martinstor mit bestem Blick ins sogenannte Bermudadreieck: drei Straßen in der Altstadt, in deren Kneipen es das Freiburger Partyvolk gern und ausdauernd krachen lässt. Für den Geschmack der Stadtoberen taten sie das allerdings deutlich zu laut, immer wieder gab es Pöbeleien, Prügeleien, Ärger mit betrunkenen Jugendlichen. (...)

Der Gemeinderat jedenfalls dachte sich etwas Neues aus: ein Alkoholverbot. Beim Test ab Ende 2007 war zunächst für sechs Monate Alkoholtrinken in einem großen Bereich der Altstadt freitags und samstags zwischen 22 Uhr abends und 6 Uhr morgens untersagt. Das Verbot galt nur für Freiflächen, nicht etwa für die Kneipen selbst. Von Komatrinkern geplagte deutsche Großstädte guckten ganz genau hin. (...) Und siehe da: Die Zahl der Gewalttaten sank laut Polizeistatistik von 82 auf 69 Fälle. Der Gemeinderat beschloss, das Verbot bis Ende 2010 zu verlängern, andere deutsche Städte zogen nach. Für Kläger Thurn ist das unverständlich: „Die Polizei hat einfach ihre Einsätze gezählt, es wurde nicht differenziert, was für Einsätze, es wurde nicht geprüft, ob dafür andernorts die Gewaltdelikte gestiegen waren." (...)

M3 **Städte umgehen das Mannheimer Urteil: Bericht der Stuttgarter Zeitung vom 27. Mai 2010:**

Die Stadt Sindelfingen ändert die Benutzerordnung der Grünanlagen. Zwischen 22 und 6 Uhr sind alkoholische Getränke nicht erlaubt. (...) Auch in Sindelfingen habe der Alkoholmissbrauch bei Jugendlichen erschreckend zugenommen – trotz aller Präventionsprojekte, sagt Hans-Georg B., der Vizeleiter des Amts für soziale Dienste. Die Polizei stellt bei jedem dritten Straftäter unter 21 Jahren fest, dass dieser bei der Tat deutlich alkoholisiert war. Manchmal helfe nur ein konsequentes Verbot, glaubt eine Mehrheit des Gemeinderats.

Die neue Benutzerordnung, die die Stadt als erste Kommune im Land einführt, ist in dem Gremium durchaus kontrovers diskutiert worden. Einige SPD-Stadträte (...) und Richard P. (Die Linke), ein Jurist, hielten das Verbot für „einen Eingriff in die persönlichen Freiheitsrechte". Der FDP-Rat Andreas K., ebenfalls Jurist, befand hingegen: „Der Kern der bürgerlichen Freiheit hängt nicht daran, dass ich nachts im Park saufen darf." Er argumentierte juristisch: „Wir haben quasi das öffentliche Hausrecht in den Grünanlagen. Wir könnten den Park um 20 Uhr schließen. Also können wir auch das Trinken nach 22 Uhr verbieten." Er sei davon überzeugt, dass die Stadt auch eine juristische Auseinandersetzung gewinnen würde.

Andere Stadträte befürchteten, dass die Trinkgelage von den Parks lediglich an andere Plätze in der Stadt verlagert würden. Das sei nicht auszuschließen, sagte der Ordnungsamtsleiter. Doch die Erfahrung zeige, dass sich die jungen Leute bevorzugt in den Grünanlagen träfen.

Demografischer Wandel
Der griechische Begriff Demografie bedeutet Volksbeschreibung. Mithilfe des demografischen Wandels wird versucht, eine wissenschaftliche Erklärung für die Veränderung in der Bevölkerungsentwicklung zu finden. Aufgrund rückläufiger Geburtenzahlen rückt vor allem das Thema Altersversorgung in den Mittelpunkt der Diskussion.

1. Listen Sie auf, mit welchen Themen sich Gemeinderäte befassen (**VT**). Warum scheuen viele Bürger eine Kandidatur?

2. Bilden Sie Gruppen entsprechend Ihren Wohngemeinden. Verabreden Sie innerhalb der Gruppen den Besuch je einer Gemeinderatssitzung. Berichten Sie der Klasse von Ihren Eindrücken.

3. Analysieren Sie die Karikatur zum demografischen Wandel (**M1**). Vor welchen Aufgaben und Problemen werden die Gemeinden in Zukunft stehen? Welche Lösungsvorschläge haben Sie?

4. Führen Sie ein Streitgespräch zum Thema: „Verbot von Alkohol in Grünanlagen" (**M2, M3**). Listen Sie Pro- und Kontra-Argumente auf und treffen Sie eine Mehrheitsentscheidung.

Gemeinderatswahl – ganz schön viel Einfluss

Mitbestimmung fängt beim Wählen an. Eine Möglichkeit, aktiv das Gemeindeleben mitzugestalten besteht darin, alle fünf Jahre an der Gemeinderatswahl teilzunehmen.

Kommunalwahl
Oberbegriff für Gemeinderatswahl und Stadtratswahl.

Kumulieren
Mehrere Stimmen werden auf einen Bewerber vereinigt.

Panaschieren
Der Wähler kann Kandidaten verschiedener Listen zu seinem „Wunschgemeinderat" zusammenstellen bzw. „mischen".

Weichenstellung für die Gemeinde

Alle fünf Jahre werden in den 1101 Gemeinden Baden-Württembergs die Mitglieder der Gemeinde- und Stadträte gewählt. Die Wahlberechtigten müssen sich dabei für Kandidaten und das Programm einer Partei oder einer Wählervereinigung entscheiden. Bei einer Gemeinderatswahl werden also die Weichen für die Gemeindepolitik der nächsten Jahre gestellt.

Wählen und gewählt werden

Jeder Wahlberechtigte, der das 18. Lebensjahr vollendet hat, ist wählbar (passives Wahlrecht). Das aktive Wahlrecht besitzt, wer das 16. Lebensjahr vollendet hat und seit mindestens drei Monaten in der Gemeinde wohnt und nicht wegen eines Gesetzes oder richterlichen Spruches vom Wahlrecht ausgeschlossen ist. Bei Kommunalwahlen haben nicht nur Deutsche das Wahlrecht, sondern auch Ausländer aus EU-Staaten.

So läuft die Wahl

Vor der Wahl bekommen alle Wahlberechtigten eine Karte zugesandt mit der Mitteilung, wann und wo die Wahl stattfindet. Wegen des komplizierten Wahlrechts werden auch die Stimmzettel mitgeschickt, sodass diese außerhalb des Wahllokals ausgefüllt werden können. Im öffentlichen Wahllokal prüft ein Wahlhelfer, ob der Wähler in das Wählerverzeichnis eingetragen ist. Trifft dies zu, steckt der Wähler seinen Stimmzettel in der Wahlkabine in einen Umschlag und wirft ihn dann in die Wahlurne. Wer am Wahltag das Wahllokal nicht aufsuchen kann, hat die Möglichkeit der Briefwahl.

M1 **Karikatur von Mester**

Kumulieren und panaschieren

Wie in einigen anderen Bundesländern gibt es auch in Baden-Württemberg ein besonderes Gemeinderatswahlrecht: Es enthält die Möglichkeit zur Stimmhäufung (kumulieren) und zur Übertragung von Kandidaten von einer Liste auf eine andere (panaschieren). Das klingt zunächst kompliziert, bietet den Wählern aber die Möglichkeit, ihre Wünsche und Vorstellungen exakt auszudrücken.

Die Tücken mit dem Stimmzettel

Die Gemeinderatswahl basiert auf der Grundlage von Listen, die von Parteien und Wählervereinigungen beim Wahlleiter eingereicht werden. Auf jeder Liste können maximal so viele Personen aufgeführt sein, wie Mitglieder in den Gemeinderat zu wählen sind. Jedem Wahlberechtigten stehen so viele Stimmen zu, wie Gemeinderäte zu wählen sind. Die Zahl der Gemeinde- bzw. Stadtratsmitglieder ist gesetzlich geregelt – je nach Größe der Gemeinde sind es zwischen 8 und 60.
Die Wähler können es sich am Wahltag einfach machen und einen einzelnen Stimmzettel unverändert in die Wahlurne werfen. Dann gilt jeder Bewerber auf der Liste als mit einer Stimme gewählt. Die Wähler können aber auch kumulieren und panaschieren oder beides miteinander verbinden. Doch das hat auch seine Tücken: Die meisten ungültigen Stimmzettel entstehen durch zu viele abgegebene Stimmen. Schon eine Stimme zu viel bedeutet, dass die gesamte Stimmabgabe ungültig ist.

M2 Verfahren der Stimmenverrechnung nach Sainte-Laguë/Schepers

Der deutsche Physiker Hans Schepers schlug 1980 ein Sitzzuteilungsverfahren vor, das die Benachteiligung kleinerer Parteien vermied. Das Verfahren kommt zu gleichen Ergebnissen wie eine andere, sehr viel ältere Berechnungsmethode des französischen Mathematikers André Sainte-Laguë.

Im folgenden (vereinfachten) Beispiel wird angenommen, dass 10 Gemeinderäte zu wählen sind. Drei Parteien (A, B und C) haben Wahlvorschläge eingereicht. 1 000 Wähler nahmen an der Wahl teil und vergaben jeweils 10 gültige Stimmen. Parteiliste A bekommt für ihre Kandidaten 4 100, Liste B 3 300 und Liste C 2 600 Stimmen.

Berechnung: Die Stimmen der Parteien werden durch die durchschnittlichen Stimmen pro Sitz (hier also 1 000) dividiert und gerundet. Werden im Ergebnis zu wenige oder zu viele Sitze vergeben, muss die Berechnung mit einem größeren oder kleineren Teiler wiederholt werden.

Partei	Wählerstimmen	Division	gerundet
A	4100	$\frac{4100}{1000} = 4{,}1$	4
B	3300	$\frac{3300}{1000} = 3{,}3$	3
C	2600	$\frac{2600}{1000} = 2{,}6$	3
Summe:	10000	Sitze:	10

Das Verfahren wird auch bei Kreistags- und Landtagswahlen in Baden-Württemberg sowie bei Bundestagswahlen angewandt.

Wahlvorschlag Liste A

Ursula König Tierpflegerin	3
Erwin Holzer Studienrat	
Mathias Bernhard Rechtsanwalt	1
Annika Scheel-Burkhard Erzieherin	
Wolfgang Schüler Kaufmann	2
Dr. Rainer Klink Arzt	
Maria Weil Musikerin	
Helmut Kahn Bäckermeister	
Jutta Köhler	2

kumulieren

Wahlvorschlag Liste B

Dr. Michael Klinge Steuerberater	1
Hans-Martin Richter Buchhändler	
Jutta Köhler Studentin	1
Angelika Meyer-Brumm Ärztin	1
Veronika Dietrich Floristin	1
Max Klinker Elektriker	3
Paul Bregenz Lehrer	
Wilhelm Hobel Betriebswirt	1
Mathias Bernhard	1
Wolfgang Schüler	1

panaschieren

M3 Gültig oder ungültig?

Überprüfen Sie, ob diese beiden fiktiven Wahlzettel gültig sind. Zur Wahl stand ein Gemeinderat mit 8 Mitgliedern.

1. Anders als Baden-Württemberg haben einige Bundesländer das Wahlalter bei Kommunalwahlen nicht von 18 auf 16 Jahre herabgesetzt. Nennen Sie Vor- und Nachteile des aktiven Wahlrechts mit 16 Jahren.

2. Bei Bürgermeister- und Kommunalwahlen fällt die oft geringe Wahlbeteiligung auf. Suchen Sie Gründe dafür. Stellen Sie Argumente für die Teilnahme an Gemeinderatswahlen zusammen.

3. Erläutern Sie die Kritik des Karikaturisten am Kommunalwahlsystem (**M1**). Nennen Sie Vor- und Nachteile des Kumulierens und Panaschierens.

4. In einer Gemeinde sind drei Wahlvorschläge zugelassen. Es sind 12 Sitze zu vergeben. Liste A erhält 9000 Stimmen, Liste B 5000 und Liste C 4000. Ermitteln Sie, wie viele Sitze auf die drei Listen jeweils entfallen (**M2**).

Direkte Demokratie – Bürgerbegehren und Bürgerentscheid

„Politikverdrossenheit" gibt es nicht erst seit heute. Sind Bürgerbegehren und Bürgerentscheide Möglichkeiten, die Menschen wieder vermehrt am politischen Geschehen teilhaben zu lassen?

Volksentscheid (Plebiszit)
Unmittelbare Mitwirkung der Bürgerinnen und Bürger am politischen Entscheidungsprozess. Volksentscheide, in den Gemeinden in Form von Bürgerentscheiden, sind Maßnahmen der direkten Demokratie.

Bürgerentscheid

Können Bürgerinnen und Bürger, ähnlich wie in der Schweiz, durch Volksentscheide (Plebiszite) auch selbst über ihre Angelegenheiten entscheiden? In den Gemeinden besteht diese Möglichkeit. Der Gemeinderat kann mit einer Mehrheit von zwei Dritteln seiner Mitglieder beschließen, dass ein für die Gemeinde wichtiges Thema einem Bürgerentscheid unterworfen wird. Um welche Themen es dabei gehen darf, ist genau festgelegt. Möglich ist der Entscheid, wenn es um „eine wichtige Gemeindeangelegenheit" geht, z. B. um den Bau oder die Schließung einer öffentlichen Einrichtung (Schule, Stadthalle oder Schwimmbad), von der die Bürgerschaft unmittelbar betroffen ist.

M1 Plakat zum Bürgerentscheid über den Bau eines Mineralbades in Weinstadt 2010
(s. a. M3 und M4)

Bürgerbegehren

Hinter diesem Begriff verbirgt sich nichts anderes als der Bürgerentscheid – allerdings durch die Bürger selbst ausgelöst, nicht durch den Gemeinderat. Sollte der Rat sich weigern, selbst den Entscheid herbeizuführen, können die Bürger ihn auf diesem Weg dazu zwingen. Ein erfolgreiches Bürgerbegehren muss von mindestens sieben Prozent der wahlberechtigten Bürgerinnen und Bürger, die in der Gemeinde ihren Wohnsitz haben, unterzeichnet sein. Stellt der Rat die Zulässigkeit fest, kommt es zum Bürgerentscheid. Dieser ist nur erfolgreich, wenn mindestens 20 Prozent (bis 2005 30 Prozent) aller Stimmberechtigten die angestrebte Entscheidung befürworten.

Stuttgart 21

Geboren wurde die Idee von Stuttgart 21 in den späten 1980er-Jahren. Die Stadt Stuttgart wollte mit dem neuen Bahnhof alle Bahngleise unter die Erde bringen und Bauland in bester Innenstadtlage gewinnen (s. S. 266).
Die Gemeinderäte stimmten mit großer Mehrheit zu. Erst langsam registrierte die Stuttgarter Bevölkerung, dass auch auf die Stadt erhebliche Kosten zukämen, die Seitenflügel des Bahnhofs abgerissen und viele alte Bäume im Schlossgarten gefällt werden müssten. Der in den 1920er-Jahren gebaute Bahnhof von Paul Bonatz gilt als eine Art Wahrzeichen der im Krieg weitgehend zerstörten Stadt. Immer mehr Bürgerinnen und Bürger wehrten sich gegen die Tieferlegung des Bahnhofs. 2007 reichten die Gegner ein Bürgerbegehren mit 67000 Unterschriften für einen Bürgerentscheid ein, nur 20000 wären nötig gewesen. Aber die Einspruchsfrist von sechs Wochen gegen einen Gemeinderatsbeschluss war längst verstrichen, ein Bürgerentscheid dadurch unzulässig. Auf Initiative der Landesregierung fand im November 2011 eine landesweite Volksabstimmung über „Stuttgart 21" statt. Dabei stimmten 58,9 % für den Tiefbahnhof.

M2 „Das Volk herrscht, aber auf Umwegen", Essay in der Stuttgarter Zeitung vom 13. Oktober 2010:
Hat Rousseau vielleicht doch recht? „Jedes Gesetz, das das Volk nicht persönlich bestätigt hat, ist null und nichtig; es ist kein Gesetz", schrieb der Philosoph 1762 in seinem Werk „Vom Gesellschaftsvertrag". Ein Gespenst geht um im Stuttgarter Schlossgarten. Es ist das Gespenst, das in Rousseaus Worten schlummerte – die Vorstellung von einer vermeintlich besseren Demokratie, die sich dadurch erweise, dass „das Volk" bei staatlichen Entscheidungen unmittelbar mitreden darf. Als ob Bürger erst zum Souverän würden, wenn sie selbst das Regiment übernehmen – und das letzte Wort erhalten.
Da waren die vielen Väter und wenigen Mütter unserer Verfassung völlig anderer Ansicht. „Aus wohlerwogenen Gründen" hätten sie auf Volksbegehren und Volksentscheide verzichtet, schrieb einer von ihnen, der spätere Bundespräsident Theodor Heuss. (…) Ungeachtet der Frage, ob es noch Anlass zu solcher Skepsis gibt, hat sich das aus ihr erwachsene System bewährt. Ihm verdankt die Bundesrepublik 60 Jahre der Stabilität – Garant für wirtschaftlichen Wohlstand, soziale Sicherheit und politische Verhältnisse, um die Deutschland von anderen Staaten beneidet wird.
„Der Grundsatz der Volkssouveränität erfordert nicht, dass das Volk stets selbst und unmittelbar Staatsgewalt ausübt", heißt es in einem Kommentar des Grundgesetzes, an dem auch der ehemalige Bundespräsident Roman Herzog mitgewirkt hat. Das politische System unserer Republik beruht auf dem Prinzip der repräsentativen Demokratie. Das bedeutet, dass die vom Volk eingesetzten und in seinem Namen handelnden Staatsorgane ihre Entscheidungen eigenverantwortlich treffen. (…) Der demokratische Souverän verweigert sich in zunehmendem Maße seiner vornehmsten Aufgabe. Bei den meisten Wahlen sind inzwischen die Nichtwähler die stärkste Kraft. Auf kommunaler Ebene halten es üblicherweise zwei Drittel der Stimmbürger nicht für nötig, einen Spaziergang zum Rathaus zu unternehmen und ihr Kreuz zu machen, wenn ein Bürgermeister in seinem Amt bestätigt werden soll. (…)

Amtlicher Stimmzettel

für den Bürgerentscheid in 71384 Weinstadt

am Sonntag, den 10. Oktober 2010

Sie haben 1 Stimme. Kreuzen Sie **Ja oder Nein** an.
Wenn Sie mehr als 1 Stimme abgeben, ist der Stimmzettel ungültig.

Soll die weitere Planung und Ausführung des Bauvorhabens „Mineralbad Weinstadt" gestoppt werden?

O Ja	**O Nein**

M3 Stimmzettel zum Bürgerentscheid

M4 Bürger stoppen beschlossenen Badneubau:
Der erste Bürgerentscheid in der Geschichte der Stadt Weinstadt (Rems-Murr-Kreis) hat im Sinne seiner Initiatoren geendet. (…) 32,9 Prozent der 19 872 wahlberechtigten Bürger votierten mit „Ja", 18,8 Prozent dagegen. Die Bürgerinitiative erfüllte damit auch das sogenannte Quorum, das eine Zustimmung von 25 Prozent aller Wahlberechtigten fordert, eine Marke, an der viele Bürgerbegehren scheitern.
Die Stadt Weinstadt muss nun ihr Vorhaben ad acta legen, (…) eine neue, sechs Millionen Euro teure Schwimmhalle zu errichten. Der Baubeschluss, den der Gemeinderat im Mai vergangenen Jahrs mit einer hauchdünnen Mehrheit von einer Stimme gefasst hatte, ist hinfällig. Die Verwaltung kann ihr Vorhaben frühestens in drei Jahren wieder im Gemeinderat einbringen.

1. Erklären Sie den Unterschied zwischen Bürgerbegehren und Bürgerentscheid.

2. Sammeln Sie Argumente, die für und die gegen den Neubau eines Schwimmbads in einer Gemeinde sprechen (**M1, M4**).

3. Werten Sie den Text (**M2**) entsprechend der methodischen Arbeitsschritte (S. 43) aus. Wie steht der Autor zu einer Volksabstimmung über Stuttgart 21?

Grundregeln für alle – die Landesverfassung

Die 16 Bundesländer der Bundesrepublik Deutschland haben eigene Parlamente, Regierungen und Verfassungen. Die Landesverfassungen müssen gemäß Art. 28 des Grundgesetzes „den Grundsätzen des republikanischen, demokratischen und sozialen Rechtsstaates" entsprechen.

Gewaltenteilung
Der Begriff bezeichnet die Trennung der Staatsgewalt in Gesetzgebung (Legislative), Vollziehung (Exekutive) und Rechtsprechung (Judikative). Die Gewaltenteilung ist der wichtigste Kern von demokratischen Verfassungen. Auch in Deutschland haben wir das Parlament als Legislative, die Regierung als Exekutive und die Gerichte als Judikative.

Repräsentative Demokratie
Das Volk übt die Staatsgewalt durch von ihm gewählte Vertreter aus. Es überträgt die Macht in freien Wahlen zeitlich begrenzt dem Parlament bzw. dessen Abgeordneten (Repräsentanten).

Die Landesverfassung

Nach dem Zweiten Weltkrieg und der Aufteilung Deutschlands in vier Besatzungszonen, gehörten die ehemaligen Länder Baden und Württemberg zur amerikanischen bzw. französischen Besatzungszone (s. S. 320). Nachdem sich die Bewohner der Zonen in einer Volksabstimmung mehrheitlich für einen Zusammenschluss entschieden hatten, beschloss 1953 eine vom Volk gewählte verfassunggebende Landesversammlung eine gemeinsame Verfassung für das neu gegründete Bundesland.

M1 In der Stuttgarter Heusteigstraße tagten von 1947–1951 die Landtage der amerikanischen Besatzungszone Württemberg-Baden und von 1952–1961 die Landtage von Baden-Württemberg. Am 11. November 1953 wurde dort die Landesverfassung verabschiedet.

Gewaltenteilung

Als Glied der Bundesrepublik Deutschland ist das Bundesland Baden-Württemberg ein republikanischer, demokratischer und sozialer Rechtsstaat. Die Staatsgewalt geht vom Volk aus. In der Regel übertragen die wahlberechtigten Bürgerinnen und Bürger wie in jeder repräsentativen Demokratie

- dem Parlament die Ausübung der Gesetzgebung,
- der Regierung die Ausführung der Gesetze,
- unabhängigen Gerichten die Überwachung der Verfassung und die Beachtung der Gesetze.

Gewaltenverschränkung

Diese Gewaltenteilung zum Schutz des Einzelnen vor der Macht des Staates ist jedoch nicht durchgängig verwirklicht. Es gibt auch Gewaltenverschränkungen. Denn die Regierung steht nicht unabhängig neben dem Landtag. Sie ist eine parlamentarische Regierung und deshalb auf das Vertrauen des Landtags angewiesen. Der Landtag wählt den Ministerpräsidenten und kann ihn auch wieder absetzen. Immerhin sind dem Landtag dabei Hindernisse in den Weg gelegt. Er kann den von der Mehrheit gewählten Ministerpräsidenten nur durch ein „konstruktives Misstrauensvotum" absetzen. Das ist dann möglich, wenn der Landtag sich zugleich für einen Nachfolger entscheidet. Da die Minister häufig zugleich Abgeordnete sind, ist die Verbindung zwischen der Parlamentsmehrheit und der Regierung sehr eng. Kontrollorgan der Regierung sind vor allem die Oppositionsparteien. Allerdings sind auch die Regierungsfraktionen des Landtags nicht immer derselben Meinung wie die Regierung, sodass auch sie manchmal deren Gesetzesvorhaben ablehnen.
Ähnlich dem Bürgerbegehren in den Gemeinden gibt es auch in den Bundesländern die Möglichkeit von Volksbegehren. In Baden-Württemberg fand z. B. 2011 eine Volksabstimmung zu „Stuttgart 21" statt.

M2 Aus der Landesverfassung von Baden-Württemberg:

Art. 26. Wahl- und stimmberechtigt ist jeder Deutsche, der im Lande wohnt (...) und (...) das 18. Lebensjahr vollendet hat.

Art. 27. (1) Der Landtag ist die gewählte Vertretung des Volkes.

(2) Der Landtag übt die gesetzgebende Gewalt aus und überwacht die Ausübung der vollziehenden Gewalt (...)

(3) Die Abgeordneten sind Vertreter des ganzen Volkes. Sie sind nicht an Aufträge und Weisungen gebunden und nur ihrem Gewissen unterworfen.

Art. 30. (1) Die Wahlperiode des Landtags dauert fünf Jahre. (...)

(2) Die Neuwahl muss vor Ablauf der Wahlperiode, im Falle der Auflösung des Landtags binnen sechzig Tagen stattfinden. (...)

Art. 45. (1) Die Regierung übt die vollziehende Gewalt aus.

(2) Die Regierung besteht aus dem Ministerpräsidenten und den Ministern. (...)

Art. 46. (1) Der Ministerpräsident wird vom Landtag mit der Mehrheit seiner Mitglieder ohne Aussprache in geheimer Abstimmung gewählt. Wählbar ist, wer (...) das 35. Lebensjahr vollendet hat.

(2) Der Ministerpräsident beruft und entlässt die Minister. (...)

(3) Die Regierung bedarf zur Amtsübernahme der Bestätigung durch den Landtag. Der Beschluss muss mit mehr als der Hälfte der abgegebenen Stimmen gefasst werden.

(4) Die Berufung eines Mitglieds der Regierung durch den Ministerpräsidenten nach der Bestätigung bedarf der Zustimmung des Landtags.

Art. 49. (1) Der Ministerpräsident bestimmt die Richtlinien der Politik und trägt dafür die Verantwortung. Er führt den Vorsitz der Regierung und leitet ihre Geschäfte. (...)

(2) Die Regierung beschließt insbesondere über Gesetzesvorlagen [und] über die Stimmabgabe des Landes im Bundesrat. (...)

Art. 54. (1) Der Landtag kann dem Ministerpräsidenten das Vertrauen nur dadurch entziehen, dass er mit der Mehrheit seiner Mitglieder einen Nachfolger wählt (...)

Art. 56. Auf Beschluss von zwei Dritteln der Mitglieder des Landtags muss der Ministerpräsident ein Mitglied der Regierung entlassen.

Art. 68. (1) Es wird ein Staatsgerichtshof gebildet. Er entscheidet über die Auslegung dieser Verfassung. (...)

(3) Die [neun] Mitglieder des Staatsgerichtshofs werden vom Landtag auf die Dauer von neun Jahren gewählt. (...)

M3 Landeswappen:
Es zeigt im goldenen Schild drei schreitende schwarze Löwen mit roten Zungen. Dies ist das Wappen der Staufer, die im Mittelalter deutsche Kaiser und Herzöge von Schwaben waren. Das Herzogtum Schwaben umfasste damals weite Teile des späteren Staatsgebietes von Baden-Württemberg. Zur Wappenkrone über dem Schild: Die beiden mittleren, etwas größeren Wappen gehören den beiden namensgebenden Ländern Baden (links) und Württemberg (rechts). Die übrigen vier Wappen stehen von links nach rechts für Franken, Hohenzollern, die Kurpfalz und Österreich. Der Schild wird von einem goldenen Hirsch (Württemberg) zur Linken und von einem Greif (Baden) zur Rechten gehalten.

1. Nennen Sie Aufgaben von Landtag, Ministerpräsident und Regierung gemäß der Landesverfassung (**M2**).

2. Erklären Sie Elemente der Gewaltenteilung in der baden-württembergischen Verfassung (**VT, M2**).

3. Auf S. 116 können Sie sehen, wie ein Verfassungsschaubild aufgebaut ist. Erstellen Sie mithilfe der Landesverfassung (**M2**) ein Verfassungsschaubild für Baden-Württemberg. Schreiben Sie die Staatsorgane und das Wahlorgan auf Metaplankarten; heften Sie die Karten an eine Pinnwand und vervollständigen Sie die Anordnung durch beschriftete Pfeile.

Was entscheidet der Landtag?

Als gewählte Vertretung des Volkes übt der Landtag vielfältige Aufgaben aus. Die Abgeordneten sind laut Landesverfassung nur ihrem Gewissen verantwortlich – heißt das nun, sie können tun, was ihnen gefällt?

M1 Der Plenarsaal des Landtags, die Vollversammlung der Abgeordneten

Petition
Jedermann im Land hat das Recht, sich mit Bitten oder Beschwerden (Petitionen) an die Volksvertretung zu wenden. Über jede Petition entscheidet der Landtag. Zur Vorbereitung seiner Entscheidungen hat der Landtag den Petitionsausschuss gebildet.

Opposition
Die Opposition hat die Aufgabe, Kritik am Regierungsprogramm öffentlich zu vertreten.

Aufgaben der Volksvertretung

Der Landtag von Baden-Württemberg hat seinen Sitz in der Landeshauptstadt Stuttgart. Seine Beschlüsse werden vom Plenum, der Vollversammlung des Parlaments, gefasst. Über die Sitzungen wird von Landtagsstenografen ein Wortprotokoll aufgenommen, das für jedermann zugänglich ist (als Drucksache oder im Internet). Er verabschiedet Gesetze, wählt den Ministerpräsidenten, bestätigt und kontrolliert die Regierung. Vor allem die Oppositionsparteien hinterfragen das Handeln der Regierung besonders kritisch. Dazu haben sie viele Möglichkeiten. So können sie in Fragestunden Fragen an die Regierungsmitglieder stellen. Kleine Anfragen können auch schriftlich von jedem Abgeordneten gestellt werden. Große Anfragen zu politisch bedeutsamen Themen müssen von 15 Abgeordneten oder einer Fraktion schriftlich eingebracht werden. Zu Themen von aktuellem Interesse kann eine Gruppe von Abgeordneten eine aktuelle Debatte im Landtag beantragen.

Die Landesregierung muss sich auf die Mehrheit der Abgeordneten im Landtag stützen. Meistens kann eine Fraktion nicht allein diese Mehrheit stellen. Deshalb schließt sie sich mit einer oder mehreren Fraktionen, mit denen sie politisch weitgehend übereinstimmt, zu einer Koalition zusammen und bildet eine Regierung.

Präsidium und Fraktionen

Der Landtagspräsident wird vom Landtag in geheimer Wahl gewählt. Er führt die Geschäfte und überwacht den ordnungsgemäßen Verlauf von Landtagsdebatten. Der Landtagspräsident, seine Stellvertreter und u. a. die Vorsitzenden der Fraktionen bilden das Landtagspräsidium. Dieses bereitet die Sitzungen des Landtags vor und legt jeweils die Tagesordnung fest.
Die baden-württembergischen Abgeordneten haben ein freies Mandat (s. S. 292). Als Vertreter des ganzen Volkes sind sie nicht an Aufträge und Weisungen gebunden. Abgeordnete, die derselben Partei angehören, schließen sich zu Fraktionen zusammen. Der Fraktionsstatus wird bei einer Mindestzahl von sechs Abgeordneten zuerkannt. Seit 2011 ist der baden-württembergische Landtag ein Vollzeitparlament, bei dem die Abgeordneten neben ihrem Mandat keine andere berufliche Tätigkeit mehr ausüben sollen – verboten ist ihnen dies allerdings nicht. Ab dem Jahr 2016 gibt es zudem eine strikte Unvereinbarkeit von Amt und Mandat. Das heißt, dass zum Beispiel Lehrer, Bürgermeister oder Landräte nicht gleichzeitig berufstätig und Mitglied im Landtag sein dürfen. Für ihre Arbeit im Landtag erhalten die Abgeordneten Entschädigungen, sogenannte Diäten.

Die Arbeit der Ausschüsse

In den Ausschüssen des Landtags werden die Beschlüsse des Plenums vorbereitet. Wichtige Ausschüsse sind der Finanzausschuss, der Ausschuss für Schule, Jugend und Sport sowie der Petitionsausschuss.

M2 Aus der Arbeit des Landtags

a) Konsequenz aus dem Amoklauf:

Der 11. März 2009 ist zu einem besonders traurigen Datum in der Landesgeschichte geworden: Ein 17-jähriger ehemaliger Realschüler erschießt an seiner früheren Schule in Winnenden und bei seiner Flucht nach Wendlingen insgesamt 15 Menschen und sich selbst. Der Aufarbeitung dieser furchtbaren Bluttat widmen sich in der Folgezeit eine Regierungskommission sowie ein Sonderausschuss des Landtags. Auf den Tag genau ein Jahr nach dem Amoklauf stimmt das Parlament den Empfehlungen des Ausschusses zu: Die Zahl der Schulpsychologen wird auf 200 verdoppelt. Es werden 250 zusätzliche Stellen für Gewaltpräventionsberater und Beratungslehrer bereitgestellt. Auch wird den Pädagogen im Land mehr Fortbildung für den Umgang mit Mobbing und aggressiven Schülern angeboten. Der Landtag fordert zudem die Landesregierung auf, sich über den Bundesrat für eine zeitlich befristete Amnestie für diejenigen einzusetzen, die freiwillig illegale Waffen abgeben.

b) Berufliche Bildung:

Nach den immer lauteren Klagen aus Handwerk und Industrie, wonach Teile der Schulabgänger schlecht auf Ausbildung und Beruf vorbereitet seien, will der Landtag dem Problem auf den Grund gehen. Am 8. Oktober 2009 setzte das Parlament eine (...) Kommission mit dem Titel „Fit fürs Leben und die Wissensgesellschaft – berufliche Schulen, Aus- und Weiterbildung“ ein. (...)
Das Gremium, dem neben elf Abgeordneten aller Fraktionen auch vier externe Fachleute aus den Bereichen Wirtschaft und Bildung angehören, soll nach einem einstimmigen Beschluss des Landtags die Frage behandeln, wie die Weiterbildung aussehen muss, um dem drohenden Fachkräftemangel entgegenzuwirken. Zudem sollen die beruflichen Schulen unter die Lupe genommen werden.

c) Diäten der Abgeordneten:

Mit der Mehrheit aus CDU, FDP und SPD beschließt der Landtag, dass mit der Umstellung auf ein Vollzeitparlament nach der Wahl 2011 die monatlichen Bezüge von derzeit 5047 auf 6462 Euro steigen. Zugleich werden die oft kritisierten Pensionen abgeschafft. Stattdessen bekommen die Abgeordneten einen monatlichen Vorsorgebeitrag von 1585 Euro, aus dem sie selbst ihre Altersversorgung aufbauen müssen.

M3 Schloss Salem

Der Landtag entscheidet auch über die Finanzierung von Landesmuseen und kulturellen Einrichtungen. Der Streit um die Besitzverhältnisse des Schlosses Salem zwischen dem Land Baden-Württemberg und den Erben der ehemaligen badischen Großherzöge wurde 2009 beendet: 58 Millionen Euro zahlte das Land für die Schlossanlage mit ehemaligem Kloster und Münster sowie für Kunstgegenstände.

1. Der Amoklauf von Winnenden hat jeden erschüttert. Nennen Sie Maßnahmen, die der Landtag von Baden-Württemberg beschlossen hat (**M2a**), um in Zukunft Amokläufe zu verhindern.

2. Diskutieren Sie über die Initiative des Landtags zur beruflichen Bildung (**M2b**). Welche Verbesserungsvorschläge haben Sie?

3. Die Abgeordnetendiäten (**M2c**) erscheinen recht üppig. Finden Sie Gründe dafür, dass diese Bezüge durchaus angemessen sein könnten.

„Übrigens, Herr Abgeordneter ...“ – Expertenbefragung

Durch das Gespräch mit gewählten Volksvertretern können Sie das fast ausschließlich in der Schule oder über Medien erworbene politische Wissen durch die direkte Begegnung ersetzen. Einstellungen können sich ändern, wenn Sie die Entscheidungsträger näher kennenlernen und deren Fachwissen nutzen können. Vorurteile über „die Politiker“ oder „die Funktionäre“ werden dabei oft abgebaut und überwunden. Sie haben die Möglichkeit, nach Dingen zu fragen, die Sie schon immer interessiert haben.

Gesprächszeit nutzen
Da die Gesprächszeit von Bürgermeistern, Abgeordneten oder Verbandsvertretern begrenzt ist, sollte sie gut genutzt werden. Es eignen sich deshalb vor allem solche Themen, die im persönlichen Gespräch mit den Eingeladenen besser zu behandeln sind als im Gemeinschaftskundeunterricht. Selbstverständlich können Sie, wie alle anderen Bürgerinnen und Bürger, auch Gemeinderats- oder Kreistagssitzungen oder Sitzungen des Landtags in Stuttgart besuchen. Von den jährlich etwa 40 000 Gästen des baden-württembergischen Landtags sind etwa die Hälfte Schülerinnen und Schüler aller Schularten.

M1 Berufsschüler der Friedrich-Ebert-Schule (GS) in Esslingen stellen dem baden-württembergischen Wirtschaftsminister Ernst Pfister (CDU) Fragen. Die Diskussion leitet Gemeinschaftskundelehrer Peter Schmid (links).

M2 „Schüler nehmen Minister in die Mangel“ – ein Zeitungsbericht (30.1.2009):
Ernst Pfister nennt sie die „beste Eintrittskarte“ für den beruflichen Erfolg: seit 100 Jahren gibt es die duale Berufsausbildung im Südwesten. Aus diesem Anlass besuchte der Wirtschaftsminister des Landes gestern die Friedrich-Ebert-Schule in Esslingen. Dass sich die mehr als 2000 Schüler nicht nur für ihren beruflichen Werdegang interessieren, merkte Pfister spätestens in der Diskussionsrunde. (...)
Mehr als eine halbe Stunde nahmen etwa 130 Schüler aus sechs Klassen Pfister in die Mangel. Zuvor war es ihm nicht schwergefallen, die duale Berufsausbildung in Baden-Württemberg über den grünen Klee zu loben. Die „einzigartige Erfolgsstory“ habe im vergangenen Jahr einen Höhepunkt erreicht, als mehr als 82 000 Ausbildungsverträge abgeschlossen wurden. (...)
Trotz der erfolgreichen Jahrzehnte des dualen Ausbildungssystems müsse in drei Bereichen nachgebessert werden, forderte Pfister. Die Ausbildung müsse internationaler werden, da bisher nur ein Prozent der Auszubildenden im dualen System einen Teil im Ausland verbringen würden (bei den Studierenden im Land sind es etwa 13 Prozent). Zweitens müsse der Anschluss zu einem Studium, also die Durchlässigkeit des Bildungssystems, verbessert werden. Drittens sollte laut Pfister die Benachteiligung der Migranten verringert werden.

M3 „Atomstrom elektrisiert die Schüler“ – Bericht in der Stuttgarter Zeitung (8.7.2009):
Am 27. September wird der neue Bundestag gewählt. Der Tradition folgend, hat sich Peter Schmid, der Gemeinschaftskundelehrer an der Friedrich-Ebert-Berufsschule, die erste Diskussion der Kandidaten der großen Parteien im Wahlkreis Esslingen gesichert. Im Gespräch mit

rund 120 Schülern im Alter zwischen 18 und 20 Jahren können sich dabei die politischen Routiniers (...) schon darauf einstellen, mit welchen Themen sie in den verbleibenden gut zweieinhalb Monaten konfrontiert werden. (...) Es überrascht ein wenig, dass es nicht die Finanzkrise und der Umgang der Politik damit ist, die im Mittelpunkt der Diskussion steht. (...) Im Mittelpunkt steht die Energiepolitik – und dabei ein altes Thema, nämlich die Frage, ob und wann in Deutschland die Atomkraftwerke abgeschaltet werden sollen. Dabei sehen viele Schüler den Beschluss zum Ausstieg eher kritisch. Karin Roth (SPD) verteidigt die einst von der SPD und den Grünen [im Bundestag] beschlossene Lösung eines „geordneten Ausstiegs“. Weiter auf eine Technologie zu setzen, von der man immer noch nicht wisse, wo man den dabei entstehenden Abfall endlagern soll, sei unverantwortlich. Vielmehr gelte es, sich verstärkt im Bereich Energieeffizienz zu engagieren. (...)

Es überrascht nicht, dass Markus Grübel (CDU) den Atomausstieg etwas anders beurteilt. Er malt ein düsteres Bild von der drohenden Stromabhängigkeit Deutschlands von Russland oder islamischen Ländern. (...) Es sei aberwitzig, vergleichsweise sichere Atomkraftwerke in Deutschland abzuschalten und dafür Atomstrom aus unsichereren Meilern im Ausland einkaufen zu müssen. Renate Farquhar (FDP) stellt zwar fest, dass die Zukunft nicht an Atommeilern hängen könne. Aber noch sei Deutschland nicht in der Lage, die benötigten Atommengen auf anderem Weg zu erzeugen. (...) Das kann Andrea Lindlohr (Grüne) so nicht stehen lassen. „Atomkraft ist nicht gesund. Und zu sagen ‚Was in 10 000 Jahren passiert, ist mir egal‘, das ist nicht meine Art, Politik zu machen.“

Methodische Arbeitsschritte

Einladung eines/einer Landtagsabgeordneten in den Unterricht

1. Machen Sie sich mit der Funktion des Landtags vertraut. Für welche Aufgaben ist dieses Parlament zuständig? Welche Entscheidungsbefugnisse hat es?

2. Recherchieren Sie auf der Homepage des Landtags, welche Abgeordneten Ihren Wahlkreis repräsentieren. Wählen Sie das Unterverzeichnis „Das Parlament“ und dort den Link „Abgeordnete“ – „nach Wahlkreisen“.

3. Formulieren Sie mithilfe Ihres Gemeinschaftskundelehrers ein Einladungsschreiben. Bieten Sie mehrere Termine zur Auswahl an. Teilen Sie dem/der eingeladenen Abgeordneten vorab mit, über welche Themen Sie diskutieren möchten.

4. Lesen Sie vor der Veranstaltung nach, welchen politischen Werdegang und welche Aufgabenschwerpunkte der/die Abgeordnete hat. Die meisten Abgeordneten haben eine eigene Homepage, die Sie auf der Internetseite des Landtags finden.

5. Bereiten Sie schriftlich einige Fragen vor, die sie dem/der Abgeordneten stellen wollen.

M4 **Bundestagskandidaten von CDU, SPD, FDP und Grünen diskutieren mit Schülern.**

1. Nennen Sie Themen, die bei den Gesprächen mit Politikern an der Friedrich-Ebert-Schule in Esslingen angesprochen wurden (**M2, M3**).

2. Listen Sie die Standpunkte der Gesprächsteilnehmer der vier Parteien (**M3**) zum Ausstieg aus der Kernkraft auf. Formulieren und begründen Sie Ihre eigene Meinung dazu.

3. Erörtern Sie, ob Sie Fragen an Bürgermeister, Landräte, Mitglieder des Gemeinderats oder an Landtagsabgeordnete haben. Politiker sind häufig bereit, mit Schülern zu debattieren. Sprechen Sie mit Ihrem Gemeinschaftskunde- oder Klassenlehrer über die Möglichkeit einer Einladung. Beachten Sie die methodischen Arbeitsschritte.

Wie entsteht ein Landesgesetz?

Nicht nur der Bundestag in Berlin darf Gesetze verabschieden (Bundesrecht), sondern auch die einzelnen Bundesländer (Landesrecht) in ihren jeweiligen Landtagen.

M1 **Gesetzgebung des Landtags**

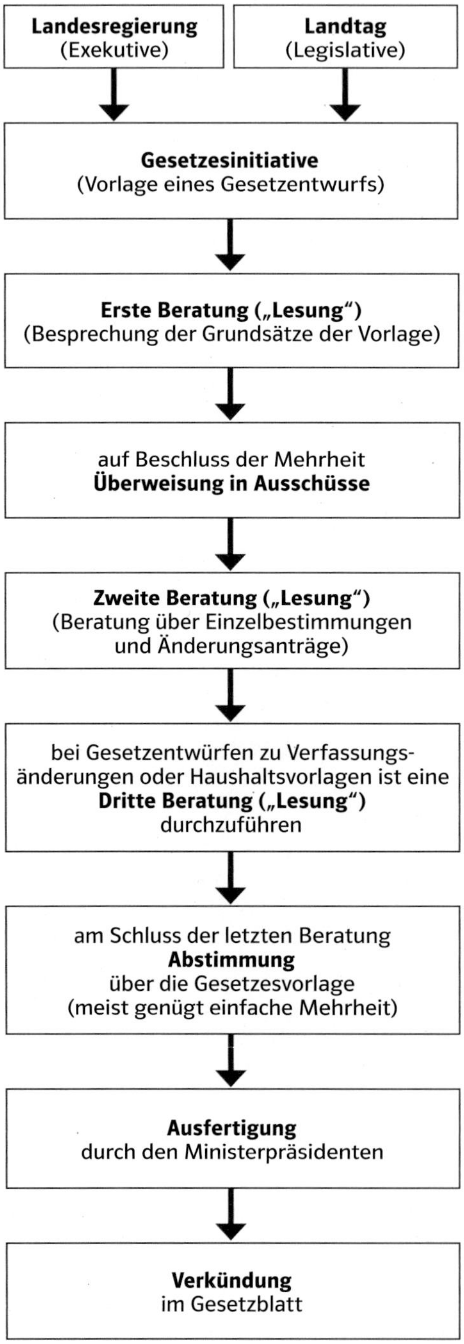

Zustimmungsgesetze
Gesetze, die der Zustimmung des Bundesrats bedürfen, z. B. Verfassungsänderungen oder Gesetze, die Belange sowohl des Bundes als auch der Länder berühren. Dies sind u. a. das bürgerliche Recht, das Strafrecht und der Strafvollzug, das Vereinsrecht und das Ausländerrecht.

Wie kommen Landesgesetze zustande?
Gesetze zu verabschieden, ist die wichtigste Aufgabe einer demokratisch gewählten Volksvertretung. Nach dem Prinzip der Gewaltenteilung (vgl. S. 282) übt der Landtag die gesetzgebende Gewalt (Legislative) aus und überwacht die Ausübung der vollziehenden Gewalt (Exekutive). Das Recht, Gesetzentwürfe einzubringen (Gesetzesinitiativrecht), steht der Landesregierung, den Abgeordneten und dem Volk durch Volksbegehren zu. Die Regierung macht allerdings von dieser Möglichkeit wesentlich häufiger Gebrauch als die Abgeordneten. Durch ein Volksbegehren ist in Baden-Württemberg noch nie ein Gesetz zustande gekommen.
Gesetzentwürfe aus der Mitte des Landtags müssen von mindestens acht Abgeordneten oder einer Fraktion unterzeichnet sein. Die Gesetzentwürfe werden im Parlament in zwei oder drei Beratungen (Lesungen) behandelt. Dies soll gewährleisten, dass Gesetzesentscheidungen erst nach gründlicher Diskussion getroffen werden.

Zustimmungspflichtige Bundesgesetze
Eine weitere Aufgabe des Landtags ist es, sich mit den vom Bundestag verabschiedeten zustimmungspflichtigen Gesetzen zu befassen. Der Bundesrat ist das Verfassungsorgan, durch welches die Länder bei der Gesetzgebung und Verwaltung des Bundes mitwirken. Zwar sind im Bundesrat nur die Regierungen der Länder vertreten. Da aber der Landtag die Landesregierung kontrolliert, befasst er sich auch mit deren Wirken im Bundesrat.
Gesetze, für die die Länder allein zuständig sind, betreffen vor allem das Bildungswesen, die Organisation der Landesverwaltung, die öffentliche Sicherheit, das Baurecht sowie das Presse- und Rundfunkwesen. Zu den Aufgaben der Länderparlamente gehört auch die Verabschiedung von Gesetzen, die das Rauchen in der Öffentlichkeit und die Ladenöffnungszeiten regeln.

M2 Nachdem der bayrische Landtag mehrere Ausnahmeregelungen zugunsten der Raucher beschlossen hatte, wehrten sich viele Nichtraucher mit einem Volksbegehren. Im August 2010 fand dann ein Volksentscheid statt. Focus Online berichtet:

„Rauchen verboten“ gilt ab August ausnahmslos in Bayerns Gastronomie. Harte Zeiten für Raucher in Bayern: Als erstes Bundesland führt der Freistaat nach einem Volksentscheid ein striktes Rauchverbot in der Gastronomie ein. (...) In dem Volksentscheid stimmten am Sonntag (4.7.2010) 61 Prozent der Wähler für einen Gesetzentwurf, der ein Rauchverbot ohne Ausnahmen für alle öffentlichen Räume und die Gastronomie vorsieht, teilte der Landeswahlleiter in München mit. Damit darf künftig in Bayern auch nicht mehr in Bierzelten geraucht werden, also auch nicht mehr auf dem Oktoberfest. (...)
Nur 39 Prozent stimmten beim Volksentscheid für die bisherige Regelung, die etwa in Eckkneipen, gesonderten Raucherräumen in der Gastronomie oder in Bierzelten das Rauchen erlaubt. Die Wahlbeteiligung unter den rund 9,4 Millionen Wahlberechtigten lag bei 37,7 Prozent. Das Rauchverbot wird am 1. August 2010 in Kraft treten. Betroffen sind dann auch Eckkneipen, Nebenzimmer größerer Gaststätten und Vereinsgaststätten. (...)

M3 Nächtliches Alkoholverbot in Baden-Württemberg seit 2010:

Samstagabend, 22.00 Uhr. Nachtschwärmer sind auf dem Weg zu einer schillernden Party, Nachwuchsmanager kommen gerade aus dem Büro, und für schräge Vögel aller Art beginnt jetzt erst der Tag. Eigentlich ein ganz normaler Samstag – wäre da nicht das Schild vor dem Alkoholregal innerstädtischer Tankstellen. „Achtung! Verkaufsverbot für Alkohol ab 22.00 Uhr!!!“ ist dort in großen Lettern zu lesen. Das Schild steht für ein neues Gesetz in Baden-Württemberg. Ein Gesetz, das bundesweit einzigartig ist und mit dem Innenminister Heribert Rech (CDU) „nächtlichen Alkoholgelagen“ ein Ende setzen will.
Seit dem 1. März dürfen danach nun Tankstellen, Kioske und Lebensmittelgeschäfte am späten Abend keinen Alkohol mehr verkaufen. (...) Das Gesetz ist im vergangenen November mit Stimmen von CDU, FDP und SPD vom Landtag beschlossen worden. (...)

M4 Nächtliches Verkaufsverbot von Alkohol in Stuttgart, Foto 2010
Seit dem 1.3.2010 gilt in Baden-Württemberg von 22 bis 5 Uhr u. a. an Tankstellen ein nächtliches Alkoholverkaufsverbot.

1. Beschreiben Sie das Gesetzgebungsverfahren in Baden-Württemberg (**M1, VT**).

2. Informieren Sie sich über das baden-württembergische Gesetz zum Nichtraucherschutz in Gaststätten. Halten Sie dieses für angemessen oder eher die nach einem Volksentscheid zustande gekommene bayerische Regelung (**M2**)?

3. Städte, Gemeinden und das Land versuchen, dem Alkoholkonsum in der Öffentlichkeit entgegenzuwirken (**M3**). Wie ist Ihre Meinung dazu?

4. Das Bildungswesen ist Ländersache. Erörtern Sie, ob es nicht sinnvoll wäre, überall in Deutschland oder sogar in Europa ein einheitliches Schulwesen zu schaffen.

Wer soll das bezahlen? – der Landeshaushalt

Wie Sie selbst und Ihre Familie muss auch das Land mit seinen knappen Mitteln zurechtkommen – es muss haushalten.

M1 Finanzministerium
Im Neuen Schloss in Stuttgart residierten bis 1918 die württembergischen Könige. Heute sind dort das Finanz- und Teile des Kultusministeriums untergebracht.

Haushalt (Etat, Budget)
Der Haushalt eines Landes besteht aus den Einnahmen und Ausgaben der öffentlichen Hand. Der Haushaltsplan legt vorab alle voraussichtlichen Einnahmen und geplanten Ausgaben des Landes fest. Er wird vom Landtag jeweils für ein oder für zwei Jahre (Doppelhaushalt) beschlossen.

Länderfinanzausgleich
Beim Finanzausgleich zahlen die „reichen" Länder mit überdurchschnittlich hohen Steuereinnahmen in einen „Topf" ein, aus dem die „ärmeren" Länder Geld bekommen. Baden-Württemberg ist neben Hessen, Nordrhein-Westfalen und Bayern seit den 1990er-Jahren fast durchgängig „Geberland" des Ausgleichstopfes.

Der Haushaltsplan
Alle Einnahmen und Ausgaben des Landes müssen jeweils in einem Haushaltsplan ausgewiesen werden. Über diesen Plan entscheidet der Landtag. Ihm steht das Etatrecht zu, also das Recht, den Haushalt zu verabschieden. In der Praxis aber hat der Landtag nur beschränkte Eingriffsmöglichkeiten. Der größte Teil der Gesamtausgaben eines Haushaltsjahres ist bereits gebunden. Insbesondere die Personalausgaben, die 40 Prozent der Gesamtausgaben ausmachen, bilden einen fast unbeeinflussbaren Kostenblock. Das Land Baden-Württemberg beschäftigt rund 267 000 Personen. Dazu zählen Lehrer, Professoren, Richter, Polizeibeamte, die Bediensteten der Finanzämter, Forstbedienstete sowie Mitarbeiter in den Verwaltungen der verschiedenen Landesbehörden. Das Parlament hat mit dem Etatrecht seine stärkste Kontrollmöglichkeit gegenüber der Regierung.

Schwerpunkt: Bildung und Forschung
Bildung und Wissenschaft sind Ausgabenschwerpunkte des Landes. Weil das Land arm an Rohstoffen ist, wurden der Aus- und Fortbildung schon im 19. Jahrhundert große Bedeutung beigemessen. In Baden-Württemberg existiert seitdem ein breit gefächertes Bildungssystem: Das Land hat nicht nur ein flächendeckendes Angebot an Grund-, Werkreal- und Realschulen sowie Gymnasien und Sonderschulen, sondern es ist auch eines der Bundesländer mit den meisten Universitäten und Fachhochschulen. Mit seinem Berufs- und Fachschulsystem, zu dem auch eine große Zahl von Weiterbildungseinrichtungen gehört, ist Baden-Württemberg den meisten anderen Bundesländern deutlich überlegen. Weitere Mittel fließen vor allem in Polizei und Justiz sowie in Finanzzuweisungen für die Gemeinden.

Wichtigste Geldquelle: die Steuern
Die wichtigsten Einnahmen des Landes bilden die Steuern. Am ergiebigsten sind die Gemeinschaftssteuern. Sie stehen dem Bund, den Ländern, teils auch den Gemeinden, gemeinsam zu. Zu diesen Steuern zählen die Lohn- und Einkommensteuer, die Umsatzsteuer, die Körperschaftssteuer und die Abgeltungssteuer.

M2 „Bittere Pillen für Beamte" – Der Südkurier berichtet (29.11.2010):

Mit einem Sparpaket über 500 Millionen Euro will die Landesregierung ins Jahr 2011 gehen. Das beschloss die schwarz-gelbe Koalition am Wochenende. Baden-Württembergs Staatsdiener sollen einen Teil des Sparpakets schultern. (…) Allein 1500 Stellen sollen in den kommenden Monaten wegfallen. (…) Nach Informationen der Nachrichtenagentur dpa trifft es vor allem die Stuttgarter Ministerien, die 800 Posten einsparen müssen, sowie die vier Regierungspräsidien, bei denen weitere 700 Stellen wegfallen sollen. „Bei Sicherheit, Bildung, Wissenschaft und Forschung, Justiz sowie im Steuervollzug wird nicht gespart", erklärte Baden-Württembergs Ministerpräsident Stefan Mappus (CDU) auch im Namen der Fraktionschefs von CDU und FDP. Geplant ist außerdem, dass alle jüngeren Beamten für einen begrenzten Zeitraum von wenigen Jahren eine Wochenstunde mehr arbeiten sollen, die sie später wieder ausgleichen können. Mit diesem sogenannten Vorgriffsmodell erhofft sich die Regierung Einsparungen in Höhe von 160 Millionen Euro. Mit dieser Maßnahme gehe das Land seinen Beamten „nicht an den Geldbeutel", heißt es in der Stellungnahme aus Stuttgart. Das Sparpaket sei sowohl ausgewogen wie auch gerecht. (…)

Die Landesregierung unterstrich in ihrer gemeinsam von den Fraktionschefs mitverfassten Presseerklärung, dass im kommenden Jahr die veranschlagten 773 Millionen Euro an Steuermehreinnahmen zur Haushalts-Konsolidierung verwendet würden. Damit begrenze man die Neuverschuldung im Jahr 2011 auf rund 1 Milliarde Euro.

Einnahmen	
Lohnsteuer	8449
Einkommenssteuer	1568
Körperschaftssteuer u. a.	1155
Umsatzsteuer	9127
Gewerbesteuer	800
Abgeltungssteuer	801
Grunderwerbssteuer u. a.	1920
Zuweisung v. Bund	3085
Zuweisung v. Gemeinden	3484
Verwaltungseinnahmen	1535
Schuldenaufnahme	2131
Sonstige Einnahmen	1082
Summe Einnahmen	**35 137**

Ausgaben	
Zentrale Verwaltung	1341
Öffentliche Sicherheit	1803
Rechtsschutz	1411
Finanzverwaltung	906
Bildung, Wissenschaft	13 137
Soziale Sicherung	827
Gesundheit, Sport	740
Andere Fachbereiche	3529
Länderfinanzausgleich	1700
Zuweisung an Gemeinden	6699
Schuldzinsen	2094
Sonstige Ausgaben	950
Summe Ausgaben	**35 137**

M3 Staatshaushaltsplan 2011 in Mio. Euro

Gestiegene Steuereinnahmen haben es ermöglicht, erstmals im Haushalt 2018/19 auf eine Schuldenaufnahme (Neuverschuldung) zu verzichten.

1. Ermitteln Sie die prozentualen Anteile der Landesausgaben für Bildung und Wissenschaft und diejenigen für Schuldzinsen im Jahr 2011 an den Gesamtausgaben (**M3**). Auf welchen Betrag soll die Neuverschuldung gesenkt werden (**M2**) und wie soll dies geschehen?

2. Diskutieren Sie das in **M2** erwähnte „Vorgriffsmodell". Machen Sie weitere Vorschläge für mögliche Geldeinsparungen im Landeshaushalt.

3. Informieren Sie sich in Ihrem Wirtschaftslehrebuch oder im Internet darüber, wer Einkommenssteuer, Körperschaftssteuer, Gewerbesteuer, Abgeltungssteuer und Umsatzsteuer bezahlen muss.

4. Begründen Sie, warum das Parlament mit Hilfe des Etatrechts die Regierung kontrollieren kann.

Wählen gehen! – Landtagswahlen

Am 27. März 2011 wurden in Baden-Württemberg die Mitglieder des neuen Landtags gewählt. Im Mittelpunkt der politischen Diskussion standen dabei u. a. das umstrittene Bauprojekt Stuttgart 21, die geplante Laufzeitverlängerung von Kernkraftwerken und die Bildungspolitik.

M1 Stimmabgabe in einem Wahllokal

Legislaturperiode
Bezeichnung für die durch Wahl legitimierte Amtszeit eines Parlaments. Die Legislatur- oder auch Wahlperiode dauert in Baden-Württemberg seit 1996 fünf Jahre, davor waren es vier Jahre.

Mandat
Der Begriff bezeichnet die Befugnis, einen anderen zu vertreten. In der Bundesrepublik erhalten die Abgeordneten ein „freies" Mandat. Sie sind an Aufträge der Wähler nicht gebunden. Gegensatz: „imperatives" Mandat (von lat. imperare = befehlen). Der Mandatsträger muss den Weisungen der Wähler unbedingt folgen und ist von ihnen jederzeit abrufbar.

Wer wird gewählt?

Im Gegensatz zu den Gemeinde- und Kreistagswahlen haben die Bürgerinnen und Bürger bei der Landtagswahl nur eine Stimme. Sie wählen damit einen der von den Parteien nominierten Kandidaten in einem der 70 Wahlkreise.
Das Sitzverhältnis der Parteien im Landtag ist von ihrem Stimmenverhältnis im Land abhängig (Verhältniswahl). Die Zuteilung dieser Mandate an die einzelnen Bewerber richtet sich nach den Stimmen, die diese Bewerber in ihrem jeweiligen Wahlkreis errungen haben (Persönlichkeitswahl). Es gibt nur Wahlkreisbewerber. Jeder Kandidat muss sich also in einem der 70 Wahlkreise des Landes zur Wahl stellen.

Oberstes Prinzip: Verhältniswahl

Es werden nicht nur 70, sondern 120 Abgeordnetensitze auf die Parteien im Verhältnis ihrer Gesamtstimmenzahl im Land verteilt (nach Sainte-Laguë/Schepers, s. S. 279). Für jede Partei werden dazu alle Stimmen addiert, die auf ihre Wahlbewerber im ganzen Land, getrennt nach Regierungsbezirken, entfallen sind. Bei der Sitzzuteilung werden nur solche Parteien berücksichtigt, die auf Landesebene mindestens fünf Prozent der Stimmen erreicht haben (Fünfprozentklausel).

Direkt- und Zweitmandate

Anschließend muss ermittelt werden, welchen Kandidaten die Sitze zufallen. Zunächst kommen die 70 Bewerber zum Zuge, die in einem Wahlkreis die meisten Stimmen erhalten und damit ein Direktmandat gewonnen haben. Die weiteren 50 Sitze, die den Parteien noch zustehen, gehen an diejenigen Wahlkreisbewerber, die im Verhältnis zu den übrigen Bewerbern der eigenen Partei zwar kein Direktmandat, aber noch die höchste Stimmenzahl ihrer Partei innerhalb eines Regierungsbezirks erreicht haben. Man spricht hier von „Zweitmandaten".

Überhang- und Ausgleichmandate

Es kann vorkommen, dass eine Partei bereits mehr Sitze errungen hat, als ihr nach dem Gesamtstimmenverhältnis dort zustehen. Diese zusätzlichen Mandate bleiben ihr als sogenannte Überhangmandate erhalten. Verletzt diese Zahl der Überhangmandate die Sitzverteilung unter den Parteien, so bekommen die anderen Parteien Ausgleichsmandate. Die Mitgliederzahl des Landtags kann sich dadurch über die Zahl von 120 hinaus erhöhen.

Wahlrecht

Wählen gehen kann jeder volljährige deutsche Staatsbürger, der zum Zeitpunkt der Wahl seit mindestens drei Monaten in Baden-Württemberg wohnhaft ist. Jeder Wahlberechtigte hat genau eine Stimme und wählt damit in seinem Wahlkreis einen Kandidaten.
An der Landtagswahl 2016 beteiligten sich 5,4 Mio. Bürgerinnen und Bürger. Dies bedeutete eine Wahlbeteiligung von 70,44 % und damit 4,16 % mehr als bei der Wahl 2011. Winfried Kretschmann (Bündnis 90/Die Grünen) wurde Ministerpräsident.

M2 Spitzenkandidaten der Parteien zur Landtagswahl 2011
Von links: Stefan Mappus (CDU), Dr. Nils Schmid (SPD), Prof. Dr. Ulrich Goll (FDP), Winfried Kretschmann (Bündnis 90/Die Grünen). Kretschmann wurde 2011 und 2016 zum Ministerpräsidenten gewählt.

M3 „Was wird aus unserer Demokratie?" – ein Zeitungskommentar (Sonntag Aktuell, 21.10.2010):

Wir wollen gute Bildungsmöglichkeiten für die Jungen, eine gute Pflege für die Alten, gute Straßen, eine niedrigere Staatsverschuldung, höhere Renten, gute Leistungen im Gesundheitswesen, das ebenfalls automatisch immer teurer wird, weil die Gesellschaft immer älter wird. Umgekehrt wollen wir möglichst wenig Steuern zahlen, damit der Lebensstandard steigt oder zumindest erhalten bleibt. Da passt kaum mehr etwas zusammen. Ist unsere Demokratie gestört? (...)

John F. Kennedy, der jugendliche amerikanische Präsident der 1960er-Jahre, konnte in einer Rede zur Amtseinführung noch unbefangen ausrufen: „Fragt nicht, was euer Land für euch tun kann, fragt, was ihr für euer Land tun könnt!" Er würde sich damit heute, zumindest in Europa, wahrscheinlich lächerlich machen. (...)

Oder nehmen wir das Beispiel Stuttgart 21. Es geht um das Verfahren, nicht um Pro und Contra! Das Projekt ist vom Stuttgarter Gemeinderat, vom baden-württembergischen Landtag, vom deutschen Bundestag, vom europäischen Parlament gebilligt worden. Es hat Tausende Einsprüche vor Gericht gegeben. Alle Gerichtsinstanzen haben das Vorhaben geprüft und gebilligt. (...) Nun jedoch kommt (...) das Volk und sagt zu den Bauträgern: „Ätsch, wir wollen das gar nicht."

M4 Landesverfassung Baden-Württembergs:

Artikel 28

(1) Die Abgeordneten werden nach einem Verfahren gewählt, das die Persönlichkeitswahl mit den Grundsätzen der Verhältniswahl verbindet.

Artikel 29

(1) Wer sich um einen Sitz im Landtag bewirbt, hat Anspruch auf den zur Vorbereitung seiner Wahl erforderlichen Urlaub.

(2) Niemand darf gehindert werden, das Amt eines Abgeordneten zu übernehmen und auszuüben. (...)

Artikel 30

(1) Die Wahlperiode des Landtags dauert fünf Jahre. Sie beginnt mit dem Ablauf der Wahlperiode des alten Landtags (...).

1. Listen Sie die Stufen der Mandatszuteilung bei der baden-württembergischen Landtagswahl auf. Unterscheiden Sie dabei die Begriffe Persönlichkeits- und Verhältniswahl (**VT**).

2. Die Wahlbeteiligung, nicht nur bei den Landtagswahlen, ist oft verhältnismäßig gering. Klären Sie, welche Wirkung es auf das Wahlergebnis haben kann, wenn Wähler von ihrem Wahlrecht keinen Gebrauch machen.

3. Der Kommentar (**M3**) äußert sich kritisch zur Demokratie in Deutschland. Formulieren Sie einen Leserbrief, in dem Sie begründen, warum Sie ganz anderer Meinung sind.

Baden-Württemberg und die Bundespolitik

Der Bundesrat ist das gemeinsame Organ der Länder auf Bundesebene und soll die Interessen der Länder in der Bundespolitik wahrnehmen.

M1 Alle Bundesländer sind im Bundesrat vertreten. Die Anzahl der dort den Ländern zugeteilten Stimmen richtet sich nach der jeweiligen Einwohnerzahl.

Föderalismus
(Von lat. foedus = Bündnis). So wird das Organisationsprinzip eines Staates, nach dem mehrere Gliedstaaten zu einem Gesamtstaat zusammengefasst werden, bezeichnet.

Auflage Föderalismus

Im Juli 1948 gaben die drei westlichen Siegermächte den Ministerpräsidenten der damaligen Länder in der amerikanischen, britischen und französischen Besatzungszone den Auftrag, eine Verfassung für einen vorläufigen westdeutschen Teilstaat auszuarbeiten. Sie machten dabei zur Auflage, dass dieser Staat eine „Regierungsform des föderalistischen Typs" haben müsste. Die Länder sollten an der Gesetzgebung des Bundes mitwirken. So sollte eine starke Zentralregierung wie in der Zeit des Nationalsozialismus vermieden werden.

Aufteilung der Gesetzgebung

In der Bundesrepublik Deutschland ist die Erfüllung staatlicher Aufgaben zwischen dem Bund und den Bundesländern verteilt. Der größte Teil der Gesetzgebungsbefugnis (Legislative) liegt beim Bund, während die Länder, weil sie näher beim Bürger angesiedelt sind, mit der Ausführung betraut sind. Die Rechtsprechung ist zwischen dem Bund (höchste Instanz) und den Ländern (erste und zweite Instanz) aufgeteilt. Bund und Länder müssen deshalb eng zusammenarbeiten.

Ländergesetzgebung

Über den Bundesrat, das Vertretungsorgan der Länder, wirken die Länder an der Gesetzgebung mit. Viele Bundesgesetze können nur dann Geltung erlangen, wenn die Mehrheit des Bundesrates ihnen ausdrücklich zugestimmt hat (Zustimmungsgesetze, s. S. 288). Nicht zustimmungspflichtig sind Bundesgesetze u. a. in der Verteidigungspolitik und im Währungswesen. Den Ländern verbleiben somit nur begrenzte Aufgabenbereiche. Am wichtigsten ist die sogenannte Kulturhoheit. Sie umfasst das Schul- und Hochschulwesen, die Förderung von Kunst und Wissenschaft sowie die gesetzliche Regelung für Presse, Funk und Fernsehen.

Der Bundesrat

In den Bundesrat kann man nicht gewählt werden. Mitglied ist dort nur, wer einer Landesregierung angehört. In Baden-Württemberg sind das der Ministerpräsident und fünf Minister. In Art. 51 Abs. 2 des Grundgesetzes ist festgelegt, dass Länder mit 7 Millionen und mehr Einwohnern, wie Baden-Württemberg, sechs Stimmen im Bundesrat haben. Die Stimmen eines jeden Landes können nur einheitlich abgegeben werden. Vor jeder Entscheidung ist also eine Einigung innerhalb der Landesregierungen erforderlich.
Es kann vorkommen, dass zwischen dem Bundestag als der Volksvertretung und dem Bundesrat als Länderkammer keine Übereinstimmung bei der Gesetzgebung erreicht werden kann. Dann besteht die Möglichkeit, einen „Vermittlungsausschuss" aus jeweils 16 Mitgliedern von Bundestag und Bundesrat anzurufen.

M2 Politik im Bundesstaat:

Einheitsstaaten wie Frankreich, Großbritannien oder Schweden haben nur eine Regierung. In der Bundesrepublik Deutschland sind siebzehn Regierungen am Werke: eine im Bund und sechzehn in den Ländern. Auch das unterstreicht, dass Machtaufteilung anstelle von Machtkonzentration ein Markenzeichen der Bundesrepublik ist.
Jedes Bundesland hat eine eigenständige Regierung mit landeseigener Verwaltung, ein Landesparlament, eine Verfassung und eine eigene Verfassungsgerichtsbarkeit. Ansonsten aber sind Deutschlands Bundesländer von unterschiedlicher Statur: Flächenstaaten und Stadtstaaten (Berlin, Bremen und Hamburg) gehören zu ihnen, kleine und große Länder, wirtschaftsstarke und -schwache Gliedstaaten sowie CDU/CSU- und SPD-regierte Gemeinwesen. (…)
Der Bundesrat ist weder eine Ständevertretung noch ein Parlament und auch keine zweite Kammer des Parlaments. (…)
Mehrheiten im Bundesrat und Bundestag sind folgenreich: Die Bundestagsopposition kann nämlich im Verein mit der Bundesratsmehrheit an Vorhaben der Bundesregierung mitregieren, wenn sie die Länderregierungen ihrer parteipolitischen Färbung auf ihre Seite bringt und die Bundesregierung kompromissbereit ist.
Doch auch die Blockade der Gesetzgebung ist möglich. Deshalb gerät der deutsche Föderalismus des Öfteren in den Ruf eines „Blockadeföderalismus“. Zur Ehrenrettung der Beteiligten ist allerdings hinzuzufügen: Blockierungen der Gesetzgebung kommen vor, aber sie sind nicht der Normalfall.

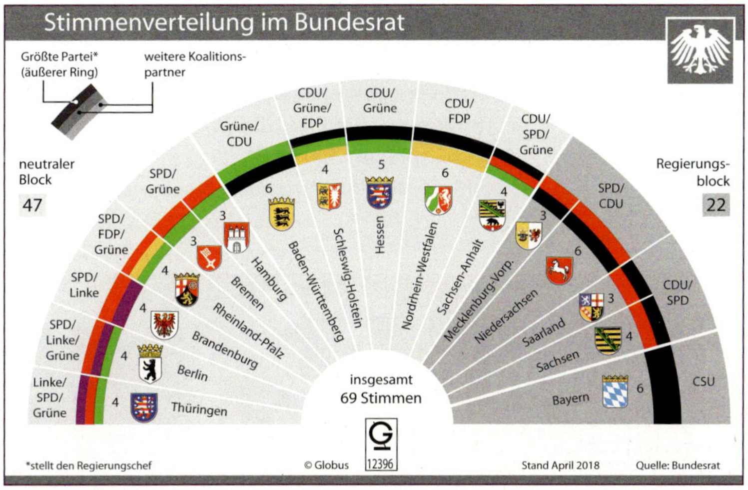

M3 Die Stimmen im Bundesrat 2018

M4 Reform des Bundesrats? Der Spiegel berichtet:

Eine goldene Regel gilt bisher im Bundesrat: Wenn sich Koalitionen auf Landesebene bilden, enthalten sich deren Vertreter bei strittigen Themen. Dieser Modus wird in fast allen Koalitionsverträgen festgehalten. Doch damit beginnt ein verfassungsrechtliches Problem. Weil im Bundesrat eine Enthaltung bislang als Nein gilt, werden viele Vorstöße blockiert. (…) Am Freitag nun wurde am Rande der Innenministerkonferenz in Potsdam ein Schreiben von Bundesinnenminister Wolfgang Schäuble (CDU) bekannt, das auf eine grundlegende Reform abzielt. Enthaltungen im Bundesrat sollten künftig nicht mehr als Nein-Stimmen gewertet werden, für eine Mehrheit sollten nur die abgegebenen Ja- und Nein-Stimmen zählen. (…) Schäuble und Körper wollen die Reform durch eine Grundgesetzänderung absichern, wonach eine Zustimmung im Bundesrat bereits mit einfacher Mehrheit möglich sein soll. (…)

1. Warum bestanden die Alliierten nach dem Zweiten Weltkrieg auf einem föderalistischen System in Westdeutschland (**VT1**)?

2. Erläutern Sie die Funktion des Bundesrats im Gesetzgebungsprozess (**M2, VT3**).

3. Erklären Sie, warum Innenminister Schäuble das Stimmrecht im Bundesrat reformieren möchte (**M4**).

4. Erläutern Sie den Begriff Blockadeföderalismus. Überprüfen Sie, ob dieser derzeit besteht.

Analyse von Wahlprogrammen

Bevor Sie zur Wahl gehen, sollten Sie sich gründlich über die politischen Ziele der Parteien informieren. Die Fraktionen des Landtags von Baden-Württemberg berichteten im Jahr 2010 im Landesspiegel über Grundlagen ihrer Politik. Sie setzten sich dabei vor allem mit Inhalten der Landespolitik auseinander, die ihnen besonders wichtig erschienen. Hier einige Auszüge:

M1 Landtagswahl Baden-Württemberg 2011
Wahlplakat der SPD

M2 CDU:

Unser größtes Kapital sind gut ausgebildete Menschen, die mit innovativen Lösungen zum zukünftigen Erfolg des Wirtschaftsstandorts Baden-Württemberg beitragen können. Daher setzt die Landesregierung mit Unterstützung der CDU-Landtagsfraktion das einzig richtige Signal: Bei der Bildung wird kein Euro gespart. (…) Durch die Werkrealschulen erhalten wir eine logische und sinnvolle Weiterentwicklung der Hauptschulen. Dies ist ein praxisorientiertes Bildungsangebot, das eine enge Verzahnung zwischen schulischer Bildung und beruflicher Bildung ermöglicht. Die Durchlässigkeit des Bildungssystems wird weiter verbessert. Das Ergebnis unserer Politik lässt sich schon heute sehen: Die Jugendarbeitslosigkeit in Baden-Württemberg ist im deutschen und auch im europäischen Vergleich gering – viel geringer als bei manchen sog. PISA-Siegern. Unter Bildung verstehen wir über die Vermittlung von Kernkompetenzen hinaus auch die Entwicklung der motorischen, musikalischen und sprachlichen Fähigkeiten. (…) Insbesondere die beruflichen Schulen sind der Garant dafür, dass jedem Jugendlichen der Weg zu einem qualifizierten Berufsabschluss eröffnet wird. Zugleich tragen sie zusammen mit den Betrieben entscheidend zur Sicherung des Fachkräftebedarfs im Land bei. (…)
Als Geburtsland des Automobils haben wir eine besondere Verantwortung, Mobilitätskonzepte der Zukunft zu entwickeln. Alternative Antriebe gehören hierzu ebenso wie intelligentes Verkehrsmanagement. Die Anstrengungen unserer Unternehmen und Forschungseinrichtungen in diesen Bereichen müssen fortgesetzt und unterstützt werden.

M3 SPD:

Baden-Württemberg gehört leider zu den Ländern, in denen der Bildungserfolg immer noch sehr stark von der sozialen Herkunft abhängt. (…) Leider sind zu viele ideologische Bremser unterwegs, die halsstarrig am dreigliedrigen Schulsystem festhalten. Dabei hört mittlerweile ein Tauber, dass dessen Totenglöcklein zu läuten begonnen hat. (…) Die SPD hat im Landtag einen Gesetzentwurf für eine neue Schulstruktur eingebracht. In seinem Kern sieht er vor, dass Schulkinder länger gemeinsam lernen können und zwar mindestens bis zum 6. Schuljahr. Alle Schülerinnen und Schüler sollen überdies die mittlere Reife an einer wohnortnahen Schule erreichen können. (…) Gerechte Lebenschancen kann es nur geben, wenn wir die frühe Auslese überwinden. (…)
Wenn es uns gelingt, 20 Prozent der Energie, die wir heute in Baden-Württemberg verbrauchen, einzusparen, dann haben wir allein durch diese Maßnahme einen zusätzlichen Kaufkraftgewinn von jährlich 3 bis 4 Milliarden Euro im Land. (…) Kurzum: die Energiewende ist ökologisch zwingend, technologisch machbar und auch ökonomisch vernünftig.

M4 Grüne:

Nicht nur bei der Energiefrage, sondern in vielen Bereichen unseres alltäglichen Lebens stehen „grüne" Themen im Mittelpunkt. (...) Biokost und Naturkosmetik haben selbst in der Wirtschaftskrise zweistellige Zuwachsraten, und viele stellen auf Ökostrom um. Im Urlaub legen immer mehr Menschen Wert auf umweltverträgliches Reisen und auch im industriellen Sektor gibt es heute Impulse. So können die baden-württembergischen Hersteller von Gleichrichtern, einem wichtigen Bauteil der Fotovoltaik-Anlagen, mit der Nachfrage kaum Schritt halten. (...)
Die Grünen haben ein Modell vorgelegt, das als „Basisschule" auf eine längere gemeinsame Schulzeit setzt und erst später nach Schularten trennt. Wichtiger als die Schulform ist jedoch die individuelle Förderung, um das Potenzial jedes Schülers, jeder Schülerin angemessen zu fördern. Alle Bildungsstudien zeigen, dass gerade in Baden-Württemberg die soziale Herkunft das Bildungs- und Lebensschicksal der Kinder stark mitbestimmt. Vor allem Kinder mit Migrationshintergrund werden schnell abgedrängt. (...)

M6 Wahlplakat der CDU 2011

M5 FDP/DVP:

Die FDP misst der Ganztagsbetreuung einen hohen pädagogischen und sozialpolitischen Stellenwert zu. (...) Das Ausbauprogramm des Landes sieht vor, dass bis zum Jahr 2014 rund 40 Prozent der öffentlichen allgemein bildenden Schulen zu Ganztagesschulen werden. (...) Im Rahmen des Bundes- und Landesprogramms zur Belebung der Konjunktur (...) war es der FDP ein besonderes Anliegen, dass hierbei auch die freien Schulträger berücksichtigt wurden.
Für die Schulen in freier Trägerschaft [Privatschulen] konnte die FDP in den letzten Jahren eine verbesserte Förderung erreichen. (...) Wir Freien Demokraten haben uns erfolgreich dafür eingesetzt, dass der Werkrealschulabschluss ein den übrigen mittleren Bildungsabschlüssen gleichwertiger Abschluss ist und für Real- wie Werkrealschulabsolventen beim Übergang ins berufliche Gymnasium dieselben Zugangsvoraussetzungen gelten.
Die niedrige Quote der Jugendarbeitslosigkeit von nur 3,2 Prozent im Juni 2010 ist aufgrund gemeinsamer Anstrengungen von Wirtschaft und beruflichen Schulen ein großer Erfolg im differenzierten Berufsbildungssystem in Baden-Württemberg. Das Duale System ist dabei der Garant für einen gelungenen Übergang in den Arbeitsmarkt. (...) Da nach Auffassung von uns Liberalen die beruflichen Gymnasien das entscheidende Bindeglied zwischen mittlerem Bildungsabschluss und Hochschulstudium sind, machen wir uns für einen bedarfsgerechten Ausbau dieser vielfach nachgefragten Schulform stark. (...)

1. Listen Sie auf, welche Aussagen die Parteien zur Schulpolitik in Baden-Württemberg machen (**M2–M5**). Wo gibt es Gemeinsamkeiten, wo Unterschiede? Welche Schwerpunkte legen CDU, SPD und Grüne bei Fragen der Ökologie?

2. Informieren Sie sich im Internet, welche Positionen die Landtagsfraktionen zu aktuellen Fragen einnehmen.

Das parlamentarische System in der Bundesrepublik Deutschland

„Alle Staatsgewalt geht vom Volke aus." – Damit Ihr im Grundgesetz verankertes Recht auch politisch umgesetzt wird, wählen Sie alle vier Jahre die Abgeordneten des Bundestags.

M1 Der deutsche Bundestag
Oben links: die Bundesregierung, in der Mitte: das Präsidium, rechts: der Bundesrat. Bei den Fraktionen sitzen (aus Präsidiumssicht von links nach rechts): SPD, Bündnis 90/Grüne, CDU/CSU, FDP.

Personalisierte Verhältniswahl
Dieses Wahlsystem vereinigt Elemente der Verhältnis- und der Mehrheitswahl. Es wird bei den Bundestagswahlen angewendet. Von den vorgesehenen 598 Abgeordneten des Bundestags wird die Hälfte als Direktkandidaten in den 299 Wahlkreisen gewählt. Weitere 299 Sitze werden über Landeslisten der Parteien vergeben. Wegen der Überhang- und Ausgleichsmandate kann sich die Zahl der Abgeordneten auf mehr als 598 erhöhen.

Bundestagswahl: Erst- und Zweitstimme

Jeder Wähler hat bei Bundestagswahlen zwei Stimmen. Mit der Erststimme unterstützt er den Wunschkandidaten in seinem Wahlkreis (Persönlichkeitswahl). Der Kandidat, der die relative Mehrheit der Erststimmen erhält, zieht als Gewinner des „Direktmandats" in den Bundestag ein. Über die Sitzverteilung im Parlament und damit über die Frage, wer die Regierung stellt, entscheiden die Zweitstimmen, die auf die Parteien verteilt werden (Mehrheitswahl). Die durch Direktmandate errungenen Sitze behält eine Partei auch dann, wenn sie dadurch mehr Sitze erhält, als ihr nach den Zweitstimmen zustehen. Diese „Überhangmandate" erhöhen die Gesamtzahl der Abgeordnetensitze. Zusätzliche „Ausgleichsmandate" sorgen dann dafür, dass Parteien ohne Überhangmandate nicht benachteiligt werden.

Regierungsbildung

Die Regierung wird nach diesen Wahlen von derjenigen Fraktion gebildet, die die Mehrheit der Sitze, d.h. der Mandate im Parlament erhalten hat. Hat keine Partei die absolute Mehrheit, so müssen sich zwei oder mehr Parteien zu einer Koalition zusammenschließen. Der Bundestag verabschiedet – teilweise im Zusammenwirken mit dem Bundesrat – Gesetze. Er wählt den Kanzler und kann ihn dadurch ersetzen, dass er mit der Mehrheit seiner Mitglieder einen Nachfolger wählt (konstruktives Misstrauensvotum). Darüber hinaus kontrolliert er die Bundesregierung und die Bundesverwaltung. Die Funktionen von Staatsoberhaupt und Regierungschef sind getrennt in den Ämtern des Bundespräsidenten und des Bundeskanzlers.

Gewaltenteilung und -verschränkung

Das parlamentarische Regierungssystem der Bundesrepublik Deutschland beruht auf einer engen Verbindung von Parlament und Regierung. Die Regierung ist vom Vertrauen der Mehrheit des Parlaments abhängig. Im föderalistischen System sind die staatlichen Aufgaben zusätzlich zwischen Bund und Ländern aufgeteilt. Diese müssen zusammenwirken und sich kontrollieren – vor allem durch die Mitwirkung des Bundesrats bei der Gesetzgebung.
Die Gewaltenverschränkung wird aber auch wirksam bei der Wahl des Bundespräsidenten durch die Bundesversammlung. Diese besteht aus den Mitgliedern des Bundestags und einer gleich großen Anzahl von Mitgliedern der Länderparlamente. Die Richter des Bundesverfassungsgerichts werden zur einen Hälfte vom Bundesrat, zur anderen von einem Wahlausschuss des Bundestags, also gesetzgebenden Organen, gewählt. Der Bundesrat, der an der Gesetzgebung des Bundes mitwirkt, setzt sich aus Vertretern der Landesregierungen (Exekutive) zusammen.

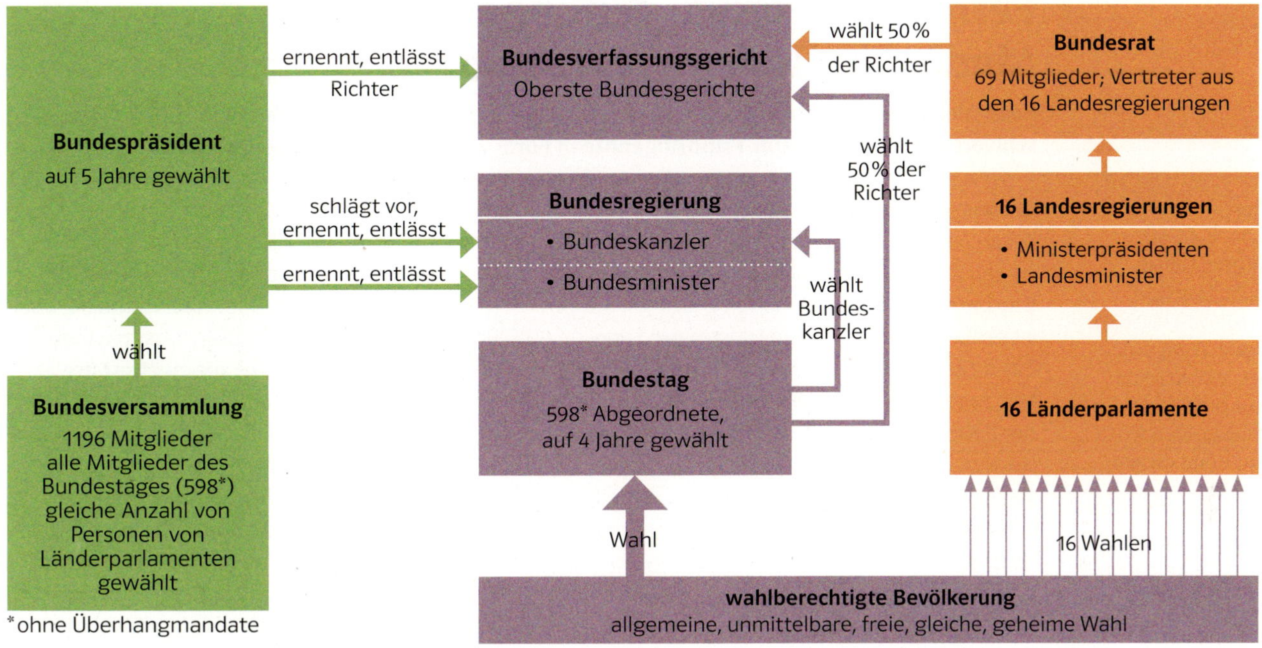

M2 Die Staatsorgane der Bundesrepublik Deutschland

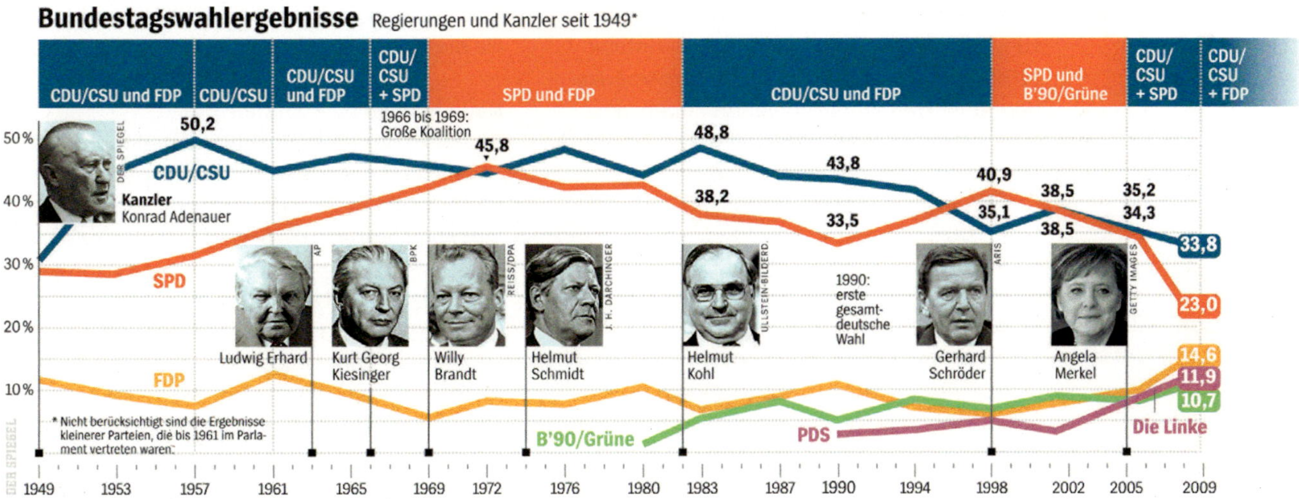

M3 Ergebnisse der Bundestagswahlen von 1949 bis 2009

1. Erklären Sie das Schaubild **M2**. Nennen Sie Organe der Legislative, der Exekutive und der Judikative. Wo gibt es Gewaltenverschränkungen (**VT3**)?

2. Beschreiben Sie die Mehrheitsverhältnisse bei den Bundestagswahlen zwischen 1949 und 2009 (**M3**). Recherchieren Sie im Internet die Wahlergebnisse von 2013 und 2017.

Fernsehen, Radio, Zeitungen – Medien in Baden-Württemberg

Kostenlose Informationsangebote im Internet machen es den Zeitungsverlagen zunehmend schwerer, den Umsatz ihrer Print-Angebote in Form von Zeitungen und Zeitschriften zu halten.

Medien
(Von lat. medium = Vermittler, Öffentlichkeit). Das sind Informationsträger, die der Verbreitung von Wissen, Nachrichten, Meinungen und Unterhaltung durch Schrift, Ton und Bild dienen. Druckerzeugnisse werden auch als Printmedien, Bild- und Tonträger als audiovisuelle Medien bezeichnet.

Großes Interesse an Zeitungen

Lesen Sie regelmäßig eine Tageszeitung? Wenn ja, gehören Sie einer bedeutenden Gruppe an: Das Interesse an der täglichen Zeitungslektüre ist groß. Seriösen Tageszeitungen wird von ihren Lesern in erheblichem Maß Glaubwürdigkeit zugebilligt. Baden-Württemberg liegt bei der Zeitungsdichte und der regionalen Vielfalt vor den meisten anderen Bundesländern.
70 Zeitungsverlage produzieren im Land täglich fast 230 verschiedene Ausgaben mit einer durchschnittlichen verkauften Auflage von 2,1 Millionen Exemplaren. Beliefert werden die Lokalzeitungsausgaben von 17 unabhängigen Redaktionen.

Hörfunk und Fernsehen

Das Rundfunksystem in Baden-Württemberg entstand 1945 unter dem Einfluss der Besatzungsmächte. Den Süddeutschen Rundfunk (SDR) mit Sitz in Stuttgart riefen die Amerikaner für ihr Besatzungsgebiet ins Leben, den Südwestfunk (SWF) mit Sitz in Baden-Baden die Franzosen. Zu deren Besatzungsgebiet gehörte auch Rheinland-Pfalz. Als öffentlich-rechtlicher Sender ist nach dem Zusammenschluss von SDR und SWF seit 1998 der Südwestrundfunk (SWR) für die Länder Baden-Württemberg und Rheinland-Pfalz auf Sendung. Er ist nach dem Westdeutschen Rundfunk die zweitgrößte Sendeanstalt der ARD. Die öffentlich-rechtlichen Rundfunk- und Fernsehprogramme finanzieren sich vor allem über Gebühren.
Seit Mitte der 1980er-Jahre sind in Baden-Württemberg neben den staatlichen Hörfunk- und Fernsehanstalten auch private Anbieter zugelassen. Es handelt sich dabei um Wirtschaftsunternehmen, die einen möglichst großen Gewinn erzielen wollen. Sie tun dies, indem sie Werbezeit verkaufen. Der Gewinn bei der verkauften Werbezeit richtet sich nach den Einschaltquoten. Je mehr Zuschauer das Programm verfolgen, desto höher sind die Preise für die Werbespots.

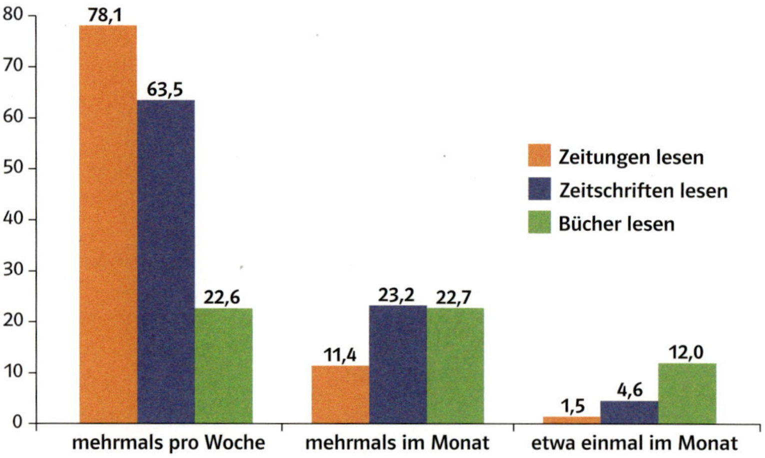

M1 Nutzung von Printmedien in Baden-Württemberg 2010
(Bevölkerung über 14 Jahre, Angaben in Prozent)

Neue Medien im Kommen

Baden-Württemberg gehört zu den führenden IT- und Medienstandorten in Deutschland: SAP in Walldorf ist das größte Softwareunternehmen Europas. Das Soziale Netzwerk Kwick in Weinstadt gehört mit über einer Million registrierter Benutzer zu den Top Ten der sozialen Netzwerke in Deutschland. Etwa drei Viertel der Jugendlichen nutzen solche Online-Netzwerke regelmäßig. Das Prinzip ist einfach: Die Netzwerke stellen ihren Nutzern Speicherplatz für Fotos, Videos und Erlebnisberichte zur Verfügung. Diese können sich dann mit den anderen Mitgliedern der Community, der Gemeinschaft, austauschen.
Auch Baden-Württembergs Zeitungsverlage gehen mit ihren Inhalten zunehmend ins Netz. Da dies auf Dauer nicht kostenlos geschehen kann und die Finanzierung durch Werbung nicht ausreicht, gibt es erste Versuche mit kostenpflichtigen Online-Zeitungen, die die gedruckten Ausgaben ersetzen sollen. Dadurch wird Papier gespart und es fallen keine Zustellkosten an.

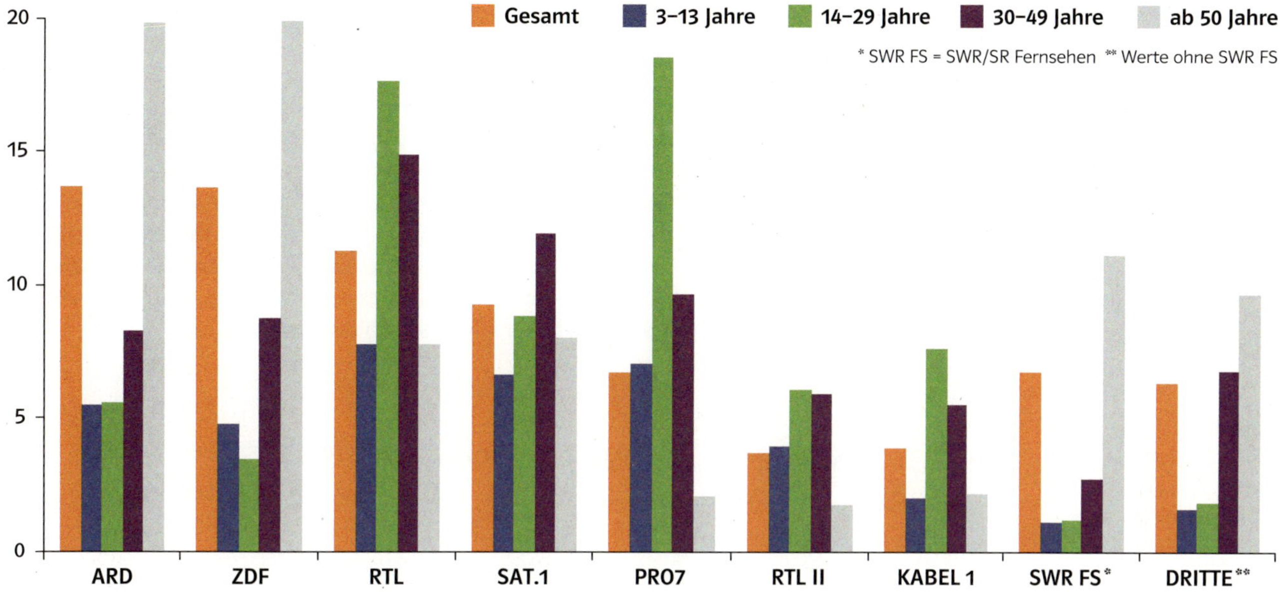

M2 Marktanteile ausgewählter Fernsehprogramme in Baden-Württemberg 2009
(Angaben in Prozent)

M3 Lokales Wissen nach dem „Wiki-Prinzip": Fast alles Wissen ist weltweit zugänglich – dem Internet sei Dank. Meist ist die Wissensplattform Wikipedia eine der ersten Adressen für die Informationsrecherche. Doch wohin wenden wir uns im Web, wenn wir mehr über den eigenen Heimatort erfahren möchten? Diese Lücke schließen Stadt- und Regionalwikis. Sie haben sich in den letzten Jahren als Nachschlagewerke für regionales Wissen etabliert. (...) Originelle Straßennamen, schmucke Bauwerke und traditionelle Großveranstaltungen – nur selten wissen wir, was dahinter steckt. Darüber informieren die Autoren der Stadt- und Regionalwikis, von denen es inzwischen mehr als 20 in Baden-Württemberg gibt. Das inzwischen bekannteste und am besten etablierte ist das Karlsruher Stadtwiki. Es ist auch das größte. (...) Hinter dem Karlsruher Wiki steckt der Verein Stadtwiki – Gesellschaft zur Förderung regionalen Freien Wissens e. V. (...) Nach gut fünf Jahren ist eine respektable Sammlung entstanden: rund 20 000 Artikel. (...) Als Verwaltungsinformatiker sieht Professor Jörn von Lucke Bürgerwikis als „großartiges Instrument zur Bürgerbeteiligung und zur Zusammenarbeit". Gerade bei Diskussionen um Bürgerhaushalte, also Sparvorschläge und Investitionswünsche, könnten sich mit Stadt- und Regiowikis „höchst spannende" Prozesse ergeben. Die Kommunen zeigen sich bisher aber eher zurückhaltend, da sie Mehrkosten befürchten.
Dabei liege in den Stadt- und Kreisarchiven viel heimatgeschichtliches Material, das man ohne urheberrechtliche Bedenken in offene Stadt- und Regiowikis stellen und weiter veredeln könne, so von Lucke. Wenn also Engagement, Ideen und Möglichkeiten zusammenkommen, kann das vernetzte regionale Wissen wahr werden.

1. Beschreiben Sie die Säulendiagramme **M1** und **M2**. Welche Schlüsse können Sie jeweils ziehen?

2. Erörtern Sie, in welchen Fällen die in **M3** beschriebenen Stadt- und Regionalwikis für Sie wichtig sein könnten.

3. Fragen Sie bei der Redaktion Ihrer örtlichen Tageszeitung telefonisch nach, wann die Zeitung nach dem Zweiten Weltkrieg entstanden ist und wer sie gegründet hat.

Nachrichten vergleichen

Als der stellvertretende Chefredakteur der Stuttgarter Zeitung Michael Maurer, am 1. September 2010 in einem Leitartikel bekannte, dass seine Redaktion mehrheitlich das Projekt Stuttgart 21 begrüßte, war der Aufschrei der Projektgegner groß. Und noch größer war die Empörung, als bekannt wurde, dass der ehemalige Ressortleiter der Zeitung, Adrian Zielke, gesagt haben soll, dass ohne Zustimmung der Stuttgarter Zeitung, dieses Großprojekt niemals hätte verwirklicht werden können. Medien versuchen zwar, neutral zu unterrichten, aber ihre Redakteure haben eigene Meinungen, die sie in Leitartikeln und Kommentaren auch zum Ausdruck bringen. Wer sich eine eigene Meinung bilden will, muss sich deshalb aus unterschiedlichen Quellen informieren.

Kommentar
Journalisten bemühen sich in der Regel, zwischen Nachricht und Meinung klar zu differenzieren. Der Leser muss auf den ersten Blick erkennen, wo die sachliche Information endet und das subjektive Urteil beginnt. Im Kommentar formuliert der Journalist seine Ansicht. Ihr können, aber ihr müssen die Leser nicht folgen.

Leitartikel
Diese Darstellungsform gehört wie der Kommentar zu den meinungsorientierten Artikeln in einer Zeitung und spiegelt die Tendenz der Redaktion wider. In den meisten Zeitungen ist der tägliche Leitartikel in der linken oder rechten Spalte auf der Titelseite platziert.

Das Projekt „Stuttgart 21" sollte realisiert werden

Eine gelebte Demokratie braucht exemplarische, ansehnliche und öffentliche Bauten, die die Menschen in großer Zahl miteinander teilen.

Die Welt, 8.8.2010

Stuttgart 21 – absurd

Am Dienstag setzen Bahnchef Grube und Verkehrsminister Ramsauer den ersten Spatenstich für ein Milliardengrab: Stuttgart 21. Das ist absurd. Denn jeder Euro wird für wichtigere Projekte fehlen.

Frankfurter Rundschau, 12.8.2010

M1 Meinungsvielfalt in den Medien
Wie zwei große Tageszeitungen Stuttgart 21 unterschiedlich kommentieren

M2 „Die Zeitung muss Stellung beziehen" – Leitartikel in der Stuttgarter Zeitung vom 1. September 2010:

Die Redaktion der Stuttgarter Zeitung sitzt gemessen an der Wucht der Leserreaktionen längst nicht mehr zwischen den Stühlen, sondern eher zwischen den Mahlsteinen. So, wie es bisher kaum ein Ereignis in der Stadt gegeben hat, das die Gesellschaft dermaßen gespalten hat, so hat es auch in der bald 65-jährigen Geschichte der StZ keine Auseinandersetzung gegeben, welche die Leserinnen und Leser in dieser Intensität und Leidenschaft mit der Redaktion geführt haben. (…) Es ist der Anlass, das grundsätzliche Dilemma der Zeitung zu thematisieren: Sie muss Stellung beziehen, wissend, dass sie in heftigen Gefechten nie allen gerecht werden kann.
(…) Dazu gehört, ein Thema nach bestem Wissen und Gewissen von allen Seiten zu beleuchten, Behauptungen von Tatsachen zu trennen, Analysen anzufertigen und zu veröffentlichen, was die Planer vielleicht lieber verschwiegen hätten, Gegner und Befürworter gleichermaßen zu Wort kommen zu lassen – und am Ende aber der Leserin, dem Leser auch eine klare Einschätzung zu liefern. Diese Einschätzung müssen sie nicht teilen, allein schon deshalb nicht, weil es selten eine endgültige Wahrheit gibt – und weil solche Differenzen zu einer lebendigen Demokratie dazugehören.
Doch eine Zeitung hätte ihre Aufgabe verfehlt, käme sie in einer für ihre Leser wichtigen Frage, wie es Stuttgart 21 zweifellos ist, nicht zu einem eindeutigen Urteil. Sie muss Einordnung bieten, nicht Beliebigkeit, und dies auf der Grundlage der „wahrhaftigen Unterrichtung". Diesem Anspruch stellt sich die Redaktion der Stuttgarter Zeitung – und sie stellt sich genauso der Debatte mit ihren Leserinnen und Lesern,

die andere Positionen vertreten. Das ist für beide Seiten nicht immer bequem, aber es ist lohnenswert. Nimmt man die Beziehung zwischen Lesern und Redaktion ernst, ist die Auseinandersetzung sogar unumgänglich.

M3 „Schwabenaufstand"– Kommentar der Süddeutschen Zeitung vom 20. August 2010:
Gemeinhin gilt der Württemberger als ein eher friedliebender, genügsamer Mensch. Er ist nicht dafür bekannt, zu randalieren, Krawall zu schlagen oder gar Autos anzuzünden. Überhaupt läuft die Geschichte Württembergs nach den Bauernaufständen von 1514 sehr gesittet ab. Im Gegensatz zu ihren badischen Nachbarn entwickelten die Württemberger über die Jahrhunderte keinen rebellischen Charakter. Sogar die Revolution von 1848 verlief geradezu in geordneten Bahnen, und auch danach ließ man sich in Württemberg kaum zu aufsehenerregenden Rebellionen hinreißen. Umso erstaunlicher ist, was derzeit in der württembergischen Hauptstadt passiert. Stuttgart tobt. (...)
Tatsächlich bietet „Stuttgart 21" einige Chancen für die Entwicklung der Stadt. Doch heute glauben die Menschen nicht mehr an solche Phrasen. Sie wissen auch, dass der Fortschrittsglaube der Regierenden schon einmal ins Unglück geführt hat, als die Stadtplaner nach dem Zweiten Weltkrieg im Stadtbild ähnlich zerstörerisch gewirkt haben wie die Bomben zuvor.
Von den alten Bauwerken haben die Planer damals nur wenige stehen lassen, das Stadtbild hat sich nicht zu seinem Vorteil verändert. Eines der letzten übrig gebliebenen Denkmäler ist der Hauptbahnhof; er ist ein Identifikationsmerkmal, ein Wahrzeichen der Stadt Stuttgart. Die Menschen hängen emotional an dem Bau, ihn und seine Umgebung wollen sie vor stadtplanerischen Luftschlössern und investorengerechter Blockbebauung bewahren.
Dieser Wunsch ist im besten Sinne konservativ, und so wundert es nicht, dass insbesondere das gemäßigte Bürgertum die Proteste trägt. Rechtsanwälte, Steuerberater, Denkmalschützer und andere Menschen aus der Mitte der Gesellschaft nehmen an den ersten Sitzblockaden ihres Lebens teil. Dabei treibt sie weit mehr an als eine kleinbürgerliche Auflehnung gegen „die da oben" oder die Angst vor jahrelangem Schmutz, Staub und Lärm rund um eine Großbaustelle.
Das württembergische Bürgertum blickt vielmehr auf eine lange Tradition der Mitsprache zurück, ihre Vertreter regierten schon im Landtag mit, als anderswo noch Adlige auf fast mittelalterliche Art alleine herrschten. Bevormundung ist dem Schwaben zuwider. Sie wollen nicht einfach dabei zusehen, wie über ihre Köpfe hinweg ein Stück ihrer Heimat zerstört werden soll.
(...)
Ihrer politischen Instinktlosigkeit zum Trotz müssen die Regierenden erkennen, dass sich ein Projekt dieser Dimension mitten in der Stadt schon allein aus praktischen Gründen nicht gegen den Willen der Bevölkerung durchziehen lässt. Die Polizei kann nicht – so wie in diesen Tagen – jedem Bagger und jedem Lastwagen jahrelang den Weg durch die Menschenmenge am Bauzaun bahnen.

1. Benennen Sie mithilfe des Leitartikels der Stuttgarter Zeitung (**M2**) Aufgaben und Nöte der Zeitungsredaktionen angesichts Stuttgart 21.

2. Wie erklärt der Autor des Artikels „Schwabenaufstand" (**M3**) die große Ablehnung von Stuttgart 21 in der Bevölkerung? Finden Sie heraus, ob der Verfasser pro oder kontra Stuttgart 21 ist.

3. Diskutieren Sie in der Klasse, was Ihnen beim Lesen von Nachrichten besonders wichtig ist: eine sachliche Darstellung von Tatsachen oder die Einschätzung und Bewertung von Ereignissen?

Macht der Medien

Welche Ereignisse verdienen es, zur Nachricht zu werden? Journalisten sortieren Informationen nach sogenannten Nachrichtenfaktoren. Ein gängiges Auswahlschema ist das „GUN-Prinzip".

M1 Die Moderatoren Frank Plasberg (Das Erste), Peter Limbourg (SAT.1), Maybrit Illner (ZDF) und Peter Kloeppel (RTL) posieren vor Bundeskanzlerin Angela Merkel (CDU, li.) und Kanzler-Kandidat Frank-Walter Steinmeier (SPD, re.).
Die Spitzenkandidaten von CDU und SPD traten in einem TV-Duell aufeinander. ARD, ZDF, RTL und Sat.1 haben sich nach 2005 zum zweiten Mal zusammengeschlossen, um vor der Bundestagswahl ein gemeinsames „Kanzlerduell" zu übertragen.

GUN-Prinzip
Gesprächswert (G) hat ein Ereignis, über das man spricht, diskutiert, sich ärgert oder sich freut. Unterhaltung (U) bietet ein Geschehen, das in Verbindung mit der eigenen Lebenswelt steht, das verblüfft oder amüsiert. Die Neuigkeit (N) ist dann besonders groß, wenn etwas überraschend eintritt.

Nachrichtenauswahl

Jeden Tag geschehen auf der Erde etliche ungewöhnliche Ereignisse. In keiner Zeitung oder Nachrichtensendung kann über all das berichtet werden. Niemand wäre auch in der Lage, so viele Meldungen zur Kenntnis zu nehmen. Also ist es Aufgabe der Medien auszuwählen, was berichtet werden soll.

Medien als „Vierte Gewalt"

Medien werden häufig – neben den drei Gewalten Legislative, Exekutive und Judikative – als die „Vierte Gewalt" im Staat bezeichnet. Ihre Aufgabe besteht u. a. darin, die Öffentlichkeit über das Wirken der anderen Gewalten kritisch zu informieren.
Das Grundgesetz räumt in Artikel 5 der Informations- und Pressefreiheit einen hohen Stellenwert ein. Eine Zensur findet nicht statt. Oftmals haben in der Vergangenheit Zeitungen oder Nachrichtenmagazine Missstände aufgedeckt, die sonst der Öffentlichkeit verborgen geblieben wären, wie z. B. unerlaubte Parteispenden. Wegen ihrer kritischen Berichterstattung wird den Medien aber manchmal auch die Schuld an der Politikverdrossenheit mancher Menschen gegeben.

Gefahr der Einflussnahme

Über die Medien kann der größte Teil der Bevölkerung erreicht werden. Deshalb ist es von großer Bedeutung, in welcher Form das politische Geschehen in Bund, Ländern und Gemeinden dargestellt wird. Wer als Vertreter einer Partei oder Interessengruppe Zugang zu den Medien besitzt und in der Lage ist, seine Anliegen verständlich und überzeugend zu formulieren, kann die öffentliche Meinung entscheidend beeinflussen.
In der Bundesrepublik Deutschland sind Zeitungs- und Zeitschriftenverlage fast ausschließlich in privatem Besitz. So ist die Gefahr gering, vom Staat beeinflusst zu werden.
Es können sich jedoch Abhängigkeiten ergeben, die durch das Meinungsbild der Verleger oder wichtiger Anzeigenkunden geprägt sind.

Die „Öffentlich-Rechtlichen"

Die öffentlich-rechtlichen Rundfunk- und Fernsehprogramme werden unter dem Einfluss von Bund und Ländern produziert. Bei ihrer Gründung nach dem Zweiten Weltkrieg wollten die Alliierten verhindern, dass mächtige Monopolisten diese Medien für ihre Zwecke missbrauchen könnten. Kontrollgremien (z. B. Rundfunkräte) bestehen aus Vertretern bedeutender gesellschaftlicher Gruppierungen wie Parteien, Kirchen, Arbeitgeberverbänden und Gewerkschaften.
Sie haben die Aufgabe, dafür zu sorgen, dass diese Medien anspruchsvolle Information und Unterhaltung anbieten und nicht in Abhängigkeit einzelner Interessengruppen geraten. Sie stehen damit in deutlichem Gegensatz zu den privaten Anbietern (s. S. 300).

M2 Einfluss der Medien auf die politische Meinungsbildung:

Nie war Politik so komplex wie heute; und nie war es so einfach, sich mithilfe von Fernsehen, Zeitungen, Zeitschriften und Internet eingehend über Politik zu informieren. Tatsächlich geben viel mehr Menschen als etwa vor 40 Jahren an, sie interessierten sich für Politik; in Wirklichkeit aber können nur die wenigsten den Unterschied zwischen Bundestag und Bundesrat erklären. (...)
Natürlich sind Politiker als Vermittler ihrer Politik auf die Massenmedien angewiesen, und selbstredend versuchen sie, Zeitungen und Fernsehen zu ihrem eigenen Nutzen zu instrumentalisieren. Kein Wunder, dass die Menschen im Land den Eindruck bekommen müssen, Politiker seien machtbesessen und nur auf den eigenen Vorteil aus. Und wer ist schuld? Die Medien natürlich. Behauptet jedenfalls Thomas Petersen, Projektleiter beim Allensbacher Institut für Demoskopie (...)
Gemeinhin geht man davon aus, dass Medien so etwas wie ein Spiegel der Gesellschaft sind; ein Zerrspiegel mitunter, aber ein Spiegel. Petersen sieht das anders: „Es gibt eine ganze Reihe von sehr deutlichen Hinweisen darauf, dass die Bevölkerung in ihrer Meinungsbildung in Bezug auf politische Fragen in sehr vielen Fällen dem Tenor der Berichterstattung nachfolgt." Das bedeutet: Medien geben Meinungen nicht wieder, sie machen sie.
Fest steht zumindest: Die Wahrnehmung von Politik hat sich verändert. Das könne, fürchtet Petersen, weitreichende Folgen haben: „Ein Fundament der Demokratie wird unterhöhlt." Vertrauen sei schließlich die Voraussetzung für das Funktionieren einer repräsentativen Demokratie, „und wenn das wegbricht, hat das Folgen für die Stabilität des politischen Systems".

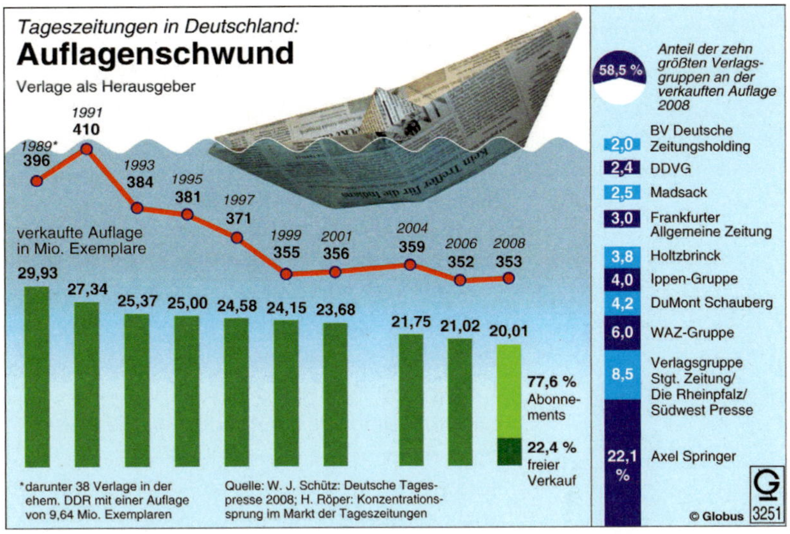

M3 Auflagenentwicklung der Tageszeitungen in Deutschland 1989–2008
Bis 2017 sank die verkaufte Auflage (grüne Säulen) weiter auf 14,7 Mio.

M4 Eine Online-Meldung entsprechend dem GUN-Prinzip vom 23.02.2011, vier Wochen vor der Landtagswahl:

Stuttgart/Mühlacker (dpa/lsw) – Ministerpräsident Stefan Mappus (CDU) ist unter die Leihgeber gegangen: Die komplett eingerichtete Schuhmacher-Werkstatt seines Vaters gehört jetzt zum Fundus des Hauses der Geschichte Baden-Württemberg, bestätigte das Museum am Mittwoch einen Bericht der „Stuttgarter Zeitung". Die seltene Werkstatt aus den 50er und 60er Jahren sei „ein wertvoller Beitrag zur Handwerksgeschichte des Südwestens", sagte Ausstellungsleiterin Paula Lutum-Lenger. Günter Mappus, gelernter Schuhmachermeister, hatte sie im Keller seines Hauses in Mühlacker-Enzberg aufgebaut und dort das Schuhwerk der Familie repariert. Er war vor einem Jahr gestorben. Eine Ausstellung ist zunächst nicht geplant.

1. Unterscheiden Sie zwischen öffentlich-rechtlichen und privat-kommerziellen Sendern. Wie werden die Sender jeweils finanziert? Wer könnte die Programmgestaltung beeinflussen?

2. Begründen Sie, warum Medien oft als „Vierte Gewalt" bezeichnet werden (**VT2**, **M2**).

3. Erläutern Sie, inwiefern es sich bei **M4** um eine GUN-Nachricht handelt und beurteilen Sie den „Gesprächswert" der Meldung kurz vor der Landtagswahl.

4. Finden Sie Gründe, die für die sinkende Auflage von Tageszeitungen maßgebend sein könnten (**M3**).

„Sechs Stunden täglich" – vom Umgang mit Medien

Kinder, Jugendliche und Erwachsene werden heute mit einer Flut vielfältiger Medienangebote konfrontiert. Deshalb wird Medienkompetenz zu einer Schlüsselqualifikation, die eingeübt werden muss.

Wie nutzen Jugendliche Medien?

Mehr als sechs Stunden verbringen 14- bis 19-jährige Jugendliche täglich mit Medien. Zwei Drittel dieser Zeit konsumieren sie die Massenmedien Fernsehen und Hörfunk. Die restliche Zeit verbringen junge Menschen mit Tageszeitungen, Zeitschriften, dem Internet oder mit audiovisuellen Speichermedien wie CDs oder Videofilmen.

Je höher die Schulbildung ist – das haben Untersuchungen ergeben –, desto kritischer wird die Mediennutzung. Mit steigender Bildung erfassen Jugendliche politische Zusammenhänge leichter, können Informationen kritischer bewerten und Wichtiges besser von Unwichtigem trennen. Rund 67 Prozent der baden-württembergischen Haushalte haben eine Tageszeitung abonniert. Vier von fünf Baden-Württembergern ab 14 Jahren lesen mehrmals pro Woche Zeitung, je höher ihre Bildung, desto häufiger.

M1 „Ein Skandal, die Versäumnisse in unserem Schulsystem!"
Karikatur von Luff

Souverän mit Medien umgehen

Medienkompetenz bedeutet, dass Menschen den Medien nicht einfach ausgeliefert sind, sondern kompetent und souverän mit ihnen umgehen können. Die durch die Verschmelzung von Informationstechnologie, Telekommunikation und Medien entstehenden neuen Angebote werden für den Einzelnen immer unüberschaubarer, die Bedienung der Geräte immer schwieriger. Wer jedoch an der modernen Informationsübertragung erfolgreich teilhaben möchte, muss Zugang zu modernen Kommunikationstechnologien haben. Er muss in der Lage sein, sich z. B. in die Handhabung einer neuen Computer-Software einzuarbeiten und die dazu notwendigen Handbücher zu verstehen. Mediennutzung geschieht aktiv durch die Fähigkeit, neue Geräte bedienen zu können. Sie geschieht aber auch interaktiv durch die Beantwortung von Angeboten wie etwa Telebanking, Teleshopping oder durch das Kommunizieren innerhalb von E-Learning-Programmen.

Kritisches Medienverständnis

Technisches Verständnis allein genügt nicht. Wer Medien nutzt, muss auch dazu fähig sein, deren Botschaften zu verstehen und kritisch zu hinterfragen. Er muss in der Lage sein, Informations- und Nachrichtensendungen von Hörfunk und Fernsehen zu verstehen und mit der Berichterstattung anderer Medien zu vergleichen. Medienkompetent sein bedeutet mehr als nur Computer und Internet bedienen zu können. Zur Arbeit mit Medien gehört es, Inhalte auf ihre Zuverlässigkeit hin zu befragen und zu erkennen, unter welchen Einflüssen sie entstanden sind.

M2 In einem Interview mit der Stuttgarter Zeitung erklärt der ehemalige RTL-Chef Helmut Thoma den Erfolg von RTL bei vielen jungen Menschen:

StZ: Heute haben vor allem Castingshows Erfolg, in denen man schadenfroh über schlechte Kandidaten und Dieter Bohlens hämische Sprüche lachen kann.

Thoma: Das Reizvolle daran ist doch, dass sich unsere Mitmenschen dabei blamieren. Dadurch kann sich der Zuschauer selbst erheben, frei nach dem Motto: „Ach, wie bin ich froh, denn ich selber bin nicht so."

StZ: Finden Sie diese Reaktionen legitim?

Thoma: Die Leute bleiben auch bei schweren Autounfällen stehen und gaffen. Dieses Bedürfnis zu gaffen, kommt aus uralten Zeiten, das machen auch Affen. (…)

StZ: Ihrer Meinung nach sind die öffentlich-rechtlichen Sender eine bevormundende Volksbildungsanstalt und RTL der lockere Spaßsender. Setzen Sie nicht einfach nur auf die Dummheit der Zuschauer, um billig gemachte Sendungen zu verkaufen?

Thoma: (…) Es ist doch jedem Sender selbst überlassen, welches Publikum er erreichen möchte. (…)

StZ: Sie halten gar nichts vom Bildungsauftrag?

Thoma: Nein, weil der nicht funktioniert. (…) Das Fernsehen eignet sich als Medium nicht für Bildung. Das sollte nicht dessen Aufgabe sein. Es gibt eine Schulpflicht, das sollte reichen. Kein Mensch kann mich zwingen, etwas zu lernen.

StZ: Die Öffentlich-Rechtlichen zwingen den Zuschauer nicht zum Lernen, sondern machen ihm nur ein Angebot, sich fortzubilden.

Thoma: Aber die Leute nehmen das Angebot nicht an, weil sie kein Interesse an Bildung im Fernsehen haben. Wenn der normale Zuschauer abends müde von der Arbeit nach Hause kommt, dann will er nicht die 23. Diskussion über die Arbeitslosigkeit im Wattenmeer anschauen, sondern er will seine Gehirnströme auf ein ganz einfaches Niveau einstellen.

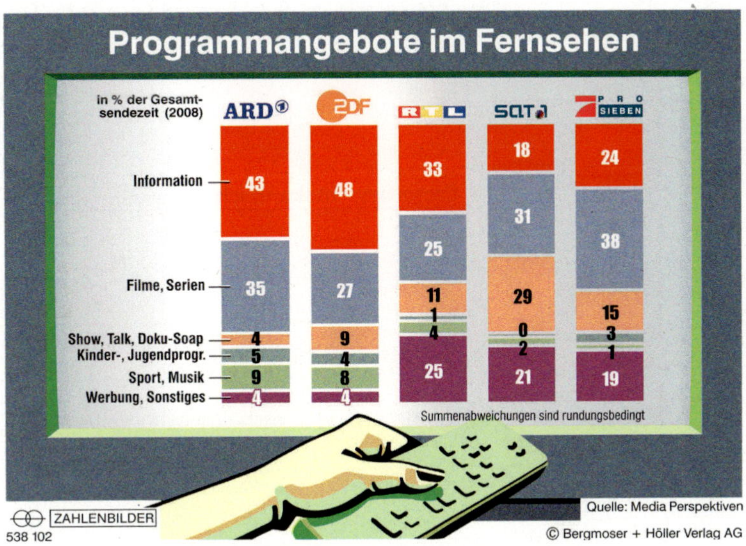

M3 Mit der Einführung des Privatfernsehens im Jahr 1985 hat sich die deutsche Fernsehlandschaft nachhaltig verändert.

Die öffentlich-rechtlichen Programme ARD und ZDF sind seitdem der Konkurrenz kommerzieller Sender ausgesetzt, die auch untereinander in hartem Wettbewerb stehen. Die Programmunterschiede zwischen öffentlich-rechtlichen und privaten Sendern sind beträchtlich.

1. Beschreiben Sie die Karikatur (**M1**). Verwenden Sie dazu die methodischen Arbeitsschritte auf S. 171.

2. Arbeiten Sie die Angebotsschwerpunkte der verschiedenen Sender aus **M3** heraus. Vergleichen Sie den Erfolg/Misserfolg des Programms mithilfe der Marktanteile in Baden-Württemberg auf S. 301.

3. Beurteilen Sie, wie der frühere RTL-Chef seine Zuschauer einschätzt (**M2**). Formulieren Sie eine Gegenposition, in der Sie begründen, dass es sich sehr wohl lohnt, Sendungen von ARD, ZDF und dem Landessender SWR anzuschauen.

4. Ermitteln Sie, wie viel Zeit Sie durchschnittlich täglich mit dem Konsum von Medien verbringen. Listen Sie dabei auf, welchen Zeitanteil Sie mit Fernsehen, Hörfunk, Tageszeitungen, Zeitschriften, Büchern, Tonträgern, DVDs und dem Internet verbringen. Übertragen Sie die Ergebnisse in ein Säulendiagramm. Vergleichen Sie kritisch Ihren Medienkonsum mit dem Ihrer Mitschüler.

Politische Mitwirkung in Baden-Württemberg

1 Diese Begriffe kann ich erklären!

a) allgemeine, gleiche, unmittelbare Wahlen

b) Bürgerinitiative

c) Mehrheits- und Verhältniswahlsystem

d) Quorum

e) absolute/relative Mehrheit

f) Fraktion

g) kumulieren/panaschieren

h) Gewaltenteilung

i) Repräsentative Demokratie

j) Petition

k) Opposition

l) Länderfinanzausgleich

m) Legislaturperiode

n) Überhangmandate

o) Föderalismus

2 Die Aufgaben dieser Organe kann ich erklären!

a) Gemeinderat

b) Kreistag

c) Landtag

d) Landesregierung

e) Bundestag

f) Bundesrat

3 Diese Fragen kann ich beantworten!

a) Wie ist die Schulkonferenz Ihrer Schule zusammengesetzt?

b) Welche Möglichkeiten besitzen Bürgerinitiativen, um auf ihre Anliegen aufmerksam zu machen?

c) Was sind wesentliche Aufgaben der Bürgermeister in Baden-Württemberg?

d) Wie funktioniert das Wahlrecht zum Gemeinderat in Baden-Württemberg?

e) Was haben Stadt- oder Landkreise für Aufgaben?

f) Welche Voraussetzungen müssen für das Zustandekommen eines Bürgerentscheids gegeben sein?

g) Wie kommt ein Landesgesetz zustande?

h) Warum werden Medien auch als die „Vierte Gewalt“ bezeichnet?

Lerninhalte wiederholen mithilfe eines Triominos

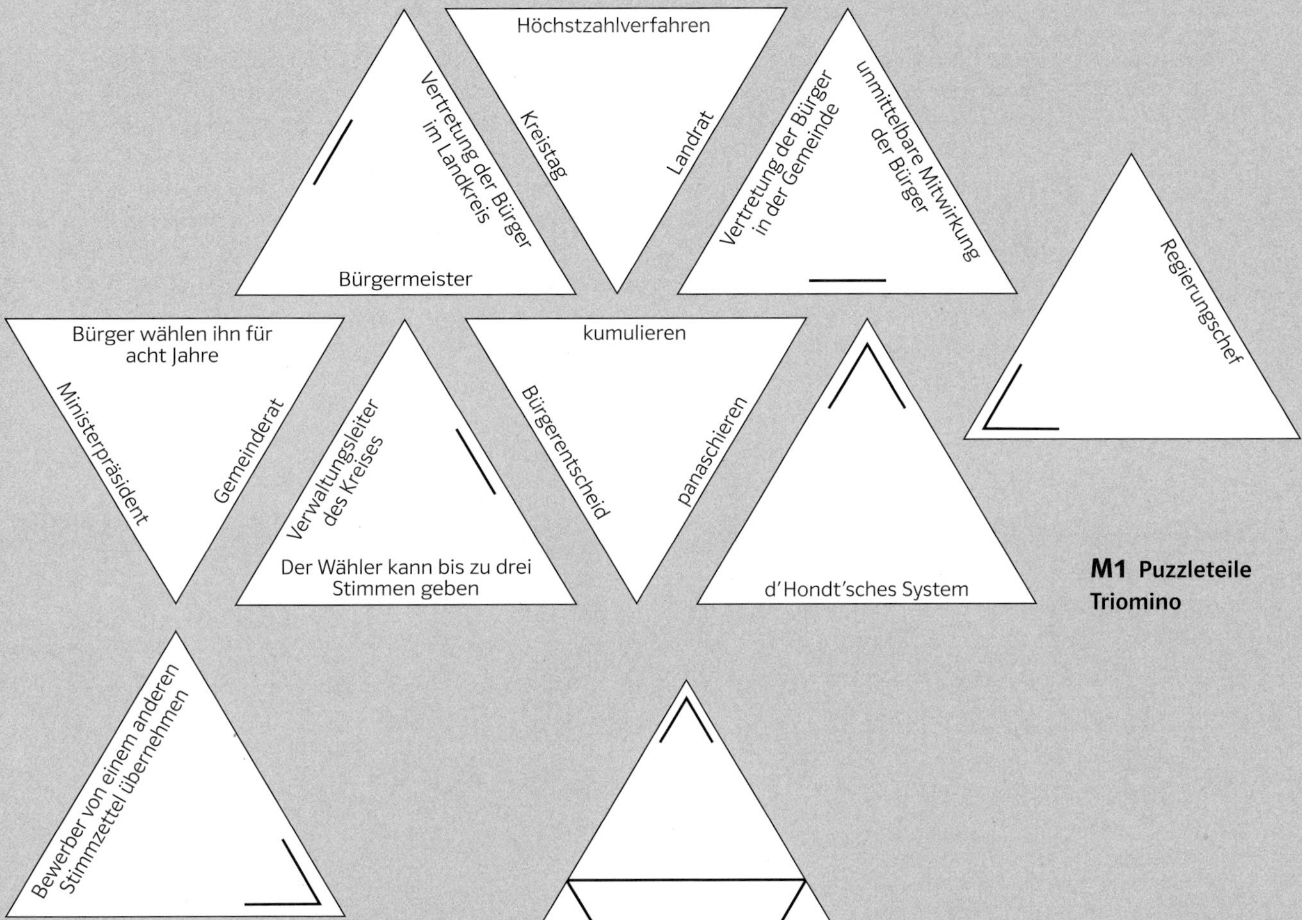

M1 Puzzleteile Triomino

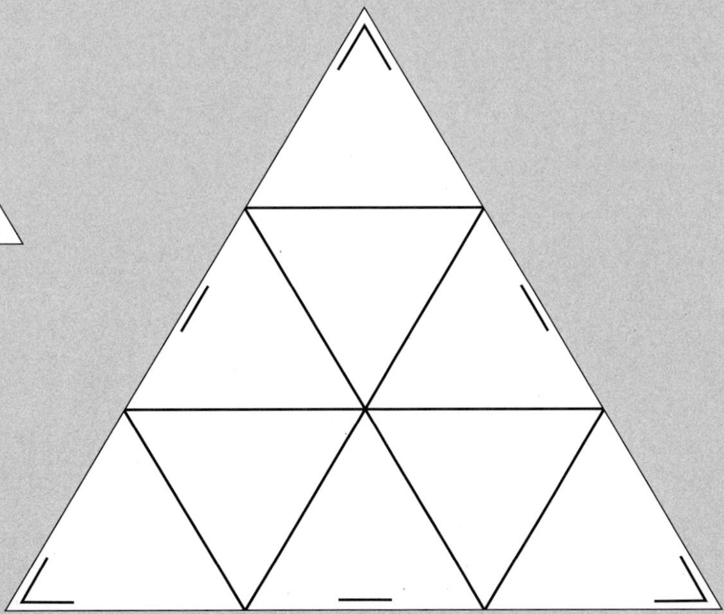

M2 Legeplan Triomino

1. Kopieren Sie die Seite und schneiden Sie die Puzzleteile aus. Legen Sie die gleichseitigen Dreiecke (**M1**) gemäß dem Legeplan (**M2**) zu einer Pyramide zusammen, sodass die Begriffe und Erklärungen zueinander passen. Es gibt nur eine richtige Lösung.

2. Erarbeiten Sie selbst ein Triomino zu einem Thema Ihrer Wahl, indem Sie selbst gewählte Begriffe und von Ihnen erarbeitete Erklärungen verwenden.

10 Deutschland nach 1945 – besetzt, geteilt und wieder vereint

Die Jahre 1989 und 1990 bedeuteten einen außergewöhnlichen Einschnitt in die Geschichte Deutschlands. Nach jahrzehntelanger Teilung in zwei deutsche Staaten kam es in der DDR zu einer friedlichen Revolution: Die Mauer fiel. Nach der Wiedervereinigung lebten die Deutschen gemeinsam in einem Staat und standen plötzlich vor der Aufgabe, wieder zu einem Volk zusammenzuwachsen. Doch wie war es überhaupt zur Spaltung Deutschlands gekommen? Nach dem Ende des Zweiten Weltkriegs hatten zunächst die Alliierten die Geschicke des besiegten Deutschlands bestimmt. Unter dem Eindruck des beginnenden Ost-West-Konfliktes entstanden so zwei deutsche Staaten, die vierzig Jahre lang nebeneinander existierten, dabei aber dennoch auf vielfältige Weise miteinander verflochten waren. Das folgende Kapitel beschreibt die deutsche Nachkriegsgeschichte von der Teilung bis zur Wiedervereinigung.

Online-Link
416330-1001

1945

8. Mai 1945
Kapitulation Deutschlands im Zweiten Weltkrieg

Juli/August 1945
Potsdamer Konferenz

1948

1948/49
Berliner Blockade

23. Mai 1949
Gründung der Bundesrepublik Deutschland

7. Okotber 1949
Gründung der Deutschen Demokratischen Republik

M1 „Rosinenbomber"
Ein Flugzeug der U.S. Air Force vom Typ Douglas C-47 auf dem Dach des Deutschen Technikmuseums in Berlin, Foto 2009.

1953

17. Juni 1953
Volksaufstand in der DDR

1961

13. August 1961
Bau der Berliner Mauer

1970
Ostverträge der Regierung Brandt

1989

9. November 1989
Fall der Berliner Mauer

3. Oktober 1990
Vereinigung der beiden deutschen Staaten

M2 Überreste deutsch-deutscher Geschichte
Nur noch vereinzelt erinnern Mauerstücke wie hier in Berlin an die Teilung Deutschlands.
Foto 2004

1945 1990

Der 8. Mai – Katastrophe oder Befreiung?

Am 8. Mai 1945 war mit der bedingungslosen Kapitulation für die Deutschen der Krieg zu Ende. Die Mehrheit der Deutschen, die das Hitler-Regime unterstützt hatten, empfand diesen Tag als Niederlage. Für die NS-Opfer und Regimegegner hingegen war es ein Tag der Befreiung.

M1 Kinder erhalten in einem Flüchtlingslager Suppe.

Alliierter Kontrollrat
Bestand aus den Oberbefehlshabern der vier Besatzungsmächte USA, Großbritannien, Frankreich und Sowjetunion. Er übte in den Nachkriegsjahren die oberste Regierungsgewalt in Deutschland aus. Beschlüsse mussten einstimmig erfolgen. Allerdings konnte jeder der Oberbefehlshaber diese in seiner Besatzungszone nach eigenem Ermessen umsetzen.

Die Besatzungsmächte regieren

Noch während des Krieges hatten die Staatsmänner Großbritanniens, der Sowjetunion und der USA über die Zukunft des deutschen Volkes nach der Niederlage Hitlers entschieden. Deutschland wurde nun nach diesen Plänen in vier Besatzungszonen aufgeteilt. Das in Besatzungssektoren aufgegliederte Berlin wurde Sitz des Alliierten Kontrollrates, der von nun an die oberste Regierungsgewalt in Deutschland ausübte.

Katastrophe oder Befreiung?

In Deutschland atmeten die Menschen auf, als der Krieg zu Ende war – keine Todesnachrichten mehr von der Front, keine Bombenangriffe mehr. Niemand musste mehr Angst haben vor nationalsozialistischen Fanatikern, die noch in den letzten Kriegswochen Tausende desertierte Soldaten getötet hatten. Das Gefühl der Erlösung wurde aber verdrängt durch den täglichen Kampf ums Überleben. Das ganze Land lag in Trümmern. Es fehlte am Allernötigsten: an Wohnraum, Lebensmitteln, an Schuhen und Kleidung. Dazu kam die Angst vor der Rache der Besatzungssoldaten. Die Frauen trauerten um ihre gefallenen Männer und Söhne. Millionen Soldaten befanden sich in Kriegsgefangenschaft.

Trotz der Erleichterung über das Kriegsende empfanden die meisten Deutschen die Niederlage als Katastrophe. Dass das Ende des Krieges zugleich auch eine Befreiung von der NS-Diktatur war, wurde von den meisten Menschen nicht gesehen. Viele hatten die NS-Politik ja auch lange Zeit unterstützt.

Die Erinnerung an den 8. Mai 1945

In der DDR wurde jedes Jahr der 8. Mai, vom Staat angeordnet, als „Tag der Befreiung“ gefeiert. Doch es ist fraglich, ob die Menschen in Ostdeutschland dies tatsächlich so empfanden. In der Bundesrepublik wurde die Erinnerung an die NS-Zeit lange verdrängt. Dies änderte sich nur langsam. Ein Meilenstein auf diesem Weg war die Rede von Bundespräsident von Weizsäcker am 8. Mai 1985. Darin bekannte er sich zur deutschen Verantwortung für die NS-Verbrechen. Den 8. Mai 1945 nannte er einen „Tag der Befreiung“.

M2 Der damalige Landrat des Kreises Bruchsal, Middelmann, zur Ankunft von Vertriebenen:
Es wurde uns gegen November 1945 mitgeteilt – allen deutschen provisorischen Verwaltungsstellen –, dass binnen Kürze Millionen Menschen kommen müssten. Sie würden in Zügen transportiert. Für den ersten Bahntransport übernahmen die Alliierten die Verantwortung. Das Übrige war unsere Angelegenheit. Unsere Angelegenheit – das war ein milder Ausdruck, denn nichts war vorhanden. Immerhin erfuhr ich in Nordbaden vom damaligen Landesbezirksdirektor und früheren Reichsfinanzminister Dr. Heinrich Köhler, dass am nächsten Morgen der Zug mit 1200 Personen in Karlsruhe am Güterbahnhof stehen würde. Diese Personen seien sofort unterzubringen und zu versorgen. Darüber hinaus sollte ich vormerken, dass in den nächsten 180 Tagen weitere 150 Züge mit je 1200 Personen ankommen würden. Also hieß es sofort Lager einrichten. Die Lager ausstatten. (...) Meine erste Frage: Stehen Mittel zur Verfügung? Nein, das ist alles Ihre Angelegenheit.

M3 Bundespräsident Richard v. Weizsäcker auf einer Gedenkfeier zum 8. Mai 1945 im Jahre 1985:
Es war schwer, sich alsbald klar zu orientieren. Ungewissheit erfüllte das Land. Die militärische Kapitulation war bedingungslos. Unser Schicksal in der Hand der Feinde. Die Vergangenheit war furchtbar gewesen, zumal auch für viele dieser Feinde. Würden sie uns nun nicht vielfach entgelten lassen, was wir ihnen angetan hatten? (...)
Der Blick ging zurück in einen dunklen Abgrund der Vergangenheit und nach vorn in eine ungewisse dunkle Zukunft. Und dennoch wurde von Tag zu Tag klarer, was es heute für uns alle gemeinsam zu sagen gilt: Der 8. Mai war ein Tag der Befreiung. Er hat uns alle befreit von dem menschenverachtenden System der nationalsozialistischen Gewaltherrschaft. Niemand wird um dieser Befreiung willen vergessen, welche schweren Leiden für viele Menschen mit dem 8. Mai erst begannen und danach folgten. Aber wir dürfen nicht im Ende des Krieges die Ursache für Flucht, Vertreibung und Unfreiheit sehen. Sie liegt vielmehr in seinem Anfang und im Beginn jener Gewaltherrschaft, die zum Krieg führte.
Wir dürfen den 8. Mai 1945 nicht vom 30. Januar 1933 trennen.
Wir haben wahrlich keinen Grund, uns am heutigen Tag an Siegesfesten zu beteiligen. Aber wir haben allen Grund, den 8. Mai 1945 als das Ende eines Irrweges deutscher Geschichte zu erkennen, das den Keim der Hoffnung auf eine bessere Zukunft barg.

M4 Das von Bomben zerstörte Heilbronn, 1946

1. Schreiben Sie eine Kurzreportage über das Leben der Deutschen nach dem Kriegsende (**M1, M2, M4**).

2. Erläutern Sie, warum der 8. Mai für die Deutschen sowohl Katastrophe als auch Befreiung bedeutete (**VT2, M2**).

3. Erläutern Sie, warum Richard v. Weizsäcker den 8. Mai 1945 als „Tag der Befreiung" bezeichnete (**M3**).

4. Erklären Sie die Aussage: „Wir dürfen den 8. Mai 1945 nicht vom 30. Januar 1933 trennen." (**M3**)

1945 1990

Zeitzeugen befragen

Zeitzeugen machen Geschichte lebendig und bieten Informationen, die oft nicht in Lehrbüchern stehen. Die Aussagen von Zeitzeugen sind historische Quellen. Und wie alle Quellen müssen sie kritisch hinterfragt werden. Denn die Erinnerungen von Menschen werden durch viele Faktoren beeinflusst: Unangenehme Ereignisse werden verdrängt oder nachträglich beschönigt. Erinnerungen verblassen im Laufe der Zeit oder sie werden einfach vergessen. Das Erlebte wird aus der heutigen Sicht beurteilt. Wertvoll sind Zeitzeugenaussagen vor allem, wenn es darum geht, den Alltag der Menschen zu erkunden.

M1 Kurt Däß auf dem Weg zu seinem ersten Schultag im Stuttgarter Stadtteil Gablenberg 1942. Die Idylle trügt: Stuttgart war bereits von den ersten Luftangriffen getroffen worden.

M2 Der 1936 geborene Kurt Däß berichtet 2010:

Im Herbst 1942 kam ich zur Schule. Mein erstes Schuljahr war in der Knabenklasse 1 in der Gablenberger Schule. (...) Wir waren 50 Schüler in der Klasse, da die meisten jüngeren Lehrer im Krieg waren. Lehrerinnen gab es damals ohnehin nicht viele. Bei Eintritt des Lehrers mussten wir aus den Schulbänken springen und mit Heil Hitler grüßen. (...)
Im Mai 1942 hatte für Stuttgart der Bombenkrieg begonnen. (...) Im Herbst wurden dann alle Stuttgarter Schulkinder evakuiert. Ich kam zu Mutters Base [Kusine] Marie nach Oberhaugstett Kreis Calw, Großvaters Geburtsort. Dabei hatte ich es sicher besser als meine Freunde und Schulkameraden, die keine Verwandtschaft auf dem Land hatten. Sie wurden zu fremden Bauern auf Dörfer verteilt. Hauptsächlich ins Oberland.
So setzte ich nun, losgelöst von meiner ganzen seitherigen Umgebung, das zweite Schuljahr in der einklassigen Dorfschule fort. Auch hier war der Lehrer im Krieg, sodass der Unterricht von seiner Frau gehalten wurde. (...) Manchmal kam dann auch Herr Ohngemach, der Rektor und einzige Lehrer aus dem Nachbarort, und versuchte, Ordnung in das Chaos von acht Jahrgängen in einem Raum zu bringen. (...)
So verging das zweite Schuljahr, ohne dass sich an meinem Kenntnisstand Wesentliches geändert hätte und die Sommerferien 1944 begannen. Gegen Ende dieser Ferien holte mich Mutter für ein paar Tage nach Hause. (...) Als dann die Schule wieder begann und ich zurück nach Haugstett sollte, war zunächst die Bahnlinie unterbrochen. Als sie wieder repariert war, wollte mich Mutter nicht mehr fortschicken und erreichte, dass ich bleiben durfte und damit die letzten Kriegsmonate und Fliegerangriffe in Stuttgart erlebte. So kam es, dass die 3. Klasse in meiner Schullaufbahn fehlt. (...)
Im April 1945 kam dann das Ende. (...) Im Herbst fing dann die Schule wieder an. Da die Gablenberger Schule, in der ich das erste und das angefangene zweite Schuljahr verbracht hatte, seit dem Angriff vom 19. Oktober 1944 nur noch ein Trümmerhaufen war, mussten wir in die Wagenburgschule, die nur teilweise beschädigt war. Ich kam in die vierte Klasse zu Herrn Pfautz, einem jungen Lehrer, der gerade aus der Gefangenschaft gekommen war. Er war ein guter Lehrer, aber sehr leicht erregbar. Das Chaos von ca. 50 Schülern, die zum großen Teil schon sehr lange keine Schule mehr gesehen hatten, versuchte er mit der Trillerpfeife zu bändigen. Wir lernten aber bei ihm sehr viel und ich wurde ein unter diesen Verhältnissen sehr guter Schüler. (...)

Auswerten

Als „Württembergisches Oberland" (Zeile 18) wird das Gebiet zwischen Donau und Bodensee bezeichnet. Calw ist eine Stadt im nördlichen Schwarzwald, Oberhaugstett ein Ort zwischen Pforzheim und Freudenstadt. Wesentliche Fakten, an die sich der Zeitzeuge erinnert, sind richtig wiedergegeben. So gab es bis in die 1960er-Jahre an den Volksschulen, wie sie damals hießen, getrennte Klassen für Jungen und Mädchen. Auch die Behauptung, dass es nur wenige Lehrerinnen gab, ist richtig (Zeile 5). Frauen wurden von den Nationalsozialisten ab 1933 aus dem Berufsleben gedrängt, Lehrerinnen spätestens wenn sie heirateten. Während des Zweiten Weltkriegs wurden die Frauen dann wieder als Arbeitskräfte gebraucht.

Allenfalls eine Ungenauigkeit gibt es: Die Bombardierung Stuttgarts begann nicht, wie der Augenzeuge berichtet ,1942, sondern schon im August 1940 mit einem Bombenangriff auf die Daimler-Benz AG in Stuttgart-Untertürkheim.

Die Ausführungen des Zeitzeugen belegen die Unterrichtssituation in den Kriegs- und Nachkriegsjahren. Sie zeigen, wie sehr Eigeninitiative notwendig war, um in den Wirren der damaligen Zeit zu einem guten Schulabschluss zu kommen. Vieles bleibt in dem Bericht offen und könnte bei einer persönlichen Befragung ergänzt werden: Mit welchen Lehrmitteln wurde im Unterricht gearbeitet? Gab es Schwierigkeiten mit dem Lehrer Pfautz, der gerade erst aus der Kriegsgefangenschaft zurückgekehrt war?

Methodische Arbeitsschritte

1 Vorbereiten

- Überlegen Sie, zu welchem Thema, unter welcher Perspektive und zu welchem Zweck Sie Ihren Zeitzeugen interviewen wollen.
- Machen Sie Zeitzeugen ausfindig und vereinbaren Sie einen Gesprächstermin.
- Schreiben Sie sich Stichworte zu den Themen auf, über die Sie etwas erfahren wollen.

2 Befragen

- Hören Sie geduldig zu und fallen Sie nicht ins Wort.
- Notieren Sie die persönlichen Daten des Zeitzeugen: Name, Alter, Geburtsort, Beruf u.a.
- Vorsicht beim Einsatz von Recordern. Besser ist, Sie hören aufmerksam zu und machen sich Notizen.
- Stellen Sie Verständnis- und weiterführende Fragen: Wo konnten Sie nicht folgen? Was hätten Sie gern genauer gewusst?
- Fragen Sie nach Dokumenten, vor allem Fotos, die den Zeitzeugenbericht illustrieren.

3 Auswerten

- Klären Sie politische Ereignisse und geografische Begriffe, die Sie nicht kennen.
- Überprüfen Sie anhand von Sachbüchern, Internetquellen oder weiteren Zeitzeugen die Richtigkeit wesentlicher Aussagen.
- Fassen Sie Ihre Notizen zusammen und fertigen Sie ein Protokoll des Zeitzeugenberichts und der Antworten auf Ihre ergänzenden Fragen.
- Beurteilen Sie, inwieweit sich der Zeitzeuge richtig erinnern konnte, welche Aussagen unwahrscheinlich sind.
- Ordnen Sie die Aussagen in einen größeren Zusammenhang ein und legen Sie dar, welche Erkenntnisse Sie durch die Zeitzeugenbefragung gewonnen haben.

1. Lassen Sie sich von Ihren Eltern und Großeltern erzählen, wie diese ihre Schulzeit erlebt haben, vor allem auch die Berufsschulzeit. Berücksichtigen Sie bei dem Gespräch die methodischen Arbeitsschritte.

2. Vergleichen Sie die Bildungsmöglichkeiten, die Ihre Eltern und Großeltern hatten, mit den Chancen, die Ihnen das heutige Schulsystem bietet.

3. Stellen Sie eine Liste mit Themen zusammen, zu denen Zeitzeugen wichtige Informationen liefern können, die so nicht in einem Sachbuch stehen.

4. Diskutieren Sie, warum es in Zeitzeugenberichten auch fehlerhafte Aussagen gibt, obwohl die Berichtenden die Zeit selbst miterlebt haben.

1945 1990

Ost-West-Konflikt: Aus Verbündeten werden Feinde

Nach 1945 entstanden zwei feindliche Machtblöcke, ein sozialistischer im Osten und ein marktwirtschaftlich orientierter, von seinen Gegnern als „kapitalistisch" bezeichneter im Westen.

M1 Die „Großen Drei" in Jalta im Jahr 1945: der britische Premierminister Winston Churchill, US-Präsident Franklin D. Roosevelt und der sowjetische Staatschef Josef Stalin

Kalter Krieg
Zustand gegenseitiger militärischer Bedrohung, der 40 Jahre lang das Klima zwischen Ost und West beherrschte. Der Begriff „kalt" wurde gewählt, weil es nie zu direkten militärischen Übergriffen kam.

Containment
(engl. = Eindämmung). Die Politik der USA in den 1950er- und 1960er-Jahren zielte darauf ab, den Einfluss- und Machtbereich der UdSSR zu begrenzen.

Gegenseitiges Misstrauen

Die USA und die Sowjetunion waren im Zweiten Weltkrieg Verbündete. Präsident Franklin D. Roosevelt ließ die UdSSR mit militärischen Gütern unterstützen. Sein Nachfolger Harry S. Truman sah dagegen in dem Machtzuwachs der Sowjetunion eine Gefahr für das demokratische Nachkriegseuropa und für die wirtschaftlichen Interessen der USA. Er befürchtete, Josef W. Stalin würde die Rote Armee nicht wieder aus den befreiten Ländern Osteuropas zurückziehen und diesen Staaten ein kommunistisches System aufzwingen.
Aber auch die sowjetischen Politiker hatten Ängste: Sie befürchteten, ihr durch den Krieg arg geschwächtes Land könnte von der neuen US-Regierung weltpolitisch an den Rand gedrängt und völlig isoliert werden, wenn die Rote Armee die besetzten Gebiete in Osteuropa verlassen würde. Hatten die USA nicht ein leichtes Spiel, die osteuropäischen Staaten an sich zu binden? Und ergab sich nicht wieder eine Gefahr für die militärische Sicherheit der Sowjetunion, wenn das einzige kommunistische Land von kapitalistisch orientierten Staaten eingekreist würde?

Sowjetisierung Osteuropas

Fast in allen Ländern Ost- und Südosteuropas, die im Zweiten Weltkrieg von der Roten Armee befreit worden waren, übernahmen von der Sowjetunion unterstützte kommunistische Regierungen die Macht. Häufig gelang das nur durch Terror gegen Andersdenkende. Menschen wurden verhaftet, verschleppt oder eingeschüchtert. Auch vor Mord schreckten die neuen Machthaber, die oft mit dem sowjetischen Militär und Geheimdienst zusammenarbeiteten, nicht zurück.
Die Staaten unter sowjetischem Einfluss nannten sich Volksdemokratien. In Wirklichkeit waren sie aber Diktaturen. Stalin band diese Staaten durch Militär- und Wirtschaftsverträge eng an die UdSSR.

Beginn des „Kalten Krieges"

Durch die kommunistischen Diktaturen im Osten Europas hatte sich der Machtbereich der Sowjetunion erheblich ausgeweitet. Das löste Ängste in den USA und Westeuropa aus. Viele Menschen sahen ihre Freiheit und Sicherheit bedroht. Andererseits fürchteten Stalin und die mit ihm verbündeten Kommunisten, dass die USA auf einen Umsturz in Osteuropa hinarbeiten würden.
Misstrauen, Angst und Rivalität bestimmten bald die Beziehungen zueinander. Der „Kalte Krieg" begann.
1949 gründeten die USA zusammen mit Kanada und zahlreichen westeuropäischen Staaten den Nordatlantischen Verteidigungspakt (NATO). Dem setzte die Sowjetunion 1955 den Warschauer Pakt als östliches Militärbündnis entgegen.

M2 Ausdehnung des sowjetischen Machtbereichs seit dem Zweiten Weltkrieg

M3 Die Eindämmung des Kommunismus (Containment) war das wichtigste außenpolitische Ziel des amerikanischen Präsidenten Harry S. Truman (1945–1953):

Die eine Lebensweise gründet sich auf den Willen der Mehrheit und zeichnet sich durch freie Institutionen, freie Wahlen, Garantie der persönlichen Freiheit, Rede- und Religionsfreiheit und Freiheit von politischer Unterdrückung aus. Die zweite Lebensweise gründet sich auf den Willen einer Minderheit, der der Mehrheit aufgezwungen wird. Terror und Unterdrückung, kontrollierte Presse und Rundfunk, scheinbare Wahlen und Unterdrückung persönlicher Freiheit sind ihre Kennzeichen. Ich bin der Ansicht, dass es Politik der USA sein muss, die freien Völker zu unterstützen, die sich der Unterwerfung durch bewaffnete Minderheiten oder durch Druck von außen widersetzen.

M4 Malenkow, einer der mächtigsten Männer der UdSSR nach Stalin, sagte 1947:

In dem Bestreben, die Position zu festigen, die das amerikanische Monopolkapital während des Krieges in Europa und Asien erobert hat, hat diese Clique nun den Weg offener Expansion betreten, den Weg der Versklavung der geschwächten kapitalistischen Länder Europas, der Versklavung der kolonialen und abhängigen Länder, den Weg der Vorbereitung neuer Kriegspläne gegen die UdSSR und die Länder der neuen Demokratie, wobei sie sich des Vorwandes eines Kampfes gegen die kommunistische Gefahr bedienen.

1. Erklären Sie, wie Malenkow in **M4** Amerikas Politik nach dem Zweiten Weltkrieg sieht.

2. Fassen Sie zusammen, wie kennzeichnet Präsident Truman in seiner Rede vor dem amerikanischen Kongress 1947 die gesellschaftlichen Unterschiede zwischen Ost und West (**M3**)? Erläutern Sie, welche Schlussfolgerungen er daraus für die Politik der USA zieht.

1945 1990

Der schwere Weg zur Demokratie

Für die demokratische Neuordnung der Westzonen standen die Alliierten vor schwierigen Entscheidungen. Wie konnte es gelingen, aus einer nationalsozialistischen Gesellschaft eine Demokratie zu machen?

Marshallplan
So wurde das finanzielle Hilfsprogramm der USA zum Wiederaufbau der Produktionsanlagen in europäischen Ländern bezeichnet, benannt nach US-Außenminister George C. Marshall. Das Hilfsprogramm war die Grundlage der raschen wirtschaftlichen Gesundung Westeuropas. Die Sowjetunion verhinderte die Einbeziehung der Ostblockstaaten in den Marshallplan.

Potsdamer Konferenz

Im Juli/August 1945 entschieden die Siegermächte USA, Sowjetunion und Großbritannien auf einer Konferenz in Potsdam über die Zukunft der Deutschen. Die NSDAP und ihre Organisationen sowie die Wehrmacht wurden verboten. Nationalsozialisten sollten in Politik, Wirtschaft, Verwaltung, Justiz und Schule ihre Positionen verlieren. Diejenigen, die Verbrechen gegen Andersdenkende geplant und begangen hatten, sollten vor Gericht gestellt werden. Für die anderen Völkern zugefügten Schäden hatten die Deutschen Ersatzleistungen zu erbringen. Der nördliche Teil Ostpreußens mit Königsberg wurde der Sowjetunion, das südliche Ostpreußen und das übrige Ostdeutschland bis zur Oder-Neiße-Linie Polen zur Verwaltung übergeben (s. S. 311).

Entnazifizierung

Für die Verfolgung der Verbrechen im Nationalsozialismus richteten die Besatzungsmächte in den Westzonen Spruchkammern ein. Unbescholtene Deutsche überprüften ehemalige Nationalsozialisten und bestraften Schuldige mit Geldbußen, Berufsverboten oder mit Gefängnis. Als die Spannungen zwischen den Westalliierten und der Sowjetunion sich verschärften, wurde die Entnazifizierung in Westdeutschland 1950 endgültig abgeschlossen. Die Spruchkammern beendeten ihre Arbeit.

M1 **Deutsche Frauen und Männer füllen einen Fragebogen über ihre Tätigkeit im Nationalsozialismus aus.**

Politischer Neubeginn im Westen

Um die dringendsten Aufgaben zur Versorgung der Bevölkerung zu lösen, setzten die Alliierten politisch Unbelastete als Bürgermeister und Landräte ein. Ab Sommer 1945 wurden politische Parteien zugelassen – dazu gehörten die CDU, CSU, SPD, FDP sowie die KPD. Als neue Verwaltungseinheiten wurden Länder gegründet. In Südwestdeutschland waren es (Süd-) Baden, Württemberg-Baden und Württemberg-Hohenzollern. Gewählte Länderparlamente in den Westzonen gaben sich demokratische Verfassungen.
Ein demokratischer Neubeginn in Deutschland konnte jedoch nur mit einer Bevölkerung gelingen, die sich vom Nationalsozialismus lossagte. Ziel der Alliierten war folglich eine Umerziehung der Deutschen zu demokratischer Gesinnung. Deshalb gestatteten und förderten die Westalliierten die Gründung neuer Rundfunksender und Zeitungsverlage, den Aufbau einer unabhängigen Justiz und die Erarbeitung neuer Bildungspläne für die Schulen.

Marshallplan

Die Entwicklung demokratischer Strukturen erforderte allerdings auch eine Verbesserung der Lebenslage der Bevölkerung sowie einen wirtschaftlichen Neubeginn. Mit dem Marshallplan entwickelten die USA 1947 ein großzügiges Programm für den wirtschaftlichen Aufbau Europas, von dem die Deutschen in den Westzonen, West-Berlins und später in der Bundesrepublik profitierten. Die Hilfeleistungen betrugen bis 1957 rund 1,7 Milliarden Dollar.

M2 **Wahlplakate zu den Landtagswahlen 1946/47**

M3 **Der amerikanische Außenminister Byrnes in einer Rede am 6. September 1946 in Stuttgart:**

Die Vereinigten Staaten können Deutschland die Leiden nicht abnehmen, die ihm der von seinen Führern angefangene Krieg zugefügt hat. Aber die Vereinigten Staaten haben nicht den Wunsch, diese Leiden zu vermehren oder dem deutschen Volk die Gelegenheit zu verweigern, sich aus diesen Nöten herauszuarbeiten, solange es menschliche Freiheit achtet und vom Wege des Friedens nicht abweicht. (…) Das amerikanische Volk will dem deutschen Volk helfen, seinen Platz zurückzufinden zu seinem ehrenvollen Platz unter den freien und friedliebenden Nationen der Welt.

M4 **Ein Mitglied berichtet über die Arbeit der Spruchkammern:**

Das Entnazifizierungsgesetz hatte den Kreis der „Betroffenen" viel zu weit gezogen. Wir hatten wiederholt vorgeschlagen, die große Masse der Mitläufer mit geringeren Geldbußen davonkommen zu lassen. Das wurde von der Besatzungsmacht stets abgelehnt. Als schließlich die Zahl der Fälle unübersehbar wurde, griff die Militärregierung mit Amnestien ein, die vor allem den Jugendlichen zugutekamen. Eine große Schuld an dem Misslingen des Gesetzes trug der Umstand, dass die Spruchkammern parteipolitisch zusammengesetzt waren. Sie nahmen sich vor allem der kleinen Fälle an, um Leute, die aus Geschäft und Beruf geworfen waren, möglichst bald wieder ins Brot zu bringen. So blieben die schweren Fälle liegen.

1. Beschreiben Sie, wie die Entnazifizierung im Westen Deutschlands vonstattenging (**VT2** und **VT3, M1, M4**).

2. Erläutern Sie die Maßnahmen der Besatzungsmächte beim politischen und wirtschaftlichen Aufbau der Westzonen. Inwieweit trugen diese zur Errichtung eines demokratischen Deutschlands bei (**VT, M1, M3, M4**)?

3. Beurteilen Sie die politischen Beweggründe der USA in Bezug auf die Realisierung des Marshallplans (**VT, M3**).

4. Untersuchen Sie, welche Themen SPD, CDU und KPD in den Mittelpunkt ihrer Wahlwerbung stellten (**M2**). Welche Aussagen über deren politische Grundeinstellung lassen sich daraus ableiten?

1945 1990

Drei Besatzungszonen werden ein Bundesland

Das Bundesland Baden-Württemberg ist eine Gründung der Nachkriegszeit. Seine Grenzen ergaben sich aus dem Zuschnitt der damaligen Besatzungszonen.

M1 Eine Ration Lebertran soll unterernährte Freiburger Mädchen und Jungen in der Nachkriegszeit wieder aufpäppeln.

Besatzungszone
Teilgebiet eines besetzten Staates. Nach 1945 waren Deutschland und Österreich in jeweils vier Zonen unter amerikanischer, britischer, französischer und sowjetischer Herrschaft aufgeteilt. Die Regierungsgewalt in den Zonen führten Militärbefehlshaber aus.

Drei Länder – zwei Besatzungszonen

Nach der bedingungslosen Kapitulation am 8./9. Mai 1945 teilten die Siegermächte Deutschland in vier Besatzungszonen auf. Die ehemaligen Länder Baden und Württemberg mit dem preußischen Hohenzollern, die zuvor fast 150 Jahre lang Bestand gehabt hatten, wurden willkürlich geteilt. Alle Landkreise nördlich der Autobahn Ulm-Karlsruhe gehörten nun zur amerikanischen Zone, die Kreise südlich davon zur französischen.

Die amerikanische Besatzungszone

Im September 1945 proklamierte der amerikanische Militärgouverneur für Deutschland, General Eisenhower, die Bildung des Landes Württemberg-Baden. Die Amerikaner bemühten sich rasch um die Versorgung der Bevölkerung, aber auch um die Demokratisierung.
Der von der Besatzungsmacht ernannte Ministerpräsident Reinhold Maier berief bereits im Januar 1946 eine vorläufige Volksvertretung ein. In den folgenden Monaten wurden Gemeinderats- und Kreistagswahlen durchgeführt. Die verfassunggebende Landesversammlung wurde im Juni 1946 vom Volk gewählt.

Die französische Besatzungszone

Die Hungerjahre der Deutschen dauerten in der französischen Besatzungszone länger als in der amerikanischen. Frankreich war 1945 ein geschundenes, ein ausgeblutetes Land. Einnahmen konnten nur aus der Besatzungszone erzielt werden, etwa durch Demontagen oder durch die Abholzung des Schwarzwaldes.
Die französische Militärregierung gab in ihrer Zone den Weg für eine Demokratisierung nur zögernd frei. Von Oktober 1945 an schufen die Franzosen für das Land Württemberg-Hohenzollern mit der Hauptstadt Tübingen und für das Land (Süd-)Baden mit der Hauptstadt Freiburg demokratische Selbstverwaltungsorgane.

Wunsch nach Neugliederung der Länder

Im Juli 1948 erteilten die drei Militärgouverneure im westlichen Teil Deutschlands den Regierungschefs der damaligen Länder den Auftrag, Vorschläge für eine Neugliederung zu erarbeiten. Darüber gab es im Südwesten Meinungsverschiedenheiten:
Die Regierungen von Württemberg-Baden und Württemberg-Hohenzollern wollten zusammen mit (Süd-)Baden ein Gesamtland bilden. Die Regierung (Süd-)Badens jedoch wollte das frühere Land Baden wieder herstellen. Nachdem sich die drei Länderregierungen nicht einigen konnten, verabschiedete der Deutsche Bundestag 1951 ein Neugliederungsgesetz. Dieses sah eine Einteilung des Abstimmungsgebietes in vier Zonen vor: Nordwürttemberg, Nordbaden, Südwürttemberg-Hohenzollern und Südbaden. Der Südweststaat sollte dann gebildet werden, wenn bei einer Volksabstimmung im gesamten Abstimmungsgebiet sowie in drei von den vier Zonen eine Mehrheit für den Zusammenschluss zustande käme. Im Dezember 1951 fiel die Entscheidung: In den drei Abstimmungsbezirken Nord- und Südwürttemberg sowie Nordbaden stimmte die Mehrheit für den Südweststaat.

M2 **Plakat zum Volksentscheid am 9. Dezember 1951**

	für	gegen
Südbaden	38,8	62,2
Nordbaden	57,1	42,9
Württemberg-Hohenzollern	91,4	8,6
Württemberg-Baden	93,5	6,5

M3 **Volksabstimmung 1951: für und gegen den Südweststaat in Prozent**

M4 Hunger und Not der Nachkriegsjahre – eine Landeshistorikerin berichtet:

Die Nachkriegszeit war nicht nur durch den politischen Neubeginn, sondern auch durch die Alltagsnot gekennzeichnet. Der Verlust von Angehörigen, die Sorge um Kriegsgefangene, die Versorgungsprobleme und die Wohnungsnot in der Nachkriegszeit überlagerten das Interesse vieler Menschen am Aufbau eines neuen politischen Systems. Überlebende der Konzentrations- und Vernichtungslager, heimkehrende Soldaten, Flüchtlinge und Heimatvertriebene mussten sich mit jeweils anderen Erfahrungen und Belastungen nach Kriegsende eine neue Existenz aufbauen. Der Mangel an Nahrungsmitteln, Wohnraum, Kleidung, Alltagsgegenständen und Brennstoffen ließ die Jahre nach dem Krieg zu einer Ausnahmesituation werden. Die Versorgungsprobleme konnten durch Improvisation, Hamsterfahrten aufs Land und Schwarzmarkthandel nur notdürftig gelindert werden. Die Probleme gestalteten sich in den beiden Besatzungszonen unterschiedlich. Die französische Besatzungsmacht nutzte ihre Zone als Hilfsquelle für den Wiederaufbau Frankreichs, das im Krieg von der deutschen Besatzungsmacht ausgebeutet worden war. Im Gegensatz zur US-amerikanischen Armee ernährten sich die französischen Truppen aus ihrer Zone. (…) Ab Herbst 1945 mussten Hunderttausende von Flüchtlingen und Heimatvertriebenen in Württemberg-Baden aufgenommen werden. Die französische Zone blieb ihnen bis 1949 weitgehend verschlossen. (…) 1950 bildeten Flüchtlinge und Heimatvertriebene in Württemberg-Baden 20 Prozent der Bevölkerung, während ihr Anteil in Württemberg-Hohenzollern und Südbaden noch unter 10 Prozent lag.

M5 **Staatliche Gliederung Südwestdeutschlands 1945–1952**

1. Vergleichen Sie die Besatzungspolitik von Frankreich und den USA (**VT2** und **VT3, M4**). Nennen Sie Ursachen für die Unterschiede.

2. Vermuten Sie Gründe für das Abstimmungsverhalten der Südbadener 1951 (**M3**).

1945 1990

Landesgeschichte aufspüren – ein Museumsbesuch

Einen tieferen Einblick in die Geschichte Ihres Bundeslandes können Sie im „Haus der Geschichte" in Stuttgart erhalten. Hier haben Sie die Möglichkeit, Geschichte anhand von Originalobjekten, Filmen, Tonaufnahmen und Fotos zu erleben – eine spannende Begegnung mit der regionalen Geschichte.

M1 „Haus der Geschichte" Baden-Württemberg
Architekt: James Stirling

Das „Haus der Geschichte" in Stuttgart

Wenn Sie sich gründlich über einzelne Epochen der badischen und württembergischen Geschichte des 19. und 20. Jahrhunderts informiert haben, können Sie Ihre Kenntnisse im „Haus der Geschichte" in Stuttgart vertiefen. Dort werden wichtige Ereignisse aus den letzten 200 Jahren Baden-Württembergs und seiner Vorgängerstaaten Baden, Württemberg und Hohenzollern präsentiert. Der Eintritt ist für Schülerinnen und Schüler kostenlos. Mithilfe modernster Informationsmedien werden politische Zusammenhänge, soziale Strukturen und historische Perspektiven präsentiert. Da manche Exponate (Ausstellungsstücke) klein und unscheinbar wirken, ist es am besten, an einer Museumsführung teilzunehmen.

Die Ausstellung

Die Ausstellung will dazu anregen, sich mit der Vergangenheit zu beschäftigen; sie soll Spaß machen, aber auch Betroffenheit auslösen. Der Gang durch das Museum soll zudem helfen, aktuelle Ereignisse in einen größeren Zusammenhang einzuordnen.
Die Dauerausstellung in Stuttgart führt mit einem chronologischen Gang über zwei Etagen durch die Landesgeschichte. Historische Objekte verdeutlichen die Geschichte des deutschen Südwestens. Dabei zieht sich die Beteiligung der einzelnen Bevölkerungsgruppen wie ein roter Faden durch die Ausstellung. Am Ende der Chronologie steht die ins Museum geholte Gegenwart. Aktuelle Themen werden zum Anlass historischer Vertiefung genommen: „Migration", „Religion", „Natur und Umwelt", „Wissenschaft" sowie „Frauen und Männer". Diese Themen und Probleme werden in ihrem historischen Zusammenhang aufgezeigt.

Besucher werden einbezogen

Die Ausstellung reduziert den Besucher nicht auf die Rolle des passiven Betrachters. Sie versucht ihn vielmehr aktiv einzubeziehen. So entpuppt sich in der Ausstellungseinheit „Natur und Umwelt" eine Reihe von aufgesägten Schwarzwaldtannen erst bei näherer Betrachtung als „Bretterstapel" und Vitrine zugleich. Der Besucher selbst muss die im Baukörper vorhandenen Infotafeln herausziehen. Nur so kann er auch einen Ausschnitt aus dem alten Film „Schwarzwaldmädel" in Gang setzen, in dem der Ginster als schwarzwaldtypische Pflanze besungen wird. Diese Pflanze ist, wie eine weitere Infotafel verrät, heute im Schwarzwald nicht mehr anzutreffen.

M2 Plakat der „Arbeitsgemeinschaft der Badener" im Wahlkampf vor der Abstimmung über den Südweststaat, 1951

M3 Kasten mit Schlüsseln aus dem Stuttgarter Frauenhaus
In Stuttgart besteht seit 1981 ein städtisches Frauenhaus. 32 Frauen können dort Zuflucht finden. Die Adresse ist geheim. Jede Frau erhält zur Sicherung ihres Zimmers einen eigenen Schlüssel. Mittlerweile wurden die alten Türschlösser durch modernere ersetzt.

M4 Der 3,20 Meter hohe und 140 Meter lange Bauzaun am Nordflügel des Stuttgarter Hauptbahnhofs,
an dem die Gegner von Stuttgart 21 ihren Protest schriftlich und grafisch artikulierten, wird entfernt und teilweise im „Haus der Geschichte" wieder aufgebaut. Der von Zehntausenden Menschen getragene Protest gegen den Tiefbahnhof gilt als tiefer Einschnitt in die baden-württembergische Landesgeschichte.

1. Informieren Sie sich auf den Seiten 320/321 über die Volksabstimmung zur Gründung des Südweststaats. Beschreiben Sie das Plakat (**M2**). Welche der drei Regierungen hat es wohl in Auftrag gegeben?

2. Klären Sie, aus welchem Grund ein Museum Schlüssel ausstellt (**VT, M3**), die sich in ähnlicher Form in jedem Haushalt finden lassen?

3. Informieren Sie sich auf den Seiten 266 und 267 über den Protest gegen Stuttgart 21. Warum erscheint es notwendig, dass der Bauzaun mit den Protestplakaten in ein Museum gebracht wird (**M4**)?

„Es muss demokratisch aussehen"

Die Besatzungsmächte konnten die Entwicklung in ihren Besatzungszonen eigenständig bestimmen. Und so verwirklichte auch die sowjetische Regierung ihre politischen Vorstellungen in ihrer Besatzungszone: Eine Gesellschaft nach sowjetischem Vorbild sollte entstehen.

M1 Links: Werbeplakat zur Bodenreform in der SBZ von Alfred Stiller, 1945
Mit „Junkerland" – abgeleitet von „Land der preußischen Junker" – ist das Land der Großgrundbesitzer gemeint

M2 Rechts: Die Rote Armee hilft, Propagandaplakat von 1945 aus der SBZ

Antifaschismus
Dieser Begriff bezeichnet die politische Ablehnung des Faschismus. In der SBZ und später in der DDR bot die antifaschistische Grundhaltung breiter Bevölkerungsteile der SED die Möglichkeit, auch bürgerliche Parteien in den Aufbau der sozialistischen Gesellschaft einzubinden.

Nach sowjetischem Vorbild

Beim Aufbau dieser Gesellschaft stützte sich die sowjetische Regierung auf deutsche Kommunisten unter der Führung von Walter Ulbricht und Wilhelm Pieck. Beide hatte man bereits während des Zweiten Weltkriegs auf diese Aufgabe vorbereitet. Mit der Losung von der Errichtung einer „antifaschistisch-demokratischen Ordnung" erhofften sich die deutschen Kommunisten eine breite Anhängerschaft in der Bevölkerung, vor allem auch im Bürgertum.

Auf dem Weg zur Diktatur

Die Entwicklung in der sowjetischen Besatzungszone (SBZ) unterschied sich in vielen Bereichen von der in den Westzonen. Das begann bereits bei der Entnazifizierung. Tausende ehemalige Mitglieder der NSDAP, aber auch viele Unschuldige und Verfechter einer neuen demokratischen Ordnung, wurden von sowjetischen Militärgerichten zu langjährigen Haftstrafen verurteilt oder in die Sowjetunion deportiert.
Im Zuge einer Bodenreform wurden 8000 Grundbesitzer mit Gütern über 100 Hektar sowie „aktive Nazis und Kriegsverbrecher" entschädigungslos enteignet. Ab 1946 begann man, alle Betriebe, deren Eigentümer tatsächlich oder angeblich Kriegsverbrecher waren, in „Volkseigentum" – also in Staatsbesitz – zu überführen. Die führende Rolle dabei hatten die Kommunisten. Im April 1946 erzwangen sie unter erheblichem Druck auf viele Sozialdemokraten die Verschmelzung der KPD mit der SPD zur Sozialistischen Einheitspartei Deutschlands (SED). Die SBZ entwickelte sich so zu einer Diktatur nach sowjetischem Vorbild.

M3 Wolfgang Leonhard, damals Mitglied der KPD, beschreibt, wie die Kommunisten die Verwaltung in Berlin neu organisierten:

Ulbricht erklärte uns: „Die Bezirksverwaltungen müssen politisch richtig zusammengestellt werden. Kommunisten als Bürgermeister können wir nicht brauchen. (...) Die Bürgermeister sollen in den Arbeiterbezirken in der Regel Sozialdemokraten sein. In den bürgerlichen Vierteln (...) müssen wir an die Spitze einen bürgerlichen Mann stellen. (...) Am besten, wenn er ein Doktor ist (...) und ein Mann, mit dem wir gut zusammenarbeiten können. (...) Der erste stellvertretende Bürgermeister, der Dezernent für Personalfragen und der Dezernent für Volksbildung – das müssen unsere Leute sein. Dann müsst ihr noch einen ganz zuverlässigen Genossen in jedem Bezirk ausfindig machen, den wir für den Aufbau der Polizei brauchen. (...) Es muss demokratisch aussehen, aber wir müssen alles in der Hand haben."

M5 Sitz der Leitung der SED, Leipzig im Juni 1946
Losungen für den Volksentscheid zur Enteignung der „Betriebe der Kriegs- und Naziverbrecher"

M4 Franz Höncher, 1945–1948 im ehemaligen Konzentrationslager Buchenwald inhaftiert, über die Gründe der Verhaftung:

Ich war bis 1945 politischer Leiter in Ramsia, außerdem Zellenleiter der NSDAP-Ortsgruppe Schwerstedt. Das war eben so, wer Landwirtschaft betrieb, wurde vom Wehrdienst zurückgestellt und übernahm dafür Funktionen im Dorf. Ich bin ja nach wie vor der Meinung, dass das mit Politik wenig zu tun hatte. Aber danach hat die Besatzungsmacht (...) nicht gefragt. Ich bin mir ziemlich sicher, dass mich ein Freund angeschwärzt hat. (...) Verhört haben sie uns, immer nachts. (...) Warum hat der Bauer die und der Bauer jene Kühe? (...) Mit Politik oder irgendeiner Parteizugehörigkeit hatte das wenig zu tun. (...) Wissen Sie, viel fragen mussten die eigentlich nicht, sie wussten ohnehin alles, manches besser als ich (...). Von wegen Verhandlung, mit Anwalt und Zeugen. Nicht einmal die eigene Mutter hätten sie an einen herangelassen.

1. Erläutern Sie Ziele und Maßnahmen der sowjetischen Besatzungsmacht und der deutschen Kommunisten bei der Errichtung der „antifaschistisch-demokratischen Ordnung" **(VT, M1–M3)**.

2. Beschreiben Sie, wie die SED ihre führende Rolle in der SBZ durchsetzte und ausbaute **(VT, M3)**.

3. Erläutern Sie die Unterschiede beim Aufbau demokratischer Strukturen in Politik, Wirtschaft, Justiz und Verwaltung in der West- und Ostzone (**s. S. 318/319, VT, M1–M5**).

4. Betrachten Sie **M5** und bewerten Sie dabei den Ausspruch Walter Ulbrichts in **M3**: „Es muss demokratisch aussehen."

1945 1990

Eine Nation – aber zwei Staaten

Den Westmächten fiel es immer schwerer, sich mit der Sowjetunion auf eine gemeinsame Deutschlandpolitik zu verständigen. Deshalb setzten sie auf eine stärkere Zusammenarbeit der Westzonen. Nach und nach zeichnete sich eine Spaltung Deutschlands ab.

M1 Am 23. Mai 1949 unterzeichnete Konrad Adenauer als Präsident des Parlamentarischen Rates das Grundgesetz, die Verfassung der Bundesrepublik Deutschland.

Währungsreform
Mit der Einführung einer neuen Währung soll die Wirtschaft angekurbelt und die Währung eines Staates stabilisiert werden. Damit soll eine weitere Geldentwertung verhindert werden. Die Währungsreform 1948 war eine wesentliche Voraussetzung für die Teilnahme der Westzonen am Marshallplan.

Auf dem Weg zur Teilung

Anfang 1947 schlossen sich die amerikanische und britische Zone zu einem „Vereinigten Wirtschaftsgebiet", der Bizone, zusammen. 1949 erweiterte die französische Zone den Zusammenschluss zur Trizone. Die Sowjetunion lehnte den Beitritt ab.

Währungsreform und Luftbrücke

Die beginnende Spaltung Deutschlands zeigte sich auch in der Wirtschaft: Im Juni 1948 führten die Westmächte in ihren Zonen mit der D-Mark eine neue Währung ein. Die Sowjetunion reagierte prompt. Sie führte in der SBZ ebenfalls eine neue Währung ein. Darüber hinaus blockierte die Sowjetunion die Zufahrtswege nach West-Berlin, sodass Nahrungsmittel und andere Güter nicht mehr dorthin gelangen konnten. Ziel der Blockade war es, die Bevölkerung durch Hunger und Kälte gegen die westlichen Alliierten aufzuwiegeln. So wollte die Sowjetunion die Westmächte von ihren Plänen eines westdeutschen Teilstaates abbringen. Der Versuch scheiterte jedoch am entschlossenen Handeln der Amerikaner und Briten. Diese versorgten die eingeschlossene Bevölkerung 462 Tage lang aus der Luft. Am 12. Mai 1949 beendete die Sowjetunion die Blockade.

Das Grundgesetz der Bundesrepublik

1948 beschlossen die Westalliierten, einen westdeutschen Teilstaat zu gründen. Dazu sollte eine vorläufige Verfassung ausgearbeitet werden, das sogenannte Grundgesetz. Diese Aufgabe übernahm ein Parlamentarischer Rat, der aus Vertretern der Länder gebildet wurde. Das Grundgesetz orientierte sich zwar an der Weimarer Verfassung, versuchte aber, deren Schwächen zu vermeiden. So ist die Macht des Bundespräsidenten eingeschränkt, die des Bundeskanzlers erweitert. Die Grund- und Menschenrechte nehmen eine herausragende Stellung ein.
Die Verkündung des Grundgesetzes am 23. Mai 1949 war die Geburtsstunde der Bundesrepublik Deutschland. Im August 1949 wurde das Parlament, der Deutsche Bundestag, gewählt. Erster Bundespräsident wurde Theodor Heuss, erster Bundeskanzler der Christdemokrat Konrad Adenauer.

Die Gründung der DDR

Parallel zur Bundesrepublik entstand ein ostdeutscher Staat, die Deutsche Demokratische Republik (DDR). Am 7. Oktober 1949 setzte die Volkskammer, das Parlament der DDR, die von einem Volksrat erarbeitete Verfassung in Kraft. Sie entsprach den Anforderungen einer parlamentarischen Demokratie. In der Praxis wurde aber auf die Bestimmungen wenig Rücksicht genommen.
Die wichtigsten Ämter wurden SED-Politikern übertragen: Wilhelm Pieck wurde erster Staatspräsident, Otto Grotewohl erster Ministerpräsident der DDR.

M2 „So – und achten Sie auf eine gute Erziehung."
Die Westmächte übergeben den Deutschen vorsichtig ihr „Baby" – die Bundesrepublik Deutschland. Federzeichnung von Mirko Szewczuk, 1949

M3 Ein Historiker aus der Bundesrepublik über die Bedeutung der Luftbrücke, 1985:

So kam es zur Luftbrücke, auf deren Höhepunkt alle 48 Sekunden ein „Rosinenbomber" auf den Berliner Flugfeldern landete. Es war, unerwartet für die Russen, eine technische Meisterleistung, für die es kein Vorbild gab. Stalin hat nicht damit gerechnet, dass die Moral der Berliner halten würde. Aber Ernst Reuter, der große Bürgermeister der Stadt, versammelte mehr als 300 000 Berliner vor dem Reichstag: „In Berlin ist es kalt, aber in Sibirien ist es kälter." Die Moral der Berliner hielt, und die Luftbrücke hielt auch. Am wichtigsten aber war die Entschlossenheit der Amerikaner (...).

M4 Die „Rosinenbomber" kommen
Umgerüstete Bomber und Transportflugzeuge der Westalliierten flogen jeden Tag über 4500 Tonnen Lebensmittel und Heizmaterial nach West-Berlin. 78 Amerikaner, Briten und Deutsche starben dabei.

M5 Im Grundgesetz sind 19 Grundrechte festgeschrieben, u. a.:

Art. 1: Die Würde des Menschen ist unantastbar (...). Sie zu achten und zu schützen ist Verpflichtung aller staatlichen Gewalt.
Art. 2: Jeder hat das Recht auf Leben und körperliche Unversehrtheit (...).
Art. 3: Alle Menschen sind vor dem Gesetz gleich. Männer und Frauen sind gleichberechtigt (...)
Art. 6: Ehe und Familie stehen unter dem besonderen Schutz der staatlichen Ordnung.
Art. 10: Das Briefgeheimnis sowie das Post- und Fernmeldegeheimnis sind unverletzlich (...)
Art. 16a: Politisch Verfolgte genießen Asylrecht (...)

1. Legen Sie eine Zeitleiste an, die den Weg bis zur Gründung beider deutscher Staaten aufzeigt (**VT, M1**).

2. Beurteilen Sie, welche Bedeutung die Luftbrücke für die West-Berliner hatte (**VT2, M3, M4**).

3. Die Verabschiedung des Grundgesetzes war eine historische Leistung. Beurteilen Sie, worin diese Leistung bestand (**VT3**).

4. Erläutern Sie, wie in **M2** die Rolle der Westalliierten und der Westdeutschen bei der Staatsgründung 1949 dargestellt wird.

Markt- und Planwirtschaft

Die zwei deutschen Staaten funktionierten sehr unterschiedlich – auch in der Wirtschaft. In der Bundesrepublik gab es die soziale Marktwirtschaft, in der DDR die Planwirtschaft. Im Westen sprach man bald von einem „Wirtschaftswunder".

M1 Volle Regale in den westdeutschen Läden im Jahr 1949
Das Foto zeigt den ersten Selbstbedienungsladen in Deutschland.

Marktwirtschaft
Ihre Merkmale sind: Privateigentum, freie Berufswahl sowie der freie Wettbewerb. Bei der sozialen Marktwirtschaft korrigiert der Staat negative Auswirkungen des Wettbewerbs mit sozialen Hilfen.

Planwirtschaft oder Zentralverwaltungswirtschaft
Wirtschaftssystem, in dem eine Behörde Planvorgaben für die Wirtschaft erarbeitet. Produktion, Verteilung der Waren und Preisfestlegung werden zentral geregelt.

Wirtschaftsboom

In den 1950er-Jahren setzte in der Bundesrepublik ein beispielloser wirtschaftlicher Aufschwung ein. Rasch sprach man von einem „Wirtschaftswunder". Für den Boom gab es viele Gründe: Die Gelder des Marshallplans ermöglichten den Unternehmern, moderne Maschinen anzuschaffen. So konnten sie die Produktion steigern. Hochwertige Industrieprodukte waren auf dem Weltmarkt ab Anfang der 1950er-Jahre sehr gefragt. Dies förderte den Export deutscher Produkte, die Unternehmen investierten. Zudem gab es in Deutschland viele gut ausgebildete, leistungswillige Arbeiter.

Soziale Marktwirtschaft

Ihren Anteil am Wirtschaftsboom hatte auch die Politik der sozialen Marktwirtschaft, die eng mit dem Namen des Wirtschaftsministers Ludwig Erhard verbunden wurde. Mit sozialen Maßnahmen gelang es, die Bevölkerung gegen Risiken abzusichern und für den wirtschaftlichen Aufbau zu motivieren. Flüchtlinge und Vertriebene erhielten mit dem „Lastenausgleich" eine Entschädigung für ihren verlorenen Besitz, die Altersrenten wurden erhöht. In den 1970er-Jahren kamen neue Sozialleistungen hinzu: Wohngeld für Familien mit niedrigem Einkommen, Stipendien für Studierende, Erziehungsgeld für Eltern. Der Lebensstandard stieg.
Stützen des Aufschwungs in den 1950er-Jahren waren auch Gewerkschaftsverbände und die Unternehmer: Die Gewerkschaften stellten Lohnforderungen, die den Aufbau der Wirtschaft nicht gefährdeten. Die Unternehmer nutzten die erwirtschafteten Gewinne für Investitionen. Dennoch: Ein „Wunder" war der Aufschwung nicht. Er war nur möglich auf der Grundlage harter Arbeit, oft verbunden mit wenig Zeit für sich und die Familie.

Planwirtschaft in der DDR

In der DDR wurde die gesamte Wirtschaft vom Staat gelenkt, geplant und kontrolliert. Zentrale Planvorgaben schrieben vor, was die Betriebe zu produzieren hatten, was der Bevölkerung zum Kauf anzubieten sei und welche Waren exportiert werden sollten.
In der sozialistischen Planwirtschaft waren die Produktionsmittel (z. B. Gebäude, Maschinen) meist in staatlichem bzw. genossenschaftlichem Eigentum. Seit Beginn der 1950er-Jahre wurden immer mehr Betriebe widerrechtlich enteignet. Sie wurden in Staatsunternehmen überführt, die sich Volkseigene Betriebe (VEB) nannten. Die Bauern mussten in Landwirtschaftliche Produktionsgenossenschaften (LPGs) eintreten. 1961 gab es in der DDR keine Privatbauern mehr. Auch Handwerker mussten sich zu Genossenschaften zusammenschließen. Trotz mancher Fortschritte in der Produktion und im Lebensstandard zeigte sich bald, dass die Planwirtschaft der sozialen Marktwirtschaft unterlegen war.

M2 Camping am Gardasee
Der wachsende Lebensstandard erlaubte manchen Westdeutschen Urlaub in Südeuropa. Foto, 1964

M3 Bundeswirtschaftsminister Ludwig Erhard 1957 über die soziale Marktwirtschaft:
Eine freiheitliche Wirtschaftsordnung kann auf die Dauer nur dann bestehen, wenn und solange auch im sozialen Leben der Nation ein Höchstmaß an Freiheit, an privater Initiative und Selbstvorsorge gewährleistet ist. Wenn dagegen die Bemühungen der Sozialpolitik darauf abzielen, dem Menschen schon von der Stunde seiner Geburt an die volle Sicherheit gegen alle Widrigkeiten des Lebens zu gewährleisten (...), dann kann man von solchen Menschen einfach nicht mehr verlangen, dass sie das Maß an Kraft, Leistung, Initiative und anderen besten menschlichen Werten entfalten, das (...) die Voraussetzung einer auf die Initiative der Persönlichkeit begründeten „sozialen Marktwirtschaft“ bietet. (...) Damit soll nicht geleugnet werden, dass eine auch noch so gute Wirtschaftspolitik in modernen Industriestaaten einer Ergänzung durch sozialpolitische Maßnahmen bedarf. (...) Es muss aber im ureigensten Interesse jeder organisierten Sozialpolitik liegen (...), Sorge zu tragen, dass die Prinzipien, nach denen die Wirtschaft geordnet ist, erhalten bleiben und weiter ausgebaut werden.

M4 Schlange stehen vor einem Geschäft in Dresden
Selbst auf Produkte des täglichen Bedarfs musste gewartet werden. Technische Konsumgüter wie Fernseher, Kühlschränke, Waschmaschinen, Autos waren schwer zu haben und stark überteuert. Auf einen „Trabant“, das Standardauto in der DDR, musste man zwölf Jahre warten. Foto 1985

	DDR	BRD
Durchschnittliches monatliches Nettoeinkommen		
Arbeitnehmer	961 Mark	2160 DM
Rentner	398 Mark	1505 DM
Zum Kauf erforderliche Arbeitszeit (Std.:Min.)		
Herrenschuhe	27:53	5:55
Kühlschrank	293:16	40:00
Pkw	3807:42	607:24
Roggenbrot	0:06	0:13
Eisenbahn-Wochenkarte	0:29	1:47
Wohnung		
Durchschnittliche Größe	58 qm	98 qm
Wohnungen mit Zentralheizung	36 %	70 %
Wohnungen mit Bad/Dusche	68 %	92 %

M5 Statistische Angaben zum Lebensstandard in beiden deutschen Staaten 1982/83

1. Erläutern Sie den Unterschied zwischen sozialer Marktwirtschaft und sozialistischer Planwirtschaft (**VT2, VT3**).

2. Erklären Sie den Zusammenhang zwischen „freiheitlicher Wirtschaftsordnung“ und der Notwendigkeit einer „organisierten Sozialpolitik“ durch den Staat (**M3**).

3. Nennen Sie Ursachen für den unterschiedlichen Lebensstandard der Ost- und Westdeutschen (**M1, M2, M4, M5**).

1945 1990

Westbindung statt Wiedervereinigung?

Bundeskanzler Adenauer verankerte die Bundesrepublik fest im westlichen Bündnis. Sie gewann dadurch schnell Ansehen und Einfluss in der westlichen Welt. Doch eine Wiedervereinigung der beiden deutschen Staaten rückte dadurch in weite Ferne.

Pariser Verträge
Abkommen von 1954 zwischen den westeuropäischen Staaten und den USA über die Stellung der Bundesrepublik innerhalb der westlichen Staatengemeinschaft. Inhalt u.a.: die Stationierung fremder Streitkräfte in der Bundesrepublik und der Beitritt Westdeutschlands zur NATO.

Westintegration

Nach der Spaltung Deutschlands war die Mehrheit der Westdeutschen zunächst gegen eine rasche Wiedervereinigung. Bundeskanzler Adenauer war der gleichen Meinung. Er wollte die Bundesrepublik eng an den Westen binden. So wollte er eine Ausbreitung des kommunistischen Einflusses auf Westdeutschland verhindern. Folglich lehnten sowohl die Westmächte als auch die Bundesrepublik 1952 einen Vorschlag der Sowjetunion ab, Verhandlungen über „die Errichtung eines wiedervereinigten demokratischen und neutralen Deutschlands" aufzunehmen. Ob die Sowjetunion diesen Vorschlag ernst meinte oder nur ein taktisches Spielchen trieb, um den Prozess der Westbindung zu stören, ist unter Historikern bis heute nicht geklärt.

M1 Westintegration und Wiederbewaffnung aus zweierlei Sicht
Links: Der Westen trotzt der Flut aus dem Osten, westdeutsches Propagandaplakat, 1952.
Rechts: Fort mit Adenauer, der mit der Wiederbewaffnung Deutschland endgültig spaltet, ostdeutsches Propagandaplakat, 1951/52.

Auf dem Weg zur Souveränität

Adenauers Ziel war es, die volle Unabhängigkeit der Bundesrepublik zu erreichen und sie in die Gemeinschaft der westlichen Staaten einzugliedern. Dies gelang in mehreren Schritten: Im Deutschlandvertrag 1952 erhielt die Bundesrepublik weitgehende außenpolitische Handlungsfreiheit. Sie wurde 1954 mit den Pariser Verträgen gleichberechtigtes Mitglied der westlichen Staatengemeinschaft und trat 1955 deren Militärbündnis, dem Nordatlantikpakt (NATO), bei. 1955 wurden die ersten Freiwilligen der Bundeswehr vereidigt, ein Jahr später beschloss der Bundestag die allgemeine Wehrpflicht.
Nicht alle Westdeutschen unterstützten die Politik Adenauers. Es kam zu heftigen Demonstrationen gegen die Wiederbewaffnung. Die SPD griff Adenauers Politik scharf an. Sie befürchtete, die enge Bindung an den Westen lasse eine Wiedervereinigung Deutschlands in weite Ferne rücken.

Zweistaatentheorie

Bis 1954 zielte die Politik der DDR und der Sowjetunion auf die Wiedervereinigung Deutschlands ab. Beide Staaten waren aber nicht bereit, freie demokratische Wahlen in West- und Ostdeutschland zuzulassen. Mit der Verkündung der „Zweistaatentheorie" durch den sowjetischen Staatschef Chruschtschow 1955 erfolgte eine Neuorientierung in der Deutschlandpolitik. Die Sowjetunion und die DDR akzeptierten das Bestehen zweier unabhängiger deutscher Staaten: Die Wiedervereinigung sei allein deren Angelegenheit. Zudem sei eine Wiedervereinigung nur möglich, falls die Veränderungen in der DDR, wie die Enteignungen in der Industrie und Landwirtschaft und andere „sozialistische Errungenschaften", nicht rückgängig gemacht würden.

M2 Aus der Regierungserklärung von Bundeskanzler Konrad Adenauer am 15. Dezember 1954 zu den Pariser Verträgen:
Das Vertragswerk macht die Bundesrepublik erst fähig, die Spaltung Deutschlands zu beseitigen und die sich mit der Wiedervereinigung stellenden Aufgaben zu bewältigen. (...) Die großen Mächte werden sich entsprechend ihren vertraglichen Verpflichtungen bei kommenden Verhandlungen für unsere Wiedervereinigung solidarisch einsetzen. (...) Sie erklären also, dass die Schaffung eines völlig freien und vereinigten Deutschlands durch friedliche Mittel ein grundlegendes Ziel ihrer Politik ist. Ich sehe nicht, (...) wie heute eine bessere Basis für die Wiedervereinigung Deutschlands gewonnen werden könnte.

M3 Aus der Antwort des Oppositionsführers Erich Ollenhauer (SPD):
In Paris ist (...) festgelegt worden, dass neue Verhandlungen mit der Sowjetunion über das Problem der deutschen Wiedervereinigung erst nach der Ratifizierung [Anerkennung] der Verträge ins Auge gefasst werden sollen. Der Herr Bundeskanzler hat sich diese These (...) zu eigen gemacht (...). Damit ist eindeutig der Aufrüstung der Bundesrepublik der Vorrang vor der Wiedervereinigung gegeben worden. Diese Politik basiert auf der Annahme, dass ohne die Einheit des Westens erfolgreiche Verhandlungen mit der Sowjetunion nicht möglich seien (...).
Die Interessen der Sowjetunion sind nicht identisch mit unseren deutschen Interessen, und ihre Argumente sind nicht unsere Argumente. Aber vergessen wir nie, die Sowjetunion ist eine der vier Besatzungsmächte, und ohne ihre Zustimmung und ohne ihre Mitwirkung ist eine Wiedervereinigung Deutschlands ebenso unmöglich wie ohne die Zustimmung und Mitwirkung der Westmächte.

M4 Proteste gegen die Wiederbewaffnung
Im November 1954 demonstrierte die bayerische Gewerkschaftsjugend gegen die Wiederaufrüstung der Bundesrepublik Deutschland. Es wurde bewusst auf einen Protest*marsch* verzichtet. Die Teilnehmer erschienen stattdessen auf Fahrrädern und Lastwagen.

Souveränität
Dieser Begriff bezeichnet politisch die rechtliche Unabhängigkeit eines Staates. Ein souveräner Staat beansprucht, dass sich niemand in seine inneren Angelegenheiten einmischt und er seine Außenpolitik selbst gestaltet.

1. Nennen Sie Gründe, warum die Mehrheit der Westdeutschen die Bindung an die westliche Staatengemeinschaft einer schnellen Wiedervereinigung vorzog (**VT1**).

2. Erläutern Sie die Richtlinien der Außen- und Deutschlandpolitik beider deutscher Staaten bis Mitte der 1950er-Jahre (**VT2** und **VT3**).

3. Welche Bedeutung hatten die Pariser Verträge für die Wiedervereinigung? Arbeiten Sie die unterschiedlichen Auffassungen Adenauers und Ollenhauers heraus (**M2, M3**).

4. Beschreiben und bewerten Sie die beiden Propagandaplakate (**M1**). Welche politischen Auffassungen werden sichtbar?

Schüsse und Stacheldraht

Die widerrechtlichen Enteignungen, die Beschränkung der persönlichen Freiheit, die Alleinherrschaft der SED und die schlechte Versorgungslage – all das führte dazu, dass die Unzufriedenheit der Bevölkerung in der DDR wuchs. Am 17. Juni 1953 kam es zum Aufstand.

M1 Mit Steinen gegen Panzer: Der Aufstand am 17. Juni 1953 in Ost-Berlin

Volksaufstand im Juni 1953

In Ost-Berlin gingen Bauarbeiter auf die Straße. Sie forderten bessere Arbeits- und Lebensbedingungen sowie mehr Mitbestimmung in den Betrieben. Dabei blieb es nicht. Am nächsten Tag demonstrierten auch in anderen Städten Hunderttausende. Rufe nach freien Wahlen, Meinungsfreiheit, Beseitigung der SED-Herrschaft und Entlassung der politischen Häftlinge wurden laut. Die Polizei war machtlos. Nur mithilfe der sowjetischen Besatzungsmacht konnte der Aufstand nach zwei Tagen blutig niedergeschlagen werden. Dutzende wurden während der Demonstrationen getötet oder im Anschluss hingerichtet. Tausende Demonstranten wurden verhaftet.

Der Bau der Mauer im August 1961

Die Fluchtbewegung nach West-Berlin und Westdeutschland nahm auch in den folgenden Jahren nicht ab. Zwischen 1955 und 1961 flohen rund 1,5 Millionen DDR-Bürger. Die Abwanderung von Arbeitskräften fügte der DDR-Wirtschaft großen Schaden zu. Im Sommer 1961 verließen täglich fast 2000 Flüchtlinge ihr Land. Daher riegelten Soldaten der Nationalen Volksarmee (NVA) und bewaffnete Arbeiter der sogenannten Kampfgruppen am 13. August mit Stacheldraht und Straßensperren die Grenze zu West-Berlin ab. In den nächsten Tagen und Wochen wurde die Grenze zu West-Berlin und zur Bundesrepublik mit einer Betonmauer, Grenzzäunen, Todesstreifen und Wachtürmen fast unüberwindbar gemacht. Später installierte die DDR-Führung sogar Minen und Selbstschussanlagen an der Grenze.

Die DDR-Grenzsoldaten hatten den Befehl, auf Flüchtlinge zu schießen. Bis zum Fall der Mauer gab es immer wieder Tote. Nach der Wiedervereinigung fanden mehrere Prozesse gegen die „Mauerschützen" statt. In der Öffentlichkeit wurde über die Schuldfähigkeit der Soldaten kontrovers diskutiert. Viele forderten, vor allem diejenigen zu bestrafen, die den Schießbefehl zu verantworten hatten.

M2 Zwei Sichtweisen zum 17. Juni 1953:

a) Der Arbeiter und SPD-Aktivist Siegfried Berger erinnerte sich 1998 an den 17. Juni:

Ich übernahm die Führung des Demonstrationszuges und forderte alle Teilnehmer auf, den Anweisungen unserer Kollegen, die den Ordnungsdienst übernahmen, Folge zu leisten und keinerlei Ausschreitungen oder Beschädigungen irgendwelcher Art zuzulassen. Mein Kollege Hans Erler bot sich an, dem Zug mit seinem Moped vorauszufahren, um vor Zusammenstößen mit Volkspolizisten oder sowjetischen Soldaten zu warnen und Ausweichmöglichkeiten auszuspähen. Der Zug von mehr als 2000 Teilnehmern verlief ruhig und diszipliniert. (… Auf der Warschauer Straße) kam uns eine größere Zahl von Volkspolizisten (Vopos) mit ihren Gewehren im Anschlag entgegen. Wir in der ersten Reihe hakten uns gegenseitig ein und versuchten, den Zug zu stoppen, was natürlich sehr schwer gelang. Als die Polizisten uns ihre Gewehrläufe auf die Brust drückten und riefen: „Zurück, oder wir schießen!", kam der Zug langsam zum Halten. Ich erklärte den Vopos, dass wir Arbeiter aus Köpenick wären, aber sie sagten, wenn wir nicht zurückgingen, hätten sie Befehl zu schießen. Langsam bewegte sich die Masse hinter uns zurück. Als die Entfernung zur Polizistenkette etwa gut 50 Meter betrug, schossen sie doch. Wir hatten etwa drei bis fünf Verletzte (…). Dies war das Ende unseres über fünf Stunden dauernden Protestmarsches.

b) Die SED-Zeitung „Neues Deutschland" 1953:

Als ein Panzer über den Alexanderplatz rollte, schrien die Provokateure auf. Mit wutentstellten Gesichtern und weichen Knien starrten sie auf das erhobene Rohr. Zwei Halbstarke griffen zu Steinen und warfen sie auf den Panzer. Unbeirrt rollte der Panzer weiter, nicht einmal eine Schramme blieb zurück. Der Sowjetsoldat schaute angeekelt auf diese widerlichen Gestalten, in die verlebten vom Laster gezeichneten Gesichter.

M3 Die Belegschaft eines Leipziger Maschinenbauunternehmens schließt sich den Protesten am 17. Juni 1953 an.

M4 Forderungen von Teilnehmern des Aufstandes vom 17. Juni 1953 an die DDR-Regierung:

Wir Werktätigen des Kreises Bitterfeld fordern von Ihnen:

1. Rücktritt der sogenannten Deutschen Demokratischen Regierung, die sich durch Wahlmanöver an die Macht gebracht hat.
2. Bildung einer provisorischen Regierung aus den fortschrittlichen Werktätigen.
3. Zulassung sämtlicher großer demokratischer Parteien Westdeutschlands.
4. Freie, geheime, direkte Wahlen in vier Monaten.
5. Freilassung sämtlicher politischer Gefangener (direkt politischer, sogenannter Wirtschaftsverbrecher und konfessionell Verfolgter).
6. Sofortige Abschaffung der Zonengrenze und Zurückziehung der Vopo (Volkspolizei).
7. Sofortige Normalisierung des sozialen Lebensstandards.
8. Sofortige Ablösung der sogenannten Nationalarmee (Nationalen Volksarmee).
9. Keine Repressalien gegen einen Streikenden.

M5 Mauerwächter, wie sie der bundesdeutsche Karikaturist Oskar sah

Jahr	Zahl
1949	129 245
1950	197 788
1951	165 648
1952	182 393
1953	331 390
1954	184 198
1955	252 870
1956	279 189
1957	261 622
1958	204 092
1959	143 917
1960	199 188
1961	207 026
1962	21 356
Gesamt	**2 759 932**

M6 DDR-Flüchtlinge nach Westdeutschland und West-Berlin von 1949–1962

M7 Klaus W. lebte 1961 in einem Ost-Berliner Vorort unmittelbar an der Mauer. Er erinnerte sich im Jahre 1999:

Wir sind 1961 im September nach Glienicke gezogen, also genau nach der Zeit, als die Mauer gebaut wurde. Unser Grundstück lag genau an der Mauer. (...) Die Nachbarn auf der Westseite kannten wir nicht mehr. Man konnte zwar rübergucken und auch mit Steinen schmeißen, kennengelernt haben wir sie aber erst nach dreißig Jahren. (...) Meine ganze Kindheit und Jugend habe ich also an der Mauer verbracht. Das war nicht immer einfach, wir durften zum Beispiel keine Kinder mit nach Hause bringen, mein eigener Kumpel, mein Klassenkamerad, konnte mich nicht besuchen, weil unser Haus im Grenzgebiet lag. (...) Die Verwandtschaft musste, wenn Geburtstag oder Ähnliches war, vier bis sechs Wochen vorher einen Antrag stellen. (...) Die Grenzer sind sogar jeden Sonnabend gekommen, um im Keller die Wände abzuklopfen, ob irgendwo ein Tunnel gegraben wurde.

M8 Im Jahr 1963 äußerte sich ein Mitglied des SED-Zentralkomitees vor Grenzsoldaten:

Ich sage, jeder Schuss aus der Maschinenpistole eines unserer Grenzsicherungspolizisten zur Abwehr solcher Verbrechen (gemeint ist die Flucht aus der DDR) rettet in der Konsequenz Hunderte von Kameraden, rettet Tausenden Bürgern der DDR das Leben und sichert Millionenwerte an Volksvermögen. Ihr schießt nicht auf Brüder und Schwestern, wenn ihr mit der Waffe den Grenzverletzer zum Halten bringt. Wie kann das euer Bruder sein, der die Republik verrät, der die Macht des Volkes antastet!

M9 Ein in die Bundesrepublik Deutschland geflüchteter Leutnant der DDR-Grenztruppen sagte aus:

Die interne Regelung der Grenztruppen in Hinsicht auf den Schießbefehl ist wesentlich klarer als die Formulierungen des Grenzgesetzes. Im täglichen Befehl heißt es immer noch: „Sie sind eingesetzt (...) mit der Aufgabe, Grenzdurchbrüche in beide Richtungen nicht zuzulassen, Grenzverletzer aufzuspüren, festzunehmen oder zu vernichten." (...) Ebenso ist in allen militärischen Dienstvorschriften die Formulierung „vernichten" zu finden. In Schulungen wird immer wieder deutlich gemacht, dass ein Toter an der Grenze wesentlich besser als ein verletzter Flüchtling im Westen ist.

M10 Mauerbau in Berlin im August 1961
Links der Mauer: Ost-Berlin, rechts: West-Berlin

M11 Mauerbau 1961: Erklärungsversuche – aus einem Schulbuch der DDR von 1968:

Als der Morgen des 13. August anbrach, war die Grenze sicher unter Kontrolle gebracht. Die Aktion war so gut vorbereitet, dass sie schlagartig und ohne Zwischenfälle erfolgen konnte. Deutlicher konnten sich die Feinde des Friedens nicht von der Stärke und Einsatzbereitschaft unserer bewaffneten Organe und der politischen Reife der Bevölkerung überzeugen! An diesem Tage wurde den ewigen Kriegern und Säbelrasslern die Grenze ihrer Macht gezeigt. Ihre Pläne zum Überfall auf die Deutsche Demokratische Republik waren vereitelt. (…) Nach dem 13. August wussten sie nicht anders zu reagieren, als ihre Hetze verstärkt fortzusetzen, denn zu einer realen Einschätzung der Lage und zu einer grundlegenden Änderung ihrer Politik vermochten sie nicht zu kommen. Sie bedienten sich krimineller Elemente, die gegen Bezahlung gegen den Schutzwall vorgingen, wie Wühlmäuse Tunnel in die Erde gruben und vor Mord nicht zurückschreckten. Sie wollten nicht zugeben, was vor aller Welt deutlich geworden war: Die Maßnahmen des 13. August 1961 waren Ausdruck des neuen Kräfteverhältnisses zwischen den Kräften des Friedens und des Sozialismus und den Kräften des Krieges und des Imperialismus in der Welt und in Deutschland. Die deutschen Imperialisten und Militaristen waren von der deutschen Arbeiterklasse und deren Verbündeten geschlagen worden, bevor sie ihre verbrecherische Politik durchsetzen konnten.

1. Nennen Sie die Ursachen für den Volksaufstand in der DDR. Welche Ziele hatten die Aufständischen (**VT1, M3, M4**)?

2. Erläutern Sie die Rolle der sowjetischen Besatzungsmacht im Juni 1953 (**VT1, M1, M2**).

3. Vergleichen Sie die Darstellung des Aufstandes in der DDR-Zeitung „Neues Deutschland" (**M2b**) mit den Materialien **M1, M2a** und **M3**.

4. Erläutern Sie die Ursachen für den Mauerbau (**VT2, M6**). Vergleichen Sie mit der Darstellung in **M11**.

1945 1990

Die Einheit der Nation erhalten

Nach dem Bau der Mauer verhärteten sich die Standpunkte der beiden deutschen Regierungen. Erst 1969 wurden die Beziehungen durch die „neue Ostpolitik" von Bundeskanzler Willy Brandt belebt.

Gespannte Beziehungen

Nach dem Mauerbau beanspruchte die von der CDU geführte Bundesregierung, allein alle Deutschen zu vertreten. Sie sei – anders als die DDR-Regierung – die alleinige frei gewählte Vertretung des deutschen Volkes. Die Bundesregierung und mit ihr das westliche Bündnis weigerten sich, die DDR als Staat völkerrechtlich anzuerkennen. Zu Regierungen, die dies taten, brach die Bundesrepublik die diplomatischen Beziehungen ab.
Die ostdeutsche Regierung dagegen forderte die Anerkennung der DDR als gleichberechtigten souveränen deutschen Staat. Die Abgrenzung zur Bundesrepublik trieb sie voran. Im „Gesetz über die Staatsbürgerschaft der DDR" vom Februar 1967 betonte sie, dass es zwei deutsche Staatsbürgerschaften gebe.
Die DDR führte im Reiseverkehr zwischen der Bundesrepublik bzw. West-Berlin und der DDR den Pass- und Visumzwang ein. „Westbesucher" mussten für jeden Tag ihres Aufenthaltes in der DDR eine bestimmte Summe Geld umtauschen.

M1 Wiedersehen nach Jahren der Trennung
1963 gab es das erste Passierscheinabkommen, wonach West-Berliner zum Weihnachtsfest ihre Verwandten im Osten besuchen durften. Ab September 1964 durften DDR-Rentner einmal pro Jahr bis zu vier Wochen in die Bundesrepublik oder nach West-Berlin zu einem Verwandtenbesuch reisen. Im Bild begrüßt ein junger Mann aus West-Berlin seine Mutter am Übergang Chausseestraße.

Die Mauer wird durchlässiger

Unter dem neuen Bundeskanzler Willy Brandt (SPD) kam es 1969 zu einer Wende in den Beziehungen beider deutscher Staaten. Brandt wollte ein weiteres Auseinanderleben der Deutschen verhindern und suchte nach Wegen, um trotz staatlicher Teilung den Zusammenhalt der deutschen Nation zu wahren. Beide deutsche Regierungen führten Gespräche. Wichtigstes Ergebnis war der Grundlagenvertrag vom 21. Dezember 1972. In einer Ergänzung des Vertrages bekräftigte die Bundesregierung, dass für sie die DDR kein Ausland sei. Eine eigene Staatsbürgerschaft der DDR – wie es in der DDR-Verfassung von 1968 stand – könne es nicht geben.

Was wird mit der Wiedervereinigung?

Von 1972 bis 1989 wurden mehr als 30 Abkommen zwischen beiden deutschen Staaten geschlossen. Trotz mancher Fortschritte waren die Beziehungen zwischen den beiden Staaten nicht „normal". Die meisten DDR-Bürger konnten Verwandte und Freunde in der Bundesrepublik nicht besuchen. An der innerdeutschen Grenze schossen DDR-Soldaten weiter auf Flüchtlinge.
Die Politik von Brandt stieß bei der Opposition und bei den Heimatvertriebenen auf heftigen Widerstand. Sie meinten, die Zugeständnisse würden die DDR nur aufwerten und so die Wiedervereinigung erschweren.
Doch auch die CDU/FDP-Regierung unter Bundeskanzler Helmut Kohl führte ab 1982 die Verständigungspolitik mit der DDR fort. 1987 wurde der Staatsratsvorsitzende der DDR, Erich Honecker, zu einem offiziellen Besuch in Bonn empfangen. Die Wiedervereinigung als politisches Ziel verlor immer mehr an Bedeutung. Viele Deutsche in West und Ost hatten sich mit der Teilung abgefunden.

M2 Auszug aus dem Grundlagenvertrag vom 21. Dezember 1972:

Art. 1: Die Bundesrepublik Deutschland und die Deutsche Demokratische Republik entwickeln normale gutnachbarliche Beziehungen zueinander auf der Grundlage der Gleichberechtigung. (…)
Art. 4: Die Bundesrepublik Deutschland und die Deutsche Demokratische Republik gehen davon aus, dass keiner der beiden deutschen Staaten den anderen international vertreten oder in seinem Namen handeln kann. (…)
Art. 6: Sie respektieren die Unabhängigkeit und Selbstständigkeit jedes der beiden Seiten in seinen inneren und äußeren Angelegenheiten.
Art. 7: Die Bundesrepublik Deutschland und die Deutsche Demokratische Republik erklären ihre Bereitschaft, im Zuge der Normalisierung ihrer Beziehungen praktische und humanitäre Fragen zu regeln.

M3 Einige Vereinbarungen zwischen der Bundesrepublik und der DDR:

14.03.1974: Errichtung „Ständiger Vertretungen“ der Bundesrepublik und der DDR in Ost-Berlin und Bonn
19.12.1975: Erneuerung der Autobahn zwischen Berlin und Marienborn, die Bundesrepublik zahlt eine Transitpauschale
16.11.1978: Abkommen über Verkehrsfragen (u.a. Autobahnausbau Hamburg–Berlin) und über den Zahlungsverkehr
25.03.1982: DDR-Bürger im arbeitsfähigen Alter dürfen in „dringenden Familienangelegenheiten“ in die Bundesrepublik reisen.
29.06.1983: Die Bundesregierung bürgt für einen Milliarden-Kredit an die DDR.
06.05.1985: Kulturabkommen auf den Gebieten Kunst, Bildung, Wissenschaft
06.10.1986: Erste Städtepartnerschaft zwischen Eisenhüttenstadt und Saarlouis

M4 Die nationale Frage und die Deutschen
Karikatur von Erich Köhler, 1949

M5 Umfrage in der Bundesrepublik zur Frage: Ist die Wiedervereinigung Deutschlands …

	wünschenswert	real zu erwarten?
1956	85 %	66 %
1985	79 %	11 %
1987	80 %	3 %

1. Beschreiben Sie die neuen Grundsätze der Regierung Brandt in der Deutschlandpolitik (**VT2**).

2. Suchen Sie aus dem Grundlagenvertrag (**M2**) die zentralen Wörter heraus, die die veränderte deutsch-deutsche Sichtweise verdeutlichen.

3. Nennen Sie Folgen des Abkommens zwischen beiden deutschen Regierungen für das Zusammenleben der Ost- und Westdeutschen, aber auch für die Wirtschaft der DDR (**M1, M3**).

4. Beschreiben Sie die Haltung der Deutschen zur Wiedervereinigung (**VT3, M4, M5**).

1945 1990

Freundschaft und Aussöhnung

Die Beziehungen der Deutschen zu ihren Nachbarn waren durch den Zweiten Weltkrieg und die NS-Verbrechen schwer belastet. Dass Deutschland heute ein gutes Verhältnis zu Frankreich und Polen unterhält, ist das Ergebnis einer schrittweisen Politik der Aussöhnung.

Aus „Erbfeinden" werden Freunde

Die Bundesrepublik Deutschland und Frankreich waren in der westlichen Staatengemeinschaft zu gleichberechtigten Bündnispartnern geworden. Jetzt gab es eine Chance, die Jahrhunderte lange „Erbfeindschaft" zu beenden. Die Verständigung zwischen Deutschen und Franzosen war zugleich eine wichtige Voraussetzung für den Aufbau einer europäischen Staatengemeinschaft. In Gesprächen mit dem französischen Staatspräsidenten Charles de Gaulle bereitete Bundeskanzler Adenauer die Aussöhnung vor. Am 22. Januar 1963 unterzeichneten beide Staatsmänner einen Vertrag über Freundschaft und Zusammenarbeit.

Dieser Vertrag war die Grundlage für vielfältige Begegnungen zwischen Deutschen und Franzosen. Jugendaustausch und Städtepartnerschaften helfen dabei, bestehende Vorurteile immer weiter abzubauen. Der Gedankenaustausch zwischen deutschen und französischen Regierungen zu wichtigen politischen Fragen ist mittlerweile eine Selbstverständlichkeit.

M1 Mit einem Händedruck besiegeln Charles de Gaulle und Konrad Adenauer am 22. Januar 1963 den deutsch-französischen Freundschaftsvertrag in Paris.
Der Vertrag sollte die Aussöhnung zwischen dem deutschen und dem französischen Volk einleiten.

Aus Gegnern werden Partner

Die Beziehungen der Deutschen zu den osteuropäischen Völkern waren zunächst durch die NS-Verbrechen sowie die Oder-Neiße-Grenze belastet. Im Potsdamer Abkommen hatten die Siegermächte unter dem Vorbehalt „einer endgültigen Regelung durch einen Friedensvertrag" die Oder-Neiße-Linie als Westgrenze Polens bestimmt. Vertriebene und Flüchtlinge aus den ehemaligen deutschen Ostgebieten meldeten immer wieder Ansprüche auf Entschädigung für verlorenes Eigentum an.

Die Regierung von Bundeskanzler Willy Brandt schloss zwischen 1970 und 1973 nach langen Verhandlungen Verträge mit der Sowjetunion, Polen und der Tschechoslowakei. Darin erkannte sie die seit dem Ende des Zweiten Weltkriegs bestehenden Grenzen an und versicherte, keine Gebietsansprüche mehr zu stellen. Wie Adenauers Politik gegenüber dem Westen sollten diese Verträge eine Verständigung mit den Nachbarn im Osten erreichen. Die Verträge waren innenpolitisch jedoch umstritten. Sie wurden insbesondere von den Heimatvertriebenen heftig kritisiert, bedeuteten sie doch einen endgültigen Verzicht auf ehemalige Ostgebiete.

Neue Bündnispartner

Nach dem Zerfall des Ostblocks verbesserten sich die Beziehungen zwischen dem inzwischen wiedervereinten Deutschland und den osteuropäischen Völkern noch einmal deutlich (s. S. 364).

Auf staatlicher Ebene wurden aus den ehemaligen Gegnern Partner: Polen, die Tschechische Republik und Ungarn sind seit 1999 Mitglieder der NATO. Im Mai 2004 traten diese drei Staaten, dazu auch die Slowakei, Slowenien, Litauen, Lettland und Estland der Europäischen Union bei.

M2 Zwei Standpunkte zum Warschauer Vertrag:

a) Bundeskanzler Brandt (SPD) in einer Fernsehansprache aus Warschau am 7. Dezember 1970:

Ich bin für den Vertrag mit der Volksrepublik Polen, weil er das Fundament für eine friedliche Zukunft schafft. Er gibt uns die Möglichkeit der Verständigung und Zusammenarbeit. Dem polnischen Volk gibt der Vertrag die Gewissheit, dass es in gesicherten Grenzen leben kann. (...) Der Vertrag bedeutet selbstverständlich nicht, dass Unrecht nachträglich legitimiert wird. Er bedeutet also auch keine Rechtfertigung der Vertreibung. Worum es geht, ist der ernste Versuch, ein Vierteljahrhundert nach dem Krieg der Kette des Unrechts politisch ein Ende zu setzen. Auch für die Westgrenze Polens gilt: Es gibt weder Entspannung noch gesicherten Frieden in Europa, wenn wir nicht ausgehen von der Lage, wie sie ist. (...) Unserem Volk wird nicht heute, aus heiterem Himmel, ein Opfer abverlangt. Dies hat längst gebracht werden müssen als Ergebnis der Verbrechen Hitlers.

b) In einem Entschließungsantrag formulierte die CDU/CSU-Fraktion 1970 ihre Bedenken zum Warschauer Vertrag:

Der Deutsche Bundestag bittet das polnische Volk und alle europäischen Nachbarn um Verständnis für seine Pflicht und Entschlossenheit, uneingeschränkt an dem Recht des deutschen Volkes auf freie Selbstbestimmung und auf eine frei vereinbarte friedensvertragliche Regelung für ganz Deutschland festzuhalten.
Die endgültige Festlegung der deutschen Grenzen kann nur im Zusammenhang mit dieser friedensvertraglichen Regelung geschehen. Ihre Grundlage muss das Recht der Polen auf gesicherte Grenzen und das Recht der Deutschen auf gesicherte Freiheit und Einheit sein.

M3 Bundeskanzler Willy Brandt vor dem Mahnmal der Opfer des Warschauer Ghettos, 1970

Diese Geste als Ausdruck der Achtung vor den Opfern, der Betroffenheit und des Versöhnungswillens erregte weltweites Aufsehen.

M4 Menschliche Erleichterungen

Karikatur von Baumeister, 1973

1. Erklären Sie, warum mit dem deutsch-französischen Vertrag 1963 eine neue Epoche in den Beziehungen zwischen Deutschen und Franzosen begann (**VT1, M1**).

2. Erläutern Sie die Argumente Brandts für einen Vertragsabschluss mit Polen (**M2a**). Welche Gründe hatten Brandts Gegner für die Ablehnung des Vertrages (**M2b**)?

3. Im Jahr 1971 erhielt Willy Brandt den Friedensnobelpreis. Begründen Sie die Entscheidung des Nobelpreiskomitees (**VT2, M2a, M3**).

1945 1990

Die Gesellschaft verändern – Protest in West und Ost

Dass wir heute in einer liberalen Gesellschaft leben, ist keine Selbstverständlichkeit. Viele gesellschaftliche Veränderungen wurden durch bürgerschaftliches Engagement in Ost und West erkämpft.

M1 Studentenprotest am 11. Mai 1968 in Bonn
Das Plakat mit Rudi Dutschke und dem Satz „Die Revolution stirbt nicht an Bleivergiftung" nimmt Bezug auf das Dutschke-Attentat einen Monat zuvor.

APO
Kurzform für außerparlamentarische Opposition. Während der Zeit der Großen Koalition entstandene Gruppen, die vor allem aus Jugendlichen und Studenten bestanden. Sie fühlten sich von den politischen Parteien im Bundestag nicht vertreten. Mit Protesten und Demonstrationen wollten sie gesellschaftliche Veränderungen auslösen.

Studentenbewegung im Westen

1966 brachten die Wahlen in der Bundesrepublik eine Große Koalition: Die Volksparteien CDU/CSU und SPD übernahmen gemeinsam die Regierung. Das Fehlen einer wirksamen Opposition im Bundestag führte zur Bildung der sogenannten außerparlamentarischen Opposition (APO). Vor allem Studenten, aber auch Schüler, Schriftsteller und Gelehrte protestierten außerhalb des Parlaments – auf der Straße, an den Universitäten und Hochschulen – gegen die gesellschaftlichen Zustände. Ihre Ziele waren vielfältig: Sie demonstrierten gegen den Vietnamkrieg der USA, das atomare Wettrüsten und für mehr Mitbestimmung an Schulen und Universitäten. Sie verurteilten auch den Lebensstil und das Lebensgefühl der älteren Generation und wollten sich nicht mehr bevormunden lassen. Viele Jugendliche hinterfragten das Verhalten der Eltern und Großeltern während der NS-Zeit. Die junge Generation warf den Älteren vor, nichts gegen den Terror der Nationalsozialisten unternommen zu haben.
Die Studentenproteste heizten das innenpolitische Klima mächtig auf. Nicht selten mündeten die Demonstrationen in Straßenschlachten mit der Polizei. Höhepunkt der Auseinandersetzungen war ein Attentat auf den Studentenführer Rudi Dutschke, das zu den schwersten Krawallen der Nachkriegsgeschichte führte.

„Klimawechsel" in der Gesellschaft

Die Mehrzahl der Bundesbürger distanzierte sich von der APO. Diese verlor zwar an Bedeutung und stellte Ende der 1960er-Jahre ihre Aktionen ein, sie hinterließ aber deutliche Spuren in der bundesdeutschen Gesellschaft. Das politische und gesellschaftliche „Klima" hatte sich Anfang der 1970er-Jahre mächtig gewandelt. Immer mehr Bürgerinnen und Bürger waren jetzt bereit, sich politisch zu engagieren – in Bürgerinitiativen oder in der Umwelt-, Friedens- und Frauenbewegung. Die „Grünen“ – ursprünglich eine Bewegung, die für den Schutz der Umwelt und den Ausstieg aus der Nutzung der Atomenergie eintrat – fanden immer mehr Anhänger und etablierten sich als politische Partei. Im Jahr 1983 entsandten sie erstmals Abgeordnete in den Bundestag, 1998 beteiligten sie sich an der Regierung.

Mit Terror die Gesellschaft verändern?

Aus einer Splittergruppe der APO-Protestbewegung hatte sich nach 1968 die terroristische Organisation „Rote-Armee-Fraktion“ (RAF) entwickelt. Nach der Ermordung des Industriellen Hanns Martin Schleyer durch die RAF und dem Selbstmord führender inhaftierter Terroristen entbrannte in der Bundesrepublik eine Diskussion darüber, bis zu welchem Grad der demokratische Rechtsstaat berechtigt ist, bei der Bekämpfung von Gewalttätern die Grenzen der Rechtsstaatlichkeit einzuschränken. Der Terror der RAF wurde von fast allen Bürgerinnen und Bürgern verurteilt. 1998 löste sich die RAF schließlich auf.

Jugendprotest im Osten

In der DDR hatte die Mehrzahl der Jugendlichen keine materiellen Sorgen. Die berufliche Entwicklung war gesichert, Arbeitslosigkeit gab es nicht. Fast 87 Prozent der Jugendlichen waren 1987 in der Freien Deutschen Jugend (FDJ) organisiert. Der einzige zugelassene Jugendverband stand unter direkter Kontrolle der SED. Die FDJ nahm ständigen Einfluss auf die Jugendlichen – im Studium, im Berufsleben, in den Armeeeinheiten, aber auch bei der Freizeitgestaltung. Die Verbundenheit der FDJ mit der SED und dem Staat sollte der Bevölkerung mit gewaltigen Aufmärschen und Kundgebungen demonstriert werden. Doch die zur Schau gestellte Eintracht von Jugend und Partei war trügerisch. Die Realitätsfremde der Partei- und Staatsfunktionäre mit Erich Honecker an der Spitze, die alle Reformbestrebungen für mehr Demokratie und Freiheit ablehnten, führte dazu, dass vor allem Jugendliche in den 1980er-Jahren gegen die Verletzung der Bürger- und Menschenrechte protestierten. Sie fanden in den Bürgerrechtsbewegungen und besonders in der evangelischen Kirche eine politische Heimat.

M2 Protestdemonstration in Ost-Berlin
gegen die Fälschung der Ergebnisse bei den Kommunalwahlen 1989

Widerstand in der DDR

Beschränkung und Verletzung der Bürger- und Menschenrechte, wie Meinungs- und Reisefreiheit, Überwachung und Diskriminierung kritischer Bürger durch Mitarbeiter des Staatssicherheitsdienstes und Berufsverbote erzeugten bei nicht wenigen Bürgerinnen und Bürgern in der DDR Widerspruch und manchmal auch Widerstand. Aktiver Widerstand war allerdings gefährlich, endete oft mit Gefängnisstrafen und blieb lange die Ausnahme.

Anfang der 1980er-Jahre änderte sich dies. Es bildeten sich Gruppierungen – oft unterstützt von Pfarrern der evangelischen Kirche –, die für Menschenrechte, Frieden und den Erhalt der Umwelt eintraten. Diese setzten sich auch mit gesellschaftlichen Missständen in der DDR auseinander und unterstützten Bürger, die wegen staatskritischer Handlungen – der Antrag auf Ausreise in die Bundesrepublik oder die Verweigerung des Wehrdienstes an der Waffe gehörten dazu – überwacht, diskriminiert oder verhaftet wurden. Die Staatsorgane und Gerichte gingen mit großer Härte gegen Mitglieder der Oppositionsgruppen vor. Berufsverbote und Haftstrafen häuften sich.

Ministerium für Staatssicherheit („Stasi“)

85 000 hauptamtliche und über 100 000 „inoffizielle“ Mitarbeiter des DDR-Ministeriums bespitzelten die Menschen in der DDR in allen Lebensbereichen, auch in der Privatsphäre. Wer sich der SED-Herrschaft widersetzte, konnte verhaftet und bestraft werden.

M3 Hamburger Wohngemeinschaft 1968
Protestplakate und die Büste des chinesischen Kommunistenführers Mao gehörten zur Wohnungseinrichtung.

M4 Das Nachrichtenmagazin „Der Spiegel" zu den Ausschreitungen nach dem Attentat auf den Studentenführer Rudi Dutschke, 1968:
Es kam zu Straßenschlachten, wie sie Westdeutschland seit der Weimarer Republik nicht mehr gekannt hatte. Auf der Strecke blieben zwei Tote, über 400 Schwer- und Leichtverletzte und der Anspruch der Bundesrepublik, ein intakter Staat zu sein. (…) Unmittelbar nach dem Mordanschlag auf Rudi Dutschke zogen linke Studenten vor das Westberliner Springer-Haus in der Kochstraße an der Mauer. Steine ließen die Hochburg der Verdummung und Verhetzung zerklirren. Vertriebswagen wurden in Brand gesteckt. 800 Kilometer entfernt drangen 300 Studenten in das Münchner Buchgewerbehaus ein, wo „Bild" für Süddeutschland redigiert und gedruckt wird. In den Redaktionsräumen rissen Stoßtrupps Akten aus den Schränken und warfen sie aus dem Fenster.

M5 Demonstranten und Polizei 1968 in West-Berlin

M6 Bundesjustizminister Gustav Heinemann am 11. April 1968 zu den gewaltsamen Studentenprotesten:
Zu den Grundrechten gehört auch das Recht zum Demonstrieren, um öffentliche Meinung zu mobilisieren. Auch die junge Generation hat einen Anspruch darauf, mit ihren Wünschen und Vorschlägen gehört und ernst genommen zu werden.
Gewalttat aber ist gemeines Unrecht und eine Dummheit obendrein. Es ist eine alte Erfahrung, dass Ausschreitungen und Gewalttaten genau die gegenteilige öffentliche Meinung schaffen, als ihre Urheber wünschen. Das sollten – so meine ich – gerade politisch bewegte Studenten begreifen und darum zur Selbstbeherrschung zurückfinden.

M7 Mathias Bothe, 1977 wegen „staatsfeindlicher Hetze“ für ein Jahr in der DDR inhaftiert:

Viele sagen sich, Kompromisse nur insoweit, wie ich sie verantworten und vertreten kann. Aber es gibt keine abrupte Grenze zwischen vertretbaren und nicht vertretbaren Kompromissen, die Übergänge sind fließend. Natürlich kann ich sagen, in die Partei (SED) gehe ich niemals. Aber wenn es im Betrieb darum geht, ein ausgezeichnetes Kollektiv zu werden, was mit Prämien verbunden ist, und mein Vorgesetzter sagt, hör mal, du müsstest dich gesellschaftlich aktiver zeigen, so sagt man sich oft, na gut, dann mache ich eben bei der Kampfgruppe mit (…) oder in der Gewerkschaft. Später wird eine Liste mit Unterschriften vorgelegt, auf der man mit seiner eigenen Unterschrift bekunden soll, dass man mit dem Einmarsch der Warschauer-Pakt-Truppen in der CSSR oder der sowjetischen Truppen in Afghanistan voll einverstanden ist – zum Schutze der Freiheit und des Sozialismus. Was tun? Nicht unterschreiben kann als antisozialistische Haltung ausgelegt werden, die nicht nur berufliche Folgen hat. Also wird unterschrieben, meist entgegen der Überzeugung. Man sagt sich, schließlich habe ich so viele Zugeständnisse gemacht, soll das alles umsonst gewesen sein, nur wegen einer kleinen Unterschrift?

M8 Aus dem Lebensweg von Regina Ebert aus Halle/Saale in der DDR:

Regina Ebert wurde am 17. Oktober 1950 in Bitterfeld geboren. (…) Im April 1970 heiratete sie den Elektromonteur Helmut Ebert. Im selben Jahr kam ihre erste Tochter zur Welt, 1973 wurde die zweite geboren. (…)
Am 25. April 1976 stellten sie und ihr Mann den ersten Antrag auf Übersiedlung in die Bundesrepublik, der abgelehnt wurde. Vor diesem Hintergrund nahm das Ehepaar zum ZDF-Magazin Kontakt auf und bat um Hilfe. Am 10. Oktober 1976 wurden Regina Ebert und ihr Mann daraufhin verhaftet und im März 1977 vom Bezirksgericht Halle zu zweieinhalb bzw. dreieinhalb Jahren Freiheitsentzug verurteilt. Ihre Töchter wurden zeitweilig zwangsweise in einem staatlichen Kinderheim untergebracht.
Nach der Haftentlassung ab Oktober 1979 lebte sie wieder in Halle. Zusammen mit ihrem Mann stellte sie erneut Ausreiseanträge, was im Januar 1980 zur zweiten Verhaftung und Verurteilung von Helmut Ebert führte. Im November 1981 wurde er dann in die Bundesrepublik entlassen, wohin ihm im März 1982 Regina Ebert mit ihren Töchtern folgen durfte.

M9 Junge evangelische Christen protestieren auf dem Kirchentag in Ost-Berlin gegen die Einschränkung persönlicher Freiheiten, Juni 1987.

1. Erläutern Sie die Ursachen für das Entstehen der APO (**VT1, M1**).

2. Beschreiben Sie die Aktionen und Ziele der APO (**VT1, M1, M4–M6**).

3. Nennen Sie Gründe für den Protest von DDR-Bürgern, vor allem von Jugendlichen (**VT4, M2, M8, M9**).

4. Vergleichen Sie die Möglichkeiten des Protests in der BRD und der DDR (**M6, M7**). Erläutern Sie die Unterschiede.

Niedergang einer Supermacht

Immer mehr Menschen in der Sowjetunion begannen mit der Zeit, am Sozialismus zu zweifeln. Sie bemängelten fehlende Freiheiten und Misswirtschaft.

M1 Trauergemeinde
Karikatur von Horst Haitzinger aus den Nürnberger Nachrichten, 23. November 1990. Abgebildet sind die Regierungs- bzw. Staatschefs Englands (verdeckt), der Sowjetunion, der USA, Frankreichs und Deutschlands.

Dissidenten
(Von lat. dissidere = nicht übereinstimmen, getrennt sein). Bezeichnung für Andersdenkende, die das Sowjetsystem kritisierten. Die Dissidentenbewegung setzte unter Chruschtschow ein. Schriftsteller und Künstler forderten damals mehr Freiheit für ihre Arbeit.

Totalitär
Bestreben, alle Bereiche des politischen, wirtschaftlichen und gesellschaftlichen Lebens im Sinne einer herrschenden Ideologie zu erfassen.

Ideal und Wirklichkeit

Seit 1917 war die KPdSU (Kommunistische Partei der Sowjetunion) die alles bestimmende Kraft in der Sowjetunion gewesen. Sie hatte den Menschen immer wieder ein besseres Leben in der Zukunft verheißen; dafür galt es in der Gegenwart zu arbeiten. 1961 versprach ein Parteiprogramm, noch im nächsten Jahrzehnt würde die Sowjetunion die USA – „das mächtigste und reichste Land des Kapitalismus – in der Produktion pro Kopf der Bevölkerung überflügeln".
Doch der Alltag der Sowjetbürger blieb bedrückend. Die Planwirtschaft erwies sich als unfähig, den Lebensstandard der Bevölkerung zu heben. Außerdem beanspruchte das ständige Wettrüsten mit den USA die knappen Mittel der Sowjetwirtschaft so sehr, dass die Pläne immer weniger eingehalten werden konnten. Für die Bürger in der Sowjetunion bedeutete dies weniger Wohnungen und vor allem auch weniger Konsumgüter.

Zweifel am Sozialismus

Viele Sowjetbürger resignierten und auch die Arbeitsmoral ließ nach. Mutig traten Einzelne für Veränderungen ein. Die sogenannten Dissidenten forderten die Beachtung der Menschenrechte. Doch die Funktionäre der Partei wollten ihre Macht nicht abgeben. Der sozialistische Staat behandelte seine Kritiker wie Verbrecher oder Geisteskranke: Sie kamen ins Gefängnis oder in psychiatrische Anstalten.

Zusammenbruch des Systems

1985 wurde Michail Gorbatschow Generalsekretär der KPdSU. Er wollte den Sozialismus menschenfreundlicher und erfolgreicher machen. Über die Politik der Partei durfte nun erstmals offen diskutiert werden. Anfangs beschränkte sich die Kritik auf einzelne Missstände. Bald zeigte sich aber, dass die meisten Menschen die Abschaffung des gesamten Systems wünschten. Nicht „Umbau", sondern der Zusammenbruch des kommunistischen Staats- und Wirtschaftssystems war die Folge. Überall in den Staaten des Ostblocks stürzten nun Menschen die Macht der kommunistischen Parteien. In Polen war dieser Prozess schon seit 1980 durch die unabhängige Gewerkschaftsbewegung Solidarnosc vorbereitet worden, die von der katholischen Kirche unterstützt wurde. Ihr Erfolg hatte auch die anderen Völker des Ostblocks zum Widerstand ermutigt. 1990 löste sich der Warschauer Pakt auf, 1991 die Sowjetunion.

Das Ende des Ost-West-Konflikts

Michail Gorbatschows neue Politik machte auch eine Verständigung zwischen Ost und West möglich. Der Kalte Krieg konnte beendet werden, die Gefahr eines Atomkrieges zwischen den Supermächten wurde gebannt. Doch dafür brachen viele regionale Konflikte auf, etwa in Georgien, in Bosnien oder im Kaukasus.

M2 Der Politikwissenschaftler Wolfgang Leonhard hatte in den 1930er- und 1940er-Jahren in der Sowjetunion gelebt. 1989 schrieb er über den Sozialismus in der Sowjetunion:

Nicht nur während der Revolutionsjahre Lenins, sondern selbst noch in der Stalin-Zeit war die Ideologie zumindest für einen Teil der Bevölkerung (...) Überzeugung. Bei allen Fehlern (...), ja selbst bei deutlich erkannten Ungerechtigkeiten handele es sich, so glaubte man damals, um nichts Geringeres als um die erstmalige Verwirklichung eines großen Ziels: die Errichtung einer klassenlosen kommunistischen Gesellschaft. (...) Mit der Errichtung einer Gesellschaft, in der es keinen Staat, keine Unterdrückung, keine Ausbeutung und keine Klassen mehr gebe (...) und in der das Prinzip „Jeder nach seinen Fähigkeiten, jedem nach seinen Bedürfnissen" verwirklicht sei, würden auch völlig neue Beziehungen zwischen den Menschen hergestellt und die Befreiung der Persönlichkeit erfolgen. (...) Von dieser damals noch lebenden Idealvorstellung (...) ist in der heutigen Sowjetunion fast nichts mehr übrig geblieben.

M3 1991 schrieb der Moskauer Redakteur der „New York Times":

Arbeiter, Manager, jedermann tat so, als arbeite er in der offiziellen Wirtschaft, aber wenn der Konsument wirklich etwas benötigte, wandte er sich an den Schwarzmarkt (...). Was immer man brauchte – Fleisch, frisches Gemüse, Zahnpasta, Kaviar, Babykleidung, Ballettkarten, Ersatzteile, Medikamente, Nachhilfestunden für die Kinder, eine anständige Wohnung –, man wandte sich an diese Gegenwirtschaft. Ganze Untergrundindustrien blühten, illegale Fabriken innerhalb legaler: Sie arbeiteten mit denselben Arbeitskräften und Rohstoffen, doch diesmal effizient, da für privaten Gewinn.

M4 In der Danziger Werft
wird am 23. August 1980 während des Streiks eine katholische Messe abgehalten.

M5 Neue Töne aus Moskau. Am 7. Juli 1989 erklärte Gorbatschow vor dem Europarat in Straßburg:

Die Zugehörigkeit der europäischen Staaten zu verschiedenen Gesellschaftssystemen ist eine Realität. Und die Anerkennung dieser historischen Tatsache, die Achtung des souveränen Rechtes eines jeden Volkes, sein Gesellschaftssystem nach Belieben zu wählen, ist die wichtigste Voraussetzung des normalen europäischen Prozesses. Die gesellschaftliche und politische Ordnung hat sich in diesem oder jenem Land in der Vergangenheit verändert und kann sich auch in Zukunft ändern. Dies ist jedoch ausschließlich Sache dieser Völker selbst, ihrer eigenen Wahl. Jegliche Einmischung in die inneren Angelegenheiten, jegliche Versuche, die Souveränität der Völker einzuschränken – sowohl der Freunde und Verbündeten als auch von sonst jemandem – sind unzulässig.

1. Halten Sie einen Kurzvortrag: „Warum scheiterte die Sowjetunion?" **(VT, M2, M3)**
Gliedern Sie Ihr Thema, etwa so:
- die Rolle der KPdSU
- Versagen der Planwirtschaft
- Unterdrückung Andersdenkender
- Forderungen der Dissidenten

2. Erklären Sie, warum die Solidarnosc für die kommunistischen Systeme im gesamten Ostblock gefährlich war **(VT, M4)**.

3. Begründen Sie, warum die DDR-Bürger angesichts der Rede Gorbatschows vor dem Europarat Hoffnung schöpften **(M5)**.

„Wir sind das Volk“

Während Mitte der 1980er-Jahre in der Sowjetunion und anderen Ostblockstaaten laut über demokratische Reformen nachgedacht wurde, hielt die SED unter Führung Erich Honeckers am alten Kurs fest. Wie lange konnte das noch gut gehen?

Reformen – nein, danke

Deutliches Zeichen für die Reformstarre der DDR war das Verbot des „Sputnik“. Die deutschsprachige sowjetische Zeitschrift hatte für den Geschmack der DDR-Oberen zu positiv über die Reformpläne des neuen Staatschefs Gorbatschow in der Sowjetunion berichtet. Auch wurde nichts getan, um die schwierige Versorgungslage der Bevölkerung zu verbessern oder die Beschränkung der Reisefreiheit aufzuheben. Proteste der Bevölkerung wurden überhört. Im Gegenteil: Der Staatssicherheitsdienst („Stasi“) ging mit aller Schärfe gegen diejenigen vor, die die Politik der SED kritisierten. Immer mehr DDR-Bürger stellten Ausreiseanträge. Sie glaubten nicht mehr daran, dass sich die politischen und wirtschaftlichen Verhältnisse ändern würden.

M1 „Den Sozialismus in seinem Lauf hält weder Ochs noch Esel auf.“
Erich Honecker zitierte diesen Ausspruch 1989 mehrfach, u. a. im August 1989. Da zu dieser Zeit bereits die Massenflucht der DDR-Bürger im Gange und die Krise der DDR offensichtlich war, wirkte die Äußerung als starrsinnige Durchhalteparole. Der Karikaturist Horst Haitzinger griff dies im August 1989 auf.

Das Volk erzwingt die Wende

1989 spitzte sich die Lage in der DDR dramatisch zu. Bei den Kommunalwahlen im Mai protestierten Bürgerrechtsgruppen erstmals lautstark gegen die offensichtliche Fälschung der Wahlergebnisse. Im Sommer öffnete Ungarn seine Grenze gen Westen. Tausende DDR-Bürger nutzten ab August 1989 diesen Weg zur Flucht. Andere erzwangen ihre Ausreise, indem sie die Botschaften der Bundesrepublik in Prag, Warschau und Budapest besetzten. Gleichzeitig forderten Hunderttausende auf Massendemonstrationen, organisiert von den Bürgerrechtsbewegungen in Leipzig, Dresden und Ost-Berlin, umfassende politische Reformen. Als am 9. Oktober 70 000 Menschen in Leipzig mit den Losungen „Wir sind das Volk“ und „Wir bleiben hier“ friedlich für eine demokratische Erneuerung der DDR demonstrierten, war der Untergang der SED-Diktatur nicht mehr aufzuhalten. Immer mehr Menschen gingen jetzt auf die Straße und forderten das Ende der SED-Herrschaft.

Die Mauer fällt

Am 18. Oktober 1989 trat Erich Honecker als Generalsekretär der SED zurück. Er wurde von Egon Krenz abgelöst. Doch den Menschen in der DDR reichten diese personellen Veränderungen nicht aus. Die SED-Führung hatte ihre Glaubwürdigkeit verspielt. Am 4. November forderten über eine halbe Million Menschen auf einer Demonstration in Ost-Berlin freie Wahlen, Beseitigung der Vorherrschaft der SED, Rechtsstaatlichkeit, Presse-, Meinungs- und Reisefreiheit. Am Abend des 9. November 1989 öffnete die Regierung der DDR unter dem Druck der Bevölkerung die Grenze zu West-Berlin. Tausende DDR-Bürger strömten zu den Übergangsstellen und überquerten die Grenze. Die Mauer war gefallen.

M2 Aus einem Bericht der Stasi vom 9. September 1989 über die Fluchtgründe von DDR-Bürgern in den Westen:

- Unzufriedenheit über die Versorgungslage
- Verärgerung über unzureichende Dienstleistungen
- Unverständnis für Mängel in der medizinischen Betreuung und Versorgung
- Eingeschränkte Reisemöglichkeiten innerhalb der DDR und nach dem Ausland
- Unbefriedigende Arbeitsbedingungen und Diskontinuität (Schwierigkeiten) im Produktionsablauf
- Unzulänglichkeiten/Inkonsequenz bei der Anwendung/Durchsetzung des Leistungsprinzips sowie Unzufriedenheit über die Entwicklung der Löhne und Gehälter
- Verärgerung über bürokratisches Verhalten (...) sowie über Herzlosigkeit im Umgang mit den Bürgern.

M3 Ein Zeitungsbericht vom 13. November 1989 aus Helmstedt an der innerdeutschen Grenze:

Die Familie aus Rostock ist morgens um vier aufgebrochen, die aus Frankfurt an der Oder schon um Mitternacht. (...) Ihnen, wie Zehntausenden anderen, die zum großen Treck nach Westen aufgebrochen sind, wird ein jubelnder Empfang bereitet. Tausende sind zum Grenzübergang gefahren. Nicht nur aus dem grenznahen Niedersachsen, auch Westfalen und Rheinländer haben sich auf den Weg gemacht, die Landsleute aus der DDR zu begrüßen. Lachen, Tränen, Winken auf beiden Seiten. Schokolade und Bonbons werden unter der blauen, nach Zweitaktgemisch stinkenden Abgasglocke für die Kinder in die Autos gereicht.

M4 „Leipziger Montagsdemonstration"
am 13. November 1989 auf dem ehemaligen Karl-Marx-Platz (heute: Augustusplatz)

M5 Öffnung des Grenzübergangs zwischen den Dörfern Zicherie (Niedersachsen) und Böckwitz (DDR) am 18. November 1989
Die Dörfer gehörten ursprünglich zusammen, doch seit 1949 war die deutsch-deutsche Grenze mitten durchs Dorf verlaufen und hatte den Ort in zwei Teile getrennt.

1. Nennen Sie die Ursachen für den Untergang der SED-Herrschaft in der DDR (**VT1, M2, M4**).

2. Erläutern Sie die Gründe für die Flucht Tausender DDR-Bürger in den Westen (**VT2, M2**).

3. Erklären Sie anhand der Ereignisse seit Mai 1989 in der DDR die Aussage der Karikatur (**M1**).

4. Beschreiben Sie die Stimmung der Deutschen in Ost und West nach der Öffnung der Mauer (**M3, M5**).

1945 1990

Aus zwei mach eins

Die Demonstrationen in der DDR gingen auch nach dem Fall der Mauer weiter. Dabei wurde der Ruf nach einer Wiedervereinigung immer lauter.

M1 Freudenfest vor dem Reichstagsgebäude am 3. Oktober 1990 in Berlin
Tausende Deutsche aus den alten und neuen Bundesländern feiern gemeinsam die Einheit.

„Wir sind ein Volk"

„Wir sind ein Volk" und „Deutschland, einig Vaterland" hießen nun die Sprechchöre. Die Mehrheit der DDR-Bürger wollte so leben wie ihre Nachbarn in der Bundesrepublik. An eine Erneuerung der politischen und wirtschaftlichen Strukturen der DDR glaubten die meisten nicht mehr. Schnell hatte sich herumgesprochen, wie enorm hoch die Staatsschulden der DDR waren. Eine Begleichung dieser Schulden hätte zu weiteren Einschränkungen des Lebensstandards geführt. Die Vereinigung mit der Bundesrepublik schien den meisten die bessere Lösung zu sein.

Schnelle Einheit statt „neuer DDR"

Wie die Wiedervereinigung erfolgen sollte – darüber gab es in der DDR unterschiedliche Auffassungen. Die meisten Bürgerrechtler wollten eine „neue DDR" schaffen, mit einer neuen Verfassung, einer demokratisch gewählten Volkskammer und Regierung. Anschließend sollte ein Programm für eine schrittweise Vereinigung erarbeitet werden. Dies lehnte die Mehrheit der Bevölkerung jedoch ab. Sie wollte die rasche Vereinigung. Die Bundesregierung in Bonn nutzte diese Stimmungslage. Am 28. November 1989 billigte der Bundestag einen von Bundeskanzler Kohl vorgelegten Zehn-Punkte-Plan, an dessen Ende die Wiedervereinigung der beiden deutschen Staaten stand.
Der „Runde Tisch", eine Art provisorische Regierung der DDR, beschloss freie Wahlen für den 18. März 1990. Dabei erhielt die von der bundesdeutschen CDU/CSU unterstützte „Allianz für Deutschland" 48 Prozent der Stimmen. Die Mehrheit hatte sich damit für jene Kräfte entschieden, die einen schnellen Beitritt der DDR zur Bundesrepublik wollten.
Der neue DDR-Ministerpräsident Lothar de Maizière (CDU) nahm zügig Beitrittsverhandlungen mit der Bundesrepublik auf. Bereits am 1. Juli 1990 wurde die D-Mark in der DDR eingeführt. Am 23. August 1990 beschloss die Volkskammer schließlich den Beitritt der DDR zur Bundesrepublik Deutschland.

Zwei plus vier = eins

Voraussetzung für die Wiedervereinigung war allerdings die Zustimmung der vier Siegermächte des Zweiten Weltkriegs. Manche Staaten fürchteten ein größeres, wiedervereinigtes, mächtigeres Deutschland. Sie sahen zudem mit der deutschen Einheit die militärische Sicherheit Europas bedroht. Auf mehreren Konferenzen gelang es jedoch, solche Vorbehalte auszuräumen. Der sowjetische Staats- und Parteichef Gorbatschow stimmte der Mitgliedschaft des vereinten Deutschlands in der NATO zu.
Am 12. September 1990 wurde in Moskau schließlich der Einigungsvertrag von den vier Siegermächten und den beiden deutschen Regierungen unterzeichnet. Mit dem Beitritt der fünf ostdeutschen Länder zur Bundesrepublik Deutschland am 3. Oktober 1990 war Deutschland wieder ein einheitlicher Staat.

M2 „Neue DDR“ oder Anschluss?

a) Aus dem Aufruf „Für unser Land“ vom 29. November 1989, den bekannte Persönlichkeiten aus der DDR unterzeichneten:

Entweder können wir auf der Eigenständigkeit der DDR bestehen oder versuchen, mit allen unseren Kräften und in Zusammenarbeit mit denjenigen Staaten und Interessengruppen, die dazu bereit sind, in unserem Land eine solidarische Gesellschaft zu entwickeln, in der Frieden und soziale Gerechtigkeit, Freiheit des Einzelnen, Freizügigkeit aller und die Bewahrung der Umwelt gewährleistet wird. Oder wir müssen dulden, dass, veranlasst durch starke ökonomische Zwänge und durch unzumutbare Bedingungen, an die einflussreiche Kreise aus Wirtschaft und Politik in der Bundesrepublik ihre Hilfe für die DDR knüpfen, ein Ausverkauf unserer materiellen und moralischen Werte beginnt und über kurz oder lang die Deutsche Demokratische Republik durch die Bundesrepublik Deutschland vereinnahmt wird.

b) Leserbrief zum Aufruf „Für unser Land“:

Dem Aufruf „Für unser Land“ kann ich nicht zustimmen. Ich sehe hier bereits, wie sich gewisse Leute bestehende Privilegien sichern wollen. In der Frage von Wiedervereinigung oder Konföderation sollte es zu einem Volksentscheid kommen (...). 40 Jahre wurden die Vorzüge des Sozialismus in allen Tönen gepriesen, aber die traurige Realität sehen wir heute. (...) Noch einmal Versuche eines Sozialismus, welche Jahre oder Jahrzehnte andauern, um am Ende noch tiefer zu stehen? Bedenkt, wir Menschen haben nur ein Leben! (...) Nehmen wir also das Angebot vom deutschen Nachbarstaat an, denn der Preis dafür ist nicht zu hoch. Ein Volk, das „noch“ die gleiche Sprache spricht, gehört zusammen.

M3 Das geteilte Deutschland,
Karikatur von Horst Haitzinger, 13. Dezember 1989

M4 Die ehemalige britische Premierministerin Thatcher in ihren Memoiren:

Es ist doch wahrscheinlich, dass Deutschland in einem solchen Gefüge (gemeint ist in einem föderativen Europa) die Führungsrolle einnehmen würde, denn ein wiedervereintes Deutschland ist schlichtweg viel zu groß und zu mächtig, als dass es nur einer von vielen Mitstreitern auf dem europäischen Spielfeld wäre.

1. Beschreiben Sie die Hoffnungen, die die meisten Deutschen im Osten mit der Wiedervereinigung verbanden (**VT1, M2b**).

2. Verfassen Sie mithilfe des **VT, M1** und des Internets eine Chronik über den Weg zur Wiedervereinigung vom November 1989 bis zum Oktober 1990.

3. Erläutern Sie die beiden Auffassungen über den Weg zur Wiedervereinigung (**VT, M2a, M2b**). Welcher Auffassung stimmen Sie zu? Begründen Sie Ihre Meinung.

4. Erläutern Sie, welche Befürchtung es im Ausland gegenüber einem wiedervereinigten Deutschland gab (**M4**). Untersuchen Sie auch **M3** und nehmen Sie Stellung.

1945 1990

„Aufbau Ost“

Bundeskanzler Helmut Kohl versprach den Ostdeutschen 1990 „blühende Landschaften“. In der Tat sieht mancher Stadtkern im Osten heute besser aus als im Westen. Doch die Fassade täuscht: Die Situation vieler Menschen in den neuen Bundesländern bleibt verbesserungswürdig.

Von der Plan- zur Marktwirtschaft
Der wirtschaftliche Aufschwung in den neuen Bundesländern hing vor allem davon ab, wie es gelang, den schwierigen Weg von der Planwirtschaft zur sozialen Marktwirtschaft zu bewältigen. Die vielerorts maroden Fabrikhallen und veralteten Maschinen, die niedrige Arbeitsproduktivität, verbunden mit hohen Lohnkosten, zeigten, dass das sozialistische Wirtschaftssystem versagt hatte. Nur wenige Unternehmen waren auf dem Weltmarkt konkurrenzfähig.

Staatsbetriebe zu Privatunternehmen
Zunächst war es erforderlich, die 40 000 Staatsbetriebe mit über vier Millionen Beschäftigten in privatwirtschaftliche Unternehmen umzuwandeln. Mitarbeiter einer neu geschaffenen Deutschen Treuhandanstalt überprüften die Wirtschaftlichkeit der ehemaligen Volkseigenen Betriebe, verwalteten deren Vermögen und boten sie neuen Eigentümern zum Kauf an. Doch nur selten fanden sich Käufer. Zu hoch waren die Beträge, die zur Sanierung hätten investiert werden müssen. Etliche Betriebe mussten abgerissen werden. Zwei Millionen Menschen verloren ihren Arbeitsplatz.

M1 Vorher – nachher,
Karikatur von Karl-Heinz Schoenfeld, Anfang der 1990er-Jahre

„Aufschwung Ost“
In den 1990er-Jahren schob die Bundesregierung, unterstützt von der EU, mit dem „Aufschwung Ost“ ein gigantisches Aufbauprogramm an. Mehrere 100 Milliarden Euro flossen in den Osten Deutschlands. Mit diesen Geldern wurden bestehende Betriebe saniert. Neue Unternehmen auf höchstem technischem Niveau entstanden. In wenigen Jahren erhielten Tausende Familien eine neue Wohnung. Das Straßen-, Schienen- und Telefonnetz wurde ausgebaut, Altstädte saniert. Milliarden wurden für die Beseitigung von Umweltschäden verwendet. Gleichzeitig entstanden neue demokratische Verwaltungs- und Justizorgane. Das Bildungswesen wurde umgestaltet.

Bilanz: Licht und Schatten
Und was brachte der „Aufschwung Ost“ den Deutschen im Osten selbst? Zunächst die Beseitigung der Diktatur, einen demokratischen Rechtsstaat, in dem die Bürger- und Menschenrechte garantiert sind. Für viele verbesserte sich der Lebensstandard, etwa durch die Übernahme des bundesdeutschen Renten- und Sozialsystems. Aber auch Schattenseiten der Wiedervereinigung sind bis heute spürbar: Die neuen Bundesländer kämpfen mit einer höheren Arbeitslosigkeit, schlechteren Zukunftsperspektiven der Bewohner und Abwanderung von Fachkräften nach Westen. Es bleibt also noch viel zu tun.

M2 Joachim Gauck, damaliger Bundesbeauftragter für die Unterlagen des Staatssicherheitsdienstes, vor dem Bundestag 1999:

Tatsächlich haben die Ostdeutschen mit ihrer – freilich kurzen – Revolution nicht nur sich selbst, sondern allen Deutschen ein historisches Geschenk gemacht. (...) Das, liebe Landsleute im Westen, ist das Geschenk der Ostdeutschen an euch. Gerade angesichts unserer 56-jährigen politischen Ohnmacht in Nationalsozialismus und Herrschaftskommunismus erstrahlt der Mut der Widerständigen von 1989 umso heller. Trotz aller Erblasten der Diktaturen können wir euch im Westen nunmehr auf Augenhöhe begegnen – zwar ärmer, aber nicht als Gebrochene und ganz bestimmt nicht als Bettler. Aber gleichzeitig, liebe Landsleute im Osten, gibt es auch ein Geschenk der Westdeutschen an uns; es ist nicht in erster Linie materiell. Aus Nazi-Untertanen und Nostalgikern der Nachkriegszeit sind Demokraten geworden (...). Mit der Einheit haben auch wir (die Ostdeutschen) Anteil an diesen Erfahrungen. 40 Jahre Freiheit und Demokratie und Frieden hatte die deutsche Nation in ihrer Geschichte bis dahin noch nicht erlebt.

M4 Mehr als 1500 Beschäftigte der Carl Zeiss Jena GmbH protestierten im Jahr 1994 gegen den Abbau von 600 Arbeitsplätzen in dem Optik-Unternehmen.

Heute zählt Jena zu den Vorzeigestädten, wenn es um den gelungenen „Aufbau Ost" geht.

M3 Wechselbäder der Einheit

2. Oktober 2010: Nach zwanzigjährigem Beisammensein hegt ein Ehepaar andere Empfindungen füreinander als in den Flitterwochen. Mag auch die Liebe auf kleinerer Flamme züngeln, so können doch das gegenseitige Vertrauen und die Achtung voreinander in diversen Krisen gewachsen sein. Vom Rausch der Gefühle, dem sich die Deutschen am 3. Oktober 1990 hingaben, ist nicht mehr viel übrig. (...)
Die schwerere Last im Vereinigungsprozess hatten zweifellos die Ostdeutschen zu schultern. Nur jeder Vierte behielt seinen Arbeitsplatz; ein Drittel der 1990 Beschäftigten bekam nie wieder einen. (...) Daran gemessen war das überwiegend über Steuern, Sozialbeiträge und Schulden erbrachte Opfer der Westdeutschen für die Einheit eine eher leichte Bürde. (...)
Der Stolz auf das gemeinsam Erreichte hat so manchen Zweifel zerstreut, ob denn die Deutschen nach den Jahren der Trennung wirklich noch zusammengehörten. Auch wenn die typisch deutsche Suche nach dem, was die beiden Teile weiter trennt, nicht aufhören mag: Den Osten gab es weder vor noch nach der Wende – so wenig wie den Westen. Immer waren da die vielen Einzelnen mit ihren ganz unterschiedlichen Wünschen und Vorstellungen vom Leben. (...) Das Ringen zwischen den Idealen Freiheit und Gleichheit geht weiter. Es wird nicht zwischen Ost und West ausgetragen, sondern mitten in unserer Gesellschaft.

1. Beschreiben Sie Maßnahmen bei der Einführung der Marktwirtschaft in Ostdeutschland (**VT**).

2. Erörtern Sie, welche Probleme das Zusammengehörigkeitsgefühl der Deutschen erschwerten (**M1, M3, M4**)?

3. Bereiten Sie ein Rollenspiel vor, indem Sie eine Bilanz der Einheit ziehen. Es nehmen teil: eine Bürgerrechtlerin aus Leipzig, ein Stasi-Leutnant aus Berlin, eine Immobilienmaklerin aus München, zwei Arbeitslose aus Gelsenkirchen und aus einem brandenburgischen Dorf, eine Moderatorin.

1945 1990

Deutschland nach 1945 – besetzt, geteilt und wieder vereint

1 Diese Begriffe kann ich erklären!

a) Alliierter Kontrollrat

b) Potsdamer Konferenz

c) Marshallplan

d) Währungsreform

e) Planwirtschaft (Zentralverwaltungswirtschaft)

f) Pariser Verträge

g) Freie Deutsche Jugend (FDJ)

h) Souveränität

i) Ministerium für Staatssicherheit („Stasi“)

j) Dissidenten

2 Zu diesen Bildern kann ich etwas erzählen!

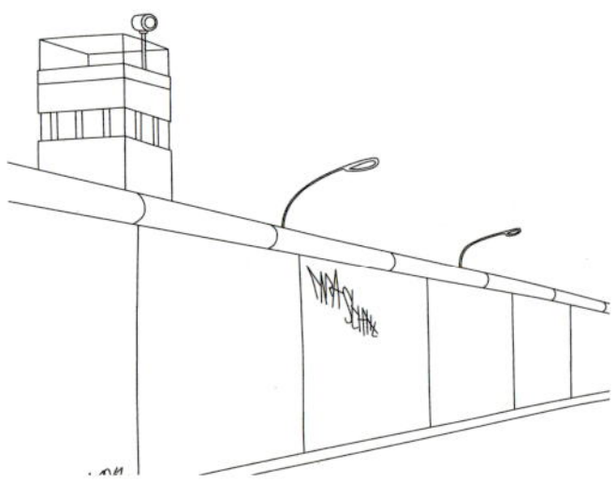

3 Diese Daten kann ich erklären!

a) 8./9. Mai 1945

b) 1948/49

c) 23. Mai 1949

d) 17. Juni 1953

e) 1961

f) November 1989

g) 3. Oktober 1990

4 Diese Fragen kann ich beantworten!

a) Welche politischen und wirtschaftlichen Festlegungen wurden 1945 für Deutschland in Potsdam getroffen?

b) Warum kam der Marshallplan auch den USA zugute? Begründen Sie Ihre Meinung.

c) Wie stellte sich die Grundposition der Deutschlandpolitik Adenauers dar?

d) In welcher Form veränderte Willy Brandt die Politik Adenauers?

e) Im offiziellen Sprachgebrauch der DDR war die Berliner Mauer ein „Antifaschistischer Schutzwall“. Was bewirkten die Machthaber mit einem solchen Begriff?

f) Welche Gründe führten dazu, dass Hunderttausende Menschen aus der DDR flohen?

g) Was sind die wesentlichen Stationen des deutsch-deutschen Einigungsprozesses?

M1 Plakat zur Bodenreform aus der SBZ, 1945

M2 Plakat für den Marshallplan, Bundesrepublik 1947

M3 „Hier hat einst eine schreckliche Mauer die Menschen getrennt." Karikatur von Barbara Henninger im Tagesspiegel, November 1996

1. Erläutern Sie die Aussagen der Plakate **M1** und **M2**. Verwenden Sie dazu die methodischen Arbeitsschritte (S. 211).

2. Beschreiben Sie die Karikatur **M3**. Deuten Sie ihre Aussage und ordnen Sie sie in den geschichtlichen Zusammenhang ein.

11 Europa – ein Kontinent wächst zusammen

Die Europäische Union (EU) ist eine Vereinigung demokratischer Staaten, die zusammenarbeiten, um das Leben ihrer Bürger zu verbessern. Trotz mancher Streitigkeiten und Krisen hat die EU aber eine bemerkenswerte Erfolgsgeschichte. Sie zeichnet seit mehr als 50 Jahren für Frieden und Wohlstand in Europa verantwortlich. Ein einheitlicher europäischer „Binnenmarkt" ohne Grenzen und Schranken für Menschen, Waren, Dienstleistungen und Kapital wurde geschaffen. 19 EU-Länder haben darüber hinaus eine gemeinsame Währung, den Euro. Die EU ist zu einer bedeutenden Wirtschaftsmacht und zum weltweiten Spitzenreiter in Bereichen wie Umweltschutz und Entwicklungshilfe geworden. Deshalb ist es nicht verwunderlich, dass die Gemeinschaft inzwischen auf über 25 Staaten angewachsen ist und weitere Länder beitreten wollen.

Online-Link
416330-1101

1945

8. Mai 1945
Deutsche Kapitulation im Zweiten Weltkrieg

1947
Der Marshallplan: Anstoß zur Einigung Westeuropas

1950

1951
Die Europäische Gemeinschaft für Kohle und Stahl (Montanunion) wird ins Leben gerufen (EGKS).

1957
Die Römischen Verträge schaffen die Grundlage für einen gemeinsamen Markt.

1990

1992
Die Außen- und Finanzminister der Mitgliedstaaten unterzeichnen den Vertrag von Maastricht. Durch ihn wird die Europäische Union gegründet.

M1 Hamburger Schülerinnen bei der Eröffnung der Europawoche in Hamburg, Foto 2004

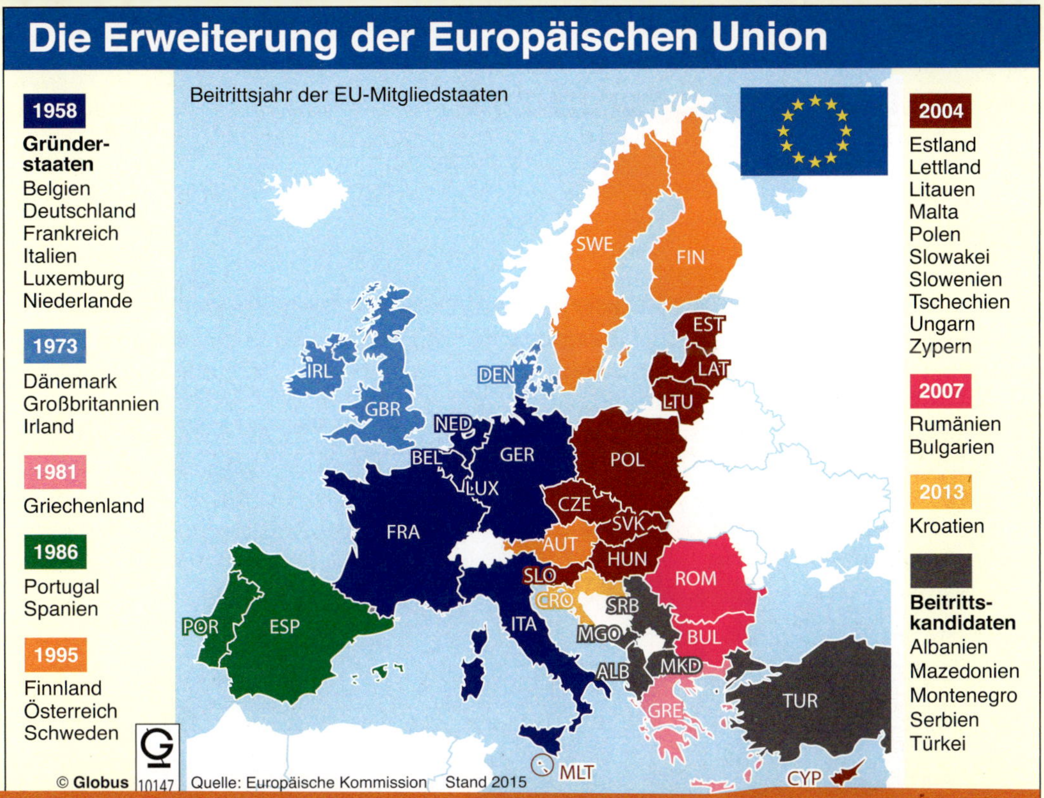

2000

2002
Euro-Banknoten und -Münzen werden erstmals als Bargeld eingeführt.

2004
Zehn weitere Länder treten der EU bei.

seit 2005
Beitrittsverhandlungen mit der Türkei

2009

2009
Der Vertrag von Lissabon tritt in Kraft. Er stärkt die Mitwirkung der Bürgerinnen und Bürger.

2009
20. Jahrestag des Falls der Berliner Mauer

2018
Insgesamt 28 Mitgliedstaaten zählt die EU. Großbritannien verlässt die Gemeinschaft 2019.

M2 Nicht jeder ist in Europa erwünscht.
Illegale Flüchtlingskinder in einem Auffanglager an der griechisch-türkischen Grenze.
Foto 2010

1945 2010

Wir in Europa

Wenn Sie z. B. nach Frankreich, Holland oder Polen fahren, müssen Sie schon genau hinsehen, wann Sie die Grenze überqueren. Kein Schlagbaum, vor dem Sie halten müssen. Niemand kontrolliert Sie oder will Ihren Ausweis sehen.

M1 Zwei polnische Mädchen feiern den Europatag in Warschau,
Foto, 2004

Selbstverständlichkeiten ...
Wenn Sie sich in Maastricht oder Venlo ein paar Jeans kaufen wollen, dann finden Sie die Preise in Euro angegeben – wie zu Hause. Das macht es Ihnen leicht, zu vergleichen – und zu bezahlen. Sie können auch Geld am Bankautomaten abheben. Das kostet nicht mehr als zu Hause.
Überhaupt genießen Sie in vielen Dingen in Holland dieselben Rechte wie ein Holländer, und in anderen EU-Ländern ist das genauso. Denn überall sind Sie mit Ihrem deutschen Pass ein Bürger der EU. Das gibt Ihnen das Recht, in allen Ländern der Europäischen Union eine Wohnung oder auch Arbeit zu suchen. Quer durch das neue Europa, vom äußersten Norden Finnlands bis hinunter nach Gibraltar, können Sie solche Erfahrungen machen.
Die Bildungs- und Berufsabschlüsse innerhalb der EU werden untereinander anerkannt und einander immer mehr angeglichen. Die Wege, die zu den Abschlüssen führen, bleiben aber unterschiedlich. Im dualen System erfolgt die gewerbliche und kaufmännische Berufsausbildung nur in Deutschland, Österreich, der mit der EU eng verbundenen Schweiz und in ähnlicher Form in Dänemark und in Portugal. In den meisten anderen EU-Staaten, z. B. in Frankreich oder Italien, findet die Berufsausbildung überwiegend an Schulen statt, also ähnlich wie in den deutschen Berufsfachschulen.

... aber nur dem Anschein nach
Das alles erscheint so selbstverständlich und ist es doch nicht. Noch in der Mitte des 20. Jahrhunderts waren für die Menschen Europas eher Erfahrungen von Feindschaft und Krieg zwischen ihren Ländern das „Normale“. Vor 20 Jahren störten kleinliche Kontrollen noch das Reisen in die Länder Osteuropas. Heute dagegen stehen die Türen zu den Mitbewohnern der anderen Länder im neu geschaffenen „Haus Europa“ weit offen. Vor den „neuen Europäern“ liegt die reizvolle Möglichkeit, andere Kulturen kennenzulernen; aber auch die Aufgabe, diese Kulturen als gleichberechtigte Partner anzuerkennen. Nur wenn der nationale Egoismus abgelegt wird, kann die „europäische Wohngemeinschaft“ funktionieren. Dann kann es auch zu einem friedlichen Wettstreit zwischen Ländern und Menschen kommen. Die EU unterstützt dieses Bemühen, etwa durch europäischen Jugendaustausch. Denn eines ist sicher: kein neues Europa ohne „neue Europäer“.

M2 Die Symbole der EU

Die europäische Flagge zeigt zwölf Sterne in einem Kreis. Sie stehen für Vollkommenheit, Einheit und Harmonie, haben also nichts mit der Anzahl der Länder zu tun.

Der Euro wurde 2002 als Bargeld eingeführt. Er gilt in zwölf Staaten der EU als Währung. Zuvor gab es in Deutschland die D-Mark.

Ludwig van Beethovens „Ode an die Freude" ist die offizielle Hymne der EU.

Der 9. Mai gilt als offizieller Europatag. 1950 stellte der französische Außenminister Robert Schuman an diesem Tag seine Pläne eines vereinten Europas vor.

M3 Bürgerinnen und Bürger der Europäischen Union haben folgende Rechte:

- Sie dürfen in jedem Land der Europäischen Union studieren.
- Sie haben das Recht, bei Unternehmen in anderen Ländern der Europäischen Union einen Arbeitsplatz zu suchen.
- Sie dürfen innerhalb der Europäischen Union reisen, ohne ihren Pass oder Personalausweis vorzeigen zu müssen.
- Sie brauchen keine Arbeitserlaubnis, um in einem anderen Mitgliedsland der Europäischen Union arbeiten zu können.
- Sie brauchen nicht durch den Zoll zu gehen, wenn sie Dinge mit nach Hause nehmen, die sie in einem anderen Land der Europäischen Union für den persönlichen Bedarf gekauft haben.
- Sie dürfen in einem anderen Land der Europäischen Union bei Kommunalwahlen wählen, wenn sie dort ihren Wohnsitz haben.
- Sie müssen nicht ihren Führerschein umtauschen, wenn sie in ein anderes Land der Europäischen Union umziehen.
- Sie dürfen in jedem anderen Land der Europäischen Union ein Sparkonto bei einer Bank haben oder eine Versicherung abschließen, nicht nur in dem Land, in dem sie leben.

M4 Ergebnisse einer Umfrage unter 19 000 jungen Europäern von 15 bis 30 Jahren im Jahr 2007:

Würden Sie den folgenden Aussagen darüber, was die Europäische Union in den nächsten 10 Jahren erreichen wird, zustimmen oder sie ablehnen? (Basis: alle Befragten, in % „Stimme zu")	
Es wird leichter sein, überall in Europa zu reisen, zu studieren und zu arbeiten.	92 %
Mehr Chancen für Menschen wie mich, Arbeit zu finden	73 %
Bessere Gleichstellung von Männern und Frauen	71 %
Weniger Diskriminierung von Ausländern und Personen anderer kultureller und ethnischer Zugehörigkeit	68 %
Eine bessere Lebensqualität für die meisten Menschen	67 %
Mehr soziale Probleme (Arbeitslosigkeit, Streiks)	39 %
Die Europäische Union wird nicht mehr bestehen.	13 %
Welche der folgenden Rechte sind für Sie damit verbunden, „Bürger der Europäischen Union" zu sein? (Basis: alle Befragten, in % „Angegeben")	
Die Möglichkeit, in jedem beliebigen Land der EU zu studieren	94 %
Das Recht, in jedem beliebigen Land der EU zu arbeiten	88 %
Zugang zum Gesundheitswesen und zu Sozialleistungen in der ganzen EU	82 %
Das Recht, sich auf Dauer in jedem beliebigen Land der EU niederzulassen	77 %
Das Recht für Ausländer, in dem Mitgliedstaat, in dem sie ihren Wohnsitz haben, bei Kommunalwahlen abzustimmen oder zu kandidieren	49 %

1. Listen Sie auf, mit welchen Einrichtungen des neuen Europas Sie schon Erfahrungen gemacht haben (**VT1**, **M3**).

2. Was bedeutet die EU für Sie persönlich? Vergleichen Sie mit den Aussagen in **M4**.

3. Diskutieren Sie gemeinsam in der Klasse, welche Bedeutung die Symbole für die europäische Einigung haben (**M2**).

1945 2010

Die Spaltung Europas

Der Beginn des Kalten Krieges war nicht nur für das von den Alliierten besetzte Deutschland folgenreich. Auch für Europa sollte damit eine neue Epoche der Zusammenarbeit beginnen.

M1 Plakat zum Marshallplan, 1947
ERP = European Recovery Program (offizieller Name des Programms)

Einheit Europas – ein alter Wunsch

Das vereinigte Europa, wie wir es heute kennen, ist keine Selbstverständlichkeit. In der Geschichte gab es immer wieder Pläne und Ansätze für eine solche europäische Staatengemeinschaft. Meist ging es bei Überlegungen zur europäischen Einigung darum, Frieden in Europa zu schaffen. Eine besondere Rolle spielte dabei – im Guten wie im Schlechten – das deutsch-französische Verhältnis. So gingen etwa die harten Bestimmungen des Versailler Vertrages für Deutschland maßgeblich auf Frankreich zurück. Aber es waren mit Briand und Stresemann auch Politiker beider Länder, die sich für eine deutsch-französische Versöhnung als Schritt zu einem einigen Europa einsetzten. Und während der Schrecken der NS-Diktatur und des Zweiten Weltkriegs gab es sowohl deutsche als auch französische Widerstandskämpfer, die sich gegen die NS-Herrschaft in Europa wandten und für ein demokratisches Nachkriegseuropa eintraten.

Kalter Krieg und Spaltung

Doch am Ende des Zweiten Weltkriegs kam es zunächst anders. Als Deutschland besiegt war, zerfiel das Bündnis der Alliierten. Zwischen der UdSSR und den USA begann der Kalte Krieg (s. S. 316). Seine Frontlinie spaltete Europa. Der sowjetische Diktator Stalin dehnte die Herrschaft des Kommunismus über die osteuropäischen Staaten aus. Westliche Politiker befürchteten, der Kommunismus könne sich weiter nach Westen ausbreiten, sollte es nicht gelingen, ihn „einzudämmen“.
Aus solchen Überlegungen erwuchs der amerikanische Marshallplan: Vier Jahre lang sollten die Europäer von den USA Güter und Kredite erhalten, um ihre vom Krieg zerstörte Wirtschaft wieder aufzubauen. Das sollte sie widerstandsfähig gegen den Kommunismus machen und zugleich die amerikanische Wirtschaft ankurbeln. Allerdings machten die Amerikaner zur Bedingung, dass die Europäer sich selbst über die Verteilung der Lieferungen einigten und die liberale Wirtschaftsordnung der USA annahmen. 16 europäische Staaten gingen auf das Angebot ein. 1948 gründeten sie die OEEC (Organisation of European Economic Cooperation), um die Verteilung der Wirtschaftshilfe zu organisieren. Die UdSSR lehnte für sich und ihren Herrschaftsbereich den Beitritt ab.
Von 1948 bis 1952 flossen im Rahmen des Marshallplans mehr als 14 Milliarden US-Dollar nach Europa. Diese Finanzhilfen mussten von den am Europäischen Wiederaufbauprogramm teilnehmenden Ländern – mit Ausnahme Deutschlands – nicht zurückgezahlt werden.

M2 Der französische Außenminister Briand spricht 1929 vor dem Völkerbund:

Ich bin der Auffassung, dass zwischen Völkern, deren geografische Lage so ist wie die der Völker Europas, eine Art föderatives Band bestehen muss; diese Völker müssen jederzeit die Möglichkeit haben, miteinander in Verbindung zu treten, über ihre Interessen zu beraten, gemeinsame Entschließungen zu fassen, untereinander ein Band der Solidarität zu schaffen, das ihnen erlaubt, zu gegebener Zeit einer ernsten Lage, falls eine solche entsteht, gegenüberzutreten. (...)
Es ist klar, dass sich die Verbindung vor allem auf wirtschaftlichem Gebiet betätigen wird: Dies ist das dringlichste Problem. Ich glaube, dass sich hier Erfolge erzielen lassen. Aber ich bin auch sicher, dass vom politischen, vom sozialen Standpunkt gesehen eine föderative Verbindung, welche die Souveränität der an ihr teilnehmenden Nationen unangetastet lässt, von Nutzen sein kann.

M3 Der britische Premierminister Winston Churchill sagte 1946 in einer Rede in Zürich:

Wir Briten haben unser eigenes Commonwealth of Nations (...). Und warum sollte es [daneben] keine europäische Gruppe geben, die den irregeleiteten Völkern dieses unruhigen und machtvollen Kontinents das Gefühl (...) einer gemeinsamen Staatszugehörigkeit einflößen könnte? (...) [Wir müssen] die europäische Familie in einer regionalen Struktur neu schaffen, die vielleicht die Vereinigten Staaten von Europa heißen wird. Der erste Schritt ist die Bildung eines Europarats. Wenn zu Anfang auch nicht alle Staaten willens oder in der Lage sind, der Union beizutreten, müssen wir uns dennoch ans Werk machen, diejenigen Staaten, die es wollen und können, zusammenzufassen und zu vereinen. Bei dieser so dringenden Aufgabe müssen Frankreich und Deutschland die Führung übernehmen. Großbritannien, das Britische Commonwealth of Nations, das mächtige Amerika, und ich hoffe, Sowjetrussland (...) müssen die Freunde und Förderer des neuen Europa sein (...)

M4 Über die Absichten des Marshallplans schreibt G. F. Kennan, der Leiter der Planungskommission, 1947:

Das Ersuchen um Unterstützung musste als gemeinsames Ersuchen einer Gruppe befreundeter Nationen kommen und durfte nicht in eine Reihe voneinander unabhängiger Einzelanträge zerfallen. (...) Hätten wir nicht darauf bestanden, dann wären die Vereinigten Staaten mit Mengen von konkurrierenden Wunschzetteln überhäuft worden (...). Das hätte uns gezwungen, selber eine Auswahl zu treffen, die garantiert vielen Leuten nicht gepasst hätte (...). Aber auch hiervon abgesehen, hatten wir ernste Zweifel an den Erfolgschancen eines europäischen Aufbauprogramms, das nur aus einer Reihe unkoordinierter nationaler Pläne bestand; unserer Meinung nach war die übermäßige Zersplitterung Europas eine seiner größten Schwächen. Sie hinderte den freien Wettbewerb und das Entstehen großer Verbrauchermärkte. Durch unser Beharren auf gemeinsamer Planung wollten wir die Europäer zwingen, sich mit den ökonomischen Problemen ihres Erdteils als Europäer auseinanderzusetzen und nicht als Nationalisten.

Völkerbund
1920 auf Anregung des US-Präsidenten Wilson gegründete Organisation zur Wahrung des Weltfriedens. Ihr gehörten zunächst nur die Siegerstaaten des Ersten Weltkriegs (außer den USA) und neutrale Staaten an. 1945 wurde der Völkerbund durch die UNO ersetzt.

1. Begründen Sie, warum gerade das französisch-deutsche Verhältnis für die Einigung Europas wichtig ist (**VT1, M2, M3**).

2. Begründen Sie, warum die UdSSR den Marshallplan ablehnte (**VT2, M3**).

3. Listen Sie auf, welche Absichten Planer und Betroffene mit dem Marshallplan verbanden (**VT2, M4, M5**).

4. Nehmen Sie Stellung: Marshallplan – Instrument europäischer Einigung oder Spaltung?

1945 2010

Auf dem Weg zur Einigung Westeuropas

Die Idee eines vereinten Europa ist schon sehr alt. Aber erst nachdem der Kontinent am Ende des Zweiten Weltkriegs in Schutt und Asche lag, rückte ihre Verwirklichung – zumindest für die Staaten des „Westens" – in greifbare Nähe.

Konvergenzkriterien
Die Inflationsrate darf bei Ländern, die den Euro einführen wollen, nicht höher als 1,5 Prozentpunkte über der Inflationsrate der drei preisstabilsten Länder liegen, die Neuverschuldung nicht größer als 3 % des Bruttoinlandsproduktes (BIP) sein und die gesamte Staatsverschuldung nicht höher als 60 % des BIP.

Der Europarat

Obwohl es bereits nach dem Ersten Weltkrieg Bestrebungen gab, die europäischen Staaten näher zusammenzuführen, kam es erst nach der Katastrophe des Zweiten Weltkriegs zu intensiven Verhandlungen. 1949 wurde der Europarat gegründet, der die Einheit und Zusammenarbeit zwischen den Menschen und Nationen Europas fördern sollte. Zunächst gehörten ihm 10 Staaten an, 2010 waren es 47. Da in ihm die Mitgliedstaaten ihre Souveränität uneingeschränkt behielten und er nur einstimmige Beschlüsse fassen konnte, brachte er die politische Einigung Europas kaum voran. Doch immerhin verabschiedete der Rat 1950 die „Europäische Konvention zum Schutz der Menschenrechte und Grundfreiheiten". Bürgerinnen und Bürger, die diese Rechte verletzt glauben, können sich seit 1959 direkt an den Europäischen Gerichtshof für Menschenrechte in Straßburg wenden.

M1 Die ersten Schritte, die zählen ...
Auf dem linken Bucheinband steht: „L'art d'être grand Européen" – „Die Kunst ein großer Europäer zu sein."
Französische Karikatur, 1949

Die Montanunion

Den entscheidenden Anstoß zu einer langfristigen Regelung der innereuropäischen wirtschaftlichen Zusammenarbeit gab der französische Außenminister Robert Schuman. Er schlug in einer Rede am 9. Mai 1950 vor, mithilfe einer überstaatlichen Institution einen gemeinsamen Markt für Kohle und Stahl zu schaffen. Daher gilt der 9. Mai 1950 als Geburtstag der heutigen EU. Außerdem wird er seit 1985 als „Europatag" gefeiert. Ziel dieser Initiative war es, die deutsch-französischen Beziehungen zu verbessern und dadurch die Basis für eine europäische Gemeinschaft zu schaffen. Bereits ein Jahr später, im April 1951, gründeten Deutschland, Frankreich, Italien und die Benelux-Staaten die „Europäische Gemeinschaft für Kohle und Stahl" (EGKS) – auch „Montanunion" genannt. Zum ersten Mal wurden damals nationale Hoheitsrechte auf eine übernationale Behörde übertragen. Damit war das sogenannte „Europa der Sechs" geschaffen. Das EGKS-Vertragswerk bildete die Keimzelle der heutigen Europäischen Union.

Römische Verträge und EWG

Wirtschaftspolitische Interessen waren die Antriebskräfte der weiteren Entwicklung: Unter Vorsitz des belgischen Außenministers Spaak erarbeitete eine Kommission bis Anfang 1957 die Grundlagen für das Vertragswerk über die Europäische Wirtschaftsgemeinschaft (EWG) und die Europäische Atomgemeinschaft (EURATOM). In den „Römischen Verträgen" vereinbarten die sechs unterzeichnenden Staaten, die schon zusammen die Montanunion gegründet hatten, die Errichtung eines gemeinsamen Marktes. Außerdem bekannten sie sich zu dem Ziel, ein vereinigtes Europa zu schaffen. Der erste Schritt war die Gründung einer Wirtschaftsgemeinschaft mit einer gemeinsamen Agrarpolitik und einer Freihandelszone, d.h. der Abschaffung von Binnenzöllen und Handelsbeschränkungen. Es folgte eine Zollunion mit einer gemeinsamen Handelspolitik und einem einheitlichen Zolltarif gegenüber „Drittstaaten". Im Jahr 1967 wurden EGKS, EWG und Euratom in der Europäischen Gemeinschaft (EG) zusammengeführt.

Binnenmarkt mit „vier Freiheiten"
In den 1980er-Jahren setzte in der EG eine intensive Reformdiskussion ein. Europas Stellung auf dem Weltmarkt schien gegenüber den Hauptkonkurrenten USA und Japan zunehmend ins Hintertreffen zu geraten. Um mehr Wettbewerb innerhalb der Gemeinschaft und damit steigende Konkurrenzfähigkeit nach außen zu erreichen, wurde ein europäischer Binnenmarkt geschaffen. Die am 1. Januar 1993 in Kraft getretenen Regeln der einheitlichen europäischen Akte (EEA) leiteten einen wirtschaftlichen Integrationsprozess ein. Viele unterschiedliche Vorschriften hinsichtlich der Beschaffenheit von Produkten, des Verbraucher- und des Umweltschutzes wurden vereinheitlicht. Auch die „vier Freiheiten" (freier Personen-, Waren-, Dienstleistungs- und Kapitalverkehr) garantierten fortan mehr Wettbewerb. Arbeitnehmer, Selbstständige und Studenten können sich seither in jedem Staat der Europäischen Gemeinschaft niederlassen. Die meisten Berufsabschlüsse und Hochschuldiplome werden überall als gleichwertig anerkannt. Waren für den privaten Verbrauch, auch Kraftfahrzeuge, können in jedem Staat der EU erworben werden. Gleiches gilt für Dienstleistungen. Unionsbürger können in jedem EU-Land Konten eröffnen oder dort ihr Geld in Immobilien oder Wertpapieren anlegen. Ein weiterer Meilenstein in der europäischen Integration war der 1992 in Maastricht abgeschlossene „Vertrag über die Europäische Union", der auf eine Vertiefung der Zusammenarbeit abzielte: Bis 1999 sollte die Wirtschafts- und Währungsunion vollendet sein, eine gemeinsame Außen- und Sicherheitspolitik verwirklicht und die Zusammenarbeit in der Sozial- und Rechtspolitik verstärkt werden.

Der Schritt zur Währungsunion
Der Vertrag von Maastricht war zum Teil auf heftige Ablehnung von Bürgern in den einzelnen Mitgliedstaaten gestoßen, nicht zuletzt wegen der beschlossenen Währungsunion.
Ein einheitlicher Wirtschaftsraum wäre jedoch ohne eine gemeinsame Währung unvollendet geblieben. Die Schwankungen der Wechselkurse hatten bis dahin ein erhebliches Handelshemmnis dargestellt. Voraussetzung für eine Mitgliedschaft in der Währungsunion ist die Erfüllung bestimmter Konvergenzkriterien: Der Europäische Rat bestätigte 1998 elf Staaten (Belgien, Deutschland, Finnland, Frankreich, Irland, Italien, Luxemburg, Niederlande, Österreich, Portugal und Spanien) die Erfüllung der Konvergenzkriterien. Sie nehmen seit 1999 an der Währungsunion teil. Griechenland folgte 2001, Slowenien 2007, Zypern und Malta 2008, die Slowakei 2009, Estland 2011, Lettland 2014 und Litauen 2015. Mit dem Inkrafttreten der europäischen Währungsunion am 1. Januar 1999 wurden die Wechselkurse der nationalen Währungen an den Wert des Euro gebunden. Für die D-Mark lautete der Umstellungskurs 1 Euro = 1,95583 DM. Die Europäische Zentralbank (EZB) in Frankfurt übernahm die alleinige Verantwortung für die Geldpolitik in der Euro-Zone. Neben der Sicherung des Geldwerts hat sie seither die Aufgabe, das reibungslose Funktionieren des Zahlungsverkehrs zu garantieren. Am 1. Januar 2002 wurde der Euro als Bargeld eingeführt. Seitdem ist er in den Ländern der Währungsunion das alleinige gesetzliche Zahlungsmittel.

M2 Der zollfreie Warenverkehr, wie er 1957 in der EWG eingeführt wurde, fand nicht bei allen Bürgern Zustimmung.
Französische Landwirte errichteten am 2. Juli 1992 eine Barrikade, um gegen die Agrarpolitik der EU zu demonstrieren.

EG
Die Gründung der Europäischen Gemeinschaft (EG) erfolgte 1967 durch den Zusammenschluss der drei Teilgemeinschaften EGKS, EWG und Euratom (EAG).

EU
Mit dem Vertrag von Maastricht von 1992 wurde die Europäische Gemeinschaft (EG) zur Europäischen Union (EU) fortentwickelt.

M3 Der „Schuman-Plan", vom französischen Außenminister Schuman am 9. Mai 1950 den Mitgliedern der französischen Regierung in Paris vorgetragen:

Der Beitrag, den ein organisiertes und lebendiges Europa für die Zivilisation leisten kann, ist unerlässlich für die Aufrechterhaltung friedlicher Beziehungen (...). Europa lässt sich nicht mit einem Schlage herstellen und auch nicht durch eine einfache Zusammenfassung. Es wird durch konkrete Tatsachen entstehen, die zunächst eine Solidarität der Tat schaffen. Die Vereinigung der europäischen Nationen erfordert, dass der jahrhundertealte Gegensatz zwischen Frankreich und Deutschland ausgelöscht wird. Das begonnene Werk muss in erster Linie Deutschland und Frankreich erfassen (...). Die französische Regierung schlägt [daher] vor, die Gesamtheit der französisch-deutschen Kohle- und Stahlproduktion einer gemeinsamen Hohen Behörde zu unterstellen, in einer Organisation, die den anderen europäischen Ländern zum Beitritt offen steht (...). Die Solidarität der Produktion, die so geschaffen wird, wird bekunden, dass jeder Krieg zwischen Frankreich und Deutschland nicht nur undenkbar, sondern materiell unmöglich ist (...). Durch (...) die Errichtung einer neuen Hohen Behörde, deren Entscheidungen bindend sein werden, wird dieser Vorschlag den ersten Grundstein einer europäischen Föderation bilden.

M4 Ein alltägliches Bild vor 1985 an den Grenzen innerhalb Europas
Stau auf der Autobahn München–Salzburg an der Grenzübergangsstelle Freilassing (Richtung Österreich). Foto 1981

M5 Aus dem Vertrag über die Gründung der Europäischen Wirtschaftsgemeinschaft (EWG) vom 25. März 1957:

In dem festen Willen (...) einen immer engeren Zusammenschluss der europäischen Völker zu schaffen (...), haben [die Vertragsparteien] beschlossen, eine europäische Wirtschaftsgemeinschaft zu gründen (...).
Artikel 2: Aufgabe der Gemeinschaft ist es, durch die Errichtung eines gemeinsamen Marktes und die schrittweise Annäherung der Wirtschaftspolitik der Mitgliedstaaten eine harmonische Entwicklung des Wirtschaftslebens innerhalb der Gemeinschaft, (...), eine größere Stabilität, eine beschleunigte Hebung der Lebenshaltung und engere Beziehungen zwischen den Staaten zu fördern, die in dieser Gemeinschaft zusammengeschlossen sind.
Artikel 3: Die Tätigkeit der Gemeinschaft (...) umfasst (...)
a) die Abschaffung der Zölle und mengenmäßigen Beschränkungen bei der Ein- und Ausfuhr von Waren (...) zwischen den Mitgliedstaaten;
b) die Einführung eines gemeinsamen Zolltarifs und einer gemeinsamen Handelspolitik gegenüber dritten Ländern;
c) die Beseitigung der Hindernisse für den freien Personen-, Dienstleistungs- und Kapitalverkehr zwischen den Mitgliedstaaten;
d) die Einführung einer gemeinsamen Politik auf dem Gebiet der Landwirtschaft.

M6 US-Präsident Kennedy 1962 über die Beziehungen der USA zur EWG:

Jenseits des Atlantiks ist gegenwärtig eine einheitliche Wirtschaftsgemeinschaft im Entstehen begriffen, die eines Tages eine Bevölkerung haben dürfte, die dreieinhalbmal so groß ist wie die unsere. Diese Bevölkerung arbeitet im Rahmen einer Wirtschaft zusammen (...), bei der es für Handel und Investitionen keine größeren Hindernisse gibt als zwischen unseren 50 Bundesstaaten. Diese Wirtschaft hatte in der Vergangenheit eine Wachstumsrate, die doppelt so hoch wie die unsrige war, und sie wird eines Tages eine Kaufkraft repräsentieren, die der unsrigen gleichkommt, und einen Lebensstandard aufweisen, der schneller als der unsrige steigt (...). Wenn unseren Exporten der freie Zugang zur EWG [durch Zölle] (...) verwehrt sein sollte, dann würde unsere (...)

Führung der freien Welt gefährdet werden (...). Wirtschaftliche Isolierung und politische Führerschaft sind völlig unvereinbar miteinander. Die Länder Westeuropas werden in den nächsten Jahren ihr (...) Wirtschafts- und Handelsschema festlegen, das die Zukunft unserer Wirtschaft (...) entscheidend berühren wird. Wenn wir vom Markt der EWG durch hohe Zollschranken (...) getrennt sind, dann können wir nicht hoffen, bei diesen (...) Entscheidungen eine wesentliche Rolle zu spielen.

M7 Europa der zwei Geschwindigkeiten?, Stuttgarter Zeitung vom 18.12.2010:

Bundeskanzlerin Angela Merkel ist beim EU-Gipfel in Brüssel von ihrer Position abgerückt, dass wirtschaftspolitische Absprachen nur auf Ebene der gesamten Europäischen Union sinnvoll sind. Sie unterstützt nun die Position des französischen Präsidenten Nicolas Sarkozy, der schon seit Längerem eine gemeinsame Wirtschaftspolitik für die Eurozone fordert. Sie wolle ein Europa, sagte Merkel in Brüssel, „das immer enger zusammenwächst, zum Teil mit unterschiedlicher Geschwindigkeit". (...) Die Bundeskanzlerin nannte die Bereiche Steuern und Soziales, die einander angeglichen werden sollten – „es geht durch alle Politikbereiche". Entstehen soll jedoch keine echte politische Union. Vielmehr sollen Beschlüsse künftiger Brüsseler Eurozonengipfel anschließend von den nationalen Parlamenten umgesetzt werden. Merkel sieht darin eine notwendige Ergänzung zur Währungsunion: „Dieses Europa wird in zehn Jahren viel stärker integriert sein, als das heute der Fall ist."

M8 Die Euroländer im Jahr 2018

1. Fertigen Sie einen Zeitstrahl an, der die Hauptstationen der europäischen Einigung dokumentiert. Erläutern mit Hilfe dieser Übersicht die Neuerungen der jeweiligen Stationen (**VT, M1–M5**).

2. Vergleichen Sie die Erwartungen an den Schuman-Plan (**M1, M3**). Welche davon sind in Erfüllung gegangen?

3. Legen Sie dar, welche Auswirkungen die Gründung der EWG auf die USA hat (**M6**). Wie fassen Sie die Rede auf: Spricht hier ein Verbündeter oder ein Konkurrent Westeuropas?

4. Stellen Sie Vermutungen darüber an, warum die französischen Bauern (**M2**) gegen den gemeinsamen europäischen Agrarmarkt demonstrierten.

5. Recherchieren Sie, wie hoch die Inflationsrate in Deutschland ist. Beurteilen Sie die Befürchtungen vieler Deutscher, mit der Einführung des Euro würden die Preise explodieren und der „Teuro" eingeführt.

1945 2010

„Osterweiterung“ Europas

Nach dem Fall des „Eisernen Vorhangs“ und dem Zusammenbruch der kommunistischen Staaten ordnete sich Europa neu. Nahezu alle mittel- und osteuropäischen Staaten strebten den EU-Beitritt an.

M1 **„Macht hoch die Tür, die Tor macht weit“,**
Karikatur von Horst Haitzinger, 1997

Anschluss an die EU

Mit dem Ende des „Rats für gegenseitige Wirtschaftshilfe“ (RGW), in dem die Staaten Osteuropas des sowjetischen Einflussbereichs seit 1949 zusammengeschlossen waren, verstärkten deren frühere Mitglieder die Handelsbeziehungen zur EU. Schon bald war die EU der größte Handelspartner der osteuropäischen Staaten, die nun eine Mitgliedschaft in der EU anstrebten. Die 15 Staats- und Regierungschefs der EU-Staaten legten 1993 Kriterien für eine Mitgliedschaft ehemaliger Ostblockstaaten fest. Dazu gehören die Garantie einer demokratischen und rechtsstaatlichen Ordnung, eine funktionsfähige Marktwirtschaft und die Fähigkeit, die aus dem Beitritt erwachsenen Verpflichtungen übernehmen zu können. 2002 beschlossen die EU-Regierungen, den Anträgen von zehn Ländern auf Mitgliedschaft zu entsprechen und diese 2004 in die Europäische Union aufzunehmen. Dabei handelt es sich um Estland, Lettland, Litauen, Malta, Polen, die Slowakei, Slowenien, die Tschechische Republik, Ungarn und Zypern. 2007 traten zudem Bulgarien und Rumänien bei.

Standpunkte zur „Osterweiterung“

Die Integration der osteuropäischen Staaten wurde von manchen Westeuropäern mit Skepsis gesehen, vor allem aus Furcht, die EU könne die Aufnahme der volkswirtschaftlich ärmeren Länder kaum verkraften. Befürworter hielten entgegen, die EU müsse diesen Ländern, die sich von totalitären Diktaturen befreit hätten, eine Perspektive für eine politische und wirtschaftliche Aufwärtsentwicklung geben, vor allem, damit die politische Situation in Gesamteuropa stabil bleibe.

Ein strittiger Partner: die Türkei

Die EU nahm seit 2005 auch Beitrittsverhandlungen mit der Türkei auf. Die Türkische Republik gehört schon seit 1996 der Europäischen Zollunion an und ist außerdem seit 50 Jahren Mitglied der NATO. Ihre wirtschaftliche Entwicklung macht große Fortschritte, das Durchschnittsalter der Bevölkerung ist entschieden geringer als das der Westeuropäer. Beim Kampf gegen den islamischen Terror ist die Türkei ein zuverlässiger Partner der EU-Staaten. Ob die Beitrittsverhandlungen zum Erfolg führen, ist dennoch ungewiss. Dass es weiterhin eine enge Kooperation in Form einer „privilegierten Partnerschaft“ geben soll, ist dagegen unbestritten. Kritik an der Türkei wird vor allem auf dem Gebiet der Menschenrechte, z. B. der Meinungsfreiheit und dem Schutz von religiösen und ethnischen Minderheiten, geübt. Noch immer ist es dort z. B. Journalisten nicht möglich, kritisch über den Völkermord an den Armeniern während des Ersten Weltkriegs zu berichten. Streitpunkte sind auch der starke Einfluss des Militärs auf die türkische Regierung, deren hartes militärisches Vorgehen gegen kurdische Unabhängigkeitsbestrebungen sowie die Konflikte zwischen dem von Türken besiedelten Nordzypern und der griechischen, zur EU gehörenden, südlichen Republik Zypern. Sorge bereitet zudem manchen EU-Bürgern ein nach dem Beitritt möglicher Zuzug vieler muslimischer Türken nach Westeuropa.

M2 Rumänische Erntehelferinnen in Spanien, Foto 2009

M3 „Polen retten unseren Arbeitsmarkt" Welt Online berichtet:

Über 200 000 Arbeitsmigranten aus Polen sind seit 2004 nach London ausgewandert. Das ist in Europa die größte Wanderung in friedlichen Zeiten. Unwillkommen sind sie nicht. Die Briten halten ihre neuen Mitbewohner für fleißig und einsatzwillig. (...)

Das hielt im Herbst letzten Jahres das Innenministerium (...) eigens fest: „Einheimische Arbeitskräfte erweisen sich manchmal in bestimmten Sektoren als unzuverlässig", stand da schwarz auf weiß, „besonders in der Landwirtschaft, im Hotel- und Catering-Gewerbe. (...)

Allein 800 000 Polen werden bislang [in Großbritannien] als Neuankömmlinge hochgerechnet, genaue Zahlen gibt es nicht, da neben den angestellt Arbeitenden – und Registrierten – zahlreiche Selbstständige hinzukommen, viele davon Ärzte, Rechtsanwälte, Unternehmer. Sie alle bilden zusammen mit den etwa 200 000 Exil-Polen, die nach dem Kriege wegen des kommunistischen Umsturzes in ihrer Heimat in England blieben, das Wurzelwerk einer neuen Arbeitskultur, von der es heißt, sie verdränge viele der heimischen Briten aus ihren Stammplätzen im Arbeitsmarkt. Falsch, kontert die Labour-Regierung bei jeder sich bietenden Gelegenheit: Es gibt genug Arbeit auf der Insel, ja, ohne Einwanderung müsste die britische Wirtschaft zusammenbrechen.

M4 Lehrlinge aus Osteuropa, ein Zeitungsbericht vom 16. August 2010:

(...) In der polnischen Großstadt [Stettin] suchen die Firmen, was sie in der Heimat kaum noch finden: Schulabgänger, die eine Lehre beginnen wollen. Im September 2011 könnten sie anfangen. (...)

Deutschland altert und braucht frische Kräfte für Büros, Werkstätten und Produktionshallen. Weil immer weniger Jugendliche die Schule verlassen, sollen die Betriebe nun im Ausland nach Lehrlingen fahnden. Das Ganze findet noch im Rahmen kleiner lokaler Projekte statt – die aber sind Vorboten einer Entwicklung, die ganz Deutschland erfassen könnte. (...)

Doch das Anwerben ausländischer Schüler für deutsche Lehrstellen ist politisch heikel. Als Handwerkspräsident Otto Kentzler erstmals die Forderung erhob, fand er sich in den Fernsehnachrichten Polens und Tschechiens wieder. In beiden Ländern ist man nicht darauf erpicht, dass die Deutschen im großen Stil Nachwuchs abwerben.

(...) „Das wird sicher nicht in großem Stil passieren", sagt Gundolf Schülke, Hauptgeschäftsführer der IHK aus Frankfurt/Oder. Vor allem die Sprachhürde sei hoch. „Nur ein geringer Teil der polnischen Schüler lernt Deutsch", sagt Schülke. Das schränke den Kreis potenzieller Azubis aus dem Nachbarland ein. „Außerdem entwickelt sich die polnische Wirtschaft gut. Der Anreiz, ins Ausland zu gehen, sinkt dadurch", sagt Schülke. (...)

1. Suchen Sie Gründe für die Osterweiterung der Europäischen Union jeweils aus der Sicht der früheren EU-Staaten und der Beitrittsländer (**VT**).

2. Beschreiben Sie die Karikatur (**M1**). Nehmen Sie zu deren ironischer Aussage kritisch Stellung.

3. Erörtern Sie, wie die Zuwanderung von Polen und Tschechen nach Westeuropa in **M3** und **M4** beurteilt wird.

4. Erläutern Sie, inwiefern die Türkei ein „strittiger" Beitrittskandidat für die EU ist (**VT3**). Diskutieren Sie Für und Wider.

1945 2010

Wer entscheidet in Europa? Die politischen Institutionen der Gemeinschaft

Die Europäische Union ist durch eine klare föderale Kompetenzaufteilung zwischen der EU und ihren Mitgliedstaaten gekennzeichnet. Ihr politisches System ist in der Geschichte einmalig.

M1 Sitzung des Europäischen Parlaments in Straßburg, Foto 2010

Vertrag von Lissabon

Seit dem Inkrafttreten des Vertrags von Lissabon 2009 arbeiten die Staaten der europäischen Union noch enger zusammen als zuvor. Ein Katalog von Grundrechten, wie wir sie aus dem Grundgesetz kennen, ist nun in ähnlicher Form für alle Menschen der EU verbindlich. Nach außen sichert ihre Handlungsfähigkeit künftig eine Hohe Vertreterin bzw. ein Vertreter für Außen- und Sicherheitspolitik. Dadurch sollen diese Politikbereiche unter den EU-Mitgliedern in Zukunft enger abgestimmt werden. Das Europäische Parlament wird einflussreicher, die Demokratie lebendiger. In der Europäischen Union sind Bürger und Staaten verbunden. Deshalb entscheiden das europäische Parlament (Bürgerkammer) und der Ministerrat (Staatskammer) gleichberechtigt über die europäischen Gesetze. Können sich beide nicht einigen, tritt ein Vermittlungsausschuss zusammen. Man kann dieses Verfahren mit dem Entscheidungsprozess von Bundestag und Bundesrat vergleichen. Der Reformvertrag hat auch das politische Instrument der Bürgerinitiative eingeführt. Eine Million Bürgerinnen und Bürger aus verschiedenen Mitgliedstaaten können die Initiative ergreifen und die Kommission auffordern, einen Vorschlag vorzulegen und damit ein Gesetzgebungsverfahren in Gang zu bringen.

Organe der Europäischen Union

Sowohl die Regierungen als auch die Vertreter der Bevölkerung aller EU-Staaten sprechen in den europäischen Angelegenheiten mit. Dazu bedarf es unterschiedlicher Entscheidungsträger, sogenannter Organe:

- **Das Europäische Parlament**: Die Bürgerinnen und Bürger Europas wählen ihr Parlament direkt. Hier wird europäische Demokratie lebendig. Bei den Europawahlen entscheiden die Wählerinnen und Wähler aller Mitgliedstaaten, wem sie für 5 Jahre das Mandat erteilen. Das Europäische Parlament debattiert öffentlich über wichtige Zukunftsfragen der Union und entscheidet zusammen mit dem Ministerrat über europäische Gesetze, die den Alltag von 500 Millionen Menschen beeinflussen.
- **Europäischer Rat und Ministerrat (Rat der EU)**: Er repräsentiert die Mitgliedstaaten der Gemeinschaft. Der Europäische Rat, der die Staats- und Regierungschefs vereint, bestimmt die allgemeine politische Ausrichtung der Union. Im Ministerrat werden europäische Gesetze auf den Weg gebracht. Bei Mehrheitsentscheidungen müssen mindestens 70 Prozent der Stimmen zusammenkommen, wobei große EU-Staaten mehr Stimmen haben als kleine. Die Beschlüsse des Rats müssen vom Europäischen Parlament bestätigt werden.
- **Europäische Kommission**: Ihre Leitung besteht aus einem Mitglied pro Land. Jedes Kommissionsmitglied ist für ein bestimmtes Sachgebiet zuständig. Die Kommission bringt auch Gesetzesvorschläge (Gesetzesinitiativen) ein, die dann vom Ministerrat und dem Europäischen Parlament verabschiedet werden. Außerdem verwaltet sie die EU nach den Vorgaben von Parlament und Ministerrat.
- **Europäischer Gerichtshof**: Er entscheidet, wenn es Streit bei der Auslegung von EU-Gesetzen gibt oder wenn sich einzelne Staaten nicht an das EU-Recht halten.

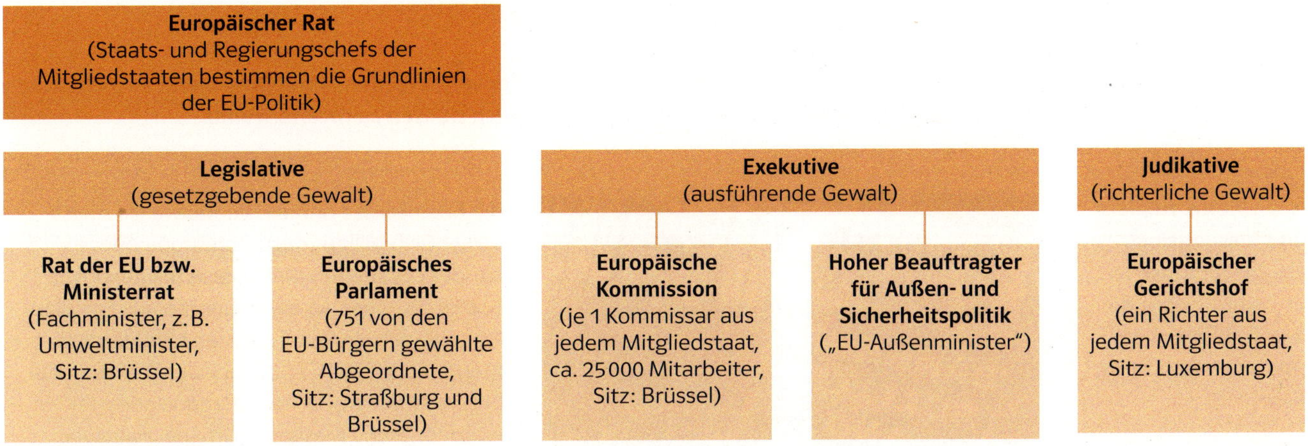

M2 Gewaltenteilung in der Europäischen Union

M3 So funktioniert die EU:

Die Europäische Union ist kein souveräner Staat wie Deutschland oder Frankreich, aber mehr als ein lockerer Zusammenschluss. Das deutsche Bundesverfassungsgericht hat dafür den Ausdruck „Staatenverbund" geprägt. In diesem Staatenverbund werden die Entscheidungen von den nationalen Regierungen, die im Ministerrat zusammenkommen und dem vom Volk gewählten Europäischen Parlament gemeinsam getroffen. (...) Die Europäische Kommission führt die Geschäfte der EU, und sie achtet darauf, dass alle sich an die europäischen Verträge halten. Tun sie das nicht, werden sie vor dem Europäischen Gerichtshof verklagt und von diesem gegebenenfalls verurteilt, ihr Verhalten zu ändern. (...) Besonders wichtig ist das Europäische Parlament, denn es vertritt die Bürgerinnen und Bürger der Europäischen Union und wird von diesen durch allgemeine Wahlen bestimmt.

M4 Auch über Kontonummern wird in Brüssel entschieden, Zeitungsbericht vom 16. Dezember 2010:

Gegen deutschen Widerstand will EU-Kommissar Michel Barnier die Kontonummern in Europa vereinheitlichen. „Auslandsüberweisungen werden dann so einfach wie die zu Hause", sagte der für den Binnenmarkt zuständige Franzose am Donnerstag in Brüssel. (...) Gegen die Verordnung hatte sich bereits im Sommer lautstarke Ablehnung im deutschen Finanzministerium und bei Verbraucherschützern geregt. Die längeren EU-Kontonummern würden die Kunden verwirren, zu falsch ausgefüllten Überweisungen und damit zu nicht abschätzbarem Schaden führen. (...)
Bisher läuft die Umsetzung des 2008 auf freiwilliger Basis eingeführten Sepa-Systems alles andere als glatt. Laut EU-Kommission erfolgen weniger als zehn Prozent aller Überweisungen im Euroraum mittels Sepa. Die alten nationalen Zahlungssysteme laufen weiter parallel. Barnier pocht auf Vereinheitlichung, um Kosten zu sparen und den Wettbewerb anzukurbeln. (...) Zugleich würde es Kunden ermöglicht, ihrer Hausbank den Rücken zu kehren und bei einem anderen europäischen Anbieter Finanzgeschäfte abzuwickeln. (...) Bevor das Sepa-System in der ganzen EU Realität wird, muss Barnier seine Verordnung aber noch durch das EU-Parlament und den Europäischen Rat bringen. In der Kommission rechnet man aber damit, dass dies 2011 gelingen wird.

1. Unterscheiden Sie die Aufgaben der Europäischen Kommission von denjenigen des Ministerrats und des Europäischen Parlaments (**VT, M2, M3**).

2. Stellen Sie Vor- und Nachteile der Einführung des Sepa-Systems (Single Euro Payments Area) einander gegenüber (**M4**). Welche Institution in Brüssel macht den Gesetzesvorschlag, wer stimmt darüber ab?

1945 2010

Natürlich gibt es auch Probleme

Trotz der erfolgreichen europäischen Geschichte der vergangenen Jahrzehnte bleibt es nicht aus, dass in einem so vielschichtigen Staatenverbund auch Hürden zu meistern sind.

M1 „Pleite, ruiniert und fassungslos“, ein Ire demonstriert in Dublin gegen die angekündigten Sparpläne der Regierung. Foto 2010

Subventionen
Zahlungen des Staates oder der EU an Privatpersonen oder Unternehmen, um finanzielle Nachteile auszugleichen.

Wirtschaftskrise

Die weltweite Finanz- und Wirtschaftskrise der Jahre 2009/2010 machte allen Euroländern stark zu schaffen. Im August 2009 waren in den 27 EU-Staaten insgesamt 22 Millionen Männer und Frauen arbeitslos, davon 15 Millionen in der Eurozone. Von der Krise besonders hart betroffen waren Griechenland und Irland, deren Steuereinnahmen während der Krise stark zurückgegangen waren. Dadurch entstanden riesige Haushaltsdefizite. Die Finanzminister der EU signalisierten ihre Unterstützung, indem sie Griechenland und Irland zinsgünstige Kredite vermittelten und für deren Rückzahlung bürgten. Als Gegenleistung mussten die Schuldnerländer harte Sparmaßnahmen ergreifen und z. B. Renten und Einkünfte der öffentlich Bediensteten kürzen.
Gleichzeitig bemühten sich die EU-Organe, durch Konjunkturförderprogramme zur Bewältigung der Krise beizutragen und dadurch die Arbeitslosigkeit zu senken.

Landwirtschaft in der EU

Das Sorgenkind der EU war lange Zeit der Agrarhaushalt. Das hat sich geändert. Viele Betriebe arbeiten heute aufgrund der Förderung durch die EU rationeller als noch vor wenigen Jahrzehnten.
Früher wurden den Bauern von der EU für ihre Produkte bestimmte Erzeugerpreise garantiert. Fielen die Marktpreise, kaufte die EU die Erzeugnisse auf und verkaufte sie meist wesentlich billiger nach Osteuropa oder in Länder der Dritten Welt. Diese Billigexporte haben dazu beigetragen, Bauern aus Entwicklungsländern in ihren eigenen Ländern aus dem Markt zu drängen. Auf Druck der Welthandelsorganisation World Trade Organization (WTO) wurden solche Markteingriffe deshalb weitgehend abgeschafft. Die landwirtschaftlichen Betriebe bekommen stattdessen unabhängig von ihrem Ernteertrag Beihilfen, die sich nach der Größe ihrer Anbauflächen richten. Diese Zahlungen sind jedoch an strenge Auflagen für Umwelt- und Tierschutz und an die Erhaltung der Kulturlandschaft gebunden. Landwirte, die ökologische Anbaumethoden anwenden, werden besonders intensiv gefördert.

Wanderungsbewegungen

EU-Bürger dürfen ohne Einschränkung zwischen den Mitgliedstaaten der Gemeinschaft ihren Wohn- und Arbeitsplatz frei wählen (Freizügigkeit). Beim Umgang mit Asylsuchenden und Einwanderern aus sogenannten Drittstaaten, also aus Nicht-EU-Staaten, arbeitet die Europäische Gemeinschaft zwar eng zusammen, trotzdem unterliegen diese Bereiche weiterhin einzelstaatlichen Regelungen.
Im Jahr 2050 wird voraussichtlich ein Drittel der heute annähernd 500 Millionen Bürgerinnen und Bürger der Europäischen Union über 65 Jahre alt sein. Damit ist für die meisten europäischen Staaten ein Mangel an erwerbsfähiger Bevölkerung vorhersehbar. Einige Mitgliedstaaten wie Deutschland, Italien und Ungarn haben schon heute einen Rückgang von Menschen in erwerbsfähigem Alter zu verzeichnen. Bisher ziehen vornehmlich die USA hoch qualifizierte Arbeitnehmer beispielsweise aus Indien an. Mit den USA befindet sich die EU in einem Wettbewerb um die „klügsten Köpfe“. Ein gemeinsames europäisches Vorgehen bei der Anwerbung ausländischer Arbeitskräfte könnte dazu beitragen, die EU für die erwünschten (Arbeits-)Migranten attraktiver zu machen.

M2 Landwirtschaft am Tropf des Staates:
(...) Die reichen Industrieländer haben in der Wirtschaftskrise ihre Subventionen für den Agrarsektor erhöht. (...) Das ursprüngliche Ziel, die umstrittenen Ausgleichszahlungen zu senken, wurde damit verfehlt. (...)
Die Steigerung der Agrarsubventionen wird von der OECD heftig kritisiert – auch weil sich dadurch die Wettbewerbs- und Preisverzerrungen auf den internationalen Agrarmärkten weiter verschärfen. Eine Entwicklung, unter der vor allem die Bauern in ärmeren Ländern leiden, die nicht auf staatliche Hilfe hoffen können. (...)
Viele Länder begründen die höheren Zuwendungen mit stark gesunkenen Preisen für Agrarprodukte, die davor Rekordstände erreicht hatten. (...)
Auch die deutschen Bauern erhielten in der Krise zusätzliche Finanzhilfen. Im vergangenen Jahr war Milch teilweise so billig, dass vor allem Kleinbauern nichts mehr verdienten. Nach massiven Protesten der Erzeuger zahlt der Staat nun für jede Milchkuh 21 Euro und für jeden Hektar Grünland 37 Euro – zusätzlich zu bestehenden Subventionen, wie etwa den EU-Agrarbeihilfen oder dem ermäßigten Steuersatz auf Agrardiesel. (...)

M3 „Deutschland blockiert EU-einheitliches Asylrecht." Die ARD meldet dazu (15.7.2010):
In den 27 EU-Mitgliedsländern gelten derzeit völlig unterschiedliche Asylrechte. Das will die belgische EU-Ratspräsidentschaft ändern. Dabei stößt sie auf erbitterten Widerstand. (...)
Die Vorschläge der Kommission (...) könnten das in Deutschland bisher angewandte schnelle Flughafen-Asylverfahren kippen. Bei diesem Verfahren werden Flüchtlinge noch im Transitbereich befragt. Wenn die Behörden begründen können, dass die Flüchtlinge nicht politisch verfolgt werden, dürfen sie umgehend zurückgeschickt werden. Die Kommissionsvorschläge würden dieses schnelle Verfahren aber infrage stellen.
Grundsätzlich gehe es der Bundesregierung darum, das deutsche Asylverfahren nicht zu verändern. (...) Es bedeute aber auch genauso, dass diejenigen, die das deutsche Asylrecht missbrauchen, kein Asyl erhalten.
Deutschland weigert sich auch, die sogenannte Dublin-Richtlinie zu überdenken. Die besagt, dass Flüchtlinge an dem Ort ihren Antrag stellen müssen, an dem sie als erstes in Europa angekommen sind. Insbesondere Griechenland, Malta und Italien haben deshalb in den vergangenen Monaten immer wieder um mehr Solidarität in der EU gebeten und den Wunsch zum Ausdruck gebracht, dass andere Länder Flüchtlinge aufnehmen. (...)

M4 „Grenzöffnung",
Karikatur Jan Tomaschoff, 2004

1. Nennen Sie Maßnahmen, mit deren Hilfe die Konkurrenzfähigkeit der europäischen Wirtschaft gegenüber den USA und den Staaten Südostasiens aufrechterhalten werden soll.

2. Erklären Sie, warum die meisten Bauern in Europa weiterhin auf Subventionen angewiesen sind (**VT2, M2**).

3. Beurteilen Sie die unterstützenden Maßnahmen der EU angesichts der Finanzkrise in Griechenland und Irland (**VT1**).

4. Begründen Sie, warum Deutschland im Gegensatz zu den Mittelmeeranrainerstaaten kein gemeinsames europäisches Asylrecht haben will (**VT, M3, M4**). Nehmen Sie Stellung.

Problemsituation im Rollenspiel erkunden

Nicht immer sind getroffene Entscheidungen zu bestimmten Fragen oder Problemen für uns nachvollziehbar. Die Methode des Rollenspiels ermöglicht es, sich in verschiedene Positionen und Denkweisen hineinzuversetzen und verstehen zu lernen, dass es nicht immer einfach und möglich ist, die „richtige“ Lösung zu finden.

Zu den wichtigsten Errungenschaften der EU gehört die Freizügigkeit. Jeder EU-Bürger darf seinen Wohn- und Arbeitsort innerhalb der Gemeinschaft frei wählen. Berufsabschlüsse werden gegenseitig anerkannt.
Aus Ländern mit hoher Arbeitslosigkeit – dazu gehört auch Deutschland – wandern immer häufiger Arbeitsuchende in EU-Länder aus, in denen ihre Arbeitskraft nachgefragt wird. Was geht in Menschen vor, die vor der Frage stehen, ihre Heimat zu verlassen, um in einem anderen Land Arbeit zu finden?
Während der eine unbedingt die Heimat verlassen will, zweifelt ein anderer vielleicht. Das lässt sich in einem Rollenspiel gut darstellen, indem ein Spieler seine Überlegungen im lauten Nachdenken vorträgt oder zwei Spieler ein Gespräch führen. Das Rollenspiel ist generell ein gutes Hilfsmittel, wenn Sie sich in die Situation anderer Menschen hineinversetzen wollen.

Herr **Hans Niemeyer** aus Ravensburg, gelernter Kfz-Mechatroniker, ist seit fast einem Jahr arbeitslos und will unbedingt in die Niederlande, wo er schon mit der Familie Urlaub gemacht hat, auswandern. Dort, hofft er, Arbeit zu finden. Er informiert sich u. a. mithilfe von M2 bis M4 und sammelt Argumente, mit denen er dann seine Frau und seine Tochter zu überzeugen versucht.

Frau **Herta Niemeyer** ist Kauffrau im Einzelhandel. Da sie kein holländisch spricht, sieht sie keine Chance, dort einen Arbeitsplatz und auch Freunde zu finden. Außerdem fürchtet sie um die berufliche Zukunft ihrer Tochter. Sie sucht mithilfe von M2 bis M4 Argumente, die gegen eine Auswanderung sprechen, und will mit ihrem Mann darüber diskutieren.

Beate Niemeyer ist 16 Jahre alt und steht kurz vor ihrem Realschulabschluss. Sie hat Bedenken, ob sie in den Niederlanden einen Ausbildungsplatz findet. Sie versucht, ihre Eltern deshalb davon zu überzeugen, dass sie im Fall von deren Auswanderung in Ravensburg bleiben und eine kleine Wohnung mieten darf. Sie rät ihren Eltern aber zur Auswanderung und verspricht, sie häufig zu besuchen.

M1 Rollenkarten von Hans, Herta und Beate Niemeyer

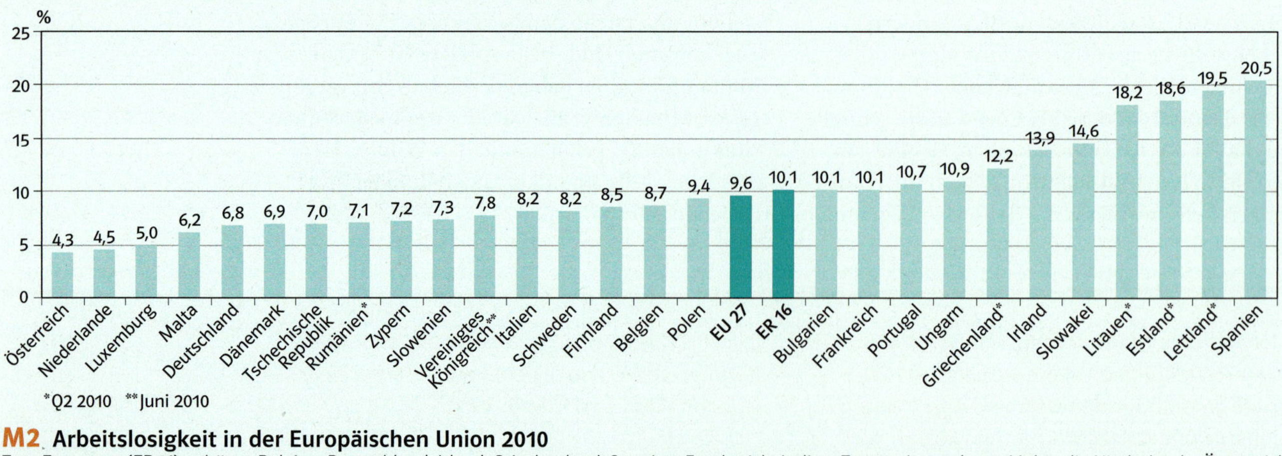

*Q2 2010 **Juni 2010

M2 Arbeitslosigkeit in der Europäischen Union 2010
Zum **Euroraum (ER 16)** gehören Belgien, Deutschland, Irland, Griechenland, Spanien, Frankreich, Italien, Zypern, Luxemburg, Malta, die Niederlande, Österreich, Portugal, Slowenien, die Slowakei und Finnland. Mit dem 1. Januar 2011 führt auch Estland als 17. Staat der EU die Gemeinschaftswährung ein.
Zu der **EU 27** gehören Belgien, Bulgarien, die Tschechische Republik, Dänemark, Deutschland, Estland, Irland, Griechenland, Spanien, Frankreich, Italien, Zypern, Lettland, Litauen, Luxemburg, Ungarn, Malta, die Niederlande, Österreich, Polen, Portugal, Rumänien, Slowenien, die Slowakei, Finnland, Schweden und das Vereinigte Königreich .

M3 Die Bundesagentur für Arbeit informiert (Januar 2011):

In sämtlichen technischen Bereichen werden in den Niederlanden Ingenieure, Techniker und qualifizierte Handwerker eingestellt. (…) In der Gesundheitsbranche mangelt es vor allem an Ärzten, Pflegepersonal und Zahntechnikern. (…)

Im Bereich der sozialen Sicherheit haben sich die Staaten der Europäischen Union und des Europäischen Wirtschaftsraumes auf bestimmte Regeln verständigt. Sie beziehen sich auf Leistungen der Krankenversicherung, der Rentenversicherung, der Arbeitslosenversicherung, der Unfallversicherung und Familienleistungen. Die Vereinbarungen stellen sicher, dass kein Arbeitnehmer Nachteile erleidet, weil er im Laufe seines Erwerbslebens in mehreren Mitgliedstaaten erwerbstätig war.

M4 Internet-Forum über die Auswanderung nach den Niederlanden:

Gastro, 28. April 2010: Ich kann euch nur raten, raus aus Deutschland. Nirgendwo, aber auch wirklich NIRGENDWO kriegst du so viel Geld weggenommen wie hier. Nirgendwo gibt es so viele Kontrollen. (…) Deutschland macht den Alltag grau, hier lebt man nur, um die Reichen noch reicher zu machen. (…)

André, 25. Oktober 2010: (…) Arbeit gibt es genug, so wie überall, vorausgesetzt man ist nicht wählerisch. Gängig sind die Uitzendbureaus (Zeitarbeitsfirmen), die gibt es wie Pilze im Wald. Ich hab mir eine lokale Zeitung genommen und festgestellt, dass zum Tomatenpflücken nicht viel Erfahrung benötigt wird (es können auch Paprikas, Gurken, Blumen sein). Mit 1200 Euro im Monat kann man dann einiges überstehen und sich über die gewünschte Arbeit informieren. (…)

Achim, 3. Dezember 2010: Ich bin sehr erstaunt über die teils extrem naiven Vorstellungen einiger Schreiber. Da wollen Hartz-IV-Empfänger mit teils mangelhafter deutscher Rechtschreibung, schlechtem Schulabschluss, arbeitslos etc. ohne niederländische Sprachkenntnisse, ohne finanzielle Reserven mal so eben in die Niederlande auswandern. Ja glaubt ihr, die warten auf euch? Arbeitslose haben die Niederlande selber genug. (…)

Thomas, 8. Dezember 2010: (…) Das Arbeitsklima in den NL finde ich persönlich besser und der Zusammenhalt ist viel größer als in Deutschland. Der Umgangston auch bei den Behörden ist freundlicher und die Mitarbeiter sind hilfsbereiter.

Methodische Arbeitsschritte

1. Die Klasse wird in Gruppen zu je 5–6 Mitgliedern aufgeteilt. Jede Gruppe erhält eine Rollenkarte für ein Rollenspiel, das von einem Gruppenmitglied/mehreren Gruppenmitgliedern präsentiert werden soll. (Alternative: Jede Gruppe fertigt selbst eine Rollenkarte zu einem Problemfall der gerade behandelten Themeneinheit an.)
2. Die Gruppe informiert und berät sich über die Probleme, mit denen es die Person/Personen in der darzustellenden Situation zu tun hat/haben.
3. Die Gruppen erarbeiten nach den Angaben der allgemeinen Spielanleitung auf der Rollenkarte eine Spielszene, indem sie Argumente und Gegenargumente sammeln, die vorgetragen werden sollen, diese in eine sinnvolle Reihenfolge bringen und den/die Rollenspieler bestimmen, der/die die Szene präsentieren soll(en).
4. Präsentation des Rollenspiels vor der Klasse.
5. Aussprache über die Präsentation anhand folgender Fragen:
   a) Wurde die Problemsituation realitätsnah erfasst?
   b) Hat/Haben der/die Rollenspieler die Situation (aus Sicht der Zuschauer) überzeugend dargestellt?
   c) Wie hat/haben der/die Rollenspieler selbst seine/ihre Rolle(n) erlebt?

1. Beschäftigen Sie sich mit der Frage einer möglichen Auswanderung in ein anderes EU-Land. Sammeln Sie mithilfe von **M2–M4** Argumente, die dafür oder dagegen sprechen. Spielen Sie unter Beachtung der methodischen Arbeitsschritte ein Rollenspiel mit den Personen Hans, Herta und Beate Niemeyer.

2. Variieren Sie das Rollenspiel, indem Sie sich z. B. mit der gegenwärtigen Situation der Arbeitsmärkte in Spanien und Deutschland vertraut machen und nach Argumenten suchen, die für oder gegen eine Einwanderung (von Vater Carlos, Mutter Sofia, Sohn Marcos) in die Bundesrepublik Deutschland sprechen.

1945 2010

Europa – ein Kontinent wächst zusammen

1 Diese Begriffe kann ich erklären!

a) Marshallplan

b) Römische Verträge

c) Konvergenzkriterien

d) EU-Osterweiterung

e) Subventionen

2 Zu diesen Bildern kann ich etwas erzählen!

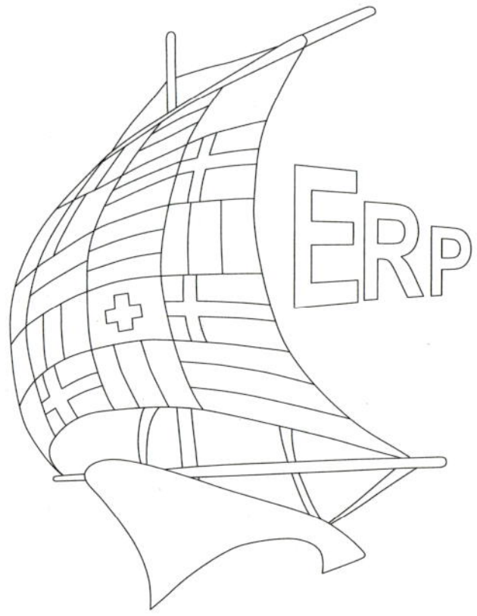

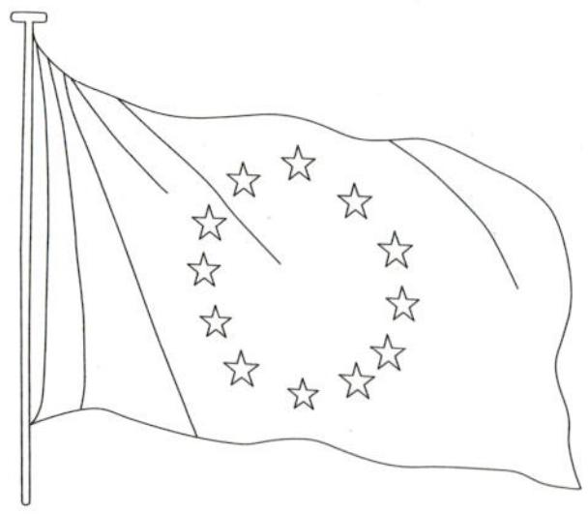

3 Diese Daten kann ich erklären!

a) 1951

b) 1957

c) 2002

d) 2004

e) 2009

4 Diese Fragen kann ich beantworten!

a) Welche Bestimmung des Marshallplans zwang die Europäer zur Zusammenarbeit?

b) Wer gab den Anstoß für die Einrichtung der EGKS (Montanunion)?

c) Wie hießen die Gründerstaaten der Verträge von 1951 und 1957?

d) Nennen Sie die Träger der drei Gewalten der EU.

e) Welche Kriterien müssen Staaten erfüllen, die in die EU aufgenommen werden wollen?

f) Nennen Sie fünf Staaten der EU-Osterweiterung von 2004.

g) Welche Hinderungsgründe stehen zurzeit noch einer Aufnahme der Türkei in die EU entgegen?

h) Nennen Sie zwei Fortschritte bei der europäischen Einigung, die durch den Vertrag von Lissabon erreicht wurden.

Albanien, Belgien, Bosnien und Herzegowina, Bulgarien, Dänemark, Deutschland, Estland, Finnland, Frankreich, Griechenland, Irland, Island, Italien, Kosovo, Kroatien, Lettland, Liechtenstein, Litauen, Luxemburg, Malta, Mazedonien, Moldawien, Montenegro, Niederlande, Norwegen, Österreich, Polen, Portugal, Rumänien, Schweden, Schweiz, Serbien, Slowakei, Slowenien, Spanien, Tschechien, Türkei, Ukraine, Ungarn, Vereinigtes Königreich, Weißrussland.

M1 Staaten Europas, darunter solche der Europäischen Union und der Eurozone

	Europäische Kommission	Rat der Europäischen Union	Europäisches Parlament	Hoher Beauftragter für Außen- und Sicherheitspolitik	Europäischer Gerichtshof	Europäische Zentralbank
macht Vorschläge für Gesetze	○	○	○	○	○	○
hat Ähnlichkeit mit dem Bundesrat	○	○	○	○	○	○
soll die Außenpolitik vereinheitlichen	○	○	○	○	○	○
wacht über die Stabilität des Euro	○	○	○	○	○	○
führt die EU-Gesetze aus	○	○	○	○	○	○
bildet Fraktionen	○	○	○	○	○	○
beschließt Gesetze (Verordnungen, Richtlinien)	○	○	○	○	○	○
vertritt die Regierungen der EU-Staaten	○	○	○	○	○	○
wird von Bürgerinnen und Bürgern der EU gewählt	○	○	○	○	○	○
besteht aus Ministern der EU-Staaten	○	○	○	○	○	○
entscheidet über die Auslegung der Gesetze	○	○	○	○	○	○

M2 Gewaltenteilung in der Europäischen Union

1. Kopieren Sie die Seite. Markieren Sie in **M1** mit einem Textmarker die 27 Staaten Europas, die der Europäischen Union angehören. Unterstreichen Sie dann mit Farbstift die 17 Staaten, die der Eurozone angehören.

2. Kreuzen Sie in **M2** an, wer innerhalb der Europäischen Union wofür zuständig ist.

Register ausgewählter Personen und Begriffe

Wichtige verwendete Abkürzungen:
afrik. = afrikanisch; amerik. = amerikanisch; athen. = athenisch; belg. = belgisch; brit. = britisch; christl. = christlich; dt. = deutsch; ehem. = ehemaliger; engl. = englisch; evang. = evangelisch; fläm. = flämisch; frz. = französisch; griech. = griechisch; holl. = holländisch; ital. = italienisch; Jh. = Jahrhundert; kath. = katholisch; österreich. = österreichisch; pers. = persisch; poln = polnisch; port. = portugiesisch; röm. = römisch; russ. = russisch; sagenh. = sagenhaft(er); sowjet. = sowjetisch

Hinweise:
→ Verweis auf ein Stichwort
~ ersetzt das Stichwort bei Wiederholung

Halbfett gesetzt sind Grundbegriffe, die im Buch in der Randspalte erläutert werden. Die halbfette Seitenzahl gibt den Fundort an. Bei Herrschern und kirchlichen Amtsträgern werden soweit möglich die Regierungs-/Amtsdaten, bei allen anderen Personen die Lebensdaten angegeben.

C

D

E

F

G

H

I

J

K

T

U

V

Verzeichnis der Textquellen

1. Antike Wurzeln: Griechen und Römer

19.M 4a Festrede des griechischen Redners Isokrates, zit. nach George Norlin (Übers.), Isocrates. With an English Translation, Bd. 1 (loeb Classical Library 229), London 1966, S. 145 (Harvard University Press), Übers.: Peter Offergeld; **19.M 4b** Xenophanes, Frg. 2, in: Wolfgang Lautemann/Manfred Schlenke (Hg.), Geschichte in Quellen, Bd. 1, Bayer. Schulbuch-Verl. München 1965, S. 126 (Übers.: Walter Arend, bearb. v. Verf.); **23.M2** Xenophon, Die sokratischen Schriften: Memorabilien, Symposion, Oikonomikus, Apologie, übertr. u. hg. v. Ernst Bux, Stuttgart (Kröner Verlag) 1956, S. 258f. (bearb. v. Verf.); **23.M3** Aristoteles, Politik 12538 ff. Zit. nach: Geschichte in Quellen, Bd. 1, München 1965, S. 310 f.; **25.M2** Strabon, Geographie, 17, 1, zit. nach Wolfgang Lautemann/Manfred Schlenke (Hg.), Geschichte in Quellen, Bd. 1, Bayer. Schulbuch-Verl. München 1965, S. 367 (Übers.: Walter Arend, bearb. v. Verf.); **31.M3** Livius, Römische Geschichte, Stuttgart (Reclam) 1989 (Übers.: Otto Veh), Zit. nach Titus Livius, Römische Geschichte. Von der Gründung der Stadt an, nach der Übers. v. Otto Gühling, hg. v. Lenelotte Möller, neu gesetzte, behutsam rev. und überarb. Ausg. nach der Ausg. Leipzig, 1936/1938, Wiesbaden (Marix Verlag) 2009, S. 456. (Bearb.v.Verf.); **31.M4** Polybios 15, 18, zit. nach: Wolfgang Lautemann/Manfred Schlenke (Hg.), Geschichte in Quellen, Bd. 1, Bayer. Schulbuch-Verl. München 1965, S. 435 (Bearb.: Walter Arend, nach Haakh-Kraz); **37.M4** Cicero, Philippische Reden gegen M. Antonius, Erste und zweite Rede, übers. u. hg. v. Marion Giebel, Stuttgart (Reclam) 2008 (Erstauflage: 1983), II, 116, S. 153f.; **37.M5** Sueton, Caesar 76f., zit. nach Sueton, Caesar, Übers. und hrsg. von Dietmar Schmitz, Stuttgart (Reclam) 1999, S. 97f. (Bearb. v. Verf.); **39.M3** Tacitus, Annalen, 1, 9f., in: Wolfgang Lautemann/Manfred Schlenke (Hg.), Geschichte in Quellen, Bd. 1, Bayer. Schulbuch-Verl. München 1965, S. 585f. (Bearb. Walter Arend nach Übers. v. A. Horneffer); **42.M2** Tacitus, Germania, zit. nach Geschichte in Quellen, Bd. 1, Altertum, hrsg. von Wolfgang Lautemann/Manfred Schlenke, 4. Auflage, Bayer. Schulbuch-Verlag München 1989, S. 877–883 (Übers.: Walter Arend, bearb. v. Helge Schröder); **45.M3** Zit. nach: Aus dem alten Rom: Ausgewählte Briefe. Übers. v. Mauriz Schuster, Stuttgart (Reclam) 1953.

2. Leben im Mittelalter

51.M3 Joseph Fischer, Die Völkerwanderung im Urteil der zeitgenössischen kirchlichen Schriftsteller Galliens unter Einbeziehung des heiligen Augustinus, theol. Diss. Würzburg, (Kemper Verlag) Heidelberg/Waibstadt 1948, S. 214; **51.M4** Johannes Bühler, Die Germanen in der Völkerwanderung. Nach zeitgenössischen Quellen, (Insel) Leipzig 1922, S. 276f.; **53.M4** Einhardi Vita Karoli Magni, zit. nach: Reinhold Rau (Bearb.), Quellen zur karolingischen Reichsgeschichte, Bd. 1, Darmstadt 1955, S. 173 ff.; **55.M3** Capitularia regnum Francorum, hg. v. Alfred Boretius, Hannover 1883, MGH Cap. Band 1, S. 91f., zit. nach der übers. u. vereinfachten Fassung aus: Gustav Adolf Süß/Wolfgang Bickel/Ludwig Petry, Curriculum Geschichte, (Diesterweg) Frankfurt 1979, S.98. Mitarbeit: Hans Dorn und Werner Marzi; **55.M4** Capitulare de villis: c. 42, 45. In: Geschichte und Geschehen II, Stuttgart 1987, S. 22; **57.M3** Quellen zur Geschichte der sächsischen Kaiserzeit, hg. v. Albert Bauer, Reinhold Rau, Frhr. v. Stein-Ausgabe 8, Darmstadt 1971, S. 84–89; **59.M2** Werner der Gärtner, Meier Helmbrecht, [Reclam 1188] Stuttgart 1969, S. 11, S. 18 (übers. d. Johannes Ninck); **59.M3** Hildegart von Bingen, in: MPL (Migne Patrologia Latina), Bd. 197, Sp. 336, übers. u. bearb. d. Vf.; **61.M2** Ingo Schwab (Hg.), Rheinische Urbare, Bd. 5. Das Prümer Urbar, (Droste) Düsseldorf 1983, S. 241/242 [ISBN 3-7700-7545-5], übers. d. Vf.; **61.M3** Vita Meinwerci episcopi Patherbrunnensis, hg. v. F. Tenckhoff, MGH SS. rer. Germ. in us. schol., Hannover 1921, c. 146 u. 148, übers. u. bearb. d. Vf.; **61.M5** Günther Franz, Quellen zur Geschichte des deutschen Bauernstandes im Mittelalter, Darmstadt 1967, S. 73; **65.M2** Zit. nach: Karl Brunner, Landherr, Bauer, Ackerknecht, Wien u. a. 1985, S. 75 f.; **65.M3** Sebastian Münster, Cosmographia (1543), zit. nach Otto Borst, Alltagsleben im Mittelalter, (Insel TB 513) Frankfurt/M. 1983, S. 115 f., bearb.d.Vf.; **67.M2** Aus: G. Löhlein, Die Gründungsurkunde des Heiliggeistspitals von 1339. In: Mitteilungen des Vereins für Geschichte der Stadt Nürnberg, 52 (1963 – 64); **71.M2** Beschlüsse der Synode von Reims 1049, c. 1– 60; **71.M3** Dictatus papae, nach: Wolfgang Lautemann (Hg.), Geschichte in Quellen, Bd. II, München 1978, S. 291 f.; **71.M4** Briefe Heinrichs IV., Nr. 12, nach: Quellen zur Geschichte Kaiser Heinrichs IV., Franz-Josef Schmale, Darmstadt 1968, S. 64 ff.; **73.M3** Zit. nach: Régine Pernoud, Die Kreuzzüge in Augenzeugenberichten, München 1975, S. 85 ff., 90; **73.M4** Zit. nach: Francesco Gabrieli, Die Kreuzzüge aus arabischer Sicht, München 1976, S. 45 ff. Übers.: Lutz Richter-Bernburg, Barbara Kaltenborn-Stachau; **75.M3** Zit. nach: Dieter Starke, Herrschaft und Genossenschaft im Mittelalter, Stuttgart 1971, S. 86 ff.; **77.M2** Zit. nach: Philippe Dollinger, Die Hanse, 5. Aufl., Stuttgart 1998, S. 538 f.; **79.M2** Zit. nach: Geschichte in Quellen, Bd. II, München 1970, S. 733; **79.M3** Chronik der deutschen Städte 9, Straßburger Chronik, S. 657 ff.

3. Aufbruch in eine neue Zeit

85.M3 Eberhard Schmitt, Die Anfänge der europäischen Expansion, Idstein 1991, S. 119 ff.; **85.M5** Das Europäische Geschichtsbuch, Stuttgart 1998, S. 194. Übers.: Jochen Grube, Renate Warttmann; **87.M2** Leonardo da Vinci, Philosophische Tagebücher, hg. v. Giuseppe Zamboni, Hamburg 1958, S. 85 f.; **91.M3** Zit. nach: Helmut Presser, Johannes Gutenberg. Mit Selbstzeugnissen und Bilddokumenten, 8. Auflage, Reinbek 1995, S. 123 ff.; **91.M4** Zit. nach: Nicolette Mout (Hg.), Die Kultur des Humanismus, München 1998, S. 101 f.; **93.M3** Zit. nach: Anna Mudry (Hg.), Galileo Lalilei. Schriften, Briefe, Dokumente, Bd. 1, München 1987, S. 280 f., 286 (bearb. d. Verf.); **93.M5** Zit. nach: Albrecht Fölsing, Galileo Galilei. Prozess ohne Ende. Eine Biographie, Reinbek 1996, S. 299 f.; **95.M2** Vom Autor zusammengestellt und vereinfacht; **95.M3** Zit. nach: Siegfried Streller (Hg.), Hutten, Müntzer, Luther. Werke in zwei Bänden, Bd. 2, Aufl., Berlin/Weimar 1982, S. 197 f. (bearb. vom Verf.); **99.M3** Helmar Junghans (Hrsg.), Die Reformation in Augenzeugenberichten München 2. Aufl., 1980, S. 43 ff.; **99.M4** Heinrich Fausel, D. Martin Luther. Leben und Werk. München und Hamburg 1966, S. 86–88; **99.M5** Helmar Junghans (Hg.), Die Reformation in Augenzeugenberichten, Düsseldorf 1967, S.58; **101.M2** Johannes Cochläus, Historia Martini Lutheri, Ingolstadt 1582; **101.M3** Zit. nach: Wolfgang Lautemann, Geschichte in Quellen, Bd. III, München 1966, S. 61.

4. Auf dem Weg zur Demokratie

107.M2 Aus: Saint-Simon, Memoiren, übers. in: Th. Stendel, Der Fürstenstaat, Berlin 1933, S. 1 ff., zit. nach: Lebendige Vergangenheit, Bd. 2, Stuttgart 1986, S. 143 (sprachl. vereinf. d. Klaus Leinen); **107.M3** Louis XIV, Mémoires, veröffentlicht von Jean Longnon, Paris 1927 (Übers.: Klaus Leinen); **109.M2** Immanuel Kant, Was ist Aufklärung, in: Werke, Bd. 9, Darmstadt 1975, S. 53 f.; **109.M3** Aus: Voltaire, Dictionnaire philosophique, Artikel „Religion I", in: Histoire /Geographie, Bd. 4, Nathan, Paris 1992, S. 43. (Übers.: Klaus Leinen); **109.M4** Wolfgang Kleinknecht/Herbert Krieger, Materialien für den Geschichtsunterricht in mittleren Klassen, Bd. IV, Die Neuzeit, Braunschweig 1963, S. 187; **111.M3** Denis Diderot, Artikel „Autorité politique", in: Encyclopédie, 1751, zit. nach: Histoire – Geographie, Bd. 4, Nathan, Paris 1992, S. 43 (Übers.: Rebecca Leinen); **111.M4** Zit. nach: Heinrich Weinstock (Hg.): Jean-Jacques Rousseau, Der Gesellschaftsvertrag oder die Grundsätze des Staatsrechts, Leipzig 1963, S. 30, 36 (Übers.: Dieter Ferchl); **113.M2** Zit. nach: H. J. Stammel, Indianer. Legende und Wirklichkeit von A–Z, Gütersloh 1992, S. 86; **113.M3** Zit. nach: Dee Brown, Begrabt mein Herz an der Biegung des Flusses, München 1976, S. 189. Übers.: Helmut Degner; **115.M2** John Locke, Two Treatises on Government, 1689. Dt. Originalausgabe: John Locke: Zwei Abhandlungen über die Regierung, Suhrkamp 1995, Übers.: Hans-Jörn Hoffmann; **115.M3** Zit. nach: Geschichte in Quellen, Bd. 4, München 1981, S. 90 f.; **119.M2** Zit. nach: Histoire – Geographie, Bd. 4, Hatier, Paris 2002, S. 60 f. (Übers.: Rebecca Leinen); **121.M2** Zit. nach: H. D. Schmid, Fragen an die Geschichte, Bd. 3, Frankfurt/M. 1981, S. 148; **121.M3** Cahier de doléances des femmes en 1789 et autres textes, zit. nach: Geschichte auch für Mädchen, hg. v. d. Landesregierung NRW, S. 20; **123.M2** Zit. nach: Déclaration des droits de l'homme et du citoyen, 26. August 1789, in: Bibliothèque Jeanne Hersch, Textes fondateurs. Sources françaises, online unter: http://www.aidh.org/Biblio/Text_fondat/FR_02.htm (Übers.: Rebecca Leinen) (letzter Zugriff: 7.02.2011); **125.M2** http://www.amnesty.de/amnesty-international-report-2008?OpenView&S (letzter Zugriff: 3.02.2011); **125.M3** Resolution der UN-Generalversammlung 217 A (III.); **125.M4** Anne Lehmann, Pflege verletzt Rechte, in: die tageszeitung, 14. 06. 2006, S. 6. http://www.taz.de/1/archiv/archiv/?dig=2006/06/14/a0069 (letzter Zugriff: 10.02.2011); **129.M2** Zit. nach: Karl Obermann (Hrsg.), Flugblätter der Revolution 1848/49. München 1972, S. 36 f.; **129.M3** Walter Grab (Hg.), Die Revolution von 1848/49. Eine Dokumentation, Stuttgart 1998, S. 46 f.; **131.M2** Ernst Rudolf Huber (Hg.), Quellen zum Staatsrecht der Neuzeit, Bd. 1, Tübingen 1949, S. 257 ff.; **131.M3** Zit. nach: Leopold von Ranke (Hg.): Aus dem Briefwechsel Friedrich Wilhelms IV. mit Bunsen, Leipzig 1873, S. 233 f.; **133.M3** Manfred Sievritts, Lied – Song – Chanson, Bd. 2: Politisch Lied, ein garstig Lied?, Wiesbaden 1984, S. 396 f.; **133.M4** Text: Ludwig Pfau, Melodie: „Maikäfer, flieg". In: Lebendige Vergangenheit 3, Stuttgart 1992, S. 64. 1 Hier kapitulierten im Juli 1849 6000 badische Aufständische; **135.M1** Horst Hildebrandt, Die deutschen Verfassungen des 19. und 20. Jahrhunderts, Paderborn, 7.Aufl.1970, S. 16 ff.

5. Industrialisierung und Soziale Frage

139.M2 Jürgen Kuczynski, Darstellung der Lage der Arbeiter in England von 1760 bis 1831, Bd. 13, Berlin 1964, S. 174 ff.; **141.M3** Friedrich List, Das nationale System der politischen Ökonomie, hg. von H. Voss, München 1942, S. 179 f.; **141.M5** Zit. nach: Jürgen Kocka/Bernd Müller, Wirtschaft und Gesellschaft im Zeitalter der Industrialisierung, 1. Nachdruck, München 1984, S. 54 ff.; **143.M2** H. Hauser, Les méthodes allemandes d`expansion Economique, Paris 1915, S. 1 ff. ; **143.M3** Arthur Wilke, Die Elektrizität, (ihre Erzeugung und ihre Anwendung in Industrie und Gewerbe), Leipzig 1893; **144.M1** G. Hohorst/J. Kocka/G. A.

Ritter: Sozialgeschichtliches Arbeitsbuch. Materialien zur Statistik des Kaiserreichs 1870–1914, München 1975, S. 66; **147.M2** Vom Autor zusammengestellt; **147.M3** Willi A. Boelcke, Wirtschaftsgeschichte Baden-Württembergs, Stuttgart 1987, S. 295; **147.M4** Vom Autor zusammengestellt; **151.M2** Zit. nach: D. Bradtke, Die Industrielle Revolution in Deutschland, Stuttgart 1985, S.45; **151.M3** Zit. nach der im Technikmuseum Mannheim ausgestellten Fabrikordnung von 1839; **151.M4** Tübinger Chronik vom 9.1.1878; **153.M2** Adelheid Popp, Jugend einer Arbeiterin, Nachdruck Berlin 1977, S. 35; **153.M3** Großherzoglich-Badisches Staats- und Regierungsblatt vom 14. März 1840; **155.M3** Helmut Hirsch (Hg.), August Bebel, Köln/Berlin 1968, S. 352; **155.M4** Bodo Harenberg (Hg.), Chronik des Ruhrgebiets, Dortmund 1987, S. 172; **157.M2** Bote vom Niederrhein vom 12.01.1866. In Stadt Duisburg, Dezernat für Bildung und Kultur (Hg.): Industrialisierung und soziale Frage in Duisburg. Duisburg: 1982. S. 63; **157.M3** Tübinger Chronik vom 22.4.1856.

6. Imperialismus und Erster Weltkrieg

163.M2 Peter Alter (Hg.), Imperialismus, Stuttgart 1989, S. 25f.; **163.M3** Zit. nach: Werner Grütter, Der Imperialismus von 1870 bis 1914, Paderborn 1982, S. 53 f.; **163.M5** Gottfried Guggenbühl, Quellen zur allgemeinen Geschichte, Bd. IV, Zürich 1954, S. 303 ff.; **165.M2** Heinz Dieter Schmid (Hg.), Fragen an die Geschichte, Bd. 3, Frankfurt/M. 1981, S. 302; **165.M3** Zit. nach: Klaus Wohlt, „Gloire à la plus grande France". Imperialismus – das französische Beispiel, in: Praxis Geschichte, 1/1993, Braunschweig 1993, S. 2; **167.M3** Geschichte in Quellen, Das bürgerliche Zeitalter 1815–1914, München, S. 312; **167.M4** Geschichte in Quellen, Das bürgerliche Zeitalter 1815–1914, München, S. 367 f.; **169.M2** Carl Peters, Wie Deutsch-Ostafrika entstand, Leipzig 1912, S. 27 ff.; **169.M3** Heinz Dieter Schmid (Hg.), Fragen an die Geschichte, Bd. 3, Frankfurt 1981, S. 307; **169.M5** Zit. nach: Dokumente der deutschen Politik und Geschichte, hg. von J. Hohlfeld, BA 2. Berlin o.J., S. 167–169; **173.M2** Zit. nach: Fritz Ferdinand Müller, Kolonien unter der Peitsche, Berlin 1962, S. 55f.; **173.M3** Marie-Luise Baumhauer, Imperialismus, Weinheim/Basel 1978, S. 36, Übers: Marie-Luise Baumhauer, Silvia Kurze, Dieter Hein; **175.M3** Njongonkulu Ndungane, Sankt Augustin, 28. Mai 2003, Hrsg. Konrad-Adenauer-Stiftung e.V., www.kas.de/wf/de/33.1919/ (letzter Zugriff: 20.9.2010); **177.M3** Friedrich Stieve, Deutschland und Europa 1890–1914, Berlin 1928, S. 180 ff.; **177.M4** Dieter Fricke (Hg.), Dokumente zur deutschen Geschichte 1897/98 bis 1904, Frankfurt/M. 1977, S. 54 f.; **179.M2** Franz Conrad von Hötzendorff, Aus meiner Dienstzeit 1906–1918, Bd. 3, Wien 1922, S. 12 f.; **179.M3** Wolfgang Kleinknecht/Herbert Krieger (Hg.), Materialien für den Geschichtsunterricht in den mittleren Klassen, Bd. 5, Frankfurt/M. 1965, S. 140; **179.M5** Wolfgang Kleinknecht/Herbert Krieger (Hg.): Handbuch des Geschichtsunterrichts, Bd. 5: Die neueste Zeit 1850–1945. Materialien für den Geschichtsunterricht, Drankfurt M. 1965, S. 119 f.; **181.M2a** Thomas Nipperdey: Deutsche Geschichte 1866–1918. Bd. 2: Machtstaat vor der Demokratie, München 1992, S. 695 ff.; **181.M2b** Söhnke Neitzel, Kriegsausbruch. Deutschlands Weg in die Katastrophe 1900–1914, München/Zürich 2002; **181.M4** Vom Autor zusammengestellt; **183.M2** Gunther Mai, Das Ende des Kaiserreiches, München 1993, S. 201; **183.M3** Asmut Brückmann, Historisch-politische Weltkunde: Die europäische Expansion, Stuttgart 1993, S. 151; **185.M2a** Geschichte in Quellen, Bd. 5, Das bürgerliche Zeitalter 1815–1914, bearb. von Günter Schönbrunn, München 1980, S. 49; **185.M2b** Geschichte in Quellen, Bd. 5, Das bürgerliche Zeitalter 1815–1914, bearb. von Günter Schönbrunn, München 1980, S. 49; **189.M2** Kreisarchiv Böblingen.

7. Die Weimarer Republik

196.M5a Gerhard A. Ritter/Susanne Miller (Hg.), Die deutsche Revolution 1918–19, Frankfurt/M. 1983, S. 77 ff.; **196.M5b** Gerhard A. Ritter/Susanne Miller (Hg.), Die deutsche Revolution 1918–19, Frankfurt/M. 1983, S. 77 ff.; **196.M6** Stenographische Berichte des Reichstages Bd. 427, S. 4728; **197.M7** Vom Autor zusammengestellt; **199.M2** Süddeutsche Zeitung, 24.06.1919, o. S.; **199.M3** Kurt Tucholsky: Gesammelte Werke. Bd. 2, 1919–1920, Reinbek bei Hamburg 1975, S. 205; **202.M4** Max Krell, Das alles gab es einmal, Frankfurt 1961, S. 67; **202.M7** Curt Riess „Weltbühne Berlin", in: Rudolf Pörtner (Hg.), Alltag in der Weimarer Republik. Erinnerungen an eine unruhige Zeit, Düsseldorf 1990, S. 34 f.; **203.M8** Heinrich August Winkler, Der lange Weg nach Westen. Bd. 1., München 2002, S. 448 f.; **205.M3** Ursula A. J. Becher, Geschichte des modernen Lebensstils. Essen–Wohnen–Freizeit, München, 1990, S. 175 f.; **205.M4** Heinrich August Winkler/Alexander Cammann (Hg.), Weimar. Ein Lesebuch zur deutschen Geschichte 1918–1933, München 1997, S. 146 f.; **208.M3** Günther Prien, Mein Weg nach Scapa Flow, in: Christian Geißler (Hg.), Das dritte Reich mit seiner Vorgeschichte, Lesewerk zur Geschichte, Bd. 9, Ebenhausen 1961, S. 55; **208.M5** Zeiten und Menschen, Bd. 4, Paderborn 1983, S. 65, Bearb.: Günter Moltmann; **208.M6** Zit. nach: Wolfgang Michalka/Gottfried Niedhart (Hg.), Die ungeliebte Republik, Dokumentation zur Innen- und Außenpolitik Weimars 1918–1933, München 1980, S. 340 ff.; **209.M8** Nach: Martin Broszat, Das dritte Reich. Ursprünge, Ereignisse, Wirkungen, Freiburg 1983, S. 99; **209.M9** Zit. nach: Horst Möller, Weimar. Die unvollendete Demokratie, München 1985, S. 192; **213.M2** Wolfgang Michalka u. Gottfried

Niedhart (Hg.), Deutsche Geschichte 1918–1933. Dokumente zur Innen und Außenpolitik, Frankfurt/M. 1992, S. 186; **213.M3** Nach: Jürgen W. Falter, Hitlers Wähler, München 1991, S. 297; **213.M4** Nach: Jürgen W. Falter, Hitlers Wähler, München 1991, S 288; **215.M3a** Karl Dietrich Erdmann, Die Weimarer Republik, in: Bruno Gebhardt, Handbuch der deutschen Geschichte, Bd. 4/1, Stuttgart 1973, S. 307 u. S. 330; **215.M3b** Eberhard Kolb, Die Weimarer Republik, Bd.16, München 1993, S. 144 ff.

8. Der Nationalsozialismus

221.M2 Reichsgesetzblatt 1933, Teil I, S. 83; **221.M3a** Zit. nach: Werner Conze, Der Nationalsozialismus 1919–1933, Stuttgart 1995, S. 72; **221.M3b** Johannes Hohlfeld, Dokumente der Deutschen Politik und Geschichte von 1848 bis zur Gegenwart, IV. Band: Die Zeit der nationalsozialistischen Diktatur 1933–1945, Aufbau und Entwicklung 1933–1938, Berlin/München 1953, S. 29 ff.; **221.M4** Reichsgesetzblatt 1933, Teil 1, S. 141; **221.M5** Joseph Goebbels, Wesen und Gestalt des Nationalsozialismus, Berlin 1934, S. 13; **223.M4** Ernst Niekisch, Das Reich der niederen Dämonen, Hamburg 1953, S. 131ff.; **223.M5** Erich Matthias/Rudolf Morsey, Das Ende der Parteien 1933, Düsseldorf 1960, S. 241; **226.M5** Adolf Hitler, Mein Kampf 1925/1927, München 1933, S. 420ff.; **226.M6** Adolf Hitler, Mein Kampf 1925/1927, München 1933, S. 420ff.; **226.M7** Adolf Hitler, Mein Kampf 1925/1927, München 1933, S. 420ff.; **227.M9** Hessisches Hauptstaatsarchiv Wiesbaden, Abt. 483 Nr. 01073, Bl. 160; **227.M10** Lina Haag, Eine Hand voll Staub, Frankfurt/M. 1995, S. 136; **229.M2 links** Aus: Rene Erbe, Die nationalsozialistische Wirtschaftspolitik im Lichte der modernen Theorie, Schulthess/Polygraph 1958, S. 36; **229.M3** Fritz Blaich (Hg.), Wirtschaft und Rüstung im „Dritten Reich", Düsseldorf 1987, S. 65; **229.M4** Werner Bührer, Wirtschaft, in:Wolfgang Benz/Hermann Graml/Hermann Weiß (Hg.), Enzyklopädie des Nationalsozialismus, Stuttgart 1997, S. 121; **231.M2** Harald Focke/Uwe Reimer, Alltag unterm Hakenkreuz, Reinbek bei Hamburg 1979, S. 90 f.; **231.M3** Schulakten der gewerblichen Berufsschule Aalen; **231.M5** Maschinenfabrik Esslingen, Berufserziehung, Bericht zum Leistungskampf der deutschen Betriebe 1940/41. Daimler-Chrysler-Archiv Stuttgart-Untertürkheim; **234.M4** Reichsgesetzblatt 1935, Teil I, S. 1146; **234.M5** Nationalsozialismus in Essen und Umgebung. Texte aus gesammelten Akten 1935/1936, Stadtarchiv Essen, o. S.; **234.M6** Zit. nach: Inge Marßolek / René Ott, Bremen im Dritten Reich. Anpassung – Widerstand – Verfolgung, Bremen 1986, S. 175; **234.M7** Rheinisch-Westfälische Zeitung, 10. November 1938; **234.M8** Deutschland-Berichte der Sozialdemokratischen Partei Deutschlands (Sopade) 1934–1940, hg. von Klaus Behnken, Frankfurt/ M. 1980, Bd. 5 (1938), S. 1204f., S. 1209; **235.M9** Zit. nach: Inge Marßolek/René Ott, Bremen im Dritten Reich. Anpassung – Widerstand – Verfolgung, Bremen 1986, S. 175; **235.M10** Reichsgesetzblatt 1933, Teil I, S. 529; **235.M12** „Euthanasie" im NS-Staat: Grafeneck im Jahr 1940, Landeszentrale für pol. Bildung Baden-Württemberg (Hg.), Stuttgart 2000, S. 48 (www.lpb-bw.de/publikationen/euthana/Euthanasie.pdf, letzter Zugriff: 26.10.2009); **237.M2** Bericht der Pförtnerin Maria Kleinknecht, vermutlich zwischen 1945 und 1947 für die amerikanische Militärbehörde angefertigt. K-H Kraetke, Bernhard Stüber. In: Von Weimar bis Bonn. Esslingen 1919–1949, Esslingen 1991, S. 195; **237.M3** Bericht von Frau Ina Rothschild, Philadelphia/USA, vom 12. 07. 1962, Stadtarchiv Esslingen; **237.M5** Brief von Frau Flora Beer, Manchester/England, vom 14.08.1962, Stadtarchiv Esslingen; **238.M7** Leserbrief in der Esslinger Zeitung vom 6. Februar 1962; **238.M8** Esslinger Zeitung vom 11. November 1938; **238.M9** Faltblatt des ev. Pfarramts Oberlenningen „Zum Gedenken an Julius von Jan 1897–1964"; **239.M10** Augenzeugenbericht, wenige Tage später im Pfarrhaus niedergeschrieben, ev. Pfarramt Oberlenningen; **241.M2** Zit. nach: Günter Schönbrunn, Geschichte in Quellen, Bd. 4: Weltkriege und Revolutionen 1914–1945, München 1961, S. 349f.; **241.M3** Zit. nach: Erhard Klöss (Hg.), Reden des Führers, München 1967, S. 104ff.; **243.M3** Wolfgang Michalka (Hg.), Deutsche Geschichte 1933–1945, Frankfurt/M 1993, S. 235; **243.M4** Hannes Heer (Hg.), „Stets zu erschiessen sind Frauen, die in der Roten Armee dienen". Geständnisse deutscher Kriegsgefangener über ihren Einsatz an der Ostfront, Hamburg 1995, S. 10; **245.M3** Wolfgang Benz, Der Holocaust, München 1995, S. 10; **245.M4** Ruth Klüger, Weiter leben. Eine Jugend. Göttingen 1992, S. 107; **245.M5** Günter Schönbrunn, Wolfgang Lautemann, Geschichte in Quellen, Band 6: Weltkriege und Revolutionen, München 1970, S. 521 f.; **247.M7** Zit. nach: Internationaler Militärgerichtshof, Bd. XXIX, S. 145; **247.M8** Wolfgang Benz, Der Holocaust, München 1995, S. 117; **250.M3** Jürgen Mittag, Wilhelm Keil (1870–1968). Sozialdemokratischer Parlamentarier zwischen Kaiserreich und Bundesrepublik, Düsseldorf 2001, S. 349; **250.M5** Peter Steinbach/Johannes Tuchel/ Klaus Bästlein, Der 20. Juli 1944 – Vermächtnis und Erinnerung. Katalog zur Sonderausstellung der Gedenkstätte Deutscher Widerstand Berlin, Berlin 2004, Material 19.1, 6/98/2; **251.M6** Begleitmaterialien zur Ausstellung „Widerstand gegen den Nationalsozialismus", Gedenkstätte Deutscher Widerstand Berlin; **251.M7** Ursachen und Folgen. Eine Urkunden- und Dokumentensammlung zur Zeitgeschichte, hg. v. Herbert Michaelis, Bd. 19, Berlin 1973, S. 527; **253.M3** Zit. nach: Walter Kempowski, Das Echolot, Bd. 1, München 1993, S. 34ff.; **253.M5** Zit. nach: Günter Schönbrunn/Wolfgang Lautemann, Geschichte in Quellen, Band 6: Weltkriege und Revolutionen, München 1970, S. 542f.; **257.M4** Landkreis Ludwigsburg (Hg.), Die Eingliederung der Vertriebenen im Landkreis Ludwigsburg, Ludwigsburg 1986, S. 89; **259.M1** Ursachen und Folgen. Vom deutschen Zusammenbruch zur staatlichen Neuordnung Deutschlands in der Gegenwart. Eine Urkunden- und Dokumentationssammlung zur Zeitgeschichte. Herausgeber und Bearbeiter H. Michaelis u. a., Berlin o. J. Band XXII Nr. 3532 f.; **259.M2** http://www.gedenkstaetten-bw.de/gedenkstaetten_anzeige.html?&tx_lpbgedenkstaetten_pi1%5BshowUid%5D=498&cHash=e5b6a8c49f (letzter Zugriff: 27.01.2011).

9. Politische Mitwirkung in Baden-Württemberg
263.M3 www.leu.bw.schule.de/bild/SchG.pdf (letzter Zugriff: 10. 5. 2005); **263.M4** www.smv.bw.schule.de/verordnung.htm (letzter Zugriff: 10. 5. 2005); **265.M2** Martina Zick, in: Leonberger Kreiszeitung vom 11.08.2010; **265.M3** Hans Hoch, Thomas Klie, Martina Wegner, Ministerium für Arbeit und Soziales Baden-Württemberg [Hg.], Bürgerschaftliches Engagement in Baden-Württemberg, Stuttgart 2006, S. 2; **267.M2a** www.vcd-bw.de/themen/s21/index.html (letzter Zugriff: 27.01.2011); **267.M2b** Stuttgarter Zeitung vom 26. 10 2010, S. 23; **271.M2** http://www.gruene-jugend.de/ueberuns/ (letzter Zugriff: 27.01.2011); **271.M3** http://www.julis-bw.de/ (letzter Zugriff: 27.01.2011); **271.M4** http://www.jusos-bw.de/ (letzter Zugriff: 27.01.2011); **271.M5** http://www.ju-bw.eu/ (letzter Zugriff: 27.01.2011); **275.M3** Staatsanzeiger für Baden-Württemberg, Ausgabe 23/2010 (letzter Zugriff: 18.06.2010), online 18.06.2010 bis 27.09.2010; **277.M2** http://www.spiegel.de/unispiegel/wunderbar/0,1518,638879,00.html von Birger Menke (letzter Zugriff: 27.01.2011); **277.M3** Stuttgarter Zeitung vom 27.05.2010; **279.M2** Vom Autor erstellt; **281.M2** Armin Käfer, in: Stuttgarter Zeitung vom 13.10.2010, S. 4; **281.M4** Frank Rodenhausen, in: Stuttgarter Zeitung vom 11.10.2010, S. 22; **283.M2** www.innenministerium.baden-wuerttemberg.de/de/Landesverfassung/83780.html (letzter Zugriff 17.5.2005); **285.M2** In: a, b, c: Landtagsspiegel Baden-Württemberg 2010/2011, S.49 ff.; **286.M2** Michael Panzram, in: Esslinger Zeitung vom 30.01.2009, S. 9; **286.M3** Kai Holoch, in: Stuttgarter Zeitung, Ausgabe Esslingen, vom 8. 7. 2009, S. 22; **289.M2** http://www.focus.de/politik/deutschland/gesundheitspolitik/striktes-rauchverbot-aus-fuer-bayerns-bierzelt-raucher_aid_526713.html (letzter Zugriff: 27.01.2011), Autoren: oH/dpa/AFP, Datum d. Veröff.: 4.07.2010; **289.M3** http://www.stuttgarter-zeitung.de/stz/page/2412237_0_9223_-alkoholverbot-aerger-und bestechungs-versuche.html (letzter Zugriff: November 2010), Autor: dpa, Datum d. Veröff.: 7.03.2010; **291.M2** Südkurier online, 29.11.2010; **293.M3** Adrian Zielcke, in: Sonntag Aktuell, vom 21. 11. 2010, S. 5; **293.M4** www.innenministerium.baden-württemberg.de/de/Landesverfassung/88780.html (letzter Zugriff: 17. 05. 2005); **295.M2** Manfed G. Schmidt: Das politische System Deutschlands, München 2007, S. 196, 198, 202 f.; **295.M4** Severin Weiland, SPIEGEL-online, 21.11.2008; **296.M2** Landtag von Baden-Württemberg [Hg.], Landtagsspiegel, Stuttgart 2010/11, S. 3; **296.M3** Landtag von Baden-Württemberg [Hg.], Landtagsspiegel, Stuttgart 2010/11, S. 4 f.; **297.M4** Landtag von Baden-Württemberg [Hg.], Landtagsspiegel, Stuttgart 2010/11, S. 6 f.; **297.M5** Landtag von Baden-Württemberg [Hg.], Landtagsspiegel, Stuttgart 2010/11, S. 8 f.; **299.M3** Aus: Der Spiegel, Wahlsonderheft 09, S. 17; **300.M1** http://www.mediendaten.de/fileadmin/Print/PDF/PM_BW.pdf (letzter Zugriff: 27.01.2011); **301.M2** http://www.mediendaten.de/index.php?id=fernsehen-marktanteile-d0 (letzter Zugriff: 27.01.2011); **301.M3** Christine Bilger, zit in: Politik & Unterricht, 2/3-2010, S. 28; **302.M2** Michael Maurer in: Stuttgarter Zeitung vom 1.09.2010, S. 1; **303.M3** Martin Kotynek in: Süddeutsche Zeitung vom 20. 09. 2010, S. 4; **305.M2** Tilmann P. Gangloff: Wer die Medien macht, macht die Meinung. In: Das Parlament 11/2004, 08.03.2004; **305.M4** http://www.ka-news.de/nachrichten/baden-wuerttemberg/ (letzter Zugriff: 23.02.2011); **307.M2** Julia Schwarz und Johann Schilling in: Stuttgarter Zeitung vom 4.09.2010, S. 31.

10. Deutschland nach 1945 – besetzt, geteilt und wieder vereint
313.M2 Zit. nach: Ekkehard Kuhn, Nicht Rache, nicht Vergeltung. Die deutschen Vertriebenen, München, Wien 1987, S. 180; **313.M3** http://www.bundespraesident.de/Reden-und-Interviews/Reden-Richard-von-Weizsaecker-,12166.629421/Rede-von-Bundespraesident-Rich.htm?global.back=/Reden-und-Interviews/-%2c12166%2c0/Reden-Richard-von-Weizsaecker.htm%3flink%3dbpr_liste (letzter Zugriff: 26.10.2009); **314.M2** http://www.von-zeit-zu-zeit.de/index.php?template=bild&mediagroup_id=0&media_id=3849 (letzter Zugriff: 21. Januar 2011); **317.M3** Europa Archiv 2, Oberursel 1947, S. 820 f. Übers.: Wilhelm von Cornides; **317.M4** Boris Meissner (Hg.), Das Ostpaktsystem. Dokumentensammlung, Bd. XVII, Frankfurt/Berlin 1955, S. 87 f.; **319.M3** Helmut Krause/Wolfgang Lautemann, Geschichte in Quellen, Band 7: Die Welt seit 1945, München 1980, S. 93ff.; **319.M4** Wilhelm Hoegner, Der schwierige Außenseiter, München 1959, S. 237; **321.M3** Momente. Beiträge zur Landeskunde von Baden-Württemberg 1/02, S. 35; **321.M4** Sabrina Müller, Aufbau des Südweststaates 1945 – 1972, in: Haus der Geschichte Baden-Württemberg [Hg.], Landesgeschichten, Stuttgart 2002, S. 200 f.; **325.M3** Wolfgang Leonhard, Die Revolution entlässt ihre Kinder, Köln/ Berlin 1955, S. 363 ff.; **325.M4** Hanno Müller (Hg.), Recht oder Rache? Buchenwald 1945–1950. Betroffene erinnern sich, Frankfurt/M. 1991, S. 61 f.; **327.M3** Michael Stürmer, Die Sieger von 1945 und die deutsche Frage. In: Damals. Das

Magazin für Geschichte und Kultur, Heft 5, Leinfelden-Echterdingen 1985, S. 443 f.; **327.M5** Aus: Grundgesetz für die Bundesrepublik Deutschland; **329.M3** Ludwig Erhard, Wohlstand für alle, Düsseldorf 1957, S. 247; **329.M5** Zit. nach: Zahlenspiegel, Bonn 1986, S. 75ff.; **331.M2** Verhandlungen des deutschen Bundestages, 2. Wahlperiode 1953–1957, Band 22, S. 3135ff.; **331.M3** Verhandlungen des deutschen Bundestages, 2. Wahlperiode 1953–1957, Band 22, S. 3135ff.; **333.M2** Siegfried Berger, „ich nehme das Urteil nicht an" – Ein Berliner Streikführer des 17. Juni vor dem Sowjetischen Militärtribunal, Schriftenreihe des Berliner Landesbeauftragten für die Unterlagen des Staatssicherheitsdienstes der ehemaligen DDR, Band 8, Berlin 1998, S. 17–19; **333.M2** Neues Deutschland, Ost-Berlin, 28. Juni 1953; **333.M3** Ilse Spittman-Rühle, Karl Wilhelm Fricke, 17. Juni 1953, Köln 1982, S. 15; **334.M6** Johannes Ebert, Andreas Schmid, Das Jahrhundertbuch, München 1999, S. 774; **334.M7** Aufgezeichnet von Frank Schirrmeister, Klaus W. und die britische Schokolade, in: PZ intern, Nr. 97, März 1999, Bonn 1999, S. 26; **334.M8** Zit. nach: „Volksarmee" Nr. 41/1963, Berlin, S. 217; **334.M9** Jürgen Rühle, Gunter Holzweißig, 13. August 1961. Die Mauer von Berlin, Köln 1988, S. 152; **335.M11** Joachim Eismann, in: Staatsbürgerkunde Klasse 7, Volk und Wissen Volkseigener Verlag Berlin – 1968, S. 92 ff.; **337.M2** Ingo von Münch (Hg.), Dokumente des geteilten Deutschland. Bd. II, Stuttgart 1974, S. 301 ff.; **337.M3** Vom Autor zusammengestellt; **339.M2** Texte zur Deutschlandpolitik, Bd. VI, Bonn 1972, S. 214 ff.; **342.M4** „Der Spiegel" Nr. 17/1968, Hamburg, S. 25ff.; **342.M6** Bulletin des Presse- und Informationsamtes der Bundesregierung, 17. April 1968, S. 393; **343.M7** Matthias Bothe, Die Acht- Stunden-Ideologie. In: Gerhard Finn, Liselotte Julius (Hg.), Von Deutschland nach Deutschland. Zur Erfahrung der inneren Übersiedlung, Köln 1988, S. 62; **343.M8** Ulrich Schacht, Hohenecker Protokolle. Aussagen zur Geschichte der politischen Verfolgung von Frauen in der DDR, Zürich 1984, S. 219; **345.M2** Wolfgang Leonhard, Dämmerung im Kreml, Frankfurt/Berlin 1989, S. 27 f.; **345.M3** Hedrick Smith, Die neuen Russen, Reinbek 1991, S. 51 f. Übers.: Wiebke Schmaltz; **345.M5** Auswärtiges Amt (Hrsg.), Umbruch in Europa, Bonn 1990, S. 17 f.; **347.M2** Armin Mitter, Stefan Wolle (Hg.), Ich liebe euch doch alle. Befehle und Lageberichte des MfS, Berlin 1990, S. 141ff.; **347.M3** Karl-Heinz Steinkühler/Dietrich Eickmeier, in: Neue Westfälische vom 13. 11. 1989; **349.M2a** Aufruf „Für unser Land", in: Neues Deutschland, 29. 11. 1989; **349.M2b** Zit. nach: Gerhart Maier (Hg.), Die Wende in der DDR, Bonn 1991, S. 53ff.; **349.M4** Margret Thatcher, Downing Street No. 10. Die Erinnerungen, Düsseldorf 1993, 1095f. Übers.: Heinrich Franz Tophinke; **351.M2** Joachim Gauck, Rede im Bundestag am 9. November anlässlich der Sondersitzung zum 10. Jahrestag des Falls der Mauer; **351.M3** http://www.faz.net/s/Rub96094FA9F21849DD8EA772B18D7C2579/Doc~ED06DE89383374BBC9D5337D37F00B001~ATpl~Ecommon~Scontent~Afor~Eprint.html (letzter Zugriff: 21.01.2011), Autor: Stefan Dietrich.

11. Europa – ein Kontinent wächst zusammen

357.M3 Vom Autor zusammengestellt; **357.M4** Europäische Kommission /Hrsg.), Jenseits der Zahlen: Die wichtigsten Ergebnisse des Eurobarometers zur Jugend, S. 7, Ergebnisse der Flash-Eurobarometer-Befragungen von jungen Europäern zwischen 15–30 Jahren mit 19 000 Teilnehmern, Flash Eurobarometer Nr. 202, Februar 2007; **359.M2** Forschungsinstitut der Deutschen Gesellschaft für Auswärtige Politik (Hg.), Europa. Dokumente zur Frage der europäischen Einigung, Bd. 1, München 1962, S. 28. Übers.: Günter Schönbrunn; **359.M3** Forschungsinstitut der Deutschen Gesellschaft für Auswärtige Politik (Hg.), Europa. Dokumente zur Frage der europäischen Einigung, Bd. 1, München 1962, S. 113 ff.; **359.M4** George F. Kennan, Memoiren eines Diplomaten, München 1970, S. 340 f. Übers.: Heidi von Alten; **362.M3** Pascal Fontaine, Ein neues Konzept für Europa. Die Erklärung von Robert Schuman – 1950–2000, Luxemburg 2000, S. 36 f.; **362.M5** BGB1. 1957 II, S. 770 ff.; **362.M6** Weltpolitik der USA nach 1945. Einführung und Dokumente, Bd. 210, Opladen 1984, S. 288 ff. Übers.: Ernst-Otto Czempiel, Carl-Christoph Schweitzer; **363.M7** Von Christopher Zeidler, in: Stuttgarter Zeitung vom 18.12.2010, S. 1; **365.M3** Thomas Kielinger, Polen retten den Londoner Arbeitsmarkt, Welt-online, 16.01.2008. http://www.welt.de/politik/article1557778/Polen_retten_den_Londoner_Arbeitsmarkt.html (letzter Zugriff: 7.02.2011); **365.M4** Hans Evert, Deutsche Firmen werben in Osteuropa um Azubis, Welt-online, 16. 08. 2010. http://www.welt.de/die-welt/wirtschaft/article9027234/Suche-nach-polnischen-Lehrlingen-beginnt-zaghaft.html (letzter Zugriff: 7.02.2011); **367.M3** Eckart D. Stratenschulte, in: Bundeszentrale für politische Bildung [Hg.], Europa, Das Wissensmagazin für Jugendliche, Berlin 2010, S. 23; **367.M4** Stefanie Bolzen, Brüssel pocht auf die 22-stellige Kontonummer, Welt-online, 16.12.2010. http://www.welt.de/finanzen/verbraucher/article11671644/Bruessel-pocht-auf-die-22-stellige-Kontonummer.html (letzter Zugriff: 7.02.2011); **369.M2** S. Liebrich u. M. Kotynek, Süddeutsche Zeitung, 2.07.2010. http://www.sueddeutsche.de/wirtschaft/2.220/oecd-kritisiert-agrarsubventionen-noch-mehr-staatsknete-fuer-die-landwirtschaft-1.968678 (letzter Zugriff: 7.02.2011); **369.M4** Von Christoph Prössl, Deutschland blockiert EU-einheitliches Asylrecht, in: http://www.tagesschau.de/ausland/euasylrecht100.html (letzter Zugriff: 7.02.2011); **371.M3** http://www.baauslandsvermittlung.de/lang_de/nn_2752/DE/LaenderEU/Niederlande/Arbeiten/arbeiten-knoten.html__nnn=true (letzter Zugriff: Januar 2011); **371.M4** http://www.wohin-auswandern.de/holland (letzter Zugriff: 01.02.2011).

Verzeichnis der Bildquellen

Cover AKG, Berlin; **9.M2 li** Imago (Horst Rudel), Berlin; **9.M2 re** AKG, Berlin; **10.M1** Imago (Arnulf Hettrich/imagebroker), Berlin; **10.M2** Fotolia LLC (clearlens), New York; **11.M3** Ullstein Bild GmbH (Caro/Scheffbuch), Berlin; **11.M4; 11.M5** Imago (imagebroker), Berlin; **12.M1** Picture-Alliance (ASA), Frankfurt; **13.M2** Alamy Images (Stephen Mulcahey), Abingdon, Oxon; **14.M1** Bridgeman Art Library Ltd., Berlin; **15.M3** AKG, Berlin; **15.M4** BPK (Antikensammlung, SMB/Johannes Laurentius), Berlin; **17.M3** Ancient Art & Architecture Collection, PINNER, Middx.; **17.M4** EZB, Frankfurt; **18.M2** Bridgeman Art Library Ltd. (British Museum), Berlin; **19.M5** art archive, London; **19.M6** Imago, Berlin; **21.M2** Klett-Archiv, Stuttgart; **22.M1** BPK, Berlin; **23.M4** © The Trustees of the British Museum; **25.M4a; 25.M4b; 25.M4c** Klett-Archiv, Stuttgart; **28.M1** BPK, Berlin; **29.M3** BPK (Scala), Berlin; **30.M1** AKG (Peter Connolly), Berlin; **36.M1** AKG, Berlin; **36.M2** Bildarchiv Steffens (Dietmar Riemann), Mainz; **38.M1** BPK (SCALA GROUP S.p.A.), Berlin; **39.M2** Corbis (Vanni Archive), Düsseldorf; **40.M1** Klett-Archiv, Stuttgart; **42.M1** Archäologisches Freilichtmuseum e.V., Oerlinghausen; **44.M1** AKG (Erich Lessing), Berlin; **45.M5** laif (The NewYorkTimes/Redux), Köln; **48.M1** Picture-Alliance (dpa/Peter Steffen), Frankfurt; **49.M2** Picture-Alliance (dpa/Uli Deck), Frankfurt; **50.M1** AKG, Berlin; **52.M1** AKG (Erich Lessing), Berlin; **52.M2** Interfoto, München; **53.M3; 53.M5** AKG (British Library), Berlin; **53.M6** Stadt Aachen; **54.M1** AKG (British Library), Berlin; **56.M1; 56.M2** AKG, Berlin; **58.M1** BPK, Berlin; **59.M4** BPK (Lutz Braun), Berlin; **61.M4** AKG, Berlin; **65.M4** Bayerische Staatsbibliothek München, Clm 210, fol. 91v; **66.M1** Bridgeman Art Library Ltd. (Jean Loup Charmet), Berlin; **67.M4** Muuß, Dr. Uwe, Altenholz; **68.M1** Picture-Alliance (dpa), Frankfurt; **68.M2** Picture-Alliance (dpa/Rolf Haid), Frankfurt; **69.M3** Freiburger Münsterbauverein e.V., Freiburg; **70.M1** BPK, Berlin; **71.M5** Bridgeman Art Library Ltd., Berlin; **73.M2** BPK (RMN), Berlin; **74.M1** Ullstein Bild GmbH (histopics), Berlin; **76.M1** AKG, Berlin; **77.M3** AKG, Berlin; **78.M1** Ullstein Bild GmbH (Imagebroker.net), Berlin; **79.M4** BPK (Bayerisches Nationalmuseum), Berlin; **81.M1** Klett-Archiv (Lutz-Erich Müller), Stuttgart; **82.M1** Picture-Alliance (dpa/Hendrik Schmidt), Frankfurt; **83.M2** Picture-Alliance (dpa-Film/Ottfilm), Frankfurt; **84.M1** AKG, Berlin; **85.M2; 85.M4** AKG, Berlin; **86.M1** AKG, Berlin; **87.M2** AKG (Gerhard Ruf), Berlin; **87.M4** AKG, Berlin; **87.M5** BPK (Scala), Berlin; **88.M1** AKG, Berlin; **90.M1** Dorling Kindersley Ltd., London; **91.M2** AKG, Berlin; **92.M1** AKG, Berlin; **93.M2** BPK, Berlin; **93.M4** AKG, Berlin; **94.M1** AKG, Berlin; **95.M4** AKG, Berlin; **95.M5** BPK (Dietmar Katz), Berlin; **96.M1; 96.M2** AKG, Berlin; **97.M3** akg-images (Erich Lessing), Berlin/© Salvador Dali, Fundacio Gala-Salvador Dali/VG Bild-Kunst, Bonn 2010 [Salvador Dali: Das letzte Abendmahl, 1955]; **98.M1** AKG, Berlin; **99.M2** BPK, Berlin; **100.M1** AKG, Berlin; **101.M5** Dietz Verlag, Berlin; **103.M1** Interfoto (Bildarchiv Hansmann), München; **103.M2** AKG (Musée du Louvre), Berlin; **104.M1** Getty Images (Francois Guillot/AFP), München; **105.M2** Picture-Alliance (dpa/Ronald Wittek), Frankfurt; **106.M1** Interfoto (National Maritime Museum), München; **107.M4** Ullstein Bild GmbH (Euroluftbild.de), Berlin; **108.M1** AKG (Erich Lessing), Berlin; **109.M5** AKG, Berlin; **110.M1** Ullstein Bild GmbH (AISA), Berlin; **111.M2** AKG, Berlin; **112.M1** Corbis (Bettmann), Düsseldorf; **113.M5** Ullstein Bild GmbH (The Granger Collection), Berlin; **114.M1** AKG, Berlin; **115.M4** Corbis (Bettmann), Düsseldorf; **115.M5** AKG (North Wind Picture Archives), Berlin; **118.M1** AKG, Berlin; **120.M1** Bridgeman Art Library Ltd. (Giraudon), Berlin; **121.M4** AKG, Berlin; **122.M1** AKG, Berlin; **123.M3; 123.M4** AKG, Berlin; **124.M1** Beate Diergardt/ati-design, Rodenbach; **125.M5** Picture-Alliance (epa/Narendra Shrestha), Frankfurt; **126.M1** Bundeszentrale für Politische Bildung, www.bpb.de, Bonn; **128.M1** Bridgeman Art Library Ltd. (Archives Charmet), Berlin; **129.M4** BPK, Berlin; **130.M1** BPK, Berlin; **131.M4** BPK, Berlin; **132.M1** BPK, Berlin; **132.M2** AKG, Berlin; **136.M1** Interfoto, München; **137.M2** Picture-Alliance (Florian Monheim), Frankfurt; **138.M1** BPK, Berlin; **139.M4** Gemeinde Kuchen, Kuchen; **140.M1** DB Museum im Verkehrsmuseum, Nürnberg; **141.M2** Mercedes-Benz Classic Archive; **141.M4** Landesmedienzentrum Baden-Württemberg, Stuttgart; **142.M1** AKG, Berlin; **143.M4** BPK, Berlin; **143.M5** AKG, Berlin; **146.M1** Junghans Uhren GmbH, Schramberg; **147.M5** C.&E. Fein GmbH & Co.KG (www.fein.de), Stuttgart; **148.M1; 148.M3** TECHNOSEUM - Landesmuseum für Technik und Arbeit, Mannheim; **148.M2** AKG, Berlin; **149.M4** Reiss-Engelhorn-Museen, Mannheim; **150.M1** Fotoarchiv Stiftung Ruhr Museum, Essen; **151.M4** DHM, Berlin; **152.M1** BPK, Berlin; **153.M4** TECHNOSEUM - Landesmuseum für Technik und Arbeit, Mannheim; **153.M5** Picture-Alliance (epa/Jaipal Singh), Frankfurt; **154.M1** BPK, Berlin; **155.M2** AKG, Berlin; **156.M1** AKG, Berlin; **157.M4** BPK, Berlin; **159.M1 oben; 159.M1 unten** Daimler AG Medienarchiv, Stuttgart; **160.M1** Picture-Alliance (dpa/Ingo Wagner), Frankfurt; **161.M2** Picture-Alliance (dpa/dpaweb/Wiebke Gebert), Frankfurt; **162.M1** BPK, Berlin; **163.M4** AKG, Berlin; **164.M1** Bridgeman Art Library Ltd., Berlin; **165.M4** Archiv Basler Mission/Bestand Basler Mission, Ref.no. E-30.04.036; **165.M5** Ullstein Bild GmbH, Berlin; **167.M2** AKG, Berlin; **168.M1** Berthold Volz, Brockhaus Verlag Leipzig, 1891; **169.M4** Ullstein Bild GmbH, Berlin; **170.M1** AKG, Berlin; **172.M1** Ullstein Bild GmbH, Berlin; **173.M4** Ullstein Bild GmbH, Berlin; **174.M1** Picture-Alliance (dpa-Infografik), Frankfurt; **175.M2** VISUM Foto GmbH (Panos Pictures/Caroline Penn), Hamburg; **175.M4** Stiftung Menschen für Menschen Öffentlichkeitsarbe (Rainer Kwiotek/Zeitenspiegel), München; **176.M1** Stöckle, Wilhelm, Filderstadt; **179.M4** BPK, Berlin; **180.M1** Ullstein Bild GmbH, Berlin; **181.M3** AKG, Berlin; **182.M1** Ullstein Bild GmbH, Berlin; **183.M4** BPK, Berlin; **184.M1** Getty Images, München; **185.M3** Süddeutsche Zeitung Photo, München; **185.M4** Corbis (Bettmann), Düsseldorf; **186.M1; 186.M2** Wikimedia Foundation Inc. (P. Schmelzle/CC 2.5), St. Petersburg FL; **187.M3** Wikimedia Foundation Inc. (P. Schmelzle/

PD), St. Petersburg FL; **189.M1** Stöckle, Wilhelm, Filderstadt; **190.M1** Picture-Alliance (ZB/Michael Reichel), Frankfurt; **191.M2** Ullstein Bild GmbH, Berlin; **194.M1** AKG, Berlin; **195.M2** BPK, Berlin; **196.M4** Ullstein Bild GmbH (Archiv Gerstenberg), Berlin; **199.M4** AKG, Berlin; **200.M1** Ullstein Bild GmbH (Archiv Gerstenberg), Berlin; **201.M2** Süddeutsche Zeitung Photo, München; **201.M3** AKG, Berlin; **202.M5** BPK, Berlin; **202.M6** Ullstein Bild GmbH (Gerstenberg), Berlin; **203.M10** Klett-Archiv, Stuttgart; **204.M1** Bridgeman Art Library Ltd., Berlin © VG Bild-Kunst, Bonn 2011 [Otto Dix: Großstadt]; **205.M2** BPK, Berlin; **205.M5** DHM, Berlin; **206.M1** BPK (Bildarchiv Preußischer Kulturbesitz, Berlin), Berlin; **207.M2** BPK, Berlin; **208.M4** Ullstein Bild GmbH (Imagno), Berlin; **209.M10** BPK, Berlin; **210.M1; 210.M2** BPK, Berlin; **211.M3** Langewiesche-Brandt Verlag, Ebenhausen; **212.M1** Jacob Belsen; **214.M1** Langewiesche-Brandt Verlag, Ebenhausen; **215.M2** © VG Bild-Kunst, Bonn 2011 [George Grosz: Ich will von Politik nichts wissen]; **217.M1** BPK, Berlin. © VG Bild-Kunst, Bonn 2011 [Thomas Theodor Heine, aus Simplicissimus]; **217.M2** BPK, Berlin. © VG Bild-Kunst, Bonn 2011 [Thomas Theodor Heine, Von Stufe zu Stufe]; **217.M3** AKG, Berlin; **217.M4** AKG, Berlin. © VG Bild-Kunst, Bonn 2011 [A, Paul Weber, Das Verhängnis]; **218.M1** Ullstein Bild GmbH (Probst), Berlin; **219.M2** Picture-Alliance (Marijan Murat), Frankfurt; **220.M1** AKG, Berlin; **221.M6** Süddeutsche Zeitung Photo, München; **222.M1** Ullstein Bild GmbH, Berlin; **222.M2** DHM, Berlin; **224.M1** Ullstein Bild GmbH, Berlin; **225.M2** Süddeutsche Zeitung Photo, München; **226.M3** BPK, Berlin; **226.M4** DHM, Berlin; **226.M8** Volkswagen Aktiengesellschaft; **227.M11** BPK (Joseph Shorer), Berlin; **228.M1** Klett-Archiv, Stuttgart; **230.M1** DHM, Berlin; **231.M4** DHM, Berlin; **232.M1** BPK (Hans Tschira), Berlin; **233.M2** laif (Keystone/Eyedea), Köln; **234.M3** AKG, Berlin; **235.M11** Bibliothek Münsterklinik, Zwiefalten; **235.M13** BPK, Berlin; **236.M1** Stadtarchiv, Esslingen; **237.M4** Stadtarchiv, Esslingen; **238.M6** Kulturamt, Stadtarchiv, Stuttgart; **239.M11** Stadtarchiv Esslingen, National Archive, Washington DC; **240.M1** BPK, Berlin; **241.M4** AKG, Berlin; **241.M5** BPK, Berlin; **242.M1** Bundesarchiv (Bild 101I-138-1083-26, Fotograf: Rudolf Kessler), Koblenz; **244.M1** BPK, Berlin; **245.M2** AKG, Berlin; **247.M9** BPK, Berlin; **248.M1** Süddeutsche Zeitung Photo, München; **249.M2** Decker, Ralf, ...; **250.M4 1.Reihe 1.Bild; 250.M4 1.Reihe 3.Bild** AKG, Berlin; **250.M4 1.Reihe 2.Bild; 250.M4 2.Reihe 1.Bild; 250.M4 2.Reihe 2.Bild; 250.M4 2.Reihe 3.Bild** Ullstein Bild GmbH, Berlin; **251.M8** Klett-Archiv (Reinhold Thiel), Stuttgart; **252.M1** DHM, Berlin; **253.M2** Ullstein Bild GmbH, Berlin; **253.M4** AKG, Berlin; **254.M1** Bildarchiv Gedenkstätte Grafeneck; **254.M2** Gedenkstätte Grafeneck/Alfred Weber, Grafeneck; **255.M3** Gedenkstätte Grafeneck/Alfred Weber, Grafeneck; **255.M4** Samariterstiftung, Nürtingen; **256.M1** Ullstein Bild GmbH (dpa), Berlin; **256.M2** AKG, Berlin; **260.M1** Picture-Alliance (dpa/Bernd Weißbrod), Frankfurt; **261.M2** Picture-Alliance (dpa/Tim Brakemeier), Frankfurt; **262.M1** SMV der Kaufmännische Schule Geislingen; **264.M1 li; 264.M1 re** BürgerBusverein Aichwald e.V., Aichwald; **265.M4** Picture-Alliance (dpa/Uwe Zucchi), Frankfurt; **266.M1** BürgerInitiative Mobilfunk Aichwald, Aichwald; **267.M3** Picture-Alliance (dpa/Bernd Weißbrod), Frankfurt; **268.M1 oben** Bechtle, Markus, Pforzheim; **268.M1 unten** Stuttgarter Zeitung (Markus Bechtle), Stuttgart; **270.M1** Zimmermann, Martin, Esslingen; **272.M1** Mauritius Images, Mittenwald; **273.M3** Landkreis Esslingen; **274.M1** CCC, www.c5.net (Mester), Pfaffenhofen a.d. Ilm; **276.M1** CCC, www.c5.net (Haitzinger), Pfaffenhofen a.d. Ilm; **278.M1** CCC, www.c5.net (Mester), Pfaffenhofen a.d. Ilm; **280.M1** Gaupp, Volker, Weinstadt; **282.M1** Landesmedienzentrum Baden-Württemberg, Stuttgart; **283.M3** Landesmedienzentrum Baden-Württemberg, Stuttgart; **284.M1** Ullstein Bild GmbH (ddp), Berlin; **285.M3** Picture-Alliance (dpa/Patrick Seeger), Frankfurt; **286.M1** Bulgrin, Roberto, Stuttgart; **287.M4** Rudel, Horst, Stuttgart; **289.M4** Picture-Alliance (dpa/Bernd Weißbrod), Frankfurt; **290.M1** Helga Lade Fotoagentur (Ott), Frankfurt; **292.M1** Picture-Alliance (dpa/Nestor Bachmann), Frankfurt; **293.M2 1.Bild** CDU Baden-Württemberg, Stuttgart; **293.M2 2.Bild** SPD Baden-Württemberg, Stuttgart; **293.M2 3.Bild** Landesverband der FDP BW, Stuttgart; **293.M2 4.Bild** Fraktion Grüne im Landtag Baden-Württemberg; **295.M3** Picture-Alliance (dpa-Grafik), Frankfurt; **296.M1** SPD Baden-Württemberg, Stuttgart; **297.M6** CDU Baden-Württemberg, Stuttgart; **298.M1** Picture-Alliance (dpa/Arno Burgi), Frankfurt; **299.M3** Der Spiegel, Hamburg; **304.M1** Picture-Alliance (dpa/ARD/ZDF/RTL/SAT1), Frankfurt; **305.M3** Picture-Alliance (Globus Infografik), Frankfurt; **306.M1** CCC, www.c5.net (Luff), Pfaffenhofen a.d. Ilm; **307.M3** Bergmoser + Höller Verlag, Aachen; **310.M1** Picture-Alliance (HB Verlag/Ralf Freyer), Frankfurt; **311.M2** Ullstein Bild GmbH (Imagebroker.net/Christian Reister), Berlin; **312.M1** BPK (Fritz Paul), Berlin; **313.M4** Landesmedienzentrum Baden-Württemberg, Stuttgart; **314.M1** Däß, Kurt, Stuttgart; **316.M1** Ullstein Bild GmbH (Keystone), Berlin; **318.M1** Ullstein Bild GmbH, Berlin; **319.M2 li.** Friedrich-Ebert-Stiftung, Bonn; **319.M2 Mi.** Konrad-Adenauer-Stiftung e.V., ACDP, Plakatsammlung; **319.M2 re.** Stadtarchiv, Bochum; **320.M1** Stadtarchiv Freiburg, M75/3, Film 196; **321.M2** Hauptstaatsarchiv, Stuttgart; **322.M1** Haus der Geschichte Baden-Württemberg, Stuttgart; **323.M2; 323.M3** Haus der Geschichte Baden-Württemberg, Stuttgart; **323.M4** Picture-Alliance (dpa/Bernd Weißbrod), Frankfurt; **324.M1; 324.M2** DHM, Berlin; **325.M5** AKG, Berlin; **326.M1** Ullstein Bild GmbH, Berlin; **327.M2** Haus der Geschichte (Mirko Szewczuk), Bonn; **327.M4** Getty Images (Time Life Pictures/Walter Sanders), München; **328.M1** Ullstein Bild GmbH (dpa), Berlin; **329.M2** Picture-Alliance (dpa), Frankfurt; **329.M4** BPK (Gert Koshofer), Berlin; **330.M1 li.** Interfoto, München; **330.M1 re.** AKG, Berlin; **331.M4** Picture-Alliance, Frankfurt; **332.M1** Ullstein Bild GmbH, Berlin; **333.M4** AKG, Berlin; **334.M5** CCC, www.c5.net (Oskar), Pfaffenhofen a.d. Ilm; **335.M10** Corbis (Bettmann), Düsseldorf; **336.M1** Picture-Alliance (dpa), Frankfurt;

337.M4 Wilhelm-Busch-Gesellschaft e. V. (H. E. Köhler), Hannover; **338.M1** Ullstein Bild GmbH (BPA), Berlin; **339.M3** Corbis (Bettmann), Düsseldorf; **339.M4** CCC, www.c5.net (Blaumeiser), Pfaffenhofen a.d. Ilm; **340.M1** Picture-Alliance (dpa/UPI), Frankfurt; **341.M2** Stiftung Haus der Geschichte, Zeitgeschichtliches Forum Leipzig, Hans-Jürgen Röder; **342.M3** BPK (Günter Zint), Berlin; **342.M5** AKG, Berlin; **343.M9** OSTKREUZ (Harald Hauswald), Berlin; **344.M1** CCC, www.c5.net (Horst Haitzinger), Pfaffenhofen a.d. Ilm; **345.M4** Corbis (Alain Keler/Sygma), Düsseldorf; **346.M1** CCC, www.c5.net (Horst Haitzinger), Pfaffenhofen a.d. Ilm; **347.M4** Picture-Alliance (dpa/Wolfgang Kluge), Frankfurt; **347.M5** Picture-Alliance (Wolfgang Weihs), Frankfurt; **348.M1** Ullstein Bild GmbH (Paul Langrock), Berlin; **349.M3** CCC, www.c5.net (Horst Haitzinger), Pfaffenhofen a.d. Ilm; **350.M1** CCC, www.c5.net (Schoenfeld), Pfaffenhofen a.d. Ilm; **351.M4** Picture-Alliance (ZB/Jan-Peter Kasper), Frankfurt; **353.M1** DHM, Berlin; **353.M2** Ullstein Bild GmbH, Berlin; **353.M3** Henniger, Barbara, Strausberg; **354.M1** Picture-Alliance (dpa/Carsten Rehder), Frankfurt; **355.M1** dpa Picture-Alliance GmbH; **355.M2** Picture-Alliance (dpa/epa/Nikos Arvantidis), Frankfurt; **356.M1** Corbis (Reuters/Katharina Stolze), Düsseldorf; **358.M1** BPK, Berlin; **360.M1** culture-images (Photo12), Köln; **361.M2** Picture-Alliance (epa/AFP), Frankfurt; **362.M4** Picture-Alliance (dpa/Istvan Bajzat), Frankfurt; **363.M8** Picture-Alliance (dpa-Infografik), Frankfurt; **364.M1** CCC, www.c5.net (Haitzinger), Pfaffenhofen a.d. Ilm; **365.M2** Picture-Alliance (dpa/Bodo Marks), Frankfurt; **366.M1** Getty Images (AFP/Patrick Hertzog), München; **368.M1** Picture-Alliance (epa/Enda Doran), Frankfurt; **369.M4** CCC, www.c5.net (Tomaschoff), Pfaffenhofen a.d. Ilm

In einem Einzelfall ist es nicht gelungen, den korrekten Rechteinhaber ausfindig zu machen. Gemäß UrhG § 46 wurde dieses im Bundesanzeiger veröffentlicht. Berechtigte Ansprüche werden selbstverständlich im Rahmen der üblichen Regelungen abgegolten.

Alaska
K A N A D A
Grönland
dän.
Jan Mayen
1929 norw.
Reykjavik
ISLAND
1918 unabh. Kgr.
in Personalunion mit Dänemark
Labrador
1927 neufundl.
NEUFUNDLAND
IRISCHER FREISTAAT
1921 Domin.
GROSS-BRIT.
London
Paris
FRANK-REICH
NL.
B.
L.
DEUTSCH. REICH
DÄN.
NORWEGEN
SCHWEDEN
S.
ITALIEN
Rom
PORTU-GAL
SPANIEN
Tanger
internat.
Gibraltar
brit.
Malta
brit.
Quebec
Ottawa
Chicago
New York
Washington
V E R E I N I G T E
S T A A T E N
San Francisco
Los Angeles
New Orleans
Azoren
port.
Bermuda-In.
brit.
Madeira
port.
Kanarische In.
span.
Rio de Oro
MEXIKO
Mexiko City
Habana
KUBA
Bahama-In.
brit.
A t l a n t i s c h e r
Jamaika
brit.
H.
DOM. REP.
Jungfern In.
1917 USA
Guadelupe franz.
Martinique franz.
Brit.-Hond.
GUATEMALA
HONDURAS
EL SALVADOR
NICARAGUA
COSTA RICA
PANAMA
Clipperton
1931 franz.
Curaçao
ndl.
Caracas
VENEZUELA
Trinidad
brit.
Brit.-
Guayana
Ndl.-
Frz.-
KOLUMBIEN
Franz. Westafrika
Dakar
Kapverdische In.
port.
Gambia
Port.-Guinea
Sierra Leone
LIBERIA
Gold-Küste
Togo
Nigeria
Kamerun
Rio Muni
O z e a n
Galápagos-In.
ecuad.
ECUADOR
Fernando-Noronha-In.
bras.
Ascension
brit.
P a z i f i s c h e r
B R A S I L I E N
PERU
Lima
BOLIVIEN
St. Helena
brit.
Rio de Janeiro
Sao Paulo
PARAGUAY
O z e a n
Walfischbai
südafrikan.
Süd-West Afrika
Sala y Gómez
Oster-I.
chil.
CHILE
URUGUAY
Santiago
Buenos Aires
Montevideo
ARGENTINIEN
Kapstadt
Tristan da Cunha
brit.
Gough-I.
brit.
Falkland-In.
brit.
Südgeorgien
brit.
Bouvet-I.
1929 norw.
Südsandwich-In.
brit.
Südshetland-In.
brit.
Südorkney-In.
brit.
Staaten mit Kolonialbesitz
Belgien
Dänemark
Frankreich
Großbritannien
Italien
Japan
Niederlande
Portugal
Spanien
USA
Mandatsgebiete des Völkerbundes 1920
IRAK 1918 – 1939 unabhängig gewordene Staaten